ŒUVRES COMPLÈTES

DE

VOLTAIRE

15

SIÈCLE DE LOUIS XIV

II

PRÉCIS DU SIÈCLE DE LOUIS XV

HISTOIRE DU PARLEMENT

I

PARIS. — IMPRIMERIE A. QUANTIN ET Cie
ANCIENNE MAISON J. CLAYE
RUE SAINT-BENOIT

ŒUVRES COMPLÈTES
DE
VOLTAIRE

NOUVELLE ÉDITION

AVEC

NOTICES, PRÉFACES, VARIANTES, TABLE ANALYTIQUE

LES NOTES DE TOUS LES COMMENTATEURS ET DES NOTES NOUVELLES

Conforme pour le texte à l'édition de BEUCHOT

ENRICHIE DES DÉCOUVERTES LES PLUS RÉCENTES

ET MISE AU COURANT

DES TRAVAUX QUI ONT PARU JUSQU'A CE JOUR

PRÉCÉDÉE DE LA

VIE DE VOLTAIRE

PAR CONDORCET

ET D'AUTRES ÉTUDES BIOGRAPHIQUES

Ornée d'un portrait en pied d'après la statue du foyer de la Comédie-Française

---

SIÈCLE DE LOUIS XIV

II

PRÉCIS DU SIÈCLE DE LOUIS XV

HISTOIRE DU PARLEMENT

I

PARIS

GARNIER FRÈRES, LIBRAIRES-ÉDITEURS

6, RUE DES SAINTS-PÈRES, 6

—

1878

SIÈCLE

DE

LOUIS XIV

CHAPITRE XXXV.

AFFAIRES ECCLÉSIASTIQUES. DISPUTES MÉMORABLES.

Des trois ordres de l'État le moins nombreux est l'Église, et ce n'est que dans le royaume de France que le clergé est devenu un ordre de l'État. C'est une chose aussi vraie qu'étonnante : on l'a déjà dit[1], et rien ne démontre plus le pouvoir de la coutume. Le clergé donc, reconnu pour ordre de l'État, est celui qui a toujours exigé du souverain la conduite la plus délicate et la plus ménagée. Conserver à la fois l'union avec le siége de Rome, et soutenir les libertés de l'Église gallicane, qui sont les droits de l'ancienne Église ; savoir faire obéir les évêques comme sujets, sans toucher aux droits de l'épiscopat ; les soumettre en beaucoup de choses à la juridiction séculière, et les laisser juges en d'autres ; les faire contribuer aux besoins de l'État, et ne pas choquer leurs priviléges, tout cela demande un mélange de dextérité et de fermeté que Louis XIV eut presque toujours.

Le clergé en France fut remis peu à peu dans un ordre et dans une décence dont les guerres civiles et la licence des temps l'avaient écarté. Le roi ne souffrit plus enfin ni que les séculiers possédassent des bénéfices sous le nom de confidentiaires, ni que ceux qui n'étaient pas prêtres eussent des évêchés, comme le cardinal Mazarin qui avait possédé l'évêché de Metz n'étant pas même sous-diacre, et le duc de Verneuil qui en avait aussi joui étant séculier.

1. Tome XII, page 70.

Ce que payait au roi le clergé de France et des villes conquises allait, année commune, à environ deux millions cinq cent mille livres ; et depuis, la valeur des espèces ayant augmenté numériquement, ils ont secouru l'État d'environ quatre millions par année sous le nom de décimes, de subvention extraordinaire, de don gratuit. Ce mot et ce privilége de *don gratuit* se sont conservés comme une trace de l'ancien usage où étaient tous les seigneurs de fiefs d'accorder des dons gratuits aux rois dans les besoins de l'État. Les évêques et les abbés, étant seigneurs de fiefs par un ancien abus, ne devaient que des soldats dans le temps de l'anarchie féodale. Les rois alors n'avaient que leurs domaines comme les autres seigneurs. Lorsque tout changea depuis, le clergé ne changea pas ; il conserva l'usage d'aider l'État par des dons gratuits[1].

A cette ancienne coutume qu'un corps qui s'assemble souvent conserve, et qu'un corps qui ne s'assemble point perd nécessairement, se joint l'immunité toujours réclamée par l'Église, et cette maxime que *son bien est le bien des pauvres* : non qu'elle prétende ne devoir rien à l'État dont elle tient tout, car le royaume, quand il a des besoins, est le premier pauvre ; mais elle allègue, pour elle, le droit de ne donner que des secours volontaires ; et

---

1. En France, le clergé est exempt, comme la noblesse, des tailles et de quelques-uns des droits d'aides. La noblesse était censée remplacer les impôts par son service personnel, et le clergé par ses prières. Pendant quelque temps on demanda au pape la permission d'imposer des décimes sur le clergé, toujours sous le prétexte de combattre les infidèles ou les hérétiques. Enfin l'usage de s'adresser au clergé assemblé, et de se passer du consentement de Rome, a prévalu ; mais pour ménager Rome, qui excommuniait, il n'y a pas encore longtemps, chaque jeudi saint, les souverains qui obligeaient le clergé à contribuer aux charges publiques, on donna aux décimes le nom de *don gratuit*. Lorsqu'à la fin du règne de Louis XIV on ajouta la capitation et le dixième aux impôts, déjà trop onéreux, on n'osa établir ces nouvelles taxes d'une manière trop rigoureuse ; et le clergé obtint facilement d'être exempt de ces impôts, en payant des dons gratuits plus considérables. Il est donc évident qu'il ne doit point ce dernier privilége aux anciens usages de la nation, puisque jusqu'à ce moment il n'avait joui que des priviléges de la noblesse, et que la noblesse a payé ces nouveaux impôts. Cette exemption est donc une pure grâce accordée par Louis XIV : grâce qui est une injustice à l'égard des citoyens, grâce que ni le temps ni aucune assemblée nationale n'ont consacrée. Nos souverains, mieux instruits de leurs droits et de ceux de leurs peuples, sentiront sans doute un jour que leur intérêt et la justice exigent également de soumettre aux taxes les biens du clergé, dans la proportion qu'ont ces biens avec ceux du reste de la nation ; et qu'en général tout privilége en matière d'impôt est une véritable injustice depuis que, la constitution militaire ayant changé, il n'existe plus de service personnel gratuit, et que les esprits s'étant éclairés, on sait que ce ne sont point les processions des moines, mais les évolutions des soldats qui décident du succès des batailles. (K.)

Louis XIV exigea toujours ces secours de manière à n'être pas refusé.

On s'étonne, dans l'Europe et en France, que le clergé paye si peu ; on se figure qu'il jouit du tiers du royaume. S'il possédait ce tiers, il est indubitable qu'il devrait payer le tiers des charges, ce qui se monterait, année commune, à plus de cinquante millions, indépendamment des droits sur les consommations qu'il paye comme les autres sujets ; mais on se fait des idées vagues et des préjugés sur tout.

Il est incontestable que l'Église de France est, de toutes les Églises catholiques, celle qui a le moins accumulé de richesses. Non-seulement il n'y a point d'évêque qui se soit emparé, comme celui de Rome, d'une grande souveraineté, mais il n'y a point d'abbé qui jouisse des droits régaliens, comme l'abbé du Mont-Cassin et les abbés d'Allemagne. En général les évêchés de France ne sont pas d'un revenu trop immense. Ceux de Strasbourg et de Cambrai[1] sont les plus forts ; mais c'est qu'ils appartenaient originairement à l'Allemagne, et que l'Église d'Allemagne était beaucoup plus riche que l'empire.

Giannone[2], dans son Histoire de Naples, assure que les ecclésiastiques ont les deux tiers du revenu du pays. Cet abus énorme n'afflige point la France. On dit que l'Église possède le tiers du royaume, comme on dit au hasard qu'il y a un million d'habitants dans Paris. Si on se donnait seulement la peine de supputer le revenu des évêchés, on verrait, par le prix des baux faits il y a environ cinquante ans, que tous les évêchés n'étaient évalués alors que sur le pied d'un revenu annuel de quatre millions ; et les abbayes commendataires allaient à quatre millions cinq cent mille livres. Il est vrai que l'énoncé de ce prix des baux fut un tiers au-dessous de la valeur ; et si on ajoute encore l'augmentation des revenus en terre, la somme totale des rentes de tous les bénéfices consistoriaux sera portée à environ seize millions. Il ne faut pas oublier que de cet argent il en va tous les ans à Rome une somme considérable qui ne revient jamais, et qui est en pure perte. C'est une grande libéralité du roi envers le saint-siège : elle dépouille l'État, dans l'espace d'un siècle, de plus de quatre cent mille marcs d'argent ; ce qui, dans la suite des temps, appauvri-

---

1. En 1790, l'évêché de Strasbourg avait quatre cent mille livres de rente ; l'archevêché de Cambrai, deux cent mille. (B.)

2. Cet auteur fut excommunié pour avoir attaqué le pouvoir temporel des papes. Il se sauva à Genève ; le roi de Sardaigne se saisit de lui par trahison, et il mourut dans la citadelle de Turin. Son Histoire fut publiée en 1723. (G. A.)

rait le royaume si le commerce ne réparait pas abondamment cette perte[1].

A ces bénéfices qui payent des annates à Rome, il faut joindre les cures, les couvents, les collégiales, les communautés, et tous les autres bénéfices ensemble ; mais s'ils sont évalués à cinquante millions par année dans toute l'étendue actuelle du royaume, on ne s'éloigne pas beaucoup de la vérité.

Ceux qui ont examiné cette matière avec des yeux aussi sévères qu'attentifs n'ont pu porter les revenus de toute l'Église gallicane séculière et régulière au delà de quatre-vingt-dix millions. Ce n'est pas une somme exorbitante pour l'entretien de quatre-vingt-dix mille personnes religieuses et environ cent soixante mille ecclésiastiques, que l'on comptait en 1700. Et sur ces quatre-vingt-dix mille moines, il y en a plus d'un tiers qui vivent de quêtes et de messes. Beaucoup de moines conventuels ne coûtent pas deux cents livres par an à leur monastère : il y a des moines abbés réguliers qui jouissent de deux cent mille livres de rentes. C'est cette énorme disproportion qui frappe et qui excite les murmures. On plaint un curé de campagne, dont les travaux pénibles ne lui procurent que sa portion congrue de trois cents livres de droit en rigueur, et de quatre à cinq cents livres par libéralités, tandis qu'un religieux oisif, devenu abbé, et non moins oisif, possède une somme immense, et qu'il reçoit des titres fastueux de ceux qui lui sont soumis. Ces abus vont beaucoup plus loin en Flandre, en Espagne, et surtout dans les États catholiques d'Allemagne, où l'on voit des moines princes[2].

Les abus servent de lois dans presque toute la terre ; et si les

---

1. Un État ne s'appauvrit pas en payant chaque année un faible tribut, comme un homme ne se ruine pas en payant une rente sur les revenus de sa terre. Mais ce tribut payé à Rome est, en finance, une diminution de la richesse annuelle, et, en théologie, une véritable simonie, qui damne infailliblement dans l'autre monde celui qu'elle enrichit sur la terre. (K.)

2. Cet article est la meilleure réponse que l'on puisse faire à ceux qui ont accusé M. de Voltaire d'avoir sacrifié la vérité des détails historiques à ses opinions générales. Il est ici très-favorable au clergé. Cependant il résulte de cette évaluation, portée seulement à quatre-vingt-dix millions, que l'impôt des vingtièmes mis sur le clergé, comme il l'est sur les particuliers, produirait dix millions, somme fort au-dessus de celle où montent les dons gratuits évalués en annuités. Cette même évaluation, en la supposant aussi exacte que celle qui a servi à l'établissement des vingtièmes, ne porterait la masse des biens du clergé qu'à environ un huitième de la totalité des biens du royaume. Cependant il y a des cantons très-étendus où la dîme seule est, pour la plus grande partie des terres, environ un cinquième du produit net ; et dans ces mêmes cantons le clergé a des possessions immenses. (K.)

plus sages des hommes s'assemblaient pour faire des lois, où est l'État dont la forme subsistât entière?

Le clergé de France observe toujours un usage onéreux pour lui, quand il paye au roi un don gratuit de plusieurs millions pour quelques années. Il emprunte; et après en avoir payé les intérêts, il rembourse le capital aux créanciers : ainsi il paye deux fois. Il eût été plus avantageux pour l'État et pour le clergé en général, et plus conforme à la raison, que ce corps eût subvenu aux besoins de la patrie par des contributions proportionnées à la valeur de chaque bénéfice. Mais les hommes sont toujours attachés à leurs anciens usages. C'est par le même esprit que le clergé, en s'assemblant tous les cinq ans, n'a jamais eu, ni une salle d'assemblée, ni un meuble qui lui appartînt. Il est clair qu'il eût pu, en dépensant moins, aider le roi davantage, et se bâtir dans Paris un palais qui eût été un nouvel ornement de cette capitale.

Les maximes du clergé de France n'étaient pas encore entièrement épurées, dans la minorité de Louis XIV, du mélange que la Ligue y avait apporté. On avait vu dans la jeunesse de Louis XIII, et dans les derniers états, tenus en 1614, la plus nombreuse partie de la nation, qu'on appelle le tiers état, et qui est le fonds de l'État, demander en vain avec le parlement qu'on posât pour loi fondamentale « qu'aucune puissance spirituelle ne peut priver les rois de leurs droits sacrés, qu'ils ne tiennent que de Dieu seul; et que c'est un crime de lèse-majesté au premier chef d'enseigner qu'on peut déposer et tuer les rois ». C'est la substance en propres paroles de la demande de la nation. Elle fut faite dans un temps où le sang de Henri le Grand fumait encore. Cependant un évêque de France, né en France, le cardinal Duperron[1], s'opposa violemment à cette proposition, sous prétexte que ce n'était pas au tiers état à proposer des lois sur ce qui peut concerner l'Église. Que ne faisait-il donc avec le clergé ce que le tiers état voulait faire? mais il en était si loin qu'il s'emporta jusqu'à dire que « la puissance du pape était pleine, plénissime, directe au spirituel, indirecte au temporel, et qu'il avait charge du clergé de dire qu'on excommunierait ceux qui avanceraient que le pape ne peut déposer les rois ». On gagna la noblesse, on fit taire le tiers état. Le parlement renouvela ses anciens arrêts pour déclarer la couronne indépendante et la personne des rois sacrée. La chambre ecclésiastique, en avouant que la personne était sacrée, persista à

---

1. Voyez tome XII, page 574, et *Histoire du Parlement*, chapitre XLVI.

soutenir que la couronne était indépendante. C'était le même esprit qui avait autrefois déposé Louis le Débonnaire. Cet esprit prévalut au point que la cour, subjuguée, fut obligée de faire mettre en prison l'imprimeur qui avait publié l'arrêt du parlement sous le titre de *loi fondamentale*. C'était, disait-on, pour le bien de la paix ; mais c'était punir ceux qui fournissaient des armes défensives à la couronne. De telles scènes ne se passaient point à Vienne : c'est qu'alors la France craignait Rome, et que Rome craignait la maison d'Autriche [1].

La cause qui succomba était tellement la cause de tous les rois que Jacques I*er*, roi d'Angleterre, écrivit contre le cardinal Duperron ; et c'est le meilleur ouvrage de ce monarque [2]. C'était aussi la cause des peuples, dont le repos exige que leurs souverains ne dépendent pas d'une puissance étrangère. Peu à peu la raison a prévalu, et Louis XIV n'eut pas de peine à faire écouter cette raison, soutenue du poids de sa puissance.

Antonio Perez avait recommandé trois choses à Henri IV : *Roma, Consejo, Pielago* [3]. Louis XIV eut les deux dernières avec tant de supériorité qu'il n'eut pas besoin de la première. Il fut attentif à conserver l'usage de l'appel comme d'abus au parlement des ordonnances ecclésiastiques, dans tous les cas où ces ordonnances intéressent la juridiction royale [4]. Le clergé s'en plaignit souvent, et s'en loua quelquefois : car si d'un côté ces appels soutiennent les droits de l'État contre l'autorité épiscopale, ils assurent de l'autre cette autorité même, en maintenant les priviléges de l'Église gallicane contre les prétentions de la cour de Rome ; de sorte que les évêques ont regardé les parlements comme leurs adversaires et comme leurs défenseurs, et le gouvernement eut soin que, malgré les querelles de religion, les bornes aisées à franchir ne fussent passées de part ni d'autre. Il en est de la puissance des corps et des compagnies comme des ntérêts des villes commerçantes : c'est au législateur à les balancer.

---

1. Voyez le chapitre de Louis XIII, dans l'*Essai sur les Mœurs et l'Esprit des nations*, chapitre CLXXV (tome XII, page 572 et suiv.).
2. Son ouvrage est intitulé *Declaratio pro jure regio, sceptrorumque immunitate, adversus orationem cardinalis Perronii*. Londres, 1616, in-4°.
3. Rome, prudence, mer.
4. Voyez, dans le *Dictionnaire philosophique*, le mot APPEL COMME D'ABUS.

DES LIBERTÉS DE L'ÉGLISE GALLICANE.

Ce mot de *libertés* suppose l'assujettissement. Des libertés, des priviléges, sont des exemptions de la servitude générale. Il fallait dire les droits, et non les libertés de l'Église gallicane. Ces droits sont ceux de toutes les anciennes Églises. Les évêques de Rome n'ont jamais eu la moindre juridiction sur les sociétés chrétiennes de l'empire d'Orient; mais dans les ruines de l'empire d'Occident tout fut envahi par eux. L'Église de France fut longtemps la seule qui disputa contre le siége de Rome les anciens droits que chaque évêque s'était donnés, lorsque, après le premier concile de Nicée, l'administration ecclésiastique et purement spirituelle se modela sur le gouvernement civil, et que chaque évêque eut son diocèse, comme chaque district impérial avait le sien.

Certainement aucun évangile n'a dit qu'un évêque de la ville de Rome pourrait envoyer en France des légats *a latere*[1] avec pouvoir de juger, réformer, dispenser, et lever de l'argent sur les peuples;

D'ordonner aux prélats français de venir plaider à Rome;

D'imposer des taxes sur les bénéfices du royaume, sous les noms de vacances, dépouilles, successions, déports, incompatibilités, commandes, neuvièmes, décimes, annates;

D'excommunier les officiers du roi, pour les empêcher d'exercer les fonctions de leurs charges;

De rendre les bâtards capables de succéder;

De casser les testaments de ceux qui sont morts sans donner une partie de leurs biens à l'Église;

De permettre aux ecclésiastiques français d'aliéner leurs biens immeubles;

De déléguer des juges pour connaître de la légitimité des mariages.

Enfin l'on compte plus de soixante et dix usurpations contre lesquelles les parlements du royaume ont toujours maintenu la liberté naturelle de la nation et la dignité de la couronne.

Quelque crédit qu'aient eu les jésuites sous Louis XIV, et quelque frein que ce monarque eût mis aux remontrances des parlements depuis qu'il régna par lui-même, cependant aucun de ces grands corps ne perdit jamais une occasion de réprimer les pré-

---

1. Voyez la note, tome XI, page 362.

tentions de la cour de Rome, et le roi approuva toujours cette vigilance, parce qu'en cela les droits essentiels de la nation étaient les droits du prince.

L'affaire de ce genre la plus importante et la plus délicate fut celle de la régale. C'est un droit qu'ont les rois de France de pourvoir à tous les bénéfices simples d'un diocèse, pendant la vacance du siége, et d'économiser à leur gré les revenus de l'évêché. Cette prérogative est particulière aujourd'hui aux rois de France; mais chaque État a les siennes. Les rois de Portugal jouissent du tiers du revenu des évêchés de leur royaume. L'empereur a le droit des premières prières; il a toujours conféré tous les premiers bénéfices qui vaquent. Les rois de Naples et de Sicile ont de plus grands droits. Ceux de Rome sont, pour la plupart, fondés sur l'usage plutôt que sur des titres primitifs.

Les rois de la race de Mérovée conféraient de leur seule autorité les évêchés et toutes les prélatures. On voit qu'en 742 Carloman créa archevêque de Mayence ce même Boniface qui, depuis, sacra Pépin par reconnaissance. Il reste encore beaucoup de monuments du pouvoir qu'avaient les rois de disposer de ces places importantes; plus elles le sont, plus elles doivent dépendre du chef de l'État. Le concours d'un évêque étranger paraissait dangereux, et la nomination réservée à cet évêque étranger a souvent passé pour une usurpation plus dangereuse encore. Elle a plus d'une fois excité une guerre civile. Puisque les rois conféraient les évêchés, il semblait juste qu'ils conservassent le faible privilége de disposer du revenu, et de nommer à quelques bénéfices simples, dans le court espace qui s'écoule entre la mort d'un évêque et le serment de fidélité enregistré de son successeur. Plusieurs évêques de villes réunies à la couronne, sous la troisième race, ne voulurent pas reconnaître ce droit, que des seigneurs particuliers, trop faibles, n'avaient pu faire valoir. Les papes se déclarèrent pour les évêques; et ces prétentions restèrent toujours enveloppées d'un nuage. Le parlement, en 1608, sous Henri IV, déclara que la régale avait lieu dans tout le royaume; le clergé se plaignit, et ce prince, qui ménageait les évêques et Rome, évoqua l'affaire à son conseil, et se garda bien de la décider.

Les cardinaux de Richelieu et Mazarin firent rendre plusieurs arrêts du conseil par lesquels les évêques, qui se disaient exempts, étaient tenus de montrer leurs titres. Tout resta indécis jusqu'en 1673, et le roi n'osait pas alors donner un seul bénéfice dans presque tous les diocèses situés au-delà de la Loire, pendant la vacance d'un siége.

Enfin, en 1673, le chancelier Étienne d'Aligre scella un édit par lequel tous les évêchés du royaume étaient soumis à la régale. Deux évêques, qui étaient malheureusement les deux plus vertueux hommes du royaume, refusèrent opiniâtrément de se soumettre : c'étaient Pavillon, évêque d'Aleth, et Caulet, évêque de Pamiers. Ils se défendirent d'abord par des raisons plausibles : on leur en opposa d'aussi fortes. Quand des hommes éclairés disputent longtemps, il y a grande apparence que la question n'est pas claire : elle était très-obscure ; mais il était évident que ni la religion, ni le bon ordre, n'étaient intéressés à empêcher un roi de faire dans deux diocèses ce qu'il faisait dans tous les autres. Cependant les deux évêques furent inflexibles. Ni l'un ni l'autre n'avait fait enregistrer son serment de fidélité, et le roi se croyait en droit de pourvoir aux canonicats de leurs églises [1].

Les deux prélats excommunièrent les pourvus en régale. Tous deux étaient suspects de jansénisme. Ils avaient eu contre eux le pape Innocent X ; mais quand ils se déclarèrent contre les prétentions du roi, ils eurent pour eux Innocent XI, Odescalchi : ce pape, vertueux et opiniâtre comme eux, prit entièrement leur parti.

Le roi se contenta d'abord d'exiler les principaux officiers de ces évêques. Il montra plus de modération que deux hommes qui se piquaient de sainteté. On laissa mourir paisiblement l'évêque d'Aleth, dont on respectait la grande vieillesse. L'évêque de Pamiers restait seul, et n'était point ébranlé. Il redoubla ses excommunications, et persista de plus à ne point faire enregistrer son serment de fidélité, persuadé que dans ce serment on soumet trop l'Église

---

[1]. Cette question n'était difficile que parce qu'on croyait alors devoir décider toutes celles de ce genre d'après l'autorité et l'usage. En ne consultant que la raison, il est évident que la puissance législative a le pouvoir absolu de régler la manière dont il sera pourvu à toutes les places, ainsi que de fixer les appointements de chacune, et la nature de ces appointements. Les évêchés peuvent être électifs comme les places de maires, ou nommés par le roi comme les intendances, selon que la loi de l'État l'aura réglé ; cette loi peut être plus ou moins utile, mais elle sera toujours légitime. La loi peut de même, sans être injuste, substituer des appointements en argent aux terres dont on laisse la jouissance aux ecclésiastiques ; supprimer même ces appointements, si elle juge ces places ecclésiastiques inutiles au bien public. Toute loi qui n'attaque aucun des droits naturels des hommes est légitime ; et le pouvoir législatif de chaque État, en quelques mains qu'il réside, a droit de la faire. Toute propriété qui ne se perpétue point en vertu d'un ordre naturel, mais seulement par une loi positive, n'est point une propriété, mais un usufruit accordé par la loi, dont, après la mort de l'usufruitier, une autre loi peut changer la disposition. C'est par cette raison que les biens des particuliers appartiennent de droit à leurs héritiers ; que les biens des communes leur appartiennent, et que ceux du clergé et de tout autre corps sont à la nation. (K.)

à la monarchie. Le roi saisit son temporel. Le pape et les jansénistes le dédommagèrent. Il gagna à être privé de ses revenus, et il mourut en 1680, convaincu qu'il avait soutenu la cause de Dieu contre le roi. Sa mort n'éteignit pas la querelle : des chanoines, nommés par le roi, viennent pour prendre possession ; des religieux, qui se prétendaient chanoines et grands-vicaires, les font sortir de l'église, et les excommunient. Le métropolitain Montpezat, archevêque de Toulouse, à qui cette affaire ressortit de droit, donne en vain des sentences contre ces prétendus grands-vicaires : ils en appellent à Rome, selon l'usage de porter à la cour de Rome les causes ecclésiastiques jugées par les archevêques de France, usage qui contredit les libertés gallicanes ; mais tous les gouvernements des hommes sont des contradictions. Le parlement donne des arrêts. Un moine nommé Cerle, qui était l'un de ces grands-vicaires, casse, et les sentences du métropolitain, et les arrêts du parlement. Ce tribunal le condamne par contumace à perdre la tête, et à être traîné sur la claie. On l'exécute en effigie. Il insulte du fond de sa retraite à l'archevêque et au roi, et le pape le soutient. Ce pontife fait plus : persuadé, comme l'évêque de Pamiers, que le droit de régale est un abus dans l'Église, et que le roi n'a aucun droit dans Pamiers, il casse les ordonnances de l'archevêque de Toulouse ; il excommunie les nouveaux grands-vicaires que ce prélat a nommés, et les pourvus en régale et leurs fauteurs.

Le roi convoque une assemblée du clergé, composée de trente-cinq évêques, et d'autant de députés du second ordre. Les jansénistes prenaient pour la première fois le parti d'un pape ; et ce pape, ennemi du roi, les favorisait sans les aimer. Il se fit toujours un honneur de résister à ce monarque dans toutes les occasions; et depuis même, en 1689, il s'unit avec les alliés contre le roi Jacques, parce que Louis XIV protégeait ce prince : de sorte qu'alors on dit que, pour mettre fin aux troubles de l'Europe et de l'Église, il fallait que le roi Jacques se fît huguenot, et le pape catholique [1].

Cependant l'assemblée du clergé de 1681 et 1682, d'une voix unanime, se déclare pour le roi. Il s'agissait encore d'une autre petite querelle devenue importante : l'élection d'un prieuré [2], dans un faubourg de Paris, commettait ensemble le roi et le pape. Le

---

1. La Fontaine, dans sa lettre au duc de Vendôme, septembre 1689, attribue ce bon mot au chevalier de Sillery.
2. A Charonne.

pontife romain avait cassé une ordonnance de l'archevêque de Paris, et annulé sa nomination à ce prieuré. Le parlement avait jugé la procédure de Rome abusive. Le pape avait ordonné par une bulle que l'Inquisition fît brûler l'arrêt du parlement ; et le parlement avait ordonné la suppression de la bulle. Ces combats sont depuis longtemps les effets ordinaires et inévitables de cet ancien mélange de la liberté naturelle de se gouverner soi-même dans son pays, et de la soumission à une puissance étrangère.

L'assemblée du clergé prit un parti qui montre que des hommes sages peuvent céder avec dignité à leur souverain, sans l'intervention d'un autre pouvoir. Elle consentit à l'extension du droit de régale à tout le royaume ; mais ce fut autant une concession de la part du clergé, qui se relâchait de ses prétentions par reconnaissance pour son protecteur, qu'un aveu formel du droit absolu de la couronne.

L'assemblée se justifia auprès du pape par une lettre dans laquelle on trouve un passage qui, seul, devrait servir de règle éternelle dans toutes les disputes : c'est « qu'il vaut mieux sacrifier quelque chose de ses droits que de troubler la paix ». Le roi, l'Église gallicane, les parlements, furent contents. Les jansénistes écrivirent quelques libelles. Le pape fut inflexible : il cassa par un bref toutes les résolutions de l'assemblée, et manda aux évêques de se rétracter. Il y avait là de quoi séparer à jamais l'Église de France de celle de Rome. On avait parlé, sous le cardinal de Richelieu et sous Mazarin, de faire un patriarche. Le vœu de tous les magistrats était qu'on ne payât plus à Rome le tribut des annates ; que Rome ne nommât plus, pendant six mois de l'année, aux bénéfices de Bretagne ; que les évêques de France ne s'appelassent plus évêques *par la permission du saint-siège*. Si le roi l'avait voulu, il n'avait qu'à dire un mot : il était maître de l'assemblée du clergé, et il avait pour lui la nation. Rome eût tout perdu par l'inflexibilité d'un pontife vertueux qui, seul de tous les papes de ce siècle, ne savait pas s'accommoder aux temps ; mais il y a d'anciennes bornes qu'on ne remue pas sans de violentes secousses. Il fallait de plus grands intérêts, de plus grandes passions, et plus d'effervescence dans les esprits, pour rompre tout d'un coup avec Rome ; et il était bien difficile de faire cette scission, tandis qu'on voulait extirper le calvinisme. On crut même faire un coup hardi lorsqu'on publia les quatre fameuses décisions de la même assemblée du clergé, en 1682, dont voici la substance :

1° Dieu n'a donné à Pierre et à ses successeurs aucune puissance, ni directe, ni indirecte, sur les choses temporelles.

2° L'Église gallicane approuve le concile de Constance, qui déclare les conciles généraux supérieurs au pape, dans le spirituel.

3° Les règles, les usages, les pratiques reçues dans le royaume et dans l'Église gallicane, doivent demeurer inébranlables.

4° Les décisions du pape, en matière de foi, ne sont sûres qu'après que l'Église les a acceptées.

Tous les tribunaux et toutes les facultés de théologie enregistrèrent ces quatre propositions dans toute leur étendue ; et il fut défendu par un édit de rien enseigner jamais de contraire.

Cette fermeté fut regardée à Rome comme un attentat de rebelles, et par tous les protestants de l'Europe comme un faible effort d'une Église, née libre, qui ne rompait que quatre chaînons de ses fers.

Ces quatre maximes furent d'abord soutenues avec enthousiasme dans la nation, ensuite avec moins de vivacité. Sur la fin du règne de Louis XIV elles commencèrent à devenir problématiques, et le cardinal de Fleury les fit depuis désavouer, en partie, par une assemblée du clergé, sans que ce désaveu causât le moindre bruit parce que les esprits n'étaient pas alors échauffés, et que, dans le ministère du cardinal de Fleury, rien n'eut de l'éclat. Elles ont repris enfin une grande vigueur.

Cependant Innocent XI s'aigrit plus que jamais : il refusa des bulles à tous les évêques et à tous les abbés commendataires que le roi nomma ; de sorte qu'à la mort de ce pape, en 1689, il y avait vingt-neuf diocèses en France dépourvus d'évêques. Ces prélats n'en touchaient pas moins leurs revenus ; mais ils n'osaient se faire sacrer, ni faire les fonctions épiscopales. L'idée de créer un patriarche se renouvela. La querelle des franchises des ambassadeurs à Rome, qui acheva d'envenimer les plaies, fit penser qu'enfin le temps était venu d'établir en France une Église *catholique apostolique* qui ne serait point *romaine*. Le procureur général de Harlai et l'avocat général Talon le firent assez entendre quand ils appelèrent, comme d'abus, en 1687, de la bulle contre les franchises et qu'ils éclatèrent contre l'opiniâtreté du pape, qui laissait tant d'églises sans pasteurs ; mais jamais le roi ne voulut consentir à cette démarche, qui était plus aisée qu'elle ne paraissait hardie.

La cause d'Innocent XI devint cependant la cause du saint-siége. Les quatre propositions du clergé de France attaquaient le fantôme de l'infaillibilité (qu'on ne croit pas à Rome, mais qu'on y soutient), et le pouvoir réel attaché à ce fantôme. Alexandre VIII et Innocent XII suivirent les traces du fier Odescalchi, quoique d'une manière moins dure : ils confirmèrent la condamnation portée contre l'assemblée du clergé ; ils refusèrent les bulles aux évêques ; enfin ils en firent trop, parce que Louis XIV n'en avait pas fait assez. Les évêques, lassés de n'être que nommés par le roi, et de se voir sans fonctions, demandèrent à la cour de France la permission d'apaiser la cour de Rome.

Le roi, dont la fermeté était fatiguée, le permit. Chacun d'eux écrivit séparément qu'il « était douloureusement affligé des procédés de l'assemblée » ; chacun déclare dans sa lettre qu'il ne reçoit point comme décidé ce qu'on y a décidé, ni comme ordonné ce qu'on y a ordonné. Pignatelli (Innocent XII), plus conciliant qu'Odescalchi, se contenta de cette démarche. Les quatre propositions n'en furent pas moins enseignées en France de temps en temps ; mais ces armes se rouillèrent quand on ne combattit plus, et la dispute resta couverte d'un voile sans être décidée, comme il arrive presque toujours dans un État qui n'a pas sur ces matières des principes invariables et reconnus. Ainsi tantôt on s'élève contre Rome, tantôt on lui cède, suivant les caractères de ceux qui gouvernent, et suivant les intérêts particuliers de ceux par qui les principaux de l'État sont gouvernés.

Louis XIV d'ailleurs n'eut point d'autre démêlé ecclésiastique avec Rome, et n'essuya aucune opposition du clergé dans les affaires temporelles.

Sous lui ce clergé devint respectable par une décence ignorée dans la barbarie des deux premières races, dans le temps encore plus barbare du gouvernement féodal, absolument inconnue pendant les guerres civiles et dans les agitations du règne de Louis XIII, et surtout pendant la Fronde, à quelques exceptions près, qu'il faut toujours faire dans les vices comme dans les vertus qui dominent.

Ce fut alors seulement que l'on commença à dessiller les yeux du peuple sur les superstitions qu'il mêle toujours à sa religion. Il fut permis, malgré le parlement d'Aix et malgré les carmes, de savoir que Lazare et Magdeleine n'étaient point venus en Provence. Les bénédictins ne purent faire croire que Denis l'Aréopagite eût gouverné l'Église de Paris. Les saints supposés, les faux miracles, les fausses reliques, commencèrent à être décriés[1]. La saine raison qui éclairait les philosophes pénétrait partout, mais lentement et avec difficulté.

---

1. Voyez l'article LAUNOY, dans la *Liste des écrivains*, tome XIV, page 96.

L'évêque de Châlons-sur-Marne, Gaston-Louis de Noailles [1], frère du cardinal, eut une piété assez éclairée pour enlever, en 1702, et faire jeter une relique conservée précieusement depuis plusieurs siècles dans l'église de Notre-Dame, et adorée [2] sous le nom du *nombril de Jésus-Christ*. Tout Châlons murmura contre l'évêque. Présidents, conseillers, gens du roi, trésoriers de France, marchands, notables, chanoines, curés, protestèrent unanimement, par un acte juridique, contre l'entreprise de l'évêque, réclamant le *saint nombril*, et alléguant la robe de Jésus-Christ conservée à Argenteuil; son mouchoir à Turin et à Laon; un des clous de la croix à Saint-Denis; son prépuce à Rome, le même prépuce au Puy en Velay; et tant d'autres reliques que l'on conserve et que l'on méprise, et qui font tant de tort à une religion qu'on révère. Mais la sage fermeté de l'évêque l'emporta à la fin sur la crédulité du peuple.

Quelques autres superstitions, attachées à des usages respectables, ont subsisté. Les protestants en ont triomphé; mais ils sont obligés de convenir qu'il n'y a pas d'église catholique où ces abus soient moins communs et plus méprisés qu'en France.

L'esprit vraiment philosophique, qui n'a pris racine que vers le milieu de ce siècle, n'éteignit point les anciennes et nouvelles querelles théologiques qui n'étaient pas de son ressort. On va parler de ces dissensions qui font la honte de la raison humaine.

CHAPITRE XXXVI.

DU CALVINISME AU TEMPS DE LOUIS XIV.

Il est affreux sans doute que l'Église chrétienne ait toujours été déchirée par ses querelles, et que le sang ait coulé pendant tant de siècles par des mains qui portaient le dieu de la paix. Cette fureur fut inconnue au paganisme. Il couvrit la terre de ténèbres, mais il ne l'arrosa guère que du sang des animaux; et

---

1. Gaston-Jean-Baptiste-Louis de Noailles, mort en 1720.
2. « C'est ainsi que parlerait un hérétique : il faut *honorée* », dit La Beaumelle. (B.)

si quelquefois, chez les Juifs et chez les païens, on dévoua des victimes humaines, ces dévouements, tout horribles qu'ils étaient, ne causèrent point de guerres civiles. La religion des païens ne consistait que dans la morale et dans les fêtes. La morale, qui est commune aux hommes de tous les temps et de tous les lieux, et les fêtes, qui n'étaient que des réjouissances, ne pouvaient troubler le genre humain.

L'esprit dogmatique apporta chez les hommes la fureur des guerres de religion. J'ai recherché longtemps comment et pourquoi cet esprit dogmatique, qui divisa les écoles de l'antiquité païenne sans causer le moindre trouble, en a produit parmi nous de si horribles. Ce n'est pas le seul fanatisme qui en est cause : car les gymnosophistes et les bramins, les plus fanatiques des hommes, ne firent jamais de mal qu'à eux-mêmes. Ne pourrait-on pas trouver l'origine de cette nouvelle peste qui a ravagé la terre dans ce combat naturel de l'esprit républicain qui anima les premières Églises contre l'autorité qui hait la résistance en tout genre ? Les assemblées secrètes, qui bravaient d'abord dans des caves et dans des grottes les lois de quelques empereurs romains, formèrent peu à peu un État dans l'État : c'était une république cachée au milieu de l'empire. Constantin la tira de dessous terre pour la mettre à côté du trône. Bientôt l'autorité attachée aux grands siéges se trouva en opposition avec l'esprit populaire qui avait inspiré jusqu'alors toutes les assemblées des chrétiens. Souvent, dès que l'évêque d'une métropole faisait valoir un sentiment, un évêque suffragant, un prêtre, un diacre, en avaient un contraire. Toute autorité blesse en secret les hommes, d'autant plus que toute autorité veut toujours s'accroître. Lorsqu'on trouve, pour lui résister, un prétexte qu'on croit sacré, on se fait bientôt un devoir de la révolte. Ainsi les uns deviennent persécuteurs, les autres rebelles, en attestant Dieu des deux côtés.

Nous avons vu combien, depuis les disputes du prêtre Arius[1] contre un évêque, la fureur de dominer sur les âmes a troublé la terre. Donner son sentiment pour la volonté de Dieu, commander de croire sous peine de la mort du corps et des tourments éternels de l'âme, a été le dernier période du despotisme de

---

1. Voyez *Essai sur les Mœurs et l'Esprit des nations*. (*Note de Voltaire.*) — C'est au chapitre *De Calvin et de Servet* (voyez tome XII, page 316), ainsi qu'à celui *De Jean Hus et de Jérôme de Prague* (voyez tome XII, page 1), que renvoie Voltaire ; et peut-être aussi au chapitre où il parle des puritains anglais : voyez tome XIII, page 61 et suiv. Sur Arius, voyez, dans le *Dictionnaire philosophique*, le mot ARIANISME.

l'esprit dans quelques hommes ; et résister à ces deux menaces a été¹ dans d'autres le dernier effort de la liberté naturelle. Cet *Essai sur les Mœurs*, que vous avez parcouru², vous a fait voir depuis Théodose une lutte perpétuelle entre la juridiction séculière et l'ecclésiastique ; et depuis Charlemagne les efforts réitérés des grands fiefs contre les souverains, les évêques élevés souvent contre les rois, les papes aux prises avec les rois et les évêques.

On disputait peu dans l'Église latine aux premiers siècles. Les invasions continuelles des barbares permettaient à peine de penser ; et il y avait peu de dogmes qu'on eût assez développés pour fixer la croyance universelle. Presque tout l'Occident rejeta le culte des images au siècle de Charlemagne. Un évêque de Turin, nommé Claude, les proscrivit avec chaleur, et retint plusieurs dogmes qui font encore aujourd'hui le fondement de la religion des protestants. Ces opinions se perpétuèrent dans les vallées du Piémont, du Dauphiné, de la Provence, du Languedoc : elles éclatèrent au XIIe siècle ; elles produisirent bientôt après la guerre des Albigeois, et, ayant passé ensuite dans l'université de Prague, elles excitèrent la guerre des hussites. Il n'y eut qu'environ cent ans d'intervalle entre la fin des troubles qui naquirent de la cendre de Jean Hus et de Jérôme de Prague, et ceux que la vente des indulgences fit renaître. Les anciens dogmes embrassés par les Vaudois, les Albigeois, les hussites, renouvelés et différemment expliqués par Luther et Zuingle, furent reçus avec avidité dans l'Allemagne comme un prétexte pour s'emparer de tant de terres dont les évêques et les abbés s'étaient mis en possession, et pour résister aux empereurs, qui alors marchaient à grands pas au pouvoir despotique. Ces dogmes triomphèrent en Suède et en Danemark, pays où les peuples étaient libres sous des rois.

Les Anglais, dans qui la nature a mis l'esprit d'indépendance, les adoptèrent, les mitigèrent, et en composèrent une religion pour eux seuls. Le presbytérianisme établit en Écosse, dans les temps malheureux, une espèce de république dont le pédantisme et la dureté étaient beaucoup plus intolérables que la rigueur du climat, et même que la tyrannie des évêques qui avait excité tant de plaintes. Il n'a cessé d'être dangereux en Écosse que quand la raison, les lois et la force l'ont réprimé. La réforme pénétra en Pologne, et y fit beaucoup de progrès dans les seules villes où le

---

1. Dans l'édition de 1756, on lit : « A été dans d'autres le dernier effort de l'indépendance. » Le texte actuel est de 1768. (B.)
2. Voltaire s'adresse encore ici en imagination à Mme du Châtelet. (G. A.)

peuple n'est point esclave. La plus grande et la plus riche partie de la république helvétique n'eut pas de peine à la recevoir. Elle fut sur le point d'être établie à Venise par la même raison ; et elle y eût pris racine si Venise n'eût pas été voisine de Rome, et peut-être si le gouvernement n'eût pas craint la démocratie, à laquelle le peuple aspire naturellement dans toute république, et qui était alors le grand but de la plupart des prédicants. Les Hollandais ne prirent cette religion que quand ils secouèrent le joug de l'Espagne. Genève devint un État entièrement républicain en devenant calviniste.

Toute la maison d'Autriche écarta ces religions de ses États autant qu'il lui fut possible. Elles n'approchèrent presque point de l'Espagne. Elles ont été extirpées par le fer et par le feu dans les États du duc de Savoie, qui ont été leur berceau. Les habitants des vallées piémontaises ont éprouvé, en 1655, ce que les peuples de Mérindol et de Cabrières éprouvèrent en France sous François Ier. Le duc de Savoie, absolu, a exterminé chez lui la secte dès qu'elle lui a paru dangereuse : il n'en reste que quelques faibles rejetons ignorés dans les rochers qui les renferment. On ne vit point les luthériens et les calvinistes causer de grands troubles en France sous le gouvernement ferme de François Ier et de Henri II ; mais dès que le gouvernement fut faible et partagé, les querelles de religion furent violentes. Les Condé et les Coligny, devenus calvinistes parce que les Guises étaient catholiques, bouleversèrent l'État à l'envi. La légèreté et l'impétuosité de la nation, la fureur de la nouveauté et l'enthousiasme, firent pendant quarante ans du peuple le plus poli un peuple de barbares.

Henri IV, né dans cette secte qu'il aimait sans être entêté d'aucune, ne put, malgré ses victoires et ses vertus, régner sans abandonner le calvinisme : devenu catholique, il ne fut pas assez ingrat pour vouloir détruire un parti si longtemps ennemi des rois, mais auquel il devait en partie sa couronne ; et s'il avait voulu détruire cette faction, il ne l'aurait pas pu. Il la chérit, la protégea, et la réprima.

Les huguenots en France faisaient alors à peu près la douzième partie de la nation. Il y avait parmi eux des seigneurs puissants ; des villes entières étaient protestantes. Ils avaient fait la guerre aux rois ; on avait été contraint de leur donner des places de sûreté : Henri III leur en avait accordé quatorze dans le seul Dauphiné ; Montauban, Nîmes, dans le Languedoc ; Saumur, et surtout la Rochelle, qui faisait une république à part, et que le commerce et la faveur de l'Angleterre pouvaient rendre puissante.

CHAPITRE XXXVI.

Enfin Henri IV sembla satisfaire son goût, sa politique, et même son devoir, en accordant au parti le célèbre édit de Nantes, en 1598. Cet édit n'était au fond que la confirmation des priviléges que les protestants de France avaient obtenus des rois précédents les armes à la main, et que Henri le Grand, affermi sur le trône, leur laissa par bonne volonté[1].

Par cet édit de Nantes, que le nom de Henri IV rendit plus célèbre que tous les autres, tout seigneur de fief haut justicier pouvait avoir dans son château plein exercice de la religion prétendue réformée; tout seigneur sans haute justice pouvait admettre trente personnes à son prêche. L'entier exercice de cette religion était autorisé dans tous les lieux qui ressortissaient immédiatement à un parlement.

Les calvinistes pouvaient faire imprimer, sans s'adresser aux supérieurs, tous leurs livres, dans les villes où leur religion était permise.

Ils étaient déclarés capables de toutes les charges et dignités de l'État; et il y parut bien en effet, puisque le roi fit ducs et pairs les seigneurs de La Trimouille et de Rosny.

On créa une chambre exprès au parlement de Paris, composée d'un président et de seize conseillers, laquelle jugea tous les procès des réformés, non-seulement dans le district immense du ressort de Paris, mais dans celui de Normandie et de Bretagne. Elle fut nommée *la chambre de l'édit*. Il n'y eut jamais, à la vérité, qu'un seul calviniste admis de droit parmi les conseillers de cette juridiction. Cependant, comme elle était destinée à empêcher les vexations dont le parti se plaignait, et que les hommes se piquent toujours de remplir un devoir qui les distingue, cette chambre, composée de catholiques, rendit toujours aux huguenots, de leur aveu même, la justice la plus impartiale.

Ils avaient une espèce de petit parlement à Castres, indépendant de celui de Toulouse. Il y eut à Grenoble et à Bordeaux des chambres mi-parties catholiques et calvinistes. Leurs Églises s'assemblaient en synodes, comme l'Église gallicane. Ces priviléges et beaucoup d'autres incorporèrent ainsi les calvinistes au reste de la nation[2]. C'était à la vérité attacher des ennemis en-

---

1. L'édit fut donné à Nantes le jeudi 13 avril 1598, et ne fut enregistré que le jeudi 25 février de l'année suivante, à cause des difficultés que suscitèrent le clergé, l'université et le parlement. (E. B.)

2. Ils avaient à la cour deux députés généraux qui étaient nommés tous les trois ans par des assemblées de ministres, de gentilshommes et de gens du tiers, élus eux-mêmes. (G. A.)

semble ; mais l'autorité, la bonté et l'adresse de ce grand roi les continrent pendant sa vie.

Après la mort à jamais effrayante et déplorable de Henri IV, dans la faiblesse d'une minorité et sous une cour divisée, il était bien difficile que l'esprit républicain des réformés n'abusât de ses priviléges, et que la cour, toute faible qu'elle était, ne voulût les restreindre. Les huguenots avaient déjà établi en France des *cercles*, à l'imitation de l'Allemagne. Les députés de ces cercles étaient souvent séditieux, et il y avait dans le parti des seigneurs pleins d'ambition. Le duc de Bouillon, et surtout le duc de Rohan, le chef le plus accrédité des huguenots, précipitèrent bientôt dans la révolte l'esprit remuant des prédicants et le zèle aveugle des peuples. L'assemblée générale du parti osa, dès 1615, présenter à la cour un cahier par lequel, entre autres articles injurieux, elle demandait qu'on réformât le conseil du roi[1]. Ils prirent les armes en quelques endroits dès l'an 1616, et l'audace des huguenots se joignant aux divisions de la cour, à la haine contre les favoris, à l'inquiétude de la nation, tout fut longtemps dans le trouble. C'étaient des séditions, des intrigues, des menaces, des prises d'armes, des paix faites à la hâte, et rompues de même : c'est ce qui faisait dire au célèbre cardinal Bentivoglio, alors nonce en France[2], qu'il n'y avait vu que des orages.

Dans l'année 1621, les Églises réformées de France offrirent à Lesdiguières, devenu depuis connétable, le généralat de leurs armées, et cent mille écus par mois. Mais Lesdiguières, plus éclairé dans son ambition qu'eux dans leurs factions, et qui les connaissait pour les avoir commandés, aima mieux alors les combattre que d'être à leur tête, et pour réponse à leurs offres il se fit catholique. Les huguenots s'adressèrent ensuite au maréchal duc de Bouillon, qui dit qu'il était trop vieux ; enfin ils donnèrent cette malheureuse place au duc de Rohan, qui, conjointement avec son frère Soubise, osa faire la guerre au roi de France.

La même année, le connétable de Luines mena Louis XIII de province en province. Il soumit plus de cinquante villes, presque sans résistance ; mais il échoua devant Montauban ; le roi eut l'affront de décamper. On assiégea en vain la Rochelle, elle ré-

---

1. Richelieu dit que, quand le conseil eût été huguenot, il n'eût pu donner contentement à leurs demandes. (G. A.)

2. Voyez une particularité qui le concerne dans le *Dictionnaire philosophique*, à la fin de l'article GRÉGOIRE VII.

sistait par elle-même et par les secours de l'Angleterre ; et le duc de Rohan, coupable du crime de lèse-majesté, traita de la paix avec son roi, presque de couronne à couronne.

Après cette paix et après la mort du connétable de Luines, il fallut encore recommencer la guerre et assiéger de nouveau la Rochelle, toujours liguée contre son souverain avec l'Angleterre et avec les calvinistes du royaume. Une femme [1] (c'était la mère du duc de Rohan) défendit cette ville [2] pendant un an contre l'armée royale, contre l'activité du cardinal de Richelieu, et contre l'intrépidité de Louis XIII, qui affronta plus d'une fois la mort à ce siége. La ville souffrit toutes les extrémités de la faim, et on ne dut la reddition de la place qu'à cette digue de cinq cents pieds de long [3] que le cardinal de Richelieu fit construire, à l'exemple de celle qu'Alexandre fit autrefois élever devant Tyr. Elle dompta la mer et les Rochellois. Le maire Guiton, qui voulait s'ensevelir sous les ruines de la Rochelle, eut l'audace, après s'être rendu à discrétion, de paraître avec ses gardes devant le cardinal de Richelieu. Les maires des principales villes des huguenots en avaient. On ôta les siens à Guiton, et les priviléges à la ville [4]. Le duc de Rohan, chef des hérétiques rebelles, continuait toujours la guerre pour son parti ; et, abandonné des Anglais, quoique protestants, il se liguait avec les Espagnols, quoique catholiques. Mais la conduite ferme du cardinal de Richelieu força les huguenots, battus de tous côtés, à se soumettre.

Tous les édits qu'on leur avait accordés jusqu'alors avaient été des traités avec les rois. Richelieu voulut que celui qu'il fit rendre fût appelé *l'édit de grâce* [5]. Le roi y parla en souverain qui pardonne. On ôta l'exercice de la nouvelle religion à la Rochelle, à l'île de Ré, à Oléron, à Privas, à Pamiers ; du reste, on laissa subsister l'édit de Nantes, que les calvinistes regardèrent toujours comme leur loi fondamentale.

Il paraît étrange que le cardinal de Richelieu, si absolu et si

---

1. Catherine Larchevêque de Parthenay, née en 1554, morte en 1631, avait épousé en premières noces Charles de Quellenec, baron de Pont, auquel elle intenta ce scandaleux procès dont parle Voltaire (voyez page 81, tome VIII, une note du chant deuxième de *la Henriade*), et qui épousa en secondes noces René de Rohan. Sur le siége de la Rochelle, voyez tome XIII, page 6.
2. Ou plutôt : prit part à la défense.
3. Voltaire, dans l'*Essai sur les Mœurs,* chapitre CLXXVI, donne à cette digue quatre mille sept cents pieds de long.
4. Voyez encore, sur la prise de la Rochelle, le chapitre CLXXVI de l'*Essai sur les Mœurs*.
5. En 1629.

audacieux, n'abolit pas ce fameux édit : il eut alors une autre vue, plus difficile peut-être à remplir, mais non moins conforme à l'étendue de son ambition et à la hauteur de ses pensées. Il rechercha la gloire de subjuguer les esprits ; il s'en croyait capable par ses lumières, par sa puissance et par sa politique. Son projet était de gagner quelques prédicants que les réformés appelaient alors *ministres*, et qu'on nomme aujourd'hui *pasteurs;* de leur faire d'abord avouer que le culte catholique n'était pas un crime devant Dieu, de les mener ensuite par degrés, de leur accorder quelques points peu importants, et de paraître aux yeux de la cour de Rome ne leur avoir rien accordé. Il comptait éblouir une partie des réformés, séduire l'autre par les présents et par les grâces, et avoir enfin toutes les apparences de les avoir réunis à l'Église, laissant au temps à faire le reste, et n'envisageant que la gloire d'avoir ou fait ou préparé ce grand ouvrage, et de passer pour l'avoir fait. Le fameux capucin Joseph d'un côté, et deux ministres gagnés de l'autre, entamèrent cette négociation. Mais il parut que le cardinal de Richelieu avait trop présumé, et qu'il est plus difficile d'accorder des théologiens que de faire des digues sur l'Océan.

Richelieu, rebuté, se proposa d'écraser les calvinistes[1]. D'autres soins l'en empêchèrent. Il avait à combattre à la fois les grands du royaume, la maison royale, toute la maison d'Autriche, et souvent Louis XIII lui-même. Il mourut enfin, au milieu de tous ces orages, d'une mort prématurée. Il laissa tous ses desseins encore imparfaits, et un nom plus éclatant que cher et vénérable.

Cependant, après la prise de la Rochelle et l'édit de grâce, les guerres civiles cessèrent, et il n'y eut plus que des disputes. On imprimait de part et d'autre de ces gros livres qu'on ne lit plus. Le clergé, et surtout les jésuites, cherchaient à convertir des huguenots. Les ministres tâchaient d'attirer quelques catholiques à leurs opinions. Le conseil du roi était occupé à rendre des arrêts pour un cimetière que les deux religions se disputaient dans un village, pour un temple bâti sur un fonds appartenant autrefois à l'Église, pour des écoles, pour des droits de châteaux, pour des enterrements, pour des cloches ; et rarement les réformés gagnaient leurs procès. Il n'y eut plus, après tant de dévastations et de saccagements, que ces petites épines. Les huguenots n'eurent plus de chef depuis que le duc de Rohan cessa de l'être, et que la maison de Bouillon n'eut plus Sedan. Ils se firent même un mérite

---

1. D'autres prétendent qu'il n'eut jamais cette intention. (G. A.)

de rester tranquilles au milieu des factions de la Fronde et des guerres civiles que des princes, des parlements et des évêques excitèrent, en prétendant servir le roi contre le cardinal Mazarin.

Il ne fut presque point question de religion pendant la vie de ce ministre. Il ne fit nulle difficulté de donner la place de contrôleur général des finances à un calviniste étranger, nommé Hervart[1]. Tous les réformés entrèrent dans les fermes, dans les sous-fermes, dans toutes les places qui en dépendent.

Colbert, qui ranima l'industrie de la nation, et qu'on peut regarder comme le fondateur du commerce, employa beaucoup de huguenots dans les arts, dans les manufactures, dans la marine. Tous ces objets utiles, qui les occupaient, adoucirent peu à peu dans eux la fureur épidémique de la controverse; et la gloire qui environna cinquante ans Louis XIV, sa puissance, son gouvernement ferme et vigoureux, ôtèrent au parti réformé, comme à tous les ordres de l'État, toute idée de résistance. Les fêtes magnifiques d'une cour galante jetaient même du ridicule sur le pédantisme des huguenots. A mesure que le bon goût se perfectionnait, les psaumes de Marot et de Bèze ne pouvaient plus insensiblement inspirer que du dégoût. Ces psaumes, qui avaient charmé la cour de François II, n'étaient plus faits que pour la populace sous Louis XIV. La saine philosophie, qui commença vers le milieu de ce siècle à percer un peu dans le monde, devait encore dégoûter à la longue les honnêtes gens des disputes de controverse.

Mais, en attendant que la raison se fît peu à peu écouter des hommes, l'esprit même de dispute pouvait servir à entretenir la tranquillité de l'État : car les jansénistes commençant alors à paraître avec quelque réputation, ils partageaient les suffrages de ceux qui se nourrissent de ces subtilités ; ils écrivaient contre les jésuites et contre les huguenots : ceux-ci répondaient aux jansénistes et aux jésuites ; les luthériens de la province d'Alsace écrivaient contre eux tous. Une guerre de plume entre tant de partis, pendant que l'État était occupé de grandes choses, et que le gouvernement était tout-puissant, ne pouvait devenir en peu d'années qu'une occupation de gens oisifs, qui dégénère tôt ou tard en indifférence.

Louis XIV était animé contre les réformés[2], par les remontrances continuelles de son clergé, par les insinuations des jésuites, par la cour de Rome, et enfin par le chancelier Le Tellier et Lou-

---

1. Il avait fondé à Paris une maison de banque.
2. Au lieu de *réformés*, les éditions antérieures à 1768 portent *religionnaires*. (B.)

vois, son fils, tous deux ennemis de Colbert, et qui voulaient perdre les réformés comme rebelles, parce que Colbert les protégeait comme des sujets utiles. Louis XIV, nullement instruit d'ailleurs du fond de leur doctrine, les regardait, non sans quelque raison, comme d'anciens révoltés soumis avec peine. Il s'appliqua d'abord à miner par degrés, de tous côtés, l'édifice de leur religion : on leur ôtait un temple sur le moindre prétexte ; on leur défendit d'épouser des filles catholiques ; et, en cela, on ne fut pas peut-être assez politique : c'était ignorer le pouvoir d'un sexe que la cour, pourtant, connaissait si bien. Les intendants et les évêques tâchaient, par les moyens les plus plausibles, d'enlever aux huguenots leurs enfants. Colbert eut ordre, en 1681, de ne plus recevoir aucun homme de cette religion dans les fermes. On les exclut, autant qu'on le put, des communautés des *arts et métiers*. Le roi, en les tenant ainsi sous le joug, ne l'appesantissait pas toujours. On défendit par des arrêts toute violence contre eux. On mêla les insinuations aux sévérités, et il n'y eut alors de rigueur qu'avec les formalités[1] de la justice.

On employa surtout un moyen souvent efficace de conversion : ce fut l'argent ; mais on ne fit pas assez d'usage de ce ressort. Pellisson fut chargé de ce ministère secret. C'est ce même Pellisson, longtemps calviniste, si connu par ses ouvrages, par une éloquence pleine d'abondance, par son attachement au surintendant Fouquet, dont il avait été le premier commis, le favori, et la victime. Il eut le bonheur d'être éclairé et de changer de religion, dans un temps où ce changement pouvait le mener aux dignités et à la fortune. Il prit l'habit ecclésiastique, obtint des bénéfices et une place de maître des requêtes. Le roi lui confia le revenu des abbayes de Saint-Germain des Prés et de Cluny, vers l'année 1677, avec les revenus du tiers des économats, pour être distribués à ceux qui voudraient se convertir. Le cardinal Lecamus, évêque de Grenoble, s'était déjà servi de cette méthode. Pellisson, chargé de ce département, envoyait l'argent dans les provinces. On tâchait d'opérer beaucoup de conversions pour peu d'argent. De petites sommes, distribuées à des indigents, enflaient la liste que Pellisson présentait au roi tous les trois mois, en lui persuadant que tout cédait dans le monde à sa puissance ou à ses bienfaits[2].

---

1. On lit *formes* dans toutes les éditions. J'ai trouvé le mot *formalités* écrit de la main de Voltaire à la marge d'un exemplaire. (B.)

2. Le prix moyen d'une conversion était de six francs. Ajoutons pourtant que, les six francs une fois reçus, les nouveaux baptisés revenaient au protestantisme ; si bien qu'on dut publier une déclaration contre les relaps. (G. A.)

Le conseil, encouragé par ces petits succès, que le temps eût rendus plus considérables, s'enhardit, en 1681, à donner une déclaration par laquelle les enfants étaient reçus à renoncer à leur religion à l'âge de sept ans; et à l'appui de cette déclaration, on prit dans les provinces beaucoup d'enfants pour les faire abjurer, et on logea des gens de guerre chez les parents.

Ce fut cette précipitation du chancelier Le Tellier et de Louvois, son fils, qui fit d'abord déserter, en 1681, beaucoup de familles du Poitou, de la Saintonge, et des provinces voisines. Les étrangers se hâtèrent d'en profiter.

Les rois d'Angleterre et de Danemark, et surtout la ville d'Amsterdam, invitèrent les calvinistes de France à se réfugier dans leurs États, et leur assurèrent une subsistance. Amsterdam s'engagea même à bâtir mille maisons pour les fugitifs.

Le conseil vit les suites dangereuses de l'usage trop prompt de l'autorité, et crut y remédier par l'autorité même. On sentait combien étaient nécessaires les artisans dans un pays où le commerce florissait, et les gens de mer dans un temps où l'on établissait une puissante marine. On ordonna la peine des galères contre ceux de ces professions qui tenteraient de s'échapper.

On remarqua que plusieurs familles calvinistes vendaient leurs immeubles. Aussitôt parut une déclaration qui confisqua tous ces immeubles, en cas que les vendeurs sortissent dans un an du royaume. Alors la sévérité redoubla contre les ministres. On interdisait leurs temples sur la plus légère contravention. Toutes les rentes laissées par testament aux consistoires furent appliquées aux hôpitaux du royaume.

On défendit aux maîtres d'école calvinistes de recevoir des pensionnaires. On mit les ministres à la taille; on ôta la noblesse aux maires protestants. Les officiers de la maison du roi, les secrétaires du roi, qui étaient protestants, eurent ordre de se défaire de leurs charges. On n'admit plus ceux de cette religion, ni parmi les notaires, les avocats, ni même dans la fonction de procureurs.

Il était enjoint à tout le clergé de faire des prosélytes, et il était défendu aux pasteurs réformés d'en faire, sous peine de bannissement perpétuel. Tous ces arrêts étaient publiquement sollicités par le clergé de France. C'était, après tout, les enfants de la maison qui ne voulaient point de partage avec des étrangers introduits par force.

Pellisson continuait d'acheter des convertis; mais Mme Hervart, veuve du contrôleur général des finances, animée de ce zèle de religion qu'on a remarqué de tout temps dans les femmes, envoyait autant d'argent pour empêcher les conversions que Pellisson pour en faire.

(1682) Enfin les huguenots osèrent désobéir en quelques endroits. Ils s'assemblèrent dans le Vivarais et dans le Dauphiné, près des lieux où l'on avait démoli leurs temples. On les attaqua; ils se défendirent. Ce n'était qu'une très-légère étincelle du feu des anciennes guerres civiles. Deux ou trois cents malheureux, sans chef, sans places, et même sans desseins, furent dispersés en un quart d'heure : les supplices suivirent leur défaite. L'intendant du Dauphiné fit rouer le petit-fils du pasteur Chamier, qui avait dressé l'édit de Nantes. Il est au rang des plus fameux martyrs de la secte, et ce nom de Chamier a été longtemps en vénération chez les protestants.

(1683) L'intendant du Languedoc[1] fit rouer vif le prédicant Chomel. On condamna trois autres au même supplice, et dix à être pendus : la fuite qu'ils avaient prise les sauva, et ils ne furent exécutés qu'en effigie.

Tout cela inspirait la terreur, et en même temps augmentait l'opiniâtreté. On sait trop que les hommes s'attachent à leur religion à mesure qu'ils souffrent pour elle.

Ce fut alors qu'on persuada au roi qu'après avoir envoyé des missionnaires dans toutes les provinces, il fallait y envoyer des dragons. Ces violences parurent faites à contre-temps ; elles étaient les suites de l'esprit qui régnait alors à la cour, que tout devait fléchir au nom de Louis XIV. On ne songeait pas que les huguenots n'étaient plus ceux de Jarnac, de Moncontour et de Coutras; que la rage des guerres civiles était éteinte; que cette longue maladie était dégénérée en langueur; que tout n'a qu'un temps chez les hommes; que si les pères avaient été rebelles sous Louis XIII, les enfants étaient soumis sous Louis XIV. On voyait en Angleterre, en Hollande, en Allemagne, plusieurs sectes, qui s'étaient mutuellement égorgées le siècle passé, vivre maintenant en paix dans les mêmes villes. Tout prouvait qu'un roi absolu pouvait être également bien servi par des catholiques et par des protestants. Les luthériens d'Alsace en étaient un témoignage authentique. Il parut enfin que la reine Christine avait eu raison de dire dans une de ses lettres, à l'occasion de ces violences et de ces émigrations : « Je considère la France comme un malade

---

1. Henri d'Aguesseau, intendant du Limousin, puis du Languedoc, père du chancelier.

à qui l'on coupe bras et jambes, pour le traiter d'un mal que la douceur et la patience auraient entièrement guéri. »

Louis XIV, qui, en se saisissant de Strasbourg, en 1681, y protégeait le luthéranisme [1], pouvait tolérer dans ses États le calvinisme, que le temps aurait pu abolir, comme il diminue un peu, chaque jour, le nombre des luthériens en Alsace. Pouvait-on imaginer qu'en forçant un grand nombre de sujets, on n'en perdrait pas un plus grand nombre, qui, malgré les édits et malgré les gardes, échapperait par la fuite à une violence regardée comme une horrible persécution? Pourquoi, enfin, vouloir faire haïr à plus d'un million d'hommes un nom cher et précieux, auquel, et protestants et catholiques, et Français et étrangers, avaient alors joint celui de *grand?* La politique même semblait pouvoir engager à conserver les calvinistes, pour les opposer aux prétentions continuelles de la cour de Rome. C'était en ce temps-là même que le roi avait ouvertement rompu avec Innocent XI, ennemi de la France. Mais Louis XIV, conciliant les intérêts de sa religion et ceux de sa grandeur, voulut à la fois humilier le pape d'une main, et écraser le calvinisme de l'autre.

Il envisageait, dans ces deux entreprises, cet éclat de gloire dont il était idolâtre en toutes choses. Les évêques, plusieurs intendants, tout le conseil [2], lui persuadèrent que ses soldats, en se montrant seulement, achèveraient ce que ses bienfaits et les missions avaient commencé. Il crut n'user que d'autorité ; mais ceux à qui cette autorité fut commise usèrent d'une extrême rigueur.

Vers la fin de 1684, et au commencement de 1685, tandis que Louis XIV, toujours puissamment armé, ne craignait aucun de ses voisins, les troupes furent envoyées dans toutes les villes et dans tous les châteaux où il y avait le plus de protestants; et comme les dragons, assez mal disciplinés dans ce temps-là, furent ceux qui commirent le plus d'excès, on appela cette exécution *la dragonnade.*

Les frontières étaient aussi soigneusement gardées qu'on le pouvait, pour prévenir la fuite de ceux qu'on voulait réunir à l'Église. C'était une espèce de chasse qu'on faisait dans une grande enceinte.

---

1. C'est-à-dire qu'il dut, par traité, garantir le maintien des priviléges ecclésiastiques et politiques; mais la cathédrale fut rendue au catholicisme, et il y alla en personne pour la cérémonie. (G. A.)
2. Et surtout Louvois.

Un évêque, un intendant, ou un subdélégué, ou un curé, ou quelqu'un d'autorisé, marchait à la tête des soldats. On assemblait les principales familles calvinistes, surtout celles qu'on croyait les plus faciles. Elles renonçaient à leur religion au nom des autres, et les obstinés étaient livrés aux soldats, qui eurent toute licence, excepté celle de tuer. Il y eut pourtant plusieurs personnes si cruellement maltraitées qu'elles en moururent. Les enfants des réfugiés, dans les pays étrangers, jettent encore des cris sur cette persécution de leurs pères : ils la comparent aux plus violentes que souffrit l'Église dans les premiers temps.

C'était un étrange contraste que du sein d'une cour voluptueuse, où régnaient la douceur des mœurs, les grâces, les charmes de la société, il partît des ordres si durs et si impitoyables. Le marquis de Louvois porta dans cette affaire l'inflexibilité de son caractère ; on y reconnut le même génie qui avait voulu ensevelir la Hollande sous les eaux, et qui, depuis, mit le Palatinat en cendres. Il y a encore des lettres de sa main, de cette année 1685, conçues en ces termes : « Sa Majesté veut qu'on fasse éprouver les dernières rigueurs à ceux qui ne voudront pas se faire de sa religion ; et ceux qui auront la sotte gloire de vouloir demeurer les derniers doivent être poussés jusqu'à la dernière extrémité. »

Paris ne fut point exposé à ces vexations ; les cris se seraient fait entendre au trône de trop près. On veut bien faire des malheureux, mais on souffre d'entendre leurs clameurs.

(1685) Tandis qu'on faisait ainsi tomber partout les temples, et qu'on demandait dans les provinces des abjurations à main armée, l'édit de Nantes fut enfin cassé, au mois[1] d'octobre 1685 ; et on acheva de ruiner l'édifice qui était déjà miné de toutes parts.

La chambre de l'édit[2] avait déjà été supprimée. Il fut ordonné aux conseillers calvinistes du parlement de se défaire de leurs charges. Une foule d'arrêts du conseil parut coup sur coup, pour extirper les restes de la religion proscrite. Celui qui paraissait le plus fatal fut l'ordre d'arracher les enfants aux prétendus réformés pour les remettre entre les mains des plus proches parents catholiques, ordre contre lequel la nature réclamait à si haute voix qu'il ne fut pas exécuté.

---

1. Le 21 octobre ; un décret de l'Assemblée constituante, du 10 juillet 1790 annule l'édit de 1685, qui révoquait celui de Nantes. (B.)
2. Voyez page 18.

Mais dans ce célèbre édit qui révoqua celui de Nantes, il paraît qu'on prépara un événement tout contraire au but qu'on s'était proposé. On voulait la réunion des calvinistes à l'Église dans le royaume. Gourville, homme très-judicieux, consulté par Louvois, lui avait proposé, comme on sait, de faire enfermer tous les ministres, et de ne relâcher que ceux qui, gagnés par des pensions secrètes, abjureraient en public, et serviraient à la réunion plus que des missionnaires et des soldats. Au lieu de suivre cet avis politique, il fut ordonné, par l'édit, à tous les ministres qui ne voulaient pas se convertir, de sortir du royaume dans quinze jours. C'était s'aveugler que de penser qu'en chassant les pasteurs une grande partie du troupeau ne suivrait pas. C'était bien présumer de sa puissance, et mal connaître les hommes, de croire que tant de cœurs ulcérés et tant d'imaginations échauffées par l'idée du martyre, surtout dans les pays méridionaux de la France, ne s'exposeraient pas à tout, pour aller chez les étrangers publier leur constance et la gloire de leur exil, parmi tant de nations envieuses de Louis XIV, qui tendaient les bras à ces troupes fugitives.

Le vieux chancelier Le Tellier, en signant l'édit, s'écria plein de joie : « Nunc dimittis servum tuum, Domine... quia viderunt oculi mei salutare tuum [1]. » Il ne savait pas qu'il signait un des grands malheurs de la France [2].

Louvois, son fils, se trompait encore en croyant qu'il suffirait d'un ordre de sa main pour garder toutes les frontières et toutes les côtes contre ceux qui se faisaient un devoir de la fuite. L'industrie occupée à tromper la loi est toujours plus forte que l'autorité. Il suffisait de quelques gardes gagnés, pour favoriser la foule des réfugiés. Près de cinquante mille familles, en trois ans de temps, sortirent du royaume, et furent après suivies par d'autres. Elles allèrent porter chez les étrangers les arts, les manufactures, la richesse. Presque tout le nord de l'Allemagne, pays en-

1. Cantique de Siméon. Saint Luc, II, 29-30.
2. Si vous lisez l'Oraison funèbre de Le Tellier, par Bossuet, ce chancelier est un juste, et un grand homme. Si vous lisez les *Annales* de l'abbé de Saint-Pierre, c'est un lâche et dangereux courtisan, un calomniateur adroit, dont le comte de Grammont disait, en le voyant sortir d'un entretien particulier avec le roi : « Je crois voir une fouine qui vient d'égorger des poulets, en se léchant le museau plein de leur sang. » (*Note de Voltaire.*) — Cette note est de 1756. (B.) — Toute la France, il faut bien le dire, applaudit à l'enregistrement de l'ordonnance de révocation. On fit des sermons, on composa des pièces de vers, on grava des tableaux et des médailles; on éleva même des statues en l'honneur du destructeur de l'hérésie. (G. A.)

core agreste et dénué d'industrie, reçut une nouvelle face de ces multitudes transplantées. Elles peuplèrent des villes entières. Les étoffes, les galons, les chapeaux, les bas, qu'on achetait auparavant de la France, furent fabriqués par eux. Un faubourg entier de Londres fut peuplé d'ouvriers français en soie[1]; d'autres y portèrent l'art de donner la perfection aux cristaux, qui fut alors perdu en France. On trouve encore très-communément dans l'Allemagne l'or que les réfugiés y répandirent[2]. Ainsi la France perdit environ cinq cent mille habitants, une quantité prodigieuse d'espèces[3], et surtout des arts dont ses ennemis s'enrichirent. La Hollande y gagna d'excellents officiers et des soldats. Le prince d'Orange et le duc de Savoie eurent des régiments entiers de réfugiés. Ces mêmes souverains de Savoie et de Piémont, qui avaient exercé tant de cruautés contre les réformés de leurs pays, soudoyaient ceux de France; et ce n'était pas assurément par zèle de religion que le prince d'Orange les enrôlait[4]. Il y en eut qui s'établirent jusque vers le cap de Bonne-Espérance. Le neveu du célèbre Duquesne, lieutenant général de la marine, fonda une petite colonie à cette extrémité de la terre; elle n'a pas prospéré; ceux qui s'embarquèrent périrent pour la plupart. Mais enfin il y a encore des restes de cette colonie voisine des Hottentots. Les Français ont été dispersés plus loin que les Juifs.

Ce fut en vain qu'on remplit les prisons et les galères de ceux qu'on arrêta dans leur fuite. Que faire de tant de malheureux, affermis dans leur croyance par les tourments? comment laisser aux galères des gens de loi, des vieillards infirmes? On en fit embarquer quelques centaines pour l'Amérique. Enfin le conseil imagina que, quand la sortie du royaume ne serait plus défendue, les esprits n'étant plus animés par le plaisir secret de désobéir, il y aurait moins de désertions. On se trompa encore; et après avoir ouvert les passages, on les referma inutilement une seconde fois.

On défendit aux calvinistes, en 1685, de se faire servir par des catholiques, de peur que les maîtres ne pervertissent les domes-

---

1. Lyon tomba de 18,000 métiers à 4,000 environ. (G. A.)

2. Le comte d'Avaux, dans ses lettres, dit qu'on lui rapporta qu'à Londres on frappa soixante mille guinées de l'or que les réfugiés y avaient fait passer : on lui avait fait un rapport trop exagéré. (*Note de Voltaire.*)

3. *Cinq cent mille*, c'est peut-être trop dire; et *prodigieuse* est un mot bien trop fort aussi. (G. A.)

4. Vauban compte qu'il émigra neuf mille matelots, douze mille soldats, et six cents officiers; parmi ces derniers, le maréchal de Schomberg.

tiques; et, l'année d'après, un autre édit leur ordonna de se défaire des domestiques huguenots, afin de pouvoir les arrêter comme vagabonds. Il n'y avait rien de stable dans la manière de les persécuter, que le dessein de les opprimer pour les convertir.

Tous les temples détruits, tous les ministres bannis, il s'agissait de retenir dans la communion romaine tous ceux qui avaient changé par persuasion ou par crainte. Il en restait plus[1] de quatre cent mille dans le royaume. Ils étaient obligés d'aller à la messe et de communier. Quelques-uns, qui rejetèrent l'hostie après l'avoir reçue, furent condamnés à être brûlés vifs. Les corps de ceux qui ne voulaient pas recevoir les sacrements à la mort étaient traînés sur la claie, et jetés à la voirie.

Toute persécution fait des prosélytes, quand elle frappe pendant la chaleur de l'enthousiasme. Les calvinistes s'assemblèrent partout pour chanter leurs psaumes, malgré la peine de mort décernée contre ceux qui tiendraient des assemblées. Il y avait aussi peine de mort contre les ministres qui rentreraient dans le royaume, et cinq mille cinq cents livres de récompense pour qui les dénoncerait. Il en revint plusieurs qu'on fit périr par la corde ou par la roue[2].

1. On a imprimé plusieurs fois qu'il y a encore en France trois millions de réformés. Cette exagération est intolérable. M. de Bâville n'en comptait pas cent mille en Languedoc, et il était exact. Il n'y en a pas quinze mille dans Paris : beaucoup de villes et des provinces entières n'en ont point. (*Note de Voltaire.*) — Les protestants qui vivent à Paris sont enterrés par ordre de la police. Le nombre des morts est donc connu par ses registres, et il en résulte qu'ils forment environ la dixième partie de la population, les étrangers compris. Il ne serait pas surprenant que les protestants, relégués par les lois dans les classes qui peuplent le plus, eussent beaucoup plus que doublé depuis la révocation de l'édit de Nantes. Bâville ne mérite aucune croyance. Il est très-vraisemblable que la terreur qu'il avait inspirée avait forcé les huguenots à sortir du Languedoc, ou à dissimuler, et à se cacher. Il était d'ailleurs intéressé à en diminuer le nombre. C'était un moyen de plaire à Louis XIV; et pourquoi, après avoir versé tant de sang pour se frayer la route du ministère, se serait-il fait scrupule d'un mensonge? (K.) — On porte aujourd'hui (1830) à onze ou douze cent mille le nombre des protestants dans toute la France. (B.)

2. Toutes ces violences, qui déshonorent le règne de Louis XIV, furent exercées dans le temps où, dégoûté de Mme de Montespan, subjugué par Mme de Maintenon, il commençait à se livrer à ses confesseurs. Ces lois, qui violaient également et les premiers droits des hommes et tous les sentiments de l'humanité, étaient demandées par le clergé, et présentées par les jésuites à leur pénitent comme le moyen de réparer les péchés qu'il avait commis avec ses maîtresses. On lui proposait pour modèles Constantin, Théodose, et quelques autres scélérats du Bas-Empire. Jamais ses ministres, esclaves des prêtres et tyrans de la nation, n'osèrent lui faire connaître ni l'inutilité ni les suites cruelles de ses lois.

La nation aidait elle-même à le tromper : au milieu des cris de ses sujets innocents, expirant sur la roue et dans les bûchers, on vantait sa justice, et même sa

La secte subsista en paraissant écrasée. Elle espéra en vain, dans la guerre de 1689, que le roi Guillaume, ayant détrôné son beau-père catholique, soutiendrait en France le calvinisme. Mais, dans la guerre de 1701, la rébellion et le fanatisme éclatèrent en Languedoc et dans les contrées voisines.

clémence. Dans les lettres, dans les mémoires du temps, on parle souvent du sanguinaire Bâville comme d'un grand homme. Tel est le malheureux sort d'un prince qui accorde sa confiance à des prêtres, et qui, trompé par eux, laisse gémir sa nation sous le joug de la superstition. Louis aimait la gloire, et il marchandait honteusement la conscience de ses sujets; il voulait faire régner les lois, et il envoyait des soldats vivre à discrétion chez ceux qui ne pensaient point comme son confesseur. Il était flatté qu'on lui trouvât de la grandeur dans l'esprit, et il signait chaque mois des édits pour régler de quelle religion devaient être les marmitons, les maîtres en fait d'armes, et les écuyers de ses États; il aimait la décence, et les soldats envoyés par ses ordres donnaient le fouet aux filles protestantes pour les convertir.

Qu'il nous soit permis de faire ici quelques réflexions sur les causes de nos derniers troubles de religion.

L'esprit des réformés n'a été républicain que dans les pays où les souverains se sont montrés leurs ennemis. Le clergé protestant de Danemark a été un des principaux agents de la révolution qui a établi l'autorité absolue. En France, sous Louis XIII, les ministres protestants les plus éclairés écrivirent pour exhorter les peuples à obéir aux lois du prince, n'exceptant que les cas où les lois ordonnent positivement une action contraire à la loi de Dieu. Mais on se plaisait à les contraindre à ce qu'ils regardaient comme des actes d'idolâtrie. On les forçait, par une foule de petites injustices, à se jeter entre les bras des factieux, tandis qu'il n'aurait fallu qu'exécuter fidèlement l'édit de Nantes pour ôter à ces factieux l'appui des réformés. Cet édit de Nantes, à la vérité, ressemblait plus à une convention entre deux partis qu'à une loi donnée par un prince à ses sujets. Une tolérance absolue aurait été plus utile à la nation, plus juste, plus propre à conserver la paix qu'une tolérance limitée; mais Henri IV n'osa l'accorder pour ne pas déplaire aux catholiques, et les protestants ne comptaient point assez sur son autorité pour se contenter d'une loi de tolérance, quelque étendue qu'elle pût être.

Il eût été facile à Richelieu, et plus encore à Louis XIV, de réparer ce désordre en étendant la tolérance accordée par l'édit, et en détruisant tout le reste. Mais Richelieu avait eu le malheur de faire quelques mauvais ouvrages de théologie, et les protestants les avaient réfutés. Louis XIV, élevé, gouverné par des prêtres dans sa jeunesse, entouré de femmes qui joignaient les faiblesses de la dévotion aux faiblesses de l'amour, et de ministres qui croyaient avoir besoin de se couvrir du manteau de l'hypocrisie, ne put jamais soulever un coin du bandeau que la superstition avait jeté sur ses yeux. Il croyait que l'on n'était huguenot de bonne foi que faute d'être instruit; et la bassesse de ses courtisans, qui, en vendant leur conscience, faisaient semblant de se convertir par conviction, l'affermissait dans cette idée.

Ses ministres semblaient choisir les moyens les plus sûrs pour forcer les protestants à la révolte : on joignait l'insulte à la violence, on outrageait les femmes, on enlevait les enfants à leurs pères. On semblait se plaire à les irriter, à les plonger dans le désespoir par des lois souvent opposées, mais toujours oppressives, qu'on faisait succéder de mois en mois. Il n'est donc pas étonnant qu'il y ait eu parmi les protestants des fanatiques, et que ce fanatisme ait à la fin produit des révoltes. Elles éclatèrent dans les Cévennes, pays alors impraticable, habité par un

Cette rébellion fut excitée par des prophéties. Les prédictions ont été de tout temps un moyen dont on s'est servi pour séduire les simples, et pour enflammer les fanatiques. De cent événements que la fourberie ose prédire, si la fortune en amène un seul, les autres sont oubliés, et celui-là reste comme un gage de la faveur de Dieu, et comme la preuve d'un prodige. Si aucune prédiction ne s'accomplit, on les explique, on leur donne un nouveau sens ; les enthousiastes l'adoptent, et les imbéciles le croient.

peuple à demi sauvage, qui n'avait jamais été subjugué ni par les lois ni par les mœurs ; livré à un intendant violent par caractère, inaccessible à tout sentiment d'humanité, mêlant le mépris et l'insulte à la cruauté, dont l'âme trouvait un plaisir barbare dans les supplices longs et recherchés, et qui, instrument ambitieux et servile du despotisme et de la superstition de son maître, voulait mériter par des meurtres et par l'oppression d'une province l'honneur d'opprimer en chef la nation.

Quel fut le fruit des persécutions de Louis XIV? Une foule de ses meilleurs sujets emportant dans les pays étrangers leurs richesses et leur industrie, les armées de ses ennemis grossies par des régiments français, qui joignaient les fureurs du fanatisme et de la vengeance à leur valeur naturelle; la haine de la moitié de l'Europe, une guerre civile ajoutée aux malheurs d'une guerre étrangère, la crainte de voir ses provinces livrées aux étrangers par les Français, et l'humiliante nécessité de faire un traité avec un garçon boulanger.

Voilà ce que le clergé célébrait dans des harangues, ce que la flatterie consacrait dans des inscriptions et sur des médailles.

Après lui, les protestants furent tranquilles et soumis. Albéroni forma inutilement le projet absurde de les engager à se soulever contre le régent, c'est-à-dire contre un prince tolérant par raison, par politique, et par caractère, pour se donner un maître pénitent des jésuites, et qui s'était soumis au joug honteux de l'Inquisition. Pendant le ministère du duc de Bourbon, l'évêque de Fréjus, qui gouvernait les affaires ecclésiastiques, fit rendre, en 1724, contre les protestants, une loi plus sévère que celle de Louis XIV; elle n'excita point de troubles, parce qu'il n'eut garde de la faire exécuter à la rigueur Aussi indifférent pour la religion que le régent, il ne voulait qu'obtenir le chapeau de cardinal, malgré l'opposition secrète du duc de Bourbon. Il trahissait, par cette conduite, et son pays, et le souverain qui lui avait accordé sa confiance; mais quand le cardinalat est le prix de la trahison, quel prêtre est resté fidèle?

Sous Louis XV, les protestants furent traités avec modération, sans qu'on ait rien changé cependant aux lois portées contre eux : leur fortune, leur état, celui de leurs enfants, ne sont appuyés que sur la bonne foi. Ils ne peuvent faire aucun acte de religion sans encourir la peine des galères; ils sont exclus non-seulement des places honorables, mais de la plupart des métiers. Nous devons espérer que la raison, qui à la longue triomphera du fanatisme, et la politique, qui dans tous les temps l'emporte sur la superstition, détruiront enfin ces lois. La tolérance est établie dans toute l'Europe, hors l'Italie, l'Espagne et la France; l'Amérique appelle l'industrie, et offre la liberté, la tolérance et la fortune, à tout homme qui, ayant un métier, voudra quitter son pays; et la politique ne permettra point de laisser subsister plus longtemps des lois qui mettent en contradiction l'amour naturel de la patrie avec l'intérêt et la conscience ; et elles pourraient amener des émigrations plus funestes que celles du siècle dernier, et nous faire perdre en peu d'années tous les avantages du commerce dont la révolution de l'Amérique doit être la source. (K.)

Le ministre Jurieu fut un des plus ardents prophètes. Il commença par se mettre au-dessus d'un Cotterus[1], de je ne sais quelle Christine[2], d'un Justus Velsius[3], d'un Drabitius[4], qu'il regarde comme gens inspirés de Dieu. Ensuite il se mit presque à côté de l'auteur de l'*Apocalypse* et de saint Paul ; ses partisans, ou plutôt ses ennemis, firent frapper une médaille en Hollande avec cet exergue : *Jurius propheta.* Il promit la délivrance du peuple de Dieu pendant huit années. Son école de prophétie s'était établie dans les montagnes du Dauphiné, du Vivarais et des Cévennes, pays tout propre aux prédictions, peuplé d'ignorants et de cervelles chaudes, échauffées par la chaleur du climat, et plus encore par leurs prédicants.

La première école de prophétie fut établie dans une verrerie, sur une montagne du Dauphiné appelée Peira ; un vieil huguenot, nommé de Serre, y annonça la ruine de Babylone, et le rétablissement de Jérusalem. Il montrait aux enfants les paroles de l'Écriture, qui disent : « Quand trois ou quatre sont assemblés en mon nom, mon esprit est parmi eux[5] ; et avec un grain de foi on transportera des montagnes[6]. » Ensuite il recevait l'esprit : on le lui conférait en lui soufflant dans la bouche, parce qu'il est dit dans *Saint Matthieu* que Jésus souffla sur ses disciples avant sa mort : il était hors de lui-même ; il avait des convulsions ; il changeait de voix ; il restait immobile, égaré, les cheveux hérissés, selon l'ancien usage de toutes les nations, et selon ces règles de démence transmises de siècle en siècle. Les enfants recevaient ainsi le don de prophétie ; et s'ils ne transportaient pas des montagnes, c'est qu'ils avaient assez de foi pour recevoir l'esprit, et pas assez pour faire des miracles : ainsi ils redoublaient de ferveur pour obtenir ce dernier don.

Tandis que les Cévennes étaient ainsi l'école de l'enthousiasme, des ministres, qu'on appelait *apôtres*, revenaient en secret prêcher les peuples.

Claude Brousson, d'une famille de Nîmes considérée, homme

---

1. Christophe Kotter, ou Cotterus, corroyeur et prophète, mort en 1647.

2. Christine Poniatowia, fille d'un moine polonais converti au calvinisme, morte en 1644.

3. Justus Velsius, ou Welsens, né à la Haye, reçu docteur en médecine à Louvain en 1641.

4. Nicolas Drabicius, né en Moravie, et décapité à Presbourg en 1671.

5. *Ubi enim sunt duo vel tres congregati in nomine meo, ibi sum in medio eorum.* Matthieu, XVIII, 20.

6. *Si habueritis fidem, sicut granum sinapis, dicetis monti huic : Transi hinc illuc ; et transibit.* Matthieu, XVII, 19.

éloquent et plein de zèle, très-estimé chez les étrangers, retourna dans sa patrie en 1698, y fut convaincu non-seulement d'avoir rempli son ministère malgré les édits, mais d'avoir eu, dix ans auparavant, des correspondances avec les ennemis de l'État. En effet il avait formé le projet d'introduire des troupes anglaises et savoyardes dans le Languedoc. Ce projet, écrit de sa main, et adressé au duc de Schomberg, avait été intercepté depuis longtemps, et était entre les mains de l'intendant de la province. Brousson, errant de ville en ville, fut saisi à Oléron, et transféré à la citadelle de Montpellier. L'intendant et ses juges l'interrogèrent ; il répondit qu'il était l'apôtre de Jésus-Christ, qu'il avait reçu le Saint-Esprit, qu'il ne devait pas trahir le dépôt de la foi, que son devoir était de distribuer le pain de la parole à ses frères. On lui demanda si les apôtres avaient écrit des projets pour faire révolter des provinces ; on lui montra son fatal écrit, et les juges le condamnèrent tous d'une voix à être roué vif. (1698) Il mourut comme mouraient les premiers martyrs. Toute la secte, loin de le regarder comme un criminel d'État, ne vit en lui qu'un saint qui avait scellé sa foi de son sang ; et on imprima *le Martyre de M. Brousson*[1].

Alors les prophètes se multiplient, et l'esprit de fureur redouble. Il arrive malheureusement qu'en 1703 un abbé de la maison du Chaila, inspecteur des missions, obtient un ordre de la cour de faire enfermer dans un couvent deux filles d'un gentilhomme nouveau converti. Au lieu de les conduire au couvent, il les mène d'abord dans son château. Les calvinistes s'attroupent : on enfonce les portes ; on délivre les deux filles et quelques autres prisonniers. Les séditieux saisissent l'abbé du Chaila ; ils lui offrent la vie s'il veut être de leur religion. Il la refuse. Un prophète lui crie : « Meurs donc, l'esprit te condamne, ton péché est contre toi ; » et il est tué à coups de fusil. Aussitôt après ils saisissent les receveurs de la capitation, et les pendent avec leurs rôles au cou. De là ils se jettent sur les prêtres qu'ils rencontrent, et les massacrent. On les poursuit : ils se retirent au milieu des bois et des rochers. Leur nombre s'accroît : leurs prophètes et leurs prophétesses leur annoncent de la part de Dieu le rétablissement de Jérusalem et la chute de Babylone. Un abbé de La Bourlie paraît tout à coup au milieu d'eux dans leurs retraites sauvages, et leur apporte de l'argent et des armes.

C'était le fils du marquis de Guiscard, sous-gouverneur du roi,

---

1. Un *Abrégé de la vie de Claude Brousson* se trouve en tête de ses *Lettres et opuscules*, Utrecht, 1701, in-8°.

l'un des plus sages hommes du royaume. Le fils était bien indigne d'un tel père. Réfugié en Hollande pour un crime, il va exciter les Cévennes à la révolte. On le vit quelque temps après passer à Londres, où il fut arrêté en 1711 pour avoir trahi le ministère anglais, après avoir trahi son pays. Amené devant le conseil, il prit sur la table un de ces longs canifs avec lesquels on peut commettre un meurtre; il en frappa le chancelier Robert Harley, depuis comte d'Oxford, et on le conduisit en prison chargé de fers. Il prévint son supplice en se donnant la mort lui-même. Ce fut donc cet homme qui, au nom des Anglais, des Hollandais et du duc de Savoie, vint encourager les fanatiques, et leur promettre de puissants secours.

(1703) Une grande partie du pays les favorisait secrètement. Leur cri de guerre était : *Point d'impôts et liberté de conscience.* Ce cri séduit partout la populace. Ces fureurs justifiaient aux yeux du peuple le dessein qu'avait eu Louis XIV d'extirper le calvinisme ; mais sans la révocation de l'édit de Nantes on n'aurait pas eu à combattre ces fureurs.

Le roi envoie d'abord le maréchal de Montrevel avec quelques troupes. Il fait la guerre à ces misérables avec une barbarie qui surpasse la leur. On roue, on brûle les prisonniers; mais aussi les soldats qui tombent entre les mains des révoltés périssent par des morts cruelles. Le roi, obligé de soutenir la guerre partout, ne pouvait envoyer contre eux que peu de troupes. Il était difficile de les surprendre dans des rochers presque inaccessibles alors, dans des cavernes, dans des bois où ils se rendaient par des chemins non frayés, et dont ils descendaient tout à coup comme des bêtes féroces. Ils défirent même, dans un combat réglé, des troupes de la marine. On employa contre eux successivement trois maréchaux de France.

Au maréchal de Montrevel succéda, en 1704, le maréchal de Villars. Comme il lui était plus difficile encore de les trouver que de les battre, le maréchal de Villars, après s'être fait craindre, leur fit proposer une amnistie. Quelques-uns d'entre eux y consentirent, détrompés des promesses d'être secourus par le duc de Savoie, qui, à l'exemple de tant de souverains, les persécutait chez lui, et avait voulu les protéger chez ses ennemis.

Le plus accrédité de leurs chefs, et le seul qui mérite d'être nommé, était Jean Cavalier. Je l'ai vu depuis en Hollande et en Angleterre. C'était un petit homme blond, d'une physionomie douce et agréable. On l'appelait David dans son parti. De garçon boulanger il était devenu chef d'une assez grande multitude, à l'âge de vingt-trois ans, par son courage, et à l'aide d'une prophétesse qui le fit reconnaître sur un ordre exprès du Saint-Esprit. On le trouva à la tête de huit cents hommes qu'il enrégimentait, quand on lui proposa l'amnistie [1]. Il demanda des otages : on lu en donna. Il vint, suivi d'un des chefs, à Nîmes, où il traita avec le maréchal de Villars.

(1704) Il promit de former quatre régiments des révoltés, qui serviraient le roi sous quatre colonels, dont il serait le premier, et dont il nomma les trois autres. Ces régiments devaient avoir l'exercice libre de leur religion, comme les troupes étrangères à la solde de France ; mais cet exercice ne devait point être permis ailleurs.

On acceptait ces conditions, quand des émissaires de Hollande vinrent en empêcher l'effet avec de l'argent et des promesses. Ils détachèrent de Cavalier les principaux fanatiques [2] ; mais ayant donné sa parole au maréchal de Villars, il la voulut tenir. Il accepta le brevet de colonel, et commença à former son régiment avec cent trente hommes qui lui étaient affectionnés.

J'ai entendu souvent de la bouche du maréchal de Villars qu'il avait demandé à ce jeune homme comment il pouvait à son âge avoir eu tant d'autorité sur des hommes si féroces et si indisciplinables. Il répondit que, quand on lui désobéissait, sa prophétesse, qu'on appelait *la grande Marie*, était sur-le-champ inspirée, et condamnait à mort les réfractaires, qu'on tuait sans raisonner [3]. Ayant fait depuis la même question à Cavalier, j'en eus la même réponse.

Cette négociation singulière se faisait après la bataille d'Hochstedt. Louis XIV, qui avait proscrit le calvinisme avec tant de hauteur, fit la paix, sous le nom d'amnistie, avec un garçon bou-

---

1. Cavalier a été le rival de Voltaire, et rival heureux. Ils aimèrent l'un et l'autre Mlle Pimpette, fille de Mme Dunoyer, et fille de beaucoup d'esprit et de coquetterie. Ce qui devait arriver arriva : le héros l'emporta sur le poëte, et la physionomie douce et agréable sur la physionomie égarée et méchante. (L.) — J'ai rapporté cette note de La Beaumelle parce qu'elle n'est pas rapportée textuellement par Voltaire, et parce qu'elle m'a paru nécessaire pour l'intelligence d'un passage du *Supplément au Siècle de Louis XIV*, deuxième partie. Cavalier, né à Ribaute, près d'Anduze, en 1679, est mort à Chelsea, près de Londres, en 1740. (B.)

2. Entre autres Roland, qui fut tué quelque temps après en défendant le château de Castelnau. (G. A.)

3. Ce trait doit se trouver dans les véritables *Mémoires* du maréchal de Villars. Le premier tome est certainement de lui : il est conforme au manuscrit que j'ai vu ; les deux autres sont d'une main étrangère et bien différente. (*Note de Voltaire*). — Cette note de Voltaire est la répétition de celle qu'il a mise, tome XIV, page 359 ; voyez, sur les *Mémoires* de Villars, la note, tome XIV, page 142. (B.)

langer ; et le maréchal de Villars lui présenta le brevet de colonel et celui d'une pension de douze cents livres.

Le nouveau colonel alla à Versailles ; il y reçut les ordres du ministre de la guerre. Le roi le vit, et haussa les épaules. Cavalier, observé par le ministère, craignit, et se retira en Piémont. De là il passa en Hollande et en Angleterre. Il fit la guerre en Espagne, et y commanda un régiment de réfugiés français à la bataille d'Almanza. Ce qui arriva à ce régiment sert à prouver la rage des guerres civiles, et combien la religion ajoute à cette fureur. La troupe de Cavalier se trouva opposée à un régiment français. Dès qu'ils se reconnurent, ils fondirent l'un sur l'autre avec la baïonnette sans tirer. On a déjà remarqué[1] que la baïonnette agit peu dans les combats. La contenance de la première ligne, composée de trois rangs, après avoir fait feu, décide du sort de la journée ; mais ici la fureur fit ce que ne fait presque jamais la valeur. Il ne resta pas trois cents hommes de ces régiments. Le maréchal de Berwick contait souvent avec étonnement cette aventure.

Cavalier est mort officier général et gouverneur de l'île de Jersey, avec une grande réputation de valeur, n'ayant de ses premières fureurs conservé que le courage, et ayant peu à peu substitué la prudence à un fanatisme qui n'était plus soutenu par l'exemple[2].

Le maréchal de Villars, rappelé du Languedoc, fut remplacé par le maréchal de Berwick. Les malheurs des armes du roi enhardissaient alors les fanatiques du Languedoc, qui espéraient les secours du ciel et en recevaient des alliés. On leur faisait toucher de l'argent par la voie de Genève. Ils attendaient des officiers, qui devaient leur être envoyés de Hollande et d'Angleterre. Ils avaient des intelligences dans toutes les villes de la province.

On peut mettre au rang des plus grandes conspirations celle qu'ils formèrent de saisir dans Nîmes le duc de Berwick et l'intendant Bâville, de faire révolter le Languedoc et le Dauphiné, et d'y introduire les ennemis. Le secret fut gardé par plus de mille conjurés. L'indiscrétion d'un seul fit tout découvrir. Plus de deux cents personnes périrent dans les supplices. Le maréchal de Berwick fit exterminer, par le fer et par le feu, tout ce qu'on rencontra de ces malheureux. Les uns moururent les armes à la main, les autres sur les roues ou dans les flammes. Quelques-uns,

---

1. Voyez tome XIV, page 360.
2. Voir encore sur Cavalier le *Supplément au Siècle de Louis XIV*.

plus adonnés à la prophétie qu'aux armes, trouvèrent moyen d'aller en Hollande. Les réfugiés français les y reçurent comme des envoyés célestes. Ils marchèrent au-devant d'eux, chantant des psaumes, et jonchant leur chemin de branches d'arbres. Plusieurs de ces prophètes allèrent en Angleterre ; mais trouvant que l'Église épiscopale tenait trop de l'Église romaine, ils voulurent faire dominer la leur. Leur persuasion était si pleine que, ne doutant pas qu'avec beaucoup de foi on ne fît beaucoup de miracles, ils offrirent de ressusciter un mort, et même tel mort que l'on voudrait choisir. Partout le peuple est peuple ; et les presbytériens pouvaient se joindre à ces fanatiques contre le clergé anglican. Qui croirait qu'un des plus grands géomètres de l'Europe, Fatio Duillier[1], et un homme de lettres fort savant, nommé Daudé, fussent à la tête de ces énergumènes? Le fanatisme rend la science même sa complice, et étouffe la raison.

Le ministère anglais prit le parti qu'on aurait dû toujours prendre avec les hommes à miracles. On leur permit de déterrer un mort dans le cimetière de l'église cathédrale. La place fut entourée de gardes. Tout se passa juridiquement. La scène finit par mettre au pilori les prophètes[2].

Ces excès du fanatisme ne pouvaient guère réussir en Angleterre, où la philosophie commençait à dominer. Ils ne troublaient plus l'Allemagne depuis que les trois religions, la catholique, l'évangélique, et la réformée, y étaient également protégées par les traités de Vestphalie. Les Provinces-Unies admettaient dans leur sein toutes les religions, par une tolérance politique. Enfin il n'y eut, sur la fin de ce siècle, que la France qui essuya de grandes querelles ecclésiastiques, malgré les progrès de la raison. Cette raison, si lente à s'introduire chez les doctes, pouvait à peine encore percer chez les docteurs, encore moins dans le commun des citoyens. Il faut d'abord qu'elle soit établie dans les principales têtes ; elle descend aux autres de proche en proche, et gouverne enfin le peuple même qui ne la connaît pas, mais qui, voyant que ses supérieurs sont modérés, apprend aussi à l'être. C'est un des grands ouvrages du temps, et ce temps n'était pas encore venu.

1. Voyez, dans le *Dictionnaire philosophique*, l'article FANATISME, section v.
2. En 1707.

CHAPITRE XXXVII.

DU JANSÉNISME.

Le calvinisme devait nécessairement enfanter des guerres civiles, et ébranler les fondements des États. Le jansénisme ne pouvait exciter que des querelles théologiques et des guerres de plume, car les réformateurs du xvi° siècle ayant déchiré tous les liens par qui l'Église romaine tenait les hommes, ayant traité d'idolâtrie ce qu'elle avait de plus sacré, ayant ouvert les portes de ses cloîtres, et remis ses trésors dans les mains des séculiers, il fallait qu'un des deux partis pérît par l'autre. Il n'y a point de pays, en effet, où la religion de Calvin et de Luther ait paru sans exciter des persécutions et des guerres.

Mais les jansénistes n'attaquant point l'Église, n'en voulant ni aux dogmes fondamentaux, ni aux biens, et écrivant sur des questions abstraites, tantôt contre les réformés, tantôt contre les constitutions des papes, n'eurent enfin de crédit nulle part ; et ils ont fini par voir leur secte méprisée dans presque toute l'Europe, quoiqu'elle ait eu plusieurs partisans très-respectables par leurs talents et par leurs mœurs.

Dans le temps même où les huguenots attiraient une attention sérieuse, le jansénisme inquiéta la France plus qu'il ne la troubla. Ces disputes étaient venues d'ailleurs comme bien d'autres. D'abord un certain docteur de Louvain, nommé Michel Bay, qu'on appelait Baïus, selon la coutume du pédantisme de ces temps-là, s'avisa de soutenir, vers l'an 1552, quelques propositions sur la grâce et sur la prédestination? Cette question, ainsi que presque toute la métaphysique, rentre, pour le fond, dans le labyrinthe de la fatalité et de la liberté où toute l'antiquité s'est égarée, et où l'homme n'a guère de fil qui le conduise.

L'esprit de curiosité donné de Dieu à l'homme, cette impulsion nécessaire pour nous instruire, nous emporte sans cesse au delà du but, comme tous les autres ressorts de notre âme, qui, s'ils ne pouvaient nous pousser trop loin, ne nous exciteraient peut-être jamais assez.

Ainsi on a disputé sur tout ce qu'on connaît, et sur tout ce qu'on ne connaît pas ; mais les disputes des anciens philosophes furent toujours paisibles, et celles des théologiens souvent sanglantes, et toujours turbulentes.

Des cordeliers, qui n'entendaient pas plus ces questions que Michel Baïus, crurent le libre arbitre renversé, et la doctrine de Scot en danger. Fâchés d'ailleurs contre Baïus au sujet d'une querelle à peu près dans le même goût, ils déférèrent soixante et seize propositions de Baïus au pape Pie V. Ce fut Sixte-Quint, alors général des cordeliers, qui dressa la bulle de condamnation, en 1567.

Soit crainte de se compromettre, soit dégoût d'examiner de telles subtilités, soit indifférence et mépris pour des thèses de Louvain, on condamna respectivement les soixante et seize propositions en gros, comme hérétiques, sentant l'hérésie, malsonnantes, téméraires, et suspectes, sans rien spécifier, et sans entrer dans aucun détail. Cette méthode tient de la suprême puissance, et laisse peu de prise à la dispute. Les docteurs de Louvain furent très-empêchés en recevant la bulle ; il y avait surtout une phrase dans laquelle une virgule, mise à une place ou à une autre, condamnait ou tolérait quelques opinions de Michel Baïus. L'Université députa à Rome, pour savoir du saint-père où il fallait mettre la virgule. La cour de Rome, qui avait d'autres affaires, envoya pour toute réponse à ces Flamands un exemplaire de la bulle, dans lequel il n'y avait point de virgule du tout. On le déposa dans les archives. Le grand-vicaire, nommé Morillon[1], dit qu'il fallait recevoir la bulle du pape, *quand même il y aurait des erreurs*. Ce Morillon avait raison en politique, car assurément il vaut mieux recevoir cent bulles erronées que de mettre cent villes en cendres, comme ont fait les huguenots et leurs adversaires. Baïus crut Morillon, et se rétracta paisiblement.

Quelques années après, l'Espagne, aussi fertile en auteurs scolastiques que stérile en philosophes, produisit Molina le jésuite, qui crut avoir découvert précisément comment Dieu agit sur les créatures, et comment les créatures lui résistent[2]. Il distingua l'ordre naturel et l'ordre surnaturel, la prédestination à la grâce, et la prédestination à la gloire, la grâce prévenante, et la coopérante. Il fut l'inventeur du concours concomitant, de la science moyenne et du congruisme[3]. Cette science moyenne et ce con-

---

1. Grand-vicaire du cardinal Granvelle.
2. Dans son traité qui parut à Lisbonne en 1588 : *De liberi arbitrii cum gratiæ donis Concordia*.
3. Il n'en fut pas l'inventeur, mais l'apôtre le plus fameux. (G. A.)

gruisme étaient surtout des idées rares. Dieu, par sa science moyenne, consulte habilement la volonté de l'homme pour savoir ce que l'homme fera quand il aura eu sa grâce ; et ensuite, selon l'usage qu'il devine que fera le libre arbitre, il prend ses arrangements en conséquence pour déterminer l'homme, et ces arrangements sont le congruisme.

Les dominicains espagnols, qui n'entendaient pas plus cette explication que les jésuites, mais qui étaient jaloux d'eux, écrivirent que le livre de *Molina était le précurseur de l'antéchrist.*

La cour de Rome évoqua la dispute, qui était déjà entre les mains des grands inquisiteurs, et ordonna, avec beaucoup de sagesse, le silence aux deux partis, qui ne le gardèrent ni l'un ni l'autre.

Enfin on plaida sérieusement devant Clément VIII, et, à la honte de l'esprit humain, tout Rome prit parti dans le procès. Un jésuite, nommé Achille Gaillard, assura le pape qu'il avait un moyen sûr de rendre la paix à l'Église : il proposa gravement d'accepter la prédestination gratuite, à condition que les dominicains admettraient la science moyenne, et qu'on ajusterait ces deux systèmes comme on pourrait. Les dominicains refusèrent l'accommodement d'Achille Gaillard. Leur célèbre Lemos soutint le concours prévenant et le complément de la vertu active. Les congrégations se multiplièrent sans que personne s'entendît.

Clément VIII mourut avant d'avoir pu réduire les arguments pour et contre à un sens clair. Paul V reprit le procès ; mais comme lui-même en eut un plus important avec la république de Venise, il fit cesser toutes les congrégations, qu'on appela et qu'on appelle encore *de auxiliis.* On leur donnait ce nom, aussi peu clair par lui-même que les questions qu'on agitait, parce que ce mot signifie *secours,* et qu'il s'agissait, dans cette dispute, des secours que Dieu donne à la volonté faible des hommes. Paul V finit par ordonner aux deux partis de vivre en paix [1].

Pendant que les jésuites établissaient leur science moyenne et leur congruisme, Cornélius Jansénius, évêque d'Ypres, renouvelait quelques idées de Baïus dans un gros livre sur saint Augustin, qui ne fut imprimé qu'après sa mort ; de sorte qu'il devint chef de secte, sans jamais s'en douter [2]. Presque personne ne lut

---

1. En 1607.
2. Corneille Jansen, dit Jansenius, était mort de la peste en 1638. Loin de penser à être chef de secte, il hésitait à publier son livre sur la doctrine de saint Augustin. Il voulait préalablement le soumettre à l'examen de la cour pontificale, et dans sa dernière maladie il écrivait au pape Urbain VIII : « Je sais qu'il est difficile de

ce livre, qui a causé tant de troubles; mais Duverger de Hauranne, abbé de Saint-Cyran, ami de Jansénius, homme aussi ardent qu'écrivain diffus et obscur, vint à Paris, et persuada de jeunes docteurs et quelques vieilles femmes. Les jésuites demandèrent à Rome la condamnation du livre de Jansénius, comme une suite de celle de Baïus, et l'obtinrent en 1641 ; mais, à Paris, la faculté de théologie, et tout ce qui se mêlait de raisonner, fut partagé. Il ne paraît pas qu'il y ait beaucoup à gagner à penser avec Jansénius que Dieu commande des choses impossibles : cela n'est ni philosophique ni consolant; mais le plaisir secret d'être d'un parti, la haine que s'attiraient les jésuites, l'envie de se distinguer, et l'inquiétude d'esprit, formèrent une secte.

La faculté condamna cinq propositions de Jansénius, à la pluralité des voix. Ces cinq propositions étaient extraites du livre très-fidèlement quant au sens, mais non pas quant aux propres paroles. Soixante docteurs appelèrent au parlement comme d'abus, et la chambre des vacations ordonna que les parties comparaîtraient.

Les parties ne comparurent point ; mais, d'un côté, un docteur nommé Habert[1] soulevait les esprits contre Jansénius ; de l'autre, le fameux Arnauld, disciple de Saint-Cyran, défendait le jansénisme avec l'impétuosité de son éloquence. Il haïssait les jésuites encore plus qu'il n'aimait la grâce efficace, et il était encore plus haï d'eux comme né d'un père qui, s'étant donné au barreau, avait violemment plaidé pour l'université contre leur établissement. Ses parents s'étaient acquis beaucoup de considération dans la robe et dans l'épée. Son génie, et les circonstances où il se trouva, le déterminèrent à la guerre de plume et à se faire chef de parti, espèce d'ambition devant qui toutes les autres disparaissent. Il combattit contre les jésuites et contre les réformés jusqu'à l'âge de quatre-vingts ans. On a de lui cent quatre volumes, dont presque aucun n'est aujourd'hui au rang de ces bons livres classiques qui honorent le siècle de Louis XIV, et qui sont la bibliothèque des nations. Tous ses ouvrages eurent une grande

---

faire des changements dans l'ouvrage ; si cependant le saint-siége juge à propos d'en faire, je suis fils obéissant de l'Église, dans laquelle j'ai toujours vécu, et je lui obéis jusqu'au lit de la mort. »

Les exécuteurs testamentaires de l'évêque d'Ypres, Colenus et Louis Fromond, n'envoyèrent pas cette lettre à Rome, et publièrent à Louvain, en 1640, in-folio, l'*Augustinus, seu doctrina sancti Augustini, de humanæ naturæ sanitate, adversus pelagianos*. Il en parut une édition à Rouen, chez Berthalin, 1652, 2 tomes en 1 vol. in-folio. (E. B.)

1. Isaac Habert, évêque de Vabres en 1645, mort en 1668.

vogue dans son temps, et par la réputation de l'auteur, et par la chaleur des disputes. Cette chaleur s'est attiédie; les livres ont été oubliés. Il n'est resté que ce qui appartenait simplement à la raison, sa *Géométrie*, la *Grammaire raisonnée*, la *Logique*, auxquelles il eut beaucoup de part. Personne n'était né avec un esprit plus philosophique; mais sa philosophie fut corrompue en lui par la faction qui l'entraîna, et qui plongea soixante ans, dans de misérables disputes de l'école et dans les malheurs attachés à l'opiniâtreté, un esprit fait pour éclairer les hommes.

L'université étant partagée sur ces cinq fameuses propositions, les évêques le furent aussi. Quatre-vingt-huit évêques de France écrivirent en corps à Innocent X pour le prier de décider; et onze autres écrivirent pour le prier de n'en rien faire. Innocent X jugea; il condamna chacune des cinq propositions à part; mais toujours sans citer les pages dont elles étaient tirées, ni ce qui les précédait et ce qui les suivait.

Cette omission, qu'on n'aurait pas faite dans une affaire civile au moindre des tribunaux, fut faite et par la Sorbonne, et par les jansénistes, et par les jésuites, et par le souverain pontife. Le fond des cinq propositions condamnées est évidemment dans Jansénius. Il n'y a qu'à ouvrir le troisième tome, à la page 138, édition de Paris, 1641; on y lira mot à mot : « Tout cela démontre pleinement et évidemment qu'il n'est rien de plus certain et de plus fondamental, dans la doctrine de saint Augustin, qu'il y a certains commandements impossibles, non-seulement aux infidèles, aux aveugles, aux endurcis, mais aux fidèles et aux justes, malgré leurs volontés et leurs efforts, selon les forces qu'ils ont; et que la grâce, qui peut rendre ces commandements possibles, leur manque. » On peut aussi lire, à la page 165, que « Jésus-Christ n'est pas, selon saint Augustin, mort pour tous les hommes ».

Le cardinal Mazarin fit recevoir unanimement la bulle du pape par l'assemblée du clergé. Il était bien alors avec le pape; il n'aimait pas les jansénistes, et il haïssait avec raison les factions.

La paix semblait rendue à l'Église de France; mais les jansénistes écrivirent tant de lettres, on cita tant saint Augustin, on fit agir tant de femmes, qu'après la bulle acceptée il y eut plus de jansénistes que jamais.

Un prêtre de Saint-Sulpice s'avisa de refuser l'absolution à M. de Liancourt parce qu'on disait qu'il ne croyait pas que les cinq propositions fussent dans Jansénius, et qu'il avait dans sa maison des hérétiques. Ce fut un nouveau scandale, un nouveau sujet d'écrits. Le docteur Arnauld se signala, et dans une nouvelle lettre à un duc et pair ou réel ou imaginaire il soutint que les propositions de Jansénius, condamnées, n'étaient pas dans Jansénius, mais qu'elles se trouvaient dans saint Augustin, et dans plusieurs pères. Il ajouta que « saint Pierre était un juste à qui la grâce, sans laquelle on ne peut rien, avait manqué ».

Il est vrai que saint Augustin et saint Jean Chrysostôme avaient dit la même chose; mais les conjonctures, qui changent tout, rendirent Arnauld coupable. On disait qu'il fallait mettre de l'eau dans le vin des saints pères: car ce qui est un objet si sérieux pour les uns est toujours pour les autres un sujet de plaisanterie. La faculté s'assembla; le chancelier Séguier y vint même de la part du roi. Arnauld fut condamné, et exclus de la Sorbonne, en 1654[1]. La présence du chancelier parmi des théologiens eut un air de despotisme qui déplut au public; et le soin qu'on eut de garnir la salle d'une foule de docteurs, moines mendiants, qui n'étaient pas accoutumés de s'y trouver en si grand nombre, fit dire à Pascal, dans ses *Provinciales*, « qu'il était plus aisé de trouver des moines que des raisons ».

La plupart de ces moines n'admettaient point le congruisme, la science moyenne, la grâce versatile de Molina; mais ils soutenaient une grâce suffisante à laquelle la volonté peut consentir, et ne consent jamais; une grâce efficace à laquelle on peut résister, et à laquelle on ne résiste pas; et ils expliquaient cela clairement en disant qu'on pouvait résister à cette grâce dans le sens divisé, et non pas dans le sens composé.

Si ces choses sublimes ne sont pas trop d'accord avec la raison humaine, le sentiment d'Arnauld et des jansénistes semblait trop d'accord avec le pur calvinisme. C'était précisément le fond de la querelle des gomaristes et des arminiens[2]. Elle divisa la Hollande comme le jansénisme divisa la France; mais elle devint en Hollande une faction politique plus qu'une dispute de gens oisifs; elle fit couler sur un échafaud le sang du pensionnaire Barnevelt: violence atroce que les Hollandais détestent aujourd'hui, après avoir ouvert les yeux sur l'absurdité de ces disputes, sur l'horreur de la persécution, et sur l'heureuse nécessité de la tolérance, ressource des sages qui gouvernent, contre l'enthousiasme passager de ceux qui argumentent. Cette dispute ne produisit en France que des mandements, des bulles, des lettres de cachet, et des

---

1. Censuré en 1656, et ensuite exclu. (CL.)
2. Sur Armin et Gomar, voyez tome XIII, page 118; et une des notes du *Traité sur la Tolérance*.

brochures, parce qu'il y avait alors des querelles plus importantes.

Arnauld fut donc seulement exclu de la faculté. Cette petite persécution lui attira une foule d'amis ; mais lui et les jansénistes eurent toujours contre eux l'Église et le pape. Une des premières démarches d'Alexandre VII, successeur d'Innocent X, fut de renouveler les censures contre les cinq propositions. Les évêques de France, qui avaient déjà dressé un formulaire, en firent encore un nouveau, dont la fin était conçue en ces termes : « Je condamne de cœur et de bouche la doctrine des cinq propositions contenues dans le livre de Cornélius Jansénius, laquelle doctrine n'est point celle de saint Augustin, que Jansénius a mal expliquée. »

Il fallut depuis souscrire cette formule, et les évêques la présentèrent dans leurs diocèses à tous ceux qui étaient suspects. On la voulut faire signer aux religieuses de Port-Royal de Paris et de Port-Royal des Champs. Ces deux maisons étaient le sanctuaire du jansénisme : Saint-Cyran et Arnauld les gouvernaient.

Ils avaient établi auprès du monastère de Port-Royal des Champs une maison où s'étaient retirés plusieurs savants vertueux, mais entêtés, liés ensemble par la conformité des sentiments ; ils y instruisaient des jeunes gens choisis. C'est de cette école qu'est sorti Racine[1], le poëte de l'univers qui a le mieux connu le cœur humain. Pascal, le premier des satiriques français, car Despréaux ne fut que le second, était intimement lié avec ces illustres et dangereux solitaires. On présenta le formulaire à signer aux filles de Port-Royal de Paris et de Port-Royal des Champs ; elles répondirent qu'elles ne pouvaient en conscience avouer, après le pape et les évêques, que les cinq propositions fussent dans le livre de Jansénius, qu'elles n'avaient pas lu ; qu'assurément on n'avait pas pris sa pensée ; qu'il se pouvait faire que ces cinq propositions fussent erronées ; mais que Jansénius n'avait pas tort.

Un tel entêtement irrita la cour. Le lieutenant civil d'Aubrai (il n'y avait point encore de lieutenant de police) alla à Port-Royal des Champs faire sortir tous les solitaires qui s'y étaient retirés, et tous les jeunes gens qu'ils élevaient. On menaça de détruire les deux monastères : un miracle les sauva.

Mlle Perrier, pensionnaire de Port-Royal de Paris, nièce du célèbre Pascal, avait mal à un œil : on fit à Port-Royal la cérémonie de baiser une épine de la couronne qu'on mit autre-

---

1. Les premières éditions portaient : « le plus pur et le plus éloquent des poëtes ». (B.)

fois sur la tête de Jésus-Christ. Cette épine était depuis quelque temps à Port-Royal. Il n'est pas trop aisé de savoir comment elle avait été sauvée et transportée de Jérusalem au faubourg Saint-Jacques. La malade la baisa : elle parut guérie plusieurs jours après. On ne manqua pas d'affirmer et d'attester qu'elle avait été guérie en un clin d'œil d'une fistule lacrymale désespérée. Cette fille n'est morte qu'en 1728. Des personnes qui ont longtemps vécu avec elle m'ont assuré que sa guérison avait été fort longue, et c'est ce qui est bien vraisemblable; mais ce qui ne l'est guère, c'est que Dieu, qui ne fait point de miracles pour amener à notre religion les dix-neuf vingtièmes de la terre, à qui cette religion est ou inconnue ou en horreur, eût en effet interrompu l'ordre de la nature en faveur d'une petite fille, pour justifier une douzaine de religieuses qui prétendaient que Cornélius Jansénius n'avait point écrit une douzaine de lignes qu'on lui attribue, ou qu'il les avait écrites dans une autre intention que celle qui lui est imputée.

Le miracle eut un si grand éclat que les jésuites écrivirent contre lui. Un P. Annat[1], confesseur de Louis XIV, publia le *Rabat-joie des jansénistes, à l'occasion du miracle qu'on dit être arrivé à Port-Royal, par un docteur catholique*. Annat n'était ni docteur ni docte. Il crut démontrer que si une épine était venue de Judée à Paris guérir la petite Perrier, c'était pour lui prouver que Jésus est mort pour *tous*, et non pour *plusieurs* : tous sifflèrent le P. Annat. Les jésuites prirent alors le parti de faire aussi des miracles de leur côté ; mais ils n'eurent point la vogue : ceux des jansénistes étaient les seuls à la mode alors. Ils firent encore quelques années après un autre miracle. Il y eut à Port-Royal une sœur Gertrude guérie d'une enflure à la jambe. Ce prodige-là n'eut point de succès : le temps était passé, et sœur Gertrude n'avait point un Pascal pour oncle.

Les jésuites, qui avaient pour eux les papes et les rois, étaient entièrement décriés dans l'esprit des peuples. On renouvelait contre eux les anciennes histoires de l'assassinat de Henri le Grand, médité par Barrière, exécuté par Châtel, leur écolier, le supplice du P. Guignard, leur bannissement de France et de Venise, la conjuration des poudres, la banqueroute de Séville[2]. On tentait

---

1. François Annat, dont le vrai nom paraît avoir été Canard, fut le troisième confesseur de Louis XIV. Il abdiqua, après seize ans de règne, en 1670, et mourut quelques mois après, le 14 juin de la même année. (CL.)
2. Voyez *Histoire du Parlement*, chapitre LXVIII.

toutes les voies de les rendre odieux. Pascal fit plus, il les rendit ridicules. Ses *Lettres provinciales,* qui paraissaient alors, étaient un modèle d'éloquence et de plaisanterie. Les meilleures comédies de Molière n'ont pas plus de sel que les premières *Lettres provinciales* : Bossuet n'a rien de plus sublime que les dernières.

Il est vrai que tout le livre portait sur un fondement faux. On attribuait adroitement à toute la société des opinions extravagantes de plusieurs jésuites espagnols et flamands. On les aurait déterrées aussi bien chez des casuistes dominicains et franciscains ; mais c'était aux seuls jésuites qu'on en voulait. On tâchait, dans ces lettres, de prouver qu'ils avaient un dessein formé de corrompre les mœurs des hommes ; dessein qu'aucune secte, aucune société n'a jamais eu et ne peut avoir ; mais il ne s'agissait pas d'avoir raison, il s'agissait de divertir le public.

Les jésuites, qui n'avaient alors aucun bon écrivain, ne purent effacer l'opprobre dont les couvrit le livre le mieux écrit qui eût encore paru en France ; mais il leur arriva dans leurs querelles la même chose à peu près qu'au cardinal Mazarin. Les Blot, les Marigny, et les Barbançon [1], avaient fait rire toute la France à ses dépens ; et il fut le maître de la France. Ces pères eurent le crédit de faire brûler les *Lettres provinciales,* par un arrêt du parlement de Provence [2] : ils n'en furent pas moins ridicules, et en devinrent plus odieux à la nation.

On enleva les principales religieuses de l'abbaye de Port-Royal de Paris avec deux cents gardes, et on les dispersa dans d'autres couvents ; on ne laissa que celles qui voulurent signer le formulaire. La dispersion de ces religieuses intéressa tout Paris. Sœur Perdreau et sœur Passart, qui signèrent et en firent signer d'autres, furent le sujet des plaisanteries et des chansons dont la ville fut inondée par cette espèce d'hommes oisifs qui ne voit jamais dans les choses que le côté plaisant, et qui se divertit toujours, tandis que les persuadés gémissent, que les frondeurs déclament, et que le gouvernement agit [3].

Les jansénistes s'affermirent par la persécution. Quatre prélats, Arnauld, évêque d'Angers, frère du docteur ; Buzanval, de Beauvais ; Pavillon, d'Aleth ; et Caulet, de Pamiers, le même qui

---

1. Auteurs des plus piquantes *Mazarinades.*
2. Du 9 février 1657. Voyez, ci-après, la deuxième partie du *Supplément au Siècle de Louis XIV.*
3. Louis XIV croyait que les jansénistes étaient ennemis du roi et de son autorité. En cela, il ne se trompait guère. S'ils ne l'étaient pas, ils devaient le devenir. (G. A.)

depuis résista à Louis XIV sur la régale, se déclarèrent contre le formulaire. C'était un nouveau formulaire composé par le pape Alexandre VII lui-même, semblable en tout pour le fond au premier, reçu en France par les évêques, et même par le parlement. Alexandre VII, indigné, nomma neuf évêques français pour faire le procès aux quatre prélats réfractaires. Alors les esprits s'aigrirent plus que jamais.

Mais lorsque tout était en feu pour savoir si les cinq propositions étaient ou n'étaient pas dans Jansénius, Rospigliosi, devenu pape sous le nom de Clément IX, pacifia tout pour quelque temps. Il engagea les quatre évêques à signer *sincèrement* le formulaire, au lieu de *purement et simplement;* ainsi il sembla permis de croire, en condamnant les cinq propositions, qu'elles n'étaient point extraites de Jansénius. Les quatre évêques donnèrent quelques petites explications : l'accortise italienne calma la vivacité française. Un mot substitué à un autre opéra cette paix qu'on appela *la paix de Clément IX*, et même *la paix de l'Église,* quoiqu'il ne s'agît que d'une dispute ignorée, ou méprisée dans le reste du monde. Il paraît que depuis le temps de Baïus les papes eurent toujours pour but d'étouffer ces controverses, dans lesquelles on ne s'entend point, et de réduire les deux partis à enseigner la même morale, que tout le monde entend. Rien n'était plus raisonnable ; mais on avait affaire à des hommes.

Le gouvernement mit en liberté les jansénistes qui étaient prisonniers à la Bastille, et entre autres Sacy, auteur de la *Version du Testament*. On fit revenir les religieuses exilées ; elles signèrent *sincèrement*, et crurent triompher par ce mot. Arnauld sortit de la retraite où il s'était caché, et fut présenté au roi, accueilli du nonce, regardé par le public comme un père de l'Église ; il s'engagea dès lors à ne combattre que les calvinistes, car il fallait qu'il fît la guerre. Ce temps de tranquillité produisit son livre de *la Perpétuité de la foi*, dans lequel il fut aidé par Nicole ; et ce fut le sujet de la grande controverse entre eux et Claude le ministre, controverse dans laquelle chaque parti se crut victorieux, selon l'usage.

La paix de Clément IX ayant été donnée à des esprits peu pacifiques, qui étaient tous en mouvement, ne fut qu'une trêve passagère. Les cabales sourdes, les intrigues et les injures continuèrent des deux côtés.

La duchesse de Longueville, sœur du grand Condé, si connue par les guerres civiles et par ses amours, devenue vieille et sans occupation, se fit dévote ; et comme elle haïssait la cour, et qu'il lui fallait de l'intrigue, elle se fit janséniste. Elle bâtit un corps de logis à Port-Royal des Champs, où elle se retirait quelquefois avec les solitaires. Ce fut leur temps le plus florissant. Les Arnauld, les Nicole, les Le Maistre, les Herman, les Sacy, beaucoup d'hommes qui, quoique moins célèbres, avaient pourtant beaucoup de mérite et de réputation, s'assemblaient chez elle. Ils substituaient au bel esprit, que la duchesse de Longueville tenait de l'hôtel de Rambouillet, leurs conversations solides, et ce tour d'esprit mâle, vigoureux et animé, qui faisait le caractère de leurs livres et de leurs entretiens. Ils ne contribuèrent pas peu à répandre en France le bon goût et la vraie éloquence. Mais malheureusement ils étaient encore plus jaloux d'y répandre leurs opinions. Ils semblaient être eux-mêmes une preuve de ce système de la fatalité qu'on leur reprochait. On eût dit qu'ils étaient entraînés par une détermination invincible à s'attirer des persécutions sur des chimères, tandis qu'ils pouvaient jouir de la plus grande considération et de la vie la plus heureuse en renonçant à ces vaines disputes.

(1679) La faction des jésuites, toujours irritée des *Lettres provinciales*, remua tout contre le parti. Mme de Longueville, ne pouvant plus cabaler pour la Fronde, cabala pour le jansénisme. Il se tenait des assemblées à Paris, tantôt chez elle, tantôt chez Arnauld. Le roi, qui avait déjà résolu d'extirper le calvinisme, ne voulait point d'une nouvelle secte. Il menaça; et enfin Arnauld, craignant des ennemis armés de l'autorité souveraine, privé de l'appui de Mme de Longueville que la mort enleva, prit le parti de quitter pour jamais la France, et d'aller vivre dans les Pays-Bas, inconnu, sans fortune, même sans domestiques; lui, dont le neveu avait été ministre d'État[1]; lui, qui aurait pu être cardinal. Le plaisir d'écrire en liberté lui tint lieu de tout. Il vécut jusqu'en 1694, dans une retraite ignorée du monde, et connue à ses seuls amis, toujours écrivant, toujours philosophe supérieur à la mauvaise fortune, et donnant jusqu'au dernier moment l'exemple d'une âme pure, forte, et inébranlable[2].

Son parti fut toujours persécuté dans les Pays-Bas catholiques, pays qu'on nomme d'*obédience*, et où les bulles des papes sont des lois souveraines. Il le fut encore plus en France.

Ce qu'il y a d'étrange, c'est que la question « si les cinq propositions se trouvaient en effet dans Jansénius » était toujours le seul prétexte de cette petite guerre intestine. La distinction du

---

1. Arnauld de Pomponne.
2. Il mourut à Bruxelles.

fait et du *droit* occupait les esprits. On proposa enfin, en 1701, un problème théologique qu'on appela *le cas de conscience par excellence* : « Pouvait-on donner les sacrements à un homme qui aurait signé le formulaire, en croyant, dans le fond de son cœur, que le pape, et même l'Église peut se tromper sur les faits? » Quarante docteurs signèrent qu'on pouvait donner l'absolution à un tel homme.

Aussitôt la guerre recommence. Le pape et les évêques voulaient qu'on les crût sur les faits. L'archevêque de Paris, Noailles, ordonna qu'on crût le *droit* d'une foi divine, et le *fait* d'une foi humaine. Les autres, et même l'archevêque de Cambrai Fénelon, qui n'était pas content de M. de Noailles, exigèrent la foi divine pour le fait. Il eût mieux valu peut-être se donner la peine de citer les passages du livre ; c'est ce qu'on ne fit jamais.

Le pape Clément XI donna, en 1705, la bulle *Vineam Domini*, par laquelle il ordonna de croire le fait, sans expliquer si c'était d'une foi divine ou d'une foi humaine.

C'était une nouveauté introduite dans l'Église de faire signer des bulles à des filles. On fit encore cet honneur aux religieuses de Port-Royal des Champs. Le cardinal de Noailles fut obligé de leur faire porter cette bulle pour les éprouver. Elles signèrent, sans déroger à la paix de Clément IX, et se retranchant dans le silence respectueux à l'égard du fait.

On ne sait ce qui est plus singulier, ou l'aveu qu'on demandait à des filles que cinq propositions étaient dans un livre latin, ou le refus obstiné de ces religieuses.

Le roi demanda une bulle au pape pour la suppression de leur monastère. Le cardinal de Noailles les priva des sacrements. Leur avocat fut mis à la Bastille. Toutes les religieuses furent enlevées et mises chacune dans un couvent moins désobéissant. Le lieutenant de police[1] fit démolir, en 1709, leur maison de fond en comble ; et enfin, en 1711, on déterra les corps qui étaient dans l'église et dans le cimetière, pour les transporter ailleurs.

Les troubles n'étaient pas détruits avec ce monastère. Les jansénistes voulaient toujours cabaler, et les jésuites se rendre nécessaires. Le P. Quesnel, prêtre de l'Oratoire, ami du célèbre Arnauld, et qui fut compagnon de sa retraite jusqu'au dernier moment, avait, dès l'an 1671, composé un livre de réflexions pieuses sur le texte du Nouveau Testament. Ce livre contient quelques maximes qui pourraient paraître favorables au jansé-

---

1. D'Argenson.

nisme ; mais elles sont confondues dans une si grande foule de maximes saintes et pleines de cette onction qui gagne le cœur que l'ouvrage fut reçu avec un applaudissement universel. Le bien s'y montre de tous côtés, et le mal, il faut le chercher. Plusieurs évêques lui donnèrent les plus grands éloges dans sa naissance, et les confirmèrent quand le livre eut reçu encore, par l'auteur, sa dernière perfection. Je sais même que l'abbé Renaudot, l'un des plus savants hommes de France, étant à Rome la première année du pontificat de Clément XI, allant un jour chez ce pape, qui aimait les savants et qui l'était lui-même, le trouva lisant le livre du P. Quesnel. « Voilà, lui dit le pape, un livre excellent. Nous n'avons personne à Rome qui soit capable d'écrire ainsi. Je voudrais attirer l'auteur auprès de moi. » C'est le même pape qui depuis condamna le livre.

Il ne faut pourtant pas regarder ces éloges de Clément XI, et les censures qui suivirent les éloges, comme une contradiction. On peut être très-touché, dans une lecture, des beautés frappantes d'un ouvrage, et en condamner ensuite les défauts cachés. Un des prélats qui avaient donné en France l'approbation la plus sincère au livre de Quesnel était le cardinal de Noailles, archevêque de Paris. Il s'en était déclaré le protecteur lorsqu'il était évêque de Châlons ; et le livre lui était dédié. Ce cardinal, plein de vertus et de science, le plus doux des hommes, le plus ami de la paix, protégeait quelques jansénistes, sans l'être ; et aimait peu les jésuites, sans leur nuire et sans les craindre.

Ces jésuites commençaient à jouir d'un grand crédit, depuis que le P. de La Chaise, gouvernant la conscience de Louis XIV, était en effet à la tête de l'Église gallicane. Le P. Quesnel, qui les craignait, était retiré à Bruxelles avec le savant bénédictin Gerberon, un prêtre nommé Brigode, et plusieurs autres du même parti. Il en était devenu chef après la mort du fameux Arnauld, et jouissait comme lui de cette gloire flatteuse de s'établir un empire secret indépendant des souverains, de régner sur des consciences, et d'être l'âme d'une faction composée d'esprits éclairés. Les jésuites, plus répandus que sa faction et plus puissants, déterrèrent bientôt Quesnel dans sa solitude. Ils le persécutèrent auprès de Philippe V, qui était encore maître des Pays-Bas, comme ils avaient poursuivi Arnauld, son maître, auprès de Louis XIV. Ils obtinrent un ordre du roi d'Espagne de faire arrêter ces solitaires. (1703) Quesnel fut mis dans les prisons de l'archevêché de Malines. Un gentilhomme, qui crut que le parti janséniste ferait sa fortune s'il délivrait le chef, perça les murs, et fit évader Quesnel, qui se retira à Amsterdam, où il est mort en 1719 [1], dans une extrême vieillesse, après avoir contribué à former en Hollande quelques églises de jansénistes, troupeau faible qui dépérit tous les jours.

Lorsqu'on l'arrêta, on saisit tous ses papiers, et on y trouva tout ce qui caractérise un parti formé. Il y avait une copie d'un ancien contrat fait par les jansénistes avec Antoinette Bourignon [2], célèbre visionnaire, femme riche, et qui avait acheté, sous le nom de son directeur, l'île de Nordstrand près du Holstein pour y rassembler ceux qu'elle prétendait associer à une secte de mystiques qu'elle avait voulu établir.

Cette Bourignon avait imprimé à ses frais dix-neuf gros volumes de pieuses rêveries, et dépensé la moitié de son bien à faire des prosélytes. Elle n'avait réussi qu'à se rendre ridicule, et même avait essuyé les persécutions attachées à toute innovation. Enfin, désespérant de s'établir dans son île, elle l'avait revendue aux jansénistes, qui ne s'y établirent pas plus qu'elle.

On trouva encore dans les manuscrits de Quesnel un projet plus coupable, s'il n'avait été insensé. Louis XIV ayant envoyé en Hollande, en 1684, le comte d'Avaux, avec plein pouvoir d'admettre à une trêve de vingt années les puissances qui voudraient y entrer, les jansénistes, sous le nom des *disciples de saint Augustin*, avaient imaginé de se faire comprendre dans cette trêve, comme s'ils avaient été en effet un parti formidable, tel que celui des calvinistes le fut si longtemps. Cette idée chimérique était demeurée sans exécution ; mais enfin les propositions de paix des jansénistes avec le roi de France avaient été rédigées par écrit. Il y avait eu certainement dans ce projet une envie de se rendre trop considérables ; et c'en était assez pour être criminels. On fit aisément croire à Louis XIV qu'ils étaient dangereux.

Il n'était pas assez instruit pour savoir que de vaines opinions de spéculation tomberaient d'elles-mêmes si on les abandonnait à leur inutilité. C'était leur donner un poids qu'elles n'avaient point que d'en faire des matières d'État. Il ne fut pas difficile de faire regarder le livre du P. Quesnel comme coupable, après que l'auteur eut été traité en séditieux. Les jésuites engagèrent le roi lui-même à faire demander à Rome la condamnation du livre. C'était en effet faire condamner le cardinal de Noailles, qui en avait été le protecteur le plus zélé. On se flattait avec raison que le pape Clément XI mortifierait l'archevêque de Paris. Il faut

---

1. Le 2 décembre, âgé de quatre-vingt-six ans.
2. Née à Lille, morte en 1680 ; Voltaire en a parlé tome XIV, page 32.

savoir que quand Clément XI était le cardinal Albani, il avait fait imprimer un livre tout moliniste de son ami le cardinal de Sfondrate, et que M. de Noailles avait été le dénonciateur de ce livre. Il était naturel de penser qu'Albani, devenu pape, ferait au moins, contre les approbations données à Quesnel, ce qu'on avait fait contre les approbations données à Sfondrate.

On ne se trompa point : le pape Clément XI donna, vers l'an 1708, un décret contre le livre de Quesnel. Mais alors les affaires temporelles empêchèrent que cette affaire spirituelle, qu'on avait sollicitée, ne réussît. La cour était mécontente de Clément XI, qui avait reconnu l'archiduc Charles pour roi d'Espagne, après avoir reconnu Philippe V. On trouva des nullités dans son décret : il ne fut point reçu en France, et les querelles furent assoupies jusqu'à la mort du P. de La Chaise, confesseur du roi, homme doux, avec qui les voies de conciliation étaient toujours ouvertes, et qui ménageait dans le cardinal de Noailles l'allié de Mme de Maintenon.

Les jésuites étaient en possession de donner un confesseur au roi, comme à presque tous les princes catholiques. Cette prérogative était le fruit de leur institut, par lequel ils renoncent aux dignités ecclésiastiques. Ce que leur fondateur établit par humilité était devenu un principe de grandeur. Plus Louis XIV vieillissait, plus la place de confesseur devenait un ministère considérable. Ce poste fut donné à Le Tellier, fils d'un procureur de Vire[1], en basse Normandie, homme sombre, ardent, inflexible, cachant ses violences sous un flegme apparent : il fit tout le mal qu'il pouvait faire dans cette place, où il est trop aisé d'inspirer ce qu'on veut et de perdre qui l'on hait ; il avait à venger ses injures particulières. Les jansénistes avaient fait condamner à Rome un de ses livres sur les cérémonies chinoises. Il était mal personnellement avec le cardinal de Noailles, et il ne savait rien ménager. Il remua toute l'Église de France. Il dressa, en 1711, des lettres et des mandements, que des évêques devaient signer. Il leur envoyait des accusations contre le cardinal de Noailles, au bas desquelles ils n'avaient plus qu'à mettre leur nom. De telles manœuvres, dans des affaires profanes, sont punies ; elles furent découvertes, et n'en réussirent pas moins[2].

---

1. Michel Le Tellier, sixième et dernier confesseur de Louis XIV, était fils d'un vigneron des environs de Coutances. Son homonyme le chancelier Michel Le Tellier, mort plus de trente ans avant lui, était petit-fils d'un marchand de vin à Aï. (Cl.)

2. Il est dit dans la *Vie du duc d'Orléans,* imprimée en 1737, que le cardinal de Noailles accusa le P. Le Tellier de vendre les bénéfices, et que le jésuite dit au

La conscience du roi était alarmée par son confesseur autant que son autorité était blessée par l'idée d'un parti rebelle. En vain le cardinal de Noailles lui demanda justice de *ces mystères d'iniquité* ; le confesseur persuada qu'il s'était servi des voies humaines pour faire réussir les choses divines ; et comme en effet il défendait l'autorité du pape et celle de l'unité de l'Église, tout le fond de l'affaire lui était favorable. Le cardinal s'adressa au dauphin, duc de Bourgogne ; mais il le trouva prévenu par les lettres et par les amis de l'archevêque de Cambrai. La faiblesse humaine entre dans tous les cœurs. Fénelon n'était pas encore assez philosophe pour oublier que le cardinal de Noailles avait contribué à le faire condamner ; et Quesnel payait alors pour Mme Guyon.

Le cardinal n'obtint pas davantage du crédit de Mme de Maintenon. Cette seule affaire pourrait faire connaître le caractère de cette dame, qui n'avait guère de sentiments à elle, et qui n'était occupée que de se conformer à ceux du roi. Trois lignes de sa main au cardinal de Noailles développent tout ce qu'il faut penser, et d'elle, et de l'intrigue du P. Le Tellier, et des idées du roi, et de la conjoncture. « Vous me connaissez assez pour savoir ce que je pense sur la découverte nouvelle ; mais bien des raisons doivent me retenir de parler. Ce n'est point à moi à juger et à condamner ; je n'ai qu'à me taire et à prier pour l'Église, pour le roi, et pour vous. J'ai donné votre lettre au roi ; elle a été lue : c'est tout ce que je puis vous en dire, étant abattue de tristesse. »

Le cardinal archevêque, opprimé par un jésuite, ôta les pouvoirs de prêcher et de confesser à tous les jésuites, excepté à quelques-uns des plus sages et des plus modérés. Sa place lui donnait le droit dangereux d'empêcher Le Tellier de confesser le roi ;

---

roi : « Je consens à être brûlé vif si l'on prouve cette accusation, pourvu que le cardinal soit brûlé vif aussi en cas qu'il ne la prouve pas. »

Ce conte est tiré des pièces qui coururent sur l'affaire de la constitution, et ces pièces sont remplies d'autant d'absurdités que la *Vie du duc d'Orléans*. La plupart de ces écrits sont composés par des malheureux qui ne cherchent qu'à gagner de l'argent : ces gens-là ne savent pas qu'un homme qui doit ménager sa considération auprès d'un roi qu'il confesse ne lui propose pas, pour se disculper, de faire brûler vif son archevêque.

Tous les petits contes de cette espèce se retrouvent dans les *Mémoires de Maintenon*. Il faut soigneusement distinguer entre les faits et les ouï-dire. (*Note de Voltaire.*) — On proposa pour confesseur à Louis XIV Le Tellier et Tournemine. Tournemine, littérateur assez savant, pensait avec autant de liberté, et avait aussi peu de fanatisme qu'il était possible à un jésuite. Mais il était d'une naissance illustre, et Louis XIV ne voulut pas d'un confesseur fait pour aspirer aux premières places de l'Église et de l'État ; il craignait d'ailleurs l'ambition de sa famille. (K.)

mais il n'osa pas irriter à ce point son ennemi [1]. « Je crains, écrivit-il à Mme de Maintenon, de marquer au roi trop de soumission, en donnant les pouvoirs à celui qui les mérite le moins. Je prie Dieu de lui faire connaître le péril qu'il court en confiant son âme à un homme de ce caractère [2]. »

On voit dans plusieurs Mémoires que le P. Le Tellier dit qu'il fallait qu'il perdît sa place, ou le cardinal la sienne. Il est très-vraisemblable qu'il le pensa, et peu qu'il l'ait dit.

Quand les esprits sont aigris, les deux partis ne font plus que des démarches funestes. Des partisans du P. Le Tellier, des évêques qui espéraient le chapeau, employèrent l'autorité royale pour enflammer ces étincelles qu'on pouvait éteindre. Au lieu d'imiter Rome, qui avait plusieurs fois imposé silence aux deux partis; au lieu de réprimer un religieux, et de conduire le cardinal; au lieu de défendre ces combats comme les duels, et de réduire tous les prêtres, comme tous les seigneurs, à être utiles sans être dangereux; au lieu d'accabler enfin les deux partis sous le poids de la puissance suprême, soutenue par la raison et par tous les magistrats, Louis XIV crut bien faire de solliciter lui-même à Rome une déclaration de guerre, et de faire venir la fameuse constitution *Unigenitus*, qui remplit le reste de sa vie d'amertume.

Le jésuite Le Tellier et son parti envoyèrent à Rome cent trois propositions à condamner. Le saint office en proscrivit cent et une. La bulle fut donnée au moins de septembre 1713. Elle vint, et souleva contre elle presque toute la France. Le roi l'avait demandée pour prévenir un schisme; et elle fut prête d'en causer un. La clameur fut générale, parce que, parmi ces cent et une propositions, il y en avait qui paraissaient à tout le monde contenir le sens le plus innocent, et la plus pure morale. Une nombreuse assemblée d'évêques fut convoquée à Paris. Quarante acceptèrent la bulle pour le bien de la paix; mais ils en donnèrent

---

1. Consultez les *Lettres de madame de Maintenon*. On voit que ces Lettres étaient connues de l'auteur avant qu'on les eût imprimées, et qu'il n'a rien hasardé. (*Note de Voltaire.*)

2. Quand on a des lettres aussi authentiques, on peut les citer : ce sont les plus précieux matériaux de l'histoire. Mais quel fond faire sur une lettre qu'on suppose écrite au roi par le cardinal de Noailles... « J'ai travaillé le premier à la ruine du clergé pour sauver votre État et pour soutenir votre trône... Il ne vous est pas permis de demander compte de ma conduite. » Est-il vraisemblable qu'un sujet aussi sage et aussi modéré que le cardinal de Noailles ait écrit à son souverain une lettre si insolente et si outrée? Ce n'est qu'une imputation maladroite ; elle se trouve page 141, tome V, des *Mémoires de Maintenon*, et comme elle n'a ni authenticité ni vraisemblance, on ne doit y ajouter aucune foi. (*Note de Voltaire.*)

en même temps des explications pour calmer les scrupules du public. L'acceptation pure et simple fut envoyée au pape, et les modifications furent pour les peuples. Ils prétendaient par là satisfaire à la fois le pontife, le roi, et la multitude; mais le cardinal de Noailles, et sept autres évêques de l'assemblée, qui se joignirent à lui, ne voulurent ni de la bulle, ni de ses correctifs. Ils écrivirent au pape pour demander ces correctifs mêmes à Sa Sainteté. C'était un affront qu'ils lui faisaient respectueusement. Le roi ne le souffrit pas : il empêcha que la lettre ne parût, renvoya les évêques dans leurs diocèses, défendit au cardinal de paraître à la cour. La persécution donna à cet archevêque une nouvelle considération dans le public. Sept autres évêques se joignirent encore à lui. C'était une véritable division dans l'épiscopat, dans tout le clergé, dans les ordres religieux. Tout le monde avouait qu'il ne s'agissait pas des points fondamentaux de la religion : cependant il y avait une guerre civile dans les esprits, comme s'il eût été question du renversement du christianisme, et on fit agir des deux côtés tous les ressorts de la politique, comme dans l'affaire la plus profane.

Ces ressorts furent employés pour faire accepter la constitution par la Sorbonne. La pluralité des suffrages ne fut pas pour elle, et cependant elle y fut enregistrée. Le ministère avait peine à suffire aux lettres de cachet qui envoyaient en prison ou en exil les opposants.

(1714) Cette bulle avait été enregistrée au parlement, avec la réserve des droits ordinaires de la couronne, des libertés de l'Église gallicane, du pouvoir et de la juridiction des évêques; mais le cri public perçait toujours à travers l'obéissance. Le cardinal de Bissi, l'un des plus ardents défenseurs de la bulle, avoua, dans une de ses lettres, qu'elle n'aurait pas été reçue avec plus d'indignité à Genève qu'à Paris.

Les esprits étaient surtout révoltés contre le jésuite Le Tellier. Rien ne nous irrite plus qu'un religieux devenu puissant. Son pouvoir nous paraît une violation de ses vœux; mais s'il abuse de ce pouvoir, il est en horreur[1]. Toutes les prisons étaient pleines depuis longtemps de citoyens accusés de jansénisme. On faisait accroire à Louis XIV, trop ignorant dans ces matières, que c'était le devoir d'un roi très-chrétien, et qu'il ne pouvait expier ses péchés qu'en persécutant les hérétiques. Ce qu'il y a de plus honteux, c'est qu'on portait à ce jésuite Le Tellier les copies des interrogatoires

---

1. Le commencement de cet alinéa est de 1751; la fin, de 1768. (B.)

faits à ces infortunés. Jamais on ne trahit plus lâchement la justice ; jamais la bassesse ne sacrifia plus indignement au pouvoir. On a retrouvé, en 1768, à la maison professe des jésuites, ces monuments de leur tyrannie, après qu'ils ont porté enfin la peine de leurs excès, et qu'ils ont été chassés par tous les parlements du royaume, par les vœux de la nation, et enfin par un édit de Louis XV [1].

(1715) Le Tellier osa présumer de son crédit jusqu'à proposer de faire déposer le cardinal de Noailles dans un concile national. Ainsi un religieux faisait servir à sa vengeance son roi, son pénitent, et sa religion.

Pour préparer ce concile, dans lequel il s'agissait de déposer un homme devenu l'idole de Paris et de la France, par la pureté de ses mœurs, par la douceur de son caractère, et plus encore par la persécution, on détermina Louis XIV à faire enregistrer au parlement une déclaration par laquelle tout évêque qui n'aurait pas reçu la bulle *purement et simplement* serait tenu d'y souscrire, ou qu'il serait poursuivi suivant la rigueur des canons. Le chancelier Voisin, secrétaire d'État de la guerre, dur et despotique, avait dressé cet édit. Le procureur général d'Aguesseau, plus versé que le chancelier Voisin dans les lois du royaume, et ayant alors ce courage d'esprit que donne la jeunesse, refusa absolument de se charger d'une telle pièce. Le premier président de Mesme en remontra au roi les conséquences. On traîna l'affaire en longueur. Le roi était mourant : ces malheureuses disputes troublèrent et avancèrent ses derniers moments. Son impitoyable confesseur fatiguait sa faiblesse par des exhortations continuelles à consommer un ouvrage qui ne devait pas faire chérir sa mémoire. Les domestiques du roi, indignés, lui refusèrent deux fois l'entrée de la chambre ; et enfin ils le conjurèrent de ne point parler au roi de constitution. Ce prince mourut, et tout changea.

Le duc d'Orléans, régent du royaume, ayant renversé d'abord toute la forme du gouvernement de Louis XIV, et ayant substitué des conseils aux bureaux des secrétaires d'État, composa un conseil de conscience dont le cardinal de Noailles fut le président. On exila le jésuite Le Tellier, chargé de la haine publique, et peu aimé de ses confrères.

Les évêques opposés à la bulle appelèrent à un futur concile, dût-il ne se tenir jamais. La Sorbonne, les curés du diocèse de Paris, des corps entiers de religieux, firent le même appel ; et enfin le cardinal de Noailles fit le sien en 1717, mais il ne voulut

---

1. Novembre 1764.

pas d'abord le rendre public. On l'imprima, dit-on, malgré lui. L'Église de France resta divisée en deux factions: les *acceptants*, et les *refusants*. Les acceptants étaient les cent évêques qui avaient adhéré sous Louis XIV avec les jésuites et les capucins. Les refusants étaient quinze évêques et toute la nation. Les acceptants se prévalaient de Rome; les autres, des universités, des parlements, et du peuple. On imprimait volume sur volume, lettres sur lettres. On se traitait réciproquement de schismatique et d'hérétique.

Un archevêque de Reims, du nom de Mailly[1], grand et heureux partisan de Rome, avait mis son nom au bas de deux écrits que le parlement fit brûler par le bourreau. L'archevêque, l'ayant su, fit chanter un *Te Deum* pour remercier Dieu d'avoir été outragé par des schismatiques. Dieu le récompensa; il fut cardinal. Un évêque de Soissons nommé Languet[2], ayant essuyé le même traitement du parlement, et ayant signifié à ce corps que « ce n'était pas à lui à le juger, même pour un crime de lèse-majesté », il fut condamné à dix mille livres d'amende. Mais le régent ne voulut pas qu'il les payât, de peur, dit-il, qu'il ne devînt cardinal aussi.

Rome éclatait en reproches; on se consumait en négociations: on appelait, on réappelait, et tout cela pour quelques passages, aujourd'hui oubliés, du livre d'un prêtre octogénaire, qui vivait d'aumônes à Amsterdam[3].

La folie du système des finances[4] contribua plus qu'on ne croit à rendre la paix à l'Église. Le public se jeta avec tant de fureur dans le commerce des actions; la cupidité des hommes, excitée par cette amorce, fut si générale que ceux qui parlèrent ensuite de jansénisme et de bulle ne trouvèrent personne qui les écoutât. Paris n'y pensait pas plus qu'à la guerre qui se faisait sur les frontières d'Espagne. Les fortunes rapides et incroyables qu'on faisait alors, le luxe et la volupté portés au dernier excès, imposèrent silence aux disputes ecclésiastiques; et le plaisir fit ce que Louis XIV n'avait pu faire.

Le duc d'Orléans saisit ces conjonctures pour réunir l'Église de France. Sa politique y était intéressée. Il craignait des temps où il aurait eu contre lui Rome, l'Espagne, et cent évêques[5].

---

1. François de Mailly, né en 1658, cardinal en 1719, mort en 1721.
2. C'est l'auteur de la *Vie de Marie Alacoque*. (G. A.)
3. Voyez le *Catalogue des écrivains*, tome XIV, page 117; et, ci-dessus, pages 50-52.
4. Le système de Law.
5. On verra, dans le *Siècle de Louis XV*, quelles furent les vues et la conduite du régent. (*Note de Voltaire.*)

Il fallait engager le cardinal de Noailles non-seulement à recevoir cette constitution, qu'il regardait comme scandaleuse; mais à rétracter son appel, qu'il regardait comme légitime. Il fallait obtenir de lui plus que Louis XIV, son bienfaiteur, ne lui avait en vain demandé. Le duc d'Orléans devait trouver les plus grandes oppositions dans le parlement, qu'il avait exilé à Pontoise; cependant il vint à bout de tout. On composa *un corps de doctrine* qui contenta presque les deux partis. On tira parole du cardinal qu'enfin il accepterait. Le duc d'Orléans alla lui-même au grand-conseil, avec les princes et les pairs, faire enregistrer un édit qui ordonnait l'acceptation de la bulle, la suppression des appels, l'unanimité et la paix. Le parlement, qu'on avait mortifié en portant au grand-conseil des déclarations qu'il était en possession de recevoir, menacé d'ailleurs d'être transféré de Pontoise à Blois, enregistra ce que le grand-conseil avait enregistré, mais toujours avec les réserves d'usage, c'est-à-dire le maintien des libertés de l'Église gallicane et des lois du royaume.

Le cardinal archevêque, qui avait promis de se rétracter quand le parlement obéirait, se vit enfin obligé de tenir parole; et on afficha son mandement de rétractation le 20 août 1720.

Le nouvel archevêque de Cambrai, Dubois, fils d'un apothicaire de Brive-la-Gaillarde, depuis cardinal et premier ministre, fut celui qui eut le plus de part à cette affaire, dans laquelle la puissance de Louis XIV avait échoué. Personne n'ignore quelles étaient la conduite, la manière de penser[1], les mœurs de ce ministre. Le licencieux Dubois subjugua le pieux Noailles. On se souvient avec quel mépris le duc d'Orléans et son ministre parlaient des querelles qu'ils apaisèrent, quel ridicule ils jetèrent sur cette guerre de controverse. Ce mépris et ce ridicule servirent encore à la paix. On se lasse enfin de combattre pour des querelles dont le monde rit.

Depuis ce temps, tout ce qu'on appelait en France jansénisme, quiétisme, bulles, querelles théologiques, baissa sensiblement. Quelques évêques appelants restèrent opiniâtrément attachés à leurs sentiments.

Mais il y eut quelques évêques connus et quelques ecclésiastiques ignorés qui persistèrent dans leur enthousiasme janséniste. Ils se persuadèrent que Dieu allait détruire la terre puisqu'une feuille de papier, nommée *bulle,* imprimée en Italie, était reçue

---

1. Il mourut sans vouloir se confesser; voyez le commencement du chapitre III du *Précis du Siècle de Louis XV.*

en France. S'ils avaient seulement considéré sur quelque mappemonde le peu de place que la France et l'Italie y tiennent, et le peu de figure qu'y font des évêques de province et des habitués de paroisse, ils n'auraient pas écrit que Dieu anéantirait le monde entier pour l'amour d'eux ; et il faut avouer qu'il n'en a rien fait. Le cardinal de Fleury eut une autre sorte de folie, celle de croire ces pieux énergumènes dangereux à l'État.

Il voulait plaire d'ailleurs au pape Benoît XIII, de l'ancienne maison Orsini, mais vieux moine entêté, croyant qu'une bulle émane de Dieu même. Orsini et Fleury firent donc convoquer un petit[1] concile dans Embrun, pour condamner Soanen, évêque d'un village nommé Senez, âgé de quatre-vingt-un ans, ci-devant prêtre de l'Oratoire, janséniste beaucoup plus entêté que le pape.

Le président de ce concile était Tencin, archevêque d'Embrun, homme plus entêté d'avoir le chapeau de cardinal que de soutenir une bulle. Il avait été poursuivi au parlement de Paris comme simoniaque, et regardé dans le public comme un prêtre incestueux qui friponnait au jeu. Mais il avait converti Law[2] le banquier, contrôleur général ; et de presbytérien écossais il en avait fait un Français catholique. Cette bonne œuvre avait valu au convertisseur beaucoup d'argent et l'archevêché d'Embrun[3].

Soanen passait pour un saint dans toute la province. Le simoniaque condamna le saint, lui interdit les fonctions d'évêque et de prêtre, et le relégua dans un couvent de bénédictins au milieu

---

1. Voyez la lettre à d'Argental du 6, et celle à Richelieu du 13 février 1755.
2. Voyez le chapitre II du *Précis du Siècle de Louis XV*.
— Le nom de Law, prononcé en anglais *Lâ*, est généralement prononcé *Lâsse* en français ; on a expliqué ainsi cette prononciation :
Law a dû être entouré d'Anglais dans sa banque, et ceux-ci, parlant de son plan financier, de sa maison, de ses propriétés, etc., etc., disaient, par exemple, en mettant l'*s*, marque du génitif, après son nom comme le requérait la construction de leur langue :

Law's system is admirable. — (Le système de Law est admirable.)
I am going to *Law's*. — (Je vais chez Law.)
I spent the evening at *Law's*. — (J'ai passé la soirée chez Law.)
In some years, *Law's* fortune will be considerable. — (Dans quelques années, la fortune de Law sera considérable.)

De sorte que les Français qui se trouvaient parmi eux, entendant sans cesse *Law's* par ci, *Law's* par là, finirent par croire que les compatriotes du célèbre étranger prononçaient son nom *Lâsse*, et ils adoptèrent comme véritable cette prononciation fautive que nos grammairiens se sont, à la vérité, empressés de signaler, mais contre laquelle ils ne se sont jamais élevés. (E. M.)
3. Voyez *Histoire du Parlement*, chapitre LXIV.

des montagnes, où le condamné pria Dieu pour le convertisseur jusqu'à l'âge de quatre-vingt-quatorze ans.

Ce concile, ce jugement, et surtout le président du concile, indignèrent toute la France, et au bout de deux jours on n'en parla plus.

Le pauvre parti janséniste eut recours à des miracles; mais les miracles ne faisaient plus fortune. Un vieux prêtre de Reims, nommé Rousse, mort, comme on dit, en odeur de sainteté, eut beau guérir les maux de dents et les entorses; le Saint-Sacrement, porté dans le faubourg Saint-Antoine à Paris, guérit en vain la femme Lafosse d'une perte de sang, au bout de trois mois, en la rendant aveugle [1].

Enfin des enthousiastes s'imaginèrent qu'un diacre, nommé Pâris [2], frère d'un conseiller au parlement, appelant et réappelant, enterré dans le cimetière de Saint-Médard, devait faire des miracles. Quelques personnes du parti, qui allèrent prier sur son tombeau, eurent l'imagination si frappée que leurs organes ébranlés leur donnèrent de légères convulsions. Aussitôt la tombe fut environnée de peuple; la foule s'y pressait jour et nuit. Ceux qui montaient sur la tombe donnaient à leurs corps des secousses qu'ils prenaient eux-mêmes pour des prodiges. Les fauteurs secrets du parti encourageaient cette frénésie. On priait en langue vulgaire autour du tombeau; on ne parlait que de sourds qui avaient entendu quelques paroles, d'aveugles qui avaient entrevu, d'estropiés qui avaient marché droit quelques moments. Ces prodiges étaient même juridiquement attestés par une foule de témoins qui les avaient presque vus, parce qu'ils étaient venus dans l'espérance de les voir. Le gouvernement abandonna pendant un mois cette maladie épidémique à elle-même. Mais le concours augmentait; les miracles redoublaient; et il fallut enfin fermer le cimetière, et y mettre une garde [3]. Alors les mêmes enthousiastes allèrent faire leurs miracles dans les maisons. Ce tombeau du diacre Pâris fut en effet le tombeau du jansénisme dans l'esprit de tous les honnêtes gens. Ces farces auraient eu des suites sérieuses dans des temps moins éclairés. Il semblait que ceux qui les protégeaient ignorassent à quel siècle ils avaient affaire.

1. Ce fut l'origine d'une procession qu'on appelait procession de Mme Lafosse, et qui s'est faite jusqu'à l'époque de la Révolution. Le *miracle* est du 31 mai 1725, et fut le sujet d'un mandement de l'archevêque, dans lequel Voltaire est cité; voyez les lettres à Mme de Bernières, des 27 juin et 31 août 1725.
2. Voyez, dans le *Dictionnaire philosophique*, le mot CONVULSIONS.
3. Voyez le chapitre LXV de l'*Histoire du Parlement*.

CHAPITRE XXXVII.

La superstition alla si loin qu'un conseiller du parlement, nommé Carré, et surnommé *Montgeron*[1], eut la démence de présenter au roi, en 1736, un recueil de tous ces prodiges, muni d'un nombre considérable d'attestations. Cet homme insensé, organe et victime d'insensés, dit, dans son Mémoire au roi[2], « qu'il faut croire aux témoins qui se font égorger pour soutenir leurs témoignages[3] ». Si son livre subsistait un jour, et que les autres fussent perdus, la postérité croirait que notre siècle a été un temps de barbarie.

Ces extravagances ont été en France les derniers soupirs d'une secte qui, n'étant plus soutenue par des Arnauld, des Pascal et des Nicole, et n'ayant plus que des convulsionnaires, est tombée dans l'avilissement; on n'entendrait plus parler de ces querelles qui déshonorent la religion et font tort à la religion s'il ne se trouvait de temps en temps quelques esprits remuants qui cherchent, dans ces cendres éteintes, quelques restes de feu dont ils essayent de faire un incendie. Si jamais ils y réussissent, la dispute du molinisme et du jansénisme ne sera plus l'objet des troubles. Ce qui est devenu ridicule ne peut plus être dangereux. La querelle changera de nature. Les hommes ne manquent pas de prétextes pour se nuire quand ils n'en ont plus de cause.

La religion peut encore aiguiser les poignards. Il y a toujours, dans la nation, un peuple qui n'a nul commerce avec les honnêtes gens, qui n'est pas du siècle, qui est inaccessible aux progrès de la raison, et sur qui l'atrocité du fanatisme conserve son empire comme certaines maladies qui n'attaquent que la plus vile populace.

Les jésuites semblèrent entraînés dans la chute du jansénisme; leurs armes, émoussées, n'avaient plus d'adversaires à combattre : ils perdirent à la cour le crédit dont Le Tellier avait abusé; leur *Journal de Trévoux* ne leur concilia ni l'estime ni l'amité des gens de lettres. Les évêques sur lesquels ils avaient dominé les confondirent avec les autres religieux; et ceux-ci, ayant été abaissés par eux, les rabaissèrent à leur tour. Les parlements leur firent sentir plus d'une fois ce qu'ils pensaient d'eux en condamnant quelques-uns de leurs écrits qu'on aurait pu oublier. L'Université, qui commençait alors à faire de bonnes études dans la litté-

---

1. Voyez *Histoire du Parlement*, chapitre LXV.
2. *La Vérité des miracles opérés par l'intercession du diacre Pâris*. Voyez, dans le *Dictionnaire philosophique*, l'article CONVULSIONS.
3. C'est la pensée de Pascal ; voyez son texte et la remarque de Voltaire, dans les *Mélanges*, à la date de 1728.

rature, et à donner une excellente éducation, leur enleva une grande partie de la jeunesse; et ils attendirent, pour reprendre leur ascendant, que le temps leur fournît des hommes de génie et des conjonctures favorables; mais ils furent bien trompés dans leurs espérances : leur chute, l'abolition de leur ordre en France, leur bannissement d'Espagne, de Portugal, de Naples, a fait voir enfin combien Louis XIV avait eu tort de leur donner sa confiance.

Il serait très-utile à ceux qui sont entêtés de toutes ces disputes de jeter les yeux sur l'histoire générale du monde : car, en observant tant de nations, tant de mœurs, tant de religions différentes, on voit le peu de figure que font sur la terre un moliniste et un janséniste. On rougit alors de sa frénésie pour un parti qui se perd dans la foule et dans l'immensité des choses.

CHAPITRE XXXVIII.

DU QUIÉTISME.

Au milieu des factions du calvinisme et des querelles du jansénisme, il y eut encore une division en France sur le quiétisme. C'était une suite malheureuse des progrès de l'esprit humain dans le siècle de Louis XIV, que l'on s'efforçât de passer presque en tout les bornes prescrites à nos connaissances ; ou plutôt c'était une preuve qu'on n'avait pas fait encore assez de progrès.

La dispute du quiétisme est une de ces intempérances d'esprit et de ces subtilités théologiques qui n'auraient laissé aucune trace dans la mémoire des hommes, sans les noms des deux illustres rivaux qui combattirent. Une femme sans crédit, sans véritable esprit, et qui n'avait qu'une imagination échauffée, mit aux mains les deux plus grands hommes qui fussent alors dans l'Église. Son nom était Jeanne Bouvier de La Motte. Sa famille était originaire de Montargis. Elle avait épousé le fils Guyon, entrepreneur du canal de Briare. Devenue veuve dans une assez grande jeunesse, avec du bien, de la beauté, et un esprit fait pour le monde, elle s'entêta de ce qu'on appelle *la spiritualité*. Un barnabite du pays d'Annecy, près de Genève, nommé Lacombe, fut son directeur.

Cet homme, connu par un mélange assez ordinaire de passions et de religion, et qui est mort fou, plongea l'esprit de sa pénitente dans des rêveries mystiques dont elle était déjà atteinte. L'envie d'être une sainte Thérèse en France ne lui permit pas de voir combien le génie français est opposé au génie espagnol, et la fit aller beaucoup plus loin que sainte Thérèse. L'ambition d'avoir des disciples, la plus forte peut-être de toutes les ambitions, s'empara tout entière de son cœur.

Son directeur Lacombe la conduisit en Savoie dans son petit pays d'Annecy, où l'évêque titulaire de Genève fait sa résidence. C'était déjà une très-grande indécence à un moine de conduire une jeune veuve hors de sa patrie ; mais c'est ainsi qu'en ont usé presque tous ceux qui ont voulu établir une secte : ils traînent presque toujours des femmes avec eux. La jeune veuve se donna d'abord quelque autorité dans Annecy par sa profusion en aumônes. Elle tint des conférences ; elle prêchait le renoncement entier à soi-même, le silence de l'âme, l'anéantissement de toutes ses puissances, le culte intérieur, l'amour pur et désintéressé qui n'est ni avili par la crainte, ni animé de l'espoir des récompenses.

Les imaginations tendres et flexibles, surtout celles des femmes et de quelques jeunes religieux, qui aimaient plus qu'ils ne croyaient la parole de Dieu dans la bouche d'une belle femme, furent aisément touchées de cette éloquence de paroles, la seule propre à persuader tout à des esprits préparés. Elle fit des prosélytes. L'évêque d'Annecy obtint qu'on la fît sortir du pays, elle et son directeur. Ils s'en allèrent à Grenoble. Elle y répandit un petit livre intitulé *le Moyen court*[1], et un autre sous le nom des *Torrents*[2], écrits du style dont elle parlait, et fut encore obligée de sortir de Grenoble.

Se flattant déjà d'être au rang des confesseurs, elle eut une vision, et elle prophétisa ; elle envoya sa prophétie au P. Lacombe : « Tout l'enfer se bandera, dit-elle, pour empêcher les progrès de l'intérieur et la formation de Jésus-Christ dans les âmes. La tempête sera telle qu'il ne restera pas pierre sur pierre, et il me semble que dans toute la terre il y aura trouble, guerre, et renversement. La femme sera enceinte de l'esprit intérieur, et le dragon se tiendra debout devant elle. »

---

1. *Moyen court et très-facile de faire l'oraison du cœur*, Grenoble, 1685, in-12.
2. Elle entend par *torrents* les âmes qui sont sorties de Dieu et qui retourneront se perdre en lui. C'est un livre analogue au *Château intérieur de l'âme* de sainte Thérèse. (G. A.)

La prophétie se trouva vraie en partie : l'enfer ne se banda point ; mais étant revenue à Paris, conduite par son directeur, et l'un et l'autre ayant dogmatisé en 1687, l'archevêque de Harlai de Chanvalon obtint un ordre du roi pour faire enfermer Lacombe comme un séducteur, et pour mettre dans un couvent Mᵐᵉ Guyon comme un esprit aliéné qu'il fallait guérir ; mais Mᵐᵉ Guyon, avant ce coup, s'était fait des protections qui la servirent. Elle avait dans la maison de Saint-Cyr, encore naissante, une cousine nommée Mᵐᵉ de La Maisonfort, favorite de Mᵐᵉ de Maintenon. Elle s'était insinuée dans l'esprit des duchesses de Chevreuse et de Beauvilliers. Toutes ses amies se plaignirent hautement que l'archevêque de Harlai, connu pour aimer trop les femmes, persécutât une femme qui ne parlait que de l'amour de Dieu.

La protection toute-puissante de Mᵐᵉ de Maintenon imposa silence à l'archevêque de Paris, et rendit la liberté à Mᵐᵉ Guyon. Elle alla à Versailles, s'introduisit dans Saint-Cyr, assista à des conférences dévotes que faisait l'abbé de Fénelon, après avoir dîné en tiers avec Mᵐᵉ de Maintenon. La princesse d'Harcourt, les duchesses de Chevreuse, de Beauvilliers, et de Charost, étaient de ces mystères.

L'abbé de Fénelon, alors précepteur des enfants de France, était l'homme de la cour le plus séduisant. Né avec un cœur tendre et une imagination douce et brillante, son esprit était nourri de la fleur des belles-lettres. Plein de goût et de grâces, il préférait dans la théologie tout ce qui a l'air touchant et sublime à ce qu'elle a de sombre et d'épineux. Avec tout cela, il avait je ne sais quoi de romanesque qui lui inspira, non pas les rêveries de Mᵐᵉ Guyon, mais un goût de spiritualité qui ne s'éloignait pas des idées de cette dame.

Son imagination s'échauffait par la candeur et par la vertu, comme les autres s'enflamment par leurs passions. Sa passion était d'aimer Dieu pour lui-même. Il ne vit dans Mᵐᵉ Guyon qu'une âme pure éprise du même goût que lui, et se lia sans scrupule avec elle.

Il était étrange qu'il fût séduit par une femme à révélations, à prophéties et à galimatias, qui suffoquait de la grâce intérieure, qu'on était obligé de délacer, et qui se vidait (à ce qu'elle disait) de la surabondance de grâce pour en faire enfler le corps de l'élu qui était assis auprès d'elle ; mais Fénelon, dans l'amitié et dans ses idées mystiques, était ce qu'on est en amour : il excusait les défauts, et ne s'attachait qu'à la conformité du fond des sentiments qui l'avaient charmé.

Mme Guyon, assurée et fière d'un tel disciple qu'elle appelait son fils, et comptant même sur Mme de Maintenon, répandit dans Saint-Cyr toutes ses idées. L'évêque de Chartres, Godet, dans le diocèse duquel est Saint-Cyr, s'en alarma et s'en plaignit. L'archevêque de Paris menaça encore de recommencer ses premières poursuites.

Mme de Maintenon, qui ne pensait qu'à faire de Saint-Cyr un séjour de paix, qui savait combien le roi était ennemi de toute nouveauté, qui n'avait pas besoin pour se donner de la considération de se mettre à la tête d'une espèce de secte, et qui enfin n'avait en vue que son crédit et son repos, rompit tout commerce avec Mme Guyon, et lui défendit le séjour de Saint-Cyr.

L'abbé de Fénelon voyait un orage se former, et craignit de manquer les grands postes où il aspirait. Il conseilla à son amie de se mettre elle-même dans les mains du célèbre Bossuet, évêque de Meaux, regardé comme un père de l'Église. Elle se soumit aux décisions de ce prélat, communia de sa main, et lui donna tous ses écrits à examiner.

L'évêque de Meaux, avec l'agrément du roi, s'associa pour cet examen l'évêque de Châlons, qui fut depuis le cardinal de Noailles, et l'abbé Tronson, supérieur de Saint-Sulpice. Ils s'assemblèrent secrètement au village d'Issy, près de Paris. L'archevêque de Paris Chanvalon, jaloux que d'autres que lui se portassent pour juges dans son diocèse, fit afficher une censure publique des livres qu'on examinait. Mme Guyon se retira dans la ville de Meaux même; elle souscrivit à tout ce que l'évêque Bossuet voulut, et promit de ne plus dogmatiser.

Cependant Fénelon fut élevé à l'archevêché de Cambrai en 1695, et sacré par l'évêque de Meaux. Il semblait qu'une affaire assoupie, dans laquelle il n'y avait eu jusque-là que du ridicule, ne devait jamais se réveiller. Mais Mme Guyon, accusée de dogmatiser toujours après avoir promis le silence, fut enlevée par ordre du roi, dans la même année 1695, et mise en prison à Vincennes comme si elle eût été une personne dangereuse dans l'État. Elle ne pouvait l'être; et ses pieuses rêveries ne méritaient pas l'attention du souverain. Elle composa à Vincennes un gros volume de vers mystiques, plus mauvais encore que sa prose; elle parodiait les vers des opéras. Elle chantait souvent :

> L'amour pur et parfait va plus loin qu'on ne pense [1] :
> On ne sait pas, lorsqu'il commence,

---

[1]. Ces vers sont parodiés de Quinault, *Thésée*, acte II, scène 1re.

Tout ce qu'il doit coûter un jour.
Mon cœur n'aurait connu Vincennes ni souffrance,
S'il n'eût connu le pur amour.

Les opinions des hommes dépendent des temps, des lieux, et des circonstances. Tandis qu'on tenait en prison Mme Guyon, qui avait épousé Jésus-Christ dans une de ses extases, et qui depuis ce temps-là ne priait plus les saints, disant que la maîtresse de la maison ne devait pas s'adresser aux domestiques; dans ce temps-là, dis-je, on sollicitait à Rome la canonisation de Marie d'Agréda, qui avait eu plus de visions et de révélations que tous les mystiques ensemble, et, pour mettre le comble aux contradictions dont ce monde est plein, on poursuivait en Sorbonne cette même d'Agréda, qu'on voulait faire sainte en Espagne. L'université de Salamanque condamnait la Sorbonne, et en était condamnée. Il était difficile de dire de quel côté il y avait le plus d'absurdité et de folie; mais c'en est sans doute une très-grande d'avoir donné à toutes les extravagances de cette espèce le poids qu'elles ont encore quelquefois[1].

Bossuet, qui s'était longtemps regardé comme le père et le maître de Fénelon, devenu jaloux de la réputation et du crédit de son disciple, et voulant toujours conserver cet ascendant qu'il avait pris sur tous ses confrères, exigea que le nouvel archevêque de Cambrai condamnât Mme Guyon avec lui, et souscrivît à ses instructions pastorales. Fénelon ne voulut lui sacrifier ni ses sentiments ni son amie. On proposa des tempéraments; on donna des promesses : on se plaignit de part et d'autre qu'on avait manqué de parole. L'archevêque de Cambrai, en partant pour son diocèse, fit imprimer à Paris son livre des *Maximes des Saints*, ouvrage dans lequel il crut rectifier tout ce qu'on reprochait à son amie, et développer les idées orthodoxes des pieux contemplatifs qui s'élèvent au-dessus des sens, et qui tendent à un état de perfection où les âmes ordinaires n'aspirent guère. L'évêque de Meaux et ses amis se soulevèrent contre le livre. On le dénonça au roi comme s'il eût été aussi dangereux qu'il était peu intelligible. Le roi en parla à Bossuet, dont il respectait la réputation

---

1. Ce qu'on aurait dû remarquer, c'est que le quiétisme est dans *Don Quichotte*. Ce chevalier errant dit qu'on doit servir Dulcinée, sans autre récompense que celle d'être son chevalier. Sancho lui répond : « Con esta manera de amor he oido yo predicar que se ha de amar á nuestro señor por sí solo, sinque nos mueva esperanza de gloria, ó temor de pena : aunque yo le querria amar y servir por lo que pudiese. » (*Note de Voltaire.*)

et les lumières. Celui-ci, se jetant aux genoux de son prince, lui demanda pardon de ne l'avoir pas averti plus tôt de la fatale hérésie de M. de Cambrai.

Cet enthousiasme ne parut pas sincère aux nombreux amis de Fénelon. Les courtisans pensèrent que c'était un tour de courtisan. Il était bien difficile qu'au fond un homme comme Bossuet regardât comme une *hérésie* fatale la chimère pieuse d'aimer Dieu pour lui-même. Il se peut qu'il fût de bonne foi dans sa haine pour cette dévotion mystique, et encore plus dans sa haine secrète pour Fénelon, et que, confondant l'une avec l'autre, il portât de bonne foi cette accusation contre son confrère et son ancien ami, se figurant peut-être que des délations qui déshonoreraient un homme de guerre honorent un ecclésiastique, et que le zèle de la religion sanctifie les procédés lâches.

Le roi et Mme de Maintenon consultent aussitôt le P. de La Chaise; le confesseur répond que le livre de l'archevêque est fort bon, que tous les jésuites en sont édifiés, et qu'il n'y a que les jansénistes qui le désapprouvent. L'évêque de Meaux n'était pas janséniste; mais il s'était nourri de leurs bons écrits. Les jésuites ne l'aimaient pas, et n'en étaient pas aimés.

La cour et la ville furent divisées, et toute l'attention tournée de ce côté laissa respirer les jansénistes. Bossuet écrivit contre Fénelon. Tous deux envoyèrent leurs ouvrages au pape Innocent XII, et s'en remirent à sa décision. Les circonstances ne paraissaient pas favorables à Fénelon : on avait depuis peu condamné violemment à Rome, dans la personne de l'Espagnol Molinos[1], le quiétisme dont on accusait l'archevêque de Cambrai. C'était le cardinal d'Estrées, ambassadeur de France à Rome, qui avait poursuivi Molinos. Ce cardinal d'Estrées, que nous avons vu dans sa vieillesse plus occupé des agréments de la société que de théologie, avait persécuté Molinos pour plaire aux ennemis de ce malheureux prêtre. Il avait même engagé le roi à solliciter à Rome la condamnation qu'il obtint aisément : de sorte que Louis XIV se trouvait, sans le savoir, l'ennemi le plus redoutable de l'amour pur des mystiques.

Rien n'est plus aisé, dans ces matières délicates, que de trouver dans un livre qu'on juge des passages ressemblants à ceux d'un livre déjà proscrit. L'archevêque de Cambrai avait pour lui les jésuites, le duc de Beauvilliers, le duc de Chevreuse, et le cardinal de Bouillon, depuis peu ambassadeur de France à Rome.

---

1. Auteur du *Guide spirituel* (1675).

M. de Meaux avait son grand nom et l'adhésion des principaux prélats de France. Il porta au roi les signatures de plusieurs évêques et d'un grand nombre de docteurs, qui tous s'élevaient contre le livre des *Maximes des Saints*.

Telle était l'autorité de Bossuet que le P. de La Chaise n'osa soutenir l'archevêque de Cambrai auprès du roi son pénitent, et que Mme de Maintenon abandonna absolument son ami. Le roi écrivit au pape Innocent XII qu'on lui avait déféré le livre de l'archevêque de Cambrai comme un ouvrage pernicieux, qu'il l'avait fait remettre aux mains du nonce, et qu'il pressait Sa Sainteté de juger.

On prétendait, on disait même publiquement à Rome, et c'est un bruit qui a encore des partisans, que l'archevêque de Cambrai n'était ainsi persécuté que parce qu'il s'était opposé à la déclaration du mariage secret du roi et de Mme de Maintenon. Les inventeurs d'anecdotes prétendaient que cette dame avait engagé le P. de La Chaise à presser le roi de la reconnaître pour reine; que le jésuite avait adroitement remis cette commission hasardeuse à l'abbé de Fénelon, et que ce précepteur des enfants de France avait préféré l'honneur de la France et de ses disciples à sa fortune; qu'il s'était jeté aux pieds de Louis XIV pour prévenir un éclat dont la bizarrerie lui ferait plus de tort dans la postérité qu'il n'en recueillerait de douceurs pendant sa vie[1].

Il est très-vrai que Fénelon, ayant continué l'éducation du duc de Bourgogne depuis sa nomination à l'archevêché de Cambrai, le roi, dans cet intervalle, avait entendu parler confusément de ses liaisons avec Mme Guyon et avec Mme de La Maisonfort. Il crut d'ailleurs qu'il inspirait au duc de Bourgogne des maximes un peu austères, et des principes de gouvernement et de morale qui pouvaient peut-être devenir un jour une censure indirecte de cet air de grandeur, de cette avidité de gloire, de ces guerres légèrement entreprises, de ce goût pour les fêtes et pour les plaisirs, qui avaient caractérisé son règne.

Il voulut avoir une conversation avec le nouvel archevêque sur ses principes de politique. Fénelon, plein de ses idées, laissa entrevoir au roi une partie des maximes qu'il développa ensuite dans les endroits du *Télémaque* où il traite du gouvernement;

---

1. Ce conte se retrouve dans l'*Histoire de Louis XIV*, imprimée à Avignon. Ceux qui ont approché de ce monarque et de Mme de Maintenon savent à quel point tout cela est éloigné de la vérité. (*Note de Voltaire.*) — C'est de l'ouvrage de Reboulet que parle Voltaire; voyez, tome XIV, la note 1 de la page 406.

maximes plus approchantes de la république de Platon que de la manière dont il faut gouverner les hommes. Le roi, après la conversation, dit qu'il avait entretenu le plus bel esprit et le plus chimérique de son royaume.

Le duc de Bourgogne fut instruit de ces paroles du roi. Il les redit quelque temps après à M. de Malezieu qui lui enseignait la géométrie. C'est ce que je tiens de M. de Malezieu, et ce que le cardinal de Fleury m'a confirmé.

Depuis cette conversation, le roi crut aisément que Fénelon était aussi romanesque en fait de religion qu'en politique.

Il est très-certain que le roi était personnellement piqué contre l'archevêque de Cambrai. Godet des Marais, évêque de Chartres, qui gouvernait Mme de Maintenon et Saint-Cyr avec le despotisme d'un directeur, envenima le cœur du roi. Ce monarque fit son affaire principale de toute cette dispute ridicule, dans laquelle il n'entendait rien. Il était sans doute très-aisé de la laisser tomber, puisqu'en si peu de temps elle est tombée d'elle-même; mais elle faisait tant de bruit à la cour qu'il craignit une cabale encore plus qu'une hérésie. Voilà la véritable origine de la persécution excitée contre Fénelon.

[1] Le roi ordonna au cardinal de Bouillon, alors son ambassadeur à Rome, par ses lettres du mois d'auguste (que nous nommons si mal à propos *aoust*) 1697, de poursuivre la condamnation d'un homme qu'on voulait absolument faire passer pour un hérétique. Il écrivit de sa propre main au pape Innocent XII pour le presser de décider.

La congrégation du saint office nomma, pour instruire le procès, un dominicain, un jésuite, un bénédictin, deux cordeliers, un feuillant, et un augustin. C'est ce qu'on appelle à Rome les consulteurs. Les cardinaux et les prélats laissent d'ordinaire à ces moines l'étude de la théologie pour se livrer à la politique, à l'intrigue, ou aux douceurs de l'oisiveté[2].

Les consulteurs examinèrent, pendant trente-sept conférences, trente-sept propositions, les jugèrent erronées à la pluralité des voix; et le pape, à la tête d'une congrégation de cardinaux, les condamna par un bref qui fut publié et affiché dans Rome, le 13 mars 1699.

L'évêque de Meaux triompha; mais l'archevêque de Cambrai

---

1. Cet alinéa et le précédent sont de 1768. (B.)
2. Le nonce Roverti disait : « Bisogna infarinarsi di teologia e fare un fondo di politica. » (*Note de Voltaire.*)

tira un plus beau triomphe de sa défaite. Il se soumit sans restriction et sans réserve. Il monta lui-même en chaire à Cambrai pour condamner son propre livre. Il empêcha ses amis de le défendre. Cet exemple unique de la docilité d'un savant, qui pouvait se faire un grand parti par la persécution même, cette candeur ou ce grand art lui gagnèrent tous les cœurs, et firent presque haïr celui qui avait remporté la victoire. Fénelon vécut toujours depuis dans son diocèse en digne archevêque, en homme de lettres. La douceur de ses mœurs, répandue dans sa conversation comme dans ses écrits, lui fit des amis tendres de tous ceux qui le virent. La persécution et son *Télémaque* lui attirèrent la vénération de l'Europe. Les Anglais surtout, qui firent la guerre dans son diocèse, s'empressaient à lui témoigner leur respect. Le duc de Marlborough prenait soin qu'on épargnât ses terres. Il fut toujours cher au duc de Bourgogne, qu'il avait élevé; et il aurait eu part au gouvernement si ce prince eût vécu [1].

Dans sa retraite philosophique et honorable, on voyait combien il était difficile de se détacher d'une cour telle que celle de Louis XIV : car il y en a d'autres que plusieurs hommes célèbres ont quittées sans les regretter. Il en parlait toujours avec un goût et un intérêt qui perçaient au travers de sa résignation. Plusieurs écrits de philosophie, de théologie, de belles-lettres, furent le fruit de cette retraite. Le duc d'Orléans, depuis régent du royaume, le consulta sur des points épineux qui intéressent tous les hommes, et auxquels peu d'hommes pensent. Il demandait si l'on pouvait démontrer l'existence d'un Dieu, si ce Dieu veut un culte, quel est le culte qu'il approuve, si on peut l'offenser en choisissant mal. Il faisait beaucoup de questions de cette nature, en philosophe qui cherchait à s'instruire, et l'archevêque répondait en philosophe et en théologien.

Après avoir été vaincu sur les disputes de l'école, il eût été peut-être plus convenable qu'il ne se mêlât point des querelles du jansénisme; cependant il y entra. Le cardinal de Noailles avait pris contre lui autrefois le parti du plus fort; l'archevêque de Cambrai en usa de même. Il espéra qu'il reviendrait à la cour, et qu'il y serait consulté, tant l'esprit humain a de peine à se détacher des affaires quand une fois elles ont servi d'aliment à son inquiétude. Ses désirs cependant étaient modérés comme ses écrits; et même sur la fin de sa vie il méprisa enfin toutes les disputes :

1. Pendant la campagne que le duc de Bourgogne fit en Flandre, il ne vit Fénelon qu'une fois, et en public. (K.)

semblable en cela seul à l'évêque d'Avranches Huet, l'un des plus savants hommes de l'Europe, qui, sur la fin de ses jours, reconnut la vanité de la plupart des sciences, et celle de l'esprit humain [1]. L'archevêque de Cambrai (qui le croirait!) parodia ainsi un air de Lulli :

> Jeune, j'étais trop sage,
> Et voulais trop savoir :
> Je ne veux en partage [2]
>   Que badinage,
> Et touche au dernier âge
>   Sans rien prévoir.

Il fit ces vers en présence de son neveu, le marquis de Fénelon, depuis ambassadeur à la Haye. C'est de lui que je les tiens [3]. Je garantis la certitude de ce fait. Il serait peu important par lui-même, s'il ne prouvait à quel point nous voyons souvent avec des

1. Dans son *Traité de la faiblesse de l'esprit humain.*
2. Le texte de Fénelon porte :

> Je n'ai plus en partage. (B.)

3. Ces vers se trouvent dans les poésies de Mme Guyon; mais le neveu de M. l'archevêque de Cambrai m'ayant assuré plus d'une fois qu'ils étaient de son oncle et qu'il les lui avait entendu réciter le jour même qu'il les avait faits, on a dû restituer ces vers à leur véritable auteur. Ils ont été imprimés dans cinquante exemplaires de l'édition du *Télémaque*, faite par les soins du marquis de Fénelon en Hollande, et supprimés dans les autres exemplaires.

Je suis obligé de répéter ici que j'ai entre les mains une lettre de Ramsay, élève de M. de Fénelon, dans laquelle il me dit : « S'il était né en Angleterre, il aurait développé son génie et donné l'essor à ses principes, qu'on n'a jamais bien connus. »

L'auteur du *Dictionnaire historique, littéraire et critique*, à Avignon, 1759, dit, à l'article FÉNELON, « qu'il était artificieux, souple, flatteur, et dissimulé ». Il se fonde, pour flétrir ainsi sa mémoire, sur un libelle de l'abbé Phélypeaux, ennemi de ce grand homme. Ensuite il assure que l'archevêque de Cambrai était *un pauvre théologien,* parce qu'il n'était pas janséniste. Nous sommes inondés depuis peu de dictionnaires qui sont des libelles diffamatoires. Jamais la littérature n'a été si déshonorée, ni la vérité si attaquée. Le même auteur nie que M. Ramsay m'ait écrit la lettre dont je parle, et il le nie avec une grossièreté insultante, quoiqu'il ait tiré une grande partie de ses articles du *Siècle de Louis XIV.* Les plagiaires jansénistes ne sont pas polis : moi, qui ne suis ni quiétiste, ni janséniste, ni moliniste, je n'ai autre chose à lui répondre, sinon que j'ai la lettre. Voici les propres paroles : « Were he born in a free country, he would have display'd his whole genius, and given a full career to his own principles never known. » (*Note de Voltaire.*) — Les vers que Voltaire cite sont tout bonnement le second couplet d'un cantique sur la simplicité de l'enfance chrétienne. On a trompé Voltaire. (G. A.) — Le *Dictionnaire historique,* etc., dont parle Voltaire, est celui de Barral et Guibaud ; voyez tome XIV, page 24, et dans le *Dictionnaire philosophique* le mot DICTIONNAIRE.

regards différents, dans la triste tranquillité de la vieillesse, ce qui nous a paru si grand et si intéressant dans l'âge où l'esprit, plus actif, est le jouet de ses désirs et de ses illusions.

Ces disputes, longtemps l'objet de l'attention de la France, ainsi que beaucoup d'autres nées de l'oisiveté, se sont évanouies. On s'étonne aujourd'hui qu'elles aient produit tant d'animosités. L'esprit philosophique, qui gagne de jour en jour, semble assurer la tranquillité publique; et les fanatiques mêmes, qui s'élèvent contre les philosophes, leur doivent la paix dont ils jouissent, et qu'ils cherchent à perdre.

L'affaire du quiétisme, si malheureusement importante sous Louis XIV, aujourd'hui si méprisée et si oubliée, perdit à la cour le cardinal de Bouillon. Il était neveu de ce célèbre Turenne à qui le roi avait dû son salut dans la guerre civile et, depuis, l'agrandissement de son royaume.

Uni par l'amitié avec l'archevêque de Cambrai, et chargé des ordres du roi contre lui, il chercha à concilier ces deux devoirs. Il est constant, par ses lettres, qu'il ne trahit jamais son ministère en étant fidèle à son ami. Il pressait le jugement du pape, selon les ordres de la cour; mais en même temps il tâchait d'amener les deux partis à une conciliation.

Un prêtre italien nommé Giori, qui était auprès de lui l'espion de la faction contraire, s'introduisit dans sa confiance et le calomnia dans ses lettres; et, poussant la perfidie jusqu'au bout, il eut la bassesse de lui demander un secours de mille écus; et après l'avoir obtenu, il ne le revit jamais.

Ce furent les lettres de ce misérable qui perdirent le cardinal de Bouillon à la cour[1]. Le roi l'accabla de reproches, comme s'il avait trahi l'État. Il paraît pourtant, par toutes ses dépêches, qu'il s'était conduit avec autant de sagesse que de dignité.

Il obéissait aux ordres du roi en demandant la condamnation de quelques maximes pieusement ridicules des mystiques, qui sont les alchimistes de la religion; mais il était fidèle à l'amitié en éludant les coups que l'on voulait porter à la personne de Fénelon. Supposé qu'il importât à l'Église qu'on n'aimât pas Dieu pour lui-même, il n'importait pas que l'archevêque de Cambrai fût flétri. Mais le roi, malheureusement, voulut que Fénelon fût condamné : soit aigreur contre lui, ce qui semblait au-dessous

---

[1]. Elles furent appuyées par les intrigues de la princesse des Ursins, qui, après avoir été longtemps l'amie du cardinal, s'était brouillée avec lui pour une ridicule querelle d'étiquette. (K.)

d'un grand roi; soit asservissement au parti contraire, ce qui semble encore plus au-dessous de la dignité du trône. Quoi qu'il en soit, il écrivit au cardinal de Bouillon, le 16 mars 1699, une lettre de reproches très-mortifiante. Il déclare dans cette lettre qu'il veut la condamnation de l'archevêque de Cambrai : elle est d'un homme piqué. Le *Télémaque* faisait alors un grand bruit dans toute l'Europe, et les *Maximes des Saints*, que le roi n'avait point lues, étaient punies des maximes répandues dans le *Télémaque*, qu'il avait lues.

On rappela aussitôt le cardinal de Bouillon. Il partit ; mais, ayant appris à quelques milles de Rome que le cardinal doyen était mort, il fut obligé de revenir sur ses pas pour prendre possession de cette dignité qui lui appartenait de droit, étant, quoique jeune encore, le plus ancien des cardinaux.

La place de doyen du sacré collége donne à Rome de très-grandes prérogatives ; et, selon la manière de penser de ce temps-là, c'était une chose agréable pour la France qu'elle fût occupée par un Français.

Ce n'était point d'ailleurs manquer au roi que de se mettre en possession de son bien, et de partir ensuite. Cependant cette démarche aigrit le roi sans retour. Le cardinal en arrivant en France fut exilé, et cet exil dura dix années entières.

Enfin, lassé d'une si longue disgrâce, il prit le parti de sortir de France pour jamais, en 1710, dans le temps que Louis XIV semblait accablé par les alliés, et que le royaume était menacé de tous côtés[1].

Le prince Eugène et le prince d'Auvergne, ses parents, le reçurent sur les frontières de Flandre, où ils étaient victorieux. Il envoya au roi la croix de l'ordre du Saint-Esprit, et la démission de sa charge de grand aumônier de France, en lui écrivant ces propres paroles : « Je reprends la liberté que me donnaient ma naissance de prince étranger, fils d'un souverain, ne dépendant que de Dieu, et ma dignité de cardinal de la sainte Église romaine et de doyen du sacré collége... Je tâcherai de travailler le reste de mes jours à servir Dieu et l'Église dans la première place après la suprême[2], etc. »

Sa prétention de prince indépendant lui paraissait fondée,

---

1. Quoi que dise Voltaire, il paraît qu'à Rome le cardinal de Bouillon ne suivait pas ses instructions, et que, de retour, il entretint des intelligences avec les ennemis du royaume. (G. A.)

2. Voyez tome XI, page 391.

non-seulement sur l'axiome de plusieurs jurisconsultes qui assurent que *qui renonce à tout n'est plus tenu à rien*, et que tout homme est libre de choisir son séjour, mais sur ce qu'en effet ce cardinal était né à Sedan dans le temps que son père était encore souverain de Sedan : il regardait sa qualité de prince indépendant comme un caractère ineffaçable; et quant au titre de cardinal doyen, qu'il appelle la première place après la suprême, il se justifiait par l'exemple de tous ses prédécesseurs, qui ont passé incontestablement avant les rois à toutes les cérémonies de Rome.

La cour de France et le parlement de Paris avaient des maximes entièrement différentes. Le procureur général d'Aguesseau, depuis chancelier, l'accusa devant les chambres assemblées, qui rendirent contre lui un décret de prise de corps, et confisquèrent tous ses biens[1]. Il vécut à Rome, honoré quoique pauvre, et mourut victime du quiétisme, qu'il méprisait, et de l'amitié, qu'il avait noblement conciliée avec son devoir.

Il ne faut pas omettre que, lorsqu'il se retira des Pays-Bas à Rome, on sembla craindre à la cour qu'il ne devînt pape. J'ai entre les mains la lettre du roi au cardinal de La Trimouille, du 26 mai 1710, dans laquelle il manifeste cette crainte. « On peut tout présumer, dit-il, d'un sujet prévenu de l'opinion qu'il ne dépend que de lui seul. Il suffira que la place dont le cardinal de Bouillon est présentement ébloui lui paraisse inférieure à sa naissance et à ses talents ; il se croira toute voie permise pour parvenir à la première place de l'Église, lorsqu'il en aura contemplé la splendeur de plus près. »

Ainsi, en décrétant le cardinal de Bouillon, et en donnant ordre qu'on le *mît dans les prisons de la Conciergerie si on pouvait se saisir de lui*, on craignit qu'il ne montât sur un trône qui est regardé comme le premier de la terre par tous ceux de la religion catholique; et qu'alors, en s'unissant avec les ennemis de Louis XIV, il ne se vengeât encore plus que le prince Eugène, les armes de l'Église ne pouvant rien par elles-mêmes, mais pouvant alors beaucoup par celles d'Autriche.

1. 20 juin 1740.

CHAPITRE XXXIX.

DISPUTES SUR LES CÉRÉMONIES CHINOISES. COMMENT CES QUERELLES CONTRIBUÈRENT A FAIRE PROSCRIRE LE CHRISTIANISME A LA CHINE.

Ce n'était pas assez, pour l'inquiétude de notre esprit, que nous disputassions au bout de dix-sept cents ans sur des points de notre religion, il fallut encore que celle des Chinois entrât dans nos querelles. Cette dispute ne produisit pas de grands mouvements, mais elle caractérisa plus qu'aucune autre cet esprit actif, contentieux et querelleur, qui règne dans nos climats.

Le jésuite Matthieu Ricci, sur la fin du xviie siècle[1], avait été un des premiers missionnaires de la Chine. Les Chinois étaient et sont encore, en philosophie et en littérature, à peu près ce que nous étions il y a deux cents ans. Le respect pour leurs anciens maîtres leur prescrit des bornes qu'ils n'osent passer. Le progrès dans les sciences est l'ouvrage du temps et de la hardiesse de l'esprit; mais la morale et la police étant plus aisées à comprendre que les sciences, et s'étant perfectionnées chez eux quand les autres arts ne l'étaient pas encore, il est arrivé que les Chinois, demeurés depuis plus de deux mille ans à tous les termes où ils étaient parvenus, sont restés médiocres dans les sciences, et le premier peuple de la terre dans la morale et dans la police, comme le plus ancien.

Après Ricci, beaucoup d'autres jésuites pénétrèrent dans ce vaste empire; et, à la faveur des sciences de l'Europe, ils parvinrent à jeter secrètement quelques semences de la religion chrétienne parmi les enfants du peuple, qu'ils instruisirent comme ils purent. Des dominicains, qui partageaient la mission, accusèrent les jésuites de permettre l'idolâtrie en prêchant le christianisme. La question était délicate, ainsi que la conduite qu'il fallait tenir à la Chine.

Les lois et la tranquillité de ce grand empire sont fondées sur le droit le plus naturel ensemble et le plus sacré : le respect des enfants pour leurs pères. A ce respect ils joignent celui qu'ils

---

1. Matthieu Ricci est mort au commencement du xviie siècle (le 11 mai 1610); mais ce fut sur la fin du xvie, en 1583, qu'il s'établit en Chine. (B.)

doivent à leurs premiers maîtres de morale, et surtout à Confutzée, nommé par nous Confucius, ancien sage qui, près de six cents ans[1] avant la fondation du christianisme, leur enseigna la vertu.

Les familles s'assemblent en particulier, à certains jours, pour honorer leurs ancêtres ; les lettrés, en public, pour honorer Confutzée. On se prosterne, suivant leur manière de saluer les supérieurs, ce que les Romains, qui trouvèrent cet usage dans toute l'Asie, appelèrent autrefois *adorer*. On brûle des bougies et des pastilles. Des colaos, que les Portugais ont nommés *mandarins*, égorgent deux fois l'an, autour de la salle où l'on vénère Confutzée, des animaux dont on fait ensuite des repas. Ces cérémonies sont-elles idolâtriques? sont-elles purement civiles? reconnaît-on ses pères et Confutzée pour des dieux? sont-ils même invoqués seulement comme nos saints? est-ce enfin un usage politique dont quelques Chinois superstitieux abusent? C'est ce que des étrangers ne pouvaient que difficilement démêler à la Chine, et ce qu'on ne pouvait décider en Europe.

Les dominicains déférèrent les usages de la Chine à l'Inquisition de Rome, en 1645. Le saint office, sur leur exposé, défendit ces cérémonies chinoises, jusqu'à ce que le pape en décidât.

Les jésuites soutinrent la cause des Chinois et de leurs pratiques, qu'il semblait qu'on ne pouvait proscrire sans fermer toute entrée à la religion chrétienne, dans un empire si jaloux de ses usages ; ils représentèrent leurs raisons. L'Inquisition, en 1656, permit aux lettrés de révérer Confutzée, et aux enfants chinois d'honorer leurs pères, *en protestant contre la superstition, s'il y en avait*.

L'affaire étant indécise, et les missionnaires toujours divisés, le procès fut sollicité à Rome de temps en temps ; et cependant les jésuites qui étaient à Pékin se rendirent si agréables à l'empereur Kang-hi, en qualité de mathématiciens, que ce prince, célèbre par sa bonté et par ses vertus, leur permit enfin d'être missionnaires, et d'enseigner publiquement le christianisme. Il n'est pas inutile d'observer que cet empereur si despotique, et petit-fils du conquérant de la Chine, était cependant soumis par l'usage aux lois de l'empire ; qu'il ne put, de sa seule autorité, permettre le christianisme ; qu'il fallut s'adresser à un tribunal, et qu'il minuta lui-même deux requêtes au nom des jésuites. Enfin, en 1692, le christianisme fut permis à la Chine, par les soins infatigables, et par l'habileté des seuls jésuites.

---

1. Voyez, dans le *Dictionnaire philosophique*, l'article CHINE, section première.

Il y a dans Paris une maison établie pour les missions étrangères. Quelques prêtres de cette maison étaient alors à la Chine. Le pape, qui envoie des vicaires apostoliques dans tous les pays qu'on appelle *les parties des infidèles*, choisit un prêtre de cette maison de Paris, nommé Maigrot, pour aller présider, en qualité de vicaire, à la mission de la Chine, et lui donna l'évêché de Conon, petite province chinoise dans le Fokien. Ce Français, évêque à la Chine, déclara non-seulement les rites observés pour les morts superstitieux et idolâtres, mais il déclara les lettrés athées : c'était le sentiment de tous les rigoristes de France. Ces mêmes hommes qui se sont tant récriés contre Bayle, qui l'ont tant blâmé d'avoir dit qu'une société d'athées pouvait subsister, qui ont tant écrit qu'un tel établissement est impossible, soutenaient froidement que cet établissement florissait à la Chine dans le plus sage des gouvernements. Les jésuites eurent alors à combattre les missionnaires, leurs confrères, plus que les mandarins et le peuple. Ils représentèrent à Rome qu'il paraissait assez incompatible que les Chinois fussent à la fois athées et idolâtres. On reprochait aux lettrés de n'admettre que la matière ; en ce cas, il était difficile qu'ils invoquassent les âmes de leurs pères et celle de Confutzée. Un de ces reproches semble détruire l'autre, à moins qu'on ne prétende qu'à la Chine on admet le contradictoire, comme il arrive souvent parmi nous ; mais il fallait être bien au fait de leur langue et de leurs mœurs pour démêler ce contradictoire. Le procès de l'empire de la Chine dura longtemps en cour de Rome ; cependant on attaqua les jésuites de tous côtés.

Un de leurs savants missionnaires, le P. Lecomte, avait écrit dans ses *Mémoires de la Chine* que « ce peuple a conservé pendant deux mille ans la connaissance du vrai Dieu ; qu'il a sacrifié au Créateur dans le plus ancien temple de l'univers ; que la Chine a pratiqué les plus pures leçons de la morale tandis que l'Europe était dans l'erreur et dans la corruption ».

Nous avons vu[1] que cette nation remonte, par une histoire authentique, et par une suite de trente-six éclipses de soleil calculées, jusqu'au delà du temps où nous plaçons d'ordinaire le déluge universel. Jamais les lettrés n'ont eu d'autre religion que l'adoration d'un être suprême. Leur culte fut la justice. Ils ne purent connaître les lois successives que Dieu donna à Abraham, à Moïse, et enfin la loi perfectionnée du Messie, inconnue si long-

---

1. Tome XI, page 165.

temps aux peuples de l'Occident et du Nord. Il est constant que les Gaules, la Germanie, l'Angleterre, tout le Septentrion, étaient plongés dans l'idolâtrie la plus barbare quand les tribunaux du vaste empire de la Chine cultivaient les mœurs et les lois, en reconnaissant un seul Dieu dont le culte simple n'avait jamais changé parmi eux. Ces vérités évidentes devaient justifier les expressions du jésuite Lecomte. Cependant, comme on pouvait trouver dans ces propositions quelque idée qui choque un peu les idées reçues, on les attaqua en Sorbonne.

L'abbé Boileau, frère de Despréaux, non moins critique que son frère, et plus ennemi des jésuites, dénonça, en 1700, cet éloge des Chinois comme un blasphème. L'abbé Boileau était un esprit vif et singulier, qui écrivait comiquement des choses sérieuses et hardies. Il est l'auteur du livre des *Flagellants*, et de quelques autres de cette espèce. Il disait qu'il les écrivait en latin, de peur que les évêques ne le censurassent ; et Despréaux, son frère, disait de lui : « S'il n'avait été docteur de Sorbonne, il aurait été docteur de la comédie italienne. » Il déclama violemment contre les jésuites et les Chinois, et commença par dire que « l'éloge de ces peuples avait ébranlé son cerveau chrétien ». Les autres cerveaux de l'assemblée furent ébranlés aussi. Il y eut quelques débats : un docteur, nommé Lesage, opina qu'on envoyât sur les lieux douze de ses confrères les plus robustes s'instruire à fond de la cause. La scène fut violente ; mais enfin la Sorbonne déclara les louanges des Chinois fausses, scandaleuses, téméraires, impies, et hérétiques.

Cette querelle, qui fut aussi vive que puérile, envenima celle des cérémonies ; et enfin le pape Clément XI envoya, l'année d'après, un légat à la Chine. Il choisit Thomas Maillard de Tournon, patriarche titulaire d'Antioche. Le patriarche ne put arriver qu'en 1705. La cour de Pékin avait ignoré jusque-là qu'on la jugeait à Rome et à Paris. Cela est plus absurde que si la république de Saint-Marin se portait pour médiatrice entre le Grand Turc et le royaume de Perse.

L'empereur Kang-hi reçut d'abord le patriarche de Tournon avec beaucoup de bonté. Mais on peut juger quelle fut sa surprise quand les interprètes de ce légat lui apprirent que les chrétiens qui prêchaient leur religion dans son empire ne s'accordaient point entre eux, et que ce légat venait pour terminer une querelle dont la cour de Pékin n'avait jamais entendu parler. Le légat lui fit entendre que tous les missionnaires, excepté les jésuites, condamnaient les anciens usages de l'empire, et qu'on soupçonnait même Sa Majesté chinoise et les lettrés d'être des athées qui n'admettaient que le ciel matériel. Il ajouta qu'il y avait un savant évêque de Conon qui expliquerait tout cela si Sa Majesté daignait l'entendre. La surprise du monarque redoubla, en apprenant qu'il y avait des évêques dans son empire. Mais celle du lecteur ne doit pas être moindre en voyant que ce prince indulgent poussa la bonté jusqu'à permettre à l'évêque de Conon de venir lui parler contre la religion, contre les usages de son pays, et contre lui-même. L'évêque de Conon fut admis à son audience. Il savait très-peu de chinois. L'empereur lui demanda d'abord l'explication de quatre caractères peints en or au-dessus de son trône. Maigrot n'en put lire que deux; mais il soutint que les mots *king-tien*, que l'empereur avait écrits lui-même sur des tablettes, ne signifiaient pas *adorez le Seigneur du ciel*. L'empereur eut la patience de lui expliquer par interprètes que c'était précisément le sens de ces mots. Il daigna entrer dans un long examen. Il justifia les honneurs qu'on rendait aux morts. L'évêque fut inflexible. On peut croire que les jésuites avaient plus de crédit à la cour que lui. L'empereur, qui par les lois pouvait le faire punir de mort, se contenta de le bannir. Il ordonna que tous les Européans qui voudraient rester dans le sein de l'empire viendraient désormais prendre de lui des lettres patentes, et subir un examen.

Pour le légat de Tournon, il eut ordre de sortir de la capitale. Dès qu'il fut à Nankin, il y donna un mandement qui condamnait absolument les rites de la Chine à l'égard des morts, et qui défendait qu'on se servît du mot dont s'était servi l'empereur pour signifier *le Dieu du ciel*.

Alors le légat fut relégué à Macao, dont les Chinois sont toujours les maîtres, quoiqu'ils permettent aux Portugais d'y avoir un gouverneur. Tandis que le légat était confiné à Macao, le pape lui envoyait la barrette; mais elle ne lui servit qu'à le faire mourir cardinal. Il finit sa vie en 1710. Les ennemis des jésuites leur imputèrent sa mort. Ils pouvaient se contenter de leur imputer son exil.

Ces divisions, parmi les étrangers qui venaient instruire l'empire, discréditèrent la religion qu'ils annonçaient. Elle fut encore plus décriée lorsque la cour, ayant apporté plus d'attention à connaître les Européans, sut que non-seulement les missionnaires étaient ainsi divisés, mais que parmi les négociants qui abordaient à Canton il y avait plusieurs sectes ennemies jurées l'une de l'autre.

L'empereur Kang-hi mourut en 1724[1]. C'était un prince amateur de tous les arts de l'Europe. On lui avait envoyé des jésuites très-éclairés, qui par leurs services méritèrent son affection, et qui obtinrent de lui, comme on l'a déjà dit[2], la permission d'exercer et d'enseigner publiquement le christianisme.

Son quatrième fils, Young-tching, nommé par lui à l'empire, au préjudice de ses aînés, prit possession du trône sans que ces aînés murmurassent. La piété filiale, qui est la base de cet empire, fait que dans toutes les conditions c'est un crime et un opprobre de se plaindre des dernières volontés d'un père.

Le nouvel empereur Young-tching surpassa son père dans l'amour des lois et du bien public. Aucun empereur n'encouragea plus l'agriculture. Il porta son attention sur ce premier des arts nécessaires jusqu'à élever au grade de mandarin du huitième ordre, dans chaque province, celui des laboureurs qui serait jugé, par les magistrats de son canton, le plus diligent, le plus industrieux et le plus honnête homme; non que ce laboureur dût abandonner un métier, où il avait réussi, pour exercer les fonctions de la judicature, qu'il n'aurait pas connues; il restait laboureur avec le titre de mandarin; il avait le droit de s'asseoir chez le vice-roi de la province, et de manger avec lui. Son nom était écrit en lettres d'or dans une salle publique. On dit que ce règlement si éloigné de nos mœurs, et qui peut-être les condamne, subsiste encore.

Ce prince ordonna que dans toute l'étendue de l'empire on n'exécutât personne à mort avant que le procès criminel lui eût été envoyé, et même présenté trois fois. Deux raisons qui motivent cet édit sont aussi respectables que l'édit même. L'une est le cas qu'on doit faire de la vie de l'homme; l'autre, la tendresse qu'un roi doit à son peuple.

Il fit établir de grands magasins de riz dans chaque province avec une économie qui ne pouvait être à charge au peuple, et qui prévenait pour jamais les disettes. Toutes les provinces faisaient éclater leur joie par de nouveaux spectacles, et leur reconnaissance en lui érigeant des arcs de triomphe. Il exhorta par un édit à cesser ces spectacles, qui ruinaient l'économie par lui recommandée, et défendit qu'on lui élevât des monuments.

---

1. Il mourut à la fin de 1722, comme Voltaire le dit ailleurs; voyez article CHINE, dans le *Dictionnaire philosophique*, et la *Relation du bannissement des jésuites de la Chine*, dans les *Mélanges*.
2. Pages 77-78.

« Quand j'ai accordé des grâces, dit-il dans son rescrit aux mandarins, ce n'est pas pour avoir une vaine réputation : je veux que le peuple soit heureux; je veux qu'il soit meilleur, qu'il remplisse tous ses devoirs. Voilà les seuls monuments que j'accepte. »

Tel était cet empereur, et malheureusement ce fut lui qui proscrivit la religion chrétienne. Les jésuites avaient déjà plusieurs églises publiques, et même quelques princes du sang impérial avaient reçu le baptême : on commençait à craindre des innovations funestes dans l'empire. Les malheurs arrivés au Japon faisaient plus d'impression sur les esprits que la pureté du christianisme, trop généralement méconnu, n'en pouvait faire. On sut que, précisément en ce temps-là, les disputes qui aigrissaient les missionnaires de différents ordres les uns contre les autres avaient produit l'extirpation de la religion chrétienne dans le Tunquin; et ces mêmes disputes, qui éclataient encore plus à la Chine, indisposèrent tous les tribunaux contre ceux qui, venant prêcher leur loi, n'étaient pas d'accord entre eux sur cette loi même. Enfin on apprit qu'à Canton il y avait des Hollandais, des Suédois, des Danois, des Anglais, qui, quoique chrétiens, ne passaient pas pour être de la religion des chrétiens de Macao.

Toutes ces réflexions réunies déterminèrent enfin le suprême tribunal des rites à défendre l'exercice du christianisme. L'arrêt fut porté le 10 janvier 1724, mais sans aucune flétrissure, sans décerner de peines rigoureuses, sans le moindre mot offensant contre les missionnaires : l'arrêt même invitait l'empereur à conserver à Pékin ceux qui pourraient être utiles dans les mathématiques. L'empereur confirma l'arrêt, et ordonna, par son édit, qu'on renvoyât les missionnaires à Macao, accompagnés d'un mandarin pour avoir soin d'eux dans le chemin, et pour les garantir de toute insulte. Ce sont les propres mots de l'édit.

Il en garda quelques-uns auprès de lui, entre autres le jésuite nommé Parennin, dont j'ai déjà fait l'éloge[1], homme célèbre par ses connaissances et par la sagesse de son caractère, qui parlait très-bien le chinois et le tartare. Il était nécessaire, non-seulement

---

1. En 1768, date de cet alinéa, Voltaire avait fait l'éloge de Parennin dans le chapitre 1ᵉʳ de l'*Essai sur les Mœurs* (voyez tome XI, page 173), et dans une note du paragraphe XVIII de la *Philosophie de l'histoire* (voyez tome XI, page 56). Il en a parlé depuis dans les *Questions sur l'Encyclopédie*, dans les *Fragments sur l'Inde*, chapitre V, et dans les première et septième *Lettres chinoises*. (B.)

comme interprète, mais comme bon mathématicien. C'est lui qui est principalement connu parmi nous par les réponses sages et instructives sur les sciences de la Chine aux difficultés savantes d'un de nos meilleurs philosophes. Ce religieux avait eu la faveur de l'empereur Kang-hi, et conservait encore celle d'Young-tching. Si quelqu'un avait pu sauver la religion chrétienne, c'était lui. Il obtint, avec deux autres jésuites, audience du prince frère de l'empereur, chargé d'examiner l'arrêt et d'en faire le rapport. Parennin rapporte avec candeur ce qui leur fut répondu. Le prince, qui les protégeait, leur dit : « Vos affaires m'embarrassent ; j'ai lu les accusations portées contre vous : vos querelles continuelles avec les autres Européans sur les rites de la Chine vous ont nui infiniment. Que diriez-vous si, nous transportant dans l'Europe, nous y tenions la même conduite que vous tenez ici ? en bonne foi le souffririez-vous ? » Il était difficile de répliquer à ce discours. Cependant ils obtinrent que ce prince parlât à l'empereur en leur faveur ; et lorsqu'ils furent admis au pied du trône, l'empereur leur déclara qu'il renvoyait enfin tous ceux qui se disaient missionnaires.

Nous avons déjà rapporté ses paroles : « Si vous avez su tromper mon père, n'espérez pas me tromper de même[1]. »

Malgré les ordres sages de l'empereur, quelques jésuites revinrent depuis secrètement dans les provinces sous le successeur du célèbre Young-tching ; ils furent condamnés à la mort pour avoir violé manifestement les lois de l'empire. C'est ainsi que nous faisons exécuter en France les prédicants huguenots qui viennent faire des attroupements malgré les ordres du roi. Cette fureur des prosélytes est une maladie particulière à nos climats, ainsi qu'on l'a déjà remarqué[2] ; elle a toujours été inconnue dans la haute Asie. Jamais ces peuples n'ont envoyé de missionnaires en Europe, et nos nations sont les seules qui aient voulu porter leurs opinions, comme leur commerce, aux deux extrémités du globe.

Les jésuites mêmes attirèrent la mort à plusieurs Chinois, et surtout à deux princes du sang qui les favorisaient. N'étaient-ils pas bien malheureux de venir du bout du monde mettre le trouble dans la famille impériale, et faire périr deux princes par le dernier supplice ? Ils crurent rendre leur mission respectable en

---

1. Voyez l'*Essai sur les Mœurs*, chapitre cxcv. (*Note de Voltaire*.)
2. Voltaire rappelle sans doute ici ce qu'il a dit dans l'*Essai sur les Mœurs*, tome XIII, pages 167-168.

Europe en prétendant que Dieu se déclarait pour eux, et qu'il avait fait paraître quatre croix dans les nuées sur l'horizon de la Chine. Ils firent graver les figures de ces croix dans leurs *Lettres édifiantes et curieuses;* mais si Dieu avait voulu que la Chine fût chrétienne, se serait-il contenté de mettre des croix dans l'air? Ne les aurait-il pas mises dans le cœur des Chinois?

FIN DU SIÈCLE DE LOUIS XIV.

SUPPLÉMENT

AU

SIÈCLE DE LOUIS XIV

AVERTISSEMENT

DE BEUCHOT.

Aussitôt que le *Siècle de Louis XIV* eut paru, La Beaumelle en commença la critique[1]. Une édition fut mise au jour sous ce titre : *Le Siècle de Louis XIV par M. de Voltaire, nouvelle édition, augmentée d'un très-grand nombre de remarques par M. de La B****; Francfort, chez la veuve Knoch et J.-G. Eslinger, 1753, trois volumes petit in-8°[2]. En tête du premier volume sont des *Conseils à l'auteur du Siècle de Louis XIV*, divisés en trois lettres.

La Beaumelle prétendit que c'était contre les conventions faites avec Eslinger que ce libraire avait mis sur les frontispices ces mots : *Par M. de La B****; que les notes du premier volume étaient les seules qui fussent de lui; que les autres étaient d'un chevalier de Mainvillers.

Dans le second volume, page 348, chapitre XXVI (aujourd'hui chapitre XXVII, voyez tome XIV, page 478), l'annotateur avait, à l'occasion de la mort de plusieurs membres de la famille royale, ajouté une note injurieuse pour la mémoire du duc d'Orléans, le régent. La Beaumelle, étant revenu à Paris, fut arrêté le 24 avril 1753. On avait trouvé chez lui huit exemplaires de l'édition de Francfort du *Siècle de Louis XIV*. La Beaumelle fut conduit à la Bastille, où il resta près de six mois[3].

---

1. *Avertissement du libraire* (probablement de La Beaumelle lui-même), en tête de la *Réponse au Supplément du Siècle de Louis XIV*.

2. En mai ou juin 1752, La Beaumelle avait fait imprimer à Gotha quatre feuilles de ses *Remarques sur le Siècle de Louis XIV* (voyez page 151 de la *Réponse au Supplément*), qu'il brûla cependant pour la comtesse de Bentink. Je ne sais si cette comtesse de Bentink est celle qui, après la mort de la duchesse de Saxe-Gotha, brûla, dit-on, la correspondance de Voltaire avec cette princesse.

3. Voici ce qu'on lit dans les *Mémoires historiques et authentiques sur la Bastille*, tome II, page 330 : « Au mois d'avril 1753, on fut informé que La Beaumelle était revenu à Paris avec des exemplaires d'une nouvelle édition qu'il avait fait faire du *Siècle de Louis XIV*, de Voltaire, dans laquelle il avait inséré des notes critiques offensantes pour la maison d'Orléans... Au mois d'octobre de la même année, M. le duc d'Orléans lui pardonna, et il fut mis en liberté, avec un exil à cinquante lieues de Paris. »

On trouve des détails sur la détention de La Beaumelle au tome II (page 231 et suiv.) de l'*Histoire de la détention des philosophes et des gens de lettres à la Bastille et à Vincennes, etc.*, par J. Delort. Paris, Firmin Didot, 1829, trois volumes in-8°.

Certainement il voulait dénigrer l'ouvrage de Voltaire; mais cela n'était pas dans l'intérêt du libraire qui le réimprimait. Aussi ce dernier, dans l'*Avertissement,* annonce offrir au public un *excellent livre augmenté de remarques qui le rendront encore meilleur.* Au reste, plusieurs des remarques des tomes II et III sont ainsi conçues : *Ce chapitre est très-beau; Ce portrait est admirable,* etc. Il peut se faire que les notes flatteuses soient de Mainvillers, et toutes les autres de La Beaumelle. Dans tous les cass j'ai signé d'un L les notes extraites de l'édition de Francfort.

Voltaire, en réponse à son critique, fit paraître son *Supplément au Siècle de Louis XIV,* qui circulait à Paris dès le mois de mai. Le 15 de ce mois, la police en fit la perquisition chez le libraire Lambert[1]. L'édition originale est intitulée *Supplément au Siècle de Louis XIV, Catilina, tragédie, et autres pièces du même auteur,* Dresde, 1753, chez G.-C. Walher, petit in-8° de *xvj* et 184 pages. La seule pièce qui soit après *Catilina* est l'*Examen du testament politique du cardinal Albéroni.* Cette édition contient la lettre ou dédicace à M. Roques[2].

Au lieu de cette *Dédicace,* il y a dans les diverses éditions du volume intitulé *Siècle politique de Louis XIV,* un *Mémoire de M. F. de Voltaire apostillé par M. de La Beaumelle,* et qu'on peut regarder comme la première version de la dédicace à M. Roques. Si la date de 27 janvier 1753 que lui donne La Beaumelle est exacte, ce mémoire est peut-être le testament littéraire dont Voltaire parle dans sa lettre à d'Argental, du 10 février 1753. Je l'ai imprimé en forme de variante et en note à la fin de la lettre à M. Roque (page 95).

Colini, alors secrétaire de Voltaire, et qui trouvait le *Supplément* beaucoup plus mordant que les notes de son commentateur, fit de vains efforts pour en empêcher la publication[3].

La Beaumelle répliqua par une *Réponse au Supplément du Siècle de Louis XIV,* Colmar, 1754, in-12, rédigée dès le mois d'octobre 1753, c'est-à-dire aussitôt après sa sortie de la Bastille, mais qui ne put être imprimée qu'en avril 1754. Il y reproduisit une *Lettre sur mes démêlés avec M. de Voltaire,* déjà imprimée plusieurs fois, et le *Mémoire* apostillé.

L'acharnement de Voltaire et de La Beaumelle l'un contre l'autre n'a cessé qu'avec la vie. Les *Lettres de M. de La Beaumelle à M. de Voltaire,* 1763, in-12 de 213 pages, sont une nouvelle édition entièrement refondue de la *Réponse au Supplément,* avec quelques autres morceaux relatifs à Voltaire.

B.

Ce 29 mai 1830.

1. Manuscrits de d'Hemery, inspecteur de police pour la librairie.
2. Jacques-Emmanuel Roques de Maumont de La Rochefoucauld, né en 1727, mort le 16 mars 1805, a publié une *Lettre sur la part qu'il a eue aux démêlés de MM. de Voltaire et La Beaumelle,* Hanovre, 1755, in-8°, dont je ne parle toutefois que d'après Meusel. (B.)
3. *Mon Séjour auprès de Voltaire,* 1807, in-8°, pages 47 et 59.

LETTRE A M. ROQUES [1]

CONSEILLER ECCLÉSIASTIQUE

DU SÉRÉNISSIME LANDGRAVE DE HESSE-HOMBOURG.

Monsieur,

Je n'ai dédié à personne le *Siècle de Louis XIV,* parce que ni la vérité ni la liberté n'aiment les dédicaces, et que ces deux biens, qui devraient appartenir au genre humain, n'ont besoin du suffrage de personne. Mais je vous dédie ce supplément, quoiqu'il soit aussi vrai et aussi libre que le reste de l'ouvrage. La raison en est que je suis forcé de vous appeler en témoignage devant l'Europe littéraire. La querelle dont il s'agit pourrait bien être méprisable par elle-même, comme toutes les querelles, et confondue bientôt dans la foule de tant de disputes littéraires, de tant de différends dont la mémoire se perd avant même que la mémoire des combattants soit anéantie. Mais le rapport qui lie cette dispute aux événements du siècle de Louis XIV, les éclaircissements que les lecteurs en pourront tirer pour mieux connaître ces temps mémorables, serviront peut-être à la sauver pour quelque temps de l'oubli où les ouvrages polémiques semblent condamnés.

C'est vous, monsieur, qui m'apprîtes le premier qu'un jeune homme élevé à Genève, nommé M. de La Beaumelle, faisait réimprimer clandestinement la première édition du *Siècle de Louis XIV* à Francfort-sur-le-Mein.

C'est vous qui m'apprîtes que cette édition subreptice était chargée de quatre lettres [2] de La Beaumelle, dans lesquelles il

---

1. Le même à qui sont adressées plusieurs lettres de la *Correspondance générale,* années 1752 et 1753; voyez aussi la note 2 de la page précédente.
2. Il n'y a que trois lettres, toutes les trois satiriques. Voici le début de la

outrage des officiers de la maison du roi de Prusse. Votre probité fut surprise de la témérité avec laquelle cet auteur parle de plusieurs souverains de l'Europe, dans ses commentaires sur le *Siècle de Louis XIV*, et des belles injures qu'il me dit dans mon propre ouvrage. Vous eûtes la générosité de m'en avertir, vous eûtes celle d'offrir de l'argent à son libraire pour supprimer ce scandale.

Je sais bien que la littérature est une guerre continuelle ; mais je ne devais pas m'attendre à une pareille excursion. Je vous écrivis que je ne savais pas comment je m'étais attiré ces hostilités de la part d'un homme que je n'avais connu à Berlin que pour tâcher de lui rendre service. Je me plaignis à vous de son procédé ; vous eûtes la bonté de lui faire passer mes justes plaintes. Il avait l'honneur d'être lié avec vous, parce qu'il s'était destiné à Genève au ministère de votre religion : et quoique sa conduite semblât le rendre peu digne de cette fonction et de votre amitié, vous aviez pour lui l'indulgence qu'un homme de votre probité compatissante peut avoir pour un jeune homme qui s'égare, et qu'on espère de ramener à son devoir.

Il faut avouer qu'il vous exposa ingénument la raison qui l'avait porté à l'atrocité que vous condamniez. Je ne puis mieux faire, monsieur, que de rapporter ici une partie de la lettre qu'il vous écrivit il y a six mois pour justifier en quelque sorte sa conduite. La voici mot pour mot :

« Maupertuis vient chez moi, ne me trouve pas ; je vais chez lui. Il me dit qu'un jour, au souper des petits appartements, M. de Voltaire avait parlé d'une manière violente contre moi ; qu'il avait dit au roi que je parlais peu respectueusement de lui dans mon livre, que je traitais sa cour philosophe d'assemblée de *nains* et de *bouffons*, que je le comparais aux petits princes allemands[1], et mille faussetés de cette force. Maupertuis me conseilla

---

première, on jugera du reste : « A monsieur de Voltaire. Je viens de lire, monsieur, votre *Siècle de Louis XIV*. Je l'ai trouvé, comme tout ce que vous faites, admirable, plein de feu, plein de sens. A la vivacité de votre style, on ne le croirait pas l'ouvrage de vingt années ; l'esprit s'appesantit sur les matières à force de les manier ; mais le vôtre ne se ressent ni du poids de l'âge ni de la longueur du travail : vous êtes même plus antithétique, plus saillant, plus décousu que jamais... » (G. A.)

1. Le roi de Prusse comble les gens de lettres de bienfaits, par les mêmes principes que les princes d'Allemagne comblent de bienfaits les nains et les bouffons, etc. Trait du *Qu'en dira-t-on*. (*Note de Voltaire.*) — Dans *Mes Pensées* (ouvrage de La Beaumelle), on lit sous le n° XLIX, éditions de 1752 et 1761 : « Qu'on parcoure l'histoire ancienne et moderne, on ne trouvera point d'exemple de prince qui ait donné sept mille écus de pension à un homme de lettres, à titre d'homme de lettres. Il y a

d'envoyer mon livre au roi en droiture, avec une lettre qu'il vit et corrigea lui-même¹. »

Il n'est que trop vrai, monsieur, que ce cruel procédé trop public de Maupertuis, mon persécuteur, a été l'origine du livre scandaleux de La Beaumelle, et a causé des malheurs plus réels. Il n'est que trop vrai que Maupertuis manqua au secret qu'on doit à tout ce qui se dit au souper d'un roi. Et ce qui est encore plus douloureux, c'est qu'il joignit la fausseté à l'infidélité. Il est faux que j'eusse averti Sa Majesté prussienne de la manière dont La Beaumelle avait osé parler de ce monarque et de sa cour dans son livre intitulé le *Qu'en dira-t-on*, ou *Mes Pensées*; je l'aurais pu, et je l'aurais dû, en qualité de son chambellan. Ce ne fut pas moi, ce fut un de mes camarades qui remplit ce devoir. J'ose en attester Sa Majesté elle-même. Elle me doit cette justice, elle ne peut refuser de me la rendre. Le chambellan qui l'en avertit est M. le marquis d'Argens : il l'avoue, et il en fait gloire.

Je n'étais que trop informé des coups qu'on me portait : courir chez un jeune étranger, chez un voyageur, chez un passant; lui révéler le secret des soupers du roi son maître, me calomnier en tout; lui rapporter ce qui s'était fait et dit dans mon appartement après le souper; le déguiser, l'envenimer, comme il est prouvé par le reste de la lettre de La Beaumelle : c'était une des moindres manœuvres que j'avais à essuyer. Presque tout Berlin était instruit de cette persécution. Sa Majesté l'ignora toujours. J'étais bien loin de troubler la douceur de la retraite de Potsdam, et d'importuner le roi, notre bienfaiteur commun, par des plaintes. Ce monarque sait que non-seulement je ne lui ai jamais dit un seul mot contre personne, mais que je n'opposais que de la douceur et de la gaieté aux duretés continuelles de mon ennemi. Il ne pouvait contenir sa haine, et je souffrais avec patience. Je restai constamment dans ma chambre, sans en sortir que pour me rendre auprès de Sa Majesté quand elle m'appelait. Je gardai un profond silence sur les procédés de Maupertuis, et sur les trois volumes de La Beaumelle qu'ont produits ces procédés.

---

eu de plus grands poëtes que Voltaire; il n'y en eut jamais de si bien récompensés, parce que le goût ne met jamais de bornes à ses récompenses. Le roi de Prusse comble de bienfaits les hommes à talents précisément par les mêmes raisons qui engagent un prince d'Allemagne à combler de bienfaits un bouffon ou un nain. » (B.)

1. La Beaumelle, dans sa *Réponse au Supplément*, déclare que cet extrait ne donne pas sa pensée. Il eût voulu que Voltaire citât toute la lettre, qui, du reste, fut écrite non pas « il y a six mois », mais après la *Diatribe du docteur Akakia*. (G. A.)

Dans le même temps M. de Maupertuis voulut opprimer M. Kœnig, autrefois son ami, et toujours le mien. M. Kœnig avait tâché, ainsi que moi, d'apprivoiser son amour-propre par des éloges ; il avait fait exprès le voyage de Berlin pour conférer amiablement avec lui sur une méprise dans laquelle Maupertuis pouvait être tombé. Il lui avait montré une ancienne lettre de Leibnitz, qui pouvait servir à rectifier cette erreur. Quelle fut la récompense du voyage de M. Kœnig? Son ami, devenu dès lors son ennemi implacable, profite d'un aveu que M. Kœnig lui a fait avec candeur pour le perdre et pour le déshonorer. M. Kœnig lui avait avoué que l'original de cette lettre de Leibnitz n'avait jamais été entre ses mains, et qu'il tenait la copie d'un citoyen de Berne mort depuis longtemps[1]. Que fait Maupertuis? Il engage adroitement les puissances les plus respectables à faire chercher en Suisse cet original, qu'il sait bien qu'on ne trouvera pas : ayant ainsi enchaîné à ses artifices la bonté même de son maître, il se sert de son pouvoir à l'Académie de Berlin pour faire déclarer faussaire un philosophe, son ami, par un jugement solennel ; jugement surpris par l'autorité ; jugement qui ne fut point signé par les assistants ; jugement dont la plupart des académiciens m'ont témoigné leur douleur ; jugement réprouvé et abhorré de tous les gens de lettres. Il fait plus : il pousse la vengeance jusqu'à vouloir paraître modéré. Il demande à l'Académie qu'il dirige la grâce de celui qu'il fait condamner. Il fait plus encore : il ose écrire lettre sur lettre à Mme la princesse d'Orange, pour imposer silence à l'innocent qu'il persécute, et qu'il croit flétrir. Il le poursuit dans son asile, il veut lui lier les mains tandis qu'il le frappe.

J'ai l'honneur d'être de dix-huit académies, et je puis vous assurer qu'il n'y a point d'exemple qu'aucune d'elles ait jamais traité ainsi un de ses membres. Toute l'Europe savante applaudit encore à la manière dont la Société royale de Londres se comporta dans la fameuse dispute entre Newton et Leibnitz. Il s'agissait de la plus belle découverte qu'on ait jamais faite en mathématiques. La Société royale nomma des commissaires tirés de différentes nations, qui examinèrent toutes les pièces pendant un an. L'authenticité de ces pièces fut constatée. Le grand Newton, élu président de la Société royale, n'extorqua point en sa faveur un jugement qui ne devait être rendu que par le public. Il ne fit point déclarer son adversaire faussaire ; il n'affecta point de de-

---

1. Voyez dans les *Mélanges*, à la date de 1752-1753, l'*Histoire du docteur Akakia*.

mander sa grâce à la Société royale, en le faisant condamner avec ignominie; il ne le poursuivit point avec cruauté dans son asile; il n'écrivit point à l'électrice de Hanovre pour faire ordonner le silence à Leibnitz; il ne le menaça point d'une peine académique en demandant sa grâce; il ne compromit point le roi d'Angleterre, il ne le trompa point. On ne mit que de l'exactitude, de la vérité, de l'évidence, dans ce grand procès où il s'agissait d'une véritable gloire. C'étaient des dieux qui disputaient à qui il appartenait de donner la lumière au monde. Mais il ne faut pas que la belette de la fable prétende bouleverser le ciel et la terre pour un trou de lapin qu'elle a usurpé.

Tout Berlin, toute l'Allemagne, criaient contre une conduite si odieuse; mais personne n'osait la découvrir au roi de Prusse, et le persécuteur triomphait en abusant des bontés de son maître; j'ai été le seul qui ai osé élever ma faible voix. J'ai rendu hardiment ce service à la vérité, à l'innocence, à l'Académie de Berlin, j'ose dire à la patrie que mon attachement pour le roi de Prusse avait rendue la mienne. J'ai seul fait parvenir les cris de l'Europe savante entière aux oreilles de Sa Majesté. J'en ai appelé du grand homme mal informé au grand homme mieux informé. J'ai pris le parti de M. Kœnig, ainsi que le célèbre et respectable Volf, qui a écrit sur cette affaire une lettre dont j'ai l'original entre les mains, la voici :

Certum est quam quod certissimum veritatem esse ex parte Kœnigii, sive authenticitatem fragmenti ex litteris Leibnitzii, sive judicium famosum Academiæ spectes, sive prætensam legem ad ruinam totius machinæ tendentem si non in se contradictionem involveret.

« Il est reconnu pour certain et très-certain que la vérité est tout entière du côté du professeur Kœnig, soit dans l'authenticité de la lettre de Leibnitz, soit dans l'étrange jugement de l'Académie, soit dans la prétendue découverte de son adversaire, qui ne serait qu'un renversement des lois de la nature si elle n'était pas une contradiction. »

J'ai pris le parti de M. Kœnig avec les académiciens des sciences de Paris, avec tous les autres, avec l'Europe littéraire. Je me suis exposé par mon peu de ménagement à perdre les honneurs, les biens, dont un grand roi me comblait, et ses bontés plus précieuses cent fois que tous ces biens et tous ces honneurs. J'ai risqué la plus cruelle disgrâce auprès d'un monarque qui m'avait arraché dans ma vieillesse à ma patrie, à ma famille, à mes amis, à mes emplois; d'un monarque qui m'avait prévenu, il y a plus de quinze ans, par ses bontés, auxquelles j'avais répondu avec enthousiasme; pour qui j'avais tout quitté, tout sacrifié, et sur qui je fondais enfin le bonheur des derniers jours de ma vie. Je n'ai pas balancé.

Il m'a fallu à la fois combattre contre mon persécuteur Maupertuis, et pour M. Kœnig mon ami, et pour moi-même. Il a fallu, dans le temps même que l'auteur [1] de la *Vénus physique* et de ses étranges lettres m'accablait, répondre à un livre plus mauvais encore, qu'il a fait composer [2]. Oui, monsieur, c'est lui qui a porté La Beaumelle à faire cette malheureuse édition du *Siècle de Louis XIV*, dans laquelle lui seul, des gens de lettres qui étaient auprès du roi de Prusse, n'est pas offensé. S'il n'avait pas excité La Beaumelle contre moi par une calomnie, ce jeune homme, à qui je n'avais jamais donné lieu de se plaindre de moi, n'aurait point fait ce scandaleux ouvrage. Mon persécuteur a beau employer tous ses artifices pour faire désavouer aujourd'hui à La Beaumelle cette lettre dans laquelle ses manœuvres sont constatées, la lettre existe, monsieur, entre vos mains; et j'en ai gardé soigneusement la copie authentique, transcrite par vous-même. Cette lettre qui sert à convaincre Maupertuis d'infidélité envers son maître, et de calomnie envers moi ; cette lettre, dis-je, est encore plus reconnue que celle de Leibnitz, qui a servi à manifester les erreurs de son amour-propre à la face de tout le monde.

Il peut faire déclarer faussaire qui il voudra dans une assemblée de son Académie ; il sera déclaré injuste par tout le public. Il verra que dans la littérature on ne réussit point par les souterrains de la fraude comme il a dû voir qu'on ne subjugue point les esprits par la hauteur et la violence ; qu'il ne faut dans les écrits que de la raison, et dans la société que de la douceur; qu'enfin la vérité, quoique peu circonspecte par cela même qu'elle est la vérité, la candeur bien que trop simple, l'innocence sans politique, confondent tôt ou tard l'erreur, le manége, la violence. La Beaumelle, qui est jeune encore, apprendra, à ses dépens, à ne plus faire servir son amour-propre imprudent et sans pudeur à l'amour-propre artificieux d'un autre. Je m'adresse, comme M. Kœnig, au public, juge souverain des ouvrages et des hommes. Ce public déteste l'oppresseur, se moque de l'absurde, plaint le malheureux, et aime la vérité.

1. Maupertuis.
2. La Beaumelle, dans sa *Réponse*, s'efforce de mettre Maupertuis hors de cause. Il déclare que le ressentiment seul lui a dicté sa critique. Et, faisant amende honorable, il ajoute : « J'ai manqué à moi-même au point de vous (Voltaire) traiter avec cette hauteur qui n'est pas même permise à la supériorité. » (G. A.)

P. S. Vous m'apprenez, monsieur, par vos lettres, que La Beaumelle promet de me poursuivre jusqu'aux enfers [1]. Il est bien le maître d'y aller quand il voudra. Vous me faites entendre que, pour mieux mériter son gîte, il imprimera contre moi beaucoup de choses personnelles si je réfute les commentaires qu'il a imprimés sur le *Siècle de Louis XIV*. Vous m'avouerez que c'est un beau procédé d'imprimer trois volumes d'injures, d'impostures contre un homme, et de lui dire ensuite : Si vous osez vous défendre, je vous calomnierai encore.

Vous me rapportez, monsieur, dans votre lettre du 22 mars, que « la manière dont il s'y prendra ne pourra que me faire beaucoup de peine ; et quand il aurait tout le tort du monde, le public ne s'en informera pas, et rira à bon compte ».

Sachez, monsieur, que le public peut rire d'un homme heureux et avantageux qui dit, ou fait, ou écrit des sottises ; mais qu'il ne rit point d'un homme infortuné et persécuté. La Beaumelle peut réimprimer tout ce qu'on a écrit contre moi dans plus de cinquante volumes ; cela lui procurera peu de profit et peu de rieurs. Je vous réponds que ses nouveaux chefs-d'œuvre ne me feront aucune peine. Je lui donne une pleine liberté. Je crois bien que La Beaumelle est un écrivain à faire rire ; mais si l'auteur de *la Spectatrice danoise* [2], du *Qu'en dira-t-on*, ou de *Mes Pensées*, qui a outragé tant de souverains et de particuliers avec une insolence si brutale, et qui n'est impuni que par l'excès du mépris qu'on a pour lui, pense devenir un homme plaisant, il m'étonnera beaucoup. Il s'agit à présent du *Siècle de Louis XIV*. Il faut voir qui a raison de La Beaumelle ou de moi, et c'est de quoi les lecteurs pourront juger [3].

1. La Beaumelle et M. Roques ne cessaient de correspondre ensemble. Et La Beaumelle annonce qu'ils s'entendaient sur les lettres à écrire et à montrer. (G. A.)
2. 1749, deux volumes in-8°. La Beaumelle dit n'en avoir fait qu'une partie.
3. Dans quelques impressions que je ne crois pas authentiques, au lieu de cette dédicace ou lettre à M. Roques, on lit, en tête du *Supplement au Siècle de Louis XIV*, un *Mémoire de M. F. de Voltaire*, que La Beaumelle fit réimprimer avec des apostilles ou notes, et que voici (sans les apostilles) :

« Du jour que j'arrivai à Potsdam, Maupertuis m'a témoigné la plus mauvaise volonté. Elle éclata lorsque je le priai de mettre M. l'abbé Raynal de son Académie : il me refusa avec hauteur, et traita l'abbé Raynal avec mépris. Je lui fis ordonner par le roi d'envoyer des patentes à M. l'abbé Raynal ; on peut croire que Maupertuis ne me l'a pas pardonné.

« Un homme que je crois Genevois, ou du moins élevé à Genève, nommé La Beaumelle, ayant été chassé de Danemark, arrive à Berlin avec la première édition du *Qu'en dira-t-on*, ou de ses *Pensées*. Dans ce livre, devenu célèbre par l'excès d'insolences qui en fait le prix, voici ce qu'on trouve :

« Le roi de Prusse a comblé de bienfaits les gens de lettres par les mêmes

« principes que les princes allemands comblent de bienfaits un bouffon et un nain. »

« C'est cet homme proscrit dans tous les pays que Maupertuis recherche dès qu'il est arrivé, et qu'il va soulever contre moi : en voici la preuve dans une lettre écrite par La Beaumelle à M. le pasteur Roques, au pays de Hesse-Hombourg :

Fragment de la lettre de La Beaumelle.

« Maupertuis vient chez moi, ne me trouve pas; je vais chez lui. Il me dit « qu'un jour, au souper des petits appartements, M. de Voltaire avait parlé d'une « manière violente contre moi; qu'il avait dit au roi que je parlais de lui peu res- « pectueusement dans mon livre; que je traitais sa cour philosophe de nains et de « bouffons; que je le comparais aux petits princes allemands, et mille faussetés « de cette force. M. de Maupertuis me conseilla d'envoyer mon livre au roi en « droiture, avec une lettre qu'il vit et corrigea lui-même. »

« Le roi de Prusse, qui n'a su cette anecdote que depuis quelques jours, doit être convaincu de la méchanceté atroce de Maupertuis, puisque Sa Majesté sait très-bien que je n'ai jamais dit à ses soupers ce qu'il m'impute. Elle me rend cette justice; et quand je l'aurais dit, ce serait toujours un crime à Maupertuis d'avoir manqué au secret qu'il doit sur tout ce qui s'est dit aux soupers particuliers du roi.

« On sait quelle violence inouïe il a exercée depuis contre M. Kœnig, bibliothécaire de Mme la princesse d'Orange; on connaît les lettres qu'il a fait imprimer, dans lesquelles il outrage tous les philosophes d'Allemagne, et fait dire à M. Volf ce qu'il n'a point dit, afin de le décrier.

« On n'ignore pas par quelles affreuses manœuvres il est parvenu à m'opprimer. J'ai remis à Sa Majesté ma clef de chambellan, mon cordon, tout ce qui m'est dû de mes pensions. Elle a eu la bonté de me rendre tout, et a daigné m'inviter à la suivre à Potsdam, où j'aurais l'honneur de la suivre si ma santé me le permettait. »

Ce *Mémoire* est daté du 27 janvier 1753, dans la réimpression (avec apostilles) qu'en donna La Beaumelle, à la suite de la *Réponse au Supplément*. (B.)

SUPPLÉMENT

AU

SIÈCLE DE LOUIS XIV

PREMIÈRE PARTIE[1].

Les éditions nombreuses d'un livre, dans sa nouveauté, ne prouvent jamais que la curiosité du public, et non le mérite de l'ouvrage. L'auteur du *Siècle de Louis XIV* sentait tout ce qui manquait à ce monument qu'il avait voulu élever à l'honneur de sa nation. Il serait incomparablement moins indigne de la France s'il avait été achevé dans son sein ; mais on sait quels engagements et quel attachement d'un côté, quelles bontés prévenantes de l'autre, avaient arraché l'auteur à sa patrie. Parvenu à un âge assez avancé, éprouvant, par des maladies continuelles, une décrépitude prématurée, et craignant d'être prévenu par la mort, il hasarda enfin, au commencement de l'année 1752, de livrer au public la faible esquisse du *Siècle de Louis XIV*, dans l'espérance que cet ouvrage engagerait les gens de lettres, et les hommes instruits des affaires publiques, à lui fournir de nouvelles couleurs pour achever le tableau. Il ne s'est pas trompé dans son attente. Il a reçu des instructions de toutes parts, et il s'est trouvé en état, dans l'espace d'une année, de donner une meilleure forme à son ouvrage. Il a tout retouché, jusqu'au style. La même impartialité reconnue règne dans le livre, mais avec une attention beaucoup plus scrupuleuse. Il est permis à l'auteur de le dire, parce qu'il est permis d'annoncer qu'on s'est acquitté d'un

---

1. Dans quelques-unes des premières éditions, cette partie est intitulée *Réfutation des notes critiques que M. de La Beaumelle a faites sur le Siècle de Louis XIV*. Le début, tel qu'on le lit ici, a été ajouté depuis. (B.)

devoir indispensable. On a rempli ce devoir à l'égard du cardinal Mazarin, dans la nouvelle édition. Voici comment on s'exprime sur ce ministre :

« Le grand homme d'État est celui dont il reste de grands monuments utiles à la patrie[1]. Le monument qui immortalise le cardinal Mazarin est l'acquisition de l'Alsace. Il donna cette province à la France dans le temps que le royaume était déchaîné contre lui ; et, par une fatalité singulière, il lui fit plus de bien lorsqu'il était persécuté que dans la tranquillité d'une puissance absolue. »

On prie le lecteur de jeter les yeux sur tout ce qui concerne la paix de Rysvick, dans cette nouvelle édition[2], la seule qu'on puisse consulter : c'est un morceau très-utile, tiré des *Mémoires* manuscrits *de M. de Torcy*. Ces mémoires démentent formellement ce que tant d'historiens, tant d'hommes d'État, et milord Bolingbroke lui-même, avaient cru, que le ministère de Versailles avait dès lors dévoré en idée la succession du royaume d'Espagne ; et rien ne répand plus de jour sur les affaires du temps, sur la politique et sur l'esprit du conseil de Louis XIV.

On voit quels services rendit le maréchal d'Harcourt dans la grande crise de l'Espagne, lorsque l'Europe en alarmes attendait d'un mot de Charles II mourant quel serait le successeur de tant d'États. De nouvelles anecdotes sont ainsi semées dans tous les chapitres.

On en trouve au second volume[3] sur l'homme au masque de fer ; mais les morceaux les plus curieux, sans contredit, et les plus dignes de la postérité, sont deux mémoires de la propre main de Louis XIV. Le chapitre du *Gouvernement intérieur* est très-augmenté ; c'est là qu'on voit d'un coup d'œil ce qu'était la France avant Louis XIV, ce qu'elle a été par lui, et depuis lui. Les matériaux seuls de ce chapitre font connaître la nation et le monarque. Il n'y a nul mérite à les avoir mis en œuvre ; mais c'est un grand bonheur d'avoir pu les recueillir.

Le dernier chapitre[4] contient cinquante-six articles nouveaux,

---

1. Voyez la note 1, tome XIV, page 245.
2. L'édition dont Voltaire parle ici est celle qui fut publiée à Dresde, chez G.-C. Walther, 1753, deux volumes petit in-8°.
3. Voyez tome XIV, page 427.
4. Dans les éditions du *Siècle de Louis XIV*, antérieures à 1768, c'était à la fin de l'ouvrage qu'était placé le *Catalogue de la plupart des écrivains*, etc., qu'on a vu tome XIV, page 32. Depuis 1753, année où Voltaire publia le *Supplément*, il a fait d'autres augmentations au *Catalogue*. J'en ai désigné quelques-unes. (B.)

concernant les écrivains qui ont fleuri dans le siècle de Louis XIV, et dont plusieurs l'ont illustré. Il a fallu que l'auteur fit venir de loin la plupart de leurs ouvrages, qu'il les parcourût, qu'il tâchât d'en saisir l'esprit, et qu'il resserrât dans les bornes les plus étroites ce qu'il a cru devoir penser d'eux, d'après les plus savants hommes. Ainsi deux lignes ont coûté quelquefois quinze jours de lecture. L'auteur, quoique très-malade, a travaillé sans relâche, une année entière, à ces deux seuls petits volumes, dans lesquels il a tâché de renfermer tout ce qui s'est fait et s'est écrit de plus remarquable dans l'espace de cent années. L'amour seul de la patrie et de la vérité l'a soutenu dans un travail d'autant plus pénible qu'il paraît moins l'être. Tous les honnêtes gens de France et des pays étrangers lui en ont su gré ; et même en Angleterre les esprits fermes, dont cette nation philosophe et guerrière abonde, ont tous avoué que l'auteur n'avait été ni flatteur ni satirique. Ils l'ont regardé comme un concitoyen de tous les peuples ; ils ont reconnu dans Louis XIV, non pas un des plus grands hommes, mais un des plus grands rois ; dans son gouvernement, une conduite ferme, noble et suivie, quoique mêlée de fautes ; dans sa cour, le modèle de la politesse, du bon goût et de la grandeur, avec trop d'adulation ; dans sa nation, les mœurs les plus sociables, la culture des arts et des belles-lettres poussée au plus haut point, l'intelligence du commerce, un courage digne de combattre les Anglais, puisque rien n'a pu l'abattre, et des sentiments de hauteur et de générosité qu'un peuple libre doit admirer dans un peuple qui ne l'est pas. Il fallait détruire des préjugés de cent années, d'autant plus forts que le célèbre Addison et le chevalier Steele, injustes en ce seul point, les avaient enracinés ; et l'auteur les a détruits, du moins s'il en croit ce qu'on lui mande. Il n'a plus rien à souhaiter s'il a obtenu de la nation qui a produit Marlborough, Newton et Pope, du respect pour le génie de la France [1].

Mais, tandis que le libraire de M. de Voltaire travaillait à cette édition nouvelle, et si supérieure aux autres, il arriva qu'un jeune homme élevé à Genève [2], qui commence à être connu dans la littérature, ayant passé à Berlin et s'étant ensuite arrêté à Francfort, y travailla à une édition clandestine, d'après la première, quoiqu'il fût public que le libraire Walther, en vertu de ses droits,

---

[1]. Dans sa *Réponse*, La Beaumelle se moque de Voltaire, heureux des applaudissements des Anglais. (G. A.)

[2]. La Beaumelle déclare qu'il n'a pas été élevé à Genève, mais en France. (G. A.)

en préparait à Dresde une nouvelle, incomparablement plus ample et plus utile.

C'était violer dans l'empire le privilége impérial. On avait vu jusqu'à présent des libraires ravir aux auteurs le fruit de leurs travaux, en contrefaisant leurs ouvrages ; mais on n'avait point vu d'homme de lettres exercer cette piraterie. Il vendit quinze ducats à la veuve Knoch et Eslinger, de Francfort, les lettres et les remarques dont il chargeait cette édition frauduleuse[1].

Le public, qui ne pouvait être instruit de cette prévarication, voit une nouvelle édition avec des remarques par M. L. B.; il est frappé de l'air d'autorité avec lequel ce M. L. B. donne ses décisions. Il croit que c'est quelque homme d'État, ou quelque savant profond dans l'histoire : il ne peut deviner que c'est l'éditeur des *Lettres de madame de Maintenon*, l'auteur de *la Spectatrice danoise*, l'auteur de *Mes Pensées*, ou du *Qu'en dira-t-on*. Ce grand écrivain fait bien de l'honneur à l'auteur du *Siècle de Louis XIV*; il le traite comme tous les potentats de l'Europe; il le condamne et l'instruit. Il aurait dû seulement faire quelques petits changements dans ses beaux commentaires, comme il changeait, pour le bien de la chrétienté, des feuillets de son chef-d'œuvre du *Qu'en dira-t-on* dans toutes les grandes villes où il passait. Il substituait, de province en province, un feuillet à un autre; il mettait à la tête de *Mes Pensées* : cinquième, sixième édition[2]. Il disait son avis, dans une page nouvelle, du pays d'où il venait de sortir, et parlait de tous les princes de la manière la plus flatteuse : car il leur supposait à tous la plus grande clémence.

Était-il hors de Saxe[3], il imprimait (page 302) : « J'ai vu à Dresde un roi... un ministre... un héritier... une princesse... un peuple... » Les épithètes suivent en lettres initiales, et la lecture en fait frémir. Était-il hors de Berlin, il imprimait (page 244) : « Prédiction... la Prusse..., » et (page 230) : « Des soldats qu'une barbare discipline dépouille de tout sentiment d'honneur, à qui on fait haïr une vie qu'on les force à conserver, dont les crimes sont impunis, etc.; » et, dans le même article, ce judicieux auteur

---

1. La Beaumelle dit avoir eu pour ses Lettres et ses Remarques cent cinquante florins, cinquante exemplaires de l'édition, et quarante rames de papier d'impression. Voltaire, dans la dix-septième de ses *Honnêtetés littéraires*, parle de dix-sept louis d'or; voyez aussi, dans le *Dictionnaire philosophique*, l'article Histoire, paragraphe de l'*Histoire satirique*.

2. « Rien n'est plus faux que ce que vous m'imputez là », dit La Beaumelle. (G. A.)

3. « Je n'ai jamais été en Saxe, » dit l'accusé. (G. A.)

dit que « l'inhumanité des châtiments fait périr ces hommes (*impunis*) dans l'étisie, ou languir par des descentes ».

A peine est-il hors de Gotha qu'il dit (page 108) : « Je voudrais bien savoir de quel droit de petits princes, un duc de Gotha par exemple, vendent aux grands le sang de leurs sujets? »

S'il part de Suisse, il outrage (page 300) les Sinner, les Orlac, les Steiger, les Vatteville, les Diesbach, en les nommant par leurs noms.

Se croit-il hors d'état de voyager en Angleterre, il dit (page 258) que « lord Bath serait déshonoré en France ». A-t-il quitté la Hollande, il insère (page 279) que « bientôt la Hollande ne sera bonne qu'à être submergée, quand le stathoudérat sera bien établi ».

Est-il loin de la France, il dit (page 302) que « le despotisme y a éteint jusqu'au nom de vertu ». Mais dès qu'il veut venir à Paris, il ôte cette page, et il met dans une autre que le lieutenant de police est un Messala, et il espère que Messala protégera les honnêtes gens qui pensent.

Voilà donc ce que ce personnage appelle *Mes Pensées*, et ce qu'on a lu avec la curiosité et les sentiments que cette noble hardiesse doit inspirer. Pour rendre ses autres pensées meilleures, il les a prises partout. Il butine des idées comme il a butiné des lettres; mais il défigure un peu ce qu'il touche [1]. Rapporte-t-il une dépêche du cardinal de Richelieu, il lui fait dire une sottise. Il prétend que le cardinal de Richelieu a écrit : « Le roi a changé de ministre, et son ministre de maxime. » Il ne sent pas que ce n'est point le nouveau ministre, le cardinal de Richelieu lui-même, qui a changé. Il y a dans la lettre : « Le roi a changé de ministre, et le conseil de maxime. » Voilà des paroles d'un grand sens; mais de la manière dont il les cite, elles n'en ont aucun.

Il défigure de la même façon des vers de la tragédie de *Rome sauvée*, en leur substituant les siens : car ce galant homme est aussi poëte, ou du moins il veut faire des vers.

Il y a pourtant quelques pensées dans son livre qui sont à lui, et qui ne peuvent être qu'à lui : par exemple il donne des conseils à un jeune courtisan pour se conduire avec vertu, et lui dit (page 58) : « Le mérite parvient à la cour par la bassesse, et le métalent par l'effronterie : rampez donc effrontément. » On ne saurait donner un conseil plus honnête.

---

1. La Beaumelle déclare qu'il ne comprend pas ce mot : *Butiner des lettres*. Il a des raisons pour cela, car ses *Lettres de madame de Maintenon* sont en effet, comme le fait entendre Voltaire, *défigurées*. (G. A.) — Voyez la nouvelle édition de ces *Lettres* publiée par M. Th. Lavallée.

Il avait entendu à Paris, au théâtre, ces vers dans la bouche de Cicéron :

> Un courage indompté, dans le cœur des mortels,
> Fait ou les grands héros ou les grands criminels.
> Qui du crime à la terre a donné les exemples
> S'il eût aimé la gloire eût mérité des temples :
> Catilina lui-même, à tant d'horreurs instruit,
> Eût été Scipion si je l'avais conduit.
> Je réponds de César, il est l'appui de Rome :
> J'y vois plus d'un Sylla, mais j'y vois un grand homme.
>
> *Rome sauvée,* acte V, scène III.

Voilà comme l'auteur de *Mes Pensées* s'approprie ces vers dans sa prose (page 79) : « Une république fondée par Cartouche aurait eu de plus sages lois que la république de Solon. Ce sont les mêmes qualités qui font les grands héros et les grands criminels ; et l'âme du grand Condé ressemblait à celle de Cartouche. »

Il y a dans ce petit recueil vingt maximes pareilles. Elles caractérisent une âme qui n'est pas celle du grand Condé ; et ce qui est rare, c'est l'air de maître avec lequel ce monsieur ose dire ce que les Clarendon et les de Thou n'auraient exprimé qu'avec défiance, ou plutôt ce qu'ils n'auraient jamais dit. « Donnez-moi, dit-il (page 25), un Stuart qui ait l'âme de Cromwell, et je le ferai roi d'Angleterre. » Vous le ferez roi d'Angleterre ! vous ! quel faiseur de monarques ! Le fou du roi Jacques Ier s'étant un jour assis sur le trône, on lui demanda : « Que fais-tu là, maraud ? » Il répondit : *Je règne.* L'auteur de *Mes Pensées* fait plus, il fait régner[1]. C'est ce modeste et sage écrivain, ce grand politique, ce précepteur du genre humain, qui, pour l'instruction publique, a donné l'édition du *Siècle de Louis XIV.*

Comme, avec une imagination si brillante, il pourrait savoir quelque chose de l'histoire, il ne serait pas impossible qu'il eût en effet critiqué à propos quelque fausse date, quelque méprise dans les faits ; mais point. Son génie ne lui a pas permis de s'abaisser à ces détails. C'est La Beaumelle qui daigne enseigner la langue française à Voltaire ; c'est La Beaumelle qui décide sur les auteurs ; c'est La Beaumelle qui se mêle de condamner Louis XIV ; c'est La Beaumelle qui dit qu'on *se gâte à Potsdam;* c'est La Beaumelle qui, sans daigner jamais apporter la moindre

---

1. La Beaumelle reproche à Voltaire d'avoir emprunté ce trait au *Roi de Cocagne,* de Legrand. (G. A.)

raison de ses décisions, parle avec la même modestie que s'il avait un roi d'Angleterre à faire.

Il règle les rangs des rois. Il dit que le roi de Sardaigne ne cédera jamais le pas au roi de France. Quelquefois il condamne en un seul mot. Par exemple l'auteur du *Siècle de Louis XIV* dit [1] que la France, depuis la mort de François II, avait toujours été déchirée par des guerres civiles, ou troublée par des factions ; et le savant La Beaumelle demande *quand ?* Voilà un excellent critique en histoire! Il ignore les horribles guerres civiles sous Charles IX, Henri III, Henri IV, et les factions qui marquèrent toutes les années du règne de Louis XIII.

« Ceci est bon, dit-il, cela est médiocre, cette phrase est mauvaise. » Il dit en un endroit que l'auteur du *Siècle* écrit comme un clerc de procureur. L'auteur du *Siècle* lui aurait eu plus d'obligation des instructions historiques qu'il devait attendre d'un homme qui prend la peine de contrefaire son livre en l'enrichissant de notes : l'auteur était en effet tombé dans des méprises considérables. Il était bien difficile que, n'ayant alors pour tout secours que ses Mémoires qu'il avait apportés de France, il ne se fût pas trompé quelquefois. Toutes les erreurs qu'il a reconnues, et dont des hommes respectables ont eu la bonté de l'avertir, ont été soigneusement corrigées dans les éditions nouvelles de 1753. Mais La Beaumelle s'est bien donné de garde d'en relever aucune. Où aurait-il appris à les démêler, lui qui ne sait pas seulement que le fameux prince d'Orange Guillaume III fut créé stathouder après avoir été nommé capitaine et amiral général ? lui qui ignore l'ancien droit qu'avait l'empereur sur la ville de Bamberg, droit qui tire son origine des conventions faites avec les papes, dans le temps qu'ils avaient la principauté de Bamberg, principauté qu'ils échangèrent depuis pour celle de Bénévent. Sait-il mieux l'histoire du temps que l'histoire ancienne quand, dans une de ses remarques, il dit que l'entreprise en faveur du prétendant, en 1744, a eu les suites les plus heureuses? Tout le monde sait à quel point elle fut inutile. Le maréchal de Saxe, qui devait la conduire, rentra dans le port; et il n'y eut de diversion opérée par le prince Édouard que lorsqu'il passa seul en Écosse en 1745, sans conseil, sans secours, et assisté de son seul courage.

Plus il est ignorant, plus il parle en maître ; et plus il parle en maître, sans alléguer de raisons, moins il mérite qu'on lui réponde directement. Mais comme on doit avoir pour le public

---

1. Chapitre II, tome XIV, page 173.

le respect de l'instruire, et de lui présenter les autorités sur lesquelles les plus importantes et les plus curieuses vérités de cet essai historique sont fondées, on prendra occasion des bévues de La Beaumelle pour dire ici des choses utiles. Ce qu'il y a de plus vil peut servir à quelques usages.

On parlera d'abord du célèbre testament du roi d'Espagne Charles II. Il s'agit de prouver que la cour de Versailles n'y eut pas la moindre part, et qu'elle n'avait jamais songé à la succession entière de cette monarchie. L'auteur du *Siècle* cite M. le marquis de Torcy, alors ministre en France. Il atteste le témoignage authentique de ce secrétaire d'État; un La Beaumelle nie ce témoignage! il demande *où il est!* On répond, non à lui, mais à tous les lecteurs, que ce témoignage se trouve dans les *Mémoires* manuscrits [1] *de M. de Torcy*, lesquels sont entre les mains de sa famille. On ne les confiera pas à La Beaumelle, sans doute [2]; mais ce manuscrit est assez connu. Un autre témoignage du marquis de Torcy se trouve encore écrit de sa main à la marge de l'histoire italienne de Louis XIV, par le comte Ottieri [3], imprimée à Rome, et de laquelle La Beaumelle n'a jamais entendu parler. Cet ouvrage est extrêmement rare. Le cardinal de Polignac, étant à Rome, eut le crédit de le faire supprimer. M. de Voltaire procura la lecture de son exemplaire à M. le marquis de Torcy. Ottieri, comme tous les autres historiens, imputait à Louis XIV le dessein de rompre le traité de partage, et de faire tomber dans sa maison toute la monarchie d'Espagne. M. de Torcy réfute en peu de mots cette erreur si accréditée, et dit expressément que Louis XIV *n'y a jamais pensé*. Ce volume du comte Ottieri, précieux par sa rareté, et plus encore par la note du marquis de Torcy, a été donné par M. de Voltaire à M. le maréchal de Richelieu, qui le conserve dans sa bibliothèque.

---

1. Ils ont été imprimés ; voyez tome XIV, la note 3 de la page 55.

2. A ce propos, La Beaumelle s'écrie : « J'ai un manuscrit assez précieux que l'on m'a confié. » Et il ajoute qu'il ne le publiera pas avant la mort de Voltaire, que celui-ci peut donc être tranquille. Cette déclaration semble une menace qui éclaire un point d'histoire littéraire, car il s'agit là, sans aucun doute, de *la Pucelle*. (G. A.)

3. *Istoria delle guerre avvenute in Europa et particolarmente in Italia, por la successione alla monarchia delle Spagne, dall' anno 1696 all' anno 1725, dal conte e marchese Francesco Maria Ottieri;* Rome, 1728 et années suivantes, huit volumes in-4°. On lit dans la *Méthode pour étudier l'histoire* (qui ne donne que deux volumes à l'ouvrage, page 414 du tome XI de l'édition de 1772), que l'auteur étant mort en 1742, ce fut son fils qui publia le second volume en 1753. Le tome II est daté de 1752 ; le tome III de 1753, etc. (B.)

Il faut distinguer les erreurs dans les historiens. Une fausse date, un nom pour un autre, ne sont que des matières pour un *errata*. Si d'ailleurs le corps de l'ouvrage est vrai, si les intérêts, les motifs, les événements, sont développés avec fidélité, c'est alors une statue bien faite à laquelle on peut reprocher quelque pli négligé à la draperie.

On pourrait à toute force pardonner à l'historien de Limiers d'avoir fait assister au grand conseil qui se tint à Versailles, au sujet du testament de Charles II, Mme de Maintenon, qui n'y entra jamais, et M. de Pomponne, qui était mort ; mais ce qu'on ne peut pardonner, c'est l'ignorance des deux traités de partage ; c'est d'avoir supposé que le roi d'Angleterre avait engagé Charles II à faire un testament en faveur du prince de Bavière ; c'est d'avoir imaginé que Louis XIV avait ensuite envoyé un autre testament à signer au roi d'Espagne en faveur du duc d'Anjou. Il n'est pas permis de se tromper sur une révolution si grande, si importante, devenue la base d'un nouveau système de l'Europe. L'auteur du *Siècle* est, de tous les historiens qui ont parlé de cet événement, le premier qui ait su et qui ait dit la vérité.

Que le P. Daniel, dans ses Abrégés chronologiques de Louis XIII et de Louis XIV, se trompe sur quelques noms, sur la position de quelques villes ; qu'il prenne l'entrée de quelques troupes dans une ville ouverte pour un siége, ces légères fautes ne sont presque rien, parce qu'il importe peu à la postérité qu'on ait eu tort ou raison dans des petits faits qui sont perdus pour elle. Mais on ne peut souffrir les déguisements avec lesquels il raconte les batailles importantes, ni surtout son affectation de n'étaler que des combats, qui, après tout, ne sont que des choses fort communes dans les fastes d'un siècle mémorable par tant d'autres endroits singuliers. C'est ce qu'on lui reproche dans sa grande histoire. Il aurait dû approfondir les lois, les usages, le commerce, les arts, parler de tout en philosophe. Il ne l'a pas fait ; et quoique son histoire de France soit la meilleure de toutes, notre histoire reste encore à faire.

On ennoblira encore ici l'humiliation où l'on descend de parler d'un tel critique, en rendant compte d'une autre anecdote très-importante. Cette particularité ne se trouve que dans l'édition du *Siècle* de 1753. On y voit par quel motif Louis XIV reconnut le fils de Jacques II pour roi en 1701. L'auteur du *Siècle* avoue seulement, dans toutes les premières éditions, que plusieurs membres du parlement d'Angleterre lui ont dit que, sans cette démarche de Louis XIV, le parlement n'aurait peut-être point pris parti dans la guerre de la succession. Notre La Beaumelle demande « qui sont ces membres du parlement ? plusieurs autres membres, dit-il, et tous les historiens m'ont assuré le contraire ».

Vous, jeune homme[1], qui n'avez jamais été à Londres, qui n'avez pu vous informer de ce fait, puisque l'auteur du *Siècle* est le premier qui l'ait fait connaître, vous osez dire que des pairs d'Angleterre vous en ont parlé! vous osez dire que cette anecdote est discutée dans tous les autres historiens! Apprenez de qui l'auteur la tient : de milord Bolingbroke, qu'il a fréquenté pendant plusieurs années ; et ce que milord Bolingbroke lui en avait toujours dit se trouve confirmé aujourd'hui par ses *Lettres historiques*, qui viennent de paraître. Il n'y a qu'à lire les pages 158 et 159 de son tome second. C'est là qu'on verra comment, par un accord heureux, on peut concilier ce que MM. de Torcy et Bolingbroke ont dit tant de fois, et ce qui est très-vrai, que ce furent des femmes à qui le prétendant dut la consolation d'être reconnu roi par Louis XIV. Milord Bolingbroke ne savait cette anecdote que confusément, et M. de Torcy en était instruit dans le plus grand détail et avec la plus grande certitude. Milord Bolingbroke dit dans ses *Lettres* que « des intrigues de femmes déterminèrent Louis XIV » ; mais quelles étaient ces femmes ? Ce fut la propre veuve du roi Jacques, la mère du prétendant, qui vint en larmes conjurer Louis XIV de ne pas refuser de vains honneurs au fils d'un roi qu'il avait protégé, et qu'il avait toujours reconnu pour roi, même après le traité de Rysvick, sans que Guillaume III s'en fût offensé. Elle lui demanda cette grâce au nom de sa magnanimité et de sa gloire ; et le roi céda à ces deux noms qui pouvaient sur lui plus que tout son conseil. C'est là ce que milord Bolingbroke ne savait pas, et ce qui se trouve, dans la nouvelle édition du *Siècle*[2], parmi d'autres faits aussi curieux que véritables.

La Beaumelle peut encore porter son ignorance téméraire jusqu'à dire que les petites querelles de la duchesse de Marlborough et de milady Masham n'influèrent en rien sur les affaires. « Ce conte, dit-il, est pris de l'*Anti-Machiavel*, et n'en est pas le meilleur endroit. » Ce conte est une vérité reconnue de toute l'Angleterre, que Mme la duchesse de Marlborough avoua elle-même plusieurs fois à M. de Voltaire, et qu'elle a confirmée depuis

---

1. La Beaumelle répond à cette apostrophe par : « Vous, vieillard, etc., vous êtes un astre ! Il est vrai que vous avez passé votre méridien, et que le temps est bien couvert. » (G. A.)

2. Voyez la note, tome XIV, pages 339-340.

dans ses Mémoires. Ce conte n'est point tiré de l'*Anti-Machiavel*, que son illustre auteur ne composa qu'en 1739. M. de Voltaire avait déjà, quelques années auparavant, poussé le *Siècle de Louis XIV* jusqu'à la bataille de Turin, et le manuscrit était entre les mains du roi de Prusse dès l'année 1737. Ce manuscrit était la suite d'une Histoire universelle depuis Charlemagne, écrite dans le même goût et dans le même esprit. On lui en a volé la partie la plus intéressante ; et si La Beaumelle sait où elle est, M. de Voltaire lui en donnera plus de quinze ducats [1].

Pour continuer à rendre ce Mémoire instructif, et pour nourrir l'ignorante sécheresse des remarques d'un jeune homme qui ose censurer une histoire sans rapporter un seul fait, sans alléguer la moindre probabilité sur quoi que ce puisse être, passons à l'homme *au masque de fer*, et examinons, avec les lecteurs sérieux et attentifs, la plus singulière et la plus étonnante anecdote qui soit dans aucune histoire.

L'auteur du *Siècle* dit que tous les historiens de Louis XIV ont ignoré ce fait, et il a assurément raison. La Beaumelle répond avec sa prudence ordinaire : « Les *Mémoires de Perse* en ont parlé. » Voici ce qu'on pourrait lui répliquer.

Premièrement, mon ouvrage était fait en partie longtemps avant les *Mémoires de Perse*, qui n'ont paru qu'en 1745 [2]. En second lieu, il n'appartient qu'à vous de citer parmi les historiens un libelle qui est aussi obscur, et presque aussi méprisable que votre *Qu'en dira-t-on*; un libelle où il y a aussi peu de vérité que dans vos ouvrages, où la plupart des rois sont insultés, où les événements sont déguisés ainsi que les noms propres.

Le hasard fait tomber ce livre entre mes mains dans ce moment même. Je trouve qu'en effet il y est parlé de l'homme *au masque de fer*. L'auteur, à l'exemple de tous les auteurs de ces sortes d'ouvrages, mêle dans cette aventure beaucoup de mensonges à un peu de vérité : il dit que le duc d'Orléans, régent de France, qu'il

---

1. Voyez page 100 du présent volume. — Lorsque La Beaumelle publia sa *Réponse*, l'*Essai sur l'Histoire générale* venait de paraître. La Beaumelle se prononce donc sur ce livre, et déclare qu'il n'a pu aller au delà du premier volume.

2. Les *Mémoires secrets pour servir à l'histoire de Perse* donnent, sous des noms persans, l'histoire de la cour de Louis XV jusqu'en 1744. La première édition est de 1745, in-12; l'édition in-18, de 1759, contient une *Liste, ou Clef des noms propres*. On attribue cet ouvrage à Rességuier; d'autres, à Pecquet, premier commis des affaires étrangères, qui a place dans un vers du *Pauvre Diable* (voyez tome X); d'autres, à La Beaumelle. Une note ou lettre publiée à la suite du *Journal de madame du Hausset, femme de chambre de madame de Pompadour*, est de Mme de Vieux-Maison. (B.)

appelle *Ali-Omajou*, alla quelque temps avant sa mort voir à la Bastille ce fameux et inconnu prisonnier. Tout Paris sait qu'il est faux que le duc d'Orléans ait jamais fait une visite à la Bastille. Il dit que ce prisonnier était le comte de Vermandois, qu'il appelle *Giafer*; et il prétend que ce comte de Vermandois, fils légitimé de Louis XIV et de la duchesse de La Vallière, fut dérobé à la connaissance des hommes par son propre père, et conduit en prison avec un masque sur le visage, dans le temps qu'on le fit passer pour mort. Il dit que ce fut pour le punir d'un soufflet que ce prince avait donné à monseigneur le Dauphin. Comment peut-on imprimer une fable aussi grossière? Ne sait-on pas que le comte de Vermandois mourut de la petite-vérole au camp devant Dixmude en 1683? Le dauphin avait alors vingt-deux ans : on ne donne des soufflets à un dauphin à aucun âge; et c'est en donner un bien terrible au sens commun et à la vérité que de rapporter de pareils contes. D'ailleurs le prisonnier *au masque de fer* était mort en 1704[1], et l'auteur des *Mémoires de Perse* le fait vivre jusqu'à la fin de 1721.

J'avoue que je suis surpris de trouver dans ces *Mémoires de Perse* une anecdote qui est très-vraie parmi tant de faussetés. J'avais appris cette anecdote l'année passée : c'est celle de l'assiette d'argent et du pêcheur, laquelle est insérée dans mes éditions de Dresde et de Paris de 1753[2]. Elle a été racontée souvent par M. Riousse, ancien commissaire des guerres à Cannes. Il avait vu ce prisonnier dans sa jeunesse, quand on le transféra de l'île Sainte-Marguerite à Paris. Il était en vie l'année passée, et peut-être vit-il encore. Les aventures de ce prisonnier d'État sont publiques dans tout le pays; et M. le marquis d'Argens, dont la probité est connue, a entendu, il y a longtemps, conter le fait dont je parle à M. Riousse et aux hommes les plus considérables de sa province.

On veut savoir le nom du médecin de la Bastille que j'ai dit avoir traité souvent cet étrange prisonnier. On peut s'en informer à M. Marsolan, gendre de ce médecin, et qui a été longtemps chirurgien de M. le maréchal de Richelieu.

Plusieurs personnes enfin me demandent tous les jours quel était ce captif si illustre et si ignoré. Je ne suis qu'historien, je ne

---

1. En 1703, comme Voltaire l'a dit depuis en se corrigeant ; voyez, dans le *Dictionnaire philosophique*, aux mots Ana, Anecdotes, l'anecdote sur l'homme au masque de fer.

2. Elle se trouve dans une édition datée de 1752, que j'ai déjà citée plusieurs fois. (B.)

suis point devin. Ce n'était pas certainement le comte de Vermandois; ce n'était pas le duc de Beaufort, qui ne disparut qu'au siége de Candie, et dont on ne put distinguer le corps dont les Turcs avaient coupé la tête. M. de Chamillart disait quelquefois, pour se débarrasser des questions pressantes du dernier maréchal de La Feuillade et de M. de Caumartin, que c'était un homme qui avait tous les secrets de M. Fouquet. Il avouait donc au moins par là que cet inconnu avait été enlevé quelque temps après la mort du cardinal Mazarin. Or pourquoi des précautions si inouïes pour un confident de M. Fouquet, pour un subalterne? Qu'on songe qu'il ne disparut en ce temps-là aucun homme considérable. Il est donc clair que c'était un prisonnier de la plus grande importance, dont la destinée avait toujours été secrète. C'est tout ce qu'il est permis de conjecturer[1].

Le critique, sans rien approfondir, se contente de mettre en note, *ouï-dire*. Mais une grande partie de l'histoire n'est fondée que sur des *ouï-dire* rassemblés et comparés. Aucun historien, quel qu'il soit, n'a tout vu. Le nombre et la force des témoignages forment une probabilité plus ou moins grande. L'histoire de l'homme *au masque de fer* n'est pas démontrée comme une proposition d'Euclide; mais le grand nombre des témoignages qui la confirment, celui des vieillards qui en ont entendu parler aux ministres, la rendent plus authentique pour nous qu'aucun fait particulier des quatre cents premières années de l'histoire romaine.

Le critique me reproche d'affecter, sur d'autres points, de citer des autorités respectables, entre autres celle du cardinal de Fleury, comme si j'étais un jeune homme ébloui de la grandeur. La familiarité avec les puissants de ce monde est une vanité; et il faut être bien faible pour en faire gloire.

Vous dites, pour infirmer le témoignage du cardinal de Fleury, qu'il ne m'aimait pas : cela peut être ; aussi n'ai-je point dit qu'il m'aimât. J'aurais plus volontiers fait ma cour au savant abbé de Fleury qu'à l'heureux cardinal de Fleury ; mais je suis obligé d'avouer que lorsqu'il sut que je travaillais, je ne dirai pas à l'histoire de Louis XIV, mais au tableau de son siècle, il me fit venir quelquefois à Issy pour m'apprendre, disait-il, des anecdotes. Ce fut lui, et lui seul, dont je tins que M. de Bâville, intendant du Languedoc, avait été le principal instigateur de la fameuse révocation de l'édit de Nantes. Il le savait bien : c'était à M. de Bâville

---

1. Voyez le *Dictionnaire philosophique*, à l'article ANECDOTES.

qu'il devait sa fortune. Ce fut lui qui, un jour, me montra à Versailles, au bout de son appartement, la place où le roi avait épousé Mme de Maintenon ; ce fut lui qui me dit que le chevalier de Forbin n'avait point été témoin du mariage, quoi qu'en dise l'abbé de Choisy, dont les *Mémoires* sont aussi peu sûrs en bien des endroits qu'ils sont négligemment écrits. En effet M. de Forbin, homme de mer, n'étant point attaché intimement au roi, n'était pas fait pour être le témoin d'une cérémonie si secrète. Cet emploi ne pouvait être que le partage d'anciens domestiques affidés.

Je demandai au cardinal si Louis XIV était instruit de sa religion, pour laquelle il avait toujours montré un si grand zèle ; il me répondit ces propres mots : *Il avait la foi du charbonnier*. Du reste il ne me dit guère que des particularités qui le concernaient lui-même, et qui étaient fort peu de chose. Il me parlait sans cesse d'un procès qu'il avait eu avec les jésuites, étant évêque de Fréjus, et de la peine extrême que cette petite querelle avait faite à Louis XIV. Il avait la faiblesse de croire que ces bagatelles pouvaient entrer dans l'histoire du siècle : il n'est pas le seul qui ait eu cette faiblesse. Une chose plus digne de la postérité, c'est que dans ces entretiens le cardinal de Fleury convint que la constitution de l'Angleterre était admirable. Il me semble qu'il est beau à un cardinal, à un premier ministre de France, d'avoir fait cet aveu. Il ajouta que c'était une machine compliquée, aisée à déranger, et sujette à bien des abus. Je lui répondis que les abus étaient attachés à la nature humaine, mais que les lois n'avaient rendu nulle part la nature humaine plus respectable. Il me dit qu'il avait toujours eu l'ascendant sur le ministre anglais ; il avait grande raison : il avait fait alors la guerre et la paix sans l'intervention de ce ministre. Walpole croyait me gouverner, disait-il, et il me semble que je l'ai gouverné. Un La Beaumelle pourra avancer que cela n'est pas vrai ; et moi, je le rapporte parce que cela est vrai.

J'allais, après ces entretiens, écrire chez Barjeac ce que son maître m'avait dit de plus important ; et je ne faisais pas plus ma cour à Barjeac qu'à son maître, pour ne pas augmenter la foule. Encore une fois, je n'étais pas le favori du cardinal, bien que j'eusse longtemps été admis dans sa société avant qu'il fût premier ministre ; ou plutôt, parce que j'y avais été admis, et que ma franchise n'est guère faite pour plaire à des hommes puissants. Mais apprenez de moi ce que doit un historien à la vérité, et le seul mérite de mon ouvrage. Je n'aimais pas plus le cardinal de Fleury qu'il ne m'aimait ; cependant j'ai parlé de lui dans le tableau de l'Europe¹, à la fin du *Siècle de Louis XIV*, comme s'il m'avait comblé de bienfaits. Quand l'historien parle, l'homme doit se taire. L'éloge que j'ai fait de ce ministre ne m'a rien coûté ; et si Trajan m'avait persécuté, je dirais que Trajan a tort, mais qu'il est un grand homme.

La Beaumelle me fait un plaisant reproche d'avoir consulté pendant vingt années les premiers hommes du royaume pour m'instruire de la vérité. Que ne me reproche-t-il aussi d'avoir demandé à tant d'officiers généraux des instructions sur la guerre de 1741? d'avoir travaillé six mois sans relâche dans les bureaux des ministres, tandis que j'étais historiographe de France, place véritablement honorable pour un écrivain, et que j'ai sacrifiée? Que ne me fait-il un crime d'avoir tout vu par mes yeux, tout extrait de ma main, tout rassemblé? d'avoir laissé à mon roi et à ma patrie ce monument qui ne doit paraître qu'après ma mort, et que j'ai achevé dans une terre étrangère²? J'ai fait mon devoir, et je regarde encore comme un devoir de répondre aux derniers des écrivains, parce que le mépris qu'on leur doit cède au respect qu'on doit à la vérité. Voilà ce que l'auteur du *Siècle de Louis XIV* pourrait dire.

Il continuerait ainsi, s'il voulait prendre la peine d'instruire cet écolier :

1° Apprenez que la valeur numéraire des espèces est arbitraire, et n'est pas indifférente comme vous le dites. Le roi est le maître de faire valoir douze livres l'écu qui est à présent fixé à six ; mais, en ce cas, si vous avez six mille livres de rente sur l'Hôtel de Ville, vous ne toucherez plus que cinq cents de ces mêmes écus dont on vous comptait mille auparavant. Cette leçon est courte et nette ; tâchez d'être dans le cas d'en profiter, mais vous n'en prenez pas le chemin³.

2° Apprenez que la plupart des évêques appelants, et ceux qui signèrent les propositions de 1682, ne s'intitulaient pas *évêques par la permission du saint-siège*.

3° Apprenez que jamais le marquis de Fénelon, ni M. de Plelo,

---

1. Ce que Voltaire disait du cardinal de Fleury, en 1751, 1752 et 1753, dans le chapitre XXIII (alors à la fin du tome Iᵉʳ, et faisant aujourd'hui le chapitre XXIV) du *Siècle de Louis XIV*, a été depuis reporté par l'auteur dans le chapitre III du *Précis du Siècle de Louis XV*.
2. C'est l'histoire de la guerre de 1741. La Beaumelle applaudit ironiquement Voltaire de ne vouloir faire imprimer cette œuvre qu'après sa mort.
3. La Beaumelle répond à la leçon par une pasquinade : « Par quelle fatalité l'esprit vous manque-t-il chaque fois que vous parlez d'argent? » s'écrie-t-il.

l'un ambassadeur en Hollande, l'autre en Danemark, n'ont commandé des régiments soudoyés par ces puissances, comme M. de Charnacé.

4° Apprenez que Vittorio Siri, qui quelquefois était aussi partial pour la cour qui le payait que Le Vassor le fut contre elle en qualité de réfugié, était un auteur très-instruit de tout ce qui s'était passé de son temps ; et que le témoignage d'un auteur contemporain, pensionnaire d'une cour, est du plus grand poids quand le témoignage n'est pas favorable à cette cour.

5° Apprenez que le cardinal Mazarin n'a jamais passé pour maladroit.

6° Apprenez que ce n'est pas à vous à décider des droits du parlement de Paris. L'auteur du *Siècle* a rapporté quels étaient les sentiments de la cour et ceux de la ville dans des temps de troubles : il n'a pas osé avoir un avis, et vous osez juger !

7° Apprenez que ces vers que le duc de La Rochefoucauld citait au sujet de Mme de Longueville, et que vous gâtez,

> Pour mériter son cœur, pour plaire à ses beaux yeux,
> J'ai fait la guerre aux rois ; je l'aurais faite aux dieux [1],

sont tirés de la tragédie d'*Alcyonée* [2] ; et pour égayer la matière, je vous apprendrai qu'après sa rupture avec Mme de Longueville il parodia ainsi ces vers :

> Pour ce cœur inconstant, qu'enfin je connais mieux,
> J'ai fait la guerre aux rois ; j'en ai perdu les yeux.

8° Apprenez que les favoris de Henri III étaient appelés les *mignons*, et non les *petits-maîtres*.

9° Apprenez que ce n'est que depuis 1741 que la chancellerie impériale traite les rois de *majesté* dans le protocole de l'empire.

10° Apprenez que Louis XIV obtint un désaveu formel de l'action de l'ambassadeur Vatteville, lorsqu'il força d'abord le roi Philippe IV à le rappeler.

11° Apprenez que la méthode du maréchal de Vauban lui appartenait tout entière, et qu'elle n'était pas, comme on vous l'a

---

1. La Beaumelle déclare avoir pris son texte dans les *Mémoires* mêmes du duc. Nous ne rapporterons pas toutes les répliques de l'écolier aux observations de son maître ; elles sont presque toujours insignifiantes ou évasives. (G. A.)
2. Par du Ryer. Voyez tome XIV, page 192.

dit, *d'un Hollandais qui n'avait pu être employé dans sa patrie*; et souvenez-vous que quand on est assez téméraire pour attaquer la mémoire d'un homme tel que le maréchal de Vauban, il faut citer des autorités convaincantes.

12° Apprenez que si vous gagiez, comme vous le dites, que les aides de camp de Louis XIV ne mangeaient pas à sa table, vous perdriez. Ils y mangeaient comme ceux de Louis XV, titrés ou non titrés. Les gentilshommes ordinaires de sa chambre y mangeaient aussi quand ils avaient fait les fonctions d'aides de camp. M. du Libois fut le dernier qui eut cet honneur, etc. M. de Larrey, auteur de l'*Histoire de Louis XIV*, était conseiller aulique du roi de Prusse, et n'était pas gentilhomme de la chambre de Louis XIV, comme vous le dites, et ne pouvait l'être étant calviniste.

13° Apprenez que cette criminelle remarque, « qu'un roi absolu qui veut le bien est un être de raison, et que Louis XIV ne réalisa jamais cette chimère », est aussi punissable que fausse. Vous avez l'insolence, vous, jeune barbouilleur de papier, d'outrager Louis XIV et Louis XV! Je détourne les yeux de votre crime pour dire à cette occasion qu'un roi absolu, quand il n'est pas un monstre, ne peut vouloir que la grandeur et la prospérité de son État, parce qu'elle est la sienne propre, parce que tout père de famille veut le bien de sa maison. Il peut se tromper sur le choix des moyens, mais il n'est pas dans la nature qu'il veuille le mal de son royaume.

J'ai une observation nécessaire à faire ici sur le mot *despotique*[1] dont je me suis servi quelquefois. Je ne sais pourquoi ce terme, qui dans son origine n'était que l'expression du pouvoir très-faible et très-limité d'un petit vassal de Constantinople, signifie aujourd'hui un pouvoir absolu et même tyrannique. On est venu au point de distinguer, parmi les formes des gouvernements ordinaires, ce gouvernement despotique dans le sens le plus affreux, le plus humiliant pour les hommes qui le souffrent, et le plus détestable dans ceux qui l'exercent. On s'était contenté auparavant de reconnaître deux espèces de gouvernements, et de ranger les uns et les autres sous différentes divisions. On est parvenu[2] à imaginer une troisième forme d'administration naturelle, à laquelle on a donné le nom d'état despotique, dans laquelle il n'y

1. Sur ce mot, voyez tome XII, page 110; le dialogue A B C, premier entretien; *Un Chrétien contre six Juifs*, vingt et unième niaiserie; voyez enfin le paragraphe III du *Commentaire sur l'Esprit des lois*. (B.)

2. C'est de Montesquieu que parle Voltaire; voyez dans les *Mélanges*, à la date de 1752, *Mes Pensées sur le gouvernement*, XXII (XX).

a d'autre loi, d'autre justice, que le caprice d'un seul homme. On ne s'est pas aperçu que le despotisme, dans ce sens abominable, n'est autre chose que l'abus de la monarchie, de même que dans les États libres l'anarchie est l'abus de la république. On s'est imaginé, sur de fausses relations de Turquie et de Perse, que la seule volonté d'un vizir ou d'un itimadoulet tient lieu de toutes les lois, et qu'aucun citoyen ne possède rien en propriété dans ces vastes pays ; comme si les hommes s'y étaient assemblés pour dire à un autre homme : Nous vous donnons un pouvoir absolu sur nos femmes, sur nos enfants, et sur nos vies ; comme s'il n'y avait pas chez ces peuples des lois aussi sacrées, aussi réprimantes que chez nous ; comme s'il était possible qu'un État subsistât sans que les particuliers fussent les maîtres de leurs biens. On a confondu exprès les abus de ces empires avec les lois de ces empires. On a pris quelques coutumes particulières au sérail de Constantinople pour les lois générales de la Turquie ; et parce que la Porte donne des timariots à vie, comme nos anciens rois donnaient des fiefs à vie, parce que l'empereur ottoman fait quelquefois le partage des biens d'un bacha né esclave dans son sérail, on s'est imaginé que la loi de l'État portait qu'aucun particulier n'eût de bien en propre. On a supposé[1] que dans Constantinople le fils d'un ouvrier ou d'un marchand n'héritait pas du fruit de l'industrie de son père. On a osé prétendre[2] que le même despotisme régnait dans le vaste empire de la Chine, pays où les rois, et même les rois conquérants, sont soumis aux plus anciennes lois qu'il y ait sur la terre. Voilà comme on s'est formé un fantôme hideux pour le combattre ; et en faisant la satire de ce gouvernement despotique qui n'est que le droit des brigands, on a fait celle du monarchique qui est celui des pères de famille. Je ne veux point entrer dans un détail délicat qui me mènerait trop loin ; mais je dois dire que j'ai entendu par le despotisme de Louis XIV l'usage toujours ferme et quelquefois trop grand qu'il fit de son pouvoir légitime. Si dans des occasions il a fait plier sous ce pouvoir les lois de l'État, qu'il devait respecter, la postérité le condamnera en ce point : ce n'était pas à moi de prononcer ; mais je défie qu'on me montre aucune monarchie sur la terre dans laquelle les lois, la justice distributive, les droits de l'humanité, aient été moins foulés aux pieds, et où l'on ait fait de plus grandes choses pour le bien public,

---

1. Montesquieu, *Esprit des lois*, livre V, chapitre xiv.
2. *Ibid.*, livre VIII, chapitre xxi.

que pendant les cinquante-cinq années que Louis XIV régna par lui-même.

14° Apprenez que l'établissement des milices n'est point le malheur de la France, comme vous avez l'impudence de le dire; que ces milices, qui sont la pépinière des armées, contribuèrent à sauver la France dans les dernières campagnes du maréchal de Villars, et à la rendre victorieuse dans les campagnes de Louis XV ; que l'excellente méthode qu'on a prise, en 1724, concernant le maintien de ces milices, est due principalement au conseil de M. Duverney, et qu'elle a été très-perfectionnée par M. le comte d'Argenson [1]. On se fait un devoir de rendre cette justice à de bons citoyens, pour se laver de l'opprobre de vous adresser la parole.

15° Apprenez qu'il est faux que tous les catholiques du Languedoc avouent que la seule cause du supplice du fameux ministre Brousson fut qu'il était hérétique. L'abbé Brueys, dans son Histoire des troubles des Cévennes [2], rapporte qu'il avait eu autrefois des intelligences avec les ennemis, et qu'il fut roué sur sa propre confession. Ces intelligences étaient très-peu de chose. On usa avec lui d'une extrême rigueur; ce fut une cruauté plus qu'une injustice. On faisait pendre les prédicants de votre communion, qui venaient prêcher malgré les édits. On rouait ceux qui avaient excité à la révolte : telle était la loi ; elle était dure, mais il n'y eut rien d'arbitraire dans les jugements [3].

16° Apprenez que Louis XIV n'a jamais dit au lord Stair, ambassadeur d'Angleterre, à l'occasion du port qu'il voulait faire à Mardick : « Monsieur l'ambassadeur, j'ai toujours été le maître chez moi, quelquefois chez les autres; ne m'en faites pas souvenir. »

Vous n'êtes qu'un menteur, car ce n'est pas avec vous qu'il faut ménager les termes, quand vous dites : « Je sais de science certaine que Louis XIV tint ce discours. » J'avais dit [4] que je savais de science certaine qu'il ne le tint pas ; mais voici pourquoi je m'étais exprimé ainsi. Je demande pardon à M. le président

---

1. Voyez, dans le *Siècle de Louis XIV*, une note des éditeurs sur les Milices, chapitre XXIX (tome XIV, page 509). (K.)

2. Son livre est intitulé *Histoire du fanatisme de notre temps*, 1692, in-12, dont une *Suite* parut en 1709, in-12, et une nouvelle suite en 1713, deux volumes in-12. L'ouvrage entier a été réimprimé en 1737, trois volumes in-12, et 1755, trois volumes in-12. (B.)

3. Ces jugements furent presque toujours rendus par des commissaires, et par conséquent on peut les regarder comme injustes, même dans la forme. (K.)

4. Voyez tome XIV, page 413.

Hénault de mêler ici son nom à celui d'un homme tel que vous; mais la vérité de l'histoire exige que je le cite, et que j'atteste sa bonne foi et sa candeur. C'est lui seul qui a rapporté cette anecdote. Il a souffert la hardiesse que j'ai prise de le contredire, hardiesse d'autant plus excusable en moi qu'on sait à quel point j'aime et j'estime son ouvrage [1] et sa personne. Il permettra encore que je révèle ce qui s'est passé entre lui et moi à ce sujet, parce que mon respect pour la vérité est égal à l'amitié que j'ai pour lui.

Je lui dis avant mon départ : « Êtes-vous bien sûr que le feu roi ait tenu à un ambassadeur d'Angleterre un discours qui me semble si peu convenable? Il aurait pu parler ainsi à un ministre des États-Généraux, parce qu'en effet il avait été le maître chez eux; mais certainement il ne l'avait jamais été chez les Anglais. Il devait la paix à cette nation, et même une partie de ses frontières : comment donc aurait-il pu s'exprimer d'une manière si peu conforme à sa situation, et qui ne pouvait manquer de lui attirer une réponse très-désagréable d'un homme tel que milord Stair, dont vous avez connu le caractère? — Vous avez raison, me répondit-il; M. de Torcy m'a dit les mêmes choses que vous; il m'a ajouté que jamais le comte de Stair n'avait parlé au roi qu'en sa présence, et il m'a protesté n'avoir jamais entendu prononcer ces paroles à Louis XIV. — Pourquoi donc les avez-vous rapportées? » lui dis-je. Il me fit l'honneur de me répliquer qu'elles étaient imprimées avant que M. le marquis de Torcy l'eût averti, et qu'il avait cité cette anecdote dans son livre sur la foi des hommes les plus considérables de la cour. Il disait vrai, et il avait pour lui des témoignages nombreux et respectables. Je lui repartis que, selon la doctrine des probabilités, le témoignage de M. de Torcy, seul témoin nécessaire, joint à toutes les vraisemblances qui sont très-fortes, anéantissait le rapport de tous ceux qui n'avaient pas été témoins, quelque unanime qu'il pût être, et quelque autorité que lui donnassent les noms les plus illustres. Il me semble qu'à la fin de la conversation M. le président Hénault eut la bonté de convenir qu'à la première édition de son livre, qui sera sans doute souvent réimprimé, parce qu'il sera toujours nécessaire, il mettrait un petit correctif à cette anecdote, en la rapportant comme un ouï-dire [2].

---

1. Voyez tome XIV, page 7.
2. Le président Hénault n'a mis aucun correctif à sa phrase dans les éditions de 1756 et de 1768. Voyez l'*Abrégé chronologique*, à l'année 1714.

Ce que je viens de raconter, et dont je demande encore très-humblement pardon à M. le président Hénault, doit moins servir à fortifier le pyrrhonisme de l'histoire qu'à faire voir avec quel scrupule il faut peser les autorités et balancer les raisons. Ce trait apprendra aux lecteurs quels soins j'ai pris de m'instruire; et peut-être regrettera-t-on que je ne puisse plus être à la source des lumières que j'aurais fidèlement répandues.

17° Apprenez combien il est indécent et révoltant de dire, à propos du comte de Plelo, « qu'il ne mourut au lit d'honneur que parce qu'il s'ennuyait à périr à Copenhague, et qu'il était estimé des savants danois parce qu'ils sont fort ignorants ». Jugez ce que vous devez attendre de pareilles remarques qui insultent follement les vivants et les morts. Vous dites que le roi Casimir était un sot, ainsi que tous les Polonais. Quel asile vous restera-t-il sur la terre?

18° Apprenez combien il est ridicule d'avancer que jamais Louis XIV n'eut une cour plus nombreuse que lorsque, obligé de quitter sa capitale, il était prêt d'être livré au grand Condé à la journée de Blenau.

19° Apprenez que le grade militaire est toujours à l'armée au-dessus de la naissance, et que le premier grade donne à la cour cette prérogative. Fabert, maréchal de France, passait partout, sans contredit, devant les Montmorency et les Châtillon, lieutenants généraux.

20° Apprenez à connaître l'Allemagne. Distinguez le conseil de ce qu'on appelle les légistes. Sachez que, surtout dans les États du roi de Prusse, les magistrats sont bien loin de disputer quelque chose aux officiers.

21° Apprenez que jamais Louis XIV n'a dit au parlement de Paris que Louis XIII n'aimait pas les huguenots, et les craignait; et que, pour lui, il ne les craignait ni ne les aimait. Ce monarque n'allait point au parlement pour faire des antithèses, et il n'a jamais tenu de lit de justice à l'occasion des prétendus réformés.

22° Apprenez que vous vous trompez autant sur ce que Louis XIV dit au parlement de Paris que sur ce qu'il n'y dit pas. Le discours qu'il y prononça en 1654, que je rapporte et que vous niez, est mot pour mot dans un extrait d'un journal du parlement que j'ai vu. Plusieurs mémoires du temps citent exactement les mêmes paroles. Quand je dis que vous vous trompez, je n'entends pas que vous vous méprenez, que vous avez mal lu, mal retenu, ce qui pourrait arriver à tout critique; j'entends que vous n'avez rien lu, et que vous barbouillez au hasard des notes qui n'ont d'autre fondement que l'envie de mettre au bas des pages de mon livre, mal contrefait, des faussetés dont votre témérité seule est capable.

23° Apprenez qu'il est faux, qu'il est impossible que le conseil de Louis XIII ait sollicité le cardinal Duperron de s'opposer, comme vous osez l'avancer, à cette fameuse proposition du tiers état « qu'aucune puissance spirituelle ne peut priver les rois de leur puissance sacrée, qu'ils ne tiennent que de Dieu seul, etc. »

Quoi! vous avez le front de représenter le conseil d'un roi de France comme une troupe d'imbéciles et de perfides qui sollicitent le clergé d'enseigner qu'on peut déposer et tuer ses maîtres! Si le malheur des temps et l'esprit de discorde avaient jamais pu porter le conseil d'un roi à une si lâche fureur, il faudrait avoir des preuves plus claires que le jour pour tirer de l'obscurité une anecdote aussi infâme. Mais quelle preuve en pouvez-vous avoir, vous, audacieux ignorant, qui n'avez jamais rien lu, et qui écrivez de caprice ce que vous dicte votre démence? Vous avez peut-être entendu dire confusément que le conseil du roi se mêla, comme il le devait, de cette célèbre querelle entre le clergé et le tiers état dans les états de 1614. Il ne sera pas inutile de dire ici que, le 5 de janvier 1615, la chambre du clergé fit enfin signifier à la chambre du tiers état l'article qu'elle dressa suivant la quinzième session du concile de Constance, qui condamne comme abominable et hérétique l'opinion « qu'il est permis d'attenter à la personne sacrée des rois » ; mais elle ne se relâcha point sur l'article de la déposition, et le cardinal Duperron maintint toujours « qu'il n'était pas sûr et indubitable qu'un roi ne pût pas être déposé par l'Église ».

Le parlement, qui dans tous les temps a maintenu le droit de la couronne contre les entreprises ecclésiastiques, avait pris ce temps pour donner un arrêt, le 2 janvier, conforme à cent arrêts précédents, par lesquels « nulle puissance n'a droit ni pouvoir de dispenser les sujets du serment de fidélité ». La chambre du clergé demanda la cassation de cet arrêt, sous prétexte qu'il était rendu pendant la tenue des états, et que le parlement n'avait pas droit de se mêler de la législation tandis que les législateurs étaient assemblés. Ce nouvel incident échauffa les esprits. On assembla le conseil du roi le 6 janvier ; et le prince de Condé, chef du conseil, après avoir opiné sévèrement contre le cardinal Duperron, et après avoir donné les plus grands éloges à la fidélité et au zèle du parlement, conclut pourtant, pour le bien de la paix, à interdire sur ce point toute dispute au clergé et au tiers état, et à défendre au parlement de publier son arrêt pour conserver, disait-il, la supériorité des états sur le parlement. Voilà toute la part que le conseil suprême de Louis XIII eut dans cette affaire importante. Voilà comment, selon le critique La Beaumelle, ce conseil sollicita le clergé de déclarer qu'il est permis de déposer et de tuer les rois. L'auteur du *Siècle de Louis XIV* était et devait être informé de toutes ces particularités : il ne les a pas rapportées dans le tableau raccourci qu'il a fait de tant d'événements ; et il a dû d'autant moins en faire mention, que cette scène se passa près de trente années avant les temps qui sont l'objet de son travail. Un auteur doit toujours en savoir beaucoup plus que son livre, sans quoi il serait incapable de le faire ; un critique doit en savoir plus encore que l'auteur, sans quoi il est incapable de bien critiquer.

24° Apprenez qu'il est faux qu'un officier se soit percé de son épée en présence de Louis XIV, après avoir été outragé par une raillerie sanglante de ce monarque. Vous voulez flétrir en vain sa mémoire par un conte qui n'est pas même accrédité dans la populace, et qui ne se trouve dans aucun auteur connu des honnêtes gens.

25° Apprenez que beaucoup d'historiens ont prétendu que la reine Anne était d'intelligence avec son frère quand ce frère, en 1708, tenta de faire une descente en Écosse ; que Reboulet est de cette opinion ; que lui et ses garants se trompent ; et que, pour oser être critique, il faut savoir ce que les historiens ont rapporté, et ce qu'ils ont mal rapporté.

26° Apprenez que l'électeur palatin était à Manheim quand M. de Turenne saccageait Heidelberg et son pays.

27° Apprenez que le chevalier de Lorraine était à Paris, et non à Rome, quand Mme de Coëtquen lui révéla le secret de l'État, qu'elle avait arraché à M. de Turenne ; que ce grand homme ayant eu le courage d'avouer sa faiblesse, la perfidie de Mme de Coëtquen étant éclaircie, la division ayant troublé la maison de Monsieur, le chevalier ayant été enfermé à Pierre-Encise, il eut ensuite permission d'aller à Rome.

28° Apprenez que c'est le comble de l'impertinence de dire que « toutes les guerres d'aujourd'hui sont des guerres de commerce » ; qu'il n'y a eu que celle de l'Angleterre avec l'Espagne, en 1739, qui ait eu le commerce pour objet ; que jamais la France n'en a eu jusqu'ici aucune de cette nature ; que les guerres pour les successions de l'Espagne et de l'Autriche étaient d'un genre un peu supérieur.

29° Apprenez que jamais ce Cavalier, chef des fanatiques, n'obtint l'exercice de la religion calviniste dans le Languedoc [1]. C'eût été obtenir le rétablissement de l'édit de Nantes. Il n'eut cette permission que pour les régiments qu'il voulut lever.

30° Apprenez, si vous pouvez, quel est l'excès ridicule d'un jeune ignorant qui dit d'un ton de maître : « Le maréchal de Villars ne prédit point la perte de la bataille d'Hochstedt ; il a dit seulement les raisons pour lesquelles elle fut perdue. » Il semble, à vous entendre parler, que vous ayez entretenu ce général. Sachez que cette lettre, écrite par lui à M. de Maisons, son beau-frère, sur la seule nouvelle de la position de l'armée française à Hochstedt, est une chose connue dans sa famille. Un laquais de cette maison, qui aurait entendu ses maîtres parler de cette anecdote, serait cent fois plus croyable que vous. Il vous sied bien à vous, moins instruit et moins accrédité que ce laquais, de parler avec cette confiance d'un général dont vous n'avez jamais pu approcher ! Il vous sied bien de l'appeler *le plus vain des hommes* [2], et de lui reprocher ses richesses !

31° Apprenez que ceux qui vous ont dit que les filles héritent de la Navarre, et que c'est pour cela que Madame Royale a eu le pas sur Mesdames de France, vous ont dit trois sottises. Le patrimoine de la partie de la Navarre qui appartenait à Henri IV fut réuni par lui à la couronne de France en 1607, et plus solennellement en 1620 par Louis XIII, lorsqu'il créa le parlement de Pau ; par conséquent cet État est soumis à la loi salique. Aucune princesse du sang de France, qui n'est pas reine, n'a le pas sur Mesdames de France, c'est-à-dire sur les filles du roi. Ses filles gardent entre elles le rang de l'ordre de la naissance. La duchesse de Savoie, fille de Henri IV, qu'on appelait Madame Royale, ne put jamais être en concurrence avec plusieurs filles d'un roi de France. Elle était la seconde des filles de Henri IV. La première fut femme de Philippe IV, roi d'Espagne, la troisième fut reine d'Angleterre. Il n'y eut point de Mesdames de France du temps de Louis XIII ni de Louis XIV. Vous savez aussi peu l'histoire que le cérémonial.

32° Apprenez que vous êtes aussi téméraire quand vous approuvez que quand vous critiquez. Le portrait, dites-vous, que j'ai fait des princes de Vendôme est très-ressemblant. Oui, il l'est, parce que j'ai eu l'honneur de voir trois ans de suite le dernier

---

1. Voyez page 36.
2. C'est à la page 109 du tome II de l'édition du *Siècle de Louis XIV*, *avec des notes de M. de La B****, que Villars est appelé ainsi. (B.)

prince de Vendôme; mais ce n'est pas à vous à le dire. C'est ainsi que pourrait s'exprimer un homme qui les aurait longtemps approchés; mais vous n'avez pas plus de droit de confirmer mon témoignage que de le nier.

33° Apprenez que c'est dans les *Mémoires* manuscrits *du marquis de Dangeau* que se trouvent ces paroles de Louis XIV sur le maréchal de Villeroi : « On se déchaîne contre lui parce qu'il est mon favori. » Ce n'est pas assez que je les aie lues dans ces *Mémoires* pour les rapporter; elles m'ont été confirmées par d'autres personnes, et surtout par le cardinal de Fleury. Ce n'est que sur plusieurs témoignages unanimes qu'il est permis d'écrire l'histoire. Le rapport d'un témoin considérable donne de la probabilité, le rapport de plusieurs peut faire la certitude historique, et la négation de La Beaumelle fait une impertinence.

34° Apprenez que Saint-Olon, gentilhomme ordinaire du roi, envoyé à Fez et à Gênes, n'était et ne pouvait être un secrétaire d'ambassade. Sachez qu'il n'y a point chez les ministres de France de secrétaire d'ambassade proprement dit, comme il se pratique ailleurs, mais des secrétaires d'ambassadeurs, choisis et payés par l'ambassadeur même. Sachez que le roi de France n'envoie jamais d'ambassadeur à Gênes, et que Louis XIV y fit porter ses menaces par cet officier de sa maison, comme un pareil officier y a été envoyé par Louis XV qui la protégeait. Sachez que je le suis, quoi que vous en disiez, et que je ne m'en vante pas comme vous le dites; que je regarde avec beaucoup d'indifférence tous les titres et tous les honneurs, en respectant profondément ceux qui m'en ont honoré; que je ne mets jamais aucun titre à la tête de mes ouvrages; que je ne m'annonce, que je ne me donne que pour un homme de lettres que vous auriez dû choisir plutôt pour votre maître que pour votre ennemi. Vous avez en vain l'insolence de vouloir avilir un corps de la maison du roi de France, en disant que de mauvais historiens de Louis XIV, Racine, Larrey, et moi, étaient de ce corps. A l'égard de Racine, Louis XIV voulut l'élever à cette dignité pour récompenser un très-grand mérite; et Louis XV a daigné me faire la même grâce, qui est au-dessus de ma naissance, pour favoriser mes faibles efforts, et pour encourager les lettres. Cette condescendance de deux grands rois fait honneur à leur générosité, et ne peut faire aucun tort à un corps d'officiers de la couronne, aussi ancien que la monarchie[1].

---

1. La Beaumelle s'efforce jusqu'au bout de répondre à Voltaire. Mais de toutes ses remarques, une seule est à recueillir pour l'histoire. Il nous apprend que ce

Je pourrais vous donner autant de leçons que vous avez fait de remarques; mais je me contenterai de vous donner en général l'avis d'étudier, et de vous repentir.

DEUXIÈME PARTIE[1].

Pour mieux se justifier auprès du public de tant de détails, et pour rendre autant qu'on le peut les choses personnelles d'une utilité générale, on fera ici une remarque littéraire qu'on soumet au jugement de tous ceux qui lisent ou qui écrivent l'histoire. La Beaumelle, en jeune homme inconsidéré, me reproche de n'avoir pas semé assez de portraits dans mon ouvrage. J'ai toujours pensé[2] que c'est une espèce de charlatanerie de peindre autrement que par les faits les hommes publics avec lesquels on n'a pu avoir de liaison. J'ai peint le siècle et non la personne de Louis XIV, ni celle de Guillaume III, ni le grand Condé, ni Marlborough. Il n'appartient qu'au père Maimbourg de faire des portraits recherchés et fleuris des héros que l'on n'a pas vus de près. Le cardinal de Retz a fait une espèce de galerie de portraits dans ses Mémoires : cette liberté lui était très-permise. Il avait connu tous ceux dont il parlait, dans toutes les situations de leur âme, dans leur vie particulière et publique, dans leurs amitiés et dans leur haine, dans leur bonne et mauvaise fortune. Il serait seulement à souhaiter peut-être que son pinceau eût été quelquefois moins conduit par la passion. De tous ces caractères tracés par des contemporains, qu'il y en a peu d'entièrement fidèles! N'entend-on pas tous les jours porter des jugements différents d'un homme en place par la même personne, selon qu'elle est plus ou moins contente? J'eus une preuve bien forte de ce que j'avance lorsqu'un jour, à Bleinheim, je suppliai Mme la duchesse de Marlbo-

---

mot : *Il n'y a plus de Pyrénées*, qu'il a attribué avec Voltaire à Louis XIV, est de l'ambassadeur d'Espagne, dont les propres expressions sont : *Les Pyrénées sont fondues*. (G. A.)

1. Dans quelques éditions, cette seconde partie portait le titre de *Réfutation plus directe*. (B.)

2. Voyez ce que Voltaire dit sur les portraits, dans le *Dictionnaire philosophique*, au mot Histoire.

rough de me montrer ses Mémoires. Elle me répondit : « Attendez quelque temps, je suis occupée actuellement à réformer le caractère de la reine Anne ; je me suis remise à l'aimer depuis que ces gens-ci gouvernent. »

Recherche qui voudra ces portraits de la figure, de l'esprit, du cœur, de ceux qui ont joué les premiers rôles sur le théâtre du monde. Je sais que ces peintures vraies ou fausses amusent notre imagination. Le bon sens est souvent en garde contre elles.

Je me soucie fort peu que Colbert ait eu les sourcils épais et joints, la physionomie rude et basse, l'abord glaçant ; qu'il ait joint de petites vanités au soin de faire de grandes choses : j'ai porté la vue sur ce qu'il a fait de mémorable, sur la reconnaissance que les siècles à venir lui doivent, non sur la manière dont il mettait son rabat, et sur l'air bourgeois que le roi disait qu'il avait conservé à la cour.

Un La Beaumelle peut dire à son gré, dans la vie de Mme de Maintenon que « Mme de La Vallière avait des yeux bleus, point atteints du désir de plaire ; que Mme de Montespan avait le nez de France le mieux tiré ; l'autour du cou environné de mille petits amours ». Il peut dire que Mlle de Fontanges était une grande fille bien faite, que Mme de Montespan lui découvrait la gorge devant le roi, et qu'elle disait ; « Voyez, sire, que cela est beau ! qu'en dites-vous ? admirez donc. » Il peut ajouter que Louis XIV l'aima comme Pygmalion. C'est là le style dont il croit qu'il faut écrire l'histoire, et que sa modestie veut me donner pour modèle. C'est à lui de peindre en détail toutes les dames de la cour de Louis XIV : il les a connues à Genève ; et moi, comme il le dit très-bien, je n'ai consulté pendant vingt ans que des gens qui ont mal vu[1].

A l'égard des écrivains qui devinent d'après leurs propres idées celles des personnages du temps passé, et qui, de quelques événements peu connus, prennent droit de démêler les plus secrets replis des cœurs, bien moins connus encore ; ceux-là donnent à l'histoire les couleurs du roman. La curiosité insatiable des lecteurs voudrait voir les âmes des grands personnages de l'histoire sur le papier, comme on voit leurs visages sur la toile ; mais il n'en va pas de même. L'âme n'est qu'une suite continuelle d'idées et de sentiments qui se succèdent et se détruisent : les mouvements qui reviennent le plus souvent forment ce qu'on

---

1. La Beaumelle reconnaît la justesse des observations de Voltaire sur les portraits. (G. A.)

appelle le caractère, et ce caractère même reçoit mille changements par l'âge, par les maladies, par la fortune. Il reste quelques idées, quelques passions dominantes, enfants de la nature, de l'éducation, de l'habitude, qui, sous différentes formes, nous accompagnent jusqu'au tombeau. Ces traits principaux de l'âme s'altèrent encore tous les jours, selon qu'on a mal dormi ou mal digéré. Le caractère de chaque homme est un chaos, et l'écrivain qui veut débrouiller après des siècles ce chaos, en fait un autre. Pour l'historien qui ne veut peindre que de fantaisie, qui ne veut que montrer de l'esprit, il n'est pas digne du nom d'historien. Un fait vrai vaut mieux que cent antithèses.

Il en est à peu près de même des harangues. Si les héros qu'on fait parler ne les ont pas prononcées, l'histoire alors est romanesque en ce point. Il n'y a que deux discours directs dans toute l'histoire du *Siècle de Louis XIV*[1]. Ils furent tous deux prononcés en effet, l'un par le maréchal de Vauban au siége de Valenciennes, l'autre par le duc d'Orléans avant la bataille de Turin. On n'examine point ici les raisons qu'ont eues quelques anciens de prendre une plus grande liberté ; mais on croit que dans un siècle aussi philosophe que le nôtre, et au milieu de tant de nations éclairées, l'on doit au public ce respect de ne dire que l'exacte vérité, de faire toujours disparaître l'auteur pour ne laisser voir que le héros, et de ne mettre jamais son imagination à la place des réalités. Le goût du siècle présent est de montrer de l'esprit à quelque prix que ce puisse être. On préfère une épigramme à tout, et c'est en partie ce qui a fait tout dégénérer.

Après cette digression, on est malheureusement obligé de revenir à un objet bien dégoûtant pour le public, à La Beaumelle. On sait bien qu'il ne peut s'agir avec lui ni de discussion littéraire, ni d'éclaircissements historiques. C'est un homme qui dit en deux mots, au bas des pages, ou des absurdités, ou des mensonges, ou des injures.

Que ne s'en est-il tenu à outrager l'auteur du *Siècle !* Mais la même fureur insensée qui lui a dicté son libelle du *Qu'en dira-t-on* l'a porté encore, dans ses remarques sur le siècle passé, à oser attaquer les puissances du siècle où nous sommes. Enhardi qu'il est par une impunité qui ne doit pas durer, mais qui l'aveugle, il insulte le roi de Prusse, toute la maison d'Orléans, et le roi de France.

Les lecteurs judicieux, et qui ont de l'humanité, ne seront pas

---

1. Voyez tome XIV, pages 276 et 375.

fâchés de retrouver ici ce passage du chapitre des Anecdotes[1] : « Je ne sais pourquoi la plupart des princes affectent de tromper par de fausses bontés ceux de leurs sujets qu'ils veulent perdre. La dissimulation alors est l'opposé de la grandeur : elle n'est jamais une vertu, et ne peut devenir un talent estimable que quand elle est absolument nécessaire. Louis XIV parut sortir de son caractère, etc. »

Voici la note de La Beaumelle : « Trait admirable et hardi, parce qu'il est écrit à Potsdam. » Certainement si on ne savait que c'est un La Beaumelle qui est l'auteur de ces commentaires, la postérité qui verrait une telle remarque faite à Berlin, imprimée en Allemagne, et demeurée sans réponse, serait en droit de conclure que le reproche fait ici à un monarque par un contemporain dans ses propres États est fondé sur la vérité. Cependant j'ose assurer que le portrait que ce correcteur d'histoire fait si impudemment d'un grand prince est l'opposé de son caractère. Je parle ici en historien, qui dit la vérité sans mélange et sans restriction.

Il est dit, dans l'histoire du *Siècle*[2], que « les dernières paroles de Louis XIV n'ont pas peu contribué, trente ans après, à cette paix que Louis XV a donnée à ses ennemis, dans laquelle on a vu un roi victorieux rendre toutes ses conquêtes pour tenir sa parole, rétablir tous ses alliés, et devenir l'arbitre de l'Europe par son désintéressement plus encore que par ses victoires ».

Que croira-t-on que La Beaumelle pense de ce morceau ? « Ne prêtez point, dit-il, de vertus à Louis XV. Ce désintéressement aurait été ridicule. »

En un autre endroit, il dit que M. de Voltaire *voudrait que le Français fût esclave*[3]. Moi, je voudrais que mes compatriotes fussent esclaves ! je voudrais être esclave, et que tous les hommes fussent libres. J'entends par libre, soumis uniquement aux lois : c'est la seule manière de l'être.

Y a-t-il rien de plus affreux, de plus digne d'un châtiment exemplaire, que de faire entendre qu'un grand prince[4] empoisonna la famille royale (page 347 du tome second de l'édition de

---

1. Voyez tome XIV, page 431.
2. Voyez la variante, tome XIV, page 482.
3. Voltaire ayant parlé, à propos de la régence absolue du duc d'Orléans, d'une loi fondamentale (voyez chapitre xxviii), La Beaumelle mit en note : « Cette loi fondamentale n'existe pas. M. de Voltaire voudrait absolument que le Français fût esclave. » (G. A.) — Voyez tome XIV, page 481.
4. Le duc d'Orléans.

La Beaumelle)? et ensuite qu'un autre prince[1] fît assassiner Vergier ; que ce fut un officier qui fit le coup, et qui en eut la croix de Saint-Louis pour récompense? Où a-t-il pris ces blasphèmes, qu'il débite avec autant d'ignorance que de rage, et qui font rougir ceux qui s'avilissent jusqu'à le confondre? Le burlesque se joint ici à l'horreur. Qui croirait qu'à propos de l'endroit où il est dit que, dans la société, la bonté de Marie-Thérèse faisait son seul mérite, ce grave commentateur, qui insulte tous les princes, met en note : « Parlez des princes avec plus de respect. — Parlez des choses saintes avec respect, » dit-il ailleurs, dans une autre note. Et quel est cet homme qui donne ainsi des leçons de religion sur un livre où les choses les plus délicates sont traitées avec la circonspection la plus sévère? C'est celui-là même qui, dans ses commentaires sur ce livre, ose imprimer, à la page 148 du tome troisième, que la guerre qu'on fit aux fanatiques des Cévennes « n'est convenable qu'à des sauvages et à des chrétiens » ; c'est celui-là même qui, pour remarque presque unique sur le chapitre du *Jansénisme*, dit que « ce chapitre doit plaire aux sages, et déplaire aux orthodoxes[2] ».

Quel peut avoir été le but de cet écervelé, qui, pour un peu d'argent, a vendu ces infamies à un libraire de Francfort? Ce n'est pas certainement l'envie d'éclairer le public par ses lumières; ce n'est pas le soin d'approfondir, par des remarques utiles, les faits énoncés dans l'ouvrage utile de M. de Voltaire. Qu'a-t-il donc voulu? Lui nuire, le décrier, insulter à tort et à travers les rois et les particuliers, et trouver le secret de se faire lire, à force d'insolence et d'outrages. Il s'est flatté d'être lu à Berlin, parce qu'il nomme injurieusement, dans cette édition, MM. d'Argens, Polnitz[3], Algarotti, Darget, et Francheville ; il s'est flatté d'être lu par tous ceux qui connaissent le *Siècle de Louis XIV*, parce qu'il vomit contre l'auteur les plus scandaleuses injures. Il a trouvé des lecteurs sans doute ; quelque fautive même que soit son édition, quelque mal imprimée qu'elle soit, on a voulu la voir, comme on veut voir un monstre qu'on regarde un moment par

1. Le prince de Condé; voyez tome XIV, page 142. Au reste, Voltaire lui-même dit que l'accusation contre le prince de Condé était le cri de *tout Paris;* voyez à la suite de l'*Essai sur les Guerres civiles*, tome VIII, page 284, le second alinéa de la *Dissertation sur la mort de Henri IV*.
2. A propos de ces remarques, La Beaumelle dit qu'il n'en répond pas, puisqu'elles sont dans les tomes II et III, et qu'il n'a commenté que le tome Ier. (G. A.)
3. Mort en 1775 ; voyez, dans la *Correspondance*, la lettre du roi de Prusse du 13 auguste 1775.

curiosité, et dont on se détourne ensuite avec un dégoût d'horreur.

Son principal dessein, dans son édition du *Siècle de Louis XIV*, dont il a trouvé le secret de faire un libelle, est d'attaquer l'auteur dans ses mœurs, en attaquant celles des autres. Quel rapport, je vous prie, de l'histoire de Louis XIV avec la note de cet impertinent sur le chapitre du *calvinisme?*

« Cavalier (le chef des révoltés des Cévennes) avait été, dit-il, rival de Voltaire. Ils aimèrent l'un et l'autre la fille de Mme Dunoyer, fille de beaucoup d'esprit et de coquetterie. Ce qui devait arriver arriva. Le héros l'emporta sur le poëte, et la physionomie douce et agréable sur la physionomie égarée et méchante[1]. »

Voilà une des remarques les plus historiques de ce libelle. Il était triste, à la vérité, que la dame dont il parle eût abandonné son mari et enlevé ses deux filles pour se réfugier en Hollande; mais il faut pardonner une faute que sa religion lui fit commettre; il faut plaindre ses deux filles et les respecter. Toutes deux se sont retirées en France : l'aînée est morte à la communauté de Sainte-Agnès, honorée et chérie; l'autre est pensionnaire du roi[2], et vit d'ordinaire dans une terre qui lui appartient, et où elle nourrit les pauvres; elle s'est acquis auprès de tous ceux qui la connaissent la plus grande considération. Son âge, son mérite, sa vertu, la famille respectable et nombreuse à laquelle elle appartient, les personnes du plus haut rang dont elle est alliée, devaient la mettre à l'abri de l'insolente calomnie d'un scélérat absurde. Il y a sans doute de la honte à réfuter des choses si honteuses; mais la malignité du cœur humain, qui reçoit avec avidité toutes les anecdotes scandaleuses, servira d'excuse à la peine qu'on prend ici.

Cavalier, étant colonel au service d'Angleterre, en 1708, passa dans les Pays-Bas, et vit Mlle Dunoyer, encore très-jeune; il la demanda en mariage : cette négociation fut rompue, et Cavalier alla se marier en Irlande. L'auteur du *Siècle* était alors au collége; il n'alla en Hollande qu'en 1714[3], et n'a connu Cavalier qu'en Angleterre, en 1726. Comment La Beaumelle ose-t-il donc, lui qui est actuellement dans Paris, attaquer par de telles impostures l'honneur d'une famille de Paris? Les princes dédaignent quelquefois les outrages, parce qu'ils sont au-dessus des outrages;

---

1. Voyez cette note tout entière, page 36.
2. Mlle Olympe Dunoyer, à qui sont adressées les premières lettres de la *Correspondance* de Voltaire, en 1713 et 1714, et qu'on appelait Pimpette, épousa le baron de Winterfeld, qui fut tué, en 1757, à la bataille de Kollin. (B.)
3. A la fin de 1713.

mais la justice venge l'honneur des citoyens si criminellement attaqués.

Où a-t-il trouvé que le grand-père de feu Mme la maréchale de N....... [1] avait été convaincu de fausse monnaie et d'assassinat (comme il le dit page 331 du tome II)? Si un citoyen, qui n'a pas été un homme public, un homme livré à l'équité de l'histoire, avait en effet été coupable de ces crimes, il faudrait les taire ; et si on a l'âme assez basse et assez méchante pour troubler ainsi les cendres des morts, sans aucune apparence d'utilité, on est tenu au moins d'apporter les preuves les plus authentiques, et avec ces preuves on est encore bien condamnable.

Ce La Beaumelle, en faisant des mauvais livres, a trouvé le moyen d'intéresser à sa personne vingt souverains et cent familles.

N'est-il pas encore bien digne d'une histoire de Louis XIV de mettre au bas d'une page, en note, que j'ai été convaincu de plagiat dans je ne sais quels vers que je fis, il y a treize ou quatorze ans, pour une jeune princesse, aujourd'hui reine[2] ? Que Louis XIV a-t-il à démêler avec ces vers ? Ils n'étaient pas plus faits pour être publics que ce qu'on dit dans la conversation. Il échappe tous les jours de ces petites pièces, dont le principal mérite est dans l'à-propos et dans les circonstances où elles sont faites. Ceux qui en sont les auteurs n'en font nul cas, et ne les conservent jamais. Les écumeurs de la littérature les recueillent avec avidité, et en chargent leurs feuilles comme les laquais répètent et gâtent dans l'antichambre ce qu'ils ont mal entendu à la porte. Un nommé Pitaval s'avisa d'attribuer cette petite pièce à feu Lamotte ; La Beaumelle répète cette sottise de Pitaval, dans une note sur Louis XIV ; et il se trouvera encore quelque compilateur qui, dans un dictionnaire, à l'article *Pitaval*, ne manquera pas de relever cette anecdote, pour l'utilité du genre humain.

C'est avec la même bassesse que cet homme imagine que « M. de Voltaire a vendu chèrement le *Siècle de Louis XIV* au libraire Conrad Walther, qui paye si mal ». Il avait droit apparemment de tirer une juste rétribution du fruit d'un travail si long et si pénible ; mais il ne l'a pas fait. M. de Francheville, conseiller aulique du roi de Prusse, voulut bien présider à la première édition de Berlin, laquelle il céda à Conrad Walther au

---

1. Constant d'Aubigné, grand-père de la maréchale de Noailles.
2. La princesse Ulrique de Prusse, depuis reine de Suède ; voyez la note 1, tome XIV, page 456. — Voyez, tome VIII, page 517, les stances à la princesse Ulrique de Prusse, depuis reine de Suède.

prix coûtant. Ses comptes en font foi ; et M. de Voltaire a fait présent de tous ses ouvrages, et de la nouvelle édition du *Siècle*, au même libraire, sans exiger la plus légère récompense.

Il est faux qu'il ait jamais vendu le moindre manuscrit à des libraires de Hollande et d'Allemagne. Il leur a fait gagner beaucoup d'argent. Il veut être bien servi par eux, et n'est point à leurs gages.

Ce n'est pas qu'il croie qu'un auteur doive être privé du fruit de son travail quand ses libraires s'enrichissent par ce travail même. Le seigneur d'une terre ne subsiste que de la vente de ses denrées ; un écrivain peut vivre du prix de ses travaux. Il n'était pas juste que les deux Corneille fussent très-mal à leur aise, eux qui avaient fait la fortune des libraires et des comédiens. On nous répète tous les jours que, quand le grand Corneille, sur la fin de sa vie, venait au théâtre, tout le monde se levait pour lui faire honneur. Cela n'est pas plus vrai que le conte de cet ambassadeur qui demanda si Corneille était du conseil d'État. Les grands hommes tels que lui inspirent quelquefois la curiosité, mais on ne leur rend point d'hommages. Il avait bien de la peine à obtenir des comédiens qu'ils représentassent ses dernières pièces. Ils refusèrent même absolument d'en jouer quelques-unes, et il fut obligé de les donner à une mauvaise troupe qui était alors à Paris. On aurait dû lui faire plus d'honneur, et avoir plus de soin de sa fortune ; mais sa personne eut aussi peu de considération que ses premiers ouvrages lui attirèrent de gloire et de critiques. Il vécut et mourut pauvre, ainsi que son frère. Les rétributions des spectacles, et une pension modique n'enrichissent pas. Louis XIV lui envoya une gratification dans sa dernière maladie ; mais jamais il ne fut récompensé selon son mérite, si ce mérite doit l'être par l'aisance.

La Beaumelle reproche en vingt endroits à l'auteur de *la Henriade* et du *Siècle de Louis XIV* jusqu'à sa fortune, comme si cette prétendue fortune était faite aux dépens de La Beaumelle. Doit-on fouiller dans les affaires d'une famille pour critiquer un poëme et une histoire ? Quelle lâcheté ! Mais elle est trop commune. Qu'il soit permis de faire une remarque à cette occasion : c'est un spectacle qui peut servir à la connaissance du cœur humain, que de voir certains hommes de lettres ramper tous les jours devant un riche ignorant, venir l'encenser au bas bout de sa table, et s'abaisser devant lui sans autre vue que celle de s'abaisser. Ils sont bien loin d'oser en être jaloux ; ils le croient d'une nature supérieure à leur être. Mais qu'un homme de lettres soit élevé au-dessus d'eux par la fortune et par ses places, ceux même qui ont reçu de lui des bienfaits portent l'envie jusqu'à la fureur. Virgile à son aise fut l'objet des calomnies de Mévius.

Ce vice est, à la vérité, de toutes les conditions, parce qu'il appartient à la nature humaine. Tout homme est jaloux de la prospérité de ceux qui sont de son état, ou de l'état desquels il croit être. Le potier porte envie au potier[1], et Eschine à Démosthène. Quand Boileau dit de Chapelain :

> Qu'il soit le mieux renté de tous les beaux esprits,
> Comme roi des auteurs qu'on l'élève à l'empire ;
> Ma bile alors s'échauffe, et je brûle d'écrire.
>
> Satire IX.

c'est comme si Boileau signait : *Je suis jaloux.*

La Beaumelle dit au public : « Il y a eu de meilleurs poëtes que Voltaire, il n'y en a point eu de mieux récompensés. Il a sept mille écus de pension. Le roi de Prusse comble les gens de lettres de bienfaits, par les mêmes principes que les princes d'Allemagne comblent de bienfaits les nains et les bouffons[2]. »

La Beaumelle, en cette occasion, devient le Boileau, et Voltaire est le Chapelain.

J'avouerai que j'ai fait autrefois, je ne sais comment, un poëme épique comme Chapelain ; mais je voudrais consoler les esprits de la trempe de La Beaumelle, en leur apprenant que quand le monarque dont il parle me fit renoncer, dans ma vieillesse, à ma famille, à ma maison, à une partie de ma fortune, à mes établissements, pour m'attacher à sa personne, je crus pouvoir, sans honte, recevoir en dédommagement une pension d'un roi qui en donne à des princes. Il me semble d'ailleurs que je ne suis pas extrêmement bouffon. Je me flatte peut-être ; mais ce n'est pas en cette qualité que le roi de Prusse me demanda au roi mon maître, comme un roi de Cappadoce demanda autrefois à un empereur romain un pantomime. Il me demanda comme un homme qui avait répondu pendant seize années à ses bontés prévenantes ; il me demanda pour cultiver avec lui une langue dont il a fait la seule langue de sa cour, pour cultiver des arts dans lesquels il a signalé son génie ; et ce qui fait, ce me semble, honneur à ces mêmes arts, à ma nation, et à la philosophie de

---

1. Voyez tome VI du *Théâtre*, page 169, l'épître dédicatoire des *Lois de Minos* ; et, tome X, page 179, une des notes de la satire intitulée *les Cabales*.
2. Voyez le texte de La Beaumelle, dans la note 2 de la page 90.

ce monarque, c'est qu'il daigna descendre jusqu'à me retenir auprès de lui, comme son ami, titre qu'autrefois des rois, et même des empereurs, donnèrent à de simples hommes de lettres tel que je le suis. Je rapporte le fait pour encourager mes confrères. Je suis le bûcheron à qui le dieu Mercure donna une cognée d'or. Tous les bûcherons vinrent demander des cognées. Au reste, en opposant ce mot d'ami, dont un grand roi a daigné se servir, à ce mot de bouffon dont se sert La Beaumelle, on peut croire que c'est sans la moindre vanité. On sait ce que ce terme signifie dans la bouche et au bout de la plume d'un souverain. Ce n'est que l'expression d'une excessive bonté, dont jamais l'inférieur ne peut abuser, et qui ne fait qu'augmenter son respect. Et si l'amitié subsiste si rarement entre des égaux ; si tant de faux rapports, tant de petites jalousies, tant de faiblesses auxquelles nous sommes sujets, altèrent entre les particuliers cette liaison que l'on nomme amitié, combien est-il plus aisé de perdre celle d'un roi, qui n'est jamais autre chose que protection et un peu de bonne volonté dans un homme supérieur! Il aperçoit bien mieux qu'un autre nos défauts et nos fautes, et il a seulement plus d'occasions d'exercer une des vertus les plus convenables aux rois, l'indulgence.

Quoi qu'il en soit, il est très-aisé que le roi de Prusse trouve un meilleur poëte que moi, un académicien plus utile, un écrivain plus instruit, quand ce ne serait que M. de La Beaumelle ; mais il n'en trouvera point de plus attaché à sa personne et à sa gloire. J'avais cru faire plaisir à tant d'écrivains qui valent mieux que moi de remettre à Sa Majesté les pensions et les honneurs dont elle m'avait comblé[1]. J'ai cru que le seul honneur convenable à un homme de lettres était de cultiver les lettres jusqu'au dernier moment de sa vie, et qu'il pouvait renoncer aux pensions, aux cordons, aux clefs, comme on quitte une robe de bal et un masque pour rentrer paisiblement dans sa maison. Les La Beaumelle me répondront que le roi de Prusse m'a rendu ces honneurs avec une bonté qui les fâche : je leur dirai de ne se point décourager ; et je leur conseillerai de continuer à travailler, de parler désormais des souverains vivants, et de leurs gou-

---

1. Colini raconte que, dix jours après la brûlure de la *Diatribe du docteur Akakia* (conséquemment le 3 janvier 1753), Voltaire avait renvoyé au roi de Prusse sa clef de chambellan et la croix de l'ordre du Mérite ; mais que, le même jour après midi, le roi les fit reporter à Voltaire. Voltaire dit aussi que le roi eut *la bonté de lui rendre tout;* voyez, dans la *Correspondance*, la lettre à M. de La Virotte, du 28 janvier 1753.

vernements, avec moins d'effusion de cœur dans leurs livres, attendu que les chaînes qu'on donne aujourd'hui aux Arétins ne sont pas d'or. Je leur conseillerai de fortifier leurs talents et leur génie, et de venir ensuite demander ma place, qu'ils rempliront beaucoup plus dignement que moi.

S'ils continuent à se rendre utiles par des critiques, non-seulement permises, mais nécessaires dans la république des lettres, je prendrai la liberté de leur dire : « Censurez les ouvrages, vous faites très-bien ; donnez-en de supérieurs, vous ferez encore mieux. » Quand le P. Bouhours demande dans un de ses livres si un Allemand peut être un bel esprit [1] ; quand, parmi de bonnes critiques du Tasse, il en hasarde de mauvaises ; quand il dit que la grâce est un *je ne sais quoi,* on paraît en droit de se moquer de lui, et même de dire qu'il est un *je ne sais qui,* comme a fait Barbier d'Aucour.

Si le P. Barry montre le *paradis ouvert à Philagie par cent et une dévotions à la Vierge, aisées à pratiquer* [2] ; si Escobar facilite le salut par des moyens beaucoup plus plaisants, on ne trouve point mauvais que Pascal fasse rire l'Europe aux dépens d'Escobar et de Barry. Il a poussé trop loin la raillerie, en faisant passer tous les jésuites pour autant de Barrys et d'Escobars ; mais il s'en faut beaucoup que ce livre soit regardé du même œil par le public et par les jésuites : ils ont réussi à le faire condamner par deux parlements [3], et n'ont pu l'empêcher d'être les délices des nations.

Si l'auteur d'un livre de physique [4], utile à la jeunesse, avance que Moïse était un grand et profond physicien ; s'il dit que Locke n'est qu'un bavard ennuyeux ; s'il assure que le flux de l'Océan

---

1. La critique de Barbier d'Aucour, dans la sixième lettre des *Sentiments de Cléante* sur le quatrième *Entretien* d'Ariste et d'Eugène, me semble minutieuse et peu exacte en cette circonstance. *Eugène* dit bien que « c'est une chose singulière qu'un bel esprit allemand ou moscovite » ; mais il est réfuté par *Ariste*, qui soutient que le bel esprit est de tous les pays, *et n'est étranger nulle part ;* et de l'aveu même de Barbier d'Aucour, son critique, le P. Bouhours est représenté par Ariste. Il y a des écrivains qui ont été plus loin, et qui ont dit qu'il mettait en question *si un Allemand peut avoir de l'esprit.* Bouhours n'a point écrit cette impertinence. (CL.)

2. La dixième édition de cet ouvrage de Paul Barry est de 1643, in-12. Pascal en parle dans la neuvième de ses *Lettres provinciales.*

3. Le parlement de Provence est le seul qui ait condamné les *Lettres provinciales ;* voyez la note 2 de la page 47 ; mais ces *Lettres* ont aussi été condamnées par un arrêt du conseil d'État du 23 septembre 1660. Leur condamnation à Rome est du 6 septembre 1657. Une traduction italienne fut condamnée à Rome le 27 mars 1702. (B.)

4. Pluche, auteur du *Spectacle de la nature.*

lui est donné de Dieu pour empêcher son eau salée de se corrompre, et pour conduire nos vaisseaux dans les ports, oubliant que la mer Méditerranée a des ports, point de flux, et qu'elle ne croupit point ; s'il affirme que tout a été créé uniquement pour l'homme, et s'il traite enfin avec hauteur ceux qui ne sont pas de son avis, il est assurément permis, en estimant son livre, de faire quelques innocentes plaisanteries sur de telles opinions.

Quand Whiston a proposé en Angleterre des expériences ridicules et impossibles, on s'est moqué publiquement de Whiston, et on a bien fait. Il y a des erreurs qu'il faut réfuter sérieusement, des absurdités dont il faut rire, des mensonges qu'on doit repousser avec force.

S'il s'agit d'ouvrages de goût, chacun est en droit de dire son avis, et l'on est même dispensé de la preuve. Vous pouvez me comparer à Lucain, sans que je le trouve mauvais. S'il est question d'histoire, non-seulement vous pouvez relever des fautes, mais vous le devez, supposé que vous soyez instruit ; et en cela vous rendez service à votre siècle, surtout quand ces fautes sont essentielles, quand on a induit le public en erreur sur des faits importants, qu'on s'est mépris sur les grands événements qui ont troublé le monde, sur les lois, sur le gouvernement, sur le caractère des nations et de leurs chefs, et plutôt surtout quand on a calomnié les morts, que quand on a atténué leurs faiblesses.

Tout livre, en un mot, est abandonné à la critique. Montrez-moi mes fautes, je les corrige. Voilà ma réponse : malheur à qui en fait d'autres ! Dieu me garde de traiter de libelle le livre qui m'apprend à corriger mes erreurs ! La simple critique est une offense envers moi, si je ne suis qu'orgueilleux ; c'est une leçon, si j'ai un amour-propre raisonnable ; mais celui qui, dans ses censures, mettra les outrages violents, l'ignorance, la mauvaise foi, l'erreur, et l'imposture, à la place des raisons, sera l'horreur et le mépris des honnêtes gens. Je ne parle pas d'un malheureux qui, dans sa plate frénésie, attaquerait grossièrement les rois, les ministres, les citoyens, et qui serait semblable à ces fous furieux qui, à travers les grilles de leurs cachots, veulent couvrir les passants de leur ordure ; celui-là ne mériterait que d'être renfermé avec eux, ou de suivre les Cartouches[1], qu'il regarde comme de grands hommes.

---

1. Cartouche était un malheureux voleur très-ordinaire, associé avec quelques scélérats comme lui. Le hasard fit qu'on donna son nom à la bande de brigands dont il était. Il fut le ridicule objet de l'attention de Paris, parce qu'on fut

TROISIÈME PARTIE[1].

Il importe peu à la postérité qu'une Française, nommée Mme de Villette, ait été propre nièce ou la femme d'un neveu de Mme de Maintenon. Je n'en ai parlé, dans le *Siècle de Louis XIV*, que pour faire voir que la personne qui était en effet reine de France était plus occupée du soin de rendre les dernières années du roi agréables à ce monarque que de l'ambition d'élever sa famille. Je ne me suis point trompé sur le caractère de cette personne si singulière. Ses lettres, qu'on a publiées avant les éditions de 1753 du *Siècle de Louis XIV*, sont la preuve que je n'ai rien avancé dont je ne fusse instruit, et de mon amour pour la vérité. Il s'est trouvé que Mme de Maintenon avait signé par avance tout ce que j'avais dit d'elle.

Un traducteur[2], que je ne connais pas, des œuvres posthumes du vicomte de Bolingbroke, me fait un juste reproche de l'inadvertance que j'ai eue d'avoir supposé que Mme de Villette, depuis Mme de Bolingbroke, était propre nièce de Mme de Maintenon. La vérité est si précieuse qu'elle est respectable lors même qu'elle est inutile. Ce traducteur ne se trompe pas moins que moi quand il dit que le marquis de Villette était parent et non neveu : il était neveu[3] réellement de Mme de Maintenon. Il eut deux femmes :

---

quelque temps sans pouvoir le prendre. Il avait été ramoneur de cheminée, et faisait servir souvent son ancien métier à se sauver quand on le guettait. Un soldat aux gardes avertit enfin qu'il était couché dans un cabaret à la Courtille : on le trouva sur une paillasse avec un méchant habit, sans chemise, sans argent, et couvert de vermine. Son nom était Bourguignon ; il avait pris celui de Cartouche, comme les voleurs et les écrivains de livres scandaleux changent de nom. Il plut au comédien Legrand de faire une comédie sur ce malheureux ; elle fut jouée le jour qu'il fut roué. Un autre homme s'avisa ensuite de faire un poëme épique de *Cartouche,* et de parodier *la Henriade* sur un si vil sujet ; tant il est vrai qu'il n'y a point d'extravagance qui ne passe par la tête des hommes ! Toutes ces circonstances rassemblées ont perpétué le nom de ce gueux : et c'est lui que La Beaumelle préfère à Solon, et égale au grand Condé. (*Note de Voltaire.*) — Voltaire a rapporté, page 102, le passage où La Beaumelle parle de Cartouche et de Condé. Quant au poëme sur Cartouche, que Voltaire dit être une parodie de *la Henriade*, il s'agit de l'ouvrage de Grandval père, intitulé *le Vice puni, ou Cartouche*, 1725, in-8°. L'auteur dit qu'il a « affecté de prendre quantité de vers des meilleures pièces de théâtre et autres ouvrages », et il imprime ces vers en italique.

1. Dans quelques éditions, cette troisième partie était intitulée *Suite et Conclusion de cette réfutation*. (B.)
2. Barbeu du Bourg.
3. Il n'était que son cousin ; voyez, tome XIV, la note 2 de la page 470.

Mᵐᵉ de Caylus était fille de la première, et il épousa en secondes noces Mˡˡᵉ de Marsilly, qui est morte à Londres épouse de milord Bolingbroke. Ainsi Mᵐᵉ de Villette et Mᵐᵉ de Caylus étaient toutes deux nièces de Mᵐᵉ de Maintenon : Mᵐᵉ de Villette, par son premier mari, et Mᵐᵉ de Caylus, par sa naissance. Elles étaient toutes deux dans l'éclat de leur beauté quand le marquis de Villette fit ce second mariage, et Mᵐᵉ de Maintenon lui disait : « Mon neveu, il ne tiendra qu'à vous d'avoir chez vous bonne compagnie ; vous avez une femme et une fille qui l'attireront. »

Le traducteur de Bolingbroke se trompe un peu davantage quand il dit que j'ai fait de Mᵐᵉ de Maintenon un portrait dans un goût tout neuf. S'il avait été instruit, il aurait dit dans un goût très-vrai. Je pouvais charger ce portrait; je pouvais dire d'elle

> *Qu'elle n'eut* d'autres droits au rang d'impératrice
> Qu'un peu d'attraits peut-être, et beaucoup d'artifice ¹.

Je pouvais parler des hommages que sa beauté et son esprit lui attirèrent dans sa jeunesse, en ayant été très-informé par l'abbé de Châteauneuf, le dernier amant de la célèbre Ninon ma bienfaitrice, laquelle avait vécu, comme on sait, avec Mᵐᵉ Scarron plusieurs années dans la familiarité la plus intime; mais un tableau du siècle de Louis XIV ne doit pas, à mon avis, être déshonoré par de pareils traits. J'ai voulu dire des vérités utiles, non des vérités propres aux historiettes. C'est une vérité très-importante que la veuve de Scarron, devenue reine de France, se soit trouvée malheureuse au faîte de la grandeur par cette grandeur même. Elle disait à Mᵐᵉ de Bolingbroke : « Ah! ma nièce, si vous saviez ce que c'est que d'avoir à amuser tous les jours un homme qui n'est plus amusable! »

C'est ainsi que le secret des cœurs est si peu connu ; c'est ainsi que nous sommes tous les dupes de l'apparence. On envie le sort de la femme, et du favori, et du ministre d'un grand roi ; mais ceux qui sont dans ces places, et ceux qui les regardent d'en bas, sont également faibles et également malheureux. Qu'il y a loin de l'éclat à la félicité!

> E benchè fossi guardian degli orti,
> Vidi e conobbi pur le inique corti ².

---

1. *Bajazet*, II, ɪ.
2. Lebrun traduit ainsi ces deux vers du chant VII de la *Jérusalem délivrée*,

Au reste, que La Beaumelle donne la Vie de Mme de Maintenon après avoir publié ses Lettres ; qu'il y copie mot à mot vingt passages du *Siècle de Louis XIV,* contre lequel il a écrit ; qu'il contredise au hasard les Mémoires de l'abbé de Choisy, après les avoir soutenus contre moi au hasard ; qu'il se donne la peine de dire que le roi n'acheta point la terre de Maintenon, mais qu'elle fut achetée de l'argent du roi, et par l'avis du roi ; qu'il rapporte que Mme de Maintenon, dans sa faveur, voyait souvent Mme de Montespan, après l'avoir nié dans ses Remarques sur le *Siècle* : tout cela est fort indifférent.

Il peut même faire attaquer vers les côtes de l'Amérique le vaisseau qui portait Mlle d'Aubigné, par un vaisseau turc, sans que je le reprenne.

Quelques personnes m'ont reproché d'avoir ménagé la mémoire de Mme de Maintenon, ainsi que La Beaumelle a osé me reprocher dans ses notes d'avoir pu dire plus de mal de M. le maréchal de Villeroi et de M. de Chamillart, et de ne l'avoir pas dit. Je sais combien la loi que Cicéron impose aux historiens est respectable : ils ne doivent oser rien dire de faux ; ils ne doivent rien cacher de vrai[1]. Mais cette loi ordonne-t-elle que l'histoire soit une satire ? A qui Mme de Maintenon fit-elle du mal ? qui persécuta-t-elle ? Elle fit servir les charmes de son esprit et de sa dévotion même à sa grandeur ; elle dompta son caractère pour dompter Louis XIV. Mais quel abus odieux fit-elle de son pouvoir ? La constitution *Unigenitus* lui parut la saine doctrine, comme elle le dit dans ses *Lettres* ; mais combattit-elle pour la saine doctrine par des cabales ? et si elle osa avoir une opinion dans des matières qu'elle n'entendait pas, et qu'un esprit plus mâle aurait négligées, ne doit-on pas savoir gré à une femme de n'avoir mêlé aucune vivacité à cette opinion ?

A l'égard du maréchal de Villeroi, je voudrais bien savoir s'il faut flétrir un homme parce qu'il a été malheureux à la guerre, et parce qu'il avait à combattre des généraux plus habiles que lui. Il est pardonnable au peuple de s'emporter contre un homme dont les mauvais succès ont fait l'infortune de la patrie ; mais l'historien doit voir dans le général qui a fait des fautes l'honnête homme qui n'en a point fait dans la société, qui a été fidèle à

---

octave 12 : « Simple intendant des jardins, je vis, je connus la cour et ses injustices. »

1. Cicéron, *De Oratore,* II, xv, dit : *Ne quid falsi dicere audeat ; deinde ne quid veri non audeat.*

l'amitié, généreux, et bienfaisant. N'y a-t-il donc d'autre gloire que celle d'avoir fait tuer des hommes avec succès?

Il y avait beaucoup de choses à dire du maréchal de Villeroi, à ce que prétend La Beaumelle; et je les ai omises, *parce qu'à un certain âge on est prudent et flatteur*. Je ne sais pas au juste quel âge a La Beaumelle; mais il paraît qu'il n'est ni l'un ni l'autre, et je ne vois pas qu'il doive me reprocher de la flatterie.

J'ai rendu, ce me semble, justice à M. de Chamillart; je n'ai rien tu, mais je n'ai rien outré. Ceux qui poursuivent sa mémoire savent-ils seulement ce que c'est que l'administration des finances dans un royaume composé de tant de provinces, où la régie est si différente; dans un royaume épuisé par la guerre de 1689, et pour qui la guerre de 1701 était devenue nécessaire; dans un royaume où rien ne pouvait s'opérer que par des emprunts continuels; enfin dans une guerre longtemps malheureuse, où il en a coûté plus en une seule année, pour l'article seul des vivres, qu'il n'en coûta à Alexandre pour conquérir l'Asie? Chamillart, sans doute, n'était ni un Colbert ni un Louvois, je l'ai dit; mais c'était un honnête homme, un homme modéré, et je l'ai dit encore[1]. « Un auteur impartial, dit le juge La Beaumelle, aurait sévi contre Chamillart. » Quelle expression! et quel juge!

La France et l'Angleterre sont pleines d'écrivains qui croient plaider la cause du genre humain quand ils accusent leur patrie. Il y a des gens qui pensent qu'un historien doit décrier son pays pour paraître impartial, condamner tous les ministres pour paraître juste, et immoler son roi à la haine des siècles à venir pour paraître libre. Plusieurs ont écrit avec plus de licence que moi, nul avec plus de liberté : mon livre n'est pas assurément imprimé à Paris avec approbation et privilége, je n'en veux que de la postérité ; mais ma liberté a été celle d'un honnête homme, d'un citoyen du monde. Quoique j'aie été historiographe de France, je n'ai voulu achever mon ouvrage que hors de France, afin de n'être pas soupçonné de la bassesse de flatter, et de n'être pas glacé par la crainte de déplaire.

Il n'y a que trop de perfidies dans les cours; je le sais très-bien. Il n'y a que trop de mal dans ce monde; c'en est un grand de l'exagérer. Peindre les hommes toujours méchants, c'est les inviter à l'être.

Il y avait dans le conseil de Louis XIV des hommes d'une vertu supérieure à celle des Caton. Tel était le duc de Beauvilliers, qui

---

1. Voyez tome XIV, page 345.

fit résoudre la paix de Rysvick uniquement parce que les peuples commençaient à être malheureux. Il y avait de pareilles âmes à la cour, comme le duc de Montausier et le duc de Navailles. Je ne parle ici que des courtisans qui ont été célèbres par leurs places, ou par leurs malheurs. MM. de Pomponne et Le Pelletier, dans leur ministère, furent plus connus par leur probité désintéressée que par tout le reste, et jamais il n'y eut une conduite plus irréprochable que celle de M. de Torcy.

L'auteur vertueux d'un fameux livre me pardonnera donc si je prends cette occasion de combattre ce titre d'un de ses chapitres : « Que la vertu n'est point le principe du gouvernement monarchique[1] », et de combattre tout ce chapitre, dans lequel il serait trop cruel qu'il eût raison. Je lui dirai d'abord que la vertu n'est le principe d'aucune affaire, d'aucun engagement politique. La vertu n'est point le principe du commerce de Cadix ; mais les Espagnols qui l'exercent, et avec qui nous n'avons de sûreté que leur seule bonne foi et leur discrétion, n'ont jamais trahi ni l'une ni l'autre. La vertu est de tous les gouvernements et de toutes les conditions ; il y en a toujours plus sous une administration paisible, quelle qu'elle soit, que dans un gouvernement orageux, où l'esprit de parti inspire et justifie tous les crimes. Il se commit des actions atroces parmi les seigneurs de la cour de Charles II et de Jacques II, qui ne se commettaient pas à la cour de Louis XIV.

Je dirai à l'estimable auteur de ce livre que lui-même n'a vu dans les corps dont il a été membre, dans les sociétés dont il a fait l'agrément, qu'une foule de gens de bien comme lui. Je lui dirai que s'il entend par vertu l'amour de la liberté, c'est la passion des républicains, c'est le droit naturel des hommes, c'est le désir de conserver un bien avec lequel chaque homme se croit né, c'est le juste amour de soi-même confondu dans l'amour de son pays. S'il entend la probité, l'intégrité, il y en a toujours beaucoup sous un prince honnête. Les Romains furent plus vertueux du temps de Trajan que du temps des Sylla et des Marius. Les Français le furent plus sous Louis XIV que sous Henri III, parce qu'ils furent plus tranquilles.

Voici comment l'auteur s'exprime pour appuyer son idée : « Si dans le peuple il se trouve quelque malheureux honnête homme, le cardinal de Richelieu, dans son *Testament politique*, insinue qu'un monarque doit se garder de s'en servir. Il ne faut pas, y est-il dit, se servir de gens de bas lieu ; ils sont trop austères

---

[1]. Montesquieu, *Esprit des lois*, III, v ; voyez tome XIV, page 394.

et trop difficiles. » Je crois rendre service à la nation et à cet auteur, qui travaille pour le bien de la nation, de lui démontrer qu'il se trompe. Qu'on lise les paroles de ce Testament très-faussement attribué au cardinal de Richelieu.

« Une basse naissance produit rarement les parties nécessaires au magistrat ; et il est certain que la vertu d'une personne de bon lieu a quelque chose de plus noble que celle qui se trouve en un homme de petite extraction. Les esprits de telles gens sont d'ordinaire difficiles à manier, et beaucoup ont une austérité si épineuse qu'elle n'est pas seulement fâcheuse, mais préjudiciable. Le bien est un grand ornement aux dignités, qui sont tellement relevées par le lustre extérieur qu'on peut dire hardiment que de deux personnes dont le mérite est égal, celle qui est la plus aisée en ses affaires est préférable à l'autre, étant certain qu'il faut qu'un pauvre magistrat ait l'âme d'une trempe bien forte si elle ne se laisse quelquefois amollir par la considération de ses intérêts. Aussi l'expérience nous apprend que les riches sont moins sujets à concussion que les autres, et que la pauvreté contraint un officier à être fort soigneux du revenu du sac. » (Chap. iv, sect. 1.)

Il est clair par ce passage, assez peu digne d'ailleurs d'un grand ministre, que l'auteur du Testament qu'on a cité craint qu'un magistrat sans bien et sans naissance n'ait pas assez de noblesse d'âme pour être incorruptible. On veut donc en vain s'autoriser du témoignage d'un ministre de France pour prouver qu'il ne faut point de vertu en France. Le cardinal de Richelieu, tyran quand on lui résistait. et méchant parce qu'il avait des méchants à combattre, pouvait bien, dans un ministère qui ne fut qu'une guerre intestine de la grandeur contre l'envie, détester la vertu qui aurait combattu ses violences ; mais il était impossible qu'il l'écrivît : et celui qui a pris son nom ne pouvait (tout malavisé qu'il est quelquefois) l'être assez pour lui faire dire que la vertu n'est bonne à rien.

Je n'ai assurément nulle envie, en réfutant cette erreur, de décrier le livre célèbre où elle se trouve. Je suis loin de rabaisser un ouvrage dont on n'a jusqu'à présent critiqué que ce qu'il y a de bon ; un ouvrage où à côté de cent paradoxes il y a cent vérités profondes, exprimées avec énergie ; un ouvrage où les erreurs même sont respectables, parce qu'elles partent d'un esprit libre et d'un cœur plein des droits du genre humain. Je prétends seulement faire voir que, dans une monarchie tempérée par les lois, et surtout par les mœurs, il y a plus de vertu que l'auteur ne croit, et plus d'hommes qui lui ressemblent.

Si feu milord Bolingbroke m'avait montré sa huitième lettre sur l'Histoire, où la passion lui fait dire que « le gouvernement de son pays est composé d'un roi sans éclat, de nobles sans indépendance, et de communes sans liberté », je l'aurais prié de retrancher cette phrase, dont le fond n'est pas vrai et dont l'antithèse n'est pas juste, et de ne pas donner aux lecteurs lieu de croire que, dans ses écrits, le mécontent entraînait trop loin le philosophe.

Le traducteur du lord Bolingbroke veut encore s'inscrire en faux contre ce que j'ai rapporté du célèbre archevêque de Cambrai, Fénelon. Il veut parler apparemment de ces vers que l'archevêque fit dans sa vieillesse :

> Jeune, j'étais trop sage [1],
> Et voulais trop savoir, etc.

Je puis protester que le marquis de Fénelon son neveu, ambassadeur en Hollande, me les dit à la Haye en 1741. Il y avait dans la chambre un homme très-connu qui pourrait s'en souvenir ; c'est en présence du même homme que M. de Fénelon me montra le manuscrit original du *Télémaque*. J'écrivis les vers en question sur mes tablettes, et je les possède copiés dans un ancien manuscrit tout de la même main. M. de Fénelon me dit que ces vers étaient une parodie d'un air de Lulli : je ne sais pas encore sur quel air ils ont été faits ; mais tout ce que je sais, c'est qu'il est très-utile de nous dire tous les jours à nous-mêmes, à nous qui disputons avec tant de chaleur sur des bagatelles, sur des difficultés puériles, que le grand archevêque de Cambrai reconnut, vers la fin de sa vie, la vanité des disputes sur des objets plus sérieux.

Le traducteur de Bolingbroke me fait un reproche non moins injuste sur le cardinal Mazarin. « Ce n'est pas par les vaudevilles, dit-il, qu'il le faut juger. » Non, sans doute ; et ce n'est ni sur les vaudevilles, ni sur les satires qu'il faut juger personne, c'est sur les faits avérés. Or je voudrais bien savoir où ce traducteur a vu que le cardinal Mazarin *trouva la France dans le plus grand embarras*. Quand il fut premier ministre, il la trouva triomphante par la valeur du grand Condé et par celle des Suédois. La paix de Vestphalie lui fit un honneur qu'on ne peut lui ravir ; mais les traités heureux sont le fruit des campagnes heureuses. Cette

---

1. Voyez page 72.

paix était retardée quand nos prospérités étaient interrompues ; elle se fit quand Turenne fut maître de la Bavière, et quand Kœnigsmarck prenait Prague. Ce n'est que les armes à la main qu'on force une nation à céder une province : encore l'acquisition de l'Alsace nous coûta-t-elle environ six millions d'aujourd'hui.

Ce traducteur dit que les belles années de Louis XIV furent celles où l'esprit de Mazarin régnait encore. Est-ce donc l'esprit de Mazarin qui conquit la Franche-Comté, et les villes de Flandre qu'il avait rendues? Est-ce l'esprit de Mazarin qui fit construire cent vaisseaux de ligne, lui qui, dans huit ans d'une administration paisible, avait laissé la marine dépérir? Est-ce l'esprit de Mazarin qui réforma les lois, qu'il ignorait, et les finances, qu'il avait pillées? Croit-on, pour avoir traduit milord Bolingbroke, savoir mieux l'histoire de mon pays que moi? Je la sais mieux que milord Bolingbroke, parce qu'il était de mon devoir de l'étudier. Je n'ai eu nulle affection particulière, et la vérité a été mon seul objet ; non cette vérité de détails qui ne caractérisent rien, qui n'apprennent rien, qui ne sont bons à rien, mais cette vérité qui développe le génie du maître, de la cour, et de la nation. L'ouvrage pouvait être beaucoup meilleur, mais il ne pouvait être fait dans une vue meilleure.

J'apprends qu'on se plaint que j'ai omis plusieurs écrivains dans la liste de ceux qui ont servi à faire fleurir les arts dans le beau siècle de Louis XIV. Je n'ai pu parler que de ceux dont les écrits sont parvenus à ma connaissance dans la retraite où j'étais [1].

J'apprends que plusieurs protestants me reprochent d'avoir trop peu respecté leur secte ; j'apprends que quelques catholiques crient que j'ai beaucoup trop ménagé, trop plaint, trop loué les protestants. Cela ne prouve-t-il pas que j'ai gardé mon caractère, que je suis impartial [2]?

> Est modus in rebus; sunt certi denique fines.
> Quos ultra citraque nequit consistere rectum.
>
> Hor., lib. I, sat. I.

---

1. Cirey.
2. On trouve encore dans l'édition de La Beaumelle les quelques lignes d'avertissement qui étaient en tête de l'édition de Berlin, et qu'on chercherait vainement ailleurs. Les voici ; c'est l'éditeur, M. de Francheville, qui est censé parler :

« Le manuscrit de cet ouvrage m'ayant été remis par l'auteur, je le lus avec une très-grande attention ; j'y remarquai un amour extrême de la vérité et une impartialité entière sur toutes les matières qui y ont été traitées. C'est surtout par ces raisons que je me suis fait un devoir de le faire imprimer sous les auspices d'un monarque à qui la vérité n'est pas moins chère que la gloire, et qui, de l'aveu même de l'Europe, est aussi capable d'instruire les hommes que de juger de leurs ouvrages.

« J'ai préféré une édition commode en deux petits volumes à une plus magnifique et plus grande; et j'ose assurer que dans ces deux petits volumes on trouvera plus de faits intéressants et plus d'anecdotes curieuses que dans les collections immenses que l'on nous a données jusqu'ici sur le règne de Louis XIV.

« Au reste, quoiqu'il soit question à la fin de cet ouvrage des choses que Louis XIV a exécutées par lui-même, et que plus d'un établissement de Louis XIV ait été perfectionné par son successeur; cependant il a paru que le titre de *Siècle de Louis XIV* devait subsister, non-seulement parce que c'est l'histoire d'environ quatre-vingts années, mais parce que la plupart des grands changements dont il est parlé ont été commencés sous ce règne. » (G. A.)

FIN DU SUPPLÉMENT AU SIÈCLE DE LOUIS XIV.

PRÉCIS

DU

SIÈCLE DE LOUIS XV

AVERTISSEMENT

DE BEUCHOT.

Voltaire ayant été nommé, en 1746, historiographe de France, entreprit d'écrire l'*Histoire de la guerre de mil sept cent quarante et un,* et exécuta son projet. Plusieurs chapitres furent rédigés à Versailles chez le comte d'Argenson, ministre de la guerre, qui en margina quelques pages [1].

Il existait au moins trois copies de cet ouvrage, destinées au comte d'Argenson, au duc de Richelieu, et à la marquise de Pompadour [2]. La Place dit [3] que ce dernier manuscrit se terminait ainsi :

« Il faut avouer que l'Europe peut dater sa félicité du jour de cette paix. On apprendra avec surprise qu'elle fut le fruit des conseils pressants d'une jeune dame d'un haut rang, célèbre par ses charmes, par des talents singuliers, par son esprit, et par une place enviée. Ce fut la destinée de l'Europe, dans cette longue querelle, qu'une femme la commença, et qu'une femme la finit : la seconde a fait autant de bien que la première avait causé de mal, s'il est vrai que la guerre soit le plus grand des fléaux qui puissent affliger la terre, et que la paix soit le plus grand des biens qui puissent la consoler. »

Avec de telles expressions, on conçoit que Voltaire ait craint « qu'on ne l'accusât de flatterie dans cette histoire [4] ». Après avoir conduit son travail jusqu'à la paix de 1748, Voltaire l'avait interrompu, lorsque des cahiers en furent dérobés par le marquis de Ximenès. Ce n'étaient que de vieux brouil-

---

1. Voyez, dans les *Mélanges,* les *Doutes sur le testament du cardinal de Richelieu.*
2. Lettre à d'Argental, du 31 juillet 1755. Le manuscrit pour le duc de Richelieu fut égaré, au moins quelque temps, si ce n'est pas celui qui fut volé. Voyez lettre à Richelieu, du 27 septembre 1755.
3. *Pièces intéressantes et peu connues,* tome I*er*, page 207. Le passage a été reproduit dans la *Galerie de l'ancienne cour,* tome VIII, page 59. J'apprends à l'instant que le manuscrit Pompadour est à la Bibliothèque publique d'Aix. M. Rouard, bibliothécaire, m'écrit qu'il provient de la bibliothèque Méjanes, et qu'il contient le passage cité par La Place et que j'ai transcrit.
4. Lettre à Richelieu, du 27 septembre 1755.

lons sans suite, des minutes informes[1]; mais le nom de l'auteur leur donnait du prix. Ximenès, qui avait mangé une fortune de six cent mille livres, tira six cents livres de son larcin. L'intermédiaire entre le libraire de Paris, Prieur, et lui, avait été le chevalier de La Morlière, qui sans doute ne s'oublia pas dans le marché, et qui, après l'avoir consommé à Paris, alla à Rouen vendre une autre copie[2]. Sur les plaintes de Voltaire on saisit l'édition de Prieur[3]; mais on ne put empêcher la circulation des exemplaires émis. Il s'en fit plusieurs impressions : j'ai sous les yeux deux éditions : l'une, anonyme, Amsterdam, 1755, in-12; l'autre, avec le nom de l'auteur, La Haye, 1756, in-12. La *Bibliothèque historique de la France,* n° 24,666, ne parle que de l'édition d'Amsterdam.

Je ne sais à quelle époque ont paru les « *Réflexions sur le peu d'exactitude des mémoires d'après lesquels M. de Voltaire a traité, dans son* Abrégé d'histoire universelle jusqu'à nos jours, *le morceau qui porte pour titre :* Affaire de Gênes et de Provence en 1746 et 1747, in-8° de quinze pages ». Mais je ferai observer que le morceau critiqué termine, sous le titre d'*Additions,* la seconde partie de l'*Histoire de la guerre de mil sept cent quarante et un;* il n'a jamais fait partie de l'*Abrégé de l'histoire universelle,* ni d'aucune édition de l'*Essai sur les Mœurs.* L'auteur de ces *Réflexions* est M. de La Porte, mort en 1793, ancien intendant du Bourbonnais et du Dauphiné, et qui avait été intendant de l'armée en Italie pendant les campagnes de 1745 et 1746; il a été en correspondance avec Danchet, de Boze, Voisenon, Tressan, etc., etc., et avait fait imprimer, en 1790 ou 1791, quelques pages sur les droits de la France relativement à Avignon.

L'historien Anquetil, qui possédait un exemplaire de l'édition anonyme de l'*Histoire de la guerre de mil sept cent quarante et un,* et qui n'en connaissait pas l'auteur, a porté un jugement très-favorable de cet ouvrage. Voltaire ne cessait de répéter que c'était un ramas informe et défiguré de ses manuscrits[4]. Il avait déjà conduit son travail jusqu'à la paix d'Aix-la-

1. Lettre de Mme Denis, du 13 août 1755 (imprimée dans *Mon Séjour auprès de Voltaire,* par Colini, page 154), et lettres de Voltaire à Thieriot, du 10 septembre 1755; à d'Argental, du même jour.
2. Lettre à d'Argental, du 10 septembre 1755. Il est douteux que Mme Denis ait dit toute la vérité à Voltaire, qui ne parle guère ici que d'après sa nièce. Mme Denis était compromise dans cette affaire, dit Colini, page 152. Nous dérobions à Voltaire, ajoute-t-il, une partie de nos démarches, pour ne point augmenter ses inquiétudes. On peut excuser cette réserve. Voltaire n'eût pas appris toute la vérité sans ressentir une plus grande peine. Je crois aussi qu'il ne connaissait pas tous les intermédiaires entre Ximenès et Prieur. L'agent de police pour la librairie était alors d'Hémery, dont je possède quelques rapports manuscrits. D'Hémery nomme Richer comme intermédiaire entre Prieur et La Morlière. Malgré la gravité des torts de Ximenès et les désagréments qui en furent la suite, Voltaire avait tout oublié quelques années après, et ne fit pas bien dures les conditions du raccommodement. Il demanda seulement que ses *Lettres sur la Nouvelle Héloïse* parussent sous le nom de Ximenès. (B.) — Voyez, à la suite de cet Avertissement, le rapport de l'inspecteur d'Hémery à M. Berryer, lieutenant de police. (L. M.)
3. Les manuscrits de d'Hémery disent qu'on en saisit seize cents exemplaires.
4. Lettre au comte de Tressan, du 11 janvier 1756.

Chapelle, et les cahiers soustraits ne venaient que jusqu'à la bataille de Fontenoi[1]. Il promettait de le publier un jour[2] tel qu'il l'avait composé. Cependant, à cette époque, il avait déjà commencé le *Précis du Siècle de Louis XV*, dans lequel il avait à parler des événements qui sont le sujet des manuscrits dérobés. Colini[3] raconte que le *Précis du Siècle de Louis XV* fut commencé à Berlin en 1752.

Le même Colini donne le titre de *Campagnes de Louis XV* à l'ouvrage qui, dans l'imprimé, est intitulé *Histoire de la guerre de 1741.*

C'était une généreuse indignation qui avait fait abandonner son travail à Voltaire. Une des clauses du traité de paix de 1748 portait que la cour de France ne permettrait pas au jeune prétendant de séjourner dans le royaume. Charles-Édouard, que cette clause révoltait, refusa de s'y soumettre, et continua de rester à Paris. Un jour qu'il était allé à l'Opéra, en 1749, la police fit arrêter le prince qui, comme Louis XV, était descendant de Henri IV, et à un plus proche degré. Un nommé Desforges, celui-là même qui avait publié, en 1748, la *Lettre critique sur la tragédie de Sémiramis,* fit alors circuler ce distique :

> Peuple jadis si fier, aujourd'hui si servile,
> Des princes malheureux vous n'êtes plus l'asile.

Ces deux vers coûtèrent cher à leur auteur, qui fut envoyé au mont Saint-Michel où il resta trois ans dans un cachot appelé la *Cage*. Voltaire fut moins imprudent, mais il ne ressentit pas moins vivement la lâcheté du roi de France. Il était à Lunéville lorsqu'il apprit comment avait été traité le prince Édouard, et de dépit il renonça à continuer l'histoire de Louis XV. Cette particularité injurieuse pour le monarque, mais honorable pour l'écrivain, est restée longtemps inconnue, et n'a été révélée qu'en 1826 par la publication des *Mémoires de Longchamp*, dont j'ai rapporté les paroles dans une note, à la fin du chapitre xxv.

J'ai déjà dit[4] qu'en 1763, dans le tome VIII de l'édition de l'*Essai sur l'Histoire générale* (aujourd'hui *Essai sur les Mœurs*), dix-huit chapitres furent ajoutés au *Siècle de Louis XIV*, qui étaient consacrés aux événements postérieurs à la mort de Louis XIV. Dans quatre de ces chapitres (les xlviie, xlviiie, xlixe et l[e]) on retrouve textuellement des passages plus ou moins longs des chapitres ii, iii et iv de la première partie de l'*Histoire de la guerre de mil sept cent quarante et un,* et des *Additions* qui sont à la fin de la seconde partie[5].

---

1. Lettre à l'Académie française, du 21 décembre 1755. Dans une note, à la fin du chapitre xxv, page 366, Voltaire parle encore du vol de ses manuscrits.
2. Lettre à Richelieu, du 27 septembre 1755.
3. *Mon Séjour auprès de Voltaire*, page 30.
4. Avertissement de Beuchot, en tête de l'*Essai sur les Mœurs et l'Esprit des nations.*
5. Les chapitres xliii-xlviii de 1763 sont aujourd'hui, sauf variantes, les chapitres i-vi du *Précis*. Une partie du chapitre xlix est devenue le chapitre vii ;

A ces dix-huit chapitres sur les événements du règne de Louis XV, Voltaire en ajouta vingt et un en 1768, et intitula leur réunion *Précis du Siècle de Louis XV*. La première édition fait partie des quatre volumes ayant pour titre : *Siècle de Louis XIV, nouvelle édition revue et augmentée, à laquelle on a ajouté un Précis du Siècle de Louis XV*.

Pour les chapitres ajoutés en 1768, Voltaire avait encore mis à contribution son *Histoire de la guerre de mil sept cent quarante et un;* de sorte que toute cette histoire, sauf le chapitre premier, et des changements, additions, transpositions, est dans le *Précis du Siècle de Louis XV*[1].

L'édition de 1768 du *Précis du Siècle de Louis XV* avait trente-neuf chapitres, qui sont aujourd'hui les chapitres I à XXXVIII, et le XLIII°. L'édition in-4° de 1769 fut augmentée de trois chapitres, qui sont à présent les XXXIX, XL et XLII. Ce fut en 1775, dans l'édition encadrée, que parut pour la première fois ce qui forme le chapitre XLI.

l'autre partie est le sujet des chapitres XII, XV et XVI; le chapitre L de 1763 contenait six pages sur les aventures du prince Charles-Édouard, qui sont aujourd'hui le sujet des chapitres XXIV et XXV. Les LI et LII sont devenus, dans le *Précis*, XXVII et XXVIII. Le LIII° se retrouve dans le XXIX°, qui est très-augmenté. Le LIV° est la matière des chapitres XIX à XXIII et du XXX°. Les chapitres LV, LVI, LVII, sont XXXI, XXXII, XXXIII; des développements donnés au chapitre LVIII l'ont fait diviser en deux, qui sont les XXXIV° et XXXV°; il en est de même du chapitre LIX, qui forme à présent les chapitres XXXVI et XXXVII. Enfin le chapitre LX° est le XXXVIII°.

Le chapitre LXI de 1763, intitulé *D'un Fait singulier concernant la littérature;* le chapitre LXII, *Conclusion et Examen de tableau historique* (c'est-à-dire de l'*Essai sur l'Histoire générale* ou *Essai sur les Mœurs*, etc.), n'avaient point place dans le *Précis*. Les éditeurs de Kehl, pour ne pas en priver les souscripteurs, en avaient fait deux articles des *Fragments sur l'histoire*. J'ai changé cette disposition, et j'ai placé ces deux morceaux sous leur titre et à leur date dans les *Mélanges*.

1. Voici la concordance, sauf les changements faits par Voltaire :

HISTOIRE. *Première partie.*	PRÉCIS.
CHAP. Ier. *Exposition*, contient des lambeaux de divers chapitres de divers ouvrages de Voltaire.	
CHAP. II.	CHAP. V.
III	VI et partie du VII.
IV.	Partie du VII.
V.	VIII et III.
VI	X.
VII	XI, VIII et XXV.
— *Deuxième partie.*	
CHAP. Ier	CHAP. IX.
II.	XI et IX.
III	XII.
IV et V	XIII.
VI	XIV.
VII	XV.
ADDITIONS	XXI.

On ne pouvait, comme on voit, admettre dans les Œuvres de Voltaire l'*Histoire de la guerre de 1741*, sans faire de nombreux doubles emplois. Un inconvénient bien plus grave était de comprendre dans les Œuvres un ouvrage justement désavoué comme altéré, et certainement informe.

On imprima dans le *Journal encyclopédique*, 1769, VII, page 296, une *Lettre à M. de Voltaire sur un passage de son Essai du Siècle de Louis XV*. Le *Ch. de S. B...*, dont cette Lettre porte la signature, dit que c'est un Irlandais, nommé Rutlidge, qui fit connaître Walsh au prince Édouard (voyez chapitre xxv, p. 282). Cette circonstance valait-elle la peine d'être indiquée [1]?

Un antagoniste, sinon un ennemi du général Lally, fit imprimer, en 1770, une *Lettre des Indes à l'auteur du Siècle de Louis XV*, in-8° de seize pages. Il reproche à Voltaire sa partialité pour le général, et critique quelques phrases de son *Précis*.

Je ne sais si Voltaire fut profondément blessé de cette critique; mais il dut être singulièrement flatté lorsque, six ans après, il reçut de Pondichéry une lettre [2] dont voici le début :

« Monsieur, vous serez peut-être surpris qu'un homme qui n'a pas l'honneur d'être connu de vous vous écrive de six mille lieues pour vous dire que la renommée a porté votre nom dans un pays si éloigné, où vous avez des admirateurs, même des disciples en philosophie. Vous avez éclairé, monsieur, l'humanité en général. Les Brames, les Malabares, les Maures, dont plusieurs sont instruits et savent la langue française, lisent vos ouvrages avec un plaisir qui les charme. Ils aperçoivent et sentent, ainsi que nous, que vos divins écrits sont des sources inépuisables de vertu civile et morale, non moins que de sagesse. J'ai consulté ces Indiens sur le *Shasta*, le *Veidam*, l'*Ézour-Veidam*. Ils m'ont dit que ce que vous avez écrit et sur ces monuments antiques et sur l'Inde était conforme à la plus exacte vérité, mais que vous aviez été trompé par les personnes qui vous ont donné des notes ou mémoires sur certains faits du *Précis du Siècle de Louis XV*. »

Le reste de la lettre de Bourcet contient des observations et rectifications sur plusieurs passages du *Précis du Siècle de Louis XV*. J'ai indiqué les passages que Voltaire a corrigés d'après les remarques de Bourcet. J'ai rapporté quelques-unes de celles dont Voltaire n'a point fait usage. En résumé la lettre de Bourcet, ainsi qu'on peut en juger par ce que j'en ai transcrit, est bien plus un éloge qu'une critique.

Un autre hommage fut rendu à l'ouvrage de Voltaire après la mort de l'auteur. La Société de gens de lettres à qui l'on doit la traduction de l'*Histoire universelle depuis le commencement du monde, composée par une société de gens de lettres,* trouvant que les historiens d'outre-mer avaient traité le règne de Louis XV d'une manière trop *sèche* et trop *concise*, crurent « devoir les oublier pour un moment [3] », et, au lieu de donner la

---

1. Il se pourrait que le ch. de S. B. ne fût autre que le chevalier de Rutlidge, auteur du *Bureau d'esprit*, comédie, et de quelques autres ouvrages écrits en français.

2. Cette lettre de Bourcet cadet, neveu d'un lieutenant général, est datée de Pondichéry, 1ᵉʳ février 1776, et a été imprimée, en 1826, à la page 100 du tome Iᵉʳ des *Mémoires sur Voltaire par Longchamp et Wagnière*.

3. Voyez l'*Avis* des traducteurs français, page 227 du tome LXXVIII (38ᵉ de l'*Histoire moderne*) de l'édition in-8°.

traduction de l'ouvrage anglais pour ce règne, imprimèrent les quarante-trois chapitres du *Précis,* je pourrais dire textuellement, tant est petit le nombre des changements qu'ils firent à l'ouvrage de Voltaire. Ils ont même conservé les notes des éditeurs de Kehl, et en ont ajouté quelques-unes [1] dont j'ai quelquefois fait mon profit.

Des corrections de la main de Voltaire, écrites sur un exemplaire de l'édition de 1775, dont M. de Cayrol avait pris copie, et qu'il m'a communiquées, ont été une très-bonne fortune. Je les ai toutes admises dans le texte; mais, en faisant ces nombreux changements, j'ai eu le soin d'indiquer d'après quelle autorité je les faisais, et j'ai mis en variantes le texte que je rejetais.

A la fin de quelques notes de Voltaire j'ai ajouté leur date. Il n'est pas indifférent de savoir à quelle époque plusieurs d'elles ont été écrites.

B.

29 mars 1831.

---

1. Parmi les notes qu'ils ajoutèrent il en est plusieurs contre Voltaire.

DOCUMENT

RELATIF

AU VOL DU MANUSCRIT DES CAMPAGNES DE LOUIS XV

OU

HISTOIRE DE LA GUERRE DE 1741 [1].

L'INSPECTEUR D'HÉMERY A M. BERRYER, LIEUTENANT DE POLICE.

Monsieur,

J'ai l'honneur de vous rendre compte que Le Prieur a acheté le manuscrit des campagnes de Louis XV, du sieur Richer, auteur de l'*Abrégé chronologique des empereurs*, et frère de Richer l'avocat, qui vient de donner un traité sur la mort civile.

Il a présenté ce manuscrit à ce Prieur comme appartenant à un M. de Venozan, officier dans le régiment de Picardie. Le Prieur l'a acheté comme tel, et Richer, pour l'en convaincre, lui a produit une quittance d'une écriture toute contrefaite, signée dudit sieur de Venozan, que Le Prieur n'a cependant pas voulu accepter qu'après avoir été endossée par ledit sieur Richer.

Cette conduite a paru suspecte à Le Prieur, avec d'autant plus de raison que Richer avait échappé, dans la conversation, le nom du chevalier de La Morlière; mais comme Le Prieur achetait d'un homme qu'il connaissait, et qu'il avait envie de l'ouvrage, il n'a pas cherché à approfondir ce qui en était.

J'ai engagé Le Prieur (qui m'a dit les choses de la meilleure grâce du monde, sous la promesse que je lui ai faite qu'il ne serait point compromis) à me confier ce billet, et j'ai reconnu que l'écriture, quoique contrefaite, du prétendu Venozan, est précisément celle du chevalier de La Morlière, ainsi qu'il est aisé de s'en convaincre en la vérifiant avec son écriture que je joins ici avec ce billet. Il n'est donc pas douteux, monsieur, que ce manuscrit ne vienne du chevalier de La Morlière, et par conséquent de la part de Voltaire,

---

1. Ce document faisait partie des papiers de la Bastille comme l'*Interrogatoire de Voltaire* (voir tome Ier). M. Ravaisson en a donné copie le premier. (G. A.)

non-seulement par les raisons que je viens de dire, mais encore parce que c'est une de ses âmes damnées, qu'il emploie à ces sortes de manœuvres [1], aussi bien que dans celles du poëme de *la Pucelle*, que La Morlière a répandu des premiers, et qu'il a vendu fort cher, Corbie [2] m'ayant assuré qu'il lui en avait acheté un exemplaire cinquante louis; quand ce ne serait que vingt-cinq, cela serait fort honnête, et La Morlière a pu en tirer beaucoup d'argent. Je suis même presque sûr que le voyage que j'ai su qu'il venait de faire à Rouen n'a été que pour y vendre cet ouvrage, ou peut-être pour l'y faire imprimer.

Ce 30 août 1755.

D'HÉMERY.

M. Berryer a écrit en haut de la lettre :
M. Duval, 1er septembre 1755.

M. Duval a ajouté :
L'écriture du chevalier de La Morlière n'est pas jointe.

Voici le billet produit par Richer à Le Prieur :
Je cède et transporte au sieur Prieur, libraire, un manuscrit en forme de mémoire, sur la guerre dernière, pour le prix de six cents livres. A Paris, le 18 juillet 1755.

DE VENOZAN.

Au dos du billet :
Je reconnais avoir reçu de M. Prieur, imprimeur-libraire à Paris, la somme de six cents livres, que ledit sieur de Venozan m'avait chargé de recevoir pour lui, en livrant ledit manuscrit audit M. Prieur. Fait à Paris le 18 juillet 1755.

RICHER.

Je déclare que le manuscrit de *l'Histoire de la guerre de 1741* m'a été remis par le sieur Richer, auteur de *l'Abrégé chronologique de l'histoire des empereurs*. A Paris, ce 1er septembre 1755.

LE PRIEUR.

---

1. On remarquera combien M. l'inspecteur juge mal. C'est un bonheur pour le philosophe que sa *Correspondance* soit là pour démentir les assertions du fonctionnaire. (G. A.)
2. Facteur en librairie.

PRÉCIS

DU

SIÈCLE DE LOUIS XV

CHAPITRE I.

TABLEAU DE L'EUROPE APRÈS LA MORT DE LOUIS XIV.

Nous avons donné avec quelque étendue une idée du siècle de Louis XIV, siècle des grands hommes, des beaux-arts et de la politesse : il fut marqué, il est vrai, comme tous les autres, par des calamités publiques et particulières, inséparables de la nature humaine ; mais tout ce qui peut consoler les hommes dans la misère de leur condition faible et périssable semble avoir été prodigué dans ce siècle. Il faut voir maintenant ce qui suivit ce règne, orageux dans son commencement, brillant du plus grand éclat pendant cinquante années, mêlé ensuite de grandes adversités et de quelque bonheur, et finissant dans une tristesse assez sombre, après avoir commencé dans des factions turbulentes.

Louis XV était un enfant orphelin. (Septembre 1715) Il eût été trop long, trop difficile et trop dangereux, d'assembler les états généraux pour régler les prétentions à la régence. Le parlement de Paris l'avait déjà donnée à deux reines[1] : il la donna au duc d'Orléans. Il avait cassé le testament de Louis XIII : il cassa celui de Louis XIV[2]. Philippe, duc d'Orléans, petit-fils de France, fut déclaré maître absolu par ce même parlement qu'il envoya bientôt après en exil[3].

---

1. Marie de Médicis en 1610 ; voyez tome XII, page 572, et l'*Histoire du Parlement*, chapitre XLIV ; et Anne d'Autriche, voyez tome XIV, page 176, et l'*Histoire du Parlement*, chapitre LIV.
2. Voyez l'*Histoire du Parlement*, chapitre LIX.
3. Après tous les absurdes mensonges qu'on a été forcé de relever dans les

CHAPITRE I.

(1715) Pour mieux sentir par quelle fatalité aveugle les affaires de ce monde sont gouvernées, il faut remarquer que l'empire ottoman, qui avait pu attaquer l'empire d'Allemagne pendant la longue guerre de 1701, attendit la conclusion totale de la paix générale pour faire la guerre contre les chrétiens. Les Turcs s'emparèrent aisément, en 1715, du Péloponèse, que le célèbre Morosini, surnommé *le Péloponésiaque,* avait pris sur eux vers la fin du XVIIe siècle, et qui était resté aux Vénitiens par la paix de Carlovitz. L'empereur, garant de cette paix, fut obligé de se déclarer contre les Turcs. Le prince Eugène, qui les avait déjà battus autrefois à Zenta, passa le Danube, et livra bataille près de Pétervaradin, au grand-vizir Ali, favori du sultan Achmet III, et remporta la victoire la plus signalée (le 5 auguste 1716).

Quoique les détails n'entrent point dans un plan général, on

---

prétendus *Mémoires de madame de Maintenon,* et dans les notes de La Beaumelle, insérées dans son édition du *Siècle de Louis XIV,* à Francfort, le lecteur ne sera point surpris que cet auteur ait osé avancer que la grand'salle était remplie d'officiers armés sous leurs habits. Cela n'est pas vrai : j'y étais ; il y avait beaucoup plus de gens de robe et de simples citoyens que d'officiers. Nulle apparence d'aucun parti, encore moins de tumulte. Il eût été de la plus grande folie d'introduire des gens apostés avec des pistolets, et de révolter les esprits, qui étaient tous disposés en faveur du duc d'Orléans. Il n'y avait autour du palais où l'on rend la justice qu'un détachement des gardes françaises et suisses. Cette fable que la grand'salle était pleine d'officiers armés sous leurs habits est tirée des *Mémoires de la régence* et de la *Vie de Philippe, duc d'Orléans,* ouvrages de ténèbres, imprimés en Hollande et remplis de faussetés.

L'auteur des *Mémoires de Maintenon* avance que « le président Lubert, le premier président de Maisons, et plusieurs membres de l'assemblée, étaient prêts de se déclarer contre le duc d'Orléans ».

Il y avait en effet un président de Lubert, mais qui n'était que président aux enquêtes, et qui ne se mêlait de rien. Il n'y a jamais eu de premier président de Maisons. C'était alors Claude de Mesmes, du nom d'Avaux, qui avait cette place ; M. de Maisons, beau-frère du maréchal de Villars, était président à mortier, et très-attaché au duc d'Orléans. C'était chez lui que le marquis de Canillac avait arrangé le plan de la régence avec quelques autres confidents du prince. Il avait parole d'être garde des sceaux, et mourut quelque temps après. Ce sont des faits publics dont j'ai été témoin, et qui se trouvent dans les *Mémoires manuscrits du maréchal de Villars*

Le compilateur des *Mémoires de Maintenon* ajoute à cette occasion que dans le traité de Rastadt, fait par le maréchal de Villars et le prince Eugène, « il y a des articles secrets qui excluent le duc d'Orléans du trône ». Cela est faux et absurde : il n'y eut aucun article secret dans le traité de Rastadt : c'était un traité de paix authentique. On n'insère des articles secrets qu'entre des confédérés qui veulent cacher leurs conventions au public. Exclure le duc d'Orléans en cas de malheur, c'eût été donner la France à Philippe V, roi d'Espagne, compétiteur de l'empereur Charles VI, avec lequel on traitait ; c'eût été détruire l'édifice de la paix d'Utrecht auquel on donnait la dernière main, outrager l'empereur, renverser l'équilibre de l'Europe. On n'a jamais rien écrit de plus absurde. (*Note de Voltaire.*)

ne peut s'empêcher de rapporter ici l'action d'un Français célèbre par ses aventures singulières. Un comte de Bonneval, qui avait quitté le service de France sur quelques mécontentements du ministère, major général alors sous le prince Eugène, se trouva dans cette bataille entouré d'un corps nombreux de janissaires ; il n'avait auprès de lui que deux cents soldats de son régiment ; il résista une heure entière, et, ayant été abattu d'un coup de lance, dix soldats qui lui restaient le portèrent à l'armée victorieuse. Ce même homme, proscrit en France, vint ensuite se marier publiquement à Paris ; et, quelques années après, il alla prendre le turban à Constantinople, où il est mort bacha.

Le grand-vizir Ali fut blessé à mort dans la bataille. Les mœurs turques n'étaient pas encore adoucies ; ce vizir, avant d'expirer, fit massacrer un général de l'empereur qui était son prisonnier [1].

(1717) L'année d'après, le prince Eugène assiégea Belgrade, dans laquelle il y avait près de quinze mille hommes de garnison : il se vit lui-même assiégé par une armée innombrable de Turcs, qui avançaient contre son camp, et qui l'environnèrent de tranchées ; il était précisément dans la situation où se trouva César en assiégeant Alexie [2] ; il s'en tira comme lui : il battit les ennemis et prit la ville ; toute son armée devait périr ; mais la discipline militaire triompha de la force et du nombre.

(1718) Ce prince mit le comble à sa gloire par la paix de Passarovitz, qui donna Belgrade et Témesvar à l'empereur ; mais les Vénitiens, pour qui on avait fait la guerre, furent abandonnés et perdirent la Grèce sans retour.

La face des affaires ne changeait pas moins entre les princes chrétiens. L'intelligence et l'union de la France et de l'Espagne, qu'on avait tant redoutée, et qui avait alarmé tant d'États, fut rompue dès que Louis XIV eut les yeux fermés. Le duc d'Orléans, régent de France, quoique irréprochable sur les soins de la conservation de son pupille, se conduisit comme s'il eût dû lui succéder. Il s'unit étroitement avec l'Angleterre, réputée l'ennemie naturelle de la France, et rompit ouvertement avec la branche de Bourbon qui régnait à Madrid ; et Philippe V, qui avait renoncé à la couronne de France par la paix, excita, ou plutôt prêta son nom pour exciter des séditions en France, qui devaient lui donner la régence d'un pays où il ne pouvait régner. Ainsi, après la mort de Louis XIV, toutes les vues, toutes les négocia-

---

1. Il s'appelait Breûner (*Note de Voltaire*, 1763.)
2. Ou mieux *Alesia*.

tions, toute la politique, changèrent dans sa famille et chez tous les princes.

Le cardinal Albéroni, premier ministre d'Espagne, se mit en tête de bouleverser l'Europe, et fut sur le point d'en venir à bout. Il avait en peu d'années rétabli les finances et les forces de la monarchie espagnole ; il forma le projet d'y réunir la Sardaigne, qui était alors à l'empereur, et la Sicile, dont les ducs de Savoie étaient en possession depuis la paix d'Utrecht. Il allait changer la constitution de l'Angleterre pour l'empêcher de s'opposer à ses desseins ; et, dans la même vue, il était prêt d'exciter en France une guerre civile. Il négociait à la fois avec la Porte-Ottomane, avec le czar Pierre le Grand, et avec Charles XII. Il était prêt d'engager les Turcs à renouveler la guerre contre l'empereur ; et Charles XII, réuni avec le czar, devait mener lui-même le prétendant en Angleterre, et le rétablir sur le trône de ses pères.

Le cardinal, en même temps, soulevait la Bretagne en France, et déjà il faisait filer secrètement dans le royaume quelques troupes déguisées en faux-sauniers, conduites par un nommé Colineri, qui devait se joindre aux révoltés. La conspiration de la duchesse du Maine, du cardinal de Polignac, et de tant d'autres, était prête d'éclater ; le dessein était d'enlever, si l'on pouvait, le duc d'Orléans, de lui ôter la régence, et de la donner au roi d'Espagne Philippe V [1]. Ainsi le cardinal Albéroni, autrefois curé de village auprès de Parme, allait être à la fois premier ministre d'Espagne et de France, et donnait à l'Europe entière une face nouvelle.

La fortune fit évanouir tous ces vastes projets ; une simple courtisane découvrit à Paris la conspiration, qui devint inutile dès qu'elle fut connue. Cette affaire mérite un détail qui fera voir comment les plus faibles ressorts font souvent les grandes destinées [2].

Le prince de Cellamare, ambassadeur d'Espagne à Paris, conduisait toute cette intrigue. Il avait avec lui le jeune abbé de Porto-Carrero, qui faisait son apprentissage de politique et de plaisir. Une femme publique, nommée Fillon, auparavant fille de joie du plus bas étage, devenue une entremetteuse distinguée, fournissait des filles à ce jeune homme. Elle avait longtemps

---

1. Oncle du roi de France.
2. Familier de la cour de Sceaux, et protégé du maréchal de Villars, Voltaire aurait eu encore bien d'autres détails à donner sur cette conspiration. (G. A.)

servi l'abbé Dubois, alors secrétaire d'État pour les affaires étrangères, depuis cardinal et premier ministre. Il employa la Fillon dans son nouveau département. Celle-ci fit agir une fille fort adroite, qui vola des papiers importants[1] avec quelques billets de banque dans les poches de l'abbé Carrero, au moment de ces distractions où personne ne pense à ses poches. Les billets de banque lui demeurèrent, les lettres furent portées au duc d'Orléans; elles donnèrent assez de lumières pour faire connaître la conspiration, mais non assez pour en découvrir tout le plan.

L'abbé Porto-Carrero, ayant vu ses papiers disparaître et ne retrouvant plus la fille, partit sur-le-champ pour l'Espagne : on courut après lui; on l'arrêta près de Poitiers. Le plan de la conspiration fut trouvé dans sa valise avec les lettres du prince de Cellamare. Il s'agissait de faire révolter une partie du royaume et d'exciter une guerre civile; et, ce qui est très-remarquable, l'ambassadeur, qui ne parle que de mettre le feu aux poudres, et de faire jouer les mines, parle aussi de la *miséricorde divine;* et à qui en parlait-il? au cardinal Albéroni, homme aussi pénétré de la miséricorde divine[2] que le cardinal Dubois son émule.

Albéroni, dans le même temps qu'il voulait bouleverser la France, voulait mettre le prétendant, fils du roi Jacques, sur le trône d'Angleterre par les mains de Charles XII. Ce héros imprudent fut tué en Norvége[3], et Albéroni ne fut point découragé. Une partie des projets de ce cardinal commençait déjà à s'effectuer, tant il avait préparé de ressorts. La flotte qu'il avait armée descendit en Sardaigne dès l'année 1717, et la réduisit en peu de

1. Les traducteurs français de l'*Histoire universelle*, dont j'ai parlé dans mon Avertissement, ont, dans une note, raconté un peu autrement l'anecdote de la Fillon. « Le secrétaire du prince de Cellamare avait un rendez-vous chez cette femme le jour que partait l'abbé Porto-Carrero. Il s'y rendit tard, et s'excusa sur ce qu'il avait été occupé à des expéditions de lettres fort importantes dont il fallait charger des voyageurs. La Fillon fit agir une fille fort adroite, qui lui déroba son secret, et en instruisit aussitôt cette courtisane. Celle-ci alla sur-le-champ rendre compte au régent de ce qu'elle venait d'apprendre; en conséquence on expédia un courrier muni des ordres nécessaires pour avoir main-forte. Il joignit les voyageurs à Poitiers, les fit arrêter et saisir leurs papiers, qu'il rapporta à Paris. M. de Voltaire, qui était alors à Paris, n'a pas dû ni pu ignorer ces faits. Comment croire d'ailleurs qu'un ambassadeur eût été assez imprudent pour confier des papiers de la plus grande importance à un jeune homme avant le moment de son départ? Plus on y réfléchit, plus on voit que le fait n'a pu arriver de la manière dont il est rapporté par M. de Voltaire. » (B.)
— M. Henri Martin répudie toute l'histoire de la Fillon.
2. Voyez ci-après, page 169.
3. Le 11 décembre 1718.

jours sous l'obéissance de l'Espagne; bientôt après elle s'empara de presque toute la Sicile en 1718.

Mais Albéroni n'ayant pu réussir ni à empêcher les Turcs de consommer leur paix avec l'empereur Charles VI, ni à susciter des guerres civiles en France et en Angleterre, vit à la fois l'empereur, le régent de France, et le roi George Ier, réunis contre lui.

Le régent de France fit la guerre à l'Espagne de concert avec les Anglais, de sorte que la première guerre entreprise sous Louis XV fut contre son oncle, que Louis XIV avait établi au prix de tant de sang; c'était en effet une guerre civile[1], que le jeune roi de France fit sans le savoir.

Le roi d'Espagne avait eu soin de faire peindre les trois fleurs de lis sur tous les drapeaux de son armée. Le même maréchal de Berwick, qui lui avait gagné des batailles pour affermir son trône, commandait l'armée française. Le duc de Liria, son fils, était officier général dans l'armée espagnole (1719). Le père exhorta le fils, par une lettre pathétique, à bien faire son devoir contre lui-même. L'abbé Dubois[2], depuis cardinal, enfant de la fortune comme Albéroni, et aussi singulier que lui par son caractère, dirigea toute cette entreprise. Lamotte-Houdard, de l'Académie française, composa le manifeste, qui ne fut signé de personne.

Une flotte anglaise battit celle d'Espagne auprès de Messine; et alors, tous les projets du cardinal d'Albéroni étant déconcertés, ce ministre, regardé six mois auparavant comme le plus grand homme d'État, ne passa plus alors que pour un téméraire et un brouillon. Le duc d'Orléans ne voulut donner la paix à Philippe V qu'à condition qu'il renverrait son ministre : il fut livré par le roi d'Espagne aux troupes françaises[3], qui le conduisirent sur les frontières d'Italie[4]. Ce même homme étant depuis légat à Bo-

---

1. J'ajoute la fin de cette phrase d'après l'exemplaire dont je parle dans l'Avertissement. (B.)

2. Voyez ci-dessus, page 59.

3. Il ne fut pas livré aux troupes françaises. Chassé d'Espagne, il arriva en France après avoir échappé à un guet-apens, et fut reçu par un envoyé du régent, le chevalier de Marcien. (G. A.)

4. C'est au même ministre que l'Espagne doit la conservation du tribunal de l'Inquisition, et de cette foule de prérogatives tyranniques ou séditieuses qui, sous le nom d'immunités ecclésiastiques, ont changé en couvents et en déserts le pays de l'Europe le plus beau et le plus fertile, et ont rendu inutiles cette force d'âme et cette sagacité naturelle qui ont toujours formé le caractère et l'esprit de la nation espagnole.

Macanaz, fiscal du conseil de Castille, avait présenté un Mémoire à Philippe V sur la nécessité de diminuer les énormes abus de ces immunités ecclésiastiques. Le

logne, et ne pouvant plus entreprendre de bouleverser des royaumes, occupa son loisir à tenter de détruire la république de Saint-Marin. (1720) Cependant il résulta de tous ses grands desseins qu'on s'accorda à donner la Sicile à l'empereur Charles VI, et la Sardaigne aux ducs de Savoie, qui l'ont toujours possédée depuis ce temps, et qui prennent le titre de rois de Sardaigne; mais la maison d'Autriche a perdu depuis la Sicile.

Ces événements publics sont assez connus; mais ce qui ne l'est pas, et qui est très-vrai, c'est que, quand le régent voulut mettre pour condition de la paix qu'il marierait sa fille, Mlle de Montpensier, au prince des Asturies, don Louis, et qu'on donnerait l'infante d'Espagne[1] au roi de France, il ne put y parvenir qu'en gagnant le jésuite Daubenton, confesseur de Philippe V. Ce jésuite détermina le roi d'Espagne à ce double mariage; mais ce fut à condition que le duc d'Orléans, qui s'était déclaré contre

---

cardinal Giudice, grand-inquisiteur et ambassadeur en France, ayant une copie de ce Mémoire qu'un ministre lui avait confiée, trahit son prince, et la remit à un inquisiteur. Le saint-office rendit un décret contre le Mémoire, et Giudice confirma ce décret par son approbation.

Cet excès d'insolence devait faire détruire l'Inquisition et perdre Giudice. Qu'espérer pour un pays dans lequel un Mémoire présenté au souverain peut être condamné et flétri par un tribunal, où les avis qu'un citoyen, qu'un ministre croit devoir donner au prince, sont poursuivis comme un crime?

Philippe V défendit la publication du décret. Alors les inquisiteurs déclarent que leur conscience ne leur permet point d'obéir. Giudice offre de se démettre de sa place de grand-inquisiteur, ne pouvant, disait-il, concilier son respect pour le roi avec son devoir; mais il s'arrangea pour faire refuser sa démission par le pape.

Albéroni venait de conclure le mariage de Philippe V avec la princesse de Parme, il croit qu'il est de son intérêt de s'unir avec Giudice. Tous deux déterminent la nouvelle reine à chasser honteusement la princesse des Ursins. Orry, qui gouvernait sous elle, est renvoyé en France. Macanaz est forcé de s'enfuir, et le petit-fils de Henri IV soumet sa couronne au saint-office. Ce fut sous ces auspices qu'Albéroni entra dans le ministère.

Le jésuite Robinet, confesseur du roi, n'avait pas désapprouvé Macanaz; il avait même dit à son pénitent que ce ministre n'avançait dans son Mémoire que des principes avoués en France, qu'on pouvait les adopter sans blesser la conscience; il perdit sa place, et on vit disgracier un jésuite pour n'avoir pas été assez fanatique.

Daubenton, plus digne d'être l'instrument d'Albéroni, fut appelé pour diriger la conscience de Philippe V.

Le cardinal Giudice se crut maître de l'Espagne; mais Albéroni, qui avait apprécié son ambition et son incapacité, brisa bientôt un appui devenu inutile, et Giudice alla intriguer à Rome contre le roi d'Espagne, de qui il tenait sa fortune.

C'est ainsi que l'Espagne conserva l'Inquisition, et les abus ecclésiastiques que l'établissement d'une nouvelle race de souverains semblait devoir anéantir; et cette révolution, qui devait rendre ce royaume une des premières puissances de l'Europe, fut arrêtée par les intrigues de deux prêtres. (K.)

1. Marie-Anne-Victoire, née en 1718; voyez ci-après, chapitre III, page 173.

les jésuites, en deviendrait le protecteur, et qu'il ferait enregistrer la constitution. Il le promit, et tint parole. Ce sont là souvent les secrets ressorts des grands changements dans l'État et dans l'Église. L'abbé Dubois, désigné archevêque de Cambrai, conduisit seul cette affaire, et ce fut ce qui lui valut le cardinalat. Il fit enregistrer la bulle purement et simplement, comme on l'a déjà dit[1], par le grand conseil, ou plutôt malgré le grand conseil, par les princes du sang, les ducs et pairs, les maréchaux de France, les conseillers d'État et les maîtres des requêtes, et surtout par le chancelier d'Aguesseau lui-même, qui avait été si longtemps contraire à cette acceptation. D'Aguesseau, par cette faiblesse, se déshonorait aux yeux des citoyens, mais non pas des politiques. L'abbé Dubois obtint même une rétractation du cardinal de Noailles. Le régent de France, dans cette intrigue, se trouva lié quelque temps par les mêmes intérêts avec le jésuite Daubenton.

Philippe V commençait à être attaqué d'une mélancolie qui, jointe à sa dévotion, le portait à renoncer aux embarras du trône, et à le résigner à son fils aîné don Louis; projet qu'en effet il exécuta depuis en 1724[2]. Il confia ce secret à Daubenton. Ce jésuite trembla de perdre tout son crédit quand son pénitent ne serait plus le maître, et d'être réduit à le suivre dans une solitude. Il révéla au duc d'Orléans la confession de Philippe V, ne doutant pas que ce prince ne fît tout son possible pour empêcher le roi d'Espagne d'abdiquer. Le régent avait des vues contraires : il eût été content que son gendre fût roi, et qu'un jésuite qui avait tant gêné son goût dans l'affaire de la constitution ne fût plus en état

---

1. Voyez ci-dessus, page 59 ; voyez aussi l'*Histoire du Parlement*, chapitre LXII.
2. Philippe V était attaqué d'une mélancolie profonde qui le rendait quelquefois incapable de tout travail. Ce fut pour dérober cet état aux yeux de la nation que ceux qui le conseillaient se prêtèrent au projet d'abdiquer qu'il avait formé. Il se retira au château de Balsain avec la reine, son confesseur, et son ministre de confiance; mais le jeune roi, don Louis, n'eut d'abord que les honneurs de la royauté ; c'était à Balsain que se décidaient toutes les affaires. Cependant, quoique ce règne n'ait duré que quelques mois, les ministres du nouveau roi, tous nommés par Philippe, tentèrent de brouiller le père et le fils. On proposa dans le conseil de Louis de retrancher la moitié de la pension du roi Philippe, sous le prétexte du désordre des finances. Louis rejeta cette proposition avec l'indignation qu'elle méritait. Philippe en fut instruit ; et lorsqu'il remonta sur le trône, à la mort de son fils, il dit au marquis de Leide, l'un de ceux qui avaient opiné pour le retranchement et qui lui devait sa fortune : « Monsieur le marquis de Leide, je n'aurais jamais cru cela de vous. » De Leide se retira de la cour, et mourut de chagrin peu de temps après. Nous verrons bientôt un exemple plus frappant encore de l'ingratitude des ministres à l'égard des rois descendus du trône. (K.)

de lui prescrire des conditions. Il envoya la lettre de Daubenton au roi d'Espagne. Ce monarque montra froidement la lettre à son confesseur, qui tomba évanoui, et mourut peu de temps après[1].

CHAPITRE II.

SUITE DU TABLEAU DE L'EUROPE. RÉGENCE DU DUC D'ORLÉANS. SYSTÈME DE LAW OU LASS.

Ce qui étonna le plus toutes les cours de l'Europe, ce fut de voir quelque temps après, en 1724 et 1725, Philippe V et Charles VI, autrefois si acharnés l'un contre l'autre, maintenant étroitement unis, et les affaires sorties de leur route naturelle au point que le ministère de Madrid gouverna une année entière la cour de

---

1. Ce fait se trouve attesté dans l'histoire civile d'Espagne, écrite par Belando, imprimée avec la permission du roi d'Espagne lui-même; elle doit être dans la bibliothèque des cordeliers à Paris. On peut la lire à la page 306 de la IVe partie. J'en ai la copie entre les mains. Cette perfidie de Daubenton, plus commune qu'on ne croit, est connue de plus d'un grand d'Espagne qui l'atteste. (*Note de Voltaire.*)
— Victor-Amédée est le premier prince de l'Europe qui ait renoncé aux confesseurs jésuites, et ôté à ces pères les colléges de ses États. Voici à quelle occasion. Un Jésuite qu'il avait pour confesseur étant tombé malade, Victor allait souvent le voir ; peu de jours avant de mourir, le confesseur le pria d'approcher de lui : « Comblé de vos bontés, lui dit-il, je ne puis vous marquer ma reconnaissance qu'en vous donnant un dernier conseil, mais si important que peut-être il suffit pour m'acquitter envers vous. N'ayez jamais de confesseur jésuite. Ne me demandez point les motifs de ce conseil, il ne me serait pas permis de vous le dire. » Victor le crut, et depuis ce temps il ne voulut plus confier aux jésuites ni sa conscience ni l'éducation de ses sujets. Nous tenons ce fait d'un homme aussi véridique qu'éclairé, qui l'a entendu de la bouche même de Victor-Amédée. (K.) — Voltaire parle un peu plus longuement de la révélation du P. Daubenton dans un article sur les *Mémoires du maréchal de Noailles*, faisant le cinquième des morceaux extraits du *Journal de politique et de littérature*. L'indiscrétion du jésuite avait été révoquée en doute par l'abbé Grozier, dans l'*Année littéraire*, 1777, tome IV, pages 145 et suiv. ; mais elle est évidente. On a vu dans la note de Voltaire qu'il citait l'exemplaire de Belando, déposé dans la bibliothèque des cordeliers à Paris. Cet exemplaire est aujourd'hui à la Bibliothèque du roi, et contient, dans les deux langues (espagnole et française), un avertissement *manuscrit* du P. Belando, rédigé au moment du départ de ce religieux pour l'exil, et qui confirme ce qu'il avait dit du P Daubenton. Cette pièce a été imprimée en 1825, dans la treizième livraison de la *France catholique*, tome III, pages 7-11. Elle est précédée du texte du passage de l'histoire du P. Belando où il est question de Daubenton. (B.)

Vienne. Cette cour, qui n'avait jamais eu d'autre intention que de fermer à la maison française d'Espagne tout accès dans l'Italie, se laissa entraîner loin de ses propres sentiments jusqu'à recevoir un fils de Philippe V et d'Élisabeth de Parme, sa seconde femme, dans cette même Italie dont on voulait exclure tout Français et tout Espagnol. L'empereur donna à ce fils puîné de son concurrent l'investiture de Parme et de Plaisance, et du grand-duché de Toscane : quoique la succession de ces États ne fût point ouverte, don Carlos y fut introduit avec six mille Espagnols, et il n'en coûta à l'Espagne que deux cent mille pistoles données à Vienne.

Cette faute du conseil de l'empereur ne fut pas au rang des fautes heureuses ; elle lui coûta plus cher dans la suite. Tout était étrange dans cet accord : c'étaient deux maisons ennemies qui s'unissaient sans se fier l'une à l'autre ; c'étaient les Anglais qui, ayant tout fait pour détrôner Philippe V, et lui ayant arraché Minorque et Gibraltar, étaient les médiateurs de ce traité ; c'était un Hollandais, Ripperda, devenu duc et tout-puissant en Espagne, qui le signait, qui fut disgracié après l'avoir signé, et qui alla mourir ensuite dans le royaume de Maroc, où il tenta d'établir une religion nouvelle.

Cependant en France la régence du duc d'Orléans, que ses ennemis secrets et le bouleversement général des finances devaient rendre la plus orageuse des régences, avait été la plus paisible et la plus fortunée. L'habitude que les Français avaient prise d'obéir sous Louis XIV fit la sûreté du régent et la tranquillité publique. La conspiration dirigée de loin par le cardinal Albéroni, et mal tramée en France, fut dissipée aussitôt que formée. Le parlement, qui, dans la minorité de Louis XIV, avait fait la guerre civile pour douze charges de maîtres des requêtes, et qui avait cassé les testaments de Louis XIII et de Louis XIV avec moins de formalités que celui d'un particulier, eut à peine la liberté de faire des remontrances lorsqu'on eut augmenté la valeur numéraire des espèces trois fois au delà du prix ordinaire. Sa marche à pied de la grand'chambre au Louvre ne lui attira que les railleries du peuple. L'édit le plus injuste qu'on ait jamais rendu, celui de défendre à tous les habitants d'un royaume d'avoir chez soi plus de cinq cents francs d'argent comptant, n'excita pas le moindre mouvement. La disette entière des espèces dans le public ; tout un peuple en foule se pressant pour aller recevoir à un bureau quelque monnaie nécessaire à la vie, en échange d'un papier décrié dont la France était inondée ; plusieurs citoyens écrasés dans cette foule, et leurs cadavres portés par le peuple au Palais-Royal, ne produisirent pas une apparence de sédition. Enfin ce fameux système de Lass, qui semblait devoir ruiner la régence et l'État, soutint en effet l'un et l'autre par des conséquences que personne n'avait prévues.

La cupidité qu'il réveilla dans toutes les conditions, depuis le plus bas peuple jusqu'aux magistrats, aux évêques et aux princes, détourna tous les esprits de toute attention au bien public, et de toute vue politique et ambitieuse, en les remplissant de la crainte de perdre et de l'avidité de gagner. C'était un jeu nouveau et prodigieux, où tous les citoyens pariaient les uns contre les autres. Des joueurs acharnés ne quittent point leurs cartes pour troubler le gouvernement. Il arriva, par un prestige dont les ressorts ne purent être visibles qu'aux yeux les plus exercés et les plus fins, qu'un système tout chimérique enfanta un commerce réel et fit renaître la compagnie des Indes [1], établie autrefois par le célèbre Colbert et ruinée par les guerres. Enfin, s'il y eut beaucoup de fortunes particulières détruites, la nation devint bientôt plus commerçante et plus riche. Ce système éclaira les esprits, comme les guerres civiles aiguisent les courages.

Ce fut une maladie épidémique qui se répandit de France en Hollande et en Angleterre; elle mérite l'attention de la postérité, car ce n'était point l'intérêt politique de deux ou trois princes qui bouleversait des nations. Les peuples se précipitèrent d'eux-mêmes dans cette folie, qui enrichit quelques familles, et qui en réduisit tant d'autres à la mendicité. Voici quelle fut l'origine de cette démence, précédée et suivie de tant d'autres folies.

Un Écossais nommé Jean Law, que nous nommons Jean Lass [2], qui n'avait d'autre métier que d'être grand joueur et grand calculateur, obligé de fuir de la Grande-Bretagne pour un meurtre [3], avait dès longtemps rédigé le plan d'une compagnie qui payerait en billets les dettes d'un État, et qui se rembourserait par les profits. Ce système était très-compliqué; mais, réduit à ses justes bornes, il pouvait être très-utile [4]. C'était une imitation

---

1. Voyez tome XIV, page 498; ci-après, chapitre XXIX; et le chapitre 1ᵉʳ des *Fragments historiques sur l'Inde*.

2. Dans les Mémoires infidèles de la régence on le dit le fils d'un orfévre. On appelle en anglais orfévre, *goldsmith*, un dépositaire d'argent, espèce d'agent de change. (*Note de Voltaire.*) — Voyez, sur l'origine de la prononciation *Lass*, la note 2 de la page 60.

3. Il avait tué en duel son adversaire.

4. Desmarets n'avait pas moins accepté de Lass un projet de banque sur un très-large plan. Mais disons tout de suite que Voltaire n'est pas ici un juge impartial, et qu'il lui serait même bien difficile de l'être. Il appartenait par reconnaissance

de la Banque d'Angleterre et de sa compagnie des Indes. Il proposa cet établissement au duc de Savoie, depuis premier roi de Sardaigne, Victor-Amédée, qui répondit qu'il n'était pas assez puissant pour se ruiner. Il le vint proposer au contrôleur général Desmarets ; mais c'était dans le temps d'une guerre malheureuse, où toute confiance était perdue, et la base de ce système était la confiance [1].

Enfin, il trouva tout favorable sous la régence du duc d'Orléans : deux milliards de dettes à éteindre, une paix qui laissait du loisir au gouvernement, un prince et un peuple amoureux des nouveautés.

Il établit d'abord une banque en son propre nom, en 1716. Elle devint bientôt un bureau général des recettes du royaume. On y joignit une compagnie du Mississipi, compagnie dont on faisait espérer de grands avantages. Le public, séduit par l'appât du gain, s'empressa d'acheter avec fureur les actions de cette compagnie et de cette banque réunies. Les richesses, auparavant resserrées par la défiance, circulèrent avec profusion. Les billets doublaient, quadruplaient ces richesses. La France fut très-riche en effet par le crédit. Toutes les professions connurent le luxe, et il passa chez les voisins de la France, qui eurent part à ce commerce.

La banque fut déclarée Banque du roi en 1718. Elle se chargea du commerce du Sénégal. Elle acquit le privilége de l'ancienne compagnie des Indes, fondée par le célèbre Colbert, tombée depuis en décadence, et qui avait abandonné son commerce aux négociants de Saint-Malo. Enfin elle se chargea des fermes générales du royaume. Tout fut donc entre les mains de l'Écossais Lass, et toutes les finances du royaume dépendirent d'une compagnie de commerce.

Cette compagnie paraissant établie sur de si vastes fondements, ses actions augmentèrent vingt fois au delà de leur première valeur. Le duc d'Orléans fit sans doute une grande faute d'abandonner le public à lui-même. Il était aisé au gouvernement de mettre un frein à cette frénésie ; mais l'avidité des courtisans et l'espérance de profiter de ce désordre empêchèrent de l'arrêter. Les variations fréquentes dans le prix de ces effets produisirent à des hommes inconnus des biens immenses : plusieurs,

---

à la cause des Pâris, qui aidèrent à sa fortune ; or les Pâris furent non-seulement les ennemis de Lass, mais encore les justiciers de son système. (G. A.)

1. Voyez l'article BANQUE, dans le *Dictionnaire philosophique*.

en moins de six mois, devinrent beaucoup plus riches que beaucoup de princes. Lass, séduit lui-même par son système, et ivre de l'ivresse publique et de la sienne, avait fabriqué tant de billets que la valeur chimérique des actions valait, en 1719, quatre-vingts fois tout l'argent qui pouvait circuler dans le royaume. Le gouvernement remboursa en papiers tous les rentiers de l'État.

Le régent ne pouvait plus gouverner une machine si immense, si compliquée, et dont le mouvement rapide l'entraînait malgré lui. Les anciens financiers et les gros banquiers réunis épuisèrent la Banque royale, en tirant sur elle des sommes considérables. Chacun chercha à convertir ses billets en espèces ; mais la disproportion était énorme. Le crédit tomba tout d'un coup : le régent voulut le ranimer par des arrêts qui l'anéantirent. On ne vit plus que du papier ; une misère réelle commençait à succéder à tant de richesses fictives. Ce fut alors qu'on donna la place de contrôleur général des finances à Lass, précisément dans le temps qu'il était impossible qu'il la remplît ; c'était en 1720, époque de la subversion de toutes les fortunes des particuliers et des finances du royaume. On le vit, en peu de temps, d'Écossais devenir Français par la naturalisation [1] ; de protestant, catholique ; d'aventurier, seigneur des plus belles terres ; et de banquier, ministre d'État. Je l'ai vu arriver dans les salles du Palais-Royal, suivi de ducs et pairs, de maréchaux de France et d'évêques. Le désordre était au comble. Le parlement de Paris s'opposa [2] autant qu'il le put à ces innovations, et il fut exilé à Pontoise. Enfin, dans la même année, Lass, chargé de l'exécration publique, fut obligé de fuir du pays qu'il avait voulu enrichir, et qu'il avait bouleversé. Il partit dans une chaise de poste que lui prêta le duc de Bourbon-Condé, n'emportant avec lui que deux mille louis, presque le seul reste de son opulence passagère.

Les libelles de ce temps-là accusent le régent de s'être emparé de tout l'argent du royaume pour les vues de son ambition, et il est certain qu'il est mort endetté de sept millions exigibles. On accusait Lass d'avoir fait passer pour son profit les espèces de la France dans les pays étrangers. Il a vécu quelque temps à Londres des libéralités du marquis de Lassey, et est mort à Venise, en 1729, dans un état à peine au-dessus de l'indigence. J'ai vu sa veuve à

---

1. Les lettres de naturalisation ne furent pas enregistrées. L'Académie des sciences l'avait choisi, en 1719, pour un de ses honoraires ; mais son élection fut déclarée nulle en 1721, à cause de ce défaut d'enregistrement, et le cardinal de Fleury élu à sa place. (K.)

2. Voyez l'*Histoire du Parlement*, chapitre LX.

Bruxelles, aussi humiliée qu'elle avait été fière et triomphante à Paris. De telles révolutions ne sont pas les objets les moins utiles de l'histoire [1].

Pendant ce temps la peste désolait la Provence. On avait la

[1]. Il est sûr qu'en payant en papier-monnaie les dettes d'un État, il se trouve libéré sans qu'il en ait rien coûté; mais pour que cette opération soit juste et utile, il faut que ces billets aient dans le commerce une valeur égale à la somme d'argent qu'ils représentent. Or des billets ne peuvent conserver cette valeur s'il n'existe pas une opinion générale que tout possesseur de ces billets pourra, au moment qu'il voudra, les convertir en argent comptant. Cette opinion n'est pas fondée uniquement sur la proportion de la somme de ces billets avec la masse d'argent donnée à la banque, ni même avec la totalité de l'argent du pays. Il suffit que chacun se regarde comme assuré que le nombre des billets qu'on voudra liquider à la fois n'excédera point la somme que la banque peut réaliser à chaque instant, et, ce qui en est la conséquence, qu'ils continueront de circuler dans le commerce; mais lorsque la somme de ces billets est supérieure à celle qu'on suppose que la banque peut réunir en argent, cette opinion ne peut s'établir que peu à peu et par l'habitude. En supposant même la confiance entière, la valeur totale des billets doit encore avoir des bornes; si elle surpasse la quantité d'argent nécessaire pour la circulation, c'est-à-dire pour les opérations du commerce intérieur, le surplus devient inutile, et ceux qui le possèdent doivent chercher à le réaliser. Il faudrait donc qu'outre la somme nécessaire à tenir en réserve pour liquider les billets qui servent à la circulation, la banque eût toujours en argent comptant une somme égale à la valeur de ces billets superflus. Ainsi, loin d'être utiles à la banque dont ils seraient sortis, ou à l'État qui les aurait employés, ils leur deviendraient à charge, et les exposeraient à perdre leur crédit, s'ils n'avaient pas des moyens sûrs, quoique onéreux, de rassembler en peu de jours les sommes nécessaires pour ces liquidations. Les États-Unis d'Amérique, tout éclairés qu'ils sont, n'ont pas senti ces vérités si simples, et le discrédit rapide de leurs papiers a prouvé combien l'opinion de l'usage indéfini d'un papier-monnaie était peu fondée.

Lass paraît avoir été dans la même erreur; mais il savait très-bien que si l'on se bornait, dans la circonstance où il se trouvait, à payer les dettes en papier-monnaie, ces billets seraient bientôt sans valeur; il fallait donc chercher à leur en donner une. Il employa pour cela trois moyens : le premier consistait à donner à la banque des profits de finance ou des priviléges de commerce, en admettant les porteurs de billets au partage de ces profits. Il était clair en effet que dès lors le papier pouvait valoir, outre la somme qu'il représentait, un profit plus ou moins considérable; il devait donc, suivant l'idée qu'on aurait de la possibilité de ces profits, ou se maintenir au niveau de sa valeur, ou même s'élever au-dessus. Le gouvernement avait besoin d'une confiance moins grande, puisque l'espérance de gagner doit engager à courir des risques; mais il fallait que le profit espéré fût au-dessus de l'intérêt ordinaire du commerce, et dès lors l'établissement de la banque n'était plus qu'un emprunt onéreux pour l'État. Aussi ce n'était point ce que voulait Lass; il espérait seulement accréditer les billets par des espérances vagues ou plutôt trompeuses, comptant que lorsque la nation y serait accoutumée ils pourraient se soutenir d'eux-mêmes; et c'est surtout dans cette partie de ses opérations qu'il se permit d'employer la charlatanerie. Nous n'en citerons qu'un exemple. Lorsqu'il accorda à la banque le privilége du commerce d'Afrique, il y joignit une petite prime pour chaque livre d'or qu'elle introduirait en France; cette prime n'était pas un cinquième pour cent de la valeur, et par conséquent ne pouvait être comptée pour quelque chose qu'en supposant l'introduction d'une grande quantité de livres d'or. Le premier moyen réussit; les actions gagnèrent,

guerre avec l'Espagne. La Bretagne était prête à se soulever. Il s'était formé des conspirations contre le régent, et cependant il vint à bout presque sans peine de tout ce qu'il voulut au dehors et au dedans. Le royaume était dans une confusion qui fai-

---

et Lass les multipliait à l'excès, en y attachant toujours de nouveaux profits en espérance.

Ces charlataneries ne pouvaient soutenir le crédit que pendant très-peu de temps ; les billets tombèrent. Il prit alors un second moyen ; on contraignit à recevoir les billets de banque comme argent comptant. Ceux qui remboursèrent leurs dettes avec ces billets eurent le profit des banqueroutes, dont ils partageaient l'honneur avec le ministère. Mais cette contrainte ne peut exister dans les opérations de commerce ; le marchand qui vend sa denrée argent comptant est le maître de la donner à meilleur marché que s'il la vend en billets : ainsi ce moyen, injuste en lui-même, ne put ni soutenir suffisamment les billets, ni avoir longtemps de l'influence.

Lass jusque-là était un homme persuadé faussement que l'établissement d'une banque augmentait les richesses réelles, et que, dans le cas où il la fondait, elle devait anéantir la dette publique. Peu délicat sur les moyens, il avait été injuste et charlatan ; mais il pouvait paraître habile aux yeux de ceux qui n'étaient point assez éclairés pour sentir qu'il ne pouvait résulter de son système, en lui supposant tout le succès possible, que l'existence d'une compagnie maîtresse des impôts et des priviléges de commerce, une banque très-compliquée, enfin une banqueroute faite au hasard, et sans que les pertes fussent proportionnelles, ce qui la rendait encore plus injuste et plus funeste.

Mais à cette dernière époque toute cette habileté apparente disparut ; il imagina d'abord de dégoûter de l'argent comptant par des variations rapides dans les monnaies ; l'argent monnayé devenant, par ce moyen, d'un usage incommode, et ceux qui avaient des monnaies anciennes ne pouvant ni les employer dans le commerce, ni les vendre avec avantage comme matière, la valeur des billets devait augmenter ; mais cette hausse était plus que compensée par la diminution de la confiance. Il finit par défendre de garder de l'argent chez soi ; l'effet de cette dernière loi fut encore de rendre l'argent plus rare, mais aussi de faire tomber les billets de plus en plus. Au milieu de toutes ces lois, le public de Paris, occupé, non plus des fortunes qu'on pouvait faire en actions ou en payant ses dettes en billets, mais de celles que l'agiotage de ces billets faisait espérer, ne voyait encore qu'à demi l'illusion des projets de Lass. Lui-même enfin réduisit ses billets à la moitié de leur valeur : alors le prestige qui l'avait soutenu fut absolument dissipé, et Lass fut obligé de quitter le ministère et la France.

Telle est l'histoire abrégée de ce système, tel que nous avons pu le saisir au milieu de cette foule de lois et d'opérations qui se succédaient avec une rapidité dont il n'y a peut-être jamais eu d'exemple.

L'ignorance où l'on était alors, principalement en France, sur la nature et les effets des opérations de ce genre, fut la seule cause du succès momentané du système de Lass, des révolutions prodigieuses qu'il causa dans les fortunes ; son effet dans l'administration fut une banqueroute partielle faite de la manière l plus injuste, la plus propre à multiplier les désastres particuliers ; et il n'en est resté dans les esprits que des préjugés contre les billets de banque, qui cependant peuvent souvent être utiles, soit pour diminuer le prix de l'argent, et en laisser une plus grande quantité pour le commerce étranger ou pour les différents usages qu'on peut faire de l'argent non monnayé, soit pour augmenter la production et le commerce, en rendant la circulation plus facile et moins coûteuse. (K.)

sait tout craindre, et cependant ce fut le règne des plaisirs et du luxe.

Il fallut, après la ruine du système de Lass, réformer l'État; on fit un recensement de toutes les fortunes des citoyens, ce qui était une entreprise non moins extraordinaire que le système : ce fut l'opération de finance et de justice la plus grande et la plus difficile qu'on ait jamais faite chez aucun peuple. On la commença vers la fin de 1721. Elle fut imaginée, rédigée et conduite par quatre frères[1] qui jusque-là n'avaient point eu de part principale aux affaires publiques, et qui, par leur génie et par leurs travaux, méritèrent qu'on leur confiât la fortune de l'État. Ils établirent assez de bureaux de maîtres des requêtes et d'autres juges; ils formèrent un ordre assez sûr et assez net pour que le chaos fût débrouillé;. cinq cent onze mille et neuf citoyens, la plupart pères de famille, portèrent leur fortune en papier à ce tribunal. Toutes ces dettes innombrables furent liquidées à près de seize cent trente et un millions numéraires effectifs en argent, dont l'État fut chargé. C'est ainsi que finit ce jeu prodigieux de la fortune, qu'un étranger inconnu avait fait jouer à toute une nation[2].

Après la destruction de ce vaste édifice de Lass, si hardiment conçu, et qui écrasa son architecte, il resta pourtant de ses débris une compagnie des Indes, qu'on crut quelque temps à Paris la rivale de celle de Londres et d'Amsterdam[3].

La fureur du jeu des actions, qui avait saisi les Français, anima aussi les Hollandais et les Anglais. Ceux qui avaient observé en France les ressorts par lesquels tant de particuliers

---

1. Les frères Pàris. (*Note de Voltaire.*) — L'aîné se nommait Antoine, le second La Montagne; le troisième est connu sous le nom de Pàris-Duverney (voyez ci-après, chapitre III, pages 172 et 176); le quatrième était appelé Pàris de Montmartel. Le marquis de Luchet a publié une *Histoire de MM. Pâris*, 1776, in-8°. (B.)

2. L'historien de la régence et celui du duc d'Orléans parlent de cette grande affaire avec aussi peu de connaissance que de toutes les autres : ils disent que le contrôleur général, M. de La Houssaie, était chambellan du duc d'Orléans ; ils prennent un écrivain obscur, nommé La Jonchère, pour La Jonchère le trésorier des guerres. Ce sont des livres de Hollande. Vous trouverez dans une continuation de l'*Histoire universelle* de Bénigne Bossuet, imprimée en 1738, chez L'Honoré, à Amsterdam, que le duc de Bourbon-Condé, premier ministre après le duc d'Orléans, « fit bâtir le château de Chantilly de fond en comble du produit des actions » : vous y verrez que Lass avait vingt millions sur la Banque d'Angleterre: autant de lignes, autant de mensonges. (*Note de Voltaire*, 1763.)

3. Elle ne se soutint qu'aux dépens du trésor public, que l'ignorance des ministres sur les principes du commerce prodiguait à cette compagnie ou plutôt à ses agents. Voyez, ci-après, le chapitre XXIX. (K.)

avaient élevé des fortunes si rapides et si immenses sur la crédulité et sur la misère publiques portèrent dans Amsterdam, dans Rotterdam, dans Londres, le même artifice et la même folie. On parle encore avec étonnement de ces temps de démence et de ce fléau politique ; mais qu'il est peu considérable, en comparaison des guerres civiles et de celles de religion qui ont si longtemps ensanglanté l'Europe, et des guerres de peuple à peuple, ou plutôt de prince à prince, qui dévastent tant de contrées ! Il se trouva dans Londres et dans Rotterdam des charlatans qui firent des dupes. On créa des compagnies et des commerces imaginaires. Amsterdam fut bientôt désabusé. Rotterdam fut ruiné pour quelque temps. Londres fut bouleversé pendant l'année 1720. Il résulta de cette manie, en France et en Angleterre, un nombre prodigieux de banqueroutes, de fraudes, de vols publics et particuliers, et toute la dépravation de mœurs que produit une cupidité effrénée.

CHAPITRE III.

DE L'ABBÉ DUBOIS, ARCHEVÊQUE DE CAMBRAI, CARDINAL, PREMIER MINISTRE. MORT DU DUC D'ORLÉANS, RÉGENT DE FRANCE [1].

Il ne faut pas passer sous silence le ministère du cardinal Dubois. C'était le fils d'un apothicaire de Brive-la-Gaillarde, dans le fond du Limousin. Il avait commencé par être instituteur du duc d'Orléans, et ensuite, en servant son élève dans ses plaisirs, il en acquit la confiance : un peu d'esprit, beaucoup de débauche, de la souplesse, et surtout le goût de son maître pour la singularité, firent sa prodigieuse fortune ; si ce cardinal premier ministre avait été un homme grave, cette fortune aurait excité l'indignation, mais elle ne fut qu'un ridicule. Le duc d'Orléans se jouait de son premier ministre, et ressemblait à ce pape [2] qui fit son porte-singe cardinal. Tout se tournait en gaieté et en plai-

---

1. J'ajoute les trois derniers mots de ce sommaire d'après l'exemplaire dont j'ai parlé dans mon Avertissement. Ce chapitre est de 1768 ; mais beaucoup d'additions sont posthumes. (B.)

2. Jules III ; voyez, dans les *Mélanges*, le *Catéchisme de l'honnête homme*...

santerie dans la régence du duc d'Orléans : c'était le même esprit que du temps de la Fronde, à la guerre civile près ; ce caractère de la nation, le régent l'avait fait renaître après la sévère tristesse des dernières années de Louis XIV.

Le cardinal Dubois, archevêque de Cambrai, mourut d'un ulcère dans l'urètre, suite de ses débauches. Il trouva un expédient pour n'être pas fatigué dans ses derniers moments par les pratiques de la religion catholique, dont jamais ministre ne fit moins de cas que lui. Il prétexta qu'il y avait pour les cardinaux un cérémonial particulier, et qu'un cardinal ne recevait pas l'extrême-onction et le viatique comme un autre homme. Le curé de Versailles alla aux informations, et pendant ce temps Dubois mourut, le 10 auguste 1723. Nous rîmes de sa mort [1] comme de son ministère : tel était le goût des Français, accoutumés à rire de tout [2].

Le duc d'Orléans prit alors le titre de premier ministre parce que, le roi étant majeur, il n'y avait plus de régence ; mais il suivit bientôt son cardinal. C'était un prince à qui on ne pouvait reprocher que son goût ardent pour les plaisirs et pour les nouveautés [3].

De toute la race de Henri IV, Philippe d'Orléans fut celui qui lui ressembla le plus ; il en avait la valeur, la bonté, l'indulgence, la gaieté, la facilité, la franchise, avec un esprit plus cultivé. Sa physionomie, incomparablement plus gracieuse, était cependant celle de Henri IV. Il se plaisait quelquefois à mettre une fraise, et alors c'était Henri IV embelli.

Il avait alors un singulier projet, dont sa mort subite sauva la France. C'était de rappeler Lass, réfugié et oublié dans Venise, et de faire revivre son système, dont il comptait rectifier les abus, et augmenter les avantages. Rien ne put jamais le détacher de l'idée d'une banque générale chargée de payer toutes les dettes de l'État. L'exemple de Venise, de la Hollande, de l'Angleterre, lui

---

1. Voyez ci-dessus, page 59.
2. Le régent, en 1722, avait fait le cardinal Dubois premier ministre. Où le compilateur des *Mémoires de Maintenon* a-t-il pris que Louis XIV, ayant donné un petit bénéfice, en 1692, à cet abbé Dubois, alors obscur, avait dit de lui : « Il ne s'attache point aux femmes qu'il aime ; s'il boit, il ne s'enivre pas ; et s'il joue, il ne perd jamais ? » Voilà de singulières raisons pour donner un bénéfice. Peut-on faire parler ainsi Louis XIV ? et ce monarque jetait-il la vue sur l'abbé Dubois ? (*Note de Voltaire*, 1763.) D'ailleurs l'abbé Dubois n'était ni joueur ni buveur. (*Id.*, 1768.)
3. On lit dans *la Henriade*, chant VII, vers 443, (tome VIII) que le duc d'Orléans était

Ardent, plein de génie,
Trop ami des plaisirs, et trop des nouveautés.

faisait illusion. Son secrétaire Melon, esprit systématique, très-éclairé mais chimérique, lui avait inspiré ce dessein et l'y confirmait de jour en jour. Il oubliait la différence établie par la nature entre le génie des Français et des peuples qu'on voulait imiter ; combien de temps il faut pour faire réussir de tels établissements ; que la nation était alors plus révoltée contre le système de Lass qu'elle n'en avait été d'abord enivrée ; et que Lass, revenant une seconde fois bouleverser la France avec des billets, trouverait des ennemis plus en garde, plus acharnés, et plus puissants, qu'il n'en avait eu à combattre dans ses premiers prestiges [1].

La contemplation continuelle de cette grande entreprise qui séduisait le duc d'Orléans, et celle des orages qu'il allait exciter, allumèrent son sang. Les plaisirs de la table et de l'amour dérangèrent sa santé davantage. Il fut averti par une légère attaque d'apoplexie qu'il négligea, et qui lui en attira une seconde, le 2 décembre 1723, à Versailles. Il mourut au moment qu'il en fut frappé.

Son fils, le duc de Chartres, d'un caractère faible et bizarre, plus fait pour une cellule à Sainte-Geneviève, où il a fini ses jours, que pour gouverner un État [2], ne demanda pas la place de son père. Le duc de Bourbon, arrière-petit-fils du grand Condé, la demanda sur-le-champ au jeune roi majeur. Le roi était avec Fleury, ancien évêque de Fréjus, son précepteur. Il consulta par un regard ce vieillard ambitieux et circonspect, qui n'osa pas s'opposer par un signe de tête à la demande du prince.

La patente de premier ministre était déjà dressée par le secrétaire d'État La Vrillière, et le duc de Bourbon fut le maître du royaume en deux minutes.

Le sort des princes de Condé a toujours été d'être opprimés par des prêtres. Le premier prince de Condé, Louis, oncle de Henri IV, fut toute sa vie persécuté par les prêtres de Rome et de la France, et assassiné sur le champ de bataille immédiatement après la perte de la journée de Jarnac.

Le second, Henri, cousin germain de Henri IV, plus poursuivi encore par les prêtres de la Ligue, empoisonné dans Saint-Jean-d'Angély.

Le troisième, Henri II, mis en prison sous le gouvernement du Florentin Concini, et depuis toujours tourmenté par le car-

---

1. Le régent n'eut jamais un pareil projet.
2. Au lieu des trois derniers mots, qui m'ont été fournis par l'exemplaire dont je parle dans mon Avertissement, on lit dans toutes les éditions : *le ministère*. (B.)

dinal de Richelieu, quoiqu'il eût marié son fils à la nièce de ce cardinal.

Le quatrième, qui est le grand Condé, enfermé à Vincennes[1] et au Havre, poursuivi hors du royaume par le cardinal Mazarin.

Enfin celui dont nous parlons, et que nous appelons Monsieur le Duc[2], supplanté, chassé de la cour, et exilé par Fleury, évêque de Fréjus, qui fut cardinal bientôt après.

Voici comment se fit cette révolution qui étonna la France, et qui n'était après tout qu'un changement de ministre, ordinaire dans toutes les cours.

Monsieur le Duc abandonna d'abord tout le département de l'Église, et le soin de poursuivre les calvinistes et les jansénistes, à l'évêque de Fréjus, se réservant l'administration de tout le reste. Ce partage produisit quelques difficultés entre eux. Le prince était gouverné par un des frères Pâris, nommé Duverney[3], qui avait eu la principale part à l'ouvrage inouï de la liquidation des biens de tous les citoyens, après le renversement des chimères de Lass. Une autre personne gouvernait plus gaiement le prince ministre; c'était la fille du traitant Pléneuf, mariée au marquis de Prie, jeune femme brillante, légère, d'un esprit vif et agréable. Pour Fleury, âgé alors de soixante et treize ans, il n'était gouverné par personne, et il avait sur le roi, son élève, un ascendant suprême, fruit de l'autorité d'un précepteur sur son disciple, et de l'habitude.

Pâris-Duverney, étroitement lié avec cette marquise de Prie, résolut avec elle de mettre le roi entièrement dans la dépendance du prince, et de chasser le précepteur. Nous avons déjà vu[4] que le duc d'Orléans, régent de France, pour finir sa guerre contre le roi d'Espagne Philippe V, avait marié l'infante, fille de ce monarque et de la princesse de Parme, âgée alors de cinq ans et demi, au roi de France qui en avait quinze. Il fallait attendre environ dix ans au moins la naissance incertaine d'un dauphin. Mme de Prie et Duverney prirent ce prétexte pour renvoyer l'infante à son père, et pour faire un véritable mariage du roi de France avec une sœur du duc de Bourbon, très-belle et très-capable de donner des enfants, élevée à Fontevrault sous le nom de princesse de Vermandois[5].

1. Voyez tome XIV, page 194; et l'*Histoire du Parlement*, chapitre LVI.
2. Voyez, tome Ier du *Théâtre*, la note 2 de la page 281.
3. Voyez la note 1, page 168.
4. Chapitre Ier, page 159.
5. Les Condés eussent ainsi porté un double coup aux d'Orléans. (G. A.)

On commença par renvoyer la femme de cinq ans avant de s'assurer d'une plus mûre. On la fit partir pour l'Espagne, sans pressentir son père et sa mère, sans adoucir la dureté d'une telle démarche par la plus légère excuse. On chargea seulement l'abbé de Livry-Sanguin, fils d'un premier maître d'hôtel du roi, ministre alors en Portugal, de passer en Espagne pour en instruire le roi et la reine, pendant que leur enfant était en chemin, reconduite à petites journées. Cet oubli de toute bienséance n'était l'effet d'aucune querelle entre les cours de France et d'Espagne. Il semblait qu'une telle démarche ne pouvait être imputée qu'au caractère de Duverney, qui, ayant été garçon cabaretier dans son enfance, chez sa mère en Dauphiné, soldat aux gardes dans sa jeunesse, et plongé depuis dans la finance, retint toute sa vie un peu de la dureté de ces trois professions. La marquise de Prie ne songea jamais aux conséquences, et Monsieur le Duc n'était pas politique.

L'infante[1] qui fut ainsi reconduite fut depuis reine en Portugal. Elle donna à Joseph I[er][2] les enfants qu'on ne voulut pas qu'elle donnât à Louis XV, et n'en fut pas plus heureuse.

Quelques mois après son renvoi, Mme de Prie courut en poste à Fontevrault essayer si la princesse de Vermandois lui convenait, et si on pouvait s'assurer de gouverner le roi de France par elle. La princesse, encore plus fière que la marquise n'était légère et inconsidérée, la reçut avec une hauteur dédaigneuse et lui fit sentir qu'elle était indignée que son frère lui dépêchât une telle ambassadrice. Cette seule entrevue la priva de la couronne. On la laissa faire la fière dans son couvent : elle mourut abbesse de Beaumont-les-Tours trois ans après[3].

Il y avait dans Paris une Mme Texier, maîtresse d'un ancien militaire nommé Vauchon, veuve d'un caissier qui avait appartenu à Pléneuf, père de Mme de Prie. Elle était retenue pour toujours dans son lit par une maladie affreuse qui lui avait rongé la moitié du visage. Vauchon lui parla de Stanislas Leczinski, fait roi de Pologne par Charles XII, dépossédé par Pierre le Grand, et

---

1. Marie-Anne-Victoire, infante d'Espagne, née en 1718, fut mariée en 1729 au prince de Brésil, depuis roi de Portugal sous le nom de Joseph Ier.

2. Joseph-Emmanuel, né en 1714, roi en 1750, sous le nom de Joseph Ier, mourut en 1777.

3. Henriette-Louise-Marie-Françoise-Gabrielle, connue sous le nom de Mlle de Vermandois, sœur de Mlles de Charolais et de Clermont, était née le 15 janvier 1703; elle devint abbesse de Baumont-les-Tours en 1728, et n'est morte que le 19 septembre 1772. (B.)

réfugié à Veissembourg, frontière de l'Alsace, y vivant d'une pension modique que le ministère de France lui payait très-mal. Il avait une fille élevée dès son berceau dans le malheur, dans la modestie, et dans les vertus qui rendaient ses infortunes plus intéressantes. La dame Texier pria la marquise de la venir voir ; elle lui parla de cette princesse, pour laquelle on avait proposé des partis un peu au-dessous d'un roi de France[1]. Mme de Prie partit deux jours après pour Veissembourg, vit cette infortunée princesse polonaise, trouva qu'on ne lui en avait pas assez dit, et la fit reine.

Dans le conseil privé qu'on assembla pour décider de cette alliance, l'évêque de Fréjus dit simplement qu'il ne s'était jamais mêlé de mariage. Il laissa conclure l'affaire sans la recommander, et sans s'y opposer. La nouvelle reine fut aussi reconnaissante envers Monsieur le Duc que le roi et la reine d'Espagne furent indignés du renvoi, ou plutôt de l'expulsion de l'infante.

Quelque temps après, les murmures de Versailles et de Paris ayant éclaté, la défiance entre Monsieur le Duc et le précepteur étant augmentée, la cour ayant formé deux partis, les esprits commençant à s'aigrir, l'évêque déclare enfin au prince ministre que le seul moyen d'en prévenir les suites était de renvoyer de la cour Mme de Prie, qui était dame du palais de la reine. La marquise, de son côté, résolut, selon les règles de la guerre de cour, de faire partir le précepteur.

Une des mortifications du premier ministre était que lorsqu'il travaillait avec le roi aux affaires d'État, Fleury y assistait toujours, et que lorsque Fleury faisait signer au roi des ordres pour l'Église, le prince n'y était point admis. On engagea un jour le roi à venir tenir son petit conseil sur des objets de peu d'importance dans la chambre de la reine, et quand l'évêque de Fréjus voulut entrer, la porte lui fut fermée. Fleury, incertain si le roi n'était pas du complot, prit incontinent le parti de se retirer au village d'Issy, entre Paris et Versailles, dans une petite maison de campagne appartenante à un séminaire : c'était là son refuge quand il était mécontent ou qu'il feignait de l'être.

---

1. Entre autres le dernier maréchal d'Estrées du nom de Letellier. Le mariage manqua, parce qu'on ne voulut pas faire duc et pair le comte d'Estrées en considération de cette alliance. La princesse, devenue reine, le traita toujours avec distinction, et comme un homme qui, dans son infortune, s'était occupé du soin de l'adoucir. (K.) — Cette note, ainsi que le passage auquel elle se rapporte, a paru, pour la première fois, dans les éditions de Kehl comme étant des éditeurs. Mais je suis tenté de croire qu'elle est de Voltaire. (B.)

Le parti du premier ministre paraît triompher pendant quelques heures, mais ce fut une seconde *journée des dupes*, semblable à cette journée si connue dans laquelle le cardinal de Richelieu, chassé par Marie de Médicis et par ses autres ennemis, les chassa tous à son tour.

Le jeune Louis XV, accoutumé à son précepteur, aimait en lui un vieillard qui, n'ayant rien demandé jusque-là pour sa famille inconnue à la cour, n'avait d'autre intérêt que celui de son pupille. Fleury lui plaisait par la douceur de son caractère, par les agréments de son esprit naturel et facile. Il n'y avait pas jusqu'à sa physionomie douce et imposante, et jusqu'au son de sa voix, qui n'eût subjugué le roi. Monsieur le Duc, ayant reçu de la nature des qualités contraires, inspirait au roi une secrète répugnance.

Le monarque, qui n'avait jamais marqué de volonté; qui avait vu avec indifférence son gouverneur, le maréchal de Villeroi, exilé par le duc d'Orléans, régent; qui, ayant reçu pour femme une enfant de six ans sans en être surpris, l'avait vue partir comme un oiseau qu'on change de cage; qui avait épousé la fille de Stanislas Leczinski sans faire attention à elle ni à son père; ce prince enfin à qui tout paraissait égal, fut réellement affligé de la retraite de l'évêque de Fréjus. Il le redemanda vivement, non pas comme un enfant qui se dépite quand on change sa nourrice, mais comme un souverain qui commence à sentir qu'il est le maître. Il fit des reproches à la reine, qui ne répondit qu'avec des larmes. Monsieur le Duc fut obligé d'écrire lui-même à l'évêque, et de le prier au nom du roi de revenir.

Ce petit démêlé domestique fut incontinent le sujet de tous les discours chez tous les courtisans, chez tout ce qui habitait Versailles. Je remarquai qu'il fit plus d'impression sur les esprits que n'en firent depuis toutes les nouvelles d'une guerre funeste à la France et à l'Europe. On s'agitait, on s'interrogeait, on parlait avec égarement et avec défiance. Les uns désiraient une grande révolution, les autres la craignaient : tout était en alarmes.

Il y avait ce jour-là spectacle à la cour : on jouait *Britannicus*. Le roi et la reine arrivèrent une heure plus tard qu'à l'ordinaire. Tout le monde s'aperçut que la reine avait pleuré; et je me souviens que lorsque Narcisse prononça ce vers [1],

Que tardez-vous, seigneur, à la répudier,

---

[1]. Acte II, scène II.

presque toute la salle tourna les yeux sur la reine pour l'observer avec une curiosité plus indiscrète que maligne.

Le lendemain Fleury revint. Il affecta de ne se point plaindre; et sans paraître demander ni satisfaction ni vengeance, il se contenta d'abord d'être en secret le maître des affaires. Enfin, le 11 juin 1726, le roi ayant invité Monsieur le Duc à venir coucher à la maison de plaisance de Rambouillet, et étant parti, disait-il, pour l'attendre, le duc de Charost, capitaine des gardes, vint arrêter ce prince dans son appartement; il le mit entre les mains d'un exempt, qui le conduisit à Chantilly, séjour de ses pères et son exil.

La dissimulation de l'évêque dans cette exécution n'était pas extraordinaire, celle du roi parut l'être; mais le précepteur avait inspiré à son élève une partie de son caractère; et d'ailleurs on avait dit depuis si longtemps : *Qui ne sait dissimuler ne sait pas régner*[1], que ce proverbe royal, inventé pour les grandes occasions, était toujours appliqué aux petites.

Pâris-Duverney, dès ce moment, ne fut plus le maître de l'État. Le roi déclara dans un conseil extraordinaire que c'était lui qui devait l'être, et que tous les ministres iraient travailler chez l'évêque de Fréjus, c'est-à-dire que Fleury allait régner; les frères Pâris furent exilés, et bientôt Duverney fut mis à la Bastille.

C'est ce même Duverney que nous avons vu depuis jouir d'une assez grande fortune, et de beaucoup de considération. Il fut l'inventeur et le vrai fondateur de l'École militaire[2]. Pour Mme de Prie, elle fut envoyée au fond de la Normandie, où elle mourut bientôt dans les convulsions du désespoir[3].

Il manquait à Fleury d'être cardinal. C'est une qualité étrangère à l'Église et à l'État, que tout ecclésiastique romain, à portée de l'obtenir, poursuit avec fureur, que les papes font longtemps espérer pour avoir des créatures, et que les rois honorent chez eux par une ancienne coutume qui tient lieu de raison et même de politique.

Monsieur le Duc avait secrètement empêché par le cardinal de Polignac, ambassadeur à Rome, et par l'abbé de Rothelin, qu'on n'envoyât cette barrette tant désirée : elle arriva bientôt; Fleury la reçut avec la même simplicité apparente qu'il avait

---

1. C'est le mot de Louis XI.
2. Voyez aussi l'*Éloge funèbre de Louis XV*.
3. C'est pendant toute cette crise que Voltaire fut insulté par un Rohan, jeté à la Bastille pour la seconde fois, et, sans appui, contraint de fuir en Angleterre. On peut donc dire qu'il fut enveloppé dans la disgrâce de Monsieur le Duc, quoique celui-ci ne tombât que deux mois après. (G. A.)

reçu la place de premier ministre, et qu'il dirigea toutes les actions de sa vie, sans jamais laisser entrevoir sur son visage ni les sourcils de la fierté ni les grimaces de l'hypocrisie.

S'il y a jamais eu quelqu'un d'heureux sur la terre, c'était sans doute le cardinal de Fleury. On le regarda comme un homme des plus aimables, et de la société la plus délicieuse jusqu'à l'âge de soixante et treize ans ; et lorsqu'à cet âge, où tant de vieillards se retirent du monde, il eut pris en main le gouvernement, il fut regardé comme un des plus sages. Depuis 1726 jusqu'à 1742 tout lui prospéra. Il conserva jusqu'à près de quatre-vingt-dix ans [1] une tête saine, libre, et capable d'affaires.

Quand on songe que de mille contemporains il y en a très-rarement un seul qui parvienne à cet âge, on est obligé d'avouer que le cardinal de Fleury eut une destinée unique. Si sa grandeur fut singulière, en ce que, ayant commencé si tard, elle dura si longtemps sans aucun nuage, sa modération et la douceur de ses mœurs ne le furent pas moins. On sait quelles étaient les richesses et la magnificence du cardinal d'Amboise, qui aspirait à la tiare, et l'hypocrisie arrogante de Ximénès, qui levait des armées à ses dépens, et qui, vêtu en moine, disait qu'avec son cordon il conduisait les grands d'Espagne ; on connaît le faste royal de Richelieu ; les richesses prodigieuses accumulées par Mazarin. Il restait au cardinal de Fleury la distinction de la modestie ; il fut simple et économe en tout, sans jamais se démentir. L'élévation manquait à son caractère. Ce défaut tenait à des vertus qui sont la douceur, l'égalité, l'amour de l'ordre et de la paix : il prouva que les esprits doux et conciliants sont faits pour gouverner les autres.

Il s'était démis le plus tôt qu'il avait pu de son évêché de Fréjus, après l'avoir libéré de dettes par son économie, et y avoir fait beaucoup de bien par son esprit de conciliation : c'étaient là les deux parties dominantes de son caractère. La raison qu'il allégua à ses diocésains était l'état de sa santé, qui *le mettait désormais dans l'impuissance de veiller à son troupeau;* mais heureusement il n'avait jamais été malade.

Cet évêché de Fréjus, loin de la cour, dans un pays peu agréable, lui avait toujours déplu. Il disait que, dès qu'il avait vu

---

1. Né le 22 juin 1653, chanoine de Montpellier à quinze ans, en 1668, aumônier de la reine en 1677, évêque de Fréjus le 1ᵉʳ novembre 1698, il se démit de son évêché en 1715, fut nommé, par le testament de Louis XIV, précepteur de son arrière-petit-fils Louis XV, admis au conseil et chargé de la feuille des bénéfices en 1723, premier ministre en juin 1726, cardinal en septembre 1726; il mourut le 29 janvier 1743, à quatre-vingt-neuf ans et sept mois.

sa femme, il avait été dégoûté de son mariage ; et il signa dans une lettre de plaisanterie au cardinal Quirini : *Fleury, évêque de Fréjus par l'indignation divine.*

Il se démit vers le commencement de 1715. Le maréchal de Villeroi, après beaucoup de sollicitations, obtint de Louis XIV qu'il nommât l'évêque de Fréjus précepteur par son codicille. Cependant voici comme le nouveau précepteur s'en explique dans une lettre au cardinal Quirini :

« J'ai regretté plus d'une fois la solitude de Fréjus. En arrivant, j'ai appris que le roi était à l'extrémité, et qu'il m'avait fait l'honneur de me nommer précepteur de son petit-fils ; s'il avait été en état de m'entendre, je l'aurais supplié de me décharger d'un fardeau qui me fait trembler ; mais après sa mort, on n'a pas voulu m'écouter : j'en ai été malade, et je ne me console point de la perte de ma liberté. »

Il s'en consola en jetant sourdement les fondements de sa grandeur [1], ne cherchant point à se faire valoir, ne se plaignant de personne, ne s'attirant jamais de refus, n'entrant dans aucune intrigue ; mais il s'instruisait en secret de l'administration intérieure du royaume, et de la politique étrangère. Il fit désirer à la France, par la circonspection de sa conduite, par la séduction aimable de son esprit, qu'on le vît à la tête des affaires. Ce fut le second précepteur qui gouverna la France : il ne prit point le titre de premier ministre, et se contenta d'être absolu. Son administration fut moins contestée et moins enviée que celle de Richelieu et de Mazarin, dans les temps les plus heureux de leurs ministères. Sa place ne changea rien dans ses mœurs. On fut étonné que le premier ministre fût le plus aimable et le plus désintéressé des courtisans. Le bien de l'État s'accorda longtemps avec sa modération. On avait besoin de cette paix qu'il aimait ; et tous les ministres étrangers crurent qu'elle ne serait jamais rompue pendant sa vie. [2] Il haïssait tout système parce que son esprit était heureusement borné, ne comprenant absolument rien à une affaire de finances, exigeant seulement des sous-ministres

---

1. Dans toutes les éditions qui ont paru depuis 1768 jusqu'à ce jour (1831), on lisait : « Il s'en consola en formant insensiblement son élève aux affaires, au secret, à la probité, et conserva dans toutes les agitations de la cour, pendant la minorité, la bienveillance du régent et l'estime générale, ne cherchant point, etc. »

Le texte que je donne est celui de l'exemplaire dont j'ai parlé dans mon Avertissement. (B.)

2. C'est encore dans cet exemplaire que se trouve la phrase qui termine l'alinéa, et qui n'avait pas encore paru. (B.)

la plus sévère économie; incapable d'être commis d'un bureau, et capable de gouverner l'État [1].

Il laissa tranquillement la France réparer ses pertes, et s'enrichir par un commerce immense, sans faire aucune innovation, traitant l'État comme un corps puissant et robuste qui se rétablit de lui-même.

Les affaires politiques rentrèrent insensiblement dans leur ordre naturel. Heureusement pour l'Europe le premier ministre d'Angleterre, Robert Walpole, était d'un caractère aussi pacifique; et ces deux hommes continuèrent à maintenir presque toute l'Europe dans ce repos qu'elle goûta depuis la paix d'Utrecht jusqu'en 1733, repos qui n'avait été troublé qu'une fois par les guerres passagères de 1718 et de 1726. Ce fut un temps heureux pour toutes les nations qui, cultivant à l'envi le commerce et les arts, oublièrent toutes leurs calamités passées.

En ces temps-là se formaient deux puissances dont l'Europe n'avait point entendu parler avant ce siècle. La première était la Russie, que le czar Pierre le Grand avait tirée de la barbarie. Cette puissance ne consistait avant lui que dans des déserts immenses et dans un peuple sans lois, sans discipline, sans connaissances, tel que de tout temps ont été les Tartares. Il était si étranger à la France, et si peu connu, que, lorsqu'en 1668 Louis XIV avait reçu une ambassade moscovite, on célébra par une médaille cet événement, comme l'ambassade des Siamois.

Cet empire nouveau commença à influer sur toutes les affaires, et à donner des lois au Nord après avoir abattu la Suède. La seconde puissance, établie à force d'art et sur des fondements moins vastes, était la Prusse. Ses forces se préparaient et ne se déployaient pas encore.

La maison d'Autriche était restée à peu près dans l'état où la paix d'Utrecht l'avait mise. L'Angleterre conservait sa puissance sur mer, et la Hollande perdait insensiblement la sienne. Ce petit État, puissant par le peu d'industrie des autres nations, tombait en décadence parce que ses voisins faisaient eux-mêmes le commerce dont il avait été le maître. La Suède languissait; le Danemark était florissant; l'Espagne et le Portugal subsistaient par l'Amérique; l'Italie, toujours faible, était divisée en autant

---

1. Dans quelques livres étrangers, on a confondu le cardinal de Fleury avec l'abbé Fleury, auteur de l'*Histoire de l'Église*, et des excellents discours qui sont si au-dessus de son histoire. Cet abbé Fleury fut confesseur de Louis XV; mais il vécut à la cour inconnu; il avait une modestie vraie, et l'autre Fleury avait la modestie d'un ambitieux habile. (*Note de Voltaire.*)

d'États qu'au commencement du siècle, si on excepte Mantoue, devenue patrimoine autrichien.

La Savoie donna alors un grand spectacle au monde et une grande leçon aux souverains. Le roi de Sardaigne, duc de Savoie, ce Victor-Amédée, tantôt allié, tantôt ennemi de la France et de l'Autriche, et dont l'incertitude avait passé pour politique, lassé des affaires et de lui-même, abdiqua par un caprice, en 1730, à l'âge de soixante-quatre ans, la couronne qu'il avait portée le premier de sa famille, et se repentit par un autre caprice un an après. La société de sa maîtresse, devenue sa femme, la dévotion, et le repos, ne purent satisfaire une âme occupée pendant cinquante ans des affaires de l'Europe. Il fit voir quelle est la faiblesse humaine, et combien il est difficile de remplir son cœur sur le trône et hors du trône. Quatre souverains, dans ce siècle, renoncèrent à la couronne : Christine, Casimir, Philippe V, et Victor-Amédée. Philippe V ne reprit le gouvernement que malgré lui ; Casimir n'y pensa jamais ; Christine en fut tentée quelque temps par un dégoût qu'elle eut à Rome ; Amédée seul voulut remonter par la force sur le trône que son inquiétude lui avait fait quitter. La suite de cette tentative est connue. Son fils, Charles-Emmanuel, aurait acquis une gloire au-dessus des couronnes, en remettant à son père celle qu'il tenait de lui, si ce père seul l'eût redemandée, et si la conjoncture des temps l'eût permis ; mais c'était, dit-on, une maîtresse ambitieuse qui voulait régner, et tout le conseil a prétendu être [1] forcé d'en prévenir les suites funestes, et de faire arrêter celui qui avait été son souverain. Il mourut depuis en prison, en 1732. Il est très-faux que la cour de France voulut envoyer vingt mille hommes pour défendre le père contre le fils, comme on l'a dit dans des Mémoires de ce temps-là. Ni l'abdication de ce roi, ni sa tentative pour reprendre le sceptre, ni sa prison, ni sa mort, ne causèrent le moindre mouvement chez les nations voisines. Ce fut un terrible événement qui n'eut aucune suite [2]. Tout ce qu'on peut dire, c'est qu'il est triste pour

---

1. On lisait dans toutes les éditions : « le conseil fut forcé », etc. Le texte que je donne est celui de l'exemplaire dont j'ai parlé dans l'Avertissement. (B.)

2. Victor-Amédée avait un fils aîné qui, rempli de qualités aimables, en faisait espérer de brillantes. Il mourut à dix-sept ans. Sa mort plongea son père dans un désespoir qui fit craindre pour sa vie. Cependant son courage triompha de sa douleur. Il s'occupa de son second fils, que jusque-là il avait négligé, et traité même avec dureté, parce que l'extérieur peu avantageux de ce prince l'humiliait, et que sa douceur et sa timidité naturelles, qualités trop opposées au caractère impétueux du roi Victor, lui paraissaient annoncer un défaut d'activité et de courage. Il donna cependant tous ses soins à l'instruction de ce fils, le seul qui lui restât ; sans cesse

les princes chrétiens que Mahomet Second ait rendu la couronne au sultan Amurat son père, qui avait abdiqué, et qu'un duc de

il l'occupait à passer en revue ou à faire manœuvrer ses régiments, à lever le plan de toutes ses places; il lui fit apprendre tous les détails des manufactures établies dans ses États, lui développa tous ses projets de finance et de législation, les motifs de ce qu'il avait fait, le succès heureux ou malheureux de toutes ses tentatives pour rendre son pays florissant; et lorsqu'il le crut assez instruit, il le fit travailler avec lui dans toutes les affaires, n'en décidant aucune qu'après l'avoir discutée avec le prince Charles. Mais il continuait de le traiter avec la même dureté, ne lui laissant aucune liberté; pas même, après son second mariage, celle de vivre à son gré avec sa femme. Vers la fin de 1729 Victor forma le projet d'abdiquer; il croyait son fils en état de gouverner : l'Europe était en paix. L'on pouvait espérer que cette paix durerait quelques années; et il ne voulait pas exposer son État à n'avoir pour chef, pendant la guerre qu'il prévoyait pour un temps plus éloigné, qu'un jeune prince encore sans expérience, ou un vieillard abattu par l'âge et par les infirmités. Il ne se trouvait plus ni la même activité pour le travail, ni la même netteté d'esprit; il sentait qu'il n'avait plus la force de dompter son humeur.

Il avait toujours mené une vie simple, se montrant supérieur à l'étiquette de la grandeur comme au faste et à la mollesse. Il imagina qu'il coulerait des jours tranquilles dans sa retraite avec la marquise de Saint-Sébastien, dame d'honneur de la princesse de Piémont, qu'il prit la résolution d'épouser. Il n'avait jamais été son amant, et elle avait quarante-cinq ans; mais souvent trompé par des femmes, il avait des preuves de la vertu de Mme de Saint-Sébastien, avait pris insensiblement du goût pour elle dans de fréquents tête-à-tête où ils examinaient ensemble les plus secrets détails du ménage du prince, sur lesquels un violent désir d'avoir de la postérité donnait au roi Victor une curiosité singulière. Il ne mit point Mme de Saint-Sébastien dans la confidence de son abdication, l'épousa en secret le 12 auguste 1730, et abdiqua le 3 septembre, ne se réservant qu'une pension de cinquante mille écus.

Il recommanda à son fils le prince de Saint-Thomas, ancien ministre, sujet fidèle, et bon citoyen; Rebender, général allemand, qu'il venait de faire maréchal; et le marquis d'Ormea, alors ambassadeur à Rome. D'Ormea était un homme sans naissance que Victor-Amédée, qui lui trouvait de l'adresse, avait tiré de la misère. Ce ministre lui avait rendu le service de terminer des différends avec la cour de Rome, qui avaient duré une grande partie de son règne, et d'obtenir d'elle un concordat plus favorable que Victor n'eût pu l'espérer. Il ne savait pas que d'Ormea ayant prodigué l'argent au cardinal Coscia (Cuisse), qui gouvernait Benoît XIII, Coscia avait fait lire un concordat au pape, et lui en avait fait signer un autre. Le marquis d'Ormea, rappelé de Rome, et placé dans le ministère, forma dès son arrivée le projet d'être le maître. Il craignait peu les autres ministres, qu'il parvint bientôt à rendre suspects ou inutiles; mais le roi Victor était un obstacle à son ambition; on lui envoyait tous les jours un bulletin qui renfermait la note de tout ce que les différents bureaux avaient fait, et dans les affaires importantes son fils paraissait ne décider que d'après lui.

L'hiver qui suivit son abdication, le roi Victor eut une attaque d'apoplexie dont il resta défiguré. Son fils n'alla point le voir parce que lui-même s'y opposa; mais il lui écrivit pour l'engager à choisir sa retraite en Piémont, plus près de Turin, et dans un climat plus doux. Le bulletin avait été interrompu pendant la maladie de Victor, et on ne lui en envoya plus après sa convalescence. D'Ormea prit sur lui de cesser cet usage, éluda les ordres du roi Charles, qui voulait donner à son père cette marque de respect, et finit par l'en dégoûter.

Le roi Victor fut irrité de ce procédé. Son fils se proposa de le voir à Cham-

Savoie ait laissé mourir son père dans un cachot au lieu de lui rendre sa couronne [1].

béry, en allant aux eaux. Il lui envoya d'abord deux ministres lui rendre compte des affaires de leurs départements. Victor les écouta, les remercia de leur attention pour lui, mais refusa de croire qu'il dût leur confiance aux ordres de son fils; il le traita, lorsqu'il le vit, avec la même humeur et la même dureté qu'il lui avait prodiguées dans son enfance, et ne cacha au marquis d'Ormea et à Delborgo, autre ministre alors uni avec d'Ormea, ni son mépris, ni sa haine, ni le désir qu'il avait de détromper son fils, et d'obtenir de lui leur disgrâce.

A son retour, le roi Charles revit son père; il en fut encore plus maltraité. Il devait rester quinze jours avec lui. D'Ormea sentit que tôt ou tard Victor se rendrait maître de son humeur, et que sa perte serait le résultat d'une conférence paisible entre le père et le fils. Alors il cherche à effrayer le jeune roi, à lui persuader qu'il n'est pas en sûreté dans le château de son père, que sa liberté est en danger, sa vie exposée à un mouvement de violence; il le détermina à partir à cheval au milieu de la nuit. La reine le suit quelques jours après, et Victor lui-même part pour le Piémont avec sa femme; il s'arrête à Montcarlier, et mande à son fils que d'après le conseil qu'il lui avait donné de se rapprocher de Turin, et de ne plus s'exposer au climat rigoureux de la Savoie, il a quitté Chambéry, et attend qu'il lui donne une nouvelle retraite. La première entrevue fut très-violente, et les menaces contre les ministres redoublèrent. D'Ormea vit qu'il n'avait plus à choisir qu'entre sa perte et celle du roi Victor; mais comment faire consentir un fils, jeune, accoutumé au respect et à la crainte, à faire arrêter son père, à soulever par cette violence l'Europe entière contre lui? Il supposa que le roi Victor avait formé le projet de remonter sur le trône, tirant parti de quelques mots qui lui étaient échappés. Fosquieri, gouverneur de Turin, avait été séduit, ainsi que le marquis de Rivarol; le roi Victor avait fait une tentative pour s'introduire dans la citadelle. Il avait eu des entretiens avec des médecins et des apothicaires de la cour; tout annonçait le complot le plus funeste. Il fallait, ou rendre ces complots inutiles en s'assurant de la personne de Victor, ou lui céder le trône : action qui, suivant ces indignes conseillers, avilirait le roi Charles aux yeux de toutes les puissances, et le ferait regarder comme incapable de régner. Cependant Mahomet II, qui remit deux fois le trône à son père, avait laissé un assez grand nom. Obsédé par ses ministres, qui ne lui laissaient aucun relâche et qui tous étaient les instruments d'Ormea, quoique jaloux de lui et le haïssant, le roi Charles céda; il ordonna d'arrêter son père.

Au milieu de la nuit, des grenadiers, les uns armés de baïonnettes, les autres portant des flambeaux, entrent dans la maison où était Victor; on brise à coups de hache la porte de sa chambre qui se remplit de soldats. Il était couché avec sa femme. On lui signifia l'ordre de son fils. Dédaignant de parler aux officiers, il s'adressa aux grenadiers : « Et vous, leur dit-il, avez-vous oublié le sang que j'ai versé à votre tête pour le service de l'État? » Ils ne répondirent que par leur silence; s'obstinant à ne point obéir, on l'arrache de son lit et des bras de sa femme, qu'il tenait embrassée; on la traîne dans une chambre voisine; sa chemise, déchirée, l'exposait tout entière aux yeux des soldats. Victor consent enfin à se faire habiller; on le porte dans une voiture : il aperçoit en sortant les gardes de son fils qu'on lui avait donnés par honneur les jours précédents. « Vous avez bien fait votre devoir », leur dit-il. La voiture était entourée d'un détachement de dragons du régiment de son fils. « On a pris toutes les précautions », dit-il en les reconnais-

---

[1]. J'ai ajouté la dernière phrase de cet alinéa d'après l'exemplaire dont j'ai parlé dans mon Avertissement. (B.)

Tout était paisible depuis la Russie jusqu'à l'Espagne, lorsque la mort d'Auguste II[1], roi de Pologne, électeur de Saxe, replongea

sant, et il se laissa placer dans la voiture. Un colonel des satellites voulut y monter avec lui ; ce colonel était un homme de fortune. Victor le repoussa avec la main. « Apprenez, lui dit-il, que dans quelque état que soit votre roi, vous n'êtes pas fait pour vous asseoir à côté de lui. » On le conduisit à Rivoli, dans une maison dont on avait fait griller les fenêtres, et où il était entouré de gardes et d'espions. Sa femme fut conduite dans la forteresse de Ceva, où l'on n'enfermait que des femmes perdues.

Le marquis Fosquieri, le marquis de Rivarol, deux médecins, un apothicaire, furent arrêtés pour achever de tromper le roi, et pour en imposer au peuple ; mais bientôt après on fut obligé de les relâcher. On ne trouva dans la cassette du roi Victor aucun papier qui annonçât des projets ; et trente mille livres, reste d'un quartier de sa pension, payé quelques jours auparavant, étaient tout son trésor. Tels avaient été les préparatifs de la prétendue révolution.

Louis XV, petit-fils du roi Victor, pouvait prendre la défense de son grand-père ; il se serait couvert de gloire en marchant lui-même à son secours à la tête d'une armée. La nation eût applaudi à cette guerre ; l'Europe eût respecté ses motifs. Comment le roi Charles, sans alliés, au milieu d'un peuple qui avait cessé de haïr un prince malheureux, et ne se souvenait plus que de sa prison, ne pouvant compter ni sur ses troupes, ni sur les commandants de ses places, ni sur sa noblesse, eût-il pu résister aux premières nouvelles de la résolution de son neveu ? Il eût vu l'abîme où l'ingratitude et la scélératesse d'Ormea l'avaient plongé ; et cette victime immolée à son père eût rétabli la paix, et lui eût rendu sa gloire.

Le cardinal de Fleury n'avait qu'une politique faible ou machiavéliste ; le garde des sceaux Chauvelin n'avait point un génie plus élevé. Ils ne furent frappés que de la crainte d'obliger le roi Charles de s'unir avec l'empereur ; la nature, le devoir, l'honneur, furent sacrifiés à un intérêt qui même n'existait pas, et ils portèrent la pusillanimité jusqu'à ne pas oser faire demander, au nom du roi de France, qu'on adoucît la prison de son grand-père, tandis que le roi Charles et ses deux ministres étaient dans les plus grandes inquiétudes sur le parti que la France pourrait prendre.

Fleury avait peut-être des motifs plus personnels ; il craignait de rapprocher Louis XV de son aïeul ; il n'ignorait pas que Victor-Amédée blâmait sa conduite, le soin qu'il avait d'éloigner le roi des affaires, de ne lui laisser voir ni ses troupes, ni ses places de guerre, ni ses provinces, de favoriser sa timidité naturelle qui l'empêchait de parler à ses sujets ou aux étrangers.

Quelques mois après, on transporta le roi Victor à Montcarlier. Rivoli était placé sur le grand chemin de France à Rome, à la vue du palais de Turin, dans les campagnes où le roi chassait tous les jours. Un étranger, que le roi Victor avait traité avec cette affabilité franche qui plaît tant dans les rois, fut le seul qui osa s'intéresser à son infortune ; il fit sentir à d'Ormea combien toutes ces circonstances rendaient plus odieuse encore la prison de ce malheureux prince. On lui rendit sa femme, à laquelle d'Ormea défendit, sous peine de la vie, d'avouer qu'elle eût été enfermée au château de Ceva. Il mourut la même année. Dans ses derniers jours, il demandait à voir son fils, promettant de ne lui faire aucun reproche. D'Ormea eut le crédit d'empêcher une entrevue qui pouvait le perdre, en apprenant au roi que toute cette horrible catastrophe était l'ouvrage de son ministre. Telle fut la fin de Victor-Amédée, victime d'un sujet qu'il avait comblé de biens. Les malheurs

1. C'est le prince que l'histoire et Voltaire lui-même (voyez tome XIV, page 11) appellent Auguste Ier. Voyez la note, tome XIII, page 213.

l'Europe dans les dissensions et dans les malheurs dont elle est si rarement exempte.

CHAPITRE IV.

STANISLAS LECZINSKI, DEUX FOIS ROI DE POLOGNE, ET DEUX FOIS DÉPOSSÉDÉ. GUERRE DE 1734. LA LORRAINE RÉUNIE A LA FRANCE.

Le roi Stanislas, beau-père de Louis XV, déjà nommé roi de Pologne en 1704, fut élu roi en 1733, de la manière la plus légitime et la plus solennelle. Mais l'empereur Charles VI fit procéder à une autre élection, appuyée par ses armes et par celles de la Russie. Le fils du dernier roi de Pologne[1], électeur de Saxe, qui avait épousé une nièce de Charles VI, l'emporta sur son concurrent. Ainsi la maison d'Autriche, qui n'avait pas eu le pouvoir de se conserver l'Espagne et les Indes occidentales, et qui en dernier lieu n'avait pu même établir une compagnie de commerce à Ostende, eut le crédit d'ôter la couronne de Pologne au beau-père de Louis XV. La France vit renouveler ce qui était arrivé au prince de Conti, qui, solennellement élu, mais n'ayant ni argent ni troupes, et plus recommandé que soutenu, perdit le royaume où il avait été appelé.

Le roi Stanislas alla à Dantzick soutenir son élection. Le grand nombre qui l'avait choisi céda bientôt au petit nombre qui lui était contraire. Ce pays, où le peuple est esclave, où la noblesse vend ses suffrages, où il n'y a jamais dans le trésor public de

---

du père et du fils doivent apprendre aux princes à quels revers, à quels crimes involontaires ils s'exposent lorsque, plus frappés des talents que de la probité, ils comptent la vertu pour rien dans le choix de ceux qu'ils élèvent aux grandes places.

Nous avons cru ces détails intéressants : c'est d'ailleurs un devoir de détruire des calomnies accréditées, même contre la mémoire des morts. On avait accusé Victor d'inconstance, sa femme d'ambition, et tous deux du projet de troubler leur pays pour satisfaire leur ambition. Ils ne furent coupables que de trop de sensibilité aux outrages d'un sujet ingrat. Pourquoi ne pas apprendre à ceux que le récit de cet événement indigne ou attendrit que le roi Charles-Emmanuel fut trompé lui-même, qu'il ne sut que lorsqu'il n'en était plus temps, et l'innocence des démarches de son père, et l'insolente cruauté de ses persécuteurs? Pourquoi ne pas dévouer le vrai coupable au jugement de la postérité? (K.)

1. Voyez ci-après, page 191.

quoi entretenir les armées, où les lois sont sans vigueur, où la liberté ne produit que des divisions ; ce pays, dis-je, se vantait en vain d'une noblesse belliqueuse qui peut monter à cheval au nombre de cent mille hommes. Dix mille Russes firent d'abord disparaître tout ce qui était assemblé en faveur de Stanislas. La nation polonaise, qui, un siècle auparavant, regardait les Russes avec mépris, était alors intimidée et conduite par eux. L'empire de Russie était devenu formidable depuis que Pierre le Grand l'avait formé. Dix mille esclaves russes disciplinés dispersèrent toute la noblesse de Pologne, et le roi Stanislas, renfermé dans la ville de Dantzick, y fut bientôt assiégé par une armée de Russes.

L'empereur d'Allemagne, uni avec la Russie, était sûr du succès. Il eût fallu, pour tenir la balance égale, que la France eût envoyé par mer une nombreuse armée ; mais l'Angleterre n'aurait pas vu ces préparatifs immenses sans se déclarer. Le cardinal de Fleury, qui ménageait l'Angleterre, ne voulut ni avoir la honte d'abandonner entièrement le roi Stanislas, ni hasarder de grandes forces pour le secourir. Il fit partir une escadre avec quinze cents hommes, commandée par un brigadier. Cet officier ne crut pas que sa commission fût sérieuse ; il jugea, quand il fut près de Dantzick, qu'il sacrifierait sans fruit ses soldats, et il alla relâcher en Danemark. Le comte de Plélo, ambassadeur de France auprès du roi de Danemark, vit avec indignation cette retraite, qui lui paraissait humiliante. C'était un jeune homme qui joignait à l'étude des belles-lettres et de la philosophie des sentiments héroïques dignes d'une meilleure fortune. Il résolut de soutenir Dantzick contre une armée avec cette petite troupe, ou d'y périr. Il écrivit avant de s'embarquer une lettre à l'un des secrétaires d'État, laquelle finissait par ces mots : « Je suis sûr que je n'en reviendrai pas ; je vous recommande ma femme et mes enfants. » Il arriva à la rade de Dantzick, débarqua, et attaqua l'armée russe ; il y périt percé de coups, comme il l'avait prévu. Sa lettre arriva avec la nouvelle de sa mort. Dantzick fut pris ; l'ambassadeur de France auprès de la Pologne, qui était dans cette place, fut prisonnier de guerre, malgré les priviléges de son caractère. Le roi Stanislas vit sa tête mise à prix par le général des Russes, le comte de Munich, dans la ville de Dantzick, dans un pays libre, dans sa propre patrie, au milieu de la nation qui l'avait élu suivant toutes les lois. Il fut obligé de se déguiser en matelot, et n'échappa qu'à travers les plus grands dangers. Remarquons ici que ce comte maréchal de Munich, qui le poursuivait si cruellement, fut quelque temps après relégué en Sibérie, où[1] il vécut vingt ans dans une effroyable misère, pour reparaître ensuite avec éclat dans Pétersbourg, les derniers jours de sa turbulente vie. Telle est la vicissitude des grandeurs.

A l'égard des quinze cents Français qu'on avait si imprudemment envoyés contre une armée entière de Russes, ils firent une capitulation honorable; mais un navire de Russie ayant été pris dans ce temps-là même par un vaisseau du roi de France, les quinze cents hommes furent retenus et transportés auprès de Pétersbourg : ils pouvaient s'attendre à être inhumainement traités dans un pays qu'on avait regardé comme barbare au commencement du siècle. L'impératrice Anne régnait alors; elle traita les officiers comme des ambassadeurs, et fit donner aux soldats des rafraîchissements et des habits. Cette générosité inouïe jusqu'alors était en même temps l'effet du prodigieux changement que le czar Pierre avait fait dans la cour de Russie, et une espèce de vengeance noble que cette cour voulait prendre des idées désavantageuses sous lesquelles l'ancien préjugé des nations l'envisageait encore.

Le ministère de France eût entièrement perdu cette réputation nécessaire au maintien de sa grandeur si elle[2] n'eût tiré vengeance de l'outrage qu'on lui avait fait en Pologne; mais cette vengeance n'était rien, si elle n'était pas utile. L'éloignement des lieux ne permettait pas qu'on se portât sur les Russes[3], et la politique voulait que la vengeance tombât sur l'empereur. On l'exécuta efficacement en Allemagne et en Italie. La France s'unit avec l'Espagne et la Sardaigne. Ces trois puissances avaient leurs intérêts divers, qui tous concouraient au même but d'affaiblir l'Autriche.

Les ducs de Savoie avaient depuis longtemps accru petit à petit leurs États, tantôt en donnant des secours aux empereurs, tantôt en se déclarant contre eux. Le roi Charles-Emmanuel espérait le Milanais; et il lui fut promis par les ministres de Versailles et de Madrid. Le roi d'Espagne Philippe V, ou plutôt la reine Élisabeth de Parme, son épouse, espérait pour ses enfants de plus grands établissements que Parme et Plaisance. [4] Fleury

---

1. Je suis toujours le texte de l'exemplaire dont j'ai parlé dans mon Avertissement Dans toutes les éditions on lit : « ... où il vécut dans une extrême misère, pour reparaître ensuite avec éclat. Telle est la vicissitude des grandeurs. » (B.)
2. *Elle* se rapporte à la France.
3. Toutes les éditions portent *Moscovites*. (B.)
4. Au lieu de tout ce qui suit, et que je donne toujours d'après l'exemplaire

n'envisageait alors pour la France que la propre gloire de son ministère, fondée sur un succès vraisemblable. Il entrevoyait seulement qu'à la faveur de ce succès il pourrait tirer quelques avantages solides à la paix prochaine. Car c'est l'usage de toutes les puissances chrétiennes, depuis plus de deux cents ans, de se faire des guerres passagères qui les ruinent pour obtenir ensuite quelque dédommagement par un traité que quelques subalternes arrangent au hasard.

Personne ne prévoyait alors que la Lorraine dût être le fruit de cette guerre : on est presque toujours mené par les événements, et rarement on les dirige. Jamais négociation ne fut plus promptement terminée que celle qui unissait ces trois monarques.

L'Angleterre et la Hollande, accoutumées depuis longtemps à se déclarer pour l'Autriche contre la France, l'abandonnèrent en cette occasion. Ce fut le fruit de cette réputation d'équité et de modération que la cour de France avait acquise. L'idée de ses vues pacifiques et dépouillées d'ambition enchaînait encore ses ennemis naturels, lors même qu'elle faisait la guerre ; et rien ne fit plus d'honneur au ministère que d'être parvenu à faire comprendre à ces puissances que la France pouvait faire la guerre à l'empereur sans alarmer la liberté de l'Europe. Tous les potentats regardèrent donc tranquillement ses succès rapides. Une armée de Français fut maîtresse de la campagne sur le Rhin, et les troupes de France, d'Espagne, et de Savoie, jointes ensemble, furent les maîtresses de l'Italie. (1734) Le maréchal de Villars, déclaré généralissime des armées française, espagnole, et piémontaise, finit sa glorieuse carrière à quatre-vingt-deux ans, après avoir pris Milan. Le maréchal de Coigny, son successeur, gagna deux batailles[1], tandis que le duc de Montemar, général des Espagnols, remporta une victoire dans le royaume de Naples, à Bitonto, dont il eut le surnom. C'est une récompense que la cour d'Espagne donne souvent, à l'exemple des anciens Romains. Don Carlos, qui avait été reconnu prince héréditaire de Toscane, fut bientôt roi de Naples et de Sicile. Ainsi l'empereur Charles VI perdit presque toute l'Italie pour avoir donné un roi à la Pologne, et un fils du roi d'Espagne eut en deux campagnes ces deux Siciles, prises et reprises tant de fois auparavant, et l'objet conti-

déjà cité, on lisait : « Le roi de France n'envisageait aucun avantage pour lui que sa propre gloire, l'abaissement de ses ennemis, et le succès de ses alliés.

« Personne ne prévoyait, etc. » (B.)

1. Celle de Parme, le 29 juin ; celle de Guastalla, le 19 septembre 1734.

nuel de l'attention de la maison d'Autriche pendant plus de deux siècles.

Cette guerre d'Italie est la seule qui se soit terminée avec un succès solide pour les Français depuis Charlemagne. La raison en est qu'ils avaient pour eux le gardien des Alpes, devenu le plus puissant prince de ces contrées ; qu'ils étaient secondés des meilleures troupes d'Espagne, et que les armées furent toujours dans l'abondance.

L'empereur fut alors trop heureux de recevoir des conditions de paix que lui offrait la France victorieuse. Le cardinal de Fleury, ministre de France, qui avait eu la sagesse d'empêcher l'Angleterre et la Hollande de prendre part à cette guerre, eut aussi celle de la terminer heureusement sans leur intervention.

Par cette paix, don Carlos fut reconnu roi de Naples et de Sicile. L'Europe était déjà accoutumée à voir donner et changer des États. On assigna à François, duc de Lorraine, gendre de l'empereur Charles VI, l'héritage des Médicis qu'on avait auparavant accordé à don Carlos ; et le dernier grand-duc de Toscane [1], près de sa fin, demandait « si on ne lui donnerait pas un troisième héritier, et quel enfant l'empire et la France voulaient lui faire ». Ce n'est pas que le grand-duché de Toscane se regardât comme un fief de l'empire ; mais l'empereur le regardait comme tel, aussi bien que Parme et Plaisance, revendiqués toujours par le saint-siége, et dont le dernier duc de Parme avait fait hommage au pape : tant les droits changent selon les temps ! Par cette paix, ces duchés de Parme et de Plaisance, que les droits du sang donnaient à don Carlos, fils de Philippe V et d'une princesse de Parme, furent cédés à l'empereur Charles VI en propriété.

Le roi de Sardaigne, duc de Savoie, qui avait compté sur le Milanais, auquel sa maison, toujours agrandie par degrés, avait depuis longtemps des prétentions, n'en obtint qu'une petite partie, comme le Novarrois, le Tortonois, les fiefs des Langhes. Il tirait ses droits sur le Milanais d'une fille de Philippe II, roi d'Espagne, dont il descendait. La France avait aussi ses anciennes prétentions, par Louis XII, héritier naturel de ce duché. Philippe V avait les siennes, par les inféodations renouvelées à quatre rois d'Espagne ses prédécesseurs ; mais toutes ces prétentions cédèrent à la convenance et au bien public. L'empereur garda le Milanais ; ce n'est pas un fief dont il doive toujours donner l'investiture : c'était ori-

[1]. Jean Gaston, dernier grand-duc, de la maison de Médicis, mort sans postérité en 1737.

ginairement le royaume de Lombardie annexé à l'empire, devenu ensuite un fief sous les Viscontis et sous les Sforces, et aujourd'hui c'est un État appartenant à l'empereur ; État démembré à la vérité, mais qui, avec la Toscane et Mantoue, rend la maison impériale très-puissante en Italie.

Par ce traité, le roi Stanislas renonçait au royaume qu'il avait eu deux fois, et qu'on n'avait pu lui conserver ; il gardait le titre de roi ; il lui fallait un autre dédommagement, et ce dédommagement fut pour la France encore plus que pour lui. Le cardinal de Fleury se contenta d'abord du Barrois, que le duc de Lorraine devait donner au roi Stanislas, avec la réversion à la couronne de France ; et la Lorraine ne devait être cédée que lorsque son duc serait en pleine possession de la Toscane. C'était faire dépendre cette cession de la Lorraine de beaucoup de hasards. C'était peu profiter des plus grands succès et des conjonctures les plus favorables. Le garde des sceaux Chauvelin encouragea le cardinal de Fleury à se servir de ses avantages : il demanda la Lorraine aux mêmes conditions que le Barrois, et il l'obtint[1].

Il n'en coûta que quelque argent comptant, et une pension de trois millions cinq cent mille livres faite au duc François jusqu'à ce que la Toscane lui fût échue.

Ainsi la Lorraine fut réunie à la couronne irrévocablement : réunion tant de fois inutilement tentée. Par là un roi polonais fut transplanté en Lorraine : cette province eut pour la dernière fois un souverain résidant chez elle, et il la rendit heureuse. La maison régnante des princes lorrains devint souveraine de la Toscane. Le second fils du roi d'Espagne fut transféré à Naples. On aurait pu renouveler la médaille de Trajan : REGNA ASSIGNATA, *les trônes donnés*.

Tout resta paisible entre les princes chrétiens, si on en excepte

1. Quoique l'Angleterre ne fût pas intervenue dans le traité, cependant le cardinal de Fleury avait réglé avec l'ambassadeur d'Angleterre tous les points de la négociation ; et ce fut par faiblesse qu'il consentit à demander la Lorraine sans en instruire le ministre anglais. Cette conduite diminua la confiance qu'on avait en lui ; l'Angleterre et la Hollande regardaient cette cession éventuelle de la Lorraine comme un gage du consentement que la France donnerait aux dispositions de Charles VI et à l'élection de son gendre à l'empire. L'accomplissement de la cession de la Lorraine aurait été le prix de la modération de la France. Le cardinal l'avait senti ; il voyait, par cette disposition, la paix plus assurée contre les intrigues des ambitieux qui voudraient allumer la guerre, et il ne pardonna point au garde des sceaux Chauvelin d'avoir abusé de sa faiblesse. (K.) — Toutes ces réflexions des éditeurs de Kehl ne sont pas justes. Il faut faire comme Voltaire : applaudir à la conduite de Chauvelin, qui s'indigna de voir Fleury tout à la dévotion des Anglais. (G. A.)

les querelles naissantes de l'Espagne et de l'Angleterre pour le commerce de l'Amérique. La cour de France continua d'être regardée comme l'arbitre de l'Europe.

L'empereur faisait la guerre aux Turcs sans consulter l'empire ; cette guerre fut malheureuse : Louis XV le tira de ce précipice par sa médiation, et M. de Villeneuve, son ambassadeur à la Porte-Ottomane, alla en Hongrie conclure en 1739, avec le grand-vizir, la paix dont l'empereur avait besoin.

Presque dans le même temps le nom seul de Louis XV[1] pacifiait l'État de Gênes, menacé d'une guerre civile ; il soumit et adoucit pour un temps les Corses, qui avaient secoué le joug de Gênes. Le même ministère étendait ses soins sur Genève, et apaisait une guerre civile élevée dans ses murs.

Il interposait surtout ses bons offices entre l'Espagne et l'Angleterre, qui commençaient à se faire sur mer une guerre plus ruineuse que les droits qu'elles se disputaient n'étaient avantageux. On avait vu le même gouvernement, en 1735, employer sa médiation entre l'Espagne et le Portugal : aucun voisin n'avait à se plaindre de la France, et toutes les nations la regardaient comme leur médiatrice et leur mère commune. Cette gloire et cette félicité ne furent pas de longue durée.

CHAPITRE V.

MORT DE L'EMPEREUR CHARLES VI. LA SUCCESSION DE LA MAISON D'AUTRICHE DISPUTÉE PAR QUATRE PUISSANCES. LA REINE DE HONGRIE RECONNUE DANS TOUS LES ÉTATS DE SON PÈRE. LA SILÉSIE PRISE PAR LE ROI DE PRUSSE.

L'empereur Charles VI mourut au mois d'octobre[2] 1740, à l'âge de cinquante-cinq ans. Si la mort du roi de Pologne Auguste II avait causé de grands mouvements, celle de Charles VI, dernier prince de la maison d'Autriche, devait entraîner bien

---

1. Toutes les éditions portent : « Presque dans le même temps il pacifiait, etc. » Voyez l'Avertissement de Beuchot.
2. Le 20 octobre, d'une indigestion de champignons.

d'autres révolutions. L'héritage de cette maison sembla surtout devoir être déchiré ; il s'agissait de la Hongrie et de la Bohême, royaumes longtemps électifs, que les princes autrichiens avaient rendus héréditaires ; de la Souabe autrichienne, appelée *Autriche antérieure;* de la haute et basse Autriche, conquises au xiii° siècle; de la Stirie, de la Carinthie, de la Carniole, de la Flandre, du Burgau, des quatre villes forestières, du Brisgaw, du Frioul, du Tyrol, du Milanais, du Mantouan, du duché de Parme ; à l'égard de Naples et de Sicile, ces deux royaumes étaient entre les mains de don Carlos, fils du roi d'Espagne Philippe V.

Marie-Thérèse, fille aînée de Charles VI, se fondait sur le droit naturel qui l'appelait à l'héritage de son père, sur une pragmatique solennelle qui confirmait ce droit, et sur la garantie de presque toutes les puissances. Charles-Albert, électeur de Bavière, demandait la succession en vertu d'un testament de l'empereur Ferdinand Ier, frère de Charles-Quint [1].

Auguste III [2], roi de Pologne, électeur de Saxe, alléguait des droits plus récents, ceux de sa femme même, fille aînée de l'empereur Joseph Ier, frère aîné de Charles VI.

Le roi d'Espagne étendait ses prétentions sur tous les États de la maison d'Autriche, en remontant à la femme de Philippe II, fille de l'empereur Maximilien II. Philippe V descendait de cette princesse par les femmes. Louis XV aurait pu prétendre à cette succession à d'aussi justes titres que personne, puisqu'il descendait en droite ligne de la branche aînée masculine d'Autriche par la femme de Louis XIII, et par celle de Louis XIV; mais il lui convenait plus d'être arbitre et protecteur que concurrent : car il pouvait alors décider de cette succession et de l'empire, de concert avec la moitié de l'Europe ; mais s'il y eût prétendu, il aurait eu l'Europe à combattre. Cette cause de tant de têtes couronnées fut plaidée dans tout le monde chrétien par des Mémoires publics ; tous les princes, tous les particuliers, y prenaient intérêt. On s'attendait à une guerre universelle; mais ce qui confondit la politique humaine, c'est que l'orage commença d'un côté où personne n'avait tourné les yeux.

Un nouveau royaume s'était élevé au commencement de ce siècle : l'empereur Léopold, usant du droit que se sont toujours

---

1. Voyez *Annales de l'Empire*, année 1564, tome XIII, page 534.
2. Voltaire l'appelle encore Auguste III dans le chapitre xxxii ci-après, et tome XIII, page 612. Mais, dans le chapitre xiv ci-après, Voltaire l'appelle Auguste II. Voyez la note, tome XIII, page 213.

attribué les empereurs d'Allemagne de créer des rois, avait érigé, en 1701, la Prusse ducale en royaume, en faveur de l'électeur de Brandebourg Frédéric-Guillaume [1]. La Prusse n'était encore qu'un vaste désert; mais Frédéric-Guillaume II [2], son second roi, qui avait une politique différente de celle des princes de son temps, dépensa près de vingt-cinq millions de notre monnaie à faire défricher ces terres, à bâtir des villages, et à les peupler : il y fit venir des familles de Souabe et de Franconie; il y attira plus de seize mille émigrants de Saltzbourg, leur fournissant à tous de quoi s'établir et de quoi travailler. En se formant ainsi un nouvel État, il créait, par une économie singulière, une puissance d'une autre espèce : il mettait tous les mois environ quarante mille écus d'Allemagne en réserve, tantôt plus, tantôt moins; ce qui lui composa un trésor immense en vingt-huit années de règne. Ce qu'il ne mettait pas dans ses coffres lui servait à former une armée d'environ soixante et dix mille hommes choisis, qu'il disciplina lui-même d'une manière nouvelle, sans néanmoins s'en servir; mais son fils Frédéric III [3] fit usage de tout ce que le père avait préparé. Il prévit la confusion générale, et ne perdit pas un moment pour en profiter. Il prétendait en Silésie quatre duchés. Ses aïeux avaient renoncé à toutes leurs prétentions par des transactions réitérées, parce qu'ils étaient faibles : il se trouva puissant, et il les réclama.

Déjà la France, l'Espagne, la Bavière, la Saxe, se remuaient pour faire un empereur. La Bavière pressait la France de lui procurer au moins un partage de la succession autrichienne. L'électeur réclamait tous ces héritages par ses écrits; mais il n'osait les demander tout entiers par ses ministres. Cependant Marie-Thérèse, épouse du grand-duc de Toscane François de Lorraine, se mit d'abord en possession de tous les domaines qu'avait laissés son père; elle reçut les hommages des états d'Autriche à Vienne, le 7 novembre 1740. Les provinces d'Italie, la Bohême, lui firent leurs serments par leurs députés; elle gagna surtout l'esprit des Hongrois en se soumettant à prêter l'ancien

---

1. Le premier roi de Prusse ne s'appelait que Frédéric (voyez tome XIII, page 214, et ci-après, page 195). Comme électeur de Brandebourg, il était Frédéric III; comme roi, il est Frédéric Ier. (B.)

2. Ce titre est celui que donne à ce monarque l'*Art de vérifier les dates;* mais Frédéric-Guillaume, dit le Grand, père du premier roi de Prusse, n'ayant été qu'électeur, on donna le nom de Frédéric-Guillaume Ier au second roi de Prusse; voyez, tome XIII, page 214, la liste des électeurs de Brandebourg.

3. Voyez la note de Voltaire sur le chapitre XVII.

serment du roi André II, fait l'an 1222 : « Si moi ou quelques-uns de mes successeurs, en quelque temps que ce soit, veut enfreindre vos priviléges, qu'il vous soit permis, en vertu de cette promesse, à vous et à vos descendants, de vous défendre, sans pouvoir être traités de rebelles. »

Plus les aïeux de l'archiduchesse-reine avaient montré d'éloignement pour l'exécution de tels engagements, plus aussi la démarche prudente dont je viens de parler rendit cette princesse extrêmement chère aux Hongrois. Ce peuple, qui avait toujours voulu secouer le joug de la maison d'Autriche, embrassa celui de Marie-Thérèse ; et après deux cents ans de séditions, de haines et de guerres civiles, il passa tout d'un coup à l'adoration. La reine ne fut couronnée à Presbourg que quelques mois après, le 24 juin 1741. Elle n'en fut pas moins souveraine ; elle l'était déjà de tous les cœurs par une affabilité populaire que ses ancêtres avaient rarement exercée ; elle bannit cette étiquette et cette morgue qui peuvent rendre le trône odieux sans le rendre plus respectable. L'archiduchesse sa tante, gouvernante des Pays-Bas, n'avait jamais mangé avec personne. Marie-Thérèse admettait à sa table toutes les dames et tous les officiers de distinction : les députés des états lui parlaient librement ; jamais elle ne refusa d'audience, et jamais on n'en sortit mécontent d'elle.

Son premier soin fut d'assurer au grand-duc de Toscane, son époux, le partage de toutes ses couronnes, sous le nom de *corégent*, sans perdre en rien sa souveraineté et sans enfreindre la pragmatique sanction ; elle se flattait, dans ces premiers moments, que les dignités dont elle ornait ce prince lui préparaient la couronne impériale ; mais cette princesse n'avait point d'argent, et ses troupes, très-diminuées, étaient dispersées dans ses vastes États.

Le roi de Prusse lui fit proposer alors qu'elle lui cédât la basse Silésie, et lui offrit son crédit, ses secours, ses armes, avec cinq millions de nos livres, pour lui garantir tout le reste, et donner l'empire à son époux. Des ministres habiles prévirent que, si la reine de Hongrie refusait de telles offres, l'Allemagne serait bientôt bouleversée ; mais le sang de tant d'empereurs, qui coulait dans les veines de cette princesse, ne lui laissa pas seulement l'idée de démembrer son patrimoine ; elle était impuissante et intrépide. Le roi de Prusse voyant qu'en effet cette puissance n'était alors qu'un grand nom, et que l'état où était l'Europe lui donnerait infailliblement des alliés, marcha en Silésie au milieu du mois de décembre 1740.

On voulut mettre sur ses drapeaux cette devise : *Pro Deo et patria;* il raya *pro Deo,* disant qu'il ne fallait point ainsi mêler le nom de Dieu dans les querelles des hommes, et qu'il s'agissait d'une province et non de religion. Il fit porter devant son régiment des gardes l'aigle romaine éployée en relief au haut d'un bâton doré : cette nouveauté lui imposait la nécessité d'être invincible. Il harangua son armée pour ressembler en tout aux anciens Romains. Entrant ensuite en Silésie, il s'empara de presque toute cette province, dont on lui avait refusé une partie ; mais rien n'était encore décidé. Le général Neuperg vint avec environ vingt-quatre mille Autrichiens au secours de cette province déjà envahie ; il mit le roi de Prusse dans la nécessité de donner bataille à Molvitz, près de la rivière de Neiss[1]. On vit alors ce que valait l'infanterie prussienne : la cavalerie du roi, moins forte de près de moitié que l'autrichienne, fut entièrement rompue ; la première ligne de son infanterie fut prise en flanc, on crut la bataille perdue ; tout le bagage du roi fut pillé, et ce prince, en danger d'être pris, fut entraîné loin du champ de bataille par tous ceux qui l'environnaient ; la seconde ligne de l'infanterie rétablit tout, par cette discipline inébranlable à laquelle les soldats prussiens sont accoutumés, par ce feu continuel qu'ils font, en tirant cinq coups au moins par minute, et chargeant leurs fusils avec leurs baguettes de fer en un moment. La bataille fut gagnée, et cet événement devint le signal d'un embrasement universel.

CHAPITRE VI.

LE ROI DE FRANCE S'UNIT AUX ROIS DE PRUSSE ET DE POLOGNE POUR FAIRE ÉLIRE EMPEREUR L'ÉLECTEUR DE BAVIÈRE, CHARLES-ALBERT. CE PRINCE EST DÉCLARÉ LIEUTENANT GÉNÉRAL DU ROI DE FRANCE. SON ÉLECTION, SES SUCCÈS ET SES PERTES RAPIDES.

L'Europe crut que le roi de Prusse était déjà d'accord avec la France quand il prit la Silésie ; on se trompait : c'est ce qui arrive presque toujours lorsqu'on raisonne d'après ce qui n'est que vraisemblable. Le roi de Prusse hasardait beaucoup, comme il

---

1. Le 10 avril 1741.

l'avoua lui-même ; mais il prévit que la France ne manquerait pas une si belle occasion de le seconder. L'intérêt de la France semblait être alors de favoriser contre l'Autriche, son ancien allié, l'électeur de Bavière, dont le père[1] avait tout perdu autrefois pour elle après la bataille d'Hochstedt. Ce même électeur de Bavière, Charles-Albert, avait été retenu prisonnier dans son enfance par les Autrichiens, qui lui avaient ravi jusqu'à son nom de Bavière. La France trouvait son avantage à le venger ; il paraissait aisé de lui procurer à la fois l'empire et une partie de la succession autrichienne ; par là on enlevait à la nouvelle maison d'Autriche-Lorraine cette supériorité que l'ancienne avait affectée sur tous les autres potentats de l'Europe ; on anéantissait cette vieille rivalité entre les Bourbons et les Autrichiens ; on faisait plus que Henri IV et le cardinal de Richelieu n'avaient pu espérer.

Frédéric III[2], en partant pour la Silésie[3], entrevit le premier cette révolution, dont aucun fondement n'était encore jeté : il est si vrai qu'il n'avait pris aucune mesure avec le cardinal de Fleury que le marquis de Beauvau, envoyé par le roi de France à Berlin pour complimenter le nouveau monarque, ne sut, quand il vit les premiers mouvements des troupes de Prusse, si elles étaient destinées contre la France ou contre l'Autriche. Le roi Frédéric lui dit en partant : « Je vais, je crois, jouer votre jeu : si les as me viennent, nous partagerons[4]. »

Ce fut là le seul commencement de la négociation encore éloi-

---

1. Maximilien-Marie ; voyez tome XIII, pages 214, 603, 608-609.
2. *Annales de l'Empire*, à la fin, liste des électeurs de Brandebourg. Voltaire nomme encore le grand Frédéric, Frédéric III, ce qui n'a point prévalu. L'histoire, et Voltaire lui-même dans ses *Mémoires*, le nomment Frédéric II. Voici une liste exacte des rois de Prusse selon leur nom et leur ordre de succession.

Ier roi. Frédéric Ier, né à Kœnigsberg en 1657, couronné roi de Prusse au commencement de 1701, mort en 1713.
IIe — Frédéric-Guillaume Ier, né en 1688, succède à son père le 25 février 1713, meurt le 31 mai 1740.
IIIe — Frédéric II, surnommé le *Grand*, né le 24 janvier 1712, le troisième fils du précédent, auquel il succéda immédiatement ; mort le 1 auguste 1786.
IVe — Frédéric-Guillaume II, neveu du grand Frédéric, né le 25 septembre 1744, mort le 16 novembre 1797.
V[e] — Frédéric-Guillaume III, fils du précédent, né le 3 auguste 1770, roi depuis 1797. (CL.) — Voyez une note du chapitre XVII.

3. 15 décembre 1740.
4. L'auteur était en ce temps-là auprès du roi de Prusse. Il peut assurer que le cardinal de Fleury ignorait absolument à quel prince il avait affaire. (*Note de Voltaire.*) — Voltaire parle ici de sa première visite à Frédéric, au château de Mailand, près Vesel. (G. A.)

gnée. Le ministère de France hésita longtemps. Le cardinal de Fleury, âgé de quatre-vingt-cinq ans[1], ne voulait commettre ni sa réputation, ni sa vieillesse, ni la France, à une guerre nouvelle. La pragmatique sanction, signée et authentiquement garantie, le retenait,

Le comte, depuis maréchal duc de Belle-Isle, et son frère, petit-fils du fameux Fouquet, sans avoir ni l'un ni l'autre aucune influence dans les affaires, ni encore aucun accès auprès du roi, ni aucun pouvoir sur l'esprit du cardinal de Fleury, firent résoudre cette entreprise.

Le maréchal de Belle-Isle, sans avoir fait de grandes choses, avait une grande réputation. Il n'avait été ni ministre ni général, et passait pour l'homme le plus capable de conduire un État et une armée ; mais une santé très-faible détruisait souvent en lui le fruit de tant de talents. Toujours en action, toujours plein de projets, son corps pliait sous les efforts de son âme ; on aimait en lui la politesse d'un courtisan aimable et la franchise apparente d'un soldat. Il persuadait sans s'exprimer avec éloquence, parce qu'il paraissait toujours persuadé.

Son frère, le chevalier de Belle-Isle, avait la même ambition, les mêmes vues, mais encore plus approfondies, parce qu'une santé plus robuste lui permettait un travail plus infatigable. Son air plus sombre était moins engageant, mais il subjuguait lorsque son frère insinuait. Son éloquence ressemblait à son courage ; on y sentait, sous un air froid et profondément occupé, quelque chose de violent ; il était capable de tout imaginer, de tout arranger, et de tout faire.

Ces deux hommes, étroitement unis, plus encore par la conformité des idées que par le sang, entreprirent donc de changer la face de l'Europe[2].

Tout sembla d'abord favorable. Le maréchal de Belle-Isle fut envoyé à Francfort, au camp du roi de Prusse, et à Dresde, pour

---

1. Au commencement de 1741 le cardinal de Fleury avait quatre-vingt-sept ans et demi ; voyez la note, page 177.

2. Dans toutes les éditions on lisait ici : « ... de l'Europe, aidés dans ce grand dessein par une dame alors trop puissante. Le cardinal combattit ; il donna même au roi son avis par écrit, et cet avis était contre l'entreprise. On croyait qu'il se retirerait alors : sa carrière entière eût été glorieuse ; mais il n'eut pas la force de renoncer au ministère, et de vivre avec lui-même sur le bord de son tombeau. Le maréchal de Belle-Isle et son frère arrangèrent tout, et le vieux cardinal présida à une entreprise qu'il désapprouvait. »

Ce passage est rayé dans l'exemplaire dont il est parlé dans l'Avertissement de Beuchot. — La *dame alors trop puissante* est la duchesse de Châteauroux.

concerter ces vastes projets que le concours de tant de princes semblait rendre infaillibles. Il fut d'accord de tout avec le roi de Prusse et le roi de Pologne, électeur de Saxe. Il négociait dans toute l'Allemagne ; il était l'âme du parti qui devait procurer l'empire et des couronnes héréditaires à un prince qui pouvait peu par lui-même. La France donnait à la fois, à l'électeur de Bavière, de l'argent, des alliés, des suffrages, et des armées. (31 juillet 1741) Le roi, en lui envoyant l'armée qu'il lui avait promise, créa, par lettres patentes [1], son lieutenant général celui qu'il allait faire empereur d'Allemagne [2].

L'électeur de Bavière, fort de tant de secours, entra facilement dans l'Autriche tandis que la reine Marie-Thérèse résistait à peine au roi de Prusse. Il se rend d'abord maître de Passau, ville impériale qui appartient à son évêque, et qui sépare la haute Autriche de la Bavière. Il arrive à Lintz, capitale de cette haute Autriche. (15 auguste) Des partis poussent jusqu'à trois lieues de Vienne : l'alarme s'y répand ; on s'y prépare à la hâte à soutenir un siége ; on détruit un faubourg presque tout entier, et un palais qui touchait aux fortifications ; on ne voit sur le Danube que des bateaux chargés d'effets précieux qu'on cherche à mettre en sûreté. L'électeur de Bavière fit même faire une sommation au comte de Kevenhuller, gouverneur de Vienne.

L'Angleterre et la Hollande étaient alors loin de tenir cette balance qu'elles avaient longtemps prétendu avoir dans leurs mains ; les États-Généraux restaient dans le silence à la vue d'une armée du maréchal de Maillebois, qui était en Vestphalie ; et cette même armée en imposait au roi d'Angleterre, qui craignait pour ses États de Hanovre, où il était pour lors. Il avait levé vingt-cinq mille hommes pour secourir Marie-Thérèse ; mais il fut obligé de l'abandonner à la tête de cette armée levée pour elle, et de signer un traité de neutralité.

Il n'y avait alors aucune puissance, ni dans l'empire, ni hors de l'empire, qui soutînt cette pragmatique sanction que tant d'États avaient garantie. Vienne, mal fortifiée par le côté menacé, pouvait à peine résister ; ceux qui connaissaient le mieux l'Allemagne et les affaires publiques croyaient voir, avec la prise de Vienne, le chemin fermé aux Hongrois, tout le reste ouvert aux armées victorieuses, toutes les prétentions réglées, et la paix rendue à l'empire et à l'Europe.

1. Ces lettres ne furent scellées que le 20 auguste 1741. (*Note de Voltaire.*)
2. C'était une maladresse ; l'Allemagne se sentit blessée. (G. A.)

(11 septembre 1741) Plus la ruine de Marie-Thérèse paraissait inévitable, plus elle eut de courage ; elle était sortie de Vienne, et elle s'était jetée entre les bras des Hongrois, si sévèrement traités par son père et par ses aïeux. Ayant assemblé les quatre ordres de l'État à Presbourg, elle y parut tenant entre ses bras son fils aîné, presque encore au berceau ; et, leur parlant en latin, langue dans laquelle elle s'exprimait bien, elle leur dit à peu près ces propres paroles : « Abandonnée de mes amis, persécutée par mes ennemis, attaquée par mes plus proches parents, je n'ai de ressources que dans votre fidélité, dans votre courage, et dans ma constance ; je mets en vos mains la fille et le fils de vos rois, qui attendent de vous leur salut. » Tous les palatins attendris et animés tirèrent leurs sabres en s'écriant : « *Moriamur pro rege nostro Maria-Theresia*, mourons pour notre roi Marie-Thérèse. » Ils donnent toujours le titre de roi à leur reine [1]. Jamais princesse en effet n'avait mieux mérité ce titre. Ils versaient des larmes en faisant serment de la défendre : elle seule retint les siennes ; mais quand elle fut retirée avec ses filles d'honneur, elle laissa couler en abondance les pleurs que sa fermeté avait retenus. Elle était enceinte alors, et il n'y avait pas longtemps qu'elle avait écrit à la duchesse de Lorraine, sa belle-mère : « J'ignore encore s'il me restera une ville pour y faire mes couches. »

Dans cet état, elle excitait le zèle de ses Hongrois ; elle ranimait en sa faveur l'Angleterre et la Hollande, qui lui donnaient des secours d'argent ; elle agissait dans l'empire ; elle négociait avec le roi de Sardaigne, et ses provinces lui fournissaient des soldats.

Toute la nation anglaise s'anima en sa faveur. Ce peuple n'est pas de ceux qui attendent l'opinion de leur maître pour en avoir une. Des particuliers proposèrent de faire un don gratuit à cette princesse. La duchesse de Marlborough, veuve de celui qui avait combattu pour Charles VI, assembla les principales dames de Londres ; elles s'engagèrent à fournir cent mille livres sterling, et la duchesse en déposa quarante mille. La reine de Hongrie eut la grandeur d'âme de ne pas recevoir cet argent qu'on avait la générosité de lui offrir ; elle ne voulut que celui qu'elle attendait de la nation assemblée en parlement.

On croyait que les armées de France et de Bavière, victorieuses, allaient assiéger Vienne. Il faut toujours faire ce que l'ennemi

---

[1]. Marie d'Anjou, dans le xive siècle, et Élisabeth de Luxembourg, dans le xve, avaient le titre de *Rex* dans des actes publics ; voyez tome XIII, pages 424-425 et tome XII, page 233.

craint. C'était un de ces coups décisifs, une de ces occasions que la fortune présente une fois, et qu'on ne retrouve plus. L'électeur de Bavière avait osé concevoir l'espérance de prendre Vienne; mais il ne s'était point préparé à ce siége; il n'avait ni gros canons ni munitions. Le cardinal de Fleury n'avait point porté ses vues jusqu'à lui donner cette capitale : les partis mitoyens lui plaisaient ; il aurait voulu diviser les dépouilles avant de les avoir, et il ne prétendait pas que l'empereur qu'il faisait eût toute la succession.

L'armée de France, aux ordres de l'électeur de Bavière, marcha donc vers Prague, aidée de vingt mille Saxons, au mois de novembre 1741. Le comte Maurice de Saxe, frère naturel du roi de Pologne, attaqua la ville. Ce général, qui avait la force du corps singulière du roi son père, avec la douceur de son esprit et la même valeur, possédait de plus grands talents pour la guerre. Sa réputation l'avait fait élire d'une commune voix duc de Courlande le 28 juin 1726 ; mais la Russie, qui donnait des lois au Nord, lui avait enlevé ce que le suffrage de tout un peuple lui avait accordé : il s'en consolait dans le service des Français et dans les agréments de la société de cette nation, qui ne le connaissait pas encore assez.

Il fallait ou prendre Prague en peu de jours, ou abandonner l'entreprise. On manquait de vivres, on était dans une saison avancée ; cette grande ville, quoique mal fortifiée, pouvait aisément soutenir les premières attaques. Le général Ogilvy, Irlandais de naissance, qui commandait dans la place, avait trois mille hommes de garnison, et le grand-duc marchait au secours avec une armée de trente mille hommes ; il était déjà arrivé à cinq lieues de Prague le 25 novembre ; mais la nuit même les Français et les Saxons donnèrent l'assaut.

Ils firent deux attaques avec un grand fracas d'artillerie, qui attira toute la garnison de leur côté : pendant ce temps le comte de Saxe, en silence, fait préparer une seule échelle vers les remparts de la ville neuve, à un endroit très-éloigné de l'attaque. M. de Chevert, alors lieutenant-colonel du régiment de Beauce, monte le premier. Le fils aîné du maréchal de Broglie le suit : on arrive au rempart, on ne trouve à quelques pas qu'une sentinelle ; on monte en foule, et on se rend maître de la ville ; toute la garnison met bas les armes. Ogilvy se rend prisonnier de guerre avec ses trois mille hommes[1]. Le comte de Saxe préserva la ville du

---

1. Trois ans plus tard, le même Ogilvy rendit la même place avec quinze mille hommes. Voyez page 226.

pillage, et ce qu'il y eut d'étrange, c'est que les conquérants et le peuple conquis furent pêle-mêle ensemble pendant trois jours : Français, Saxons, Bavarois, Bohémiens, étaient confondus, ne pouvant se reconnaître, sans qu'il y eût une goutte de sang répandu.

L'électeur de Bavière, qui venait d'arriver au camp, rendit compte au roi de ce succès, comme un général qui écrit à celui dont il commande les armées : il fit son entrée dans la capitale de la Bohême le jour même de sa prise, et s'y fit couronner au mois de décembre. Cependant le grand-duc, qui n'avait pu sauver cette capitale, et qui ne pouvait subsister dans les environs, se retira au sud-est de la province, et laissa à son frère, le prince Charles de Lorraine, le commandement de son armée.

Dans le même temps le roi de Prusse se rendait maître de la Moravie[1], province située entre la Bohême et la Silésie ; ainsi Marie-Thérèse semblait accablée de tous côtés. Déjà son compétiteur avait été couronné archiduc d'Autriche à Lintz : il venait de prendre la couronne de Bohême à Prague, et de là il alla à Francfort recevoir celle d'empereur sous le nom de Charles VII.

Le maréchal de Belle-Isle, qui l'avait suivi de Prague à Francfort, semblait être plutôt un des premiers électeurs qu'un ambassadeur de France. Il avait ménagé toutes les voix, et dirigé toutes les négociations : il recevait les honneurs dus au représentant d'un roi qui donnait la couronne impériale. L'électeur de Mayence, qui préside à l'élection, lui donnait la main dans son palais, et l'ambassadeur ne donnait la main chez lui qu'aux seuls électeurs, et prenait le pas sur tous les autres princes. Ses pleins pouvoirs furent remis en langue française : la chancellerie allemande, jusque-là, avait toujours exigé que de telles pièces fussent présentées en latin, comme étant la langue d'un gouvernement qui prend le titre d'empire romain. Charles-Albert fut élu le 4 janvier 1742, de la manière la plus tranquille et la plus solennelle : on l'aurait cru au comble de la gloire et du bonheur ; mais la fortune changea, et il devint un des plus infortunés princes de la terre par son élévation même.

---

1. Voltaire passe sous silence la capitulation secrète que Frédéric avait faite avec Marie-Thérèse, et qu'il rompit alors. (G. A.)

CHAPITRE VII.

DÉSASTRES RAPIDES QUI SUIVENT LES SUCCÈS DE L'EMPEREUR CHARLES-ALBERT DE BAVIÈRE.

On commençait à sentir la faute qu'on avait faite de n'avoir pas assez de cavalerie. Le maréchal de Belle-Isle était malade à Francfort, et voulait à la fois conduire des négociations et commander de loin une armée. La mésintelligence se glissait entre les puissances alliées; les Saxons se plaignaient beaucoup des Prussiens, et ceux-ci des Français, qui à leur tour les accusaient. Marie-Thérèse était soutenue de sa fermeté, de l'argent de l'Angleterre, de celui de la Hollande et de Venise, d'emprunts en Flandre; mais surtout de l'ardeur désespérée de ses troupes rassemblées enfin de toutes parts. L'armée française, sous des chefs peu accrédités, se détruisait par les fatigues, la maladie et la désertion; les recrues venaient difficilement. Il n'en était pas comme des armées de Gustave-Adolphe, qui, ayant commencé ses campagnes en Allemagne avec moins de dix mille hommes, se trouvait à la tête de trente mille, augmentant ses troupes dans le pays même à mesure qu'il y faisait des progrès. Chaque jour affaiblissait les Français vainqueurs, et fortifiait les Autrichiens. Le prince Charles de Lorraine, frère du grand-duc, était dans le milieu de la Bohême avec trente-cinq mille hommes : tous les habitants étaient pour lui; il commençait à faire avec succès une guerre défensive, en tenant continuellement son ennemi en alarmes, en coupant ses convois, en le harcelant sans relâche de tous les côtés par des nuées de houssards, de croates, de pandours et de talpaches. Les pandours sont des Sclavons qui habitent le bord de la Drave et de la Save : ils ont un habit long; ils portent plusieurs pistolets à la ceinture, un sabre et un poignard. Les talpaches sont une infanterie hongroise armée d'un fusil, de deux pistolets et d'un sabre. Les croates, appelés en France cravates, sont des miliciens de Croatie. Les houssards sont des cavaliers hongrois, montés sur de petits chevaux légers et infatigables : ils désolent des troupes dispersées en trop de postes et peu pourvues de cavalerie. Les troupes de France et de Bavière étaient partout dans ce cas. L'empereur Charles VII avait voulu conserver avec peu de monde une vaste étendue de terrain, qu'on ne croyait pas la reine de Hongrie en état de reprendre; mais tout fut repris, et la guerre fut enfin reportée du Danube au Rhin.

Le cardinal de Fleury, voyant tant d'espérances trompées, tant de désastres qui succédaient à de si heureux commencements, écrivit au général de Kœnigseck une lettre qu'il lui fit rendre par le maréchal de Belle-Isle même : il s'excusait, dans cette lettre, de la guerre entreprise, et il avouait qu'il avait été entraîné au-delà de ses mesures. (11 juillet 1742) « Bien des gens savent, dit-il, combien j'ai été opposé aux résolutions que nous avons prises, et que j'ai été en quelque façon forcé d'y consentir. Votre Excellence est trop instruite de tout ce qui se passe pour ne pas deviner celui qui mit tout en œuvre pour déterminer le roi à entrer dans une ligue qui était si contraire à mon goût et à mes principes. »

Pour toute réponse, la reine de Hongrie fit imprimer la lettre du cardinal de Fleury. Il est aisé de voir quels mauvais effets cette lettre devait produire : en premier lieu, elle rejetait évidemment tout le reproche de la guerre sur le général chargé de négocier avec le comte de Kœnigseck, et ce n'était pas rendre la négociation facile que de rendre sa personne odieuse; en second lieu, elle avouait de la faiblesse dans le ministère, et c'eût été bien mal connaître les hommes que de ne pas prévoir qu'on abuserait de cette faiblesse, que les alliés de la France se refroidiraient, et que ses ennemis s'enhardiraient. Le cardinal, voyant la lettre imprimée, en écrivit une seconde dans laquelle il se plaint au général autrichien de ce qu'on a publié sa première lettre, et lui dit « qu'il ne lui écrira plus désormais ce qu'il pense ». Cette seconde lettre lui fit encore plus de tort que la première. Il les fit désavouer toutes deux dans quelques papiers publics; et ce désaveu, qui ne trompa personne, mit le comble à ses fausses démarches que les esprits les moins critiques excusèrent dans un homme de quatre-vingt-sept ans[1], fatigué des mauvais succès. Enfin l'empereur bavarois fit proposer à Londres des projets de paix, et surtout des sécularisations d'évêchés en faveur d'Hanovre. Le ministère anglais ne croyait pas avoir besoin de l'empereur pour les obtenir. On insulta à ses offres en les rendant publiques, et l'empereur fut réduit à désavouer ses offres de paix comme le cardinal de Fleury avait désavoué la guerre.

La querelle s'échauffa plus que jamais. La France d'un côté, l'Angleterre de l'autre, parties principales en effet sous le nom

---

1. Lisez *quatre-vingt-neuf ans*; voyez les notes, pages 177 et 196.

d'auxiliaires, s'efforcèrent de tenir la balance à main armée. La maison de Bourbon fut obligée, pour la seconde fois, de tenir tête à presque toute l'Europe.

Le cardinal de Fleury, trop âgé pour soutenir un si pesant fardeau, prodigua à regret les trésors de la France dans cette guerre entreprise malgré lui, et ne vit que des malheurs causés par des fautes. Il n'avait jamais cru avoir besoin d'une marine : ce qui restait à la France de forces maritimes fut absolument détruit par les Anglais, et les provinces de France furent exposées. L'empereur que la France avait fait fut chassé trois fois de ses propres États.

Les armées françaises furent détruites en Bavière et en Bohême sans qu'il se donnât une seule grande bataille ; et le désastre fut au point qu'une retraite dont on avait besoin, et qui paraissait impraticable, fut regardée comme un bonheur signalé. (Décembre 1742) Le maréchal de Belle-Isle sauva le reste de l'armée française assiégée dans Prague[1], et ramena environ treize mille hommes de Prague à Égra par une route détournée de trente-huit lieues, au milieu des glaces, et à la vue des ennemis[2]. Enfin la guerre fut reportée du fond de l'Autriche au Rhin.

(29 janvier 1743) Le cardinal de Fleury mourut au village d'Issy, au milieu de tous ces désastres, et laissa les affaires de la guerre, de la marine, de la finance et de la politique, dans une crise qui altéra la gloire de son ministère, et non la tranquillité de son âme.

Louis XV prit dès lors la résolution de gouverner par lui-même[3], et de se mettre à la tête d'une armée. Il se trouvait dans la même situation où fut son bisaïeul dans une guerre nommée, comme celle-ci, la guerre de la succession.

Il avait à soutenir la France et l'Espagne contre les mêmes ennemis, c'est-à-dire contre l'Autriche, l'Angleterre, la Hollande, et la Savoie. Pour se faire une idée juste de l'embarras qu'éprouvait le roi, des périls où l'on était exposé, et des ressources qu'il eut, il faut voir comment l'Angleterre donnait le mouvement à toutes ces secousses de l'Europe.

1. La sortie de Prague eut lieu dans la nuit du 16 au 17 décembre 1742.
2. Voltaire mettait cette retraite de Prague au-dessus de la retraite des dix mille ; voyez, dans le *Dictionnaire philosophique*, l'article ΧÉΝΟΡΗΟΝ, *in fine*.
3. C'est-à-dire qu'il n'eut pas de premier ministre. Mais il s'inspira du cardinal de Tencin, de Noailles et du duc de Richelieu. De là nulle unité dans la politique française. (G. A.)

CHAPITRE VIII.

CONDUITE DE L'ANGLETERRE, DE L'ESPAGNE, DU ROI DE SARDAIGNE, DES PUISSANCES D'ITALIE. BATAILLE DE TOULON [1].

On sait qu'après l'heureux temps de la paix d'Utrecht, les Anglais, qui jouissaient de Minorque et de Gibraltar en Espagne, avaient encore obtenu de la cour de Madrid des priviléges que les Français ses défenseurs n'avaient pas. Les commerçants anglais allaient vendre aux colonies espagnoles les nègres qu'ils achetaient en Afrique pour être esclaves dans le nouveau monde. Des hommes, vendus par d'autres hommes moyennant trente-trois piastres par tête qu'on payait au gouvernement espagnol, étaient un objet de gain considérable : car la compagnie anglaise, en fournissant quatre mille huit cents nègres, avait obtenu encore de vendre les huits cents sans payer de droits ; mais le plus grand avantage des Anglais, à l'exclusion des autres nations, était la permission dont cette compagnie jouit, dès 1716, d'envoyer un vaisseau à Porto-Bello.

Ce vaisseau, qui d'abord ne devait être que de cinq cents tonneaux, fut, en 1717, de huit cent cinquante par convention, mais en effet de mille par abus : ce qui faisait deux millions pesant de marchandises. Ces mille tonneaux étaient encore le moindre objet de ce commerce de la compagnie anglaise ; une patache qui suivait toujours le vaisseau, sous prétexte de lui porter des vivres, allait et venait continuellement ; elle se chargeait dans les colonies anglaises des effets qu'elle apportait à ce vaisseau, lequel ne se désemplissant jamais, par cette manœuvre, tenait lieu d'une flotte entière. Souvent même d'autres navires venaient remplir le vaisseau de permission, et leurs barques allaient encore sur les côtes de l'Amérique porter des marchandises dont les peuples avaient besoin, mais qui faisaient tort au gouvernement espagnol, et même à toutes les nations intéressées au commerce qui se fait des ports d'Espagne au golfe du Mexique. Les gouverneurs espagnols traitèrent avec rigueur les marchands anglais, et la rigueur se pousse toujours trop loin.

---

1. Ce sommaire est celui de l'exemplaire dont j'ai parlé dans mon Avertissement. Dans toutes les éditions il y a : « Conduite de l'Angleterre. Ce que fit le prince de Conti en Italie. » (B.)

Un patron de vaisseau, nommé Jenkins, vint, en 1739, se présenter à la chambre des communes. C'était un homme franc et simple, qui n'avait point fait de commerce illicite, mais dont le vaisseau avait été rencontré par un garde-côte espagnol dans un parage de l'Amérique où les Espagnols ne voulaient pas souffrir de navires anglais. Le capitaine espagnol avait saisi le vaisseau de Jenkins, mis l'équipage aux fers, fendu le nez et coupé les oreilles au patron. En cet état Jenkins se présenta au parlement : il raconta son aventure avec la naïveté de sa profession et de son caractère. « Messieurs, dit-il, quand on m'eut ainsi mutilé, on me menaça de la mort ; je l'attendis ; je recommandai mon âme à Dieu, et ma vengeance à ma patrie. » Ces paroles, prononcées naturellement, excitèrent un cri de pitié et d'indignation dans l'assemblée. Le peuple de Londres criait à la porte du parlement : *La mer libre ou la guerre!* On n'a peut-être jamais parlé avec plus de véritable éloquence qu'on parla sur ce sujet dans le parlement d'Angleterre, et je ne sais si les harangues méditées qu'on prononça autrefois dans Athènes et dans Rome, en des occasions à peu près semblables, l'emportent sur les discours non préparés du chevalier Windham, du lord Carteret, du ministre Robert Walpole, du comte de Chesterfield, de M. Pultney, depuis comte de Bath. Ces discours, qui sont l'effet naturel du gouvernement et de l'esprit anglais, étonnent quelquefois les étrangers, comme les productions d'un pays qui sont à vil prix sur leur terrain sont recherchées précieusement ailleurs. Mais il faut lire avec précaution toutes ces harangues où l'esprit de parti domine. Le véritable état de la nation y est presque toujours déguisé. Le parti du ministère y peint le gouvernement florissant ; la faction contraire assure que tout est en décadence : l'exagération règne partout. « Où est le temps, s'écriait alors un membre du parlement, où est le temps où un ministre de la guerre disait qu'il ne fallait pas qu'on osât tirer un coup de canon en Europe sans la permission de l'Angleterre ? »

Enfin le cri de la nation détermina le parlement et le roi. On déclara la guerre à l'Espagne dans les formes à la fin de l'année 1739.

La mer fut d'abord le théâtre de cette guerre, dans laquelle les corsaires des deux nations, pourvus de lettres patentes, allaient en Europe et en Amérique attaquer tous les vaisseaux marchands, et ruiner réciproquement le commerce pour lequel ils combattaient. On en vint bientôt à des hostilités plus grandes.

(Mars 1740) L'amiral Vernon pénétra dans le golfe du Mexique, y attaqua et prit la ville de Porto-Bello [1], l'entrepôt des trésors du nouveau monde, la rasa et en fit un chemin ouvert par lequel les Anglais purent exercer à main armée le commerce autrefois clandestin qui avait été le sujet de la rupture. Cette expédition fut regardée par les Anglais comme un des plus grands services rendus à la nation. L'amiral fut remercié par les deux chambres du parlement : elles lui écrivirent ainsi qu'elles en avaient usé avec le duc de Marlborough après la journée d'Hochstedt. Depuis ce temps, les actions de leur compagnie du Sud augmentèrent, malgré les dépenses immenses de la nation. Les Anglais espérèrent alors de conquérir l'Amérique espagnole. Ils crurent que rien ne résisterait à l'amiral Vernon ; et lorsque, quelque temps après, cet amiral alla mettre le siége devant Carthagène, ils se hâtèrent d'en célébrer la prise : de sorte que, dans le temps même que Vernon en levait le siége, ils firent frapper une médaille où l'on voyait le port et les environs de Carthagène avec cette légende : *Il a pris Carthagène*; le revers représentait l'amiral Vernon, et on y lisait ces mots : *Au vengeur de sa patrie*. Il y a beaucoup d'exemples de ces médailles prématurées qui tromperaient la postérité si l'histoire, plus fidèle et plus exacte, ne prévenait pas de telles erreurs.

La France, qui n'avait qu'une marine faible, ne se déclarait pas alors ouvertement ; mais le ministère de France secourait les Espagnols autant qu'il était en son pouvoir.

On était en ces termes entre les Espagnols et les Anglais, quand la mort de l'empereur Charles VI mit le trouble dans l'Europe. On a vu ce que produisit en Allemagne la querelle de l'Autriche et de la Bavière. L'Italie fut aussi bientôt désolée pour cette succession autrichienne. Le Milanais était réclamé par la maison d'Espagne. Parme et Plaisance devaient revenir par le droit de naissance à un des fils de la reine née princesse de Parme. Si Philippe V avait voulu avoir le Milanais pour lui, il eût trop alarmé l'Italie. Si l'on eût destiné Parme et Plaisance à don Carlos, déjà maître de Naples et de Sicile, trop d'États réunis sous

---

1. La prise de Porto-Bello, par Vernon, est du 1ᵉʳ décembre 1739, nouveau style, qui n'était pas encore adopté par les Anglais (voyez la note, tome XIII, page 74), et du 20 novembre, suivant l'ancien calendrier. Dans l'*Histoire de la guerre de 1741*, on lit, chapitre v : « L'amiral Vernon pénétra, en 1740, dans le golfe du Mexique. » Dans l'édition de 1768 du *Précis*, et dans toutes celles qui ont des additions marginales, on lit : « mars, 1740. » Les journaux ne parlèrent qu'en mars 1740 des événements arrivés à Porto-Bello en décembre 1739; et Voltaire a pris par mégarde la date des journaux pour celle des événements. (B.)

un même souverain eussent encore alarmé les esprits. Don Philippe, puîné de don Carlos, fut le premier auquel on destina le Milanais et le Parmesan. La reine de Hongrie, maîtresse du Milanais, faisait ses efforts pour s'y maintenir. Le roi de Sardaigne, duc de Savoie, revendiquait ses droits sur cette province; il craignait de la voir dans les mains de la maison de Lorraine entée sur la maison d'Autriche, qui, possédant à la fois le Milanais et la Toscane, pourrait un jour lui ravir les terres qu'on lui avait cédées par les traités de 1737 et 1738 ; mais il craignait encore davantage de se voir pressé par la France et par un prince de la maison de Bourbon, tandis qu'il voyait un autre prince de cette maison maître de Naples et de Sicile.

Il se résolut, dès le commencement de 1742, à s'unir avec la reine de Hongrie sans s'accorder dans le fond avec elle. Ils se réunissaient seulement contre le péril présent ; ils ne se faisaient point d'autres avantages : le roi de Sardaigne se réservait même de prendre, quand il voudrait, d'autres mesures. C'était un traité de deux ennemis qui ne songeaient qu'à se défendre d'un troisième. La cour d'Espagne envoyait l'infant don Philippe attaquer le duc roi de Sardaigne, qui n'avait voulu de lui ni pour ami ni pour voisin. Le cardinal de Fleury avait laissé passer don Philippe et une partie de son armée par la France, mais il n'avait pas voulu lui donner de troupes.

On fait beaucoup dans un temps, on craint de faire même peu dans un autre. La raison de cette conduite était qu'on se flattait encore de regagner le roi de Sardaigne, qui laissait toujours des espérances.

On ne voulait pas d'ailleurs alors de guerre directe avec les Anglais, qui l'auraient infailliblement déclarée. Les révolutions des affaires de terre, qui commençaient alors en Allemagne, ne permettaient pas de braver partout les puissances maritimes. Les Anglais s'opposaient ouvertement à l'établissement de don Philippe en Italie, sous prétexte de maintenir l'équilibre de l'Europe.

Cette balance, bien ou mal entendue, était devenue la passion du peuple anglais ; mais un intérêt plus couvert était le but du ministère de Londres. Il voulait forcer l'Espagne à partager le commerce du nouveau monde : il eût, à ce prix, aidé don Philippe à passer en Italie, ainsi qu'il avait aidé don Carlos en 1731. Mais la cour d'Espagne ne voulait point enrichir ses ennemis à ses dépens, et comptait établir don Philippe dans ses États.

Dès le mois de novembre et de décembre 1741, la cour d'Espagne avait envoyé par mer plusieurs corps de troupes en Italie, sous la conduite du duc de Montemar, célèbre par la victoire de Bitonto et ensuite par sa disgrâce. Ces troupes avaient débarqué successivement sur les côtes de la Toscane et dans les ports qu'on appelle l'État *degli presidj*, appartenant à la couronne des Deux-Siciles. Il fallait passer sur les terres de la Toscane. Le grand-duc, mari de la reine de Hongrie, fut obligé de leur accorder le passage, et de déclarer son pays neutre. Le duc de Modène, marié à la fille du duc d'Orléans, régent de France, se déclara neutre aussi. Le pape Benoît XIV, sur les terres de qui l'armée espagnole devait passer dans ces conjonctures, ainsi que celle des Autrichiens, embrassa la même neutralité à meilleur titre que personne, en qualité de père commun des princes et des peuples, tandis que ses enfants vivaient à discrétion sur son territoire.

De nouvelles troupes espagnoles arrivèrent par la voie de Gênes. Cette république se dit encore neutre, et les laissa passer. Vers ce temps-là même, le roi de Naples embrassait la neutralité, quoiqu'il s'agît de la cause de son père et de son frère ; mais de tous ces potentats neutres en apparence, aucun ne l'était en effet.

A l'égard de la neutralité du roi de Naples, voici quelle en fut la suite. On fut étonné, le 18 auguste, de voir paraître à la vue du port de Naples une escadre anglaise composée de six vaisseaux de soixante canons, de six frégates, et de deux galiotes à bombes. Le capitaine Martin, depuis amiral, qui commandait cette escadre, envoya à terre un officier avec une lettre au premier ministre, qui portait en substance qu'il fallait que le roi rappelât ses troupes de l'armée espagnole, ou que l'on allait dans l'instant bombarder la ville. On tint quelques conférences ; le capitaine anglais dit enfin, en mettant sa montre sur le tillac, qu'il ne donnait qu'une heure pour se déterminer. Le port était mal pourvu d'artillerie ; on n'avait point pris les précautions nécessaires contre une insulte qu'on n'attendait pas. On vit alors que l'ancienne maxime : *Qui est maître de la mer l'est de la terre*, est souvent vraie. On fut obligé de promettre tout ce que le commandant anglais voulait, et même il fallut le tenir jusqu'à ce qu'on eût le temps de pourvoir à la défense du port et du royaume.

Les Anglais eux-mêmes sentaient bien que le roi de Naples ne pouvait pas plus garder en Italie cette neutralité forcée que le roi d'Angleterre n'avait gardé la sienne en Allemagne.

(Décembre 1743) L'armée espagnole, commandée par le duc de Montemar, venue en Italie pour soumettre la Lombardie, se retirait alors vers les frontières du royaume de Naples, toujours pressée par les Autrichiens. Alors le roi de Sardaigne retourna dans le Piémont et dans son duché de Savoie, où les vicissitudes de la guerre demandaient sa présence. L'infant don Philippe avait en vain tenté de débarquer à Gênes avec de nouvelles troupes. Les escadres d'Angleterre l'en avaient empêché ; mais il avait pénétré par terre dans le duché de Savoie, et s'en était rendu maître. C'est un pays presque ouvert du côté du Dauphiné. Il est stérile et pauvre. Ses souverains en retiraient alors à peine quinze cent mille livres de revenu. Charles-Emmanuel, roi de Sardaigne et duc de Savoie, l'abandonna pour aller défendre le Piémont, pays plus important.

On voit par cet exposé que tout était en alarmes, et que toutes les provinces éprouvaient des revers du fond de la Silésie au fond de l'Italie. L'Autriche n'était alors en guerre ouverte qu'avec la Bavière, et cependant on désolait l'Italie. Les peuples du Milanais, du Mantouan, de Parme, de Modène, de Guastalla, regardaient avec une tristesse impuissante toutes ces irruptions et toutes ces secousses, accoutumés depuis longtemps à être le prix du vainqueur, sans oser seulement donner leur exclusion et leur suffrage.

La cour d'Espagne fit demander aux Suisses le passage par leur territoire, pour porter de nouvelles troupes en Italie ; elle fut refusée. La Suisse vend des soldats à tous les princes, et défend son pays contre eux. Le gouvernement y est pacifique, et les peuples guerriers. Une telle neutralité fut respectée. Venise, de son côté, leva vingt mille hommes pour donner du poids à la sienne.

Il y avait dans Toulon une flotte de seize vaisseaux espagnols, destinée d'abord pour transporter don Philippe en Italie ; mais il avait passé par terre, comme on a vu. Elle devait apporter des provisions à ses troupes, et ne le pouvait, retenue continuellement dans le port par une flotte anglaise qui dominait dans la Méditerranée, et insultait toutes les côtes de l'Italie et de la Provence. Les canonniers espagnols n'étaient pas experts dans leur art : on les exerça dans le port de Toulon pendant quatre mois, en les faisant tirer au blanc, et en excitant leur émulation et leur industrie par des prix proposés.

(22 février 1744) Quand ils se furent rendus habiles, on fit sortir de la rade de Toulon l'escadre espagnole, commandée par don Joseph Navarro. Elle n'était que de douze vaisseaux, les Espagnols n'ayant pas assez de matelots et de canonniers pour en manœuvrer seize. Elle fut jointe aussitôt par quatorze vaisseaux français, quatre frégates, et trois brûlots, sous les ordres de

M. de Court, qui, à l'âge de quatre-vingts ans, avait toute la vigueur de corps et d'esprit qu'un tel commandement exige. Il y avait quarante années qu'il s'était trouvé au combat naval de Malaga, où il avait servi en qualité de capitaine sur le vaisseau amiral, et depuis ce temps il ne s'était donné de bataille sur mer, en aucune partie du monde, que celle de Messine, en 1718. L'amiral anglais Matthews se présenta devant les deux escadres combinées de France et d'Espagne. La flotte de Matthews était de quarante-cinq vaisseaux, de cinq frégates, et de quatre brûlots : avec cet avantage du nombre, il sut aussi se donner d'abord celui du vent; manœuvre dont dépend souvent la victoire dans les combats de mer, comme elle dépend sur la terre d'un poste avantageux. Ce sont les Anglais qui, les premiers, ont rangé leurs forces navales en bataille, dans l'ordre où l'on combat aujourd'hui, et c'est d'eux que les autres nations ont pris l'usage de partager leurs flottes en avant-garde, arrière-garde, et corps de bataille.

On combattit donc à la bataille de Toulon dans cet ordre. Les deux flottes furent également endommagées et également dispersées.

Cette journée navale de Toulon fut donc indécise, comme tant d'autres batailles navales [1] dans lesquelles le fruit d'un grand appareil et d'une longue action est de tuer du monde de part et d'autre, et de démâter des vaisseaux. Chacun se plaignit; les Espagnols crurent n'avoir pas été assez secourus; les Français accusèrent les Espagnols de peu de reconnaissance. Ces deux nations, quoique alliées, n'étaient point toujours unies. L'antipathie ancienne se réveillait quelquefois entre les peuples, quoique l'intelligence fût entre leurs rois.

Au reste, le véritable avantage de cette bataille fut pour la France et l'Espagne : la mer Méditerranée fut libre au moins pendant quelque temps, et les provisions dont avait besoin don Philippe purent aisément lui arriver des côtes de Provence ; mais, ni les flottes françaises, ni les escadres d'Espagne, ne purent s'opposer à l'amiral Matthews quand il revint dans ces parages. Ces deux nations, obligées d'entretenir continuellement de nombreuses armées de terre, n'avaient pas ce fonds inépuisable de marine qui fait la ressource de la puissance anglaise.

---

1. Dans toutes les éditions on lit : « comme presque toutes les batailles navales (à l'exception de celle de la Hogue), dans lesquelles, etc. » La version que je donne est de l'exemplaire dont je parle dans mon Avertissement. (B.)

CHAPITRE IX.

LE PRINCE DE CONTI FORCE LES PASSAGES DES ALPES.
SITUATION DES AFFAIRES D'ITALIE.

(15 mars [1] 1774) Louis XV, au milieu de tous ces efforts, déclara la guerre au roi George II, (26 avril) et bientôt à la reine de Hongrie [2], qui la lui déclarèrent aussi dans les formes. Ce ne fut, de part et d'autre, qu'une cérémonie de plus; ni l'Espagne ni Naples ne déclarèrent la guerre, mais ils la firent.

Don Philippe, à la tête de vingt mille Espagnols dont le marquis de La Mina était le général, et le prince de Conti [3], suivi de vingt mille Français, inspirèrent tous deux à leurs troupes cet esprit de confiance et de courage opiniâtre dont on avait besoin pour pénétrer dans le Piémont, où un bataillon peut, à chaque pas, arrêter une armée entière, où il faut à tout moment combattre entre des rochers, des précipices et des torrents, et où la difficulté des convois n'est pas un des moindres obstacles. Le prince de Conti, qui avait servi en qualité de lieutenant général dans la guerre malheureuse de Bavière, avait de l'expérience dans sa jeunesse.

Le premier d'avril 1744, l'infant don Philippe et lui passèrent le Var, rivière qui tombe des Alpes, et qui se jette dans la mer de Gênes au-dessous de Nice. Tout le comté de Nice se rendit; mais pour avancer il fallait attaquer les retranchements élevés près de Villefranche, et après eux on trouvait ceux de la forteresse de Montalban, au milieu des rochers qui forment une longue suite

---

1. L'édition originale (1768, in-8°), une édition séparée (1769, in-12), portent *15 mai*. L'édition in-4° dit 13 mai. L'édition encadrée (1775) ne donne point de date; mais la date de 26 avril, qui se rapporte à un événement qui ne vient qu'après, prouve qu'au lieu de *mai* on doit lire *mars*. La date du 15 mars est donnée par le *Journal du règne de Louis XV*, et le *Mercure* de mars 1744 qui contient l'*Ordonnance* portant déclaration de guerre. (B.)

2. Voltaire ne fut pas étranger à cette déclaration de guerre. Chargé par la cour de Versailles d'aller trouver le roi de Prusse pour l'engager secrètement à renouer l'alliance française, il apprit de ce roi que l'obstacle à l'alliance venait de la faiblesse qu'avait eue Louis XV de ne pas déclarer la guerre à l'Angleterre. Voltaire revint à Paris, rendit compte de son voyage. Au printemps suivant Louis XV déclarait la guerre à George, et, vingt jours après cette déclaration, Frédéric renouait avec la France. (G. A.)

3. Louis-François, né en 1717, mort le 2 auguste 1776.

de remparts presque inaccessibles. On ne pouvait marcher que par des gorges étroites, et par des abîmes sur lesquels plongeait l'artillerie ennemie, et il fallait, sous ce feu, gravir de rochers en rochers. On trouvait encore jusque dans les Alpes des Anglais à combattre. L'amiral Matthews, après avoir radoubé ses vaisseaux, était venu reprendre l'empire de la mer. Il avait débarqué lui-même à Villefranche. Ses soldats étaient avec les Piémontais, et ses canonniers servaient l'artillerie. Malgré ces périls, le prince de Conti se présente au pas de Villefranche, rempart du Piémont, haut de près de deux cents toises, que le roi de Sardaigne croyait hors d'atteinte, et qui fut couvert de Français et d'Espagnols. L'amiral anglais et ses matelots furent sur le point d'être faits prisonniers.

(19 juillet 1744) On avança, on pénétra enfin jusqu'à la vallée de Château-Dauphin. Le comte de Campo-Santo suivait le prince de Conti, à la tête des Espagnols, par une autre gorge. Le comte de Campo-Santo portait ce nom et ce titre depuis la bataille de Campo-Santo, où il avait fait des actions étonnantes; ce nom était sa récompense, comme on avait donné le nom de Bitonto au duc de Montemar, après la bataille de Bitonto. Il n'y a guère de plus beau titre que celui d'une bataille qu'on a gagnée.

Le bailli de Givry escalade en plein jour un roc sur lequel deux mille Piémontais sont retranchés. Ce brave Chevert, qui avait monté le premier sur les remparts de Prague, monte à ce roc un des premiers; et cette entreprise était plus meurtrière que celle de Prague. On n'avait point de canon : les Piémontais foudroyaient les assaillants avec le leur. Le roi de Sardaigne, placé lui-même derrière ces retranchements, animait ses troupes. Le bailli de Givry était blessé dès le commencement de l'action; et le marquis de Villemur, instruit qu'un passage non moins important venait d'être heureusement forcé par les Français, envoyait ordonner la retraite. Givry la fait battre; mais les officiers et les soldats, trop animés, ne l'écoutent point. Le lieutenant-colonel de Poitou saute dans les premiers retranchements; les grenadiers s'élancent les uns sur les autres; et, ce qui est à peine croyable, ils passent par les embrasures même du canon ennemi, dans l'instant que les pièces, ayant tiré, reculaient par leur mouvement ordinaire; on y perdit près de deux mille hommes, mais il n'échappa aucun Piémontais. Le roi de Sardaigne, au désespoir, voulait se jeter lui-même au milieu des attaquants, et on eut beaucoup de peine à le retenir : il en coûta la vie au bailli de Givry; le colonel Salis, le marquis de La Carte, y furent tués; le duc d'Agénois, et beaucoup d'autres, blessés. Mais il en avait coûté encore moins qu'on ne devait s'attendre dans un tel terrain. Le comte de Campo-Santo, qui ne put arriver à ce défilé étroit et escarpé où ce furieux combat s'était donné, écrivit au marquis de La Mina, général de l'armée espagnole sous don Philippe : « Il se présentera quelques occasions où nous ferons aussi bien que les Français ; car il n'est pas possible de faire mieux. » Je rapporte toujours les lettres des généraux, lorsque j'y trouve des particularités intéressantes ; ainsi je transcrirai encore ce que le prince de Conti écrivit au roi touchant cette journée : « C'est une des plus brillantes et des plus vives actions qui se soient jamais passées ; les troupes y ont montré une valeur au-dessus de l'humanité. La brigade de Poitou, ayant M. d'Agénois à sa tête, s'est couverte de gloire.

« La bravoure et la présence d'esprit de M. de Chevert ont principalement décidé l'avantage. Je vous recommande M. de Solémy et le chevalier de Modène. La Carte a été tué ; Votre Majesté, qui connaît le prix de l'amitié, sent combien j'en suis touché. » Ces expressions d'un prince à un roi sont des leçons de vertu pour le reste des hommes, et l'histoire doit les conserver.

Pendant qu'on prenait Château-Dauphin, il fallait emporter ce qu'on appelait *les barricades*; c'était un passage de trois toises entre deux montagnes qui s'élèvent jusqu'aux nues. Le roi de Sardaigne avait fait couler dans ce précipice la rivière de Sture, qui baigne cette vallée. Trois retranchements et un chemin couvert, par-delà la rivière, défendaient ce poste, qu'on appelait les barricades ; il fallait ensuite se rendre maître du château de Démont, bâti avec des frais immenses sur la tête d'un rocher isolé au milieu de la vallée de Sture ; après quoi les Français, maîtres des Alpes, voyaient les plaines du Piémont. Ces barricades furent tournées habilement par les Français et par les Espagnols la veille de l'attaque de Château-Dauphin (18 juillet). On les emporta presque sans coup férir, en mettant ceux qui les défendaient entre deux feux. Cet avantage fut un des chefs-d'œuvre de l'art de la guerre : car il fut glorieux, il remplit l'objet proposé, et ne fut pas sanglant.

CHAPITRE X.

NOUVELLES DISGRACES DE L'EMPEREUR CHARLES VII.
BATAILLE DE DETTINGEN.

Tant de belles actions ne servaient de rien au but principal, et c'est ce qui arrive dans presque toutes les guerres. La cause de la reine de Hongrie n'en était pas moins triomphante. L'empereur Charles VII, nommé en effet empereur par le roi de France, n'en était pas moins chassé de ses États héréditaires, et n'était pas moins errant dans l'Allemagne. Les Français n'étaient pas moins repoussés au Rhin et au Mein. La France, enfin, n'en était pas moins épuisée pour une cause qui lui était étrangère, et pour une guerre qu'elle aurait pu s'épargner, guerre entreprise par la seule ambition du maréchal de Belle-Isle, dans laquelle on n'avait que peu de chose à gagner et beaucoup à perdre.

L'empereur Charles VII se réfugia d'abord dans Augsbourg, ville impériale et libre, qui se gouverne en république, fameuse par le nom d'Auguste, la seule qui ait conservé les restes, quoique défigurés, de ce nom d'Auguste, autrefois commun à tant de villes sur les frontières de la Germanie et des Gaules. Il n'y demeura pas longtemps, et, en la quittant, au mois de juin 1743, il eut la douleur d'y voir entrer un colonel de houssards, nommé Mentzel[1], fameux par ses férocités et ses brigandages, qui le chargea d'injures dans les rues.

Il portait sa malheureuse destinée dans Francfort, ville encore plus privilégiée qu'Augsbourg, et dans laquelle s'était faite son élection à l'empire; mais ce fut pour y voir accroître ses infortunes. Il se donnait une bataille qui décidait de son sort à quatre milles de son nouveau refuge.

Le comte Stair, Écossais, l'un des élèves du duc de Marlborough, autrefois ambassadeur en France, avait marché vers Francfort à la tête d'une armée de plus de cinquante mille hommes, composée d'Anglais, d'Hanovriens, et d'Autrichiens. Le roi d'Angleterre arriva avec son second fils le duc de Cumberland, après avoir passé à Francfort dans ce même asile de l'empereur, qu'il

---

1. Voyez ci-après, page 220. Dans sa lettre à d'Argental, du 23 août 1743, Voltaire dit que Mentzel avait été comédien.

reconnaissait toujours pour son suzerain [1], et auquel il faisait la guerre dans l'espérance de le détrôner.

Le maréchal duc de Noailles, qui commandait l'armée opposée au roi d'Angleterre, avait porté les armes dès l'âge de quinze ans. Il avait commandé en Catalogne dans la guerre de 1701, et passa depuis par toutes les fonctions qu'on peut avoir dans le gouvernement ; à la tête des finances au commencement de la régence, général d'armée et ministre d'État, il ne cessa dans tous ses emplois de cultiver la littérature : exemple autrefois commun chez les Grecs et chez les Romains, mais rare aujourd'hui dans l'Europe. Ce général, par une manœuvre supérieure, fut d'abord le maître de la campagne. Il côtoya l'armée du roi d'Angleterre, qui avait le Mein entre elle et les Français ; il lui coupa les vivres en se rendant maître des passages au-dessus et au-dessous de leur camp.

Le roi d'Angleterre s'était posté dans Aschaffenbourg, ville sur le Mein, qui appartient à l'électeur de Mayence. Il avait fait cette démarche malgré le comte Stair, son général, et commençait à s'en repentir. Il y voyait son armée bloquée et affamée par le maréchal de Noailles. Le soldat fut réduit à la demi-ration par jour. On manquait de fourrages au point qu'on proposa de couper les jarrets aux chevaux, et on l'aurait fait si on était resté encore deux jours dans cette position. Le roi d'Angleterre fut obligé enfin de se retirer pour aller chercher des vivres à Hanau sur le chemin de Francfort ; mais en se retirant il était exposé aux batteries du canon ennemi placé sur la rive du Mein. Il fallait faire marcher en hâte une armée que la disette affaiblissait, et dont l'arrière-garde pouvait être accablée par l'armée française : car le maréchal de Noailles avait eu la précaution de jeter des ponts entre Dettingen et Aschaffenbourg, sur le chemin de Hanau, et les Anglais avaient joint à leurs fautes celle de laisser établir ces ponts. Le 26 juin, au milieu de la nuit, le roi d'Angleterre fit décamper son armée dans le plus grand silence, et hasarda cette marche précipitée et dangereuse à laquelle il était réduit. Le maréchal de Noailles voit les Anglais qui semblent marcher à leur perte dans un chemin étroit entre une montagne et la rivière. Il ne manqua pas d'abord de faire avancer tous les escadrons composés de la maison du roi, de dragons, et de houssards, vers le village de Dettingen, devant lequel les Anglais devaient passer. Il fait défiler sur deux ponts quatre brigades d'infanterie avec celles des gardes françaises. Ces troupes avaient ordre de rester

---

1. Comme électeur de Hanovre. Francfort était ville neutre.

postées dans le village de Dettingen en deçà d'un ravin profond. Elles n'étaient point aperçues des Anglais, et le maréchal voyait tout ce que les Anglais faisaient. M. de Vallière, lieutenant général, homme qui avait poussé le service de l'artillerie aussi loin qu'il peut aller, tenait ainsi dans un défilé les ennemis entre deux batteries qui plongeaient sur eux du rivage. Ils devaient passer par un chemin creux qui est entre Dettingen et un petit ruisseau. On ne devait fondre sur eux qu'avec un avantage certain dans un terrain qui devenait un piége inévitable[1]. Le roi d'Angleterre pouvait être pris lui-même : c'était enfin un de ces moments décisifs qui semblaient devoir mettre fin à la guerre.

Le maréchal recommande au duc de Grammont, son neveu, lieutenant général et colonel des gardes, d'attendre dans cette position que l'ennemi vînt lui-même se livrer. Il alla malheureusement reconnaître un gué pour faire encore avancer de la cavalerie. La plupart des officiers disaient qu'il eût mieux fait de rester à la tête de l'armée[2] pour se faire obéir. Il envoya faire occuper le poste d'Aschaffenbourg par cinq brigades, de sorte que les Anglais étaient pris de tous côtés. Un moment d'impatience dérangea toutes ces mesures.

(27 juin) Le duc de Grammont crut que la première colonne ennemie était déjà passée, et qu'il n'y avait qu'à fondre sur une arrière-garde qui ne pouvait résister[3] ; il fit passer le ravin à ses troupes. Quittant ainsi un terrain avantageux où il devait rester, il avance avec le régiment des gardes et celui de Noailles infanterie dans une petite plaine qu'on appelle Champ-des-Coqs. Les Anglais, qui défilaient en ordre de bataille, se formèrent bientôt. Par là les Français, qui avaient attiré les ennemis dans le piége, y tombèrent eux-mêmes. Ils attaquèrent les ennemis en désordre et avec des forces inégales. Le canon que M. de Vallière avait établi le long du Mein, et qui foudroyait les ennemis par le flanc, et surtout les Hanovriens, ne fut plus d'aucun usage, parce qu'il aurait tiré contre les Français mêmes. Le maréchal revient dans le moment qu'on venait de faire cette faute.

1. Ce texte est celui de l'édition originale (1768, in-8°), de l'édition de 1769, in-12, de l'édition in-4°. Dans l'édition de 1775 trois mots ont été oubliés; on y lit : « avantage certain, qui devenait un piége inévitable. » Les éditions de Kehl se sont arrêtées au mot *certain*, à cause du contre-sens que présente l'édition de 1775, sur laquelle elles ont été faites. (B.)
2. Les éditions de Kehl portent : « rester à l'armée. » Le texte que j'ai suivi est celui des éditions de 1768, 1769 in-4°, et 1775. (B.)
3. Grammont et la maison du roi ne voulurent pas que l'artillerie eût l'honneur de l'affaire. (G. A.)

La maison du roi à cheval, les carabiniers, enfoncèrent d'abord par leur impétuosité deux lignes entières d'infanterie; mais ces lignes se reformèrent dans le moment, et enveloppèrent les Français. Les officiers du régiment des gardes marchèrent hardiment à la tête d'un corps assez faible d'infanterie; vingt et un de ces officiers furent tués sur la place, autant furent dangereusement blessés. Le régiment des gardes fut mis dans une déroute entière.

Le duc de Chartres, depuis duc d'Orléans [1], le prince de Clermont, le comte d'Eu, le duc de Penthièvre, malgré sa grande jeunesse, faisaient des efforts pour arrêter le désordre. Le comte de Noailles eut deux chevaux de tués sous lui. Son frère le duc d'Ayen fut renversé.

Le marquis de Puységur, fils du maréchal de ce nom, parlait aux soldats de son régiment, courait après eux, ralliait ce qu'il pouvait, et en tua de sa main quelques-uns qui ne voulaient plus suivre, et qui criaient : *Sauve qui peut* [2]. Les princes et les ducs de Biron, de Luxembourg, de Richelieu, de Péquigny-Chevreuse, se mettaient à la tête des brigades qu'ils rencontraient, et s'enfoncèrent dans les lignes des ennemis.

D'un autre côté la maison du roi et les carabiniers ne se rebutaient point. On voyait ici une troupe de gendarmes, là une compagnie des gardes, cent mousquetaires dans un autre endroit, des compagnies de cavalerie s'avançant avec des chevau-légers; d'autres qui suivaient les carabiniers ou les grenadiers à cheval, et qui couraient aux Anglais le sabre à la main avec plus de bravoure que d'ordre. Il y en avait si peu qu'environ cinquante mousquetaires, emportés par leur courage, pénétrèrent dans le régiment de cavalerie du lord Stair. Vingt-sept officiers de la maison du roi à cheval périrent dans cette confusion, et soixante-six furent blessés dangereusement. Le comte d'Eu, le comte d'Harcourt, le comte de Beuvron, le duc de Boufflers, furent blessés; le comte de La Mothe-Houdancourt, chevalier d'honneur de la reine, eut son cheval tué, fut foulé longtemps aux pieds des chevaux, et remporté presque mort. Le marquis de Gontaut eut le bras cassé; le duc de Rochechouart, premier gentilhomme de la chambre, ayant été blessé deux fois, et combattant encore, fut tué sur la place. Les marquis de Sabran, de Fleury, le comte d'Estrades, le comte de Rostaing, y laissèrent la vie. Parmi les

---

1. Louis-Philippe, né en 1725, mort en 1785, aïeul du roi Louis-Philippe Ier. (B.)
2. C'étaient de jeunes milices amenées de la veille à l'armée. Les gardes françaises se débandèrent aussi. (G. A.)

singularités de cette triste journée, on ne doit pas omettre la mort d'un comte de Boufflers de la branche de Rémiancourt. C'était un enfant de dix ans et demi : un coup de canon lui cassa la jambe ; il reçut le coup, se vit couper la jambe, et mourut avec un égal sang-froid. Tant de jeunesse et tant de courage attendrirent tous ceux qui furent témoins de son malheur.

La perte n'était guère moins considérable parmi les officiers anglais. Le roi d'Angleterre combattait à pied et à cheval, tantôt à la tête de la cavalerie, tantôt à celle de l'infanterie. Le duc de Cumberland fut blessé à ses côtés ; le duc d'Aremberg, qui commandait les Autrichiens, reçut une balle de fusil au haut de la poitrine. Les Anglais perdirent plusieurs officiers généraux. Le combat dura trois heures ; mais il était trop inégal : le courage seul avait à combattre la valeur, le nombre, et la discipline. Enfin le maréchal de Noailles ordonna la retraite.

Le roi d'Angleterre dîna sur le champ de bataille, et se retira ensuite sans même se donner le temps d'enlever tous ses blessés, dont il laissa environ six cents que le lord Stair recommanda à la générosité du maréchal de Noailles. Les Français les recueillirent comme des compatriotes ; les Anglais et eux se traitaient en peuples qui se respectaient.

Les deux généraux s'écrivirent des lettres qui font voir jusqu'à quel point on peut pousser la politesse et l'humanité au milieu des horreurs de la guerre.

Cette grandeur d'âme n'était pas particulière au comte Stair et au duc de Noailles. Le duc de Cumberland surtout fit un acte de générosité qui doit être transmis à la postérité. Un mousquetaire nommé Girardeau, blessé dangereusement, avait été porté près de sa tente. On manquait de chirurgiens, assez occupés ailleurs ; on allait panser le prince, à qui une balle avait percé les chairs de la jambe. « Commencez, dit le prince, par soulager cet officier français ; il est plus blessé que moi ; il manquerait de secours, et je n'en manquerai pas. »

Au reste, la perte fut à peu près égale dans les deux armées. Il y eut du côté des alliés deux mille deux cent trente et un hommes tant tués que blessés. On sut ce calcul par les Anglais, qui rarement diminuent leur perte, et n'augmentent guère celle de leurs ennemis.

Les Français souffrirent une grande perte en faisant avorter le fruit des plus belles dispositions par cette ardeur précipitée et cette indiscipline qui leur avait fait perdre autrefois les batailles de Poitiers, de Crécy, d'Azincourt. Celui qui écrit cette histoire vit, six semaines après, le comte Stair à la Haye; il prit la liberté de lui demander ce qu'il pensait de cette bataille. Ce général lui répondit : « Je pense que les Français ont fait une grande faute, et nous, deux : la vôtre a été de ne savoir pas attendre; les deux nôtres ont été de nous mettre d'abord dans un danger évident d'être perdus, et ensuite de n'avoir pas su profiter de la victoire. »

Après cette action, beaucoup d'officiers français et anglais allèrent à Francfort, ville toujours neutre, où l'empereur vit l'un après l'autre le comte Stair et le maréchal de Noailles, sans pouvoir leur marquer d'autres sentiments que ceux de la patience dans son infortune.

Le maréchal de Noailles trouva l'empereur accablé de chagrin, sans États, sans espérance, n'ayant pas de quoi faire subsister sa famille dans cette ville impériale où personne ne voulait faire la moindre avance au chef de l'empire; il lui donna une lettre de crédit de quarante mille écus, certain de n'être pas désavoué par le roi son maître. Voilà où en était réduite la majesté de l'empire romain.

CHAPITRE XI.

PREMIÈRE CAMPAGNE DE LOUIS XV EN FLANDRE; SES SUCCÈS. IL QUITTE LA FLANDRE POUR ALLER AU SECOURS DE L'ALSACE MENACÉE, PENDANT QUE LE PRINCE DE CONTI CONTINUE A S'OUVRIR LE PASSAGE DES ALPES. NOUVELLES LIGUES. LE ROI DE PRUSSE PREND ENCORE LES ARMES.

Ce fut dans ces circonstances dangereuses, dans ce choc de tant d'États, dans ce mélange et ce chaos de guerre et de politique, que Louis XV commença sa première campagne (1744). On gardait à peine les frontières du côté de l'Allemagne. La reine de Hongrie s'était fait prêter serment de fidélité par les habitants de la Bavière et du haut Palatinat. Elle fit présenter dans Francfort même, où Charles VII était retiré, un Mémoire où l'élection de cet empereur était qualifiée *nulle de toute nullité*. Il était obligé enfin de se déclarer neutre tandis qu'on le dépouillait. On lui proposait de se démettre, et de résigner l'empire à François de Lorraine, grand-duc de Toscane, époux de Marie-Thérèse.

Le prince Charles de Lorraine, frère du grand-duc, commençait à s'établir dans une île du Rhin auprès du vieux Brisach. Des partis hongrois pénétraient jusque par delà de la Sarre, et entamaient les frontières de la Lorraine. Ce fameux partisan Mentzel faisait répandre dans l'Alsace, dans les Trois Évêchés, dans la Franche-Comté, des manifestes par lesquels il invitait les peuples, au nom de la reine de Hongrie, à retourner sous l'obéissance de la maison d'Autriche : il menaçait les habitants qui prendraient les armes de les faire pendre, « après les avoir forcés de se couper eux-mêmes le nez et les oreilles ». Cette insolence, digne d'un soldat d'Attila, n'était que méprisable ; mais elle était la preuve des succès. Les armées autrichiennes menaçaient Naples, tandis que les armées françaises et espagnoles n'étaient encore que dans les Alpes. Les Anglais, victorieux sur terre, dominaient sur les mers ; les Hollandais allaient se déclarer, et promettaient de se joindre en Flandre aux Autrichiens et aux Anglais. Tout était contraire. Le roi de Prusse, satisfait de s'être emparé de la Silésie, avait fait sa paix particulière avec la reine de Hongrie.

Louis XV soutint tout ce grand fardeau. Non-seulement il assura les frontières sur les bords du Rhin et de la Moselle par des corps d'armée, mais il prépara une descente en Angleterre même. Il fit venir de Rome le jeune prince Charles-Édouard, fils aîné du prétendant, et petit-fils de l'infortuné roi Jacques II. (9 janvier 1744) Une flotte de vingt et un vaisseaux, chargée de vingt-quatre mille hommes de débarquement, le porta dans le canal d'Angleterre. Ce prince vit pour la première fois le rivage de sa patrie ; mais une tempête, et surtout les vaisseaux anglais, rendirent cette entreprise infructueuse.

Ce fut dans ce temps-là que le roi partit pour la Flandre. Il avait une armée florissante que le comte d'Argenson, secrétaire d'État de la guerre, avait pourvue de tout ce qui pouvait faciliter la guerre de campagne et de siége.

Louis XV arrive en Flandre. A son approche les Hollandais, qui avaient promis de se joindre aux troupes de la reine de Hongrie et aux Anglais, commencent à craindre. Ils n'osent remplir leur promesse : ils envoient des députés au roi au lieu de troupes contre lui. Le roi prend Courtrai (le 18 mai 1744) et Menin (le 5 juin) en présence des députés.

Le lendemain même de la prise de Menin, il investit Ypres (6 juin 1644). C'était le prince de Clermont, abbé de Saint-Germain des Prés, qui commandait les principales attaques au siége d'Ypres. On n'avait point vu en France, depuis les cardinaux de **La Valette** et de **Sourdis**, d'homme qui réunît la profession des armes et celle de l'Église. Le prince de Clermont avait eu cette permission du pape Clément XII, qui avait jugé que l'état ecclésiastique devait être subordonné à celui de la guerre dans l'arrière-petit-fils du grand Condé. On insulta le chemin couvert du front de la basse ville, quoique cette entreprise parût prématurée et hasardée ; le marquis de Beauvau, maréchal de camp, qui marchait à la tête des grenadiers de Bourbonnais et de Royal-Comtois, y reçut une blessure mortelle qui lui causa les douleurs les plus vives. Il mourut dans des tourments intolérables, regretté des officiers et des soldats comme capable de commander un jour les armées, et de tout Paris comme un homme de probité et d'esprit. Il dit aux soldats qui le portaient : « Mes amis, laissez-moi mourir, et allez combattre. »

Ypres capitula bientôt (25 juin); nul moment n'était perdu. Tandis qu'on entrait dans Ypres, le duc de Boufflers prenait la Kenoque (29 juin); et pendant que le roi allait, après ces expéditions, visiter les places frontières, le prince de Clermont faisait le siége de Furnes, qui arbora le drapeau blanc (11 juillet) au bout de cinq jours de tranchée ouverte. Les généraux anglais et autrichiens qui commandaient vers Bruxelles regardaient ces progrès, et ne pouvaient les arrêter. Un corps que commandait le maréchal de Saxe, que le roi leur opposait, était si bien posté et couvrait les siéges si à propos que les succès étaient assurés. Les alliés n'avaient point de plan de campagne fixe et arrêté. Les opérations de l'armée française étaient concertées. Le maréchal de Saxe, posté à Courtrai, arrêtait tous les efforts des ennemis, et facilitait toutes les opérations. Une artillerie nombreuse qu'on tirait aisément de Douai, un régiment d'artillerie de près de cinq mille hommes, plein d'officiers capables de conduire des siéges, et composé de soldats qui sont pour la plupart des artistes habiles, enfin le corps des ingénieurs, étaient des avantages que ne peuvent avoir des nations réunies à la hâte pour faire ensemble la guerre quelques années. De pareils établissements ne peuvent être que le fruit du temps et d'une attention suivie dans une monarchie puissante. La guerre de siége devait nécessairement donner la supériorité à la France.

Au milieu de ces progrès, la nouvelle vient que les Autrichiens ont passé le Rhin du côté de Spire, à la vue des Français et des Bavarois, que l'Alsace est entamée, que les frontières de la Lorraine sont exposées (29 et 30 juin 1744). On ne pouvait d'abord le croire, mais rien n'était plus certain. Le prince Charles, en menaçant plusieurs endroits, et faisant à la fois plus d'une tentative, avait enfin réussi du côté où était posté le comte de Seckendorff, qui commandait les Bavarois, les Palatins et les Hessois, alliés payés par la France.

L'armée autrichienne, au nombre d'environ soixante mille hommes, entre en Alsace sans résistance. Le prince Charles s'empare en une heure de Lauterbourg, poste peu fortifié, mais de la plus grande importance. Il fait avancer le général Nadasti jusqu'à Veissenbourg, ville ouverte, dont la garnison est forcée de se rendre prisonnière de guerre. Il met un corps de dix mille hommes dans la ville et dans les lignes qui la bordent. Le maréchal de Coigny, qui commandait dans ces quartiers, général hardi, sage, et modeste, célèbre par deux victoires en Italie, dans la guerre de 1738[1], vit que sa communication avec la France était coupée, que le pays Messin, la Lorraine, allaient être en proie aux Autrichiens et aux Hongrois : il n'y avait d'autre ressource que de passer sur le corps de l'ennemi pour rentrer en Alsace et couvrir le pays. Il marche aussitôt avec la plus grande partie de son armée à Veissenbourg, dans le temps que les ennemis venaient de s'en emparer (15 juillet 1744). Il les attaque dans la ville et dans les lignes ; les Autrichiens se défendent avec courage. On se battait dans les places et dans les rues ; elles étaient couvertes de morts. La résistance dura six heures entières. Les Bavarois, qui avaient mal gardé le Rhin, réparèrent leur négligence par leur valeur. Ils étaient surtout encouragés par le comte de Mortagne, alors lieutenant général de l'empereur, qui reçut dix coups de fusil dans ses habits. Le marquis de Montal menait les Français.

Celui qui rendit les plus grands services dans cette journée, et qui sauva en effet l'Alsace, fut le marquis de Clermont-Tonnerre. Il était à la tête de la brigade Montmorin ; tout plia devant lui. C'est le même qui, l'année suivante, commanda une aile de l'armée à la bataille de Fontenoy, et qui contribua plus que personne à la victoire. On l'a vu depuis doyen des maréchaux de France[2]. Son fils fut l'héritier de sa valeur et de ses vertus.

On reprit enfin Veissenbourg et les lignes ; mais on fut bientôt obligé, par l'arrivée de toute l'armée autrichienne, de se retirer vers Haguenau, qu'on fut même forcé d'abandonner. Des partis ennemis, qui allèrent à quelques lieues au delà de la Sarre, por-

---

1. Ces deux victoires sont de 1734 ; voyez page 187.
2. Gaspard, marquis de Clermont-Tonnerre, né en 1688, maréchal de France en 1747 (voyez tome XIV, page 16), est mort en 1781.

tèrent l'épouvante jusqu'à Lunéville, dont le roi Stanislas Leczinski fut obligé de partir avec sa cour.

A la nouvelle de ces revers que le roi apprit à Dunkerque, il ne balança pas sur le parti qu'il devait prendre : il se résolut à interrompre le cours de ses conquêtes en Flandre, à laisser le maréchal de Saxe, avec environ quarante mille hommes, conserver ce qu'il avait pris, et à courir lui-même au secours de l'Alsace.

Il fait d'abord prendre les devants au maréchal de Noailles. Il envoie le duc d'Harcourt avec quelques troupes garder les gorges de Phalzbourg. Il se prépare à marcher à la tête de vingt-six bataillons et trente-trois escadrons. Ce parti, que prenait le roi dès sa première campagne, transporta les cœurs des Français, et rassura les provinces alarmées par le passage du Rhin, et surtout par les malheureuses campagnes précédentes en Allemagne.

Le roi prit sa route par Saint-Quentin, La Fère, Laon, Reims, faisant marcher ses troupes, dont il assigna le rendez-vous à Metz. Il augmenta, pendant cette marche, la paye et la nourriture du soldat, et cette attention redoubla encore l'affection de ses sujets. Il arriva dans Metz le 5[1] auguste, et le 7 on apprit un événement qui changeait toute la face des affaires, qui forçait le prince Charles à sortir de l'Alsace, qui rétablissait l'empereur, et mettait la reine de Hongrie dans le plus grand danger où elle eût été encore.

Il semblait que cette princesse n'eût alors rien à craindre du roi de Prusse après la paix de Breslau, et surtout après une alliance défensive conclue la même année que la paix de Breslau entre lui et le roi d'Angleterre ; mais il était visible que la reine de Hongrie, l'Angleterre, la Sardaigne, la Saxe, et la Hollande, s'étant unies contre l'empereur par un traité fait à Vorms, les puissances du Nord, et surtout la Russie, étant vivement sollicitées, les progrès de la reine de Hongrie augmentant en Allemagne, tout était à craindre tôt ou tard pour le roi de Prusse : il avait enfin pris le parti de rentrer dans ses engagements avec la France (27 mai 1744). Le traité avait été signé secrètement le 5 avril, et on avait fait depuis à Francfort une alliance étroite entre le roi de France, l'empereur, le roi de Prusse, l'électeur palatin, et le roi de Suède en qualité de landgrave de Hesse. Ainsi l'union de Francfort était un contre-poids aux projets de l'union de Vorms. Une moitié de l'Europe était ainsi animée contre

---

1. Le *Journal du règne de Louis XV*, le *Mercure*, et l'*Art de vérifier les dates*, disent le 4.

l'autre, et des deux côtés on épuisait toutes les ressources de la politique et de la guerre.

Le maréchal Schmettau vint de la part du roi de Prusse annoncer au roi que son nouvel allié marchait à Prague avec quatre-vingt mille hommes, et qu'il en faisait avancer vingt-deux mille en Moravie. Cette puissante diversion en Allemagne, les conquêtes du roi en Flandre, sa marche en Alsace, dissipaient toutes les alarmes, lorsqu'on en éprouva une d'une autre espèce, qui fit trembler et gémir toute la France.

CHAPITRE XII.

LE ROI DE FRANCE EST A L'EXTRÉMITÉ. DÈS QU'IL EST GUÉRI IL MARCHE EN ALLEMAGNE ; IL VA ASSIÉGER FRIBOURG, TANDIS QUE L'ARMÉE AUTRICHIENNE, QUI AVAIT PÉNÉTRÉ EN ALSACE, VA DÉLIVRER LA BOHÊME, ET QUE LE PRINCE DE CONTI GAGNE UNE BATAILLE EN ITALIE.

Le jour qu'on chantait dans Metz un *Te Deum* pour la prise de Château-Dauphin, le roi ressentit des mouvements de fièvre ; c'était le 8 d'auguste (1744[1]). La maladie augmenta ; elle prit le caractère d'une fièvre qu'on appelle *putride* ou *maligne*, et dès la nuit du 14 il était à l'extrémité. Son tempérament était robuste et fortifié par l'exercice ; mais les meilleures constitutions sont celles qui succombent le plus souvent à ces maladies, par cela même qu'elles ont la force d'en soutenir les premières atteintes, et d'accumuler, pendant plusieurs jours, les principes d'un mal auquel elles résistent dans les commencements. Cet événement porta la crainte et la désolation de ville en ville ; les peuples accouraient de tous les environs de Metz ; les chemins étaient remplis d'hommes de tous états et de tout âge, qui, par leurs différents rapports, augmentaient leur commune inquiétude.

Le danger du roi se répand dans Paris au milieu de la nuit :

---

1. Les éditions de Kehl, toutes celles qui les ont précédées, et presque toutes celles qui les ont suivies, portent 1745 : ce qui n'est qu'une faute d'impression ; voyez le *Mercure*, août 1744, pages 1891 et 1894, et le *Journal du règne de Louis XV*. (B.)

on se lève, tout le monde court en tumulte sans savoir où l'on va. Les églises s'ouvrent en pleine nuit : on ne connaît plus le temps ni du sommeil, ni de la veille, ni du repas. Paris était hors de lui-même; toutes les maisons des hommes en place étaient assiégées d'une foule continuelle : on s'assemblait dans tous les carrefours. Le peuple s'écriait : « S'il meurt, c'est pour avoir marché à notre secours. » Tout le monde s'abordait, s'interrogeait dans les églises sans se connaître. Il y eut plusieurs églises où le prêtre, qui prononçait la prière pour la santé du roi, interrompit le chant par ses pleurs, et le peuple lui répondit par des sanglots et par des cris. Le courrier qui apporta, le 19, à Paris la nouvelle de sa convalescence fut embrassé et presque étouffé par le peuple : on baisait son cheval; on le menait en triomphe. Toutes les rues retentissaient d'un cri de joie : « Le roi est guéri! » Quand on rendit compte à ce monarque des transports inouïs de joie qui avaient succédé à ceux de la désolation, il en fut attendri jusqu'aux larmes, et, en se soulevant par un mouvement de sensibilité qui lui rendait des forces : « Ah! s'écria-t-il, qu'il est doux d'être aimé ainsi! et qu'ai-je fait pour le mériter[1]? »

Tel est le peuple de France, sensible jusqu'à l'enthousiasme, et capable de tous les excès dans ses affections comme dans ses murmures.

L'archiduchesse, épouse du prince de Lorraine, mourut à Bruxelles, vers ce même temps, d'une manière douloureuse. Elle était chérie des Brabançons, et méritait de l'être; mais ces peuples n'ont pas l'âme passionnée des Français.

Les courtisans ne sont pas comme le peuple. Le péril de Louis XV fit naître parmi eux plus d'intrigues et de cabales qu'on n'en vit autrefois quand Louis XIV fut sur le point de mourir à Calais[2] : son petit-fils en éprouva les effets dans Metz. Les moments de crise où il parut expirant furent ceux qu'on choisit pour l'accabler par les démarches les plus indiscrètes, qu'on disait inspirées par des motifs religieux, mais que la raison réprouvait, et que l'humanité condamnait. Il échappa à la mort et à ces pièges.

Dès qu'il eut repris ses sens, il s'occupa, au milieu de son danger, de celui où le prince Charles avait jeté la France par son passage du Rhin. Il n'avait marché que dans le dessein de com-

---

1. La première phrase est de trop. Il dit : « Qu'ai-je donc fait pour être aimé ainsi? » Et ce fut tout. Il se rendit justice, dit M. Henri Martin, par son étonnement. (G. A.)
2. Voyez tome XIV, page 214.

battre ce prince ; mais ayant envoyé le maréchal de Noailles à sa place, il dit au comte d'Argenson : « Écrivez de ma part au maréchal de Noailles que pendant qu'on portait Louis XIII au tombeau le prince de Condé gagna une bataille[1]. » Cependant on put à peine entamer l'arrière-garde du prince Charles, qui se retirait en bon ordre. Ce prince, qui avait passé le Rhin malgré l'armée de France, le repassa presque sans perte vis-à-vis une armée supérieure. Le roi de Prusse se plaignit qu'on eût ainsi laissé échapper un ennemi qui allait venir à lui[2]. C'était encore une occasion heureuse manquée. La maladie du roi de France, quelque retardement dans la marche de ses troupes, un terrain marécageux et difficile par où il fallait aller au prince Charles, les précautions qu'il avait prises, ses ponts assurés, tout lui facilita cette retraite ; il ne perdit pas même un magasin.

Ayant donc repassé le Rhin avec cinquante mille hommes complets, il marche vers le Danube et l'Elbe avec une diligence incroyable ; et après avoir pénétré en France, aux portes de Strasbourg, il allait délivrer la Bohême une seconde fois. (15 septembre 1744) Mais le roi de Prusse s'avançait vers Prague ; il l'investit le 4 septembre, et ce qui parut étrange, c'est que le général Ogilvy, qui la défendait avec quinze mille hommes, se rendit, dix jours après, prisonnier de guerre, lui et sa garnison. C'était le même gouverneur qui, en 1741, avait rendu la ville en moins de temps, quand les Français l'escaladèrent[3].

Une armée de quinze mille hommes prisonnière de guerre, la capitale de la Bohême prise, le reste du royaume soumis peu de jours après, la Moravie envahie en même temps, l'armée de France rentrant enfin en Allemagne, les succès en Italie, firent espérer qu'enfin la grande querelle de l'Europe allait être décidée en faveur de l'empereur Charles VII. Louis XV, dans une convalescence encore faible, résout le siége de Fribourg au mois de septembre, et y marche. Il va passer le Rhin à son tour. Et ce qui fortifia encore ses espérances, c'est qu'en arrivant à Strasbourg il y reçut la nouvelle d'une victoire remportée par le prince de Conti.

1. La bataille de Rocroy, le 19 mai 1643; voyez tome XIV, page 178.
2. C'est encore seul que Frédéric opéra alors. Il fut abandonné de nous, et sur le point d'être accablé. (G. A.)
3. Voyez page 199.

CHAPITRE XIII.

BATAILLE DE CONI. CONDUITE DU ROI DE FRANCE. LE ROI DE NAPLES SURPRIS PRÈS DE ROME.

Pour descendre dans le Milanais, il fallait prendre la ville de Coni. L'infant don Philippe et le prince de Conti l'assiégeaient. Le roi de Sardaigne les attaqua dans leurs lignes avec une armée supérieure. Rien n'était mieux concerté que l'entreprise de ce monarque. C'était une de ces occasions où il était de la politique de donner bataille. S'il était vainqueur, les Français avaient peu de ressources, et la retraite était très-difficile; s'il était vaincu, la ville n'était pas moins en état de résister dans cette saison avancée, et il avait des retraites sûres. Sa disposition passa pour une des plus savantes qu'on eût jamais vues ; cependant il fut vaincu. Les Français et les Espagnols combattirent comme des alliés qui se secourent, et comme des rivaux qui veulent chacun donner l'exemple. Le roi de Sardaigne perdit près de cinq mille hommes et le champ de bataille. Les Espagnols ne perdirent que neuf cents hommes, et les Français eurent mille deux cents hommes tués ou blessés. Le prince de Conti, qui était général et soldat, eut sa cuirasse percée de deux coups, et deux chevaux tués sous lui : il n'en parla point dans sa lettre au roi ; mais il s'étendait sur les blessures de MM. de La Force, de Senneterre, de Chauvelin, sur les services signalés de M. de Courten, sur ceux de MM. de Choiseul, du Chaila, de Beaupréau, sur tous ceux qui l'avaient secondé, et demandait pour eux des récompenses. Cette histoire ne serait qu'une liste continuelle si on pouvait citer toutes les belles actions qui, devenues simples et ordinaires, se perdent continuellement dans la foule.

Mais cette nouvelle victoire fut encore au nombre de celles qui causent des pertes sans produire d'avantages réels aux vainqueurs. On a donné plus de cent vingt batailles en Europe depuis 1600 ; et, de tous ces combats, il n'y en a pas eu dix de décisifs. C'est du sang inutilement répandu pour des intérêts qui changent tous les jours. Cette victoire donna d'abord la plus grande confiance, qui se changea bientôt en tristesse. La rigueur de la saison, la fonte des neiges, le débordement de la Sture et des torrents, furent plus utiles au roi de Sardaigne que la victoire de Coni ne le fut à l'infant et au prince de Conti. Ils furent obligés de lever le siége et de repasser les monts avec une armée affaiblie. C'est presque toujours le sort de ceux qui combattent vers les Alpes, et qui n'ont pas pour eux le maître du Piémont, de perdre leur armée, même par des victoires.

Le roi de France, dans cette saison pluvieuse, était devant Fribourg. On fut obligé de détourner la rivière de Treisam, et de lui ouvrir un canal de deux mille six cents toises; mais à peine ce travail fut-il achevé qu'une digue se rompit, et on recommença. On travaillait sous le feu des châteaux de Fribourg; il fallait saigner à la fois deux bras de la rivière; les ponts construits sur le canal nouveau furent dérangés par les eaux : on les rétablit dans une nuit, et, le lendemain, on marcha au chemin couvert sur un terrain miné, et vis-à-vis d'une artillerie et d'une mousqueterie continuelles. Cinq cents grenadiers furent couchés par terre, tués ou blessés; deux compagnies entières périrent par l'effet des mines du chemin couvert, et, le lendemain, on acheva d'en chasser les ennemis, malgré les bombes, les pierriers, et les grenades, dont ils faisaient un usage continuel et terrible. Il y avait seize ingénieurs à ces deux attaques, et tous les seize y furent blessés. Une pierre atteignit le prince de Soubise, et lui cassa le bras. Dès que le roi le sut, il alla le voir : il y retourna plusieurs fois; il voyait mettre l'appareil à ses blessures. Cette sensibilité encourageait toutes ses troupes. Les soldats redoublaient d'ardeur en suivant le duc de Chartres, aujourd'hui duc d'Orléans[1], premier prince du sang, à la tranchée et aux attaques.

Le général Damnitz, gouverneur de Fribourg, n'arbora le drapeau blanc que le 6 novembre, après deux mois de tranchée ouverte. Le siége des châteaux ne dura que sept jours. Le roi était maître du Brisgaw. Il dominait dans la Souabe. Le prince de Clermont, de son côté, s'était avancé jusqu'à Constance. L'empereur était retourné enfin dans Munich.

Les affaires prenaient en Italie un tour favorable, quoique avec lenteur. Le roi de Naples poursuivait les Autrichiens, conduits par le prince de Lobkovitz[2] sur le territoire de Rome. On devait tout attendre en Bohême de la diversion du roi de Prusse; mais, par un de ces revers si fréquents dans cette guerre, le prince Charles de Lorraine chassait alors les Prussiens de la Bohême, comme il en avait fait retirer les Français, en 1742 et

---

1. C'est celui dont il a déjà été question page 217.
2. Georges-Chrétien, prince de Lobkovitz, né en 1702, mort à Vienne en 1753.

en 1743, et les Prussiens faisaient les mêmes fautes et les mêmes retraites qu'ils avaient reprochées aux armées françaises ; (19 novembre 1744) ils abandonnaient successivement tous les postes qui assurent Prague ; enfin ils furent obligés d'abandonner Prague même (27 novembre).

Le prince Charles, qui avait passé le Rhin à la vue de l'armée de France, passa l'Elbe la même année à la vue du roi de Prusse : il le suivit jusqu'en Silésie. Ses partis allèrent aux portes de Breslau ; on doutait enfin si la reine Marie-Thérèse, qui paraissait perdue au mois de juin, ne reprendrait pas jusqu'à la Silésie au mois de décembre de la même année, et on craignait que l'empereur, qui venait de rentrer dans sa capitale désolée, ne fût obligé d'en sortir encore.

Tout était révolution en Allemagne, tout y était intrigue. Les rois de France et d'Angleterre achetaient tour à tour des partisans dans l'empire. Le roi de Pologne, Auguste, électeur de Saxe, se donna aux Anglais pour cent cinquante mille pièces par an. Si on s'étonnait que, dans ces circonstances, un roi de Pologne, électeur, fût obligé de recevoir cet argent, on était encore plus surpris que l'Angleterre fût en état de le donner, lorsqu'il lui en coûtait cinq cent mille guinées cette année pour la reine de Hongrie, deux cent mille pour le roi de Sardaigne, et qu'elle donnait encore des subsides à l'électeur de Mayence ; elle soudoyait jusqu'à l'électeur de Cologne, frère de l'empereur, qui recevait vingt-deux mille pièces de la cour de Londres pour permettre que les ennemis de son frère levassent contre lui des troupes dans ses évêchés de Cologne, de Munster et d'Osnabruch, d'Hildesheim, de Paderborn, et de ses abbayes ; il avait accumulé sur sa tête tous ces biens ecclésiastiques, selon l'usage d'Allemagne et non suivant les règles de l'Église. Se vendre aux Anglais n'était pas glorieux ; mais il crut toujours qu'un empereur créé par la France, en Allemagne, ne se soutiendrait pas, et il sacrifia les intérêts de son frère aux siens propres.

Marie-Thérèse avait en Flandre une armée formidable, composée d'Allemands, d'Anglais, et enfin de Hollandais, qui se déclarèrent après tant d'indécisions.

La Flandre française était défendue par le maréchal de Saxe, plus faible de vingt mille hommes que les alliés. Ce général mit en œuvre ces ressources de la guerre auxquelles ni la fortune, ni même la valeur du soldat ne peuvent avoir part. Camper et décamper à propos, couvrir son pays, faire subsister son armée aux dépens des ennemis, aller sur leur terrain lorsqu'ils s'avancent vers le pays qu'on défend, et les forcer à revenir sur leurs pas, rendre par l'habileté la force inutile : c'est ce qui est regardé comme un des chefs-d'œuvre de l'art militaire, et c'est ce que fit le maréchal de Saxe, depuis le commencement d'auguste jusqu'au mois de novembre.

La querelle de la succession autrichienne était tous les jours plus vive, la destinée de l'empereur plus incertaine, les intérêts plus compliqués, les succès toujours balancés.

Ce qui est très-vrai, c'est que cette guerre enrichissait en secret l'Allemagne en la dévastant. L'argent de la France et de l'Angleterre, répandu avec profusion, demeurait entre les mains des Allemands, et, au fond, le résultat était de rendre ce vaste pays plus opulent, et par conséquent un jour plus puissant si jamais il pouvait être réuni sous un seul chef.

Il n'en est pas ainsi de l'Italie, qui d'ailleurs ne peut faire de longtemps un corps formidable comme l'Allemagne. La France n'avait envoyé dans les Alpes que quarante-deux bataillons et trente-trois escadrons qui, attendu l'incomplet ordinaire des troupes, ne composaient pas un corps de plus de vingt-six mille hommes. L'armée de l'infant était à peu près de cette force au commencement de la campagne ; et toutes deux, loin d'enrichir un pays étranger, tiraient presque toutes leurs subsistances des provinces de France. A l'égard des terres du pape sur lesquelles le prince de Lobkovitz, général d'une armée de Marie-Thérèse, était pour lors avec le fonds de trente mille hommes, ces terres étaient plutôt dévastées qu'enrichies. Cette partie de l'Italie devenait une scène sanglante dans ce vaste théâtre de la guerre qui se faisait du Danube au Tibre.

Les armées de Marie-Thérèse avaient été sur le point de conquérir le royaume de Naples vers le mois de mars, d'avril, et de mai 1744.

Rome voyait, depuis le mois de juillet, les armées napolitaine et autrichienne combattre sur son territoire. Le roi de Naples, le duc de Modène, étaient dans Velletri, autrefois capitale des Volsques, et aujourd'hui la demeure des doyens du sacré collège. Le roi des Deux-Siciles y occupait le palais Ginetti, qui passe pour un ouvrage de magnificence et de goût. Le prince de Lobkovitz fit sur Velletri la même entreprise que le prince Eugène avait faite sur Crémone[1] en 1702 ; car l'histoire n'est qu'une suite des mêmes événements renouvelés et variés. Six mille Autrichiens

---

1. Voyez tome XIV, page 351.

étaient entrés dans Velletri au milieu de la nuit. La grand'garde était égorgée; on tuait ce qui se défendait; on faisait prisonnier ce qui ne se défendait pas. L'alarme et la consternation étaient partout. Le roi de Naples, le duc de Modène, allaient être pris. Le marquis de L'Hospital, ambassadeur de France à Naples, qui avait accompagné le roi, s'éveille au bruit (la nuit du 10 au 11 d'auguste), court au roi, et le sauve. A peine le marquis de L'Hospital était-il sorti de sa maison pour aller au roi qu'elle est remplie d'ennemis, pillée, et saccagée. Le roi, suivi du duc de Modène et de l'ambassadeur, va se mettre à la tête de ses troupes hors de la ville. Les Autrichiens se répandent dans les maisons. Le général Novati entre dans celle du duc de Modène.

Tandis que ceux qui pillaient les maisons jouissaient avec sécurité de la victoire, il arrivait la même chose qu'à Crémone. Les gardes vallonnes, un régiment irlandais, des Suisses, repoussaient les Autrichiens, jonchaient les rues de morts, et reprenaient la ville. Peu de jours après, le prince de Lobkovitz est obligé de se retirer vers Rome. (2 novembre 1744) Le roi de Naples le poursuit; le premier était vers une porte de la ville, le second vers l'autre; ils passent tous deux le Tibre, et le peuple romain, du haut des remparts, avait le spectacle des deux armées. Le roi, sous le nom du comte de Pouzzoles, fut reçu dans Rome. Ses gardes avaient l'épée à la main dans les rues, tandis que leur maître baisait les pieds du pape[1]; et les deux armées continuèrent la guerre sur le territoire de Rome, qui remerciait le ciel de ne voir le ravage que dans ses campagnes.

On voit au reste que d'abord l'Italie était le grand point de vue de la cour d'Espagne, que l'Allemagne était l'objet le plus délicat de la conduite de la cour de France, et que des deux côtés le succès était encore très-incertain.

---

1. Il ne baisa point les pieds du pape : il fut convenu que le prince lui ferait une inclination profonde; que le pape, la prenant pour une génuflexion, s'empresserait de le relever et de l'embrasser. C'est ce qui fut exécuté; mais le cardinal qui avait réglé ce cérémonial, craignant les reproches de ses confrères, inséra dans le procès-verbal de cette visite que le roi s'était prosterné, etc. (K.)

CHAPITRE XIV.

PRISE DU MARÉCHAL DE BELLE-ISLE. L'EMPEREUR CHARLES VII MEURT, MAIS LA GUERRE N'EN EST QUE PLUS VIVE.

Le roi de France, immédiatement après la prise de Fribourg, retourna à Paris, où il fut reçu comme le vengeur de sa patrie et comme un père qu'on avait craint de perdre. Il resta trois jours dans Paris pour se faire voir aux habitants, qui ne voulaient que ce prix de leur zèle.

Le roi, comptant toujours maintenir l'empereur, avait envoyé à Munich, à Cassel, et en Silésie, le maréchal de Belle-Isle, chargé de ses pleins pouvoirs et de ceux de l'empereur. Ce général venait de Munich, résidence impériale, avec le comte son frère : ils avaient été à Cassel, et suivaient leur route sans défiance dans des pays où le roi de Prusse a partout des bureaux de poste qui, par les conventions établies entre les princes d'Allemagne, sont toujours regardés comme neutres et inviolables. (13 novembre 1744) Le maréchal et son frère, en prenant des chevaux à un de ces bureaux, dans un bourg appelé Elbingrode, appartenant à l'électeur d'Hanovre, furent arrêtés par le bailli hanovrien, maltraités, et bientôt après transférés en Angleterre. Le duc de Belle-Isle était prince de l'empire, et par cette qualité cet arrêt pouvait être regardé comme une violation des priviléges du collége des princes. En d'autres temps un empereur aurait vengé cet attentat ; mais Charles VII régnait dans un temps où l'on pouvait tout oser contre lui, et où il ne pouvait que se plaindre. Le ministère de France réclama à la fois tous les priviléges des ambassadeurs et les droits de la guerre. Si le maréchal de Belle-Isle était regardé comme prince de l'empire et ministre du roi de France allant à la cour impériale et à celle de Prusse, ces deux cours n'étant point en guerre avec le Hanovre, il paraît certain que sa personne était inviolable. S'il était regardé comme maréchal de France et général, le roi de France offrait de payer sa rançon et celle de son frère, selon le cartel établi à Francfort, le 18 juin 1743, entre la France et l'Angleterre. La rançon d'un maréchal de France était de cinquante mille livres, celle d'un lieutenant général de quinze mille. Le ministre de George II éluda ces instances pressantes par une défaite inouïe : il déclara qu'il regardait MM. de Belle-

Isle comme prisonniers d'État. On les traita avec les attentions les plus distinguées, suivant les maximes de la plupart des cours européanes, qui adoucissent ce que la politique a d'injuste, et ce que la guerre a de cruel, par tout ce que l'humanité a de dehors séduisants.

L'empereur Charles VII, si peu respecté dans l'empire, et n'y ayant d'autre appui que le roi de Prusse, qui alors était poursuivi par le prince Charles, craignant que la reine de Hongrie ne le forçât encore de sortir de Munich sa capitale, se voyant toujours le jouet de la fortune, accablé de maladies que les chagrins redoublaient, succomba enfin, et mourut à Munich, à l'âge de quarante-sept ans et demi (20 janvier 1745), en laissant cette leçon au monde que le plus haut degré de la grandeur humaine peut être le comble de la calamité. Il n'avait été malheureux que depuis qu'il avait été empereur. La nature, dès lors, lui avait fait plus de mal encore que la fortune. Une complication de maladies douloureuses rendit plus violents les chagrins de l'âme par les souffrances du corps, et le conduisit au tombeau. Il avait la goutte et la pierre : on trouva ses poumons, son foie et son estomac gangrenés, des pierres dans ses reins, un polype dans son cœur ; on jugea qu'il n'avait pu dès longtemps être un moment sans souffrir. Peu de princes ont eu de meilleures qualités. Elles ne servirent qu'à son malheur, et ce malheur vint d'avoir pris un fardeau qu'il ne pouvait soutenir.

Le corps de cet infortuné prince fut exposé, vêtu à l'ancienne mode espagnole : étiquette établie par Charles-Quint, quoique, depuis lui, aucun empereur n'ait été Espagnol, et que Charles VII n'eût rien de commun avec cette nation. Il fut enseveli avec les cérémonies de l'empire ; et dans cet appareil de la vanité et de la misère humaine, on porta le globe du monde devant celui qui, pendant la courte durée de son empire, n'avait pas même possédé une petite et malheureuse province ; on lui donna même dans quelques rescrits le titre d'invincible, titre attaché par l'usage à la dignité d'empereur, et qui ne faisait que mieux sentir les malheurs de celui qui l'avait possédée.

On crut que, la cause de la guerre ne subsistant plus, le calme pouvait être rendu à l'Europe. On ne pouvait offrir l'empire au fils de Charles VII, âgé de dix-sept ans[1]. On se flattait en Allemagne que la reine de Hongrie rechercherait la paix comme un moyen sûr de placer enfin son mari, le grand-duc, sur le trône

---

1. C'était *Charles-Maximilien-Joseph* ; voyez tome XIII, page 214.

impérial; mais elle voulut et ce trône et la guerre. Le ministère anglais, qui donnait la loi à ses alliés puisqu'il donnait l'argent, et qui payait à la fois la reine de Hongrie, le roi de Pologne et le roi de Sardaigne, crut qu'il y avait à perdre avec la France par un traité, et à gagner par les armes.

Cette guerre générale se continua parce qu'elle était commencée. L'objet n'en était pas le même que dans son principe : c'était une de ces maladies qui, à la longue, changent de caractère. La Flandre, qui avait été respectée avant 1744, était devenue le principal théâtre, et l'Allemagne fut plutôt pour la France un objet de politique que d'opérations militaires. Le ministère de France, qui voulait toujours faire un empereur, jeta les yeux sur ce même Auguste II[1], roi de Pologne, électeur de Saxe, qui était à la solde des Anglais ; mais la France n'était guère en état de faire de telles offres. Le trône de l'empire n'était que dangereux pour quiconque n'a pas l'Autriche et la Hongrie. La cour de France fut refusée : l'électeur de Saxe n'osa ni accepter cet honneur, ni se détacher des Anglais, ni déplaire à la reine. Il fut le second électeur de Saxe qui refusa d'être empereur.

Il ne resta à la France d'autre parti que d'attendre du sort des armes la décision de tant d'intérêts divers qui avaient changé tant de fois, et qui dans tous leurs changements avaient tenu l'Europe en alarmes.

Le nouvel électeur de Bavière, Maximilien-Joseph, était le troisième de père en fils que la France soutenait. Elle avait fait rétablir l'aïeul dans ses États; elle avait fait donner l'empire au père, et le roi fit un nouvel effort pour secourir encore le jeune prince. Six mille Hessois à sa solde, trois mille Palatins et treize bataillons d'Allemands, qui sont depuis longtemps dans les corps des troupes de France, s'étaient déjà joints aux troupes bavaroises toujours soudoyées par le roi.

Pour que tant de secours fussent efficaces, il fallait que les Bavarois se secourussent eux-mêmes ; mais leur destinée était de succomber sous les Autrichiens : ils défendirent si malheureusement l'entrée de leur pays que, dès le commencement d'avril, le nouvel électeur de Bavière fut obligé de sortir de cette même capitale que son père avait été forcé de quitter tant de fois. (22 avril 1744) Les malheurs de sa maison le forcèrent enfin

---

1. Le prince que Voltaire nomme ici Auguste II est Frédéric-Auguste II (voyez tome XIII, page 213), que Voltaire appelle Auguste III, page 612 du tome XIII. Voyez ci-dessus la note 2, page 191, et ci-après, chapitre XXXII.

d'avoir recours à Marie-Thérèse elle-même, de renoncer à l'alliance de la France, et de recevoir l'argent des Anglais comme les autres.

Le roi, abandonné de ceux pour qui seuls il avait commencé la guerre, fut obligé de la continuer sans avoir d'autre objet que de la faire cesser ; situation triste qui expose les peuples, et qui ne leur promet nul dédommagement.

Le parti qu'on prit fut de se défendre en Italie et en Allemagne, et d'agir toujours offensivement en Flandre : c'était l'ancien théâtre de la guerre, et il n'y a pas un seul champ dans cette province qui n'ait été arrosé de sang. Une armée vers le Mein empêchait les Autrichiens de se porter contre le roi de Prusse, alors allié de la France, avec des forces trop supérieures. Le maréchal de Maillebois était parti de l'Allemagne pour l'Italie, et le prince de Conti fut chargé de la guerre vers le Mein, qui devenait d'une espèce toute contraire à celle qu'il avait faite dans les Alpes.

Le roi voulut aller lui-même achever en Flandre les conquêtes qu'il avait interrompues l'année précédente. Il venait de marier le dauphin avec la seconde infante d'Espagne, au mois de février (1745); et ce jeune prince, qui n'avait pas seize ans accomplis, se prépara à partir au commencement de mai avec son père.

CHAPITRE XV.

SIÉGE DE TOURNAI. BATAILLE DE FONTENOY.

Le maréchal de Saxe était déjà en Flandre, à la tête de l'armée, composée de cent six bataillons complets et de cent soixante et douze escadrons. Déjà Tournai, cette ancienne capitale de la domination française, était investi. C'était la plus forte place de la barrière. La ville et la citadelle étaient encore un des chefs-d'œuvre du maréchal de Vauban, car il n'y avait guère de place en Flandre dont Louis XIV n'eût fait construire les fortifications.

Dès que les États-Généraux des Sept-Provinces apprirent que Tournai était en danger, ils mandèrent qu'il fallait hasarder une bataille pour secourir la ville. Ces républicains, malgré leur circonspection, furent alors les premiers à prendre des résolutions hardies. Au 5 mai (1745) les alliés avancèrent à Cambron, à sept lieues de Tournai. Le roi partit le 6 de Paris, avec le dauphin; les aides de camp du roi, les menins du dauphin, les accompagnaient.

La principale force de l'armée ennemie consistait en vingt bataillons et vingt-six escadrons anglais, sous le jeune duc de Cumberland, qui avait gagné avec le roi son père la bataille de Dettingen; cinq bataillons et seize escadrons hanovriens étaient joints aux Anglais. Le prince de Valdeck, à peu près de l'âge du duc de Cumberland, impatient de se signaler, était à la tête de quarante escadrons hollandais et de vingt-six bataillons. Les Autrichiens n'avaient dans cette armée que huit escadrons. On faisait la guerre pour eux dans la Flandre, qui a été si longtemps défendue par les armes et par l'argent de l'Angleterre et de la Hollande; mais à la tête de ce petit nombre d'Autrichiens était le vieux général Kœnigseck, qui avait commandé contre les Turcs en Hongrie, et contre les Français en Italie et en Allemagne. Ses conseils devaient aider l'ardeur du duc de Cumberland et du prince de Valdeck. On comptait dans leur armée au delà de cinquante-cinq mille combattants. Le roi laissa devant Tournai environ dix-huit mille hommes, qui étaient postés en échelle jusqu'au champ de bataille; six mille pour garder les ponts sur l'Escaut et les communications.

L'armée était sous les ordres d'un général en qui on avait la plus juste confiance. Le comte de Saxe avait déjà mérité sa grande réputation par de savantes retraites en Allemagne et par sa campagne de 1744; il joignait une théorie profonde à la pratique. La vigilance, le secret, l'art de savoir différer à propos un projet, et celui de l'exécuter rapidement, le coup d'œil, les ressources, la prévoyance, étaient ses talents, de l'aveu de tous les officiers; mais alors ce général, consumé d'une maladie de langueur, était presque mourant[1]. Il était parti de Paris très-malade pour l'armée. L'auteur de cette histoire l'ayant même rencontré avant son départ, et n'ayant pu s'empêcher de lui demander comment il pourrait faire dans cet état de faiblesse, le maréchal lui répondit : « Il ne s'agit pas de vivre, mais de partir[2]. »

(1745) Le roi, étant arrivé le 6 mai à Douai, se rendit le lendemain à Pont-à-Chin près de l'Escaut, à portée des tranchées de

---

1. Hydropique, il venait de subir la ponction. Il ne mourut que cinq ans après.
2. C'est à peu près le vers de Racine, dans *Bérénice*, acte IV, scène VI :

    Mais il ne s'agit pas de vivre, il faut régner.

Tournai. De là il alla reconnaître le terrain qui devait servir de champ de bataille. Toute l'armée, en voyant le roi et le dauphin, fit entendre des acclamations de joie. Les alliés passèrent le 10 et la nuit du 11 à faire leurs dernières dispositions. Jamais le roi ne marqua plus de gaieté que la veille du combat. La conversation roula sur les batailles où les rois s'étaient trouvés en personne. Le roi dit que, depuis la bataille de Poitiers, aucun roi de France n'avait combattu avec son fils, et qu'aucun, depuis saint Louis, n'avait gagné de victoire signalée contre les Anglais : qu'il espérait être le premier. Il fut éveillé le premier le jour de l'action ; il éveilla lui-même à quatre heures le comte d'Argenson, ministre de la guerre, qui, dans l'instant, envoya demander au maréchal de Saxe ses derniers ordres. On trouva le maréchal dans une voiture d'osier qui lui servait de lit, et dans laquelle il se faisait traîner quand ses forces, épuisées, ne lui permettaient plus d'être à cheval. Le roi et son fils avaient déjà passé un pont sur l'Escaut à Calonne ; ils allèrent prendre leur poste par delà la Justice de Notre-Dame-aux-Bois, à mille toises de ce pont, et précisément à l'entrée du champ de bataille.

La suite du roi et du dauphin, qui composait une troupe nombreuse, était suivie d'une foule de personnes de toute espèce qu'attirait cette journée, et dont quelques-uns même étaient montés sur des arbres pour voir le spectacle d'une bataille [1].

En jetant les yeux sur les cartes, qui sont fort communes, on voit d'un coup d'œil la disposition des deux armées. On remarque Anthoin assez près de l'Escaut, à la droite de l'armée française, à neuf cents toises de ce pont de Calonne, par où le roi et le dauphin s'étaient avancés ; le village de Fontenoy par delà Anthoin, presque sur la même ligne ; un espace étroit de quatre cent cinquante toises de large entre Fontenoy et un petit bois qu'on appelle *le bois de Barri*. Ce bois, ces villages, étaient garnis de canons comme un camp retranché. Le maréchal de Saxe avait établi des redoutes entre Anthoin et Fontenoy ; d'autres redoutes aux extrémités du bois de Barri fortifiaient cette enceinte. Le champ de bataille n'avait pas plus de cinq cents toises de longueur depuis l'endroit où était le roi, auprès de Fontenoy, jusqu'à ce bois de Barri, et n'avait guère plus de neuf cents toises de large ; de sorte que l'on allait combattre en champ clos, comme à Dettingen, mais dans une journée plus mémorable.

---

1. Voltaire signale encore ce fait, dans le *Dictionnaire philosophique*, à l'article Curiosité.

CHAPITRE XV.

Le général de l'armée française avait pourvu à la victoire et à la défaite[1]. Le pont de Calonne, muni de canons, fortifié de retranchements, et défendu par quelques bataillons, devait servir de retraite au roi et au dauphin en cas de malheur. Le reste de l'armée aurait défilé alors par d'autres ponts sur le bas Escaut par delà Tournai.

On prit toutes les mesures qui se prêtaient un secours mutuel sans qu'elles pussent se traverser. L'armée de France semblait inabordable, car le feu croisé qui partait des redoutes du bois de Barri et du village de Fontenoy défendait toute approche. Outre ces précautions, on avait encore placé six canons de seize livres de balle au deçà de l'Escaut pour foudroyer les troupes qui attaqueraient le village d'Anthoin.

On commençait à se canonner de part et d'autre à six heures du matin. Le maréchal de Noailles était alors auprès de Fontenoy, et rendait compte au maréchal de Saxe d'un ouvrage qu'il avait fait à l'entrée de la nuit pour joindre le village de Fontenoi à la première des trois redoutes entre Fontenoy et Anthoin : il lui servit de premier aide de camp, sacrifiant la jalousie du commandement au bien de l'État, et s'oubliant soi-même pour un général étranger et moins ancien. Le maréchal de Saxe sentait tout le prix de cette magnanimité, et jamais on ne vit une union si grande entre deux hommes que la faiblesse ordinaire du cœur humain pouvait éloigner l'un de l'autre.

Le maréchal de Noailles embrassait le duc de Grammont son neveu, et ils se séparaient, l'un pour retourner auprès du roi, l'autre pour aller à son poste, lorsqu'un boulet de canon vint frapper le duc de Grammont à mort : il fut la première victime de cette journée.

Les Anglais attaquèrent trois fois Fontenoy, et les Hollandais se présentèrent à deux reprises devant Anthoin. A leur seconde attaque, on vit un escadron hollandais emporté presque tout entier par le canon d'Anthoin : il n'en resta que quinze hommes, et les Hollandais ne se présentèrent plus dès ce moment.

Alors le duc de Cumberland prit une résolution qui pouvait lui assurer le succès de cette journée. Il ordonna à un major général, nommé Ingolsby, d'entrer dans le bois de Barri, de pénétrer jusqu'à la redoute de ce bois vis-à-vis Fontenoy, et de

---

[1]. Maurice aurait voulu pourtant changer de position, car l'armée française avait à dos la rivière, qui lui coupait toute retraite. Mais l'ennemi s'avança, et il fallut combattre. (G. A.)

l'emporter. Ingolsby marche avec les meilleures troupes pour exécuter cet ordre : il trouve dans le bois de Barri un bataillon du régiment d'un partisan : c'était ce qu'on appelait les Grassins, du nom de celui qui les avait formés. Ces soldats étaient en avant dans le bois, par delà la redoute, couchés par terre. Ingolsby crut que c'était un corps considérable : il retourne auprès du duc de Cumberland, et demande du canon. Le temps se perdait. Le prince était au désespoir d'une désobéissance qui dérangeait toutes ses mesures, et qu'il fit ensuite punir à Londres par un conseil de guerre qu'on appelle *cour martiale*.

Il se détermina sur-le-champ à passer entre cette redoute et Fontenoy. Le terrain était escarpé, il fallait franchir un ravin profond ; il fallait essuyer tout le feu de Fontenoy et de la redoute. L'entreprise était audacieuse ; mais il était réduit alors ou à ne point combattre, ou à tenter ce passage.

Les Anglais et les Hanovriens s'avancent avec lui sans presque déranger leurs rangs, traînant leurs canons à bras par les sentiers : il les forme sur trois lignes assez pressées, et de quatre de hauteur chacune, avançant entre les batteries de canon qui les foudroyaient dans un terrain d'environ quatre cents toises de large. Des rangs entiers tombaient morts à droite et à gauche ; ils étaient remplacés aussitôt, et les canons qu'ils amenaient à bras vis-à-vis Fontenoy et devant les redoutes répondaient à l'artillerie française. En cet état ils marchaient fièrement, précédés de six pièces d'artillerie, et en ayant encore six autres au milieu de leurs lignes.

Vis-à-vis d'eux se trouvèrent quatre bataillons des gardes françaises, ayant deux bataillons de gardes suisses à leur gauche, le régiment de Courten à leur droite, ensuite celui d'Aubeterre, et plus loin le régiment du roi qui bordait Fontenoy le long d'un chemin creux.

Le terrain s'élevait à l'endroit où étaient les gardes françaises jusqu'à celui où les Anglais se formaient.

Les officiers des gardes françaises se dirent alors les uns aux autres : « Il faut aller prendre le canon des Anglais. » Ils y montèrent rapidement avec leurs grenadiers, mais ils furent bien étonnés de trouver une armée devant eux. L'artillerie et la mousqueterie en couchèrent par terre près de soixante, et le reste fut obligé de revenir dans ses rangs.

Cependant les Anglais avançaient, et cette ligne d'infanterie, composée des gardes françaises et suisses, et de Courten, ayant encore sur leur droite Aubeterre et un bataillon du régiment du roi, s'approchait de l'ennemi. On était à cinquante pas de distance. Un régiment des gardes anglaises, celui de Campbell, et le royal-écossais, étaient les premiers : M. de Campbell était leur lieutenant général ; le comte d'Albemarle, leur général major, et M. de Churchill, petit-fils naturel du grand duc de Marlborough, leur brigadier. Les officiers anglais saluèrent les Français en ôtant leurs chapeaux. Le comte de Chabanes, le duc de Biron, qui s'étaient avancés, et tous les officiers des gardes françaises leur rendirent le salut. Milord Charles Hay, capitaine aux gardes anglaises, cria : « Messieurs des gardes françaises, tirez. »

Le comte d'Auteroche, alors lieutenant des grenadiers et depuis capitaine, leur dit à voix haute : « Messieurs, nous ne tirons jamais les premiers ; tirez vous-mêmes [1]. » Les Anglais firent un feu roulant, c'est-à-dire qu'ils tiraient par divisions, de sorte que le front d'un bataillon sur quatre hommes de hauteur ayant tiré, un autre bataillon faisait sa décharge, et ensuite un troisième, tandis que les premiers rechargeaient. La ligne d'infanterie française ne tira point ainsi : elle était seule sur quatre de hauteur, les rangs assez éloignés, et n'étant soutenue par aucune autre troupe d'infanterie. Dix-neuf officiers des gardes tombèrent blessés à cette seule charge. MM. de Clisson, de Langey, de Peyre, y perdirent la vie; quatre-vingt-quinze soldats demeurèrent sur la place ; deux cent quatre-vingt-cinq y reçurent des blessures ; onze officiers suisses tombèrent blessés, ainsi que deux cent neuf de leurs soldats, parmi lesquels soixante-quatre furent tués. Le colonel de Courten, son lieutenant-colonel, quatre officiers, soixante et quinze soldats, tombèrent morts : quatorze officiers et deux cents soldats furent blessés dangereusement. Le premier rang ainsi emporté, les trois autres regardèrent derrière eux, et ne voyant qu'une cavalerie à plus de trois cents toises, ils se dispersèrent. Le duc de Grammont, leur colonel et premier lieutenant général, qui aurait pu les faire soutenir, était tué. M. de Lutteaux [2], second lieutenant général, n'arriva que dans leur déroute. Les Anglais avançaient à pas lents, comme faisant l'exercice. On voyait les majors appuyer leurs cannes sur les fusils des soldats pour les faire tirer bas et droit. Ils débordèrent Fontenoy et la redoute. Ce corps, qui aupa-

---

1. C'était en effet la coutume de l'infanterie française d'essuyer d'abord le feu de l'ennemi, et de charger à la baïonnette sans avoir tiré. Maurice de Saxe, dans un Mémoire, blâme cette coutume. (G. A.)

2. Voltaire, dans son *Poëme de Fontenoy* (voyez tome VIII), parle de Lutteaux et de beaucoup d'autres officiers. Il reparle de quelques-uns, et Lutteaux est toujours du nombre, dans la satire intitulée *la Tactique* (1773) ; voyez tome X.

ravant était en trois divisions, se pressant par la nature du terrain, devint une colonne longue et épaisse, presque inébranlable par sa masse, et plus encore par son courage; elle s'avança vers le régiment d'Aubeterre. M. de Lutteaux, premier lieutenant général de l'armée, à la nouvelle de ce danger, accourut de Fontenoy où il venait d'être blessé dangereusement. Son aide de camp le suppliait de commencer par faire mettre le premier appareil à sa blessure : « Le service du roi, lui répondit M. de Lutteaux, m'est plus cher que ma vie. » Il s'avançait avec le duc de Biron à la tête du régiment d'Aubeterre que conduisait son colonel de ce nom. Lutteaux reçoit en arrivant deux coups mortels. Le duc de Biron a un cheval tué sous lui. Le régiment d'Aubeterre perd beaucoup de soldats et d'officiers. Le duc de Biron arrête alors avec le régiment du roi, qu'il commandait, la marche de la colonne par son flanc gauche. Un bataillon des gardes anglaises se détache, avance quelques pas à lui, fait une décharge très-meurtrière, et revient au petit pas se replacer à la tête de la colonne, qui avance toujours lentement sans jamais se déranger, repoussant tous les régiments qui viennent l'un après l'autre se présenter devant elle.

Ce corps gagnait du terrain, toujours serré, toujours ferme. Le maréchal de Saxe, qui voyait de sang-froid combien l'affaire était périlleuse, fit dire au roi, par le marquis de Meuse, qu'il le conjurait de repasser le pont avec le dauphin, qu'il ferait ce qu'il pourrait pour remédier au désordre. « Oh! je suis bien sûr qu'il fera ce qu'il faudra, répondit le roi, mais je resterai où je suis. »

Il y avait de l'étonnement et de la confusion dans l'armée depuis le moment de la déroute des gardes françaises et suisses. Le maréchal de Saxe veut que la cavalerie fonde sur la colonne anglaise. Le comte d'Estrées y court. Mais les efforts de cette cavalerie étaient peu de chose contre une masse d'infanterie si réunie, si disciplinée, et si intrépide, dont le feu, toujours roulant et toujours soutenu, écartait nécessairement de petits corps séparés. On sait d'ailleurs que la cavalerie ne peut guère entamer seule une infanterie serrée ; le maréchal de Saxe était au milieu de ce feu : sa maladie ne lui laissait pas la force de porter une cuirasse ; il portait une espèce de bouclier de plusieurs doubles de taffetas piqué, qui reposait sur l'arçon de sa selle. Il jeta son bouclier, et courut faire avancer la seconde ligne de cavalerie contre la colonne.

Tout l'état-major était en mouvement. M. de Vaudreuil, major général de l'armée, allait de la droite à la gauche. M. de Puységur,

MM. de Saint-Sauveur, de Saint-George, de Mezière, aides-maréchaux des logis, sont tous blessés. Le comte de Longaunai, aide-major général, est tué. Ce fut dans ces attaques que le chevalier d'Aché, lieutenant général, eut le pied fracassé. Il vint ensuite rendre compte au roi, et lui parla longtemps sans donner le moindre signe des douleurs qu'il ressentait, jusqu'à ce qu'enfin il tomba évanoui.

Plus la colonne anglaise avançait, plus elle devenait profonde et en état de réparer les pertes continuelles que lui causaient tant d'attaques réitérées. Elle marchait toujours serrée au travers des morts et des blessés des deux partis, et paraissait former un seul corps d'environ quatorze mille hommes.

Un très-grand nombre de cavaliers furent poussés en désordre jusqu'à l'endroit où était le roi avec son fils. Ces deux princes[1] furent séparés par la foule des fuyards qui se précipitaient entre eux. Pendant ce désordre, les brigades des gardes du corps qui étaient en réserve s'avancèrent d'elles-mêmes aux ennemis. Les chevaliers de Suzy et de Saumery y furent blessés à mort. Quatre escadrons de la gendarmerie arrivaient presque en ce moment de Douai, et, malgré la fatigue d'une marche de sept lieues, ils coururent aux ennemis. Tous ces corps furent reçus comme les autres, avec cette même intrépidité et ce même feu roulant. Le jeune comte de Chévrier, guidon, fut tué. C'était le jour même qu'il avait été reçu à sa troupe. Le chevalier de Monaco, fils du duc de Valentinois, y eut la jambe percée. M. du Guesclin reçut une blessure dangereuse. Les carabiniers donnèrent ; ils eurent six officiers renversés morts, et vingt et un de blessés.

Le maréchal de Saxe, dans le dernier épuisement, était toujours à cheval, se promenant au pas au milieu du feu. Il passa sous le front de la colonne anglaise pour voir tout de ses yeux, auprès du bois de Barri, vers la gauche. On y faisait les mêmes manœuvres qu'à la droite. On tâchait en vain d'ébranler cette colonne. Les régiments se présentaient les uns après les autres, et la masse anglaise, faisant face de tous côtés, plaçant à propos son canon, et tirant toujours par division, nourrissait ce feu continu quand elle était attaquée ; et, après l'attaque, elle restait immobile et ne tirait plus. Quelques régiments d'infanterie vinrent encore affronter cette colonne par les ordres seuls de leurs com-

---

[1]. Frédéric le Grand, dans le chapitre XI de l'*Histoire de mon temps*, dit : « On les avait placés auprès d'un moulin à vent qui était en arrière : depuis, les soldats français n'appelaient leur roi que *Louis du moulin*. »

mandants. Le maréchal de Saxe en vit un dont les rangs entiers tombaient, et qui ne se dérangeait pas. On lui dit que c'était le régiment des vaisseaux, que commandait M. de Guerchy. « Comment se peut-il faire, s'écria-t-il, que de telles troupes ne soient pas victorieuses. »

Hainaut ne souffrait pas moins ; il avait pour colonel le fils du prince de Craon, gouverneur de Toscane. Le père servait le grand-duc ; les enfants servaient le roi de France. Ce jeune homme, d'une très-grande espérance, fut tué à la tête de sa troupe ; son lieutenant-colonel blessé à mort auprès de lui. Le régiment de Normandie avança ; il eut autant d'officiers et de soldats hors de combat que celui de Hainaut : il était mené par son lieutenant-colonel, M. de Solency, dont le roi loua la bravoure sur le champ de bataille, et qu'il récompensa ensuite en le faisant brigadier. Des bataillons irlandais coururent au flanc de cette colonne ; le colonel Dillon tombe mort : ainsi aucun corps, aucune attaque, n'avaient pu entamer la colonne, parce que rien ne s'était fait de concert et à la fois.

Le maréchal de Saxe repasse par le front de la colonne, qui s'était déjà avancée plus de trois cents pas au-delà de la redoute d'Eu et de Fontenoy. Il va voir si Fontenoy tenait encore : on n'y avait plus de boulets ; on ne répondait à ceux des ennemis qu'avec de la poudre.

M. Dubrocard, lieutenant général d'artillerie, et plusieurs officiers d'artillerie étaient tués. Le maréchal pria alors le duc d'Harcourt, qu'il rencontra, d'aller conjurer le roi de s'éloigner, et il envoya ordre au comte de La Mark, qui gardait Anthoin, d'en sortir avec le régiment de Piémont : la bataille parut perdue sans ressource. On ramenait de tous côtés les canons de campagne ; on était prêt de faire partir celui du village de Fontenoy, quoique les boulets fussent arrivés. L'intention du maréchal de Saxe était de faire, si l'on pouvait, un dernier effort mieux dirigé et plus plein contre la colonne anglaise. Cette masse d'infanterie avait été endommagée, quoique sa profondeur parût toujours égale ; elle-même était étonnée de se trouver au milieu des Français sans avoir de cavalerie ; la colonne était immobile et semblait ne recevoir plus d'ordre, mais elle gardait une contenance fière, et paraissait être maîtresse du champ de bataille. Si les Hollandais avaient passé entre les redoutes qui étaient vers Fontenoy et Anthoin, s'ils étaient venus donner la main aux Anglais, il n'y avait plus de ressource, plus de retraite même, ni pour l'armée française, ni probablement pour le roi et son fils. Le succès d'une dernière attaque était incertain. Le maréchal de Saxe, qui voyait la victoire ou l'entière défaite dépendre de cette dernière attaque, songeait à préparer une retraite sûre ; il envoya un second ordre au comte de La Mark d'évacuer Anthoin, et de venir vers le pont de Calonne pour favoriser cette retraite en cas d'un dernier malheur. Il fait signifier un troisième ordre au comte, depuis duc, de Lorges, en le rendant responsable de l'exécution ; le comte de Lorges obéit à regret. On désespérait alors du succès de la journée.

Un conseil assez tumultueux se tenait auprès du roi : on le pressait, de la part du général et au nom de la France, de ne pas s'exposer davantage.

Le duc de Richelieu, lieutenant général, et qui servait en qualité d'aide de camp du roi, arriva en ce moment. Il venait de reconnaître la colonne près de Fontenoy. Ayant ainsi couru de tous côtés sans être blessé, il se présente hors d'haleine, l'épée à la main, et couvert de poussière. « Quelle nouvelle apportez-vous ? lui dit le maréchal de Noailles ; quel est votre avis ? — Ma nouvelle, dit le duc de Richelieu, est que la bataille est gagnée si on le veut[2] ; et mon avis est qu'on fasse avancer dans l'instant quatre canons contre le front de la colonne ; pendant que cette artillerie l'ébranlera, la maison du roi et les autres troupes l'entoureront ; *il faut tomber sur elle comme des fourrageurs.* » Le roi se rendit le premier à cette idée.

Vingt personnes se détachent. Le duc de Péquigny, appelé depuis le duc de Chaulnes[3], va faire pointer ces quatre pièces ; on les place vis-à-vis la colonne anglaise. Le duc de Richelieu court à bride abattue au nom du roi faire marcher sa maison ; il annonce cette nouvelle à M. de Montesson, qui la commandait. Le prince de Soubise rassemble ses gendarmes, le duc de Chaulnes ses chevau-légers, tout se forme et marche ; quatre escadrons de

---

1. Les citoyens des villes, qui dans leur heureuse oisiveté lisent dans les anciennes histoires les batailles d'Arbelles, de Zama, de Cannes, de Pharsale, peuvent à peine comprendre les combats de nos jours. On s'approchait alors. Les flèches n'étaient que le prélude : c'était à qui pénétrerait dans les rangs opposés ; la force du corps, l'adresse, la promptitude, faisaient tout : on se mêlait. Une bataille était une multitude de combats particuliers ; il y avait moins de bruit et plus de carnage. La manière de combattre d'aujourd'hui est aussi différente que celle de fortifier et d'attaquer les villes. (*Note de Voltaire.*)

2. Voyez, dans la *Correspondance*, la lettre à Richelieu, du 15 octobre 1776. Voltaire revient encore sur les quatre canons dans *la Tactique*, satire (1773) ; voyez tome X.

3. Michel-Ferdinand d'Albert-d'Ailly, né en 1714, mort en 1748.

la gendarmerie avancent à la droite de la maison du roi; les grenadiers à cheval sont à la tête, sous M. de Grille, leur capitaine; les mousquetaires, commandés par M. de Jumilhac, se précipitent.

Dans ce même moment important, le comte d'Eu et le duc de Biron, à la droite, voyaient avec douleur les troupes d'Anthoin quitter leur poste, selon l'ordre positif du maréchal de Saxe. « Je prends sur moi la désobéissance, leur dit le duc de Biron; je suis sûr que le roi l'approuvera dans un instant où tout va changer de face; je réponds que M. le maréchal de Saxe le trouvera bon. » Le maréchal, qui arrivait dans cet endroit, informé de la résolution du roi et de la bonne volonté des troupes, n'eut pas de peine à se rendre; il changea de sentiment lorsqu'il en fallait changer, et fit rentrer le régiment de Piémont dans Anthoin; il se porta rapidement, malgré sa faiblesse, de la droite à la gauche, vers la brigade des Irlandais, recommandant à toutes les troupes qu'il rencontrait en chemin de ne plus faire de fausses charges, et d'agir de concert.

Le duc de Biron, le comte d'Estrées, le marquis de Croissy, le comte de Lowendal, lieutenants généraux, dirigent cette attaque nouvelle. Cinq escadrons de Penthièvre suivent M. de Croissy et ses enfants. Les régiments de Chabrillant, de Brancas, de Brionne, Aubeterre, Courten, accoururent, guidés par leurs colonels; le régiment de Normandie, des carabiniers, entrent dans les premiers rangs de la colonne, et vengent leurs camarades tués dans leur première charge. Les Irlandais les secondent. La colonne était attaquée à la fois de front et par les deux flancs.

En sept ou huit minutes, tout ce corps formidable est ouvert de tous côtés; le général Posomby, le frère du comte d'Albemarle, cinq colonels, cinq capitaines aux gardes, un nombre prodigieux d'officiers étaient renversés morts. Les Anglais se rallièrent, mais ils cédèrent; ils quittèrent le champ de bataille sans tumulte, sans confusion, et furent vaincus avec honneur.

Le roi de France allait de régiment en régiment; les cris de victoire et de vive le roi, les chapeaux en l'air, les étendards et les drapeaux percés de balles, les félicitations réciproques des officiers, qui s'embrassaient, formaient un spectacle dont tout le monde jouissait avec une joie tumultueuse. Le roi était tranquille, témoignant sa satisfaction et sa reconnaissance à tous les officiers généraux, et à tous les commandants des corps; il ordonna qu'on eût soin des blessés, et qu'on traitât les ennemis comme ses propres sujets.

Le maréchal de Saxe, au milieu de ce triomphe, se fit porter vers le roi ; il retrouva un reste de force pour embrasser ses genoux, et pour lui dire ces propres paroles : « Sire, j'ai assez vécu ; je ne souhaitais de vivre aujourd'hui que pour voir Votre Majesté victorieuse. Vous voyez, ajouta-t-il ensuite, à quoi tiennent les batailles. » Le roi le releva, et l'embrassa tendrement.

Il dit au duc de Richelieu : « Je n'oublierai jamais le service important que vous m'avez rendu ; » il parla de même au duc de Biron. Le maréchal de Saxe dit au roi : « Sire, il faut que j'avoue que je me reproche une faute. J'aurais dû mettre une redoute de plus entre les bois de Barri et de Fontenoy ; mais je n'ai pas cru qu'il y eût des généraux assez hardis pour hasarder de passer en cet endroit. »

Les alliés avaient perdu neuf mille hommes, parmi lesquels il y avait environ deux mille prisonniers. Ils n'en firent presque aucun sur les Français.

Par le compte exactement rendu au major général de l'infanterie française, il ne se trouva que seize cent quatre-vingt-un soldats ou sergents d'infanterie tués sur la place, et trois mille deux cent quatre-vingt-deux blessés. Parmi les officiers, cinquante-trois seulement étaient morts sur le champ de bataille, trois cent vingt-trois étaient en danger de mort par leurs blessures. La cavalerie perdit environ dix-huit cents hommes.

Jamais, depuis qu'on fait la guerre, on n'avait pourvu avec plus de soin à soulager les maux attachés à ce fléau. Il y avait des hôpitaux préparés dans toutes les villes voisines, et surtout à Lille ; les églises mêmes étaient employées à cet usage digne d'elles ; non-seulement aucun secours, mais encore aucune commodité ne manqua, ni aux Français, ni à leurs prisonniers blessés. Le zèle même des citoyens alla trop loin ; on ne cessait d'apporter de tous côtés, aux malades, des aliments délicats ; et les médecins des hôpitaux furent obligés de mettre un frein à cet excès dangereux de bonne volonté. Enfin les hôpitaux étaient si bien servis que presque tous les officiers aimaient mieux y être traités que chez des particuliers ; et c'est ce qu'on n'avait point encore vu.

On est entré dans les détails sur cette seule bataille de Fontenoy. Son importance, le danger du roi et du dauphin, l'exigeaient. Cette action décida du sort de la guerre, prépara la conquête des Pays-Bas, et servit de contre-poids à tous les événements malheureux. Ce qui rend encore cette bataille à jamais mémorable, c'est qu'elle fut gagnée lorsque le général, affaibli et presque expirant, ne pouvait plus agir. Le maréchal de Saxe avait fait la disposition, et les officiers français remportèrent la victoire [1].

CHAPITRE XVI.

SUITE DE LA JOURNÉE DE FONTENOY.

Ce qui est aussi remarquable que cette victoire, c'est que le premier soin du roi de France fut de faire écrire le jour même à l'abbé de Laville, son ministre à la Haye, qu'il ne demandait, pour prix de ses conquêtes, que la pacification de l'Europe, et qu'il était prêt d'envoyer des plénipotentiaires à un congrès. Les États-Généraux, surpris, ne crurent pas l'offre sincère : ce qui dut surprendre davantage, c'est que cette offre fut éludée par la reine de Hongrie et par les Anglais. Cette reine, qui faisait à la fois la guerre en Silésie contre le roi de Prusse, en Italie contre les Français, les Espagnols et les Napolitains, vers le Mein contre l'armée française, semblait devoir demander elle-même une paix dont elle avait besoin ; mais la cour d'Angleterre, qui dirigeait tout, ne voulait point cette paix : la vengeance et les préjugés mènent les cours comme les particuliers.

---

1. On est obligé d'avertir que, dans une histoire aussi ample qu'infidèle de cette guerre, imprimée à Londres, en quatre volumes, on avance que les Français ne prirent aucun soin des prisonniers blessés ; on ajoute que le duc de Cumberland envoya au roi de France un coffre rempli de balles mâchées et de morceaux de verre trouvés dans les plaies des Anglais.

Les auteurs de ces contes puérils pensent apparemment que les balles mâchées sont un poison. C'est un ancien préjugé aussi peu fondé que celui de la poudre blanche. Il est dit dans cette histoire que les Français perdirent dix-neuf mille hommes dans la bataille, que leur roi ne s'y trouva point, qu'il ne passa pas le pont de Calonne, qu'il resta toujours derrière l'Escaut ; il est dit enfin que le parlement de Paris rendit un arrêt qui condamnait à la prison, au bannissement et au fouet, ceux qui publieraient des relations de cette journée. On sent bien que des impostures si extravagantes ne méritent pas d'être réfutées. Mais, puisqu'il s'est trouvé en Angleterre un homme assez dépourvu de connaissances et de bon sens pour écrire de si singulières absurdités, dont son histoire est toute remplie, il peut se trouver un jour des lecteurs capables de les croire. Il est juste qu'on prévienne leur crédulité. (*Note de Voltaire.*) — Dans l'édition de 1763 on lisait de plus ces mots : « qui ne sert qu'à aigrir une nation contre l'autre. » (B.)

Cependant le roi envoya un aide-major de l'armée, nommé M. de Latour, officier très-éclairé, porter au roi de Prusse la nouvelle de la victoire; cet officier rencontra le roi de Prusse au fond de la basse Silésie, du côté de Ratibor, dans une gorge de montagnes, près d'un village nommé Friedberg. (4 juin 1745) C'est là qu'il vit ce monarque remporter une victoire signalée contre les Autrichiens. Il manda à son allié, le roi de France : « J'ai acquitté à Friedberg la lettre de change que vous avez tirée sur moi à Fontenoy. »

Le roi de France, de son côté, avait tous les avantages que la victoire de Fontenoy devait donner. Déjà la ville et la citadelle de Tournai s'étaient rendues peu de jours après la bataille[1]; le maréchal de Saxe avait secrètement concerté avec le roi la prise de Gand, capitale de la Flandre autrichienne, ville plus grande que peuplée, mais riche et florissante par les débris de son ancienne splendeur.

Une des opérations de campagne qui fit le plus d'honneur au marquis de Louvois, dans la guerre de 1689[2], avait été le siége de Gand : il s'était déterminé à ce siége parce que c'était le magasin des ennemis. Louis XV avait précisément la même raison pour s'en rendre maître. On fit, selon l'usage, tous les mouvements qui devaient tromper l'armée ennemie, retirée vers Bruxelles : on prit tellement ses mesures que le marquis du Chaila d'un côté, le comte de Lowendal de l'autre, devaient se trouver devant Gand à la même heure. La garnison n'était alors que de six cents hommes; les habitants étaient ennemis de la France, quoique de tout temps peu contents de la domination autrichienne, mais très-différents de ce qu'ils étaient autrefois quand eux-mêmes ils composaient une armée. Ces deux marches secrètes se faisaient selon les ordres du général, lorsque cette entreprise fut prête d'échouer par un de ces événements si communs à la guerre.

Les Anglais, quoique vaincus à Fontenoy, n'avaient été ni dispersés, ni découragés. Ils virent des environs de Bruxelles, où ils étaient postés, le péril évident dont Gand était menacé; ils firent marcher enfin un corps de six mille hommes pour défendre cette ville. Ce corps avançait à Gand sur la chaussée d'Alost, précisément dans le temps que M. du Chaila était environ à une lieue de lui sur la même chaussée, marchant avec trois brigades

---

1. Le 22 mai, la ville se rendit, et la citadelle le 19 juin.
2. Le siége de Gand est de 1678; voyez tome XIV, page 277.

de cavalerie, deux d'infanterie, composées de Normandie, Crillon et Laval, vingt pièces de canon et des pontons : l'artillerie était déjà en avant, et au delà de cette artillerie était M. de Grassin, avec une partie de sa troupe légère qu'il avait levée; il était nuit, et tout était tranquille, quand les six mille Anglais arrivent et attaquent les Grassins, qui n'ont que le temps de se jeter dans une ferme, près de l'abbaye de la Mesle, dont cette journée a pris le nom. Les Anglais apprennent que les Français sont sur la chaussée, loin de leur artillerie, qui est en avant, gardée seulement par cinquante hommes; ils y courent, et s'en emparent (9 juillet 1745). Tout était perdu. Le marquis de Crillon, qui était déjà arrivé à trois cents pas, voit les Anglais maîtres du canon, qu'ils tournaient contre lui, et qui allaient y mettre le feu; il prend sa résolution dans l'instant, sans se troubler; il ne perd pas un moment; il court avec son régiment aux ennemis par un côté : le jeune marquis de Laval s'avance avec un autre bataillon; on reprend le canon; on fait ferme. Tandis que les marquis de Crillon et de Laval arrêtaient ainsi les Anglais, une seule compagnie de Normandie, qui s'était trouvée près de l'abbaye, se défendait contre eux.

Deux bataillons de Normandie arrivent en hâte. Le jeune comte de Périgord les commandait; il était fils du marquis de Talleyrand, d'une maison qui a été souveraine, mort malheureusement devant Tournai, et venait d'obtenir à dix-sept ans ce régiment de Normandie qu'avait eu son père; il s'avança le premier à la tête d'une compagnie de grenadiers. Le bataillon anglais, attaqué par lui, jette bas les armes.

MM. du Chaila et de Souvré paraissent bientôt avec la cavalerie sur cette chaussée. Les Anglais sont arrêtés de tous côtés; ils se défendirent encore. Le marquis de Graville y fut blessé; mais enfin ils furent mis dans une entière déroute.

M. Blondel d'Azincourt, capitaine de Normandie, avec quarante hommes seulement, fait prisonnier le lieutenant-colonel du régiment de Rich, huit capitaines, deux cent quatre-vingts soldats qui jetèrent leurs armes, et qui se rendirent à lui. Rien ne fut égal à leur surprise quand ils virent qu'ils s'étaient rendus à quarante Français. M. d'Azincourt conduisit ses prisonniers à M. de Graville, tenant la pointe de son épée sur la poitrine du lieutenant-colonel anglais, et le menaçant de le tuer si ses gens faisaient la moindre résistance.

Un autre capitaine de Normandie, nommé M. de Montalembert, prend cent cinquante Anglais avec cinquante soldats de son régiment. M. de Saint-Sauveur, capitaine au régiment du roi cavalerie, avec un pareil nombre, mit en fuite, sur la fin de l'action, trois escadrons ennemis ; enfin, le succès étrange de ce combat est peut-être ce qui fit le plus d'honneur aux Français dans cette campagne, et qui mit le plus de consternation chez leurs ennemis. Ce qui caractérise encore cette journée, c'est que tout y fut fait par la présence d'esprit et par la valeur des officiers français, ainsi que la bataille de Fontenoy fut gagnée.

On arriva devant Gand au moment désigné par le maréchal de Saxe (11 juillet) : on entre dans la ville, les armes à la main, sans la piller ; on fait prisonnier la garnison de la citadelle (15 juillet).

Un des grands avantages de la prise de cette ville fut un magasin immense de provisions de guerre et de bouche, de fourrages, d'armes, d'habits, que les alliés avaient en dépôt dans Gand : c'était un faible dédommagement des frais de la guerre, presque aussi malheureuse ailleurs qu'elle était glorieuse sous les yeux du roi.

Tandis qu'on prenait la citadelle de Gand on investissait Oudenarde, et, le même jour que M. de Lowendal ouvrait la tranchée devant Oudenarde, le marquis de Souvré prenait Bruges. Oudenarde se rendit après trois jours de tranchée (29 juillet).

A peine le roi de France était-il maître d'une ville qu'il en faisait assiéger deux à la fois. Le duc d'Harcourt prenait Dendermonde en deux jours de tranchée ouverte, malgré le jeu des écluses, et au milieu des inondations, et le comte de Lowendal faisait le siége d'Ostende.

Ce siége d'Ostende était réputé le plus difficile. On se souvenait qu'elle avait tenu trois ans et trois mois au commencement du siècle passé[1]. Par la comparaison du plan des fortifications de cette place avec celles qu'elle avait quand elle fut prise par Spinola, il paraît que c'était Spinola qui devait la prendre en quinze jours, et que c'était M. de Lowendal qui devait s'y arrêter trois années. Elle était bien mieux fortifiée ; M. de Chanclos, lieutenant général des armées d'Autriche, la défendait avec une garnison de quatre mille hommes, dont la moitié était composée d'Anglais ; mais la terreur et le découragement étaient au point que le gouverneur capitula (3 septembre) dès que le marquis

---

1. 21 septembre 1604, Ambroise Spinola, marquis, et général du roi d'Espagne, entra dans Ostende après un siége de trois ans, trois mois et trois jours. (B.) — Voyez une des notes du *Poëme de Fontenoy*, tome VIII, page 393.

d'Hérouville, homme digne d'être à la tête des ingénieurs et citoyen aussi utile que bon officier, eut pris le chemin couvert du côté des dunes.

(25 auguste) Une flotte d'Angleterre, qui avait apporté du secours à la ville, et qui canonnait les assiégeants, ne vint là que pour être témoin de la prise. Cette perte consterna le gouvernement d'Angleterre et celui des Provinces-Unies ; il ne resta plus que Nieuport à prendre pour être maître de tout le comté de la Flandre proprement dite, et le roi en ordonna le siége.

Dans ces conjonctures, le ministère de Londres fit réflexion qu'on avait en France plus de prisonniers anglais qu'il n'y avait de prisonniers français en Angleterre. La détention du maréchal de Belle-Isle et de son frère avait suspendu tout cartel. On avait pris les deux généraux contre le droit des gens, on les renvoya sans rançon. Il n'y avait pas moyen en effet d'exiger une rançon d'eux après les avoir déclarés prisonniers d'État, et il était de l'intérêt de l'Angleterre de rétablir le cartel.

Cependant le roi partit pour Paris, où il arriva le 7 septembre 1745. On ne pouvait ajouter à la réception qu'on lui avait faite l'année précédente. Ce furent les mêmes fêtes ; mais on avait de plus à célébrer la victoire de Fontenoy, celle de Mesle, et la conquête du comté de Flandre.

CHAPITRE XVII.

AFFAIRES D'ALLEMAGNE. FRANÇOIS DE LORRAINE, GRAND-DUC DE TOSCANE, ÉLU EMPEREUR. ARMÉES AUTRICHIENNES ET SAXONNES BATTUES PAR FRÉDÉRIC III, ROI DE PRUSSE. PRISE DE DRESDE.

Les prospérités de Louis XV s'accrurent toujours dans les Pays-Bas : la supériorité de ses armées, la facilité du service en tout genre, la dispersion et le découragement des alliés, leur peu de concert, et surtout la capacité du maréchal de Saxe, qui, ayant recouvré sa santé, agissait avec plus d'activité que jamais, tout cela formait une suite non interrompue de succès qui n'a d'autre exemple[1] que les conquêtes de Louis XIV ; tout était favorable en

---

1. Les éditions portent : « qui n'a point d'exemple. » Voyez mon Avertissement. (B.)

Italie pour don Philippe. Une révolution étonnante en Angleterre menaçait déjà le trône du roi George II, comme on le verra dans la suite; mais la reine de Hongrie jouissait d'une autre gloire et d'un autre avantage, qui ne coûtait point de sang, et qui remplit la première et la plus chère de ses vues : elle n'avait jamais perdu l'espérance du trône impérial pour son mari, du vivant même de l'empereur Charles VII [1] ; et après la mort de cet empereur, elle s'en crut assurée, malgré le roi de Prusse qui lui faisait la guerre, malgré l'électeur palatin qui lui refusait sa voix, et malgré une armée française qui n'était pas loin de Francfort, et qui pouvait empêcher l'élection : c'était cette même armée commandée d'abord par le maréchal de Maillebois, et qui passa, au commencement de mai 1745, sous les ordres du prince de Conti. Mais on en avait tiré vingt mille hommes pour l'armée de Fontenoy. Le prince ne put empêcher la jonction de toutes les troupes que la reine de Hongrie avait dans cette partie de l'Allemagne, et qui vinrent couvrir Francfort, où l'élection se fit comme en pleine paix.

Ainsi la France manqua le grand objet de la guerre, qui était d'ôter le trône impérial à la maison d'Autriche [2]. L'élection se fit le 13 septembre 1745. Le roi de Prusse fit protester de nullité par ses ambassadeurs; l'électeur palatin, dont l'armée autrichienne avait ravagé les terres, protesta de même : les ambassadeurs électoraux de ces deux princes se retirèrent de Francfort; mais l'élection ne fut pas moins faite dans les formes : car il est dit dans la bulle d'or que « si des électeurs ou leurs ambassadeurs se retirent du lieu de l'élection avant que le roi des Romains, futur empereur, soit élu, ils seront privés cette fois de leur droit de suffrage, comme étant censés l'avoir abandonné [3] ».

La reine de Hongrie, désormais impératrice, vint à Francfort jouir de son triomphe et du couronnement de son époux. Elle vit, du haut d'un balcon, la cérémonie de l'entrée; elle fut la première à crier *vivat*, et tout le peuple lui répondit par des acclamations de joie et de tendresse. (4 octobre) Ce fut le plus beau jour de sa vie. Elle alla voir ensuite son armée, rangée en bataille

---

1. Les éditions portent : « du vivant même de Charles VII. » Voyez l'Avertissement de Beuchot.

2. Le nouveau ministre des affaires étrangères, le marquis d'Argenson, avait présenté au roi, avant la campagne, un Mémoire où il lui conseillait de mener en Allemagne, et non pas en Flandre, sa principale armée. C'eût été le seul moyen de décider l'électeur de Saxe, candidat de la France, à accepter l'empire. Mais Louis XV prétendit qu'on ne pouvait atteindre Marie-Thérèse que dans les Pays-Bas. (G. A.)

3. L'Autriche eut pour elle les voix des trois électeurs ecclésiastiques, celle de Hanovre, et celle même de Saxe.

auprès de Heidelberg, au nombre de soixante mille hommes. L'empereur, son époux, la reçut, l'épée à la main, à la tête de l'armée. Elle passa entre les lignes, saluant tout le monde, dîna sous une tente, et fit distribuer un florin d'empire[1] à chaque soldat.

C'était la destinée de cette princesse et des affaires qui troublaient son règne que les événements heureux fussent balancés de tous les côtés par des disgrâces. L'empereur Charles VII avait perdu la Bavière pendant qu'on le couronnait empereur, et la reine de Hongrie perdait une bataille pendant qu'elle préparait le couronnement de son époux François Ier. (1er octobre) Le roi de Prusse était encore vainqueur près de la source de l'Elbe à Sore.

Il y a des temps où une nation conserve constamment sa supériorité. C'est ce qu'on avait vu dans les Suédois, sous Charles XII; dans les Anglais, sous le duc de Marlborough : c'est ce qu'on voyait dans les Français en Flandre, sous Louis XV et sous le maréchal de Saxe, et dans les Prussiens sous Frédéric III[2]. L'impératrice perdait donc la Flandre, et avait beaucoup à craindre du roi de Prusse en Allemagne, pendant qu'elle faisait monter son mari sur le trône de son père.

Dans ce temps-là même, lorsque le roi de France, vainqueur dans les Pays-Bas et dans l'Italie, proposait toujours la paix, le roi de Prusse, victorieux de son côté, demandait aussi à l'impératrice de Russie, Élisabeth, sa médiation. On n'avait point encore vu de vainqueurs faire tant d'avances, et on pourrait s'en étonner ; mais aujourd'hui il est dangereux d'être trop conquérant. Toutes les puissances de l'Europe prennent les armes tôt ou tard, quand il y en a une qui remue : on ne voit que ligues et contre-ligues soutenues de nombreuses armées. C'est beaucoup de pouvoir garder par la conjoncture des temps une province acquise.

Au milieu de ces grands embarras, on reçut l'offre inouïe d'une médiation à laquelle on ne s'attendait pas; c'était celle du Grand Seigneur. Son premier vizir écrivit à toutes les cours chrétiennes qui étaient en guerre, les exhortant à faire cesser l'effusion du sang humain, et leur offrant la médiation de son maître[3].

---

1. Les éditions portent : « un florin à chaque soldat. » Voyez l'Avertissement de Beuchot.
2. Je l'appelle toujours Frédéric III, parce que son père était Frédéric-Guillaume, et son aïeul Frédéric, premier roi. (*Note de Voltaire.*) — Voyez la note, page 195.
3. C'est à l'instigation du pacha Bonneval que la Porte fit cette démarche. Bonneval poussa même le sultan à offrir son alliance à Louis XV, mais Noailles fit rejeter ces offres par crainte de l'empire et de la Russie. (G. A.)

Une telle offre n'eut aucune suite ; mais elle devait servir au moins à faire rentrer en elles-mêmes tant de puissances chrétiennes qui, ayant commencé la guerre par intérêt, la continuaient par obstination, et ne la finirent que par nécessité. Au reste, cette médiation du sultan des Turcs était le prix de la paix que le roi de France avait ménagée entre l'empereur d'Allemagne Charles VI et la Porte-Ottomane en 1739.

Le roi de Prusse s'y prit autrement pour avoir la paix et pour garder la Silésie. (15 décembre 1745) Ses troupes battent complétement les Autrichiens et les Saxons aux portes de Dresde[1]; ce fut le vieux prince d'Anhalt qui remporta cette victoire décisive. Il avait fait la guerre cinquante ans. Il était entré le premier dans les lignes des Français au siége de Turin en 1706 ; on le regardait comme le premier officier de l'Europe pour conduire l'infanterie. Cette grande journée fut la dernière qui mit le comble à sa gloire militaire, la seule qu'il eût jamais connue. Il ne savait que combattre.

Le roi de Prusse, habile en plus d'un genre, enferma de tous côtés la ville de Dresde. Il y entre suivi de dix bataillons et de dix escadrons, désarme trois régiments de milice qui composaient la garnison, se rend au palais, où il va voir les deux princes et les trois princesses, enfants du roi de Pologne, qui y étaient demeurés : il les embrassa, il eut pour eux les attentions qu'on devait attendre de l'homme le plus poli de son siècle. Il fit ouvrir toutes les boutiques qu'on avait fermées, donna à dîner à tous les ministres étrangers, fit jouer un opéra italien : on ne s'aperçut pas que la ville était au pouvoir du vainqueur, et la prise de Dresde ne fut signalée que par les fêtes qu'il y donna.

Ce qu'il y eut de plus étrange, c'est qu'étant entré dans Dresde le 18, il y fit la paix le 25 avec l'Autriche et la Saxe, et laissa tout le fardeau au roi de France[2].

Marie-Thérèse renonça encore malgré elle à la Silésie par cette seconde paix, et Frédéric ne lui fit d'autre avantage que de reconnaître François Ier empereur. L'électeur palatin, comme partie contractante dans le traité, le reconnut de même ; et il

---

1. Le roi de Prusse, dans son *Histoire de mon temps*, dit que la paix fut signée le 25 décembre 1745. La bataille de Kesseldorff, village près de Dresde, eut lieu nécessairement avant la paix, et le 15 décembre 1745. C'est donc par faute typographique que toutes les éditions données du vivant de l'auteur portent ici, et un peu plus bas, 1746. (B.)

2. Frédéric ne recevait ni soldats ni subsides du gouvernement français; il craignait en outre l'intervention russe en faveur de l'électeur de Saxe. (G. A.)

n'en coûta au roi de Pologne, électeur de Saxe, qu'un million d'écus d'Allemagne, qu'il fallut donner au vainqueur avec les intérêts jusqu'au jour du payement.

(28 décembre 1745) Le roi de Prusse retourna dans Berlin jouir paisiblement du fruit de sa victoire : il fut reçu sous des arcs de triomphe; le peuple jetait sur ses pas des branches de sapin, faute de mieux, en criant : *Vive Frédéric le Grand!* Ce prince, heureux dans ses guerres et dans ses traités, ne s'appliqua plus qu'à faire fleurir les lois et les arts dans ses États; et il passa tout d'un coup du tumulte de la guerre à une vie retirée et philosophique ; il s'adonna à la poésie, à l'éloquence, à l'histoire : tout cela était également dans son caractère. C'est en quoi il était beaucoup plus singulier que Charles XII. Il ne le regardait pas comme un grand homme, parce que Charles n'était que héros. On n'est entré ici dans aucun détail des victoires du roi de Prusse ; il les a écrites lui-même. C'était à César à faire ses commentaires.

Le roi de France, privé une seconde fois de cet important secours, n'en continua pas moins ses conquêtes. L'objet de la guerre était alors, du côté de la maison de France, de forcer la reine de Hongrie, par ses pertes en Flandre, à céder ce qu'elle disputait en Italie, et de contraindre les États-Généraux à rentrer au moins dans l'indifférence dont ils étaient sortis.

L'objet de la reine de Hongrie était de se dédommager sur la France de ce que le roi de Prusse lui avait ravi ; ce projet, reconnu depuis impraticable par la cour d'Angleterre, était alors approuvé et embrassé par elle. Car il y a des temps où tout le monde s'aveugle. L'empire donné à François Ier fit espérer que les cercles se détermineraient à prendre les armes contre la France ; et il n'est rien que la cour de Vienne ne fît pour les y engager.

L'empire resta neutre constamment, comme toute l'Italie l'avait été dans le commencement de ce chaos de guerre; mais les cœurs des Allemands étaient tous à Marie-Thérèse.

CHAPITRE XVIII.

SUITE DE LA CONQUÊTE DES PAYS-BAS AUTRICHIENS.
BATAILLE DE LIÉGE, OU DE RAUCOUX.

Le roi de France, étant parti pour Paris après la prise d'Ostende, apprit en chemin que Nieuport s'était rendu, et que la garnison était prisonnière de guerre (5 septembre 1745). Bientôt après le comte de Clermont-Gallerande avait pris la ville d'Ath (8 octobre). Le maréchal de Saxe investit Bruxelles au commencement de l'hiver (29 janvier 1746). Cette ville est, comme on sait, la capitale du Brabant et le séjour des gouverneurs des Pays-Bas autrichiens. Le comte de Kaunitz, alors premier ministre, commandant à la place du prince Charles, gouverneur général du pays, était dans la ville. Le comte de Lannoi, lieutenant général des armées, en était le gouverneur particulier; le général Van der Duin, de la part des Hollandais, y commandait dix-huit bataillons et sept escadrons : il n'y avait de troupes autrichiennes que cent cinquante dragons et autant de houssards. L'impératrice-reine s'était reposée sur les Hollandais et sur les Anglais du soin de défendre son pays, et ils portaient toujours en Flandre tout le poids de cette guerre. Le feld-maréchal Los-Rios, deux princes de Ligne, l'un général d'infanterie, l'autre de cavalerie ; le général Chanclos, qui avait rendu Ostende ; cinq lieutenants généraux autrichiens, avec une foule de noblesse, se trouvaient dans cette ville assiégée, où la reine de Hongrie avait en effet beaucoup plus d'officiers que de soldats.

Les débris de l'armée ennemie étaient vers Malines, sous le prince de Valdeck, et ne pouvaient s'opposer au siége. Le maréchal de Saxe avait fait subitement marcher son armée sur quatre colonnes par quatre chemins différents. On ne perdit à ce siége d'homme distingué que le chevalier d'Aubeterre, colonel du régiment des vaisseaux. La garnison, avec tous les officiers généraux, fut faite prisonnière (21 février). On pouvait prendre le premier ministre, et on en avait plus de droit que les Hanovriens n'en avaient eu de saisir le maréchal de Belle-Isle ; on pouvait prendre aussi le résident des États-Généraux ; mais non-seulement on laissa en pleine liberté le comte de Kaunitz et le ministre hollandais, on eut encore un soin particulier de leurs effets et de leur suite ; on leur fournit des escortes ; on renvoya au prince Charles les domestiques et les équipages qu'il avait dans la ville ; on fit déposer dans les magasins toutes les armes des soldats, pour être rendues lorsqu'ils pourraient être échangés.

Le roi, qui avait tant d'avantages sur les Hollandais, et qui tenait alors plus de trente mille hommes de leurs troupes prisonniers de guerre, ménageait toujours cette république. Les États-Généraux se trouvaient dans une grande perplexité ; l'orage approchait d'eux ; ils sentaient leur faiblesse. La magistrature désirait la paix ; mais le parti anglais, qui prenait déjà toutes ses mesures pour donner un stathouder à la nation, et qui était secondé par le peuple, criait toujours qu'il fallait la guerre. Les états, ainsi divisés, se conduisaient sans principes, et leur conduite annonçait leur trouble.

Cet esprit de trouble et de division redoubla dans les Provinces-Unies quand on y apprit qu'à l'ouverture de la campagne le roi marchait en personne à Anvers, ayant à ses ordres cent vingt bataillons et cent quatre-vingt-dix escadrons. Autrefois, quand la république de Hollande s'établit par les armes, elle détruisit toute la grandeur d'Anvers, la ville la plus commerçante de l'Europe ; elle lui interdit la navigation de l'Escaut, et depuis elle continua d'aggraver sa chute, surtout depuis que les États-Généraux étaient devenus alliés de la maison d'Autriche. Ni l'empereur Léopold, ni Charles VI, ni sa fille l'impératrice-reine, n'eurent jamais sur l'Escaut d'autres vaisseaux qu'une patache pour les droits d'entrée et de sortie. Mais, quoique les États-Généraux eussent humilié Anvers à ce point, et que les commerçants de cette ville en gémissent, la Hollande la regardait comme un des remparts de son pays. (15 mars 1746) Ce rempart fut bientôt emporté [1].

(10 juillet) Le prince de Conti eut sous ses ordres un corps d'armée séparé, avec lequel il investit Mons, la capitale du Hainaut autrichien : douze bataillons qui la défendaient augmentèrent le nombre des prisonniers de guerre. La moitié de cette garnison était hollandaise. Jamais l'Autriche ne perdit tant de places, et la Hollande tant de soldats. Saint-Guilain eut le même sort (24 juillet). Charleroi suivit de près. (2 auguste) On prend d'assaut la ville basse après deux jours seulement de tranchée ouverte. Le marquis, depuis maréchal, de La Fare entra dans Charleroi aux mêmes conditions qu'on avait pris toutes les villes

---

1. La capitulation n'eut lieu que le 31 mai ; le roi y fit son entrée le 4 juin.

qui avaient voulu résister : c'est-à-dire que la garnison fut prisonnière. Le grand projet était d'aller à Mastricht, d'où l'on domine aisément dans les Provinces-Unies ; mais pour ne laisser rien derrière soi, il fallait assiéger la ville importante de Namur. Le prince Charles, qui commandait alors l'armée, fit en vain ce qu'il put pour prévenir ce siége. Au confluent de la Sambre et de la Meuse est située Namur, dont la citadelle s'élève sur un roc escarpé ; et douze autres forts, bâtis sur la cime des rochers voisins, semblent rendre Namur inaccessible aux attaques : c'est une des places de la barrière. Le prince de Gavre en était gouverneur pour l'impératrice-reine ; mais les Hollandais, qui gardaient la ville, ne lui rendaient ni obéissance ni honneurs. Les environs de cette ville sont célèbres par les campements et par les marches du maréchal de Luxembourg, du maréchal de Boufflers, et du roi Guillaume, et ne le sont pas moins par les manœuvres du maréchal de Saxe. Il força le prince Charles à s'éloigner, et à le laisser assiéger Namur en liberté.

(5 septembre) Le prince de Clermont fut chargé du siége de Namur. C'était en effet douze places qu'il fallait prendre. On attaqua plusieurs forts à la fois ; ils furent tous emportés. M. de Brulart, aide-major général, plaçant les travailleurs après les grenadiers dans un ouvrage qu'on avait pris, leur promit double paye s'ils avançaient le travail : ils en firent plus qu'on ne leur demandait, et refusèrent la double paye.

Je ne puis entrer dans le détail des actions singulières qui se passèrent à ce siége et à tous les autres. Il y a peu d'événements à la guerre où des officiers et de simples soldats ne fassent de ces prodiges de valeur qui étonnent ceux qui en sont témoins, et qui ensuite restent pour jamais dans l'oubli. Si un général, un prince, un monarque eût fait une de ces actions, elle serait consacrée à la postérité ; mais la multitude de ces faits militaires se nuit à elle-même, et en tout genre il n'y a que les choses principales qui restent dans la mémoire des hommes.

Cependant comment passer sous silence le fort Ballard, pris en plein jour par quatre officiers seulement, M. de Launai, aide-major ; M. d'Amère, capitaine dans Champagne ; M. le chevalier de Fautras, alors officier d'artillerie ; et M. de Clamouze, jeune Portugais du même régiment, qui, sautant seul dans les retranchements, fit mettre bas les armes à toute la garnison ?

(19 septembre 1746) La tranchée avait été ouverte le 10 septembre devant Namur, et la ville capitula le 19. La garnison fut obligée de se retirer dans la citadelle et dans quelques autres

châteaux, par la capitulation ; et au bout de onze jours elle en fit une nouvelle par laquelle elle fut toute prisonnière de guerre. Elle consistait en douze bataillons, dont dix étaient hollandais.

Après la prise de Namur, il restait à dissiper ou à battre l'armée des alliés. Elle campait alors en deçà de la Meuse, ayant Mastricht à sa droite et Liége à sa gauche. On s'observa, on escarmoucha quelques jours ; le Jar séparait les deux armées. Le maréchal de Saxe avait dessein de livrer bataille ; il marcha aux ennemis le 11 octobre, à la pointe du jour, sur dix colonnes. On voyait du faubourg de Liége, comme d'un amphithéâtre, les deux armées : celle des Français, de cent vingt mille combattants ; l'alliée, de quatre-vingt mille. Les ennemis s'étendaient le long de la Meuse, de Liége à Visé, derrière cinq villages retranchés. On attaque aujourd'hui une armée comme une place avec du canon [1]. Les alliés avaient à craindre qu'après avoir été forcés dans ces villages, ils ne pussent passer la rivière. Ils risquaient d'être entièrement détruits, et le maréchal de Saxe l'espérait.

Le seul officier général que la France perdit en cette journée fut le marquis de Fénelon [2], neveu de l'immortel archevêque de Cambrai. Il avait été élevé par lui, et en avait toute la vertu, avec un caractère tout différent. Vingt années employées dans l'ambassade de Hollande n'avaient point éteint un feu et un emportement de valeur qui lui coûta la vie. Blessé au pied depuis quarante ans, et pouvant à peine marcher, il alla sur les retranchements ennemis à cheval. Il cherchait la mort, et il la trouva. Son extrême dévotion augmentait encore son intrépidité : il pensait que l'action la plus agréable à Dieu était de mourir pour son roi. Il faut avouer qu'une armée composée d'hommes qui penseraient ainsi serait invincible. Les Français eurent peu de personnes de marque blessées dans cette journée. Le fils du comte de Ségur [3] eut la poitrine traversée d'une balle, qu'on lui arracha par l'épine du dos, et il échappa à une opération plus cruelle que la blessure même. Le marquis de Lugeac reçut un coup de feu qui lui fracassa la mâchoire, entama la langue, lui perça les deux joues. Le marquis de Laval, qui s'était distingué à Mesle, le prince de

---

1. Si Voltaire fait ici cette remarque, c'est que le maréchal de Saxe avait pourvu chacune des colonnes d'attaque d'une forte batterie qui avançait avec elle : grande nouveauté. (G. A.)

2. Gabriel-Jacques de Salignac, marquis de Fénelon, était âgé d'environ cinquante-huit ans lorsqu'il fut blessé mortellement à la bataille de Rocoux. (Cl.)

3. Philippe-Henri, né le 20 janvier 1724, ministre de la guerre et maréchal de France en 1781 ; mort le 8 octobre 1801. (B.)

Monaco, le marquis de Vaubecourt, le comte de Balleroi, furent blessés dangereusement.

Cette bataille ne fut que du sang inutilement répandu, et une calamité de plus pour tous les partis. Aucun ne gagna ni ne perdit de terrain. Chacun prit ses quartiers. L'armée battue avança même jusqu'à Tongres; l'armée victorieuse s'étendit de Louvain dans ses conquêtes, et alla jouir du repos auquel la saison, d'ordinaire, force les hommes dans ces pays, en attendant que le printemps ramène les cruautés et les malheurs que l'hiver a suspendus.

CHAPITRE XIX.

SUCCÈS DE L'INFANT DON PHILIPPE ET DU MARÉCHAL DE MAILLEBOIS, SUIVIS DES PLUS GRANDS DÉSASTRES.

Il n'en était pas ainsi dans l'Italie et vers les Alpes. Il s'y passait alors une scène extraordinaire. Les plus tristes revers avaient succédé aux prospérités les plus rapides. La maison de France perdait en Italie plus qu'elle ne gagnait en Flandre, et les pertes semblaient même plus irréparables que les succès de Flandre ne paraissaient utiles. Car alors le véritable objet de la guerre était l'établissement de don Philippe. Si on était vaincu en Italie, il n'y avait plus de ressources pour cet établissement, et on avait beau être vainqueur en Flandre, on sentait bien que tôt ou tard il faudrait rendre les conquêtes, et qu'elles n'étaient que comme un gage, une sûreté passagère qui indemnisait des pertes qu'on faisait ailleurs. Les cercles d'Allemagne ne prenaient part à rien, les bords du Rhin étaient tranquilles : c'était en effet l'Espagne qui était devenue enfin la partie principale dans la guerre. On ne combattait presque plus sur terre et sur mer que pour elle. La cour d'Espagne n'avait jamais perdu de vue Parme, Plaisance, et le Milanais. De tant d'États disputés à l'héritière de la maison d'Autriche, il ne restait plus que ces provinces d'Italie sur lesquelles on pût faire valoir des droits.

Depuis la fondation de la monarchie, cette guerre est la seule dans laquelle la France ait été simplement auxiliaire; elle le fut dans la cause de l'empereur Charles VII jusqu'à la mort de ce prince, et dans celle de l'infant don Philippe jusqu'à la paix.

Au commencement de la campagne de 1745, en Italie, les apparences furent aussi favorables à la maison de France qu'elles l'avaient été en Autriche, en 1741. Les chemins étaient ouverts aux armées espagnole et française par la voie de Gênes. Cette république, forcée par la reine de Hongrie et par le roi de Sardaigne à se déclarer contre eux, avait enfin fait son traité définitif : elle devait fournir environ dix-huit mille hommes. L'Espagne lui donnait trente mille piastres par mois, et cent mille une fois payées pour le train d'artillerie, que Gênes fournissait à l'armée espagnole : car, dans cette guerre si longue et si variée, les États puissants et riches soudoyèrent toujours les autres. L'armée de don Philippe, qui descendait des Alpes avec la française, jointe au corps des Génois, était réputée de quatre-vingt mille hommes. Celle du comte de Gages, qui avait poursuivi les Allemands aux environs de Rome, s'avançait, forte d'environ trente mille combattants, en comptant l'armée napolitaine. C'était au temps même que le roi de Prusse, vers la Saxe, et le prince de Conti, vers le Rhin, empêchaient que les forces autrichiennes ne pussent secourir l'Italie. (28 juin 1745) Les Génois même eurent tant de confiance qu'ils déclarèrent la guerre dans les formes au roi de Sardaigne. Le projet était que l'armée espagnole et la napolitaine viendraient joindre l'armée française et espagnole dans le Milanais.

Au mois de mars 1745, le duc de Modène et le comte de Gages, à la tête de l'armée d'Espagne et de Naples, avaient poursuivi les Autrichiens des environs de Rome à Rimini, de Rimini à Césène, à Imola, à Forli, à Bologne, et enfin jusque dans Modène.

Le maréchal de Maillebois, élève du célèbre Villars, déclaré capitaine général de l'armée de don Philippe, arriva bientôt par Vintimille et Oneille, et descendit vers le Montferrat, sur la fin du mois de juin, à la tête des Espagnols et des Français.

De la petite principauté d'Oneille on descend dans le marquisat de Final, qui est à l'extrémité du territoire de Gênes, et de là on entre dans le Montferrat mantouan, pays encore hérissé de rochers qui sont une suite des Alpes ; après avoir marché dans des vallées, entre ces rochers, on trouve le terrain fertile d'Alexandrie ; et, pour aller droit à Milan, on va d'Alexandrie à Tortone. A quelques milles de là vous passez le Pô ; ensuite se présente Pavie, sur le Tésin ; et de Pavie, il n'y a qu'une journée à la grande ville de Milan, qui n'est point fortifiée, et qui envoie toujours ses clefs à quiconque a passé le Tésin, mais qui a un château très-fort et capable de résister longtemps.

CHAPITRE XIX.

Pour s'emparer de ce pays, il ne faut que marcher en force. Pour le garder, il faut veiller à droite et à gauche sur une vaste étendue de terrain, être maître du cours du Pô, depuis Casal jusqu'à Crémone, et garder l'Oglio, rivière qui tombe des Alpes du Tyrol, ou bien avoir au moins Lodi, Crème, et Pizzighitone, pour fermer le chemin aux Allemands, qui peuvent arriver du Trentin par ce côté. Il faut enfin, surtout, avoir la communication libre, par les derrières, avec la rivière de Gênes, c'est-à-dire avec ce chemin étroit qui conduit le long de la mer, depuis Antibes, par Monaco, Vintimille, afin d'avoir une retraite en cas de malheur. Tous les postes de ce pays sont connus et marqués par autant de combats que le territoire de Flandre.

Cette campagne d'Italie, qui eut des suites si malheureuses, commença par une des plus belles manœuvres qu'on ait jamais exécutées (17 octobre 1745), et qui suffirait pour donner une gloire durable si les grandes actions n'étaient pas aujourd'hui ensevelies dans la multitude innombrable de combats, et surtout si cet événement heureux n'avait pas été suivi de désastres.

Le roi de Sardaigne, à la tête de vingt-cinq mille soldats, et le comte de Schulenbourg[1], avec un nombre presque égal d'Autrichiens, étaient retranchés dans une anse que forme le Tanaro, vers son embouchure dans le Pô, entre Valence et Alexandrie.

Le maréchal de Maillebois, qui commandait l'armée française, et le comte de Gages, général des Espagnols, ne pouvaient forcer le roi de Sardaigne et le chasser de son poste tant qu'il serait soutenu par les troupes impériales. Un fils du maréchal, jeune encore, imagine de les séparer ; et, pour y parvenir, il fallait tromper les Autrichiens. Il fait son plan, il combine tous les hasards calculés sur la distance des lieux. Si on envoie un gros détachement sur le chemin de Milan, Schulenbourg ne voudra pas laisser prendre cette ville : il marchera à son secours, il dégarnira le roi de Sardaigne, sur-le-champ le gros détachement reviendra joindre l'armée avant que les Autrichiens soient revenus, on n'aura à combattre que la moitié des troupes ennemies, cette brusque attaque les déconcertera. Tout arriva comme le jeune comte de Maillebois l'avait prévu et arrangé. Les armées française et espagnole traversent le Tanaro, ayant de l'eau jusqu'à la ceinture. Le maréchal de Maillebois surprend l'infanterie du roi de Sardaigne dans son camp, et la met en fuite. Le

---

1. Neveu de Jean-Mathias, comte de Schulenbourg, cité plus bas dans le chapitre xxi, page 273.

général Gages, à la tête de la cavalerie espagnole, attaque la cavalerie piémontaise, la disperse, et la poursuit jusque sous le canon de Valence. Le roi de Sardaigne est obligé de reculer jusqu'à Casal, dans le Piémont. On se rendit maître alors de tout le cours du Pô. C'était dans le temps même que le roi de France conquérait la Flandre ; que le roi de Prusse, son allié, fortifiait sa cause par de nouveaux succès : tout était favorable alors dans tant de différentes scènes du théâtre de la guerre. Les Français, avec les Espagnols, se trouvaient en Italie, sur la fin de l'an 1745, maîtres du Montferrat, de l'Alexandrin, du Tortonois, du pays derrière Gênes, qu'on nomme les fiefs impériaux de la Loméline, du Pavesan, du Lodesan, de Milan, de presque tout le Milanais, de Parme et de Plaisance. Tous ces succès s'étaient suivis rapidement, comme ceux du roi de France dans les Pays-Bas, et du prince Édouard dans l'Écosse, tandis que le roi de Prusse, de son côté, battait, au fond de l'Allemagne, les troupes autrichiennes ; mais il arriva en Italie précisément la même chose qu'on avait vue en Bohême, au commencement de cette guerre. Les apparences les plus heureuses couvraient les plus grandes calamités.

Le sort du roi de Prusse était, en faisant la guerre, de nuire beaucoup à la maison d'Autriche, et, en faisant la paix, de nuire tout autant à la maison de France. Sa paix de Breslau avait fait perdre la Bohême. Sa paix de Dresde fit perdre l'Italie.

A peine l'impératrice-reine fut-elle délivrée pour la seconde fois de cet ennemi qu'elle fit passer de nouvelles troupes en Italie par le Tyrol et le Trentin, pendant l'hiver de 1746. L'infant don Philippe possédait Milan ; mais il n'avait pas le château. Sa mère, la reine d'Espagne, lui ordonnait absolument de l'attaquer. Le maréchal de Maillebois écrivit, au mois de décembre 1745 : « Je prédis une destruction totale, si on s'obstine à rester dans le Milanais. » Le conseil d'Espagne s'y obstina, et tout fut perdu [1].

---

1. Voltaire passe sous silence le plan de d'Argenson, les préliminaires secrets signés à Turin, l'accueil fait à ces préliminaires par la cour de Madrid, etc. Le ministre d'Argenson rêvait d'organiser une confédération en Italie, de chasser l'Autriche de ce pays, et d'italianiser les princes étrangers établis en Italie. Le roi de Sardaigne entra dans les vues du ministre quand on lui eut prouvé que Louis XV avait écrit de sa propre main la division nouvelle de l'Italie. Charles-Emmanuel devait avoir le Milanais. On signa des préliminaires secrets en décembre 1745; on les expédia à Madrid, où ils furent accueillis par une explosion de cris et d'injures. Toutefois, le 3 mars, la reine d'Espagne lâchait son consentement; mais il était trop tard pour la réalisation du projet français. Marie-Thérèse, délivrée de la Prusse, avait envoyé trente mille hommes en Italie, et Charles-Emmanuel, revenant à l'Autriche, reprenait la partie. (G. A.)

Les troupes de l'impératrice-reine, d'un côté, les piémontaises, de l'autre, gagnèrent du terrain partout. Des places perdues, des échecs redoublés, diminuèrent l'armée française et espagnole, et enfin la fatale journée de Plaisance la réduisit à sortir avec peine de l'Italie, dans un état déplorable.

Le prince de Lichtenstein commandait l'armée de l'impératrice-reine. Il était encore à la fleur de son âge : on l'avait vu ambassadeur du père de l'impératrice à la cour de France, dans une plus grande jeunesse, et il y avait acquis l'estime générale. (16 juin 1746) Il la mérita encore davantage le jour de la bataille de Plaisance, par sa conduite et par son courage : car, se trouvant dans le même état de maladie et de langueur où l'on avait vu le maréchal de Saxe à la bataille de Fontenoy, il surmonta comme lui l'excès de son mal pour accourir à cette bataille, et il la gagna d'une manière aussi complète. Ce fut la plus longue et une des plus sanglantes de toute la guerre. Le maréchal de Maillebois n'était point d'avis d'attaquer l'armée impériale ; mais le comte de Gages lui montra des ordres précis de la cour de Madrid [1]. Le général français attaqua trois heures avant le jour, et fut longtemps vainqueur à son aile droite, qu'il commandait ; mais l'aile gauche de cette armée ayant été enveloppée par un nombre supérieur d'Autrichiens, le général d'Harembure blessé et pris, et le maréchal de Maillebois n'ayant pu le secourir assez tôt, cette aile gauche fut entièrement défaite, et on fut obligé, après neuf heures de combat, de se retirer sous Plaisance.

Si l'on combattait de près, comme autrefois, une mêlée de neuf heures, de bataillon contre bataillon, d'escadron contre escadron, et d'homme contre homme, détruirait des armées entières, et l'Europe serait dépeuplée par le nombre prodigieux de combats qu'on a livrés de nos jours ; mais, dans ces batailles, comme je l'ai déjà remarqué [2], on ne se mêle presque jamais. Le fusil et le canon sont moins meurtriers que ne l'étaient autrefois la pique et l'épée. On est très-longtemps même sans tirer, et dans le terrain coupé d'Italie on tire entre des haies ; on consume du temps à s'emparer d'une cassine, à pointer son canon, à se former et à se reformer : ainsi neuf heures de combat ne sont pas neuf heures de destruction.

La perte des Espagnols, des Français, et de quelques régiments

---

1. Maillebois dut obéir à l'infant don Philippe, généralissime des armées combinées. (G. A.)
2. Chapitre xv, note 1, page 244.

napolitains, fut cependant de plus de huit mille hommes tués ou blessés, et on leur fit quatre mille prisonniers. Enfin l'armée du roi de Sardaigne arriva, et alors le danger redoubla : toute l'armée des trois couronnes de France, d'Espagne, et de Naples, courait risque d'être prisonnière.

(12 juillet 1746) Dans ces tristes conjonctures, l'infant don Philippe reçut une nouvelle qui devait, selon toutes les apparences, mettre le comble à tant d'infortunes : c'était la mort de Philippe V, roi d'Espagne, son père. Ce monarque, après avoir autrefois essuyé beaucoup de revers, et s'être vu deux fois obligé d'abandonner sa capitale, avait régné paisiblement en Espagne ; et s'il n'avait pu rendre à cette monarchie la splendeur où elle fut sous Philippe II, il l'avait mise du moins dans un état plus florissant qu'elle n'avait été sous Philippe IV et sous Charles II. Il n'y avait que la dure nécessité de voir toujours Gibraltar, Minorque, et le commerce de l'Amérique espagnole, entre les mains des Anglais, qui eût continuellement traversé le bonheur de son administration. La conquête d'Oran sur les Maures, en 1732, la couronne de Naples et Sicile enlevée aux Autrichiens, et affermie sur la tête de son fils don Carlos, avaient signalé son règne, et il se flattait avec apparence, quelque temps avant sa mort, de voir le Milanais, Parme et Plaisance, soumis à l'infant don Philippe, son autre fils de son second mariage avec la princesse de Parme.

Précipité comme les autres princes dans ces grands mouvements qui agitent presque toute l'Europe, il avait senti, plus que personne, le néant de la grandeur, et la douloureuse nécessité de sacrifier tant de milliers d'hommes à des intérêts qui changent tous les jours. Dégoûté du trône, il l'avait abdiqué pour son premier fils don Louis, et l'avait repris après la mort de ce prince ; toujours prêt à le quitter, et n'ayant éprouvé, par sa complexion mélancolique, que l'amertume attachée à la condition humaine, même dans la puissance absolue.

La nouvelle de sa mort, arrivée à l'armée après sa défaite, augmenta l'embarras où l'on était. On ne savait pas encore si Ferdinand VI, successeur de Philippe V, ferait pour un frère d'un second mariage ce que Philippe V avait fait pour un fils. Ce qui restait de cette florissante armée des trois couronnes courait risque, plus que jamais, d'être enfermé sans ressource : elle était entre le Pô, le Lambro, le Tidone, et la Trébie. Se battre en rase campagne, ou dans un poste, contre une armée supérieure, est très-ordinaire ; sauver des troupes vaincues et enfermées est très-rare : c'est l'effort de l'art militaire.

CHAPITRE XIX.

Le comte de Maillebois, fils du maréchal, osa proposer de se retirer en combattant; il se chargea de l'entreprise, la dirigea sous les yeux de son père, et en vint à bout. L'armée des trois couronnes passa tout entière, en un jour et une nuit, sur trois ponts, avec quatre mille mulets chargés, et mille chariots de vivres, et se forma le long du Tidone. Les mesures étaient si bien prises que le roi de Sardaigne et les Autrichiens ne purent l'attaquer que quand elle put se défendre. Les Français et les Espagnols soutinrent une bataille longue et opiniâtre, pendant laquelle ils ne furent point entamés.

Cette journée, plus estimée des juges de l'art qu'éclatante aux yeux du vulgaire, fut comptée pour une journée heureuse parce que l'on remplit l'objet proposé : cet objet était triste, c'était de se retirer par Tortone, et de laisser au pouvoir de l'ennemi Plaisance et tout le pays. En effet, le lendemain de cette étrange bataille Plaisance se rendit, et plus de trois mille malades y furent faits prisonniers de guerre.

De toute cette grande armée qui devait subjuguer l'Italie il ne resta enfin que seize mille hommes effectifs à Tortone. La même chose était arrivée du temps de Louis XIV, après la journée de Turin. François Ier, Louis XII, Charles VIII, avaient essuyé les mêmes disgrâces. Grandes leçons toujours inutiles.

(17 auguste 1746) On se retira bientôt à Gavi, vers les confins des Génois. L'infant et le duc de Modène allèrent dans Gênes; mais, au lieu de la rassurer, ils en augmentèrent les alarmes. Gênes était bloquée par les escadres anglaises. Il n'y avait pas de quoi nourrir le peu de cavalerie qui restait encore. Quarante mille Autrichiens et vingt mille Piémontais approchaient; si l'on restait dans Gênes, on pouvait la défendre; mais on abandonnait le comté de Nice, la Savoie, la Provence. Un nouveau général espagnol, le marquis de La Mina[1], était envoyé pour sauver les débris de l'armée. Les Génois le suppliaient de les défendre[2]; mais ils ne purent rien obtenir[3].

---

1. Ou de Las Minas, le même qui avait été envoyé à Versailles en 1739 comme ambassadeur extraordinaire, par le roi d'Espagne, pour faire la demande de Madame Élisabeth de France, au nom de l'infant don Philippe. Il ne faut pas le confondre avec un marquis de La Mina mort, le 31 janvier 1768, à Barcelone. (CL.)

2. Les trois mots : *de les défendre,* ne sont dans aucune édition; ils sont ajoutés d'après l'exemplaire dont il est parlé dans l'Avertissement de Beuchot.

3. Le successeur de Philippe, Ferdinand VI, changeant de politique, et montrant un égoïsme aussi brutal que sa belle-mère dans le sens opposé, avait rappelé en hâte l'armée espagnole, sans aucun souci de ce que deviendraient les Génois, objet de tant de ressentiments pour le concours qu'ils avaient prêté aux Espa-

Gênes n'est pas une ville qui doive, comme Milan [1], porter ses clefs à quiconque approche d'elle avec une armée : outre son enceinte, elle en a une seconde de plus de deux lieues d'étendue, formée sur une chaîne de rochers. Par delà cette double enceinte l'Apennin lui sert partout de fortification. Le poste de la Bocchetta, par où les ennemis s'avançaient, avait toujours été réputé imprenable. Cependant les troupes qui gardaient ce poste ne firent aucune résistance, et allèrent se rejoindre aux débris de l'armée française et espagnole, qui se retiraient par Vintimille. La consternation des Génois ne leur permit pas de tenter seulement de se défendre. Ils avaient une grosse artillerie, l'ennemi n'avait point de canon de siége; mais ils n'attendirent pas que ce canon arrivât, et la terreur les précipita dans toutes les extrémités qu'ils craignaient. Le sénat envoya précipitamment quatre sénateurs dans les défilés des montagnes, où campaient les Autrichiens, pour recevoir du général Brown et du marquis de Botta Adorno, Milanais, lieutenant général de l'impératrice-reine, les lois qu'ils voudraient bien donner. Ils se soumirent à remettre leur ville dans vingt-quatre heures (le 7 septembre), à rendre prisonniers leurs soldats, les Français et les Espagnols, à livrer tous les effets qui pourraient appartenir à des sujets de France, d'Espagne, et de Naples. On stipula que quatre sénateurs se rendraient en otage à Milan ; qu'on payerait sur-le-champ cinquante mille génovines, qui font environ quatre-cent mille livres de France, en attendant les taxes qu'il plairait au vainqueur d'imposer.

On se souvenait que Louis XIV avait exigé autrefois que le doge de Gênes vînt lui faire des excuses à Versailles avec quatre sénateurs [2]. On en ajouta deux pour l'impératrice-reine ; mais elle mit sa gloire à refuser ce que Louis XIV avait exigé. Elle crut qu'il y avait peu d'honneur à humilier les faibles, et ne songea qu'à tirer de Gênes de fortes contributions, dont elle avait plus de besoin que du vain honneur de voir le doge de la petite république de Gênes avec six Génois aux pieds du trône impérial.

Gênes fut taxée à vingt-quatre millions de livres : c'était la ruiner entièrement. Cette république ne s'était pas attendue, quand la guerre commença pour la succession de la maison d'Autriche,

---

gnols. Maillebois aurait pu protéger Gênes, mais il crut devoir suivre les ordres de l'infant. (G. A.)

1. Voyez page 261.
2. Voyez tome XIV, page 291.

qu'elle en serait la victime ; mais dès qu'on arme dans l'Europe, il n'y a point de petit État qui ne doive trembler.

La puissance autrichienne, accablée en Flandre mais victorieuse dans les Alpes, n'était plus embarrassée que du choix des conquêtes qu'elle pouvait faire vers l'Italie. Il paraissait également aisé d'entrer dans Naples ou dans la Provence. Il lui eût été plus facile de garder Naples. Le conseil autrichien crut qu'après avoir pris Toulon et Marseille il réduirait les deux Siciles facilement, et que les Français ne pourraient plus repasser les Alpes.

(1746) Le 28 octobre, le maréchal de Maillebois était sur le Var, qui sépare la France du Piémont. Il n'avait pas onze mille hommes. Le marquis de La Mina n'en ramenait pas neuf mille. Le général espagnol se sépara alors des Français, tourna vers la Savoie par le Dauphiné : car les Espagnols étaient toujours maîtres de ce duché, et ils voulaient le conserver en abandonnant le reste.

Les vainqueurs passèrent le Var au nombre de près de quarante mille hommes. Les débris de l'armée française se retiraient dans la Provence, manquant de tout, la moitié des officiers à pied ; point d'approvisionnements, point d'outils pour rompre les ponts, peu de vivres. Le clergé, les notables, les peuples, couraient au-devant des détachements autrichiens pour leur offrir des contributions, et être préservés du pillage.

Tel était l'effet des révolutions d'Italie pendant que les armées françaises conquéraient les Pays-Bas, et que le prince Charles-Édouard, dont nous parlerons, avait pris et perdu l'Écosse.

CHAPITRE XX.

LES AUTRICHIENS ET LES PIÉMONTAIS ENTRENT EN PROVENCE ;
LES ANGLAIS, EN BRETAGNE.

L'incendie qui avait commencé vers le Danube, et presque aux portes de Vienne, et qui d'abord avait semblé ne devoir durer que peu de mois, était parvenu après six ans sur les côtes de France. Presque toute la Provence était en proie aux Autrichiens. D'un côté, leurs partis désolaient le Dauphiné ; de l'autre, ils passaient au delà de la Durance. Vence et Grasse furent abandonnées au pillage ; les Anglais faisaient des descentes dans la Bretagne[1], et leurs escadres allaient devant Toulon et Marseille aider leurs alliés à prendre ces deux villes, tandis que d'autres escadres attaquaient les possessions françaises en Asie et en Amérique.

Il fallait sauver la Provence ; le maréchal de Belle-Isle y fut envoyé, mais d'abord sans argent et sans armée. C'était à lui à réparer les maux d'une guerre universelle que lui seul avait allumée. Il ne vit que de la désolation ; des miliciens effrayés, des débris de régiments sans discipline, qui s'arrachaient le foin et la paille ; les mulets des vivres mouraient faute de nourriture ; les ennemis avaient tout rançonné et tout dévoré, du Var à la rivière d'Argens et à la Durance. L'infant don Philippe et le duc de Modène étaient dans la ville d'Aix en Provence, où ils attendaient les efforts que feraient la France et l'Espagne pour sortir de cette situation cruelle.

Les ressources étaient encore éloignées, les dangers et les besoins pressaient : le maréchal eut beaucoup de peine à emprunter en son nom cinquante mille écus pour subvenir aux plus pressants besoins. Il fut obligé de faire les fonctions d'intendant et de munitionnaire. Ensuite, à mesure que le gouvernement lui envoyait quelques bataillons et quelques escadrons, il prenait des postes par lesquels il arrêtait les Autrichiens et les Piémontais. Il couvrit Castellane, Draguignan, et Brignoles, dont l'ennemi allait se rendre maître.

Enfin, au commencement de janvier 1747, se trouvant fort de soixante bataillons et de vingt-deux escadrons, et secondé du marquis de La Mina, qui lui fournit quatre à cinq mille Espagnols, il se vit en état de pousser de poste en poste les ennemis hors de la Provence. Ils étaient encore plus embarrassés que lui, car ils manquaient de subsistances. Ce point essentiel est ce qui rend la plupart des invasions infructueuses. Ils avaient d'abord tiré toutes leurs provisions de Gênes ; mais la révolution inouïe qui se faisait pour lors dans Gênes, et dont il n'y a point d'exemple dans l'histoire, les priva d'un secours nécessaire et les força de retourner en Italie.

1. A la fin de septembre, ils avaient dirigé une expédition contre Lorient pour s'emparer des magasins de la compagnie des Indes ; mais ils se rembarquèrent sous le coup d'une terreur panique. Ce furent les Anglais qui engagèrent les Autrichiens à pénétrer en Provence. (G. A.)

CHAPITRE XXI.

RÉVOLUTION DE GÊNES.

Il se faisait alors dans Gênes un changement aussi important qu'imprévu.

(30 novembre 1746) Les Autrichiens usaient avec rigueur du droit de la victoire; les Génois, ayant épuisé leurs ressources, et donné tout l'argent de leur banque de Saint-George pour payer seize millions, demandèrent grâce pour les huit autres; mais on leur signifia, de la part de l'impératrice-reine, que non-seulement il les fallait donner, mais qu'il fallait payer encore environ autant pour l'entretien de neuf régiments répandus dans les faubourgs de Saint-Pierre-des-Arènes, de Bisagno, et dans les villages circonvoisins. A la publication de ces ordres, le désespoir saisit tous les habitants : leur commerce était ruiné, leur crédit perdu, leur banque épuisée, les magnifiques maisons de campagne qui embellissaient les dehors de Gênes, pillées, les habitants traités en esclaves par le soldat; ils n'avaient plus à perdre que la vie, et il n'y avait point de Génois qui ne parût enfin résolu à la sacrifier plutôt que de souffrir plus longtemps un traitement si honteux et si rude.

Gênes, captive, comptait encore parmi ses disgrâces la perte du royaume de Corse, si longtemps soulevé contre elle, et dont les mécontents seraient sans doute appuyés pour jamais par ses vainqueurs.

La Corse, qui s'était plainte d'être opprimée par Gênes, comme Gênes l'était par les Autrichiens, jouissait, dans ce chaos de révolutions, de l'infortune de ses maîtres. Ce surcroît d'afflictions n'était que pour le sénat : en perdant la Corse, il ne perdait qu'un fantôme d'autorité; mais le reste des Génois était en proie aux afflictions réelles qu'entraîne la misère. Quelques sénateurs fomentaient sourdement et avec habileté les résolutions désespérées que les habitants semblaient disposés à prendre; ils avaient besoin de la plus grande circonspection, car il était vraisemblable qu'un soulèvement téméraire et mal soutenu ne produirait que la destruction du sénat et de la ville. Les émissaires des sénateurs se contentaient de dire aux plus accrédités du peuple : « Jusqu'à quand attendrez-vous que les Autrichiens viennent vous égorger entre les bras de vos femmes et de vos enfants, pour vous arracher le peu de nourriture qui vous reste? Leurs troupes sont dispersées hors de l'enceinte de vos murs; il n'y a dans la ville que ceux qui veillent à la garde de vos portes; vous êtes ici plus de trente mille hommes capables d'un coup de main : ne vaut-il pas mieux mourir que d'être les spectateurs des ruines de votre patrie? » Mille discours pareils animaient le peuple; mais il n'osait encore remuer, et personne n'osait arborer l'étendard de la liberté.

Les Autrichiens tiraient de l'arsenal de Gênes des canons et des mortiers pour l'expédition de Provence, et ils faisaient servir les habitants à ce travail. Le peuple murmurait, mais il obéissait. (5 décembre 1746) Un capitaine autrichien ayant rudement frappé un habitant qui ne s'empressait pas assez, ce moment fut un signal auquel le peuple s'assembla, s'émut, et s'arma de tout ce qu'il put trouver: pierres, bâtons, épées, fusils, instruments de toute espèce. Ce peuple, qui n'avait pas eu seulement la pensée de défendre sa ville quand les ennemis en étaient encore éloignés, la défendit quand ils en étaient les maîtres. Le marquis de Botta[1], qui était à Saint-Pierre-des-Arènes, crut que cette émeute du peuple se ralentirait d'elle-même, et que la crainte reprendrait bientôt la place de cette fureur passagère. Le lendemain il se contenta de renforcer les gardes des portes, et d'envoyer quelques détachements dans les rues. Le peuple, attroupé en plus grand nombre que la veille, courait au palais du doge demander les armes qui sont dans ce palais; le doge ne répondit rien; les domestiques indiquèrent un autre magasin : on y court, on l'enfonce, on s'arme; une centaine d'officiers se distribuent dans la place; on se barricade dans les rues, et l'ordre qu'on tâche de mettre autant qu'on le peut dans ce bouleversement subit et furieux n'en ralentit point l'ardeur.

Il semble que dans cette journée et dans les suivantes la consternation qui avait si longtemps atterré l'esprit des Génois eût passé dans les Allemands; ils ne tentèrent pas de combattre le peuple avec des troupes régulières; ils laissèrent les soulevés[2] se rendre maîtres de la porte Saint-Thomas et de la porte Saint-Michel. Le sénat, qui ne savait encore si le peuple soutiendrait ce qu'il avait si bien commencé, envoya une députation au général autrichien dans Saint-Pierre-des-Arènes. Le marquis de Botta

---

1. Botta Adorno était le fils d'un transfuge génois. (G. A.)
2. Aujourd'hui nous écririons *les insurgés*.

négocia lorsqu'il fallait combattre : il dit aux sénateurs qu'ils armassent les troupes génoises laissées désarmées dans la ville, et qu'ils les joignissent aux Autrichiens pour tomber sur les rebelles au signal qu'il ferait ; mais on ne devait pas s'attendre que le sénat de Gênes se joignît aux oppresseurs de la patrie pour accabler ses défenseurs et pour achever sa perte.

(9 décembre 1746) Les Allemands, comptant sur les intelligences qu'ils avaient dans la ville, s'avancèrent à la porte de Bisagno par le faubourg qui porte ce nom ; mais y ils furent reçus par des salves de canon et de mousqueterie. Le peuple de Gênes composait alors une armée : on battait la caisse dans la ville au nom du peuple, et on ordonnait, sous peine de la vie, à tous les citoyens de sortir en armes hors de leurs maisons, et de se ranger sous les drapeaux de leurs quartiers. Les Allemands furent attaqués à la fois dans le faubourg de Bisagno et dans celui de Saint-Pierre-des-Arènes ; le tocsin sonnait en même temps dans tous les villages des vallées ; les paysans s'assemblèrent au nombre de vingt mille. Un prince Doria, à la tête du peuple, attaqua le marquis de Botta dans Saint-Pierre-des-Arènes ; le général et ses neuf régiments se retirèrent en désordre ; ils laissèrent quatre mille prisonniers et près de mille morts, tous leurs magasins, tous leurs équipages, et allèrent au poste de la Bocchetta, poursuivis sans cesse par de simples paysans, et forcés enfin d'abandonner ce poste et de fuir jusqu'à Gavi.

C'est ainsi que les Autrichiens perdirent Gênes pour avoir trop méprisé et accablé le peuple, et pour avoir eu la simplicité de croire que le sénat se joindrait à eux contre les habitants qui secouraient le sénat même. L'Europe vit avec surprise qu'un peuple faible, nourri loin des armes, et que ni son enceinte de rochers, ni les rois de France, d'Espagne, de Naples, n'avaient pu sauver du joug des Autrichiens, l'eût brisé sans aucun secours, et eût chassé ses vainqueurs.

Il y eut dans ces tumultes beaucoup de brigandages ; le peuple pilla plusieurs maisons appartenantes aux sénateurs soupçonnés de favoriser les Autrichiens ; mais ce qui fut le plus étonnant dans cette révolution, c'est que ce même peuple, qui avait quatre mille de ses vainqueurs dans ses prisons, ne tourna point ses forces contre ses maîtres. Il avait des chefs ; mais ils étaient indiqués par le sénat, et parmi eux il ne s'en trouva point d'assez considérables pour usurper longtemps l'autorité. Le peuple choisit trente-six citoyens pour le gouverner ; mais il y ajouta quatre sénateurs : Grimaldi, Scaglia, Lomellini, Fornari ; et ces quatre nobles rendaient secrètement compte au sénat, qui paraissait ne se mêler plus du gouvernement; mais il gouvernait en effet : il faisait désavouer à Vienne la révolution qu'il fomentait à Gênes, et dont il redoutait la plus terrible vengeance. Son ministre dans cette cour déclara que la noblesse génoise n'avait aucune part à ce changement qu'on appelait révolte. Le conseil de Vienne, agissant encore en maître et croyant être bientôt en état de reprendre Gênes, lui signifia que le sénat eût à faire payer incessamment les huit millions restants de la somme à laquelle on l'avait condamné, à en donner trente pour les dommages causés à ses troupes, à rendre tous les prisonniers, à faire justice des séditieux. Ces lois, qu'un maître irrité aurait pu donner à des sujets rebelles et impuissants, ne firent qu'affermir les Génois dans la résolution de se défendre, et dans l'espérance de repousser de leur territoire ceux qu'ils avaient chassés de la capitale. Quatre mille Autrichiens, dans les prisons de Gênes, étaient encore des otages qui les rassuraient.

Cependant les Autrichiens, aidés des Piémontais, en sortant de Provence, menaçaient Gênes de rentrer dans ses murs. Un des généraux autrichiens[1] avait déjà renforcé ses troupes de soldats albanais, accoutumés à combattre au milieu des rochers. Ce sont les anciens Épirotes, qui passent encore pour être aussi bons guerriers que leurs ancêtres. Il eut ces Épirotes par le moyen de son oncle, ce fameux Schulenbourg, qui, après avoir résisté au roi de Suède Charles XII[2], avait défendu Corfou contre l'empire ottoman. Les Autrichiens repassèrent donc la Bocchetta ; ils resserraient Gênes d'assez près ; la campagne à droite et à gauche était livrée à la fureur des troupes irrégulières, au saccagement et à la dévastation. Gênes était consternée, et cette consternation même y produisait des intelligences avec ses oppresseurs : pour comble de malheur, il y avait alors une grande division entre le sénat et le peuple. La ville avait des vivres, mais plus d'argent ; et il fallait dépenser dix-huit mille florins par jour pour entretenir les milices qui combattaient dans la campagne, ou qui gardaient la ville. La république n'avait ni aucunes troupes régulières aguerries, ni aucun officier expérimenté. Nul secours n'y pouvait arriver que par mer, et encore au hasard d'être pris par une flotte anglaise conduite par l'amiral Medley, qui dominait sur les côtes.

---

1. Schulenbourg. Voyez page 262.
2. Voyez une lettre du 15 septembre 1740.

Le roi de France fit d'abord tenir au sénat un million par un petit vaisseau qui échappa aux Anglais. Les galères de Toulon et de Marseille partent chargées d'environ six mille hommes. On relâcha en Corse et à Monaco à cause d'une tempête, et surtout de la flotte anglaise. Cette flotte prit six bâtiments qui portaient environ mille soldats. Mais enfin le reste entra dans Gênes au nombre d'environ quatre mille cinq cents Français, qui firent renaître l'espérance.

Bientôt après, le duc de Boufflers arrive et vient commander les troupes qui défendent Gênes, et dont le nombre augmente de jour en jour. (Le dernier avril 1747) Il fallut que ce général passât dans une barque, et trompât la flotte de l'amiral Medley.

Le duc de Boufflers se trouvait à la tête d'environ huit mille hommes de troupes régulières, dans une ville bloquée, qui s'attendait à être bientôt assiégée ; il y avait peu d'ordre, peu de provisions, point de poudre ; les chefs du peuple étaient peu soumis au sénat. Les Autrichiens conservaient toujours quelques intelligences. Le duc de Boufflers eut d'abord autant d'embarras avec ceux qu'il venait défendre qu'avec ceux qu'il venait combattre. Il mit l'ordre partout ; des provisions de toute espèce abordèrent en sûreté, moyennant une rétribution qu'on donnait en secret à des capitaines de vaisseaux anglais : tant l'intérêt particulier sert toujours à faire ou à réparer les malheurs publics. Les Autrichiens avaient quelques moines dans leur parti ; on leur opposa les mêmes armes avec plus de force ; on engagea les confesseurs à refuser l'absolution à quiconque balançait entre la patrie et les ennemis. Un ermite se mit à la tête des milices qu'il encourageait par son enthousiasme en leur parlant, et par son exemple en combattant. Il fut tué dans un de ces petits combats qui se donnaient tous les jours, et mourut en exhortant les Génois à se défendre. Les dames génoises mirent en gage leurs pierreries chez des juifs pour subvenir aux frais des ouvrages nécessaires.

Mais le plus puissant de ces encouragements fut la valeur des troupes françaises, que le duc de Boufflers employait souvent à attaquer les ennemis dans leurs postes au delà de la double enceinte de Gênes. On réussit dans presque tous ces petits combats, dont le détail attirait alors l'attention, et qui se perdent ensuite parmi des événements innombrables.

La cour de Vienne ordonna enfin qu'on levât le blocus. Le duc de Boufflers ne jouit point de ce bonheur et de cette gloire ; il mourut de la petite vérole le jour même que les ennemis se retiraient (27 juin 1747 [1]). Il était fils du maréchal de Boufflers, ce général si estimé sous Louis XIV, homme vertueux, bon citoyen, et le duc avait les qualités de son père.

Gênes n'était pas alors pressée, mais elle était toujours très-menacée par les Piémontais, maîtres de tous les environs, par la flotte anglaise, qui bouchait ses ports, par les Autrichiens, qui revenaient des Alpes fondre sur elle. Il fallait que le maréchal de Belle-Isle descendît en Italie, et c'est ce qui était d'une extrême difficulté.

Gênes devait à la fin être accablée, le royaume de Naples exposé, toute espérance ôtée à don Philippe de s'établir en Italie. Le duc de Modène en ce cas paraissait sans ressource. Louis XV ne se rebuta pas.

(27 septembre 1747) Il envoya à Gênes le duc de Richelieu, de nouvelles troupes, de l'argent. Le duc de Richelieu arrive dans un petit bâtiment malgré la flotte anglaise; ses troupes passent à la faveur de la même manœuvre. La cour de Madrid seconde ces efforts, elle fait passer à Gênes environ trois mille hommes [2]; elle promet deux cent cinquante mille livres par mois aux Génois, mais le roi de France les donne; le duc de Richelieu repousse les ennemis dans plusieurs combats, fait fortifier tous les postes, met les côtes en sûreté. Alors la cour d'Angleterre s'épuisait pour faire tomber Gênes, comme celle de France pour la défendre. Le ministère anglais donne cent cinquante mille livres sterling à l'impératrice-reine, et autant au roi de Sardaigne, pour entreprendre le siége de Gênes. Les Anglais perdirent leurs avances. Le maréchal de Belle-Isle, après avoir pris le comté de Nice, tenait les Autrichiens et les Piémontais en alarmes. S'ils faisaient le siége de Gênes, il tombait sur eux. Ainsi, étant encore arrêté par eux, il les arrêtait.

---

1. Boufflers est tombé malade le 27 juin; mais il n'est mort que le 2 juillet. (B.)
2. Mais Ferdinand VI avait ordonné de ménager si bien ses troupes que les Français les traitèrent de *soldats de carton*. (G. A.)

CHAPITRE XXII.

COMBAT D'EXILES FUNESTE AUX FRANÇAIS.

Pour pénétrer en Italie malgré les armées d'Autriche et de Piémont, quel chemin fallait-il prendre? Le général espagnol La Mina voulait qu'on tirât à Final par ce chemin de la côte du Ponant où l'on ne peut aller qu'un à un [1]; mais il n'avait ni canons ni provisions : transporter l'artillerie française, garder une communication de près de quarante marches par une route aussi serrée qu'escarpée, où tout doit être porté à dos de mulet; être exposé sans cesse au canon des vaisseaux anglais; de telles difficultés paraissaient insurmontables. On proposait la route de Démont et de Coni; mais assiéger Coni était une entreprise dont tout le danger était connu. On se détermina pour la route du col d'Exiles, à près de vingt-cinq lieues de Nice, et on résolut d'emporter cette place.

Cette entreprise n'était pas moins hasardeuse, mais on ne pouvait choisir qu'entre des périls. Le comte de Belle-Isle saisit avidement cette occasion de se signaler [2]; il avait autant d'audace pour exécuter un projet que de dextérité pour le conduire : homme infatigable dans le travail du cabinet et dans celui de la campagne. Il part donc, et prend son chemin en retournant vers le Dauphiné, et s'enfonçant ensuite vers le col de l'Assiette, sur le chemin d'Exiles; c'est là que vingt et un bataillons piémontais l'attendaient derrière des retranchements de pierre et de bois, hauts de dix-huit pieds sur treize pieds de profondeur, et garnis d'artillerie.

Pour emporter ces retranchements le comte de Belle-Isle avait vingt-huit bataillons et sept canons de campagne, qu'on ne put guère placer d'une manière avantageuse. On s'enhardissait à cette entreprise par le souvenir des journées de Montalban et de Château-Dauphin, qui semblaient justifier tant d'audace. Il n'y a jamais d'attaques entièrement semblables, et il est plus difficile encore et plus meurtrier d'attaquer des palissades qu'il faut arracher avec les mains sous un feu plongeant et continu que de

---

1. C'est la Corniche.
2. Son frère, le maréchal, menaçait en même temps les cols de la Stura. (G. A.)

gravir et de combattre sur des rochers ; enfin ce qu'on doit compter pour beaucoup, les Piémontais étaient très-aguerris, et l'on ne pouvait mépriser des troupes que le roi de Sardaigne avait commandées. (19 juillet 1747) L'action dura deux heures, c'est-à-dire que les Piémontais tuèrent deux heures de suite sans peine et sans danger tous les Français qu'ils choisirent. M. d'Arnaud, maréchal de camp, qui menait une division, fut blessé à mort des premiers avec M. de Grille, major général de l'armée.

Parmi tant d'actions sanglantes qui signalèrent cette guerre de tous côtés, ce combat fut un de ceux où l'on eut le plus à déplorer la perte prématurée d'une jeunesse florissante, inutilement sacrifiée. Le comte de Goas, colonel de Bourbonnais, y périt. Le marquis de Donge, colonel de Soissonnais, y reçut une blessure dont il mourut six jours après. Le marquis de Brienne, colonel d'Artois, ayant eu un bras emporté, retourna aux palissades en disant : « Il m'en reste un autre pour le service du roi ; » et il fut frappé à mort. On compta trois mille six cent quatre-vingt-quinze morts, et mille six cent six blessés : fatalité contraire à l'événement de toutes les autres batailles, où les blessés sont toujours le plus grand nombre. Celui des officiers qui périrent fut très-grand : presque tous ceux du régiment de Bourbonnais furent blessés ou moururent, et les Piémontais ne perdirent pas cent hommes.

Belle-Isle, désespéré, arrachait les palissades, et, blessé aux deux mains, il tirait des bois encore avec les dents, quand enfin il reçut le coup mortel. Il avait dit souvent qu'il ne fallait pas qu'un général survécût à sa défaite, et il ne prouva que trop que ce sentiment était dans son cœur. Les blessés furent menés à Briançon, où l'on ne s'était pas attendu au désastre de cette journée. M. d'Audiffret, lieutenant du roi, vendit sa vaisselle d'argent pour secourir les malades ; sa femme, prête d'accoucher, prit elle-même le soin des hôpitaux, pansa de ses mains les blessés, et mourut en s'acquittant de ce pieux office : exemple aussi triste que noble, et qui mérite d'être consacré dans l'histoire [1].

[1]. On a prétendu que le chevalier de Belle-Isle avait connaissance de l'ordre que le roi de Sardaigne avait donné de se retirer en cas d'attaque, parce qu'il croyait que les généraux français n'attaqueraient ce poste qu'après l'avoir tourné, et s'être emparés des hauteurs ; ce qui n'était pas impossible. Belle-Isle avait donc l'espérance de réussir, et le succès l'eût couvert de gloire ; mais le général piémontais sut interpréter les ordres de son souverain, et il ne crut pas qu'on lui eût défendu d'attendre une attaque dont le succès était impossible. (K.)

CHAPITRE XXIII.

LE ROI DE FRANCE, MAÎTRE DE LA FLANDRE ET VICTORIEUX, PROPOSE EN VAIN LA PAIX. PRISE DU BRABANT HOLLANDAIS. LES CONJONCTURES FONT UN STATHOUDER.

Dans ce fracas d'événements, tantôt malheureux, tantôt favorables, le roi, victorieux en Flandre, était le seul souverain qui voulût la paix. Toujours en droit d'attaquer le territoire des Hollandais, et toujours le menaçant, il crut les amener à son grand dessein d'une pacification générale en leur proposant un congrès dans une de leurs villes; on choisit Bréda. Le marquis de Puisieux y alla des premiers en qualité de plénipotentiaire. Les Hollandais envoyèrent à Bréda M. de Vassenaer, sans avoir aucune vue déterminée. La cour d'Angleterre, qui ne penchait pas à la paix, ne put paraître publiquement la refuser. Le comte de Sandwich, petit-fils par sa mère du fameux Wilmot, comte de Rochester, fut le plénipotentiaire anglais [1]. Mais tandis que les puissances auxiliaires de l'impératrice-reine avaient des ministres à ce congrès inutile, cette princesse n'y en eut aucun [2].

Les Hollandais devaient plus que toute autre puissance presser l'heureux effet de ces apparences pacifiques. Un peuple tout commerçant, qui n'était plus guerrier, qui n'avait ni bons généraux ni bons soldats, et dont les meilleures troupes étaient prisonnières en France au nombre de plus de trente-cinq mille hommes, semblait n'avoir d'autre intérêt que de ne pas attirer sur son terrain l'orage qu'il avait vu fondre sur la Flandre. La Hollande n'était plus même une puissance maritime; ses amirautés ne pouvaient pas alors mettre en mer vingt vaisseaux de guerre. Les régents sentaient tous que si la guerre entamait leurs provinces, ils seraient forcés de se donner un stathouder, et par conséquent un maître. Les magistrats d'Utrecht, de Dordrecht, de La Brille, avaient toujours insisté pour la neutralité; quelques

---

1. Il était alors très-jeune; c'est le même que nous avons vu deux fois dans le ministère britannique, et qui a été premier lord de l'amirauté jusqu'en 1782, dans la guerre actuelle. (K.) — Jean Montagu, comte de Sandwich, né en 1718, est mort en 1792.
2. Et ce fut ce défaut qui servit de prétexte au plénipotentiaire anglais de ne rien conclure. (G. A.)

membres de la république étaient ouvertement de cet avis. En un mot, il est certain que si les États-Généraux avaient pris la ferme résolution de pacifier l'Europe, ils en seraient venus à bout ; ils auraient joint cette gloire à celle d'avoir fait autrefois d'un si petit pays un État puissant et libre, et cette gloire a été longtemps dans leurs mains ; mais le parti anglais et le préjugé général prévalurent. Je ne crois pas qu'il y ait un peuple qui revienne plus difficilement de ses anciennes impressions que la nation hollandaise. L'irruption de Louis XIV et l'année 1672[1] étaient encore dans leurs cœurs ; et j'ose dire que je me suis aperçu plus d'une fois que leur esprit, frappé de la hauteur ambitieuse de Louis XIV, ne pouvait concevoir la modération de Louis XV : ils ne la crurent jamais sincère. On regardait toutes ses démarches pacifiques et tous ses ménagements, tantôt comme des preuves de faiblesse, tantôt comme des piéges.

Le roi, qui ne pouvait les persuader, fut forcé de conquérir une partie de leur pays pendant la tenue d'un congrès inutile : il fit entrer ses troupes dans la Flandre hollandaise ; c'est un démembrement des domaines de cette même Autriche dont ils prenaient la défense : il commence une lieue au-dessous de Gand, et s'étend à droite et à gauche, d'un côté à Middelbourg sur la mer, de l'autre jusqu'au-dessous d'Anvers sur l'Escaut. Il est garni de petites places d'un difficile accès, et qui auraient pu se défendre. Le roi, avant de prendre cette province, poussa encore les ménagements jusqu'à déclarer aux États-Généraux qu'il ne regarderait ces places que comme un dépôt qu'il s'engageait à restituer sitôt que les Hollandais cesseraient de fomenter la guerre en accordant des passages et des secours d'hommes et d'argent à ses ennemis[2].

On ne sentit point cette indulgence ; on ne vit que l'irruption, et la marche des troupes françaises fit un stathouder. Il arriva précisément ce que l'abbé de Laville, dans le temps qu'il faisait les fonctions d'envoyé en Hollande, avait dit à plusieurs seigneurs des états qui refusaient toute conciliation, et qui voulaient changer la forme du gouvernement : « Ce ne sera pas vous, ce sera nous qui vous donnerons un maître[3]. »

---

1. Voyez tomes XIV, pages 254-255.
2. C'était pour ménager le parti français ; mais cette réserve ne fit qu'irriter davantage.
3. Tout cela se fit à la sortie de d'Argenson du ministère. L'alliance de la Hollande, que celui-ci avait rêvée, avorta. Notre envahissement eut ce beau résultat de sceller l'union de l'Angleterre et de la Hollande. (G. A.)

CHAPITRE XXIII.

Tout le peuple, au bruit de l'invasion, demanda pour stathouder le prince d'Orange ; la ville de Tervère, dont il était seigneur, commença, et le nomma (25 avril 1747) ; toutes les villes de la Zélande suivirent ; Rotterdam, Delft, le proclamèrent ; il n'eût pas été sûr pour les régents de s'opposer à la multitude : ce n'était partout qu'un avis unanime. Tout le peuple de la Haye entoura le palais où s'assemblent les députés de la province de Hollande et de Vestfrise, la plus puissante des sept, qui seule paye la moitié des charges de tout l'État, et dont le pensionnaire est regardé comme le plus considérable personnage de la république. Il fallut dans l'instant, pour apaiser le peuple, arborer le drapeau d'Orange au palais et à l'hôtel de ville ; et deux jours après le prince fut élu (1er mai[1]). Le diplôme porta « qu'en considération des tristes circonstances où l'on était on nommait stathouder, capitaine, et amiral général, Guillaume-Charles-Henri Frison, prince d'Orange, de la branche de Nassau-Diest », qu'on prononce Dist. Il fut bientôt reconnu par toutes les villes, et reçu en cette qualité à l'assemblée des États-Généraux. Les termes dans lesquels la province de Hollande avait conçu son élection montraient trop que les magistrats l'avaient nommé malgré eux. On sait assez que tout prince veut être absolu, et que toute république est ingrate. Les Provinces-Unies, qui devaient à la maison de Nassau la plus grande puissance où jamais un petit État soit parvenu, purent rarement établir ce juste milieu entre ce qu'ils devaient au sang de leurs libérateurs et ce qu'ils devaient à leur liberté.

Louis XIV, en 1672, et Louis XV, en 1747, ont créé deux stathouders par la terreur ; et le peuple hollandais a rétabli deux fois ce stathoudérat que la magistrature voulait détruire.

Les régents avaient laissé, autant qu'ils l'avaient pu, le prince Henri Frison d'Orange dans l'éloignement des affaires, et même quand la province de Gueldre le choisit pour son stathouder en 1722, quoique cette place ne fût qu'un titre honorable, quoiqu'il ne disposât d'aucun emploi, quoiqu'il ne pût ni changer seulement une garnison, ni donner l'ordre, les états de Hollande écrivirent fortement à ceux de Gueldre pour les détourner d'une résolution qu'ils appelaient funeste. Un moment leur ôta ce pouvoir, dont ils avaient joui pendant près de cinquante années.

---

1. Les auteurs de l'*Art de vérifier les dates* donnent le 8 mai pour jour de l'élection de Guillaume. Dès le 25 avril la ville de Veere en Zélande lui avait décerné le titre de stathouder ; plusieurs autres villes le lui donnèrent successivement. (B.)

Le nouveau stathouder commença par laisser d'abord la populace piller et démolir les maisons des receveurs, tous parents et créatures des bourgmestres ; et quand on eut attaqué ainsi les magistrats par le peuple, on contint le peuple par les soldats.

Le prince, tranquille dans ces mouvements, se fit donner la même autorité qu'avait eue le roi Guillaume, et assura mieux encore sa puissance à sa famille. Non-seulement le stathoudérat devint l'héritage de ses enfants mâles, mais de ses filles et de leur postérité : car, quelque temps après, on passa en loi qu'au défaut de la race masculine une fille serait stathouder et capitaine général, pourvu qu'elle fît exercer ces charges par son mari ; et en cas de minorité, la veuve d'un stathouder doit avoir le titre de gouvernante, et nommer un prince pour faire les fonctions du stathoudérat.

Par cette révolution, les Provinces-Unies devinrent une espèce de monarchie mixte, moins restreinte à beaucoup d'égards que celles d'Angleterre, de Suède, et de Pologne. Ainsi il n'arriva rien dans toute cette guerre de ce qu'on avait d'abord imaginé, et tout le contraire de ce que les nations avaient attendu arriva ; mais l'entreprise, les succès et les malheurs du prince Charles-Édouard en Angleterre, furent peut-être le plus singulier de ces événements qui étonnèrent l'Europe.

CHAPITRE XXIV.

ENTREPRISE, VICTOIRES, DÉFAITE, MALHEURS DÉPLORABLES DU PRINCE CHARLES-ÉDOUARD STUART.

Le prince Charles-Édouard était fils de celui qu'on appelait le *prétendant,* ou le chevalier de Saint-George. On sait assez que son grand-père avait été détrôné par les Anglais, son bisaïeul condamné à mourir sur un échafaud par ses propres sujets, sa quadrisaïeule livrée au même supplice par le parlement d'Angleterre. Ce dernier rejeton[1] de tant de rois et de tant d'infortunés con-

---

1. Le *prétendant,* né à Londres en 1688, est mort à Rome en 1766. Charles-Édouard-Louis-Philippe-Casimir, né à Rome en 1720, est mort à Florence en 1788,

sumait sa jeunesse auprès de son père retiré à Rome. Il avait marqué plus d'une fois le désir d'exposer sa vie pour remonter au trône de ses pères. On l'avait appelé en France dès l'an 1742, et on avait tenté en vain de le faire débarquer en Angleterre [1]. Il attendait dans Paris quelque occasion favorable, pendant que la France s'épuisait d'hommes et d'argent en Allemagne, en Flandre, et en Italie. Les vicissitudes de cette guerre universelle ne permettaient plus qu'on pensât à lui ; il était sacrifié aux malheurs publics.

Ce prince, s'entretenant un jour avec le cardinal de Tencin, qui avait acheté sa nomination au cardinalat de l'ex-roi son père, Tencin lui dit : « Que ne tentez-vous de passer sur un vaisseau vers le nord de l'Écosse ? Votre seule présence pourra vous former un parti et une armée ; alors il faudra bien que la France vous donne des secours. »

Ce conseil hardi, conforme au courage de Charles-Édouard, le détermina. Il ne fit confidence de son dessein qu'à sept officiers, les uns Irlandais, les autres Écossais, qui voulurent courir sa fortune. L'un d'eux s'adresse à un négociant de Nantes nommé Walsh [2], d'une famille noble d'Irlande, attachée à la maison Stuart. Ce négociant avait une frégate de dix-huit canons sur laquelle le prince s'embarqua le 12 juin 1745, n'ayant, pour une expédition dans laquelle il s'agissait de la couronne de la Grande-Bretagne, que sept officiers, environ dix-huit cents sabres, douze cents fusils, et quarante-huit mille francs. La frégate était escortée d'un vaisseau de roi de soixante-quatre canons, nommé *l'Élisabeth*, qu'un armateur de Dunkerque avait armé en course. C'était alors l'usage que le ministère de la marine prêtât des vaisseaux de guerre aux armateurs et aux négociants qui payaient une somme au roi, et qui entretenaient l'équipage à leurs dépens pendant le temps de la course. Le ministre de la marine et le roi de France lui-même ignoraient à quoi ce vaisseau devait servir [3].

Le 20 juin, *l'Élisabeth* et la frégate, voguant de conserve, ren-

---

sans postérité. Sa veuve, Louise-Maximilienne de Stolberg, connue sous le nom de comtesse d'Albany (nom qu'avait pris le prince en arrivant en Toscane), est morte le 29 janvier 1824. Son corps fut déposé dans le monument qu'elle avait fait élever au poëte Alfieri, à qui on croit qu'elle fut mariée secrètement. (B.)

1. Ce n'est pas en 1742, mais en janvier 1744, qu'il vint en France. L'expédition ayant échoué, il se retira à Gravelines sous le nom de chevalier Douglas. (G. A.)

2. Voyez l'Avertissement de Beuchot.

3. On prétend, au contraire, que le vaisseau *l'Élisabeth* avait été mis à la disposition de Charles-Édouard par le gouvernement français. (G. A.)

contrèrent trois vaisseaux de guerre anglais qui escortaient une flotte marchande. Le plus fort de ces vaisseaux, qui était de soixante et dix canons, se sépara du convoi pour aller combattre *l'Élisabeth*, et, par un bonheur qui semblait présager des succès au prince Édouard, sa frégate ne fut point attaquée. *L'Élisabeth* et le vaisseau anglais engagèrent un combat violent [1], long, et inutile. La frégate qui portait le petit-fils de Jacques II échappait, et faisait force de voiles vers l'Écosse [2].

Le prince aborda d'abord dans une petite île presque déserte au delà de l'Irlande, vers le cinquante-huitième degré. Il cingle au continent de l'Écosse. (Juin 1745) Il débarque dans un petit canton appelé le Moidart; quelques habitants, auxquels il se déclara, se jetèrent à ses genoux : « Mais que pouvons-nous faire? lui dirent-ils ; nous n'avons point d'armes, nous sommes dans la pauvreté, nous ne vivons que de pain d'avoine, et nous cultivons une terre ingrate. — Je cultiverai cette terre avec vous, répondit le prince, je mangerai de ce pain, je partagerai votre pauvreté, et je vous apporte des armes. »

On peut juger si de tels sentiments et de tels discours attendrirent ces habitants. Il fut joint par quelques chefs des tribus de l'Écosse [3]. Ceux du nom de Macdonald, de Lokil, les Camerons, les Frasers, vinrent le trouver.

Ces tribus d'Écosse, qui sont nommées *clans* dans la langue écossaise, habitent un pays hérissé de montagnes et de forêts dans l'étendue de plus de deux cents milles. Les trente-trois îles des Orcades, et les trente du Shetland, sont habitées par les mêmes peuples qui vivent sous les mêmes lois. L'ancien habit romain militaire s'est conservé chez eux seuls [4], comme on l'a dit au sujet du régiment des montagnards écossais qui combattit à la bataille de Fontenoy. On peut croire que la rigueur du climat et la pauvreté extrême les endurcissent aux plus grandes fatigues ; ils dorment sur la terre, ils souffrent la disette ; ils font de longues marches au milieu des neiges et des glaces. Chaque clan était soumis à son *laird*, c'est-à-dire son seigneur, qui avait sur eux le droit de

---

1. Du moins c'est ce qui m'a été assuré par l'un des chefs de l'entreprise. (*Note de Voltaire.*)

2. A bord, il passait pour un jeune prêtre irlandais ; il en portait le costume.

3. Il y eut quelques hésitations. Quant à la scène racontée plus haut, Voltaire ne l'imagine pas, mais il l'arrange à son goût. (G. A.)

4. Ce n'est point à l'occasion de la bataille de Fontenoy (voyez ci-dessus, chapitres XV et XVI) que Voltaire rapporte cette circonstance ; c'est dans l'*Essai sur les Mœurs*, à la fin du chapitre XIX. Voyez tome XI, page 278.

juridiction, droit qu'aucun seigneur ne possède en Angleterre ; et ils sont d'ordinaire du parti que ce *laird* a embrassé.

Cette ancienne anarchie qu'on nomme le *droit féodal* subsistait dans cette partie de la Grande-Bretagne, stérile, pauvre, abandonnée à elle-même. Les habitants, sans industrie, sans aucune occupation qui leur assurât une vie douce, étaient toujours prêts à se précipiter dans les entreprises qui les flattaient de l'espérance de quelque butin. Il n'en était pas ainsi de l'Irlande, pays plus fertile, mieux gouverné par la cour de Londres, et dans lequel on avait encouragé la culture des terres et les manufactures. Les Irlandais commençaient à être plus attachés à leur repos et à leurs possessions qu'à la maison des Stuarts. Voilà pourquoi l'Irlande resta tranquille, et que l'Écosse fut en mouvement.

Depuis la réunion du royaume d'Écosse à celui de l'Angleterre sous la reine Anne, plusieurs Écossais qui n'étaient pas nommés membres du parlement de Londres, et qui n'étaient pas attachés à la cour par des pensions, étaient secrètement dévoués à la maison des Stuarts ; et en général les habitants des parties septentrionales, plutôt subjugués qu'unis, supportaient impatiemment cette réunion qu'ils regardaient comme un esclavage.

Les clans des seigneurs attachés à la cour, comme des ducs d'Argyle, d'Athol, de Queensbury, et d'autres, demeurèrent fidèles au gouvernement ; il en faut pourtant excepter un grand nombre qui furent saisis de l'enthousiasme de leurs compatriotes, et entraînés bientôt dans le parti d'un prince qui tirait son origine de leur pays, et qui excitait leur admiration et leur zèle.

Les sept hommes que le prince avait menés avec lui étaient le marquis de Tullibardine, frère du duc d'Athol, un Macdonald, Thomas Sheridan, Sullivan, désigné maréchal des logis de l'armée qu'on n'avait pas, Kelly Irlandais, et Strikland Anglais [1].

On n'avait pas encore rassemblé trois cents hommes autour de sa personne qu'on fit un étendard royal d'un morceau de taffetas apporté par Sullivan [2]. A chaque moment la troupe grossissait ; et le prince n'avait pas encore passé le bourg de Fenning [3] qu'il se vit à la tête de quinze cents combattants qu'il arma de fusils et de sabres dont il était pourvu.

Il renvoya en France la frégate sur laquelle il était venu, et

---

1. Voltaire a oublié Buchanan, messager.
2. Le morceau de taffetas avait été préparé pour étendard. Il portait même une devise, dit-on : *Tandem triumphans*. (G. A.)
3. Ou plutôt Glenfinnin.

informa les rois de France et d'Espagne de son débarquement. Ces deux monarques lui écrivirent et le traitèrent de *frère:* non qu'ils le reconnussent solennellement pour héritier des couronnes de la Grande-Bretagne, mais ils ne pouvaient, en lui écrivant, refuser ce titre à sa naissance et à son courage ; ils lui envoyèrent à diverses reprises quelques secours d'argent, de munitions et d'armes. Il fallait que ces secours se dérobassent aux vaisseaux anglais qui croisaient à l'orient et à l'occident de l'Écosse. Quelques-uns étaient pris, d'autres arrivaient, et servaient à encourager le parti qui se fortifiait de jour en jour. Jamais le temps d'une révolution ne parut plus favorable. Le roi George alors était hors du royaume. Il n'y avait pas six mille hommes de troupes réglées dans l'Angleterre. Quelques compagnies du régiment de Sainclair marchèrent d'abord des environs d'Édimbourg contre la petite troupe du prince : elles furent entièrement défaites. Trente montagnards prirent quatre-vingts Anglais prisonniers avec leurs officiers et leurs bagages.

Ce premier succès augmentait le courage et l'espérance, et attirait de tous côtés de nouveaux soldats. On marchait sans relâche. Le prince Édouard, toujours à pied à la tête de ses montagnards, vêtu comme eux, se nourrissant comme eux, traverse le pays de Badenoch, le pays d'Athol, le Perthshire, s'empare de Perth, ville considérable dans l'Écosse. (15 septembre 1745) Ce fut là qu'il fut proclamé solennellement régent d'Angleterre, de France, d'Écosse, et d'Irlande, pour son père Jacques III. Ce titre de *régent de France* que s'arrogeait un prince à peine maître d'une petite ville d'Écosse, et qui ne pouvait se soutenir que par les secours du roi de France, était une suite de l'usage étonnant qui a prévalu que les rois d'Angleterre prennent le titre de rois de France ; usage qui devrait être aboli, et qui ne l'est pas parce que les hommes ne songent jamais à réformer les abus que quand ils deviennent importants et dangereux.

Le duc de Perth, le lord George Murray, arrivèrent alors à Perth, et firent serment au prince. Ils amenèrent de nouvelles troupes ; une compagnie entière d'un régiment écossais au service de la cour déserta pour se ranger sous ses drapeaux. Il prend Dunde, Drummond, Newbourg. On tint un conseil de guerre : les avis se partageaient sur la marche. Le prince dit qu'il fallait aller droit à Édimbourg, la capitale de l'Écosse. Mais comment espérer de prendre Édimbourg avec si peu de monde et point de canon ? Il avait des partisans dans la ville, mais tous les citoyens n'étaient pas pour lui. « Il faut me montrer, dit-il, pour les faire déclarer tous. » Et sans perdre de temps il marche à la capitale (19 septembre), il arrive; il s'empare de la porte. L'alarme est dans la ville; les uns veulent reconnaître l'héritier de leurs anciens rois, les autres tiennent pour le gouvernement. On craint le pillage; les citoyens les plus riches transportent leurs effets dans le château ; le gouverneur Guest s'y retire avec quatre cents soldats de garnison. Les magistrats se rendent à la porte dont Charles-Édouard était maître. Le prévôt d'Édimbourg, nommé Stuart, qu'on soupçonna d'être d'intelligence avec lui, paraît en sa présence, et demande d'un air éperdu ce qu'il faut faire. « Tomber à ses genoux, lui répondit un habitant, et le reconnaître. » Il fut aussitôt proclamé dans la capitale [1].

Cependant on mettait dans Londres sa tête à prix. Les seigneurs de la régence, pendant l'absence du roi George firent proclamer qu'on donnerait trente mille livres sterling à celui qui le livrerait. Cette proscription était une suite de l'acte du parlement fait la dix-septième année du règne du roi, et d'autres actes du même parlement. La reine Anne elle-même avait été forcée de proscrire son propre frère, à qui, dans les derniers temps, elle aurait voulu laisser sa couronne si elle n'avait consulté que ses sentiments. Elle avait mis sa tête à quatre mille livres, et le parlement la mit à quatre-vingt mille.

Si une telle proscription est une maxime d'État, c'en est une bien difficile à concilier avec ces principes de modération que toutes les cours font gloire d'étaler. Le prince Charles-Édouard pouvait faire une proclamation pareille; mais il crut fortifier sa cause, et la rendre plus respectable, en opposant, quelques mois après, à ces proclamations sanguinaires, des manifestes dans lesquels il défendait à ses adhérents d'attenter à la personne du roi régnant et d'aucun prince de la maison d'Hanovre.

D'ailleurs il ne songea qu'à profiter de cette première ardeur de sa faction qu'il ne fallait pas laisser ralentir. A peine était-il maître de la ville d'Édimbourg qu'il apprit qu'il pouvait donner une bataille, et il se hâta de la donner. Il sut que le général Cope s'avançait contre lui avec des troupes réglées, qu'on assemblait les milices, qu'on formait des régiments en Angleterre, qu'on en faisait revenir de Flandre, qu'enfin il n'y avait pas un moment à perdre. Il sort d'Édimbourg sans y laisser un seul soldat, et mar-

---

1. On envoya deux ambassades vers Charles-Édouard, mais avant qu'il se fût rendu maître de la porte de Netherbow. Le prétendant ne voulut pas recevoir la seconde. Quant à la scène du lord-prévôt que Voltaire raconte, rien de moins exact. (G. A.)

che avec environ trois mille montagnards vers les Anglais, qui étaient au nombre de plus de quatre mille : ils avaient deux régiments de dragons. La cavalerie du prince n'était composée que de quelques chevaux de bagage. Il ne se donna ni le temps ni la peine de faire venir ses canons de campagne. Il savait qu'il y en avait six dans l'armée ennemie ; mais rien ne l'arrêta. Il atteignit les ennemis à sept milles d'Édimbourg, à Preston-Pans. A peine est-il arrivé qu'il range son armée en bataille. Le duc de Perth et le lord George Murray commandaient l'un la gauche et l'autre la droite de l'armée, c'est-à-dire chacun environ sept ou huit cents hommes. Charles-Édouard était si rempli de l'idée qu'il devait vaincre qu'avant de charger les ennemis il remarqua un défilé par où ils pouvaient se retirer, et il le fit occuper par cinq cents montagnards. Il engagea donc le combat suivi d'environ deux mille cinq cents hommes seulement, ne pouvant avoir ni seconde ligne ni corps de réserve. Il tire son épée, et jetant le fourreau loin de lui : « Mes amis, dit-il, je ne la remettrai dans le fourreau que quand vous serez libres et heureux. » Il était arrivé sur le champ de bataille presque aussitôt que l'ennemi : il ne lui donna pas le temps de faire des décharges d'artillerie. Toute sa troupe marche rapidement aux Anglais sans garder de rang, ayant des cornemuses pour trompettes ; ils tirent à vingt pas ; ils jettent aussitôt leurs fusils, mettent d'une main leurs boucliers sur leur tête, et, se précipitant entre les hommes et les chevaux, ils tuent les chevaux à coups de poignards, et attaquent les hommes le sabre à la main (2 octobre 1745). Tout ce qui est nouveau et inattendu saisit toujours. Cette nouvelle manière de combattre effraya les Anglais : la force du corps, qui n'est aujourd'hui d'aucun avantage dans les autres batailles, était beaucoup dans celle-ci. Les Anglais plièrent de tous côtés sans résistance ; on en tua huit cents ; le reste fuyait par l'endroit que le prince avait remarqué, et ce fut là même qu'on en fit quatorze cents prisonniers. Tout tomba au pouvoir du vainqueur ; il se fit une cavalerie avec les chevaux des dragons ennemis. Le général Cope fut obligé de fuir, lui quinzième [1]. La nation murmura

1. Ce récit n'est pas vrai dans tous ses détails. Et d'abord Charles-Édouard n'attaqua pas dès la rencontre. Pendant un jour on s'observa mutuellement. Quant au défilé, il faut le remplacer par un fossé qui protégeait le front de l'armée anglaise, et que Charles passa sur un petit pont pendant la nuit. Au jour, l'armée anglaise, devant faire volte-face aux Highlanders, se trouva donc avoir derrière elle le fossé qui la protégeait la veille. De là l'obstacle à sa retraite. Il ne lui restait qu'un petit sentier par où le général s'enfuit. (G. A.)

contre lui : on l'accusa devant une cour martiale de n'avoir pas pris assez de mesures ; mais il fut justifié, et il demeura constant que les véritables raisons qui avaient décidé de la bataille étaient la présence d'un prince qui inspirait à son parti une confiance audacieuse, et surtout cette manière nouvelle d'attaquer qui étonna les Anglais. C'est un avantage qui réussit presque toujours les premières fois, et que peut-être ceux qui commandent les armées ne songent pas assez à se procurer.

Le prince Édouard, dans cette journée, ne perdit pas soixante hommes. Il ne fut embarrassé dans sa victoire que de ses prisonniers : leur nombre était presque égal à celui des vainqueurs. Il n'avait point de places fortes ; ainsi, ne pouvant garder ses prisonniers, il les renvoya sur leur parole, après les avoir fait jurer de ne point porter les armes contre lui d'une année. Il garda seulement les blessés pour en avoir soin. Cette magnanimité devait lui faire de nouveaux partisans.

Peu de jours après cette victoire, un vaisseau français et un espagnol abordèrent heureusement sur les côtes, et y apportèrent de l'argent et de nouvelles espérances : il y avait, sur ces vaisseaux, des officiers irlandais qui, ayant servi en France et en Espagne, étaient capables de discipliner ses troupes. Le vaisseau français lui amena, le 11 octobre, au port de Montrose, un envoyé[1] secret du roi de France, qui débarqua de l'argent et des armes. Le prince, retourné dans Édimbourg, vit bientôt après augmenter son armée jusqu'à près de six mille hommes[2]. L'ordre s'introduisait dans ses troupes et dans ses affaires. Il avait une cour, des officiers, des secrétaires d'État. On lui fournissait de l'argent de plus de trente milles à la ronde. Nul ennemi ne paraissait ; mais il lui fallait le château d'Édimbourg, seule place véritablement forte qui puisse servir dans le besoin de magasin et de retraite, et tenir en respect la capitale. Le château d'Édimbourg est bâti sur un roc escarpé ; il a un large fossé taillé dans le roc, et des murailles de douze pieds d'épaisseur. La place, quoique irrégu-

---

1. C'était un frère du marquis d'Argens, très-connu dans la littérature. Il fut depuis président au parlement d'Aix. (*Note de Voltaire.*) — Il s'appelait d'Aiguilles. — Le *Mémoire de feu M. le président* (Boyer) *d'Aiguilles sur sa commission en Écosse, adressé au roi Louis XV*, n'a été imprimé qu'en 1804, dans le tome Ier des *Archives littéraires*. (B.)

2. Ce chiffre, quoi que semble dire ici Voltaire, n'est pas bien gros. Charles-Édouard, en effet, avait pris trop à la lettre les protestations de ses partisans. Les mœurs militaires avaient disparu dans les villes. On se contentait d'applaudir au courage des montagnards, mais on ne s'enrôlait pas. Les plus chauds partisans du prince étaient les dames, qui chantaient : « Charlie, mon mignon. » (G. A.)

lière, exige un siége régulier, et surtout du gros canon. Le prince n'en avait point. Il se vit obligé de permettre à la ville de faire avec le commandant Guest un accord par lequel la ville fournirait des vivres au château, et le château ne tirerait point sur elle.

Ce contre-temps ne parut pas déranger ses affaires. La cour de Londres le craignait beaucoup, puisqu'elle cherchait à le rendre odieux dans l'esprit des peuples : elle lui reprochait d'être né catholique romain, et de venir bouleverser la religion et les lois du pays. Il ne cessait de protester qu'il respecterait la religion et les lois, et que les anglicans et les presbytériens n'auraient pas plus à craindre de lui, quoique né catholique, que du roi George né luthérien. On ne voyait dans sa cour aucun prêtre [1] : il n'exigeait pas même que dans les paroisses on le nommât dans les prières, et il se contentait qu'on priât en général pour le roi et la famille royale sans désigner personne.

Le roi d'Angleterre était revenu en hâte, le 11 septembre, pour s'opposer aux progrès de la révolution ; la perte de la bataille de Preston-Pans l'alarma au point qu'il ne se crut pas assez fort pour résister avec les milices anglaises. Plusieurs seigneurs levaient des régiments de milices à leurs dépens en sa faveur, et le parti whig surtout, qui est le dominant en Angleterre, prenait à cœur la conservation du gouvernement qu'il avait établi, et de la famille qu'il avait mise sur le trône ; mais si le prince Édouard recevait de nouveaux secours et avait de nouveaux succès, ces milices mêmes pouvaient se tourner contre le roi George. Il exigea d'abord un nouveau serment des milices de la ville de Londres ; ce serment de fidélité portait ces propres mots : « J'abhorre, je déteste, je rejette comme un sentiment impie cette damnable doctrine, que des princes excommuniés par le pape peuvent être déposés et assassinés par leurs sujets ou quelque autre que ce soit, etc. » Mais il ne s'agissait ni d'excommunication ni du pape dans cette affaire, et quant à l'assassinat, on ne pouvait guère en craindre d'autres que celui qui avait été solennellement proposé au prix de trente mille livres sterling[2]. (14 septembre) On ordonna, selon l'usage pratiqué dans les temps de troubles depuis Guillaume III, à tous les prêtres catholiques de sortir de Londres et de son territoire. Mais ce n'étaient pas les prêtres catholiques qui étaient dangereux. Ceux de cette religion ne composaient qu'une petite

---

[1]. Il avait un chapelain, le docteur Maclachlan ; mais il se rendait sans scrupule aux églises presbytériennes ou épiscopales. (G. A.)

[2]. Voyez page 286.

partie du peuple d'Angleterre. C'était la valeur du prince Édouard qui était réellement à redouter ; c'était l'intrépidité d'une armée victorieuse animée par des succès inespérés. Le roi George se crut obligé de faire revenir six mille hommes des troupes de Flandre, et d'en demander encore six mille aux Hollandais, suivant les traités faits avec la république.

Les États-Généraux lui envoyèrent précisément les mêmes troupes qui, par la capitulation de Tournai et de Dendermonde, ne devaient servir de dix-huit mois[1]. Elles avaient promis de ne faire aucun service, « pas même dans les places les plus éloignées des frontières », et les États justifiaient cette infraction en disant que l'Angleterre n'était point *place frontière*. Elles devaient mettre bas les armes devant les troupes de France, mais on alléguait que ce n'était pas contre des Français qu'elles allaient combattre ; elles ne devaient passer à aucun service étranger, et on répondait qu'en effet elles n'étaient point dans un *service étranger* puisqu'elles étaient aux ordres et à la solde des États-Généraux.

C'est par de telles distinctions qu'on éludait la capitulation qui semblait la plus précise, mais dans laquelle on n'avait pas spécifié un cas que personne n'avait prévu.

Quoiqu'il se passât alors d'autres grands événements, je suivrai celui de la révolution d'Angleterre, et l'ordre des matières sera préféré à l'ordre des temps, qui n'en souffrira pas. Rien ne prouve mieux les alarmes que l'excès des précautions. Je ne puis m'empêcher de parler ici d'un artifice dont on se servit pour rendre la personne de Charles-Édouard odieuse dans Londres. On fit imprimer un journal imaginaire dans lequel on comparait les événements rapportés dans les gazettes, sous le gouvernement du roi George, à ceux qu'on supposait sous la domination d'un prince catholique.

« A présent, disait-on, nos gazettes nous apprennent, tantôt qu'on a porté à la Banque les trésors enlevés aux vaisseaux français et espagnols, tantôt que nous avons rasé Porto-Bello, tantôt que nous avons pris Louisbourg, et que nous sommes maîtres du commerce. Voici ce que nos gazettes diront sous la domination du prétendant : Aujourd'hui, il a été proclamé dans les marchés de Londres, par des montagnards et par des moines. Plusieurs maisons ont été brûlées, et plusieurs citoyens massacrés.

---

[1]. Voyez, dans les *Mélanges*, à la date de 1745, les *Représentations aux États-Généraux de Hollande*.

« Le 4, la maison du Sud et la maison des Indes ont été changées en couvents.

« Le 20, on a mis en prison six membres du parlement.

« Le 26, on a cédé trois ports d'Angleterre aux Français.

« Le 28, la loi *habeas corpus* a été abolie, et on a passé un nouvel acte pour brûler les hérétiques.

« Le 29, le P. Poignardini, jésuite italien, a été nommé garde du sceau privé. »

Cependant on suspendait en effet, le 28 octobre, la loi *habeas corpus*. C'est une loi regardée comme fondamentale en Angleterre, et comme le boulevard de la liberté de la nation. Par cette loi, le roi ne peut faire emprisonner aucun citoyen sans qu'il soit interrogé dans les vingt-quatre heures, et relâché sous caution jusqu'à ce que son procès lui soit fait ; et s'il a été arrêté injustement, le secrétaire d'État doit être condamné à lui payer chèrement chaque heure.

Le roi n'a pas le droit de faire arrêter un membre du parlement, sous quelque prétexte que ce puisse être, sans le consentement de la chambre. Le parlement, dans les temps de rébellion, suspend toujours ces lois par un acte particulier pour un certain temps, et donne pouvoir au roi de s'assurer, pendant ce temps seulement, des personnes suspectes. Il n'y eut aucun membre des deux chambres qui donnât sur lui la moindre prise. Quelques-uns cependant étaient soupçonnés par la voix publique d'être jacobites; et il y avait des citoyens dans Londres qui étaient sourdement de ce parti ; mais aucun ne voulait hasarder sa fortune et sa vie sur des espérances incertaines. La défiance et l'inquiétude tenaient en suspens tous les esprits; on craignait de se parler. C'est un crime en ce pays de boire à la santé d'un prince proscrit qui dispute la couronne, comme autrefois à Rome c'en était un, sous un empereur régnant, d'avoir chez soi la statue de son compétiteur. On buvait à Londres à la santé du roi et du prince, ce qui pouvait aussi bien signifier le roi Jacques et son fils le prince Charles-Édouard que le roi George et son fils aîné le prince de Galles[1]. Les partisans secrets de la révolution se contentaient de faire imprimer des écrits tellement mesurés que le parti pouvait aisément les entendre sans que le gouvernement pût les condamner. On en distribua beaucoup de cette espèce; un entre autres par lequel on avertissait « qu'il y avait un jeune

---

1. Frédéric-Louis, né en 1707, mort en 1751, père de George III; voyez tome XIII, page 214.

homme de grande espérance qui était prêt de faire une fortune considérable ; qu'en peu de temps il s'était fait plus de vingt mille livres de rente, mais qu'il avait besoin d'amis pour s'établir à Londres ». La liberté d'imprimer est un des priviléges dont les Anglais sont le plus jaloux. La loi ne permet pas d'attrouper le peuple et de le haranguer ; mais elle permet de parler par écrit à la nation entière. Le gouvernement fit visiter toutes les imprimeries ; mais, n'ayant le droit d'en faire fermer aucune sans un délit constaté, il les laissa subsister toutes.

La fermentation commença à se manifester dans Londres quand on apprit que le prince Édouard s'était avancé jusqu'à Carlisle, et qu'il s'était rendu maître de la ville (26 novembre 1745[1]) ; que ses forces augmentaient, et qu'enfin il était à Derby (4 décembre), dans l'Angleterre même, à trente lieues de Londres : alors il eut pour la première fois des Anglais nationaux dans ses troupes. Trois cents hommes du comté de Lancastre prirent parti dans son régiment de Manchester. La renommée, qui grossit tout, faisait son armée forte de trente mille hommes. On disait que tout le comté de Lancastre s'était déclaré. Les boutiques et la Banque furent fermées un jour à Londres[2].

CHAPITRE XXV.

SUITE DES AVENTURES DU PRINCE CHARLES-ÉDOUARD. SA DÉFAITE,
SES MALHEURS ET CEUX DE SON PARTI.

Depuis le jour que le prince Édouard aborda en Écosse ses partisans sollicitaient des secours de France ; les sollicitations redoublaient avec les progrès. Quelques Irlandais qui servaient dans les troupes françaises s'imaginèrent qu'une descente en Angleterre, vers Plymouth, serait praticable. Le trajet est court de Calais ou de Boulogne vers les côtes. Ils ne voulaient point une flotte de vaisseaux de guerre, dont l'équipement eût consumé

---

1. Ou plutôt, 15 novembre.
2. On disait aussi que les Français avaient débarqué au nombre de dix mille. George II fit cacher ses trésors, et se disposa à s'embarquer pour la Hollande. (G. A.)

trop de temps, et dont l'appareil seul eût averti les escadres anglaises de s'opposer au débarquement. Ils prétendaient qu'on pourrait débarquer huit ou dix mille hommes et du canon pendant la nuit ; qu'il ne fallait que des vaisseaux marchands et quelques corsaires pour une telle tentative ; et ils assuraient que, dès qu'on serait débarqué, une partie de l'Angleterre se joindrait à l'armée de France, qui bientôt pourrait se réunir auprès de Londres avec les troupes du prince. Ils faisaient envisager enfin une révolution prompte et entière. Ils demandèrent pour chef de cette entreprise le duc de Richelieu, qui, par le service rendu dans la journée de Fontenoy[1] et par la réputation qu'il avait en Europe, était plus capable qu'un autre de conduire avec vivacité cette affaire hardie et délicate. Ils pressèrent tant qu'on leur accorda enfin ce qu'ils demandaient. Lally, qui depuis fut lieutenant général, et qui a péri d'une mort si tragique[2], était l'âme de l'entreprise. L'écrivain de cette histoire, qui travailla longtemps avec lui, peut assurer qu'il n'a jamais vu d'homme plus zélé, et qu'il ne manqua à l'entreprise que la possibilité. On ne pouvait se mettre en mer vis-à-vis des escadres anglaises, et cette tentative fut regardée à Londres comme absurde.

On ne put faire passer au prince que quelques petits secours d'hommes et d'argent, par la mer Germanique et par l'est de l'Écosse. Le lord Drummond, frère du duc de Perth, officier au service de France, arriva heureusement avec quelques piquets de trois compagnies du régiment royal-écossais. Dès qu'il fut débarqué à Montrose, il fit publier[3] qu'il venait par ordre du roi de France secourir le prince de Galles, régent d'Écosse, son allié, et faire la guerre au roi d'Angleterre, électeur d'Hanovre. Alors les troupes hollandaises, qui par leur capitulation ne pouvaient servir contre le roi de France, furent obligées de se conformer à cette loi de la guerre, si longtemps éludée[4]. On les fit repasser en Hollande, tandis que la cour de Londres faisait revenir six mille Hessois à leur place. Ce besoin de troupes étrangères était un aveu du danger que l'on courait. Le prétendant faisait répandre dans le nord et dans l'occident de l'Angleterre de nouveaux manifestes par lesquels il invitait la nation à se joindre à lui. Il déclarait qu'il traiterait les prisonniers de guerre comme on trai-

---

1. Voyez page 244.
2. Voyez ci-après, chapitre XXXIV.
3. Voyez ce manifeste, rédigé par Voltaire, dans les *Mélanges*, à la date de 1745.
4. Voyez page 290.

terait les siens, et il renouvelait expressément à ses partisans la défense d'attenter à la personne du roi régnant et à celle des princes de sa maison. Ces proclamations, qui paraissaient si généreuses dans un prince dont on avait mis la tête à prix, eurent une destinée que les maximes d'État peuvent seules justifier : elles furent brûlées par la main du bourreau.

Il était plus important et plus nécessaire de s'opposer à ses progrès que de faire brûler ses manifestes. Les milices anglaises reprirent Édimbourg. Ces milices, répandues dans le comté de Lancastre, lui coupent les vivres ; il faut qu'il retourne sur ses pas[1]. Son armée était tantôt forte, tantôt faible, parce qu'il n'avait pas de quoi la retenir continuellement sous le drapeau par un payement exact. Cependant il lui restait encore environ huit mille hommes. A peine le prince fut-il informé que les ennemis étaient à six milles de lui, près des marais de Falkirk, qu'il courut les attaquer, quoiqu'ils fussent près d'une fois plus forts que lui. On se battit de la même manière et avec la même impétuosité qu'au combat de Preston-Pans. (28 janvier 1746[2]) Ses Écossais, secondés encore d'un violent orage qui donnait au visage des Anglais, les mirent d'abord en désordre ; mais, bientôt après, ils furent rompus eux-mêmes par leur propre impétuosité. Six piquets de troupes françaises les couvrirent, soutinrent le combat, et leur donnèrent le temps de se rallier. Le prince Édouard disait toujours que s'il avait eu seulement trois mille hommes de troupes réglées il se serait rendu maître de toute l'Angleterre.

Les dragons anglais commencèrent la fuite, et toute l'armée anglaise suivit, sans que les généraux et les officiers pussent arrêter es soldats. Ils regagnèrent leur camp à l'entrée de la nuit. Ce camp était retranché, et presque entouré de marais.

Le prince, demeuré maître du champ de bataille, prit à l'instant le parti d'aller les attaquer dans leur camp, malgré l'orage, qui redoublait avec violence. Les montagnards perdirent quelque temps à chercher dans l'obscurité leurs fusils, qu'ils avaient jetés dans l'action, suivant leur coutume. Le prince se met donc en marche avec eux pour livrer un second combat ; il pénètre jusqu'au camp ennemi, l'épée à la main : la terreur s'y répandit, et les troupes anglaises, deux fois battues en un jour, quoique avec peu de perte, s'enfuirent à Édimbourg. Ils n'eurent pas six cents

---

1. Le prince commença sa retraite avant d'avoir eu nouvelle de la prise d'Édimbourg. (G. A.)

2. Ou plutôt, 17 janvier.

hommes de tués dans cette journée, mais ils laissèrent leurs tentes et leurs équipages au pouvoir du vainqueur. Ces victoires faisaient beaucoup pour la gloire du prince, mais peu encore pour ses intérêts. Le duc de Cumberland marchait en Écosse; il arriva à Édimbourg le 10 février. Le prince Édouard fut obligé de lever le siége du château de Stirling. L'hiver était rude ; les subsistances manquaient. Sa plus grande ressource était dans quelques partis qui erraient tantôt vers Inverness, et tantôt vers Aberdeen, pour recueillir le peu de troupes et d'argent qu'on hasardait de lui faire passer de France. La plupart de ces vaisseaux étaient observés et pris par les Anglais. Trois compagnies du régiment de Fitz-James abordèrent heureusement. Lorsque quelque petit vaisseau abordait, il était reçu avec des acclamations de joie ; les femmes couraient au-devant ; elles menaient par la bride les chevaux des officiers. On faisait valoir les moindres secours comme des renforts considérables [1] ; mais l'armée du prince Édouard n'en était pas moins pressée par le duc de Cumberland. Elle était retirée dans Inverness, et tout le pays n'était pas pour lui. Le duc de Cumberland passe enfin la rivière de Spey (23 avril 1746 [2]), et marche vers Inverness ; il fallut en venir à une bataille décisive.

Le prince avait à peu près le même nombre de troupes qu'à la journée de Falkirk. Le duc de Cumberland avait quinze bataillons et neuf escadrons, avec un corps de montagnards. L'avantage du nombre était toujours nécessairement du côté des Anglais ; ils avaient de la cavalerie et une artillerie bien servie, ce qui leur donnait encore une très-grande supériorité. Enfin ils étaient accoutumés à la manière de combattre des montagnards, qui ne les étonnait plus. Ils avaient à réparer aux yeux du duc de Cumberland la honte de leurs défaites passées. Les deux armées furent en présence le 27 avril 1746, à deux heures après midi, dans un lieu nommé Culloden. Les montagnards ne firent point leur attaque ordinaire, qui était si redoutable [3]. La bataille fut entièrement perdue ; et le prince, légèrement blessé, fut entraîné dans la fuite la plus précipitée. Les lieux, les temps, font l'importance de l'action. On a vu dans cette guerre, en Allemagne, en Italie, et en Flandre, des batailles de près de cent mille hommes, qui n'ont

---

1. Mais les Français étaient saisis d'effroi à la vue du sinistre pays où ils arrivaient. On vit un détachement se rembarquer.
2. Ou plutôt, le 12 avril.
3. Ils s'étaient mis en marche pour la commencer, quand on leur donna ordre de s'arrêter. (G. A.)

pas eu de grandes suites ; mais à Culloden, une action entre onze mille hommes d'un côté, et sept à huit mille de l'autre, décida du ort de trois royaumes. Il n'y eut pas dans ce combat neuf cents hommes de tués parmi les rebelles, car c'est ainsi que leur malheur les a fait nommer en Écosse même. On ne leur fit que trois cent vingt prisonniers. Tout s'enfuit du côté d'Inverness, et y fut poursuivi par les vainqueurs. Le prince, accompagné d'une centaine d'officiers, fut obligé de se jeter dans une rivière, à trois milles d'Inverness, et de la passer à la nage. Quand il eut gagné l'autre bord, il vit de loin les flammes au milieu desquelles périssaient cinq ou six cents montagnards, dans une grange à laquelle le vainqueur avait mis le feu, et il entendit leurs cris.

Il y avait plusieurs femmes dans son armée : une entre autres, nommée Mme de Seford, qui avait combattu à la tête des troupes de montagnards qu'elle avait amenées ; elle échappa à la poursuite ; quatre autres furent prises. Tous les officiers français furent faits prisonniers de guerre, et celui qui faisait la fonction de ministre de France auprès du prince Édouard se rendit prisonnier dans Inverness. Les Anglais n'eurent que cinquante hommes de tués et deux cent cinquante-neuf de blessés dans cet affaire décisive [1].

Le duc de Cumberland fit distribuer cinq mille livres sterling (environ cent quinze mille livres de France) aux soldats : c'était un argent qu'il avait reçu du maire de Londres ; il avait été fourni par quelques citoyens, qui ne l'avaient donné qu'à cette condition. Cette singularité prouvait encore que le parti le plus riche devait être victorieux. On ne donna pas un moment de relâche aux vaincus ; on les poursuivit partout. Les simples soldats se retiraient aisément dans leurs montagnes et dans leurs déserts. Les officiers se sauvaient avec plus de peine : les uns étaient trahis et livrés ; les autres se rendaient eux-mêmes, dans l'espérance du pardon. Le prince Édouard, Sullivan, Sheridan, et quelques-uns de ses adhérents, se retirèrent d'abord dans les ruines du fort Auguste, dont il fallut bientôt sortir [2]. A mesure qu'il s'éloignait, il voyait diminuer le nombre de ses amis. La division se mettait parmi eux, et ils se reprochaient l'un à l'autre leurs malheurs ; ils s'aigrissaient dans leurs contestations sur les partis qu'il fallait prendre ; plusieurs se retirèrent : il ne lui resta

---

[1]. Voltaire passe sous silence le massacre que les Anglais firent des prisonniers et des blessés. (G. A.)

[2]. Le prince ne se retira pas au fort d'Auguste, mais à Invergary.

que Sheridan et Sullivan, qui l'avaient suivi quand il partit de France.

Il marcha avec eux cinq jours et cinq nuits, sans presque prendre un moment de repos, et manquant souvent de nourriture. Ses ennemis le suivaient à la piste. Tous les environs étaient remplis de soldats qui le cherchaient, et le prix mis à sa tête redoublait leur diligence[1]. Les horreurs du sort qu'il éprouvait étaient en tout semblables à celles où fut réduit son grand-oncle Charles II, après la bataille de Worcester[2], aussi funeste que celle de Culloden. Il n'y a pas d'exemple sur la terre d'une suite de calamités aussi singulières et aussi horribles que celles qui avaient affligé toute sa maison. Il était né dans l'exil, et il n'en était sorti que pour traîner après des victoires ses partisans sur l'échafaud, et pour errer dans des montagnes. Son père, chassé au berceau du palais des rois et de sa patrie, dont il avait été reconnu l'héritier légitime, avait fait comme lui des tentatives qui n'avaient abouti qu'au supplice de ses partisans. Tout ce long amas d'infortunes uniques se présentait sans cesse au cœur du prince, et il ne perdait pas l'espérance. Il marchait à pied, sans appareil à sa blessure, sans aucun secours, à travers ses ennemis; il arriva enfin dans un petit port nommé Arizaig, à l'occident septentrional de l'Écosse.

La fortune sembla vouloir alors le consoler. Deux armateurs de Nantes faisaient voile vers cet endroit, et lui apportaient de l'argent, des hommes et des vivres; mais, avant qu'ils abordassent, les recherches continuelles qu'on faisait de sa personne l'obligèrent de partir du seul endroit où il pouvait alors trouver sa sûreté; et à peine furent-ils à quelques milles de ce port qu'il apprit que ces deux vaisseaux avaient abordé, et qu'ils s'en étaient retournés. Ce contre-temps aggravait encore son infortune. Il fallait toujours fuir et se cacher. Onel[3], un de ses partisans irlandais au service d'Espagne, qui le joignit dans ces cruelles conjonctures, lui dit qu'il pouvait trouver une retraite assurée dans une petite île voisine, nommée Stornay, la dernière qui est au nord-ouest de l'Écosse. Ils s'embarquèrent dans un bateau de pêcheur: ils arrivent dans cet asile; mais à peine sont-ils sur le rivage qu'ils apprennent qu'un détachement de l'armée du duc

---

1. Trente mille livres sterling.
2. Gagnée par Cromwell le 13 septembre 1650. Voyez tome XIII, page 77.
3. Ou plutôt, O'Neil. Ce ne fut pas lui, mais Donald Mac-Leod, qui engagea le prince à prendre refuge à Stornoway. Du reste, Voltaire abrége ici. (G. A.)

de Cumberland est dans l'île[1]. Le prince et ses amis furent obligés de passer la nuit dans un marais pour se dérober à une poursuite si opiniâtre. Ils hasardèrent au point du jour de rentrer dans leur petite barque, et de se remettre en mer sans provisions et sans savoir quelle route tenir. A peine eurent-ils vogué deux milles qu'ils furent entourés de vaisseaux ennemis.

Il n'y avait plus de salut qu'en échouant entre des rochers sur le rivage d'une petite île déserte et presque inabordable. Ce qui, en d'autres temps, eût été regardé comme une des plus cruelles infortunes, fut pour eux leur unique ressource. Ils cachèrent leur barque derrière un rocher, et attendirent dans ce désert que les vaisseaux anglais fussent éloignés, ou que la mort vînt finir tant de désastres. Il ne restait au prince, à ses amis, et aux matelots, qu'un peu d'eau-de-vie pour soutenir leur vie malheureuse. On trouva par hasard quelques poissons secs, que des pêcheurs, poussés par la tempête, avaient laissés sur le rivage. On rama d'île en île, quand les vaisseaux ennemis ne parurent plus. Le prince aborde dans cette même île de West[2] où il était venu prendre terre lorsqu'il arriva de France. Il y trouve un peu de secours et de repos; mais cette légère consolation ne dura guère. Des milices du duc de Cumberland arrivèrent au bout de trois jours dans ce nouvel asile. La mort ou la captivité paraissait inévitable.

Le prince, avec ses deux compagnons, se cacha trois jours et trois nuits dans une caverne. Il fut encore trop heureux de se rembarquer et de fuir dans une autre île déserte, où il resta huit jours avec quelques provisions d'eau-de-vie, de pain d'orge, et de poisson salé. On ne pouvait sortir de ce désert et regagner l'Écosse qu'en risquant de tomber entre les mains des Anglais, qui bordaient le rivage; mais il fallait ou périr par la faim ou prendre ce parti.

Ils se remettent donc en mer, et ils abordent pendant la nuit. Ils erraient sur le rivage, n'ayant pour habits que des lambeaux déchirés de vêtements à l'usage des montagnards. Ils rencontrèrent au point du jour une demoiselle à cheval, suivie d'un jeune domestique. Ils hasardèrent de lui parler[3]. Cette demoiselle était de la maison de Macdonald, attachée aux Stuarts. Le prince,

---

1. Il n'y avait pas de détachement. Ce fut la population qui se souleva pour repousser le prétendant.
2. Ou mieux, South-Vist.
3. Les détails que Voltaire donne ici ne sont pas tout à fait exacts. (G. A.)

qui l'avait vue dans le temps de ses succès, la reconnut et s'en fit reconnaître. Elle se jeta à ses pieds : le prince, ses amis, et elle, fondaient en larmes, et les pleurs que Mlle de Macdonald versait dans cette entrevue, si singulière et si touchante, redoublaient par le danger où elle voyait le prince. On ne pouvait faire un pas sans risquer d'être pris. Elle conseilla au prince de se cacher dans une caverne qu'elle lui indiqua, au pied d'une montagne, près de la cabane d'un montagnard connu d'elle et affidé, et elle promit de venir le prendre dans cette retraite, ou de lui envoyer quelque personne sûre qui se chargerait de le conduire.

Le prince s'enfonça donc encore dans une caverne avec ses fidèles compagnons. Le paysan montagnard leur fournit un peu de farine d'orge détrempée dans de l'eau ; mais ils perdirent toute espérance lorsque, ayant passé deux jours dans ce lieu affreux, personne ne vint à leur secours. Tous les environs étaient garnis de milices. Il ne restait plus de vivres à ces fugitifs. Une maladie cruelle affaiblissait le prince : son corps était couvert de boutons ulcérés. Cet état, ce qu'il avait souffert, et tout ce qu'il avait à craindre, mettaient le comble à cet excès des plus horribles misères que la nature humaine puisse éprouver ; mais il n'était pas au bout.

Mlle de Macdonald envoie enfin un exprès dans la caverne, et cet exprès leur apprend que la retraite dans le continent est impossible ; qu'il faut fuir encore dans une petite île nommée Benbecula, et s'y réfugier dans la maison d'un pauvre gentilhomme qu'on leur indique ; que Mlle de Macdonald s'y trouvera, et que là on verra les arrangements qu'on pourra prendre pour leur sûreté. La même barque qui les avait portés au continent les transporte donc dans cette île. Ils marchent vers la maison de ce gentilhomme. Mlle de Macdonald s'embarque à quelques milles de là pour les aller trouver ; mais ils sont à peine arrivés dans l'île qu'ils apprennent que le gentilhomme chez lequel ils comptaient trouver un asile avait été enlevé la nuit avec toute sa famille. Le prince et ses amis se cachent encore dans des marais. Onel enfin va à la découverte. Il rencontra Mlle de Macdonald dans une chaumière : elle lui dit qu'elle pouvait sauver le prince en lui donnant des habits de servante qu'elle avait apportés avec elle ; mais qu'elle ne pouvait sauver que lui, qu'une seule personne de plus serait suspecte. Ces deux hommes n'hésitèrent pas à préférer son salut au leur. Ils se séparèrent en pleurant. Charles-Édouard prit des habits de servante, et suivit, sous le nom de Betty, Mlle de Macdonald. Les dangers ne cessèrent pas malgré ce déguisement. Cette demoiselle et le prince, déguisé, se réfugièrent d'abord dans l'île de Skye, à l'occident de l'Écosse.

Ils étaient dans la maison d'un gentilhomme, lorsque cette maison est tout à coup investie par les milices ennemies. Le prince ouvre lui-même la porte aux soldats. Il eut le bonheur de n'être pas reconnu ; mais bientôt après on sut dans l'île qu'il était dans ce château. Alors il fallut se séparer de Mlle de Macdonald, et s'abandonner seul à sa destinée. Il marcha dix milles suivi d'un simple batelier. Enfin, pressé de la faim et prêt à succomber, il se hasarda d'entrer dans une maison dont il savait bien que le maître n'était pas de son parti. « Le fils de votre roi, lui dit-il, vient vous demander du pain et un habit. Je sais que vous êtes mon ennemi ; mais je vous crois assez de vertu pour ne pas abuser de ma confiance et de mon malheur. Prenez les misérables vêtements qui me couvrent, gardez-les; vous pourrez me les apporter un jour dans le palais des rois de la Grande-Bretagne. » Le gentilhomme auquel il s'adressait fut touché comme il devait l'être. Il s'empressa de le secourir, autant que la pauvreté de ce pays peut le permettre, et lui garda le secret.

De cette île il regagna encore l'Écosse, et se rendit dans la tribu de Morar, qui lui était affectionnée ; il erra ensuite dans le Lochaber, dans le Badenoch. Ce fut là qu'il apprit qu'on avait arrêté Mlle de Macdonald, sa bienfaitrice, et presque tous ceux qui l'avaient reçu. Il vit la liste de tous ses partisans condamnés par contumace. C'est ce qu'on appelle en Angleterre un *acte d'attainder*. Il était toujours en danger lui-même, et les seules nouvelles qui lui venaient étaient celles de la prison de ses serviteurs dont on préparait la mort.

Le bruit se répandit alors en France que ce prince était au pouvoir de ses ennemis. Ses agents de Versailles, effrayés, supplièrent le roi de permettre qu'au moins on fît écrire en sa faveur. Il y avait en France plusieurs prisonniers de guerre anglais, et les partisans du prétendant s'imaginèrent que cette considération pourrait retenir la vengeance de la cour d'Angleterre, et prévenir l'effusion du sang qu'on s'attendait à voir verser sur les échafauds. Le marquis d'Argenson, alors ministre des affaires étrangères et frère du secrétaire de la guerre, s'adressa à l'ambassadeur des Provinces-Unies, M. Van Hoey, comme à un médiateur. Ces deux ministres se ressemblaient en un point qui les rendait différents de presque tous les hommes d'État : c'est qu'ils mettaient toujours de la franchise et de l'humanité où les autres n'emploient guère que la politique.

L'ambassadeur Van Hoey écrivit donc une longue lettre au duc de Newcastle, secrétaire d'État d'Angleterre. « Puissiez-vous, lui disait-il, bannir cet art pernicieux que la discorde a enfanté pour exciter les hommes à se détruire mutuellement! Misérables politiques qui substituent la vengeance, la haine, la méfiance, l'avidité, aux préceptes divins de la gloire des rois et du salut des peuples! »

Cette exhortation semblait être, pour la substance et pour les expressions, d'un autre temps que le nôtre : on la qualifia d'*homélie*; elle choqua le roi d'Angleterre au lieu de l'adoucir. Il fit porter ses plaintes aux États-Généraux de ce que leur ambassadeur avait osé lui envoyer des remontrances d'un roi ennemi sur la conduite qu'il avait à tenir envers des sujets rebelles. Le duc de Newcastle écrivit que c'était un procédé inouï. Les États-Généraux réprimandèrent vivement leur ambassadeur, et lui ordonnèrent de faire excuse au duc de Newcastle, et de réparer sa faute. L'ambassadeur, convaincu qu'il n'en avait point fait, obéit, et écrivit que « s'il avait manqué, c'était un malheur inséparable de la condition humaine ». Il pouvait avoir manqué aux lois de la politique, mais non à celles de l'humanité. Le ministère anglais et les États-Généraux devaient savoir combien le roi de France était en droit d'intercéder pour les Écossais : ils devaient savoir que quand Louis XIII eut pris la Rochelle, secourue en vain par les armées navales du roi d'Angleterre Jacques I[er][1], ce roi envoya le chevalier Montaigu au roi de France pour le prier de faire grâce aux Rochellois rebelles, et Louis XIII eut égard à cette prière. Le ministère anglais n'eut pas la même clémence.

Il commença par tâcher de rendre le prince Charles-Édouard méprisable aux yeux du peuple, parce qu'il avait été terrible. On fit porter publiquement dans Édimbourg les drapeaux pris à la journée de Culloden; le bourreau portait celui du prince; les autres étaient entre les mains des ramoneurs de cheminée, et le bourreau les brûla tous dans la place publique. Cette farce était le prélude des tragédies sanglantes qui suivirent.

On commença, le 10 auguste 1746, par exécuter dix-sept officiers. Le plus considérable était le colonel du régiment de Manchester, nommé Townley : il fut traîné avec huit officiers sur la claie au lieu du supplice dans la plaine du Kennington près de Londres, et, après qu'on les eut pendus, on leur arracha le cœur

---

1. Charles Ier. C'était en 1628, et Jacques Ier, son père, était mort en mars 1625. (CL.)

dont on leur battit les joues, et on mit leurs membres en quartiers. Ce supplice est un reste d'une ancienne barbarie. On arrachait le cœur autrefois aux criminels condamnés, quand ils respiraient encore. On ne fait aujourd'hui cette exécution que quand ils sont étranglés. Leur mort est moins cruelle, et l'appareil sanguinaire qu'on y ajoute sert à effrayer la multitude. Il n'y eut aucun d'eux qui ne protestât, avant de mourir, qu'il périssait pour une juste cause, et qui n'excitât le peuple à combattre pour elle. Deux jours après, trois pairs écossais furent condamnés à perdre la tête.

On sait qu'en Angleterre les lois ne considèrent comme nobles que les lords, c'est-à-dire les pairs. Ils sont jugés, pour crime de haute trahison, d'une autre manière que le reste de la nation. On choisit, pour présider à leur jugement, un pair à qui on donne le titre de *grand steward* du royaume. Ce nom répond à peu près à celui de grand sénéchal. Les pairs de la Grande-Bretagne reçoivent alors ses ordres. Il les convoque dans la grande salle de Westminster par des lettres scellées de son sceau, et écrites en latin. Il faut qu'il ait au moins douze pairs avec lui pour prononcer l'arrêt. Les séances se tiennent avec le plus grand appareil : il s'assied sous un dais ; le clerc de la couronne délivre sa commission à un roi d'armes, qui la lui présente à genoux ; six massiers l'accompagnent toujours, et sont aux portières de son carrosse quand il se rend à la salle et quand il en sort, et il a cent guinées par jour pendant l'instruction du procès. Quand les pairs accusés sont amenés devant lui et devant les pairs, leurs juges, un sergent d'armes crie trois fois : *Oyez*, en ancienne langue française. Un huissier porte devant l'accusé une hache dont le tranchant est tourné vers le *grand steward*, et quand l'arrêt de mort est prononcé on tourne alors la hache vers le coupable.

(12 auguste 1746) Ce fut avec ces cérémonies lugubres qu'on amena à Westminster les trois lords Balmerino, Kilmarnock, Cromarty. Le chancelier faisait les fonctions de *steward :* ils furent tous trois convaincus d'avoir porté les armes pour le prétendant, et condamnés à être pendus et écartelés selon la loi. Le *grand steward*, qui leur prononça l'arrêt, leur annonça en même temps que le roi, en vertu de la prérogative de sa couronne, changeait ce supplice en celui de perdre la tête. L'épouse du lord Cromarty, qui avait huit enfants et qui était enceinte du neuvième, alla avec sa famille se jeter aux pieds du roi, et obtint la grâce de son mari.

(29 auguste) Les deux autres furent exécutés. Kilmarnock,

monté sur l'échafaud, sembla témoigner du repentir. Balmerino y porta une intrépidité inébranlable. Il voulut mourir dans le même habit uniforme sous lequel il avait combattu. Le gouverneur de la tour ayant crié selon l'usage : *Vive le roi George!* Balmerino répondit hautement : *Vive le roi Jacques et son digne fils!* Il brava la mort comme il avait bravé ses juges.

On voyait presque tous les jours des exécutions ; on remplissait les prisons d'accusés. Un secrétaire du prince Édouard, nommé Murray, racheta sa vie en découvrant au gouvernement des secrets qui firent connaître au roi le danger qu'il avait couru[1]. Il fit voir qu'il y avait en effet dans Londres et dans les provinces un parti caché, et que ce parti avait fourni d'assez grandes sommes d'argent. Mais, soit que ces aveux ne fussent pas assez circonstanciés, soit plutôt que le gouvernement craignît d'irriter la nation par des recherches odieuses, on se contenta de poursuivre ceux qui avaient une part évidente à la rébellion. Dix furent exécutés à York, dix à Carlisle, quarante-sept à Londres : au mois de novembre on fit tirer au sort des soldats et des bas officiers, dont le vingtième subit la mort et le reste fut transporté dans les colonies. On fit mourir encore au même mois soixante et dix personnes à Penrith, à Brumpton, et à York, dix à Carlisle, neuf à Londres. Un prêtre anglican, qui avait eu l'imprudence de demander au prince Édouard l'évêché de Carlisle tandis que ce prince était en possession de cette ville, y fut mené à la potence en habits pontificaux ; il harangua fortement le peuple en faveur de la famille du roi Jacques, et il pria Dieu pour tous ceux qui périssaient comme lui dans cette querelle.

Celui dont le sort parut le plus à plaindre fut le lord Derwentwater. Son frère aîné avait eu la tête tranchée à Londres, en 1715, pour avoir combattu dans la même cause ; ce fut lui qui voulut que son fils, encore enfant, montât sur l'échafaud, et qui lui dit : « Soyez couvert de mon sang, et apprenez à mourir pour vos rois. » Son frère puîné, qui, s'étant échappé alors, alla servir en France, avait été enveloppé dans la condamnation de son frère aîné. Il repassa en Angleterre dès qu'il sut qu'il pouvait être utile au prince Édouard ; mais le vaisseau sur lequel il s'était embarqué avec son fils et plusieurs officiers, des armes et de l'argent,

---

1. Ce John Murray, de Broughton, surnommé le Judas des Jacobites, vendit son parti moyennant deux cents livres sterling et quatre-vingt mille livres de rente sur les biens confisqués. Dans la phrase suivante Voltaire veut parler d'une liste livrée par lui de quatre mille quatre cents souscripteurs jacobites. (G. A.)

fut pris par les Anglais. Il subit la même mort que son frère, et avec la même fermeté, en disant que le roi de France aurait soin de son fils. Ce jeune gentilhomme, qui n'était point né sujet du roi d'Angleterre, fut relâché et revint en France, où le roi exécuta en effet ce que son père s'était promis, en lui donnant une pension, à lui et à sa sœur.

Le dernier pair qui mourut par la main du bourreau fut le lord Lovat, âgé de quatre-vingts ans[1]; c'était lui qui avait été le premier moteur de l'entreprise. Il en avait jeté les fondements dès l'année 1740; les principaux mécontents s'étaient assemblés secrètement chez lui; il devait faire soulever les clans en 1743, lorsque le prince Charles-Édouard s'embarqua. Il employa, autant qu'il le put, les subterfuges des lois à défendre un reste de vie qu'il perdit enfin sur l'échafaud; mais il mourut avec autant de grandeur d'âme qu'il avait mis dans sa conduite de finesse et d'art[2]; il prononça tout haut ce vers d'Horace avant de recevoir le coup :

Dulce et decorum est pro patria mori.

Od. ii, lib. III.

Ce qu'il y eut de plus étrange, et ce qu'on ne peut guère voir qu'en Angleterre, c'est qu'un jeune étudiant d'Oxford, nommé Painter, dévoué au parti jacobite et enivré de ce fanatisme qui produit tant de choses extraordinaires dans les imaginations ardentes, demanda à mourir à la place du vieillard condamné. Il fit les plus pressantes instances, qu'on n'eut garde d'écouter. Ce jeune homme ne connaissait point Lovat; mais il savait qu'il avait été le chef de la conspiration, et le regardait comme un homme respectable et nécessaire.

Le gouvernement joignit aux vengeances du passé des précautions pour l'avenir; il établit un corps de milices toujours subsistant vers les frontières d'Écosse. On dépouilla tous les seigneurs écossais de leurs droits de juridiction qui leur attachaient leurs tribus, et les chefs qui étaient demeurés fidèles furent indemnisés par des pensions et par d'autres avantages.

Dans les inquiétudes où l'on était en France sur la destinée du prince Édouard, on avait fait partir dès le mois de juin deux

---

1. Voici l'inscription que lord Lovat fit mettre sur son cercueil : *Simon dominus Lovat decollatus* 20 *aprilis an.* 1747, *ætatis suæ* 80. (Cl.)

2. Voltaire laisse entendre que sa conduite à l'égard de Charles-Édouard avait toujours été ambiguë, ce qui est vrai. Lovat fut condamné sur une lettre que livra John Murray. (G. A.)

petites frégates qui abordèrent heureusement sur la côte occidentale d'Écosse, où ce prince était descendu quand il commença cette entreprise malheureuse. On le chercha inutilement dans ce pays et dans plusieurs îles voisines de la côte du Lochaber. Enfin, le 29 septembre, le prince arriva par des chemins détournés, et au travers de mille périls nouveaux, au lieu où il était attendu. Ce qui est étrange, et ce qui prouve bien que tous les cœurs étaient à lui, c'est que les Anglais ne furent avertis ni du débarquement, ni du séjour, ni du départ de ces deux vaisseaux. Ils ramenèrent le prince jusqu'à la vue de Brest; mais ils trouvèrent vis-à-vis le port une escadre anglaise. On retourna alors en haute mer, et on revint ensuite vers les côtes de Bretagne, du côté de Morlaix. Une autre flotte anglaise s'y trouve encore; on hasarda de passer à travers les vaisseaux ennemis; et enfin le prince, après tant de malheurs et de dangers, arriva, le 10 octobre 1746, au port de Saint-Pol-de-Léon, avec quelques-uns de ses partisans échappés comme lui à la recherche des vainqueurs. Voilà où aboutit une aventure qui eût réussi dans les temps de la chevalerie, mais qui ne pouvait avoir de succès dans un temps où la discipline militaire, l'artillerie, et surtout l'argent, décident de tout à la longue.

Pendant que le prince Édouard avait erré dans les montagnes et dans les îles d'Écosse, et que les échafauds étaient dressés de tous côtés pour ses partisans, son vainqueur, le duc de Cumberland, avait été reçu à Londres en triomphe; le parlement lui assigna vingt-cinq mille pièces de rente, c'est-à-dire environ cinq cent cinquante mille livres, monnaie de France, outre ce qu'il avait déjà. La nation anglaise fait elle-même ce que font ailleurs les souverains.

Le prince Édouard ne fut pas alors au terme de ses calamités, car, étant réfugié en France et se voyant obligé à la fin d'en sortir pour satisfaire les Anglais, qui l'exigèrent dans le traité de paix, son courage, aigri par tant de secousses, ne voulut pas plier sous la nécessité. Il résista aux remontrances, aux prières, aux ordres, prétendant qu'on devait lui tenir la parole de ne le pas abandonner. On se crut obligé de se saisir de sa personne[1]. Il fut ar-

1. Voltaire, étant à Lunéville, en 1748, s'y occupait de l'*Histoire de la guerre de 1741* (voyez l'Avertissement de Beuchot). « Le chapitre concernant les malheurs de la maison de Stuart venait d'être achevé, dit Longchamp (dans ses *Mémoires*, article xx). Ce morceau était extrêmement pathétique et touchant. M. de Voltaire le lut avec une profonde sensibilité; et quand il en vint aux détails relatifs à l'infortune du prétendant, il arracha des larmes à toute l'assemblée. Cette lecture était à peine finie qu'on apporta au roi des lettres arrivant de Paris. On lui annon-

rêté, garrotté, mis en prison, conduit hors de France; ce fut là le dernier coup dont la destinée accabla une génération de rois pendant trois cents années.

Charles-Édouard, depuis ce temps, se cacha au reste de la terre. Que les hommes privés, qui se plaignent de leurs petites infortunes, jettent les yeux sur ce prince et sur ses ancêtres [1]!

CHAPITRE XXVI.

LE ROI DE FRANCE, N'AYANT PU PARVENIR A LA PAIX QU'IL PROPOSE, GAGNE LA BATAILLE DE LAUFELT. ON PREND D'ASSAUT BERG-OP-ZOOM. LES RUSSES MARCHENT ENFIN AU SECOURS DES ALLIÉS.

Lorsque cette fatale scène tendait à sa catastrophe en Angleterre, Louis XV achevait ses conquêtes. Malheureux alors partout où il n'était pas, victorieux partout où il était avec le maréchal de Saxe, il proposait toujours une pacification nécessaire à tous les partis qui n'avaient plus de prétexte pour se détruire. L'intérêt du nouveau stathouder ne paraissait pas de continuer la

---

çait que le prétendant avait été arrêté en sortant de l'Opéra par M. de Vaudreuil, sur l'ordre du roi, et d'après la demande des Anglais, qui avaient mis dans les conditions de la paix que ce prince devrait sortir de France. Le malheureux Stuart n'ayant point voulu renoncer à ses droits, ni quitter l'asile qui lui avait été accordé par le roi de France, le ministère avait été chargé de le faire arrêter et conduire hors des limites du royaume. C'est ainsi qu'il s'en vit expulser, malgré toutes les promesses qui lui avaient été faites. Stanislas ayant fait part de cette nouvelle aux personnes qui étaient près de lui : *O ciel*, s'écria aussitôt M. de Voltaire, *est-il possible que le roi souffre cet affront, et que sa gloire subisse une tache que toute l'eau de la Seine ne saurait laver!* La compagnie entière parut affectée d'une profonde douleur. M. de Voltaire, en rentrant chez lui, jeta de dépit ses cahiers dans un coin, renonçant à continuer cette histoire. Je l'ai vu rarement affecté d'une impression aussi forte qu'en ce moment. Il oublia ce travail pendant plusieurs années, et ne le reprit qu'à Berlin, à la demande du roi de Prusse; et ce fut plus tard encore, quand il se fut établi à Ferney, qu'il en fit entrer une partie dans le *Précis du Siècle de Louis XV*. »

1. Toutes ces particularités furent écrites en 1748, sous la dictée d'un homme qui avait accompagné longtemps le prince Édouard dans ses prospérités et dans ses infortunes. L'histoire de ce prince entrait dans les Mémoires de la guerre de 1741. Elle a échappé entièrement aux recherches de ceux qui ont volé, défiguré, et vendu une partie du manuscrit. (*Note de Voltaire*.) — Cette note est de 1763. (B.)

guerre dans les commencements d'une autorité qu'il fallait affermir, et qui n'était encore soutenue d'aucun subside réglé ; mais l'animosité contre la cour de France allait si loin, les anciennes défiances étaient si invétérées, qu'un député des états, en présentant le stathouder aux États-Généraux, le jour de l'installation, avait dit dans son discours que « la république avait besoin d'un chef contre un voisin ambitieux et perfide qui se jouait de la foi des traités ». Paroles étranges pendant qu'on traitait encore, et dont Louis XV ne se vengea qu'en n'abusant pas de ses victoires : ce qui doit paraître encore plus surprenant.

Cette aigreur violente était entretenue dans tous les esprits par la cour de Vienne, toujours indignée qu'on eût voulu dépouiller Marie-Thérèse de l'héritage de ses pères, malgré la foi des traités : on s'en repentait, mais les alliés n'étaient pas satisfaits d'un repentir. La cour de Londres, pendant les conférences de Bréda, remuait l'Europe pour faire de nouveaux ennemis à Louis XV.

Enfin le ministère de George II fit paraître dans le fond du Nord un secours formidable. L'impératrice des Russes, Élisabeth Pétrowna, fille du czar Pierre, fit marcher cinquante mille[1] hommes en Livonie, et promit d'équiper cinquante galères. Cet armement devait se porter partout où voudrait le roi d'Angleterre, moyennant cent mille livres sterling seulement. Il en coûtait quatre fois autant pour les dix-huit mille Hanovriens qui servaient dans l'armée anglaise. Ce traité, entamé longtemps auparavant, ne put être conclu que le mois de juin 1747.

Il n'y a point d'exemple d'un si grand secours venu de si loin, et rien ne prouvait mieux que le czar Pierre le Grand, en changeant tout dans ses vastes États, avait préparé de grands changements dans l'Europe. Mais pendant qu'on soulevait ainsi les extrémités de la terre, le roi de France avançait ses conquêtes : la Flandre hollandaise fut prise aussi rapidement que les autres places l'avaient été[2] ; le grand objet du maréchal de Saxe était toujours de prendre Mastricht. Ce n'est pas une de ces places qu'on puisse prendre aisément après des victoires, comme presque toutes les villes d'Italie. Après la prise de Mastricht on allait à Nimègue ; et il était probable qu'alors les Hollandais auraient demandé la paix avant qu'un Russe eût pu paraître pour les secourir ; mais on ne

1. Dans ses *Pensées sur le gouvernement* (*Mélanges*, 1752), Voltaire ne parle que de quarante mille hommes.
2. On avança d'autant plus vite que les places étaient délabrées, et que la plupart des troupes de la république avaient été prises par les Français dans les places des Pays-Bas autrichiens. (G. A.)

pouvait assiéger Mastricht qu'en donnant une grande bataille, et en la gagnant complétement.

Le roi était à la tête de son armée, et les alliés étaient campés entre lui et la ville. Le duc de Cumberland les commandait encore. Le maréchal Battiani conduisait les Autrichiens ; le prince de Valdeck, les Hollandais.

(2 juillet 1747) Le roi voulut la bataille, le maréchal de Saxe la prépara ; l'événement fut le même qu'à la journée de Liége. Les Français furent vainqueurs, et les alliés ne furent pas mis dans une déroute assez complète pour que le grand objet du siège de Mastricht pût être rempli [1]. Ils se retirèrent sous cette ville après avoir été vaincus, et laissèrent à Louis XV, avec la gloire d'une seconde victoire, l'entière liberté de toutes ses opérations dans le Brabant hollandais. Les Anglais furent encore dans cette bataille ceux qui firent la plus brave résistance. Le maréchal de Saxe chargea lui-même à la tête de quelques brigades. Les Français perdirent le comte de Bavière, frère naturel de l'empereur Charles VII ; le marquis de Froulai, maréchal de camp, jeune homme qui donnait les plus grandes espérances ; le colonel Dillon, nom célèbre dans les troupes irlandaises ; le brigadier d'Erlach, excellent officier ; le marquis d'Autichamp, le comte d'Aubeterre, frère de celui qui avait été tué au siége de Bruxelles : le nombre des morts fut considérable. Le marquis de Bonac [2], fils d'un homme qui s'était acquis une grande réputation dans ses ambassades, y perdit une jambe ; le jeune marquis de Ségur [3] eut un bras emporté : il avait été longtemps sur le point de mourir des blessures qu'il avait reçues auparavant, et à peine était-il guéri que ce nouveau coup le mit encore en danger de mort. Le roi dit au comte de Ségur son père : « Votre fils méritait d'être invulnérable. » La perte fut à peu près égale des deux côtés. Cinq à six mille hommes tués ou blessés de part et d'autre signalèrent cette journée. Le roi de France la rendit célèbre par le discours qu'il tint au général Ligonier [4], qu'on lui amena prisonnier : « Ne vau-

---

1. L'idée de Maurice avait été de couper les communications des canaux avec Maestricht. (G. A.)

2. François-Armand d'Usson, marquis de Bonac, né à Constantinople le 7 décembre 1716, fait brigadier quelques semaines après la bataille de Laufelt. Son père, Jean-Louis d'Usson, marquis de Bonac, fut ambassadeur pendant neuf ans à Constantinople, où il arriva en octobre 1716, après avoir rempli les mêmes fonctions auprès de plusieurs autres cours. Il mourut à Paris le 1er septembre 1738 (CL.)

3. C'est celui qui avait été blessé à la bataille de Raucoux. Voyez page 259.

4. Selon M. Lacretelle jeune, le soldat français qui força le général Ligoneir à

drait-il pas mieux, lui dit-il, songer sérieusement à la paix que de faire périr tant de braves gens? »

Cet officier général des troupes anglaises était né son sujet[1]; il le fit manger à sa table ; et des Écossais, officiers au service de France, avaient péri par le dernier supplice en Angleterre, dans l'infortune du prince Charles-Édouard.

En vain à chaque victoire, à chaque conquête, Louis XV offrait toujours la paix ; il ne fut jamais écouté. Les alliés comptaient sur le secours des Russes, sur des succès en Italie, sur le changement de gouvernement en Hollande, qui devait enfanter des armées ; sur les cercles de l'empire, sur la supériorité des flottes anglaises, qui menaçaient toujours les possessions de la France en Amérique et en Asie.

Il fallait à Louis XV un fruit de la victoire ; on mit le siége devant Berg-op-Zoom, place réputée imprenable, moins par l'art de Cohorn, qui l'avait fortifiée, que par un bras de mer formé par l'Escaut derrière la ville. Outre ses défenses, outre une nombreuse garnison, il y avait des lignes auprès des fortifications ; et dans ces lignes un corps de troupes qui pouvait à tout moment secourir la place.

De tous les siéges qu'on a jamais faits celui-ci peut-être a été le plus difficile. On en chargea le comte de Lowendal, qui avait déjà pris une partie du Brabant hollandais. Ce général, né en Danemark, avait servi l'empire de Russie. Il s'était signalé aux assauts d'Oczakof, quand les Russes forcèrent les janissaires dans cette ville. Il parlait presque toutes les langues de l'Europe, connaissait toutes les cours, leur génie, celui des peuples, leur manière de combattre ; et il avait enfin donné la préférence à la France, où l'amitié du maréchal de Saxe le fit recevoir en qualité de lieutenant général.

Les alliés et les Français, les assiégés, et les assiégeants même, crurent que l'entreprise échouerait. Lowendal fut presque le seul qui compta sur le succès. Tout fut mis en œuvre par les alliés : garnison renforcée, secours de provisions de toute espèce par l'Escaut, artillerie bien servie, sorties des assiégés, attaques faites par un corps considérable qui protégeait les lignes auprès de la place, mines qu'on fit jouer en plusieurs endroits. Les maladies

---

se rendre prit le nom de son prisonnier. Il devait être fort âgé quand, devenu lui-même général, il commandait une division républicaine en 1793, contre les Vendéens, aux combats de Vihiers et de Saumur. (Cl.)

1. Ligonier était le fils d'un réfugié. (G. A.)

des assiégeants, campés dans un terrain malsain, secondaient encore la résistance de la ville. Ces maladies contagieuses mirent plus de vingt mille hommes hors d'état de servir ; mais ils furent aisément remplacés. (17 septembre 1747) Enfin, après trois semaines de tranchée ouverte, le comte de Lowendal fit voir qu'il y avait des occasions où il faut s'élever au-dessus des règles de l'art. Les brèches n'étaient pas encore praticables. Il y avait trois ouvrages faiblement endommagés, le ravelin d'Édem et deux bastions, dont l'un s'appelait la Pucelle, et l'autre Cohorn. Le général résolut de donner l'assaut à la fois à ces trois endroits, et d'emporter la ville.

Les Français en bataille rangée trouvent des égaux, et quelquefois des maîtres dans la discipline militaire ; ils n'en ont point dans ces coups de main et dans ces entreprises rapides où l'impétuosité, l'agilité, l'ardeur, renversent en un moment les obstacles. Les troupes commandées en silence, tout étant prêt, au milieu de la nuit, les assiégés se croyant en sûreté, on descend dans le fossé ; on court aux trois brèches ; douze grenadiers seulement se rendent maîtres du fort d'Édem, tuent ce qui veut se défendre, font mettre bas les armes au reste épouvanté. Les bastions la Pucelle et Cohorn sont assaillis et emportés avec la même vivacité ; les troupes montent en foule. On emporte tout, on pousse aux remparts ; on s'y forme ; on entre dans la ville, la baïonnette au bout du fusil : le marquis de Lugeac se saisit de la porte du port ; le commandant de la forteresse de ce port se rend à lui à discrétion ; tous les autres forts se rendent de même. Le vieux baron de Cromstrom, qui commandait dans la ville, s'enfuit vers les lignes ; le prince de Hesse-Philipstadt veut faire quelque résistance dans les rues avec deux régiments, l'un écossais, l'autre suisse ; ils sont taillés en pièces ; le reste de la garnison fuit vers ces lignes qui devaient la protéger ; ils y portent l'épouvante ; tout fuit : les armes, les provisions, le bagage, tout est abandonné ; la ville est en pillage au soldat vainqueur. On s'y saisit, au nom du roi, de dix-sept grandes barques chargées dans le port de munitions de toute espèce, et de rafraîchissements que les villes de Hollande envoyaient aux assiégés. Il y avait sur les coffres, en gros caractères : *A l'invincible garnison de Berg-op-Zoom*. Le roi, en apprenant cette nouvelle, fit le comte de Lowendal maréchal de France. La surprise fut grande à Londres, la consternation extrême dans les Provinces-Unies. L'armée des alliés fut découragée.

Malgré tant de succès, il était encore très-difficile de faire la conquête de Mastricht. On réserva cette entreprise pour l'année suivante 1748. *La paix est dans Mastricht,* disait le maréchal de Saxe..

La campagne fut ouverte par les préparatifs de ce siége important. Il fallait faire la même chose à peu près que lorsqu'on avait assiégé Namur : s'ouvrir et s'assurer tous les passages, forcer une armée entière à se retirer, et la mettre dans l'impuissance d'agir. Ce fut la plus savante manœuvre de toute cette guerre. On ne pouvait venir à bout de cette entreprise sans donner le change aux ennemis. Il était à la fois nécessaire de les tromper et de laisser ignorer son secret à ses propres troupes. Les marches devaient être tellement combinées que chaque marche abusât l'ennemi, et que toutes réussissent à point nommé. MM. de Crémilles et de Beauteville, qui connaissaient un projet formé l'année précédente pour surprendre quelques quartiers, proposèrent au maréchal de Saxe de s'en servir pour l'envahissement de Mastricht. A peine avaient-ils commencé de lui en tracer le plan que le maréchal le saisit, et l'acheva.

(5 avril 1748) On fait croire d'abord aux ennemis qu'on en veut à Bréda. Le maréchal va lui-même conduire un grand convoi à Berg-op-Zoom, à la tête de vingt-cinq mille hommes, et semble tourner le dos à Mastricht. Une autre division marche en même temps à Tirlemont, sur le chemin de Liége ; une autre est à Tongres, une autre menace Luxembourg, et toutes enfin marchent vers Mastricht, à droite et à gauche de la Meuse.

Les alliés, séparés en plusieurs corps, ne voient le dessein du maréchal que quand il n'est plus temps de s'y opposer. (13 avril) La ville se trouve investie des deux côtés de la rivière; nul secours n'y peut plus entrer[1]. Les ennemis, au nombre de près de quatre-vingt mille hommes, sont à Mazeick, à Ruremonde. Le duc de Cumberland ne peut plus qu'être témoin de la prise de Mastricht.

Pour arrêter cette supériorité constante des Français, les Autrichiens, les Anglais, et les Hollandais, attendaient trente-cinq mille Russes, au lieu de cinquante mille sur lesquels ils avaient d'abord compté. Ce secours venu de si loin arrivait enfin. Les Russes étaient déjà dans la Franconie. C'étaient des hommes in-

---

1. Après la prise de Berg-op-Zoom, on était convenu d'ouvrir un congrès à Aix-la-Chapelle. La nouvelle de l'investissement de Maestricht causa une vive impression au plénipotentiaire anglais, qui, de concert avec l'ambassadeur hollandais, remit au plénipotentiaire de France un projet de paix qui parut acceptable. (G. A.)

fatigables, formés à la plus grande discipline. Ils couchaient en plein champ, couverts d'un simple manteau, et souvent sur la neige. La plus sauvage nourriture leur suffisait. Il n'y avait pas quatre malades alors par régiment dans leur armée. Ce qui pouvait encore rendre ce secours plus important, c'est que les Russes ne désertent jamais. Leur religion, différente de toutes les communions latines, leur langue, qui n'a aucun rapport avec les autres, leur aversion pour les étrangers, rendent inconnue parmi eux la désertion, qui est si fréquente ailleurs. Enfin c'était cette même nation qui avait vaincu les Turcs et les Suédois; mais les soldats russes, devenus si bons, manquaient alors d'officiers. Les nationaux savaient obéir, mais leurs capitaines ne savaient pas commander; et ils n'avaient plus ni un Munich, ni un Lascy, ni un Keith, ni un Lowendal à leur tête.

Tandis que le maréchal de Saxe assiégeait Mastricht, les alliés mettaient toute l'Europe en mouvement. On allait recommencer vivement la guerre en Italie, et les Anglais avaient attaqué les possessions de la France en Amérique et en Asie. Il faut voir les grandes choses qu'ils faisaient alors avec peu de moyens dans l'ancien et le nouveau monde.

CHAPITRE XXVII.

VOYAGE DE L'AMIRAL ANSON AUTOUR DU GLOBE [1].

La France ni l'Espagne ne peuvent être en guerre avec l'Angleterre que cette secousse donnée à l'Europe ne se fasse sentir aux extrémités du monde. Si l'industrie et l'audace de nos nations modernes ont un avantage sur le reste de la terre et sur toute l'antiquité, c'est par nos expéditions maritimes. On n'est pas assez étonné peut-être de voir sortir des ports de quelques petites provinces, inconnues autrefois aux anciennes nations civilisées, des

1. George Anson était mort le 6 juin 1762, et ce chapitre, qui parut en 1768, ne dut pas être composé avant 1765. La famille de l'amiral, ayant lu ce morceau dans une des éditions de 1768 ou 1769, envoya à l'historien, en signe de reconnaissance, une belle médaille d'or frappée à l'effigie de l'illustre voyageur. Voltaire décrit cette médaille dans sa lettre du 14 juin 1769, à Thieriot, et dans celle du 7 juillet suivant, à d'Argental. (CL.)

flottes dont un seul vaisseau eût détruit tous les navires des anciens Grecs et des Romains. D'un côté, ces flottes vont au delà du Gange se livrer des combats à la vue des plus puissants empires, spectateurs tranquilles d'un art et d'une fureur qui n'ont point encore passé jusqu'à eux ; de l'autre, elles vont au delà de l'Amérique se disputer des esclaves dans un nouveau monde.

Rarement le succès est-il proportionné à ces entreprises, nonseulement parce qu'on ne peut prévoir tous les obstacles, mais parce qu'on n'emploie presque jamais d'assez grands moyens.

L'expédition de l'amiral Anson est une preuve de ce que peut un homme intelligent et ferme, malgré la faiblesse des préparatifs et la grandeur des dangers.

On se souvient que quand l'Angleterre déclara la guerre à l'Espagne, en 1739, le ministère de Londres envoya l'amiral Vernon vers le Mexique [1], qu'il y détruisit Porto-Bello, et qu'il manqua Carthagène. On destinait dans le même temps George Anson à faire une irruption dans le Pérou par la mer du Sud, afin de ruiner, si on pouvait, ou du moins d'affaiblir par les deux extrémités le vaste empire que l'Espagne a conquis dans cette partie du monde. On fit Anson commodore, c'est-à-dire chef d'escadre ; on lui donna cinq vaisseaux, une espèce de petite frégate de huit canons, portant environ cent hommes, et deux navires chargés de provisions et de marchandises ; ces deux navires étaient destinés à faire le commerce à la faveur de cette entreprise, car c'est le propre des Anglais de mêler le négoce à la guerre. L'escadre portait quatorze cents hommes d'équipage, parmi lesquels il y avait de vieux invalides et deux cents jeunes gens de recrue : c'était trop peu de forces, et on les fit encore partir trop tard. Cet armement ne fut en haute mer qu'à la fin de septembre 1740 [2]. Il prend sa route par l'île de Madère, qui appartient au Portugal. Il s'avance aux îles du cap Vert, et range les côtes du Brésil. On se reposa dans une petite île nommée Sainte-Catherine, couverte en tout temps de verdure et de fruits, à vingt-sept degrés de latitude australe ; et après avoir ensuite côtoyé le pays froid et inculte des Patagons, sur lequel on a débité tant de fables, le commodore entra, sur la fin de février 1741, dans le détroit de Le Maire, ce qui fait plus de cent degrés de latitude franchis en moins de cinq mois [3]. La petite chaloupe de

1. Voyez pages 204-205.
2. Au moment où commence la mauvaise saison.
3. Il faut plutôt s'étonner de la durée de la traversée, que les mauvais temps prolongèrent. (G. A.)

huit canons, nommée *le Trial* (l'Épreuve), fut le premier navire de cette espèce qui osa doubler le cap Horn. Elle s'empara depuis, dans la mer du Sud, d'un bâtiment espagnol de six cents tonneaux, dont l'équipage ne pouvait comprendre comment il avait été pris par une barque venue d'Angleterre dans l'océan Pacifique.

Cependant, en doublant le cap Horn, après avoir passé le détroit de Le Maire, des tempêtes extraordinaires battent les vaisseaux d'Anson, et les dispersent. Un scorbut d'une nature affreuse fait périr la moitié de l'équipage; le seul vaisseau du commodore aborde dans l'île déserte de Juan Fernandez, dans la mer du Sud, en remontant vers le tropique du Capricorne.

Un lecteur raisonnable, qui voit avec quelque horreur ces soins prodigieux que prennent les hommes pour se rendre malheureux, eux et leurs semblables, apprendra peut-être avec satisfaction que George Anson, trouvant dans cette île déserte le climat le plus doux et le terrain le plus fertile, y sema des légumes et des fruits dont il avait apporté les semences et les noyaux, et qui bientôt couvrirent l'île entière [1]. Des Espagnols qui y relâchèrent quelques années après, ayant été faits depuis prisonniers en Angleterre, jugèrent qu'il n'y avait qu'Anson qui eût pu réparer, par cette attention généreuse, le mal que fait la guerre, et ils le remercièrent comme leur bienfaiteur.

On trouva sur la côte beaucoup de lions de mer, dont les mâles se battent entre eux pour les femelles; et on fut étonné d'y voir dans les plaines des chèvres qui avaient les oreilles coupées, et qui par là servirent de preuve aux aventures d'un Anglais nommé Selkirk, qui [2], abandonné dans cette île, y avait vécu seul plusieurs années. Qu'il soit permis d'adoucir par ces petites circonstances la tristesse d'une histoire qui n'est qu'un récit de meurtres et de calamités. Une observation plus intéressante fut celle de la variation de la boussole, qu'on trouva conforme au système de Halley. L'aiguille aimantée suivait exactement la route que ce grand astronome lui avait tracée. Il donna des lois à la

---

1. Anson resta bien malgré lui trois mois dans cette île à refaire sa flotte. (G. A.)
2. Alexandre Selkirk, né en Écosse vers 1680, avait été abandonné sur l'île inhabitée de Juan Fernandez; il y fut trouvé le 1er février 1709, par le navigateur Rogers, après un séjour de quatre ans et quatre mois, pendant lequel il tua un grand nombre de chèvres sauvages. M. Mentelle, dans l'article Selkirk de la *Biographie universelle*, croit que cette aventure et celle d'un moskite indien, abandonné dans la même île en 1681, ont fourni à Daniel de Foé le sujet du roman de *Robinson*. (Cl.)

matière magnétique, comme Newton en donna à toute la nature [1]. Et cette petite escadre, qui n'allait franchir des mers inconnues que dans l'espérance du pillage, servait la philosophie sans le savoir.

Anson, qui montait un vaisseau de soixante canons, ayant été rejoint par un autre vaisseau de guerre et par cette chaloupe nommée *l'Épreuve*, fit, en croisant vers cette île de Fernandez, plusieurs prises assez considérables. Mais bientôt après, s'étant avancé jusque vers la ligne équinoxiale, il osa attaquer la ville de Payta sur cette même côte de l'Amérique. Il ne se servit ni de ses vaisseaux de guerre, ni de tout ce qui lui restait d'hommes pour tenter ce coup hardi. Cinquante soldats dans une chaloupe à rames firent l'expédition : ils abordent pendant la nuit ; cette surprise subite, la confusion et le désordre que l'obscurité redouble, multiplient et augmentent le danger. Le gouverneur, la garnison, les habitants, fuient de tous côtés. Le gouverneur va dans les terres rassembler trois cents hommes de cavalerie et la milice des environs. Les cinquante Anglais cependant font transporter paisiblement, pendant trois jours, les trésors qu'ils trouvent dans la douane et dans les maisons. Des esclaves nègres qui n'avaient pas fui, espèce d'animaux appartenants au premier qui s'en saisit, aident à enlever les richesses de leurs anciens maîtres. Les vaisseaux de guerre abordent. Le gouverneur n'eut ni la hardiesse de redescendre dans la ville et d'y combattre, ni la prudence de traiter avec les vainqueurs pour le rachat de la ville et des effets qui restaient encore. (Novembre 1741) Anson fit réduire Payta en cendres, et partit, ayant dépouillé aussi aisément les Espagnols que ceux-ci avaient autrefois dépouillé les Américains. La perte pour l'Espagne fut de plus de quinze cent mille piastres, le gain pour les Anglais d'environ cent quatre-vingt mille, ce qui, joint aux prises précédentes, enrichissait déjà l'escadre. Le grand nombre enlevé par le scorbut laissait encore une plus grande part aux survivants. Cette petite escadre remonta ensuite vis-à-vis Panama sur la côte où l'on pêche les perles, et s'avança devant Acapulco, au revers du Mexique. Le gouvernement de Madrid ne savait pas alors le danger qu'il courait de perdre cette grande partie du monde.

1. On a pu le dire en Angleterre, mais cela n'est pas exact ; les lois de la matière magnétique sont encore inconnues, et le seront vraisemblablement très-longtemps. Les phénomènes de l'aimant sont trop compliqués, et paraissent dépendre de trop de causes pour que le génie seul puisse en deviner les lois. Cette découverte est au nombre de celles qui ne peuvent être que l'ouvrage du temps. (K.)

CHAPITRE XXVII.

Si l'amiral Vernon, qui avait assiégé Carthagène, sur la mer opposée, eût réussi, il pouvait donner la main au commodore Anson. L'isthme de Panama était pris à droite et à gauche par les Anglais, et le centre de la domination espagnole perdu. Le ministère de Madrid, averti longtemps auparavant, avait pris des précautions qu'un malheur presque sans exemple rendait inutiles. Il prévint l'escadre d'Anson par une flotte plus nombreuse, plus forte d'hommes et d'artillerie, sous le commandement de don Joseph Pizarro. Les mêmes tempêtes qui avaient assailli les Anglais dispersèrent les Espagnols avant qu'ils pussent atteindre le détroit de Le Maire. Non-seulement le scorbut, qui fit périr la moitié des Anglais, attaqua les Espagnols avec la même furie, mais des provisions qu'on attendait de Buenos-Ayres n'étant point venues, la faim se joignit au scorbut. Deux vaisseaux espagnols, qui ne portaient que des mourants, furent fracassés sur les côtes; deux autres échouèrent. Le commandant fut obligé de laisser son vaisseau amiral à Buenos-Ayres; il n'y avait plus assez de mains pour le gouverner, et ce vaisseau ne put être réparé qu'au bout de trois années, de sorte que le commandant de cette flotte retourna en Espagne en 1746, avec moins de cent hommes, qui restaient de deux mille sept cents dont sa flotte était montée : événement funeste, qui sert à faire voir que la guerre sur mer est plus dangereuse que sur terre, puisque, sans combattre, on y essuie presque toujours les dangers et les extrémités les plus horribles.

Les malheurs de Pizarro laissèrent Anson en pleine liberté dans la mer du Sud; mais les pertes qu'Anson avait faites de son côté le mettaient hors d'état de faire de grandes entreprises sur les terres, et surtout depuis qu'il eut appris, par les prisonniers, les mauvais succès du siége de Carthagène, et que le Mexique était rassuré.

Anson réduisit donc ses entreprises et ses grandes espérances à se saisir d'un galion immense, que le Mexique envoie tous les ans dans les mers de la Chine, à l'île de Manille, capitale des Philippines, ainsi nommées parce qu'elles furent découvertes sous le règne de Philippe II.

Ce galion, chargé d'argent, ne serait point parti si on avait vu les Anglais sur les côtes, et il ne devait mettre à la voile que longtemps après leur départ. Le commodore va donc traverser l'océan Pacifique, et tous les climats opposés à l'Afrique, entre notre tropique et l'équateur. L'avarice, devenue honorable par la fatigue et le danger, lui fait parcourir le globe avec deux vaisseaux de guerre.

Le scorbut poursuit encore l'équipage sur ces mers, et l'un des deux vaisseaux faisant eau de tous côtés, on est obligé de l'abandonner et de le brûler au milieu de la mer, de peur que ses débris ne soient portés dans quelques îles des Espagnols, et ne leur deviennent utiles. Ce qui restait de matelots et de soldats sur ce vaisseau passe dans celui d'Anson, et le commodore n'a plus de son escadre que son seul vaisseau, nommé *le Centurion*, monté de soixante canons, suivi de deux espèces de chaloupes. *Le Centurion*, échappé seul à tant de dangers, mais délabré lui-même, et ne portant que des malades, relâche pour son bonheur dans une des îles Mariannes, qu'on nomme Tinian, alors presque entièrement déserte, peuplée naguère de trente mille âmes, mais dont la plupart des habitants avaient péri par une maladie épidémique, et dont le reste avait été transporté dans une autre île par les Espagnols.

Le séjour de Tinian sauva l'équipage. Cette île, plus fertile que celle de Fernandez, offrait de tous côtés, en bois, en eau pure, en animaux domestiques, en fruits, en légumes, tout ce qui peut servir à la nourriture, aux commodités de la vie, et au radoub d'un vaisseau. Ce qu'on trouva de plus singulier est un arbre dont le fruit, d'un goût agréable, peut remplacer le pain; trésor réel, qui, transplanté, s'il se pouvait, dans nos climats, serait bien préférable à ces richesses de convention qu'on va ravir, parmi tant de périls, au bout de la terre. De cette île, il range celle de Formose, et cingle vers la Chine à Macao, à l'entrée de la rivière de Canton, pour radouber le seul vaisseau qui lui reste.

Macao appartient depuis cent cinquante ans aux Portugais. L'empereur de la Chine leur permit de bâtir une ville dans cette petite île, qui n'est qu'un rocher, mais qui leur était nécessaire pour leur commerce. Les Chinois n'ont jamais violé depuis ce temps les priviléges accordés aux Portugais. Cette fidélité devait, ce me semble, désarmer l'auteur anglais qui a donné au public l'*Histoire de l'expédition de l'amiral Anson*. Cet historien, d'ailleurs judicieux, instructif, et bon citoyen, ne parle des Chinois que comme d'un peuple méprisable, sans foi et sans industrie. Quant à leur industrie, elle n'est en rien de la nature de la nôtre; quant à leurs mœurs, je crois qu'il faut plutôt juger d'une puissante nation par ceux qui sont à la tête que par la populace des extrémités d'une province. Il me paraît que la foi des traités, gardée par le gouvernement pendant un siècle et demi, fait plus d'honneur aux Chinois qu'ils ne reçoivent de honte de l'avidité et de la fourberie d'un vil peuple d'une côte de ce vaste empire. Faut-il insulter la nation la plus ancienne et la plus policée de la terre parce que quelques malheureux ont voulu dérober à des Anglais, par des larcins et par des gains illicites, la vingt-millième partie tout au plus de ce que les Anglais allaient voler par force aux Espagnols dans la mer de la Chine? Il n'y a pas longtemps que les voyageurs éprouvaient des vexations beaucoup plus grandes dans plus d'un pays de l'Europe. Qu'aurait dit un Chinois[1] si, ayant fait naufrage sur les côtes de l'Angleterre, il avait vu les habitants courir en foule s'emparer avidement à ses yeux de tous ses effets naufragés?

Le commodore ayant mis son vaisseau en très-bon état à Macao, par le secours des Chinois, et ayant reçu sur son bord quelques matelots indiens et quelques Hollandais qui lui parurent des hommes de service, il remet à la voile, feignant d'aller à Batavia, le disant même à son équipage, mais n'ayant en effet d'autre objet que de retourner vers les Philippines, à la poursuite de ce galion qu'il présumait être alors dans ces parages. Dès qu'il est en pleine mer, il fait part de son projet à tout son monde. L'idée d'une si riche prise les remplit de joie et d'espérance, et redoubla leur courage.

Enfin, le 9 juin 1743, on découvre ce vaisseau, qu'on poursuivait depuis si longtemps d'un bout de l'hémisphère à l'autre. Il avançait vers Manille, monté de soixante-quatre canons, dont vingt-huit n'étaient que de quatre livres de balle à cartouche. Cinq cent cinquante hommes de combat composaient l'équipage. Le trésor qu'il portait n'était que d'environ quinze cent mille piastres en argent, avec de la cochenille[2], parce que tout le trésor, qui est d'ordinaire le double, ayant été partagé, la moitié avait été portée sur un autre galion.

Le commodore n'avait sur son vaisseau *le Centurion* que deux cent quarante hommes. Le capitaine du galion, ayant aperçu l'ennemi, aima mieux hasarder le trésor que perdre sa gloire en fuyant devant un Anglais, et fit force de voiles hardiment pour le venir combattre.

La fureur de ravir des richesses, plus forte que le devoir de les conserver pour son roi, l'expérience des Anglais, et les manœuvres savantes du commodore, lui donnèrent la victoire. Il n'eut que deux hommes tués dans le combat : le galion perdit soixante et sept hommes tués sur les ponts, et il eut quatre-vingt-

---

1. Voyez tome XI, page 174.
2. Huit millions de valeur. (G. A.)

quatre blessés. Il lui restait encore plus de monde qu'au commodore ; cependant il se rendit. Le vainqueur retourna à Canton avec cette riche prise. Il y soutint l'honneur de sa nation en refusant de payer à l'empereur de la Chine les impôts que doivent tous les navires étrangers. Il prétendait qu'un vaisseau de guerre n'en devait pas : sa conduite en imposa. Le gouverneur de Canton lui donna une audience, à laquelle il fut conduit à travers deux haies de soldats, au nombre de dix mille ; après quoi il retourna dans sa patrie par les îles de la Sonde et par le cap de Bonne-Espérance. Ayant ainsi fait le tour du monde en victorieux, il aborda en Angleterre le 14 juin 1744, après un voyage de trois ans et demi.

Il fit porter à Londres en triomphe, sur trente-deux chariots, au son des tambours et des trompettes, et aux acclamations de la multitude, les richesses qu'il avait conquises. Ses prises se montaient, en argent et en or, à dix millions, monnaie de France, qui furent le prix du commodore, de ses officiers, des matelots et des soldats, sans que le roi entrât en partage du fruit de leurs fatigues et de leur valeur. Ces richesses, circulant bientôt dans la nation, contribuèrent à lui faire supporter les frais immenses de la guerre.

De simples corsaires firent des prises encore plus considérables. Le capitaine Talbot prit avec son seul vaisseau deux navires français, qu'il crut d'abord venir de la Martinique, et ne porter que des marchandises communes ; mais ces deux bâtiments malouins avaient été frétés par les Espagnols avant que la guerre eût été déclarée entre la France et l'Angleterre ; ils croyaient revenir en sûreté. Un Espagnol qui avait été gouverneur du Pérou était sur l'un de ces vaisseaux ; et tous les deux rapportaient des trésors en or, en argent, en diamants, et en marchandises précieuses. Cette prise était estimée vingt-six millions de livres. L'équipage du corsaire fut si étonné de ce qu'il voyait qu'il ne daigna pas prendre les bijoux que chaque passager espagnol portait sur soi. Il n'y en avait presque aucun qui n'eût une épée d'or et un diamant au doigt ; on leur laissa tout, et quand Talbot eut amené ses prises au port de Kingsale, en Irlande, il fit présent de vingt guinées à chacun des matelots et des domestiques espagnols. Le butin fut partagé entre deux vaisseaux corsaires, dont l'un, qui était compagnon de Talbot, avait poursuivi en vain un autre vaisseau nommé *l'Espérance*, le plus riche des trois. Chaque matelot de ces deux corsaires eut huit cent cinquante guinées pour sa part ; les deux capitaines eurent chacun trois mille cinq cents guinées. Le reste fut partagé entre les associés, après avoir été porté en triomphe, de Bristol à Londres, sur quarante-trois chariots. La plus grande partie de cet argent fut prêtée au roi même, qui en fit une rente aux propriétaires. Cette seule prise valait au delà d'une année du revenu de la Flandre entière. On peut juger si de telles aventures encourageaient les Anglais à aller en course, et relevaient les espérances d'une partie de la nation, qui envisageait dans les calamités publiques des avantages si prodigieux.

CHAPITRE XXVIII.

LOUISBOURG. COMBATS DE MER : PRISES IMMENSES QUE FONT LES ANGLAIS.

Une autre entreprise, commencée plus tard que celle de l'amiral Anson, montre bien de quoi est capable une nation commerçante à la fois et guerrière. Je veux parler du siége de Louisbourg ; ce ne fut point une opération du cabinet des ministres de Londres, ce fut le fruit de la hardiesse des marchands de la Nouvelle-Angleterre. Cette colonie, l'une des plus florissantes de la nation anglaise, est éloignée d'environ quatre-vingts lieues de l'île de Louisbourg ou du cap Breton, île alors importante pour les Français, située vers l'embouchure du fleuve Saint-Laurent, la clef de leurs possessions dans le nord de l'Amérique. Ce territoire avait été confirmé à la France par la paix d'Utrecht. La pêche de la morue, qui se fait dans ces parages, était l'objet d'un commerce utile qui employait par an plus de cinq cents petits vaisseaux de Bayonne, de Saint-Jean-de-Luz, du Havre-de-Grâce, et d'autres villes ; on en rapportait au moins trois mille tonneaux d'huile, nécessaires pour les manufactures de toute espèce. C'était une école de matelots ; et ce commerce, joint à celui de la morue, faisait travailler dix mille hommes et circuler dix millions.

Un négociant nommé Vaugan propose à ses concitoyens de la Nouvelle-Angleterre de lever des troupes pour assiéger Louisbourg. On reçoit cette idée avec acclamation. On fait une loterie, dont le produit soudoie une petite armée de quatre mille hommes. On les arme, on les approvisionne, on leur fournit des vaisseaux de transport : tout cela aux dépens des habitants. Ils nomment un général ; mais il leur fallait l'agrément de la cour de Londres ; il leur fallait surtout des vaisseaux de guerre. Il n'y eut de perdu que le temps de demander. La cour envoie l'amiral Warren avec quatre vaisseaux protéger cette entreprise de tout un peuple.

Louisbourg est une place qui pouvait se défendre, et rendre tous ces efforts inutiles si on avait eu assez de munitions[1] ; mais c'est le sort de la plupart des établissements éloignés qu'on leur envoie rarement d'assez bonne heure ce qui leur est nécessaire. A la première nouvelle des préparatifs contre la colonie, le ministre de la marine de France[2] fait partir un vaisseau de soixante-quatre canons, chargé de tout ce qui manquait à Louisbourg. Le vaisseau arrive pour être pris à l'entrée du port par les Anglais. Le commandant de la place, après une vigoureuse défense de cinquante jours, fut obligé de se rendre. Les Anglais lui firent les conditions : ce fut d'emmener eux-mêmes en France la garnison et tous les habitants, au nombre de deux mille. On fut étonné à Brest de recevoir, quelques mois après, une colonie entière de Français, que des vaisseaux anglais laissèrent sur le rivage.

La prise de Louisbourg fut encore fatale à la compagnie française des Indes ; elle avait pris à ferme le commerce des pelleteries du Canada, et ses vaisseaux, au retour des Grandes-Indes, venaient souvent mouiller à Louisbourg. Deux gros vaisseaux de la compagnie y abordent immédiatement après sa prise, et se livrent eux-mêmes. Ce ne fut pas tout ; une fatalité non moins singulière enrichit encore les nouveaux possesseurs du cap Breton. Un gros bâtiment espagnol, nommé *l'Espérance*[3], qui avait échappé à des armateurs, croyait trouver sa sûreté dans le port de Louisbourg, comme les autres ; il y trouva sa perte comme eux. La charge de ces trois navires, qui vinrent ainsi se rendre eux-mêmes du fond de l'Asie et de l'Amérique, allait à vingt-cinq millions de livres. Si dès longtemps on a appelé la

---

1. Depuis 1720, on avait dépensé trente millions pour la fortifier. Mais la reddition de la ville n'eut pas pour cause le défaut de munitions. C'est aux malversations des administrateurs de la colonie qu'il faut l'attribuer. On ne payait pas les soldats, les soldats refusèrent de servir. (G. A.)

2. Le ministre de la marine était de Maurepas, qui avait succédé à son père dans ce service, et s'était trouvé ministre A QUINZE ANS ! (G. A.)

3. Voyez page 319.

guerre un jeu de hasard, les Anglais, en une année, gagnèrent à ce jeu environ trois millions de livres sterling. Non-seulement les vainqueurs comptaient garder à jamais Louisbourg, mais ils firent des préparatifs pour s'emparer de toute la Nouvelle-France.

Il semble que les Anglais dussent faire de plus grandes entreprises maritimes. Ils avaient alors six vaisseaux de cent pièces de canon, treize de quatre-vingt-dix, quinze de quatre-vingts, vingt-six de soixante-dix, trente-trois de soixante. Il y en avait trente-sept de cinquante à cinquante-quatre canons; et au-dessous de cette forme, depuis les frégates de quarante canons jusqu'aux moindres, on en comptait jusqu'à cent quinze. Ils avaient encore quatorze galiotes à bombes et dix brûlots. C'était en tout deux cent soixante-trois[1] vaisseaux de guerre, indépendamment des corsaires et des vaisseaux de transport. Cette marine avait le fonds de quarante mille matelots. Jamais aucune nation n'a eu de pareilles forces. Tous ces vaisseaux ne pouvaient être armés à la fois; il s'en fallait beaucoup : le nombre des soldats était trop disproportionné ; mais enfin, en 1746 et 1747, les Anglais avaient à la fois une flotte dans les mers d'Écosse et d'Irlande, une à Spithead, une aux Indes orientales, une vers la Jamaïque, une à Antigoa, et ils en armaient de nouvelles selon le besoin.

Il fallut que la France résistât pendant toute la guerre, n'ayant en tout qu'environ trente-cinq vaisseaux de roi à opposer à cette puissance formidable. Il devenait plus difficile de jour en jour de soutenir les colonies. Si on ne leur envoyait pas de gros convois, elles demeuraient sans secours à la merci des flottes anglaises. Si les convois partaient ou de France ou des îles, ils couraient risque, étant escortés, d'être pris avec leurs escortes. En effet, les Français essuyèrent quelquefois des pertes terribles : car une flotte marchande de quarante voiles, venant en France de la Martinique sous l'escorte de quatre vaisseaux de guerre, fut rencontrée par une flotte anglaise (octobre 1745); il y en eut trente de pris, coulés à fond ou échoués; deux vaisseaux de l'escorte, dont l'un était de quatre-vingts canons, tombèrent au pouvoir de l'ennemi.

En vain on tenta d'aller dans l'Amérique septentrionale pour essayer de reprendre le cap Breton, ou pour ruiner la colonie anglaise d'Annapolis dans la Nouvelle-Écosse. Le duc d'Enville, de la maison de La Rochefoucauld, y fut envoyé avec quatorze

---

1. D'après le dénombrement que vient de faire Voltaire, il devait dire *deux cent soixante-neuf*.

vaisseaux (juin 1746). C'était un homme d'un grand courage, d'une politesse et d'une douceur de mœurs que les Français seuls conservent dans la rudesse attachée au service maritime ; mais la force de son corps ne secondait pas celle de son âme. (Septembre) Il mourut de maladie sur le rivage barbare de Chiboctou [1], après avoir vu sa flotte dispersée par des tempêtes. C'est lui dont la veuve s'est fait dans Paris une si grande réputation par ses vertus courageuses, et par la constance d'une âme forte, qualité rare en France [2].

Un des plus grands avantages que les Anglais eurent sur mer fut le combat naval de Finistère [3] (16 mai 1747), combat où ils prirent six gros vaisseaux de roi, et sept de la compagnie des Indes armés en guerre, dont quatre se rendirent dans le combat et trois autres ensuite ; le tout portant quatre mille hommes d'équipage.

Londres est remplie de négociants et de gens de mer, qui s'intéressent beaucoup plus aux succès maritimes qu'à tout ce qui se passe en Allemagne ou en Flandre. Ce fut dans la ville un transport de joie inouï quand on vit arriver dans la Tamise le même vaisseau *le Centurion*, si fameux par son expédition autour du monde ; il apportait la nouvelle de la bataille de Finistère gagnée par ce même Anson, devenu à juste titre vice-amiral général, et par l'amiral Warren. On vit arriver vingt-deux chariots chargés de l'or, de l'argent, et des effets pris sur la flotte de France. La perte de ces effets et de ces vaisseaux fut estimée plus

---

1. Les éditions originales (de 1768, in-8°), 1769, in-12 ; l'édition in-4° et l'édition encadrée de 1775, portent : « ... après avoir vu sa flotte dispersée par une violente tempête. Plusieurs vaisseaux périrent ; d'autres, écartés au loin, tombèrent entre les mains des Anglais.

« Cependant il arrivait souvent que des officiers habiles, qui escortaient les flottes marchandes françaises, savaient les conduire en sûreté, malgré les nombreuses flottes ennemies.

« On en vit un exemple heureux dans les manœuvres de M. Dubois de La Motte, alors capitaine de vaisseau, qui, conduisant un convoi d'environ quatre-vingts voiles aux îles françaises de l'Amérique, attaqué par une escadre entière, sut, en attirant sur lui tout le feu des ennemis, leur dérober le convoi, le rejoindre, et le conduire au Fort-Royal, à Saint-Domingue, combattre encore, et ramener plus de soixante voiles en France ; mais il fallait bien qu'à la longue la marine anglaise anéantît celle de France et ruinât son commerce.

« Un des plus grands avantages, etc. »
Le texte actuel est posthume. (B.)
2. Louise-Élisabeth de La Rochefoucauld, née en 1716, mariée, en 1732, à Jean-Baptiste-Louis-Frédéric de Roie de La Rochefoucauld, créé duc d'Enville en considération de ce mariage. Voltaire était en correspondance avec elle. (CL.)
3. Cap de la Galice.

de vingt millions de France. De l'argent de cette prise on frappa quelques espèces, sur lesquelles on voyait pour légende : *Finistère*, monument flatteur à la fois et encourageant pour la nation, et imitation glorieuse de l'usage qu'avaient les Romains de graver ainsi sur la monnaie courante, comme sur les médailles, les plus grands événements de leur empire. Cette victoire était plus heureuse et plus utile qu'étonnante[1]. Les amiraux Anson et Warren avaient combattu avec dix-sept vaisseaux de guerre contre six vaisseaux de roi, dont le meilleur ne valait pas, pour la construction, le moindre navire de la flotte anglaise.

Ce qu'il y avait de surprenant, c'est que le marquis de La Jonquière, chef de cette escadre, eût soutenu longtemps le combat, et donné encore à un convoi qu'il amenait de la Martinique le temps d'échapper. Le capitaine du vaisseau *le Windsor* s'exprimait ainsi dans sa lettre sur cette bataille : « Je n'ai jamais vu une meilleure conduite que celle du commodore français ; et pour dire la vérité, tous les officiers de cette nation ont montré un grand courage ; aucun d'eux ne s'est rendu que quand il leur a été absolument impossible de manœuvrer. »

Il ne restait plus aux Français, sur ces mers, que sept vaisseaux de guerre pour escorter les flottes marchandes aux îles de l'Amérique sous le commandement de M. de L'Estanduère[2]. Ils furent rencontrés par quatorze vaisseaux anglais. (14 octobre 1747) On se battit, comme à Finistère, avec le même courage et la même fortune. Le nombre l'emporta, et l'amiral Hawke amena dans la Tamise six vaisseaux des sept qu'il avait combattus[3].

La France n'avait plus alors qu'un seul vaisseau de guerre. On connut dans toute son étendue la faute du cardinal de Fleury, d'avoir négligé la mer ; cette faute est difficile à réparer. La marine est un art, et un grand art. On a vu quelquefois de bonnes troupes de terre formées en deux ou trois années par des généraux habiles et appliqués ; mais il faut un long temps pour se procurer une marine redoutable.

1. C'est aussi l'opinion des historiens anglais.
2. Voyez, dans la *Correspondance générale*, la lettre à Mme Dupuy, du 23 décembre 1769.
3. L'Estanduère avait huit vaisseaux, et en sauva deux. (G. A.)

CHAPITRE XXIX.

DE L'INDE, DE MADRAS, DE PONDICHÉRY. EXPÉDITION DE LA BOURDONNAIE.
CONDUITE DE DUPLEIX, ETC.

Pendant que les Anglais portaient leurs armes victorieuses sur tant de mers, et que tout le globe était le théâtre de la guerre, ils en ressentirent enfin les effets dans leur colonie de Madras. Un homme à la fois négociant et guerrier, nommé Mahé de La Bourdonnaie, vengea l'honneur du pavillon français au fond de l'Asie.

Pour rendre cet événement plus sensible, il est nécessaire de donner quelque idée de l'Inde, du commerce des Européans dans cette vaste et riche contrée [1], et de la rivalité qui régna entre eux, rivalité souvent soutenue par les armes.

Les nations européanes ont inondé l'Inde. On a su y faire de grands établissements, on y a porté la guerre, plusieurs y ont fait des fortunes immenses, peu se sont appliqués à connaître les antiquités de ce pays, plus renommé autrefois pour sa religion, ses sciences et ses lois, que pour ses richesses, qui ont fait de nos jours l'unique objet de nos voyages.

Un Anglais [2], qui a demeuré trente ans dans le Bengale, et qui sait les langues modernes et anciennes des brames, détruit tout ce vain amas d'erreurs dont sont remplies nos histoires des Indes, et confirme ce que le petit nombre d'hommes instruits en a pensé [3]. Ce pays est, sans contredit, le plus anciennement policé qui soit dans le monde ; les savants chinois même lui accordent cette supériorité. Les plus anciens monuments que l'empereur Kang-hi avait recueillis dans son cabinet de curiosités étaient tous indiens. Le docte et infatigable Anglais [4] qui a copié, en 1754, leur pre-

---

1. Voyez ci-dessus, page 163 ; et le chapitre Ier des *Fragments historiques sur l'Inde*.
2. M. Holvell. (*Note de Voltaire.*) — Jean-Sophonie Holvell, né à Dublin en 1711, est mort le 5 novembre 1798. (B.)
3. « J'ai étudié, dit-il, tout ce qui a été écrit sur les Indiens depuis Arrien jusqu'à l'abbé Guyon même, et je n'ai trouvé qu'erreur et mensonge. » (Page 5 de la Préface.) (*Note de Voltaire.*)
4. Alexandre Don, mort dans l'Inde à la fin de 1779. Voltaire cite souvent Holvell et Don, notamment dans la IXe de ses *Lettres chinoises, indiennes et tartares*.

mière loi écrite, nommée le *Shasta*, antérieure au *Veidam*, assure que cette loi a quatre mille six cent soixante et six ans d'antiquité dans le temps qu'il la copie. Longtemps avant ce monument, le plus ancien de la terre s'il faut l'en croire, cette loi était consacrée par la tradition et par des hiéroglyphes antiques.

On ne fait d'ordinaire aucune difficulté dans toutes les relations de l'Inde, copiées sans examen les unes sur les autres, de diviser toutes les nations des Indiens en mahométans et en idolâtres; mais il est avéré que les brames et les banians, loin d'être idolâtres, ont toujours reconnu un seul Dieu créateur, que leurs livres appellent toujours l'*Éternel;* ils le reconnaissent encore au milieu de toutes les superstitions qui défigurent leur ancien culte. Nous avons cru, en voyant les figures monstrueuses exposées dans leurs temples à la vénération publique, qu'ils adoraient des diables, quoique ces peuples n'aient jamais entendu parler du diable. Ces représentations symboliques n'étaient autre chose que les emblèmes des vertus. La vertu, en général, est figurée comme une belle femme qui a dix bras pour résister aux vices. Elle porte une couronne; elle est montée sur un dragon, et tient du premier de ses bras droits une pique dont la pointe ressemble à une fleur de lis. Ce n'est pas ici le lieu d'entrer dans le détail de toutes leurs antiques cérémonies qui se sont conservées jusqu'à nos jours, ni de discuter le *Shastabad* et le *Veidam*, ni de montrer à quel point les brames d'aujourd'hui ont dégénéré de leurs ancêtres; mais quoique leur asservissement aux Tartares, l'horrible cupidité et les débauches des Européans établis sur leurs côtes, les aient rendus pour la plupart fourbes et méchants, cependant l'auteur, qui a vécu si longtemps avec eux, dit que les brames qui n'ont point été corrompus par aucune fréquentation avec les commerçants d'Europe où par les intrigues des cours des nababs, « sont le modèle le plus pur de la vraie piété qu'on puisse trouver sur la face de la terre[1] ».'

Le climat de l'Inde est sans contredit le plus favorable à la nature humaine. Il n'est pas rare d'y voir des vieillards de six-

---

1. Le grand-prêtre de l'île Sheringham, dans la province d'Arcate, qui justifia le chevalier Lass contre les accusations du gouverneur Dupleix, était un vieillard de cent années, respecté pour sa vertu incorruptible. Il savait le français, et rendit de grands services à la compagnie des Indes. C'est lui qui traduisit l'*Ézour-Veidam*, dont j'ai remis le manuscrit à la Bibliothèque du roi. (*Note de Voltaire.*) — Le Lass dont il est question dans la note de Voltaire était neveu de Jean Lass; voyez l'article III des *Fragments sur l'Inde*. Sur l'*Ézour-Veidam*, voyez ma note au chapitre XIII de la *Défense de mon oncle*, dans les *Mélanges*. (B.)

vingts ans. Les tristes Mémoires de notre compagnie des Indes nous apprennent que, dans une bataille livrée par un vice-roi, tyran de ce pays, contre un autre tyran, l'un des deux, nommé Anaverdikan, que nous fîmes assassiner [1] dans le combat par un traître de ses suivants, était âgé de cent sept années, et qu'il avait ramené trois fois ses soldats à la charge. L'empereur Aurengzeb vécut plus de cent ans. Nisam-Elmoluk, grand-chancelier de l'empire sous Mahomet-Sha, détrôné et rétabli par Sha-Nadir, est mort à l'âge de cent ans révolus. Quiconque est sobre dans ces pays jouit d'une vie longue et saine.

Les Indiens auraient été les peuples du monde les plus heureux s'ils avaient pu demeurer inconnus aux Tartares et à nous. L'ancienne coutume immémoriale de leurs philosophes, de finir leurs jours sur un bûcher dans l'espoir de recommencer une nouvelle carrière, et celle des femmes, de se brûler sur le corps de leurs maris pour renaître avec eux sous une forme différente, prouvent une grande superstition, mais aussi un grand courage dont nous n'approchons pas. Ces peuples, autrefois, avaient horreur de tuer leurs semblables, et ne craignaient pas de se tuer eux-mêmes. Les femmes, dans les castes des brames, se brûlent encore, mais plus rarement qu'autrefois. Nos dévotes affligent leur corps, celles-ci le détruisent; et toutes vont contre le but de la nature, dans l'idée que ce corps sera plus heureux.

L'horreur de répandre le sang des bêtes augmenta chez cette antique nation celle de répandre le sang des hommes. La douceur de leurs mœurs en fit toujours de très-mauvais soldats. C'est une vertu qui a causé leurs malheurs, et qui les a faits esclaves. Le gouvernement tartare, qui est précisément celui de nos anciens grands fiefs, soumet presque tous ces peuples à de petits brigrands, nommés par des vice-rois, lesquels sont institués par l'empereur. Tous ces tyrans sont très-riches, et le peuple très-pauvre. C'est cette administration qui fut établie dans l'Europe, dans l'Asie, et dans l'Afrique, par les Goths, les Vandales, les Francs, les Turcs, tous originaires de la Tartarie, gouvernement entièrement contraire à celui des anciens Romains, et encore plus à celui des Chinois, le meilleur qui soit sur la terre après celui du petit nombre de peuplades policées qui ont conservé leur liberté [2].

---

1. Anaverdikan ne fut point assassiné, mais tué d'un coup de canon à mitraille sur son éléphant, dans la bataille livrée, en 1749, à ce nabab par les troupes françaises et celles de Chandasaheb, au pied de la montagne d'Amur-Paravayo, à trente-cinq lieues de Pondichéry. (Note de M. de Bourcet.) — Voyez l'Avertissement de Beuchot.

2. Voyez le dernier chapitre du *Siècle de Louis XIV*.

CHAPITRE XXIX.

Les Marattes, dans ces vastes pays, sont presque les seuls qui soient libres. Ils habitent des montagnes derrière la côte de Malabar, entre Goa et Bombay, dans l'espace de plus de sept cents milles. Ce sont les Suisses de l'Inde, aussi guerriers, moins policés, mais plus nombreux, et par là plus redoutables. Les vicerois, qui se font souvent la guerre, achètent leur secours, les payent, et les craignent.

La prodigieuse supériorité de génie et de force qu'ont les Européans sur les Asiatiques orientaux est assez prouvée par les conquêtes que nos peuples ont faites chez ces nations, et qu'ils se disputent encore tous les jours. Les Portugais, établis les premiers sur les côtes de l'Inde, portèrent leurs armes et leur religion dans l'étendüe de plus de deux mille lieues, depuis le cap de Bonne-Espérance jusqu'à Malaca, ayant des comptoirs et des forts qui se secouraient les uns les autres. Philippe II, maître du Portugal, aurait pu former dans l'Inde une domination aussi avantageuse pour le moins que celle du Pérou et du Mexique; et, sans le courage et l'industrie des Hollandais, et ensuite des Anglais, le pape aurait donné plus d'évêchés réels dans ces vastes contrées qu'il n'en confère en Italie, et en aurait retiré plus d'argent qu'il n'en lève sur les peuples devenus ses sujets.

On n'ignore pas que les Hollandais sont ceux qui ont les plus grands établissements dans cette partie du monde, depuis les îles de la Sonde jusqu'à la côte de Malabar. Les Anglais viennent après eux. Ils sont puissants sur les deux côtes de la presqu'île de l'Inde et jusque dans le Bengale. Les Français, arrivés les derniers, ont été les plus mal partagés. C'est leur sort dans l'Inde orientale comme dans l'occidentale.

Leur compagnie, établie par Louis XIV, anéantie en 1712, renaissante en 1720, dans Pondichéry, paraissait, ainsi qu'on l'a déjà dit[1], très-florissante; elle avait beaucoup de vaisseaux, de commis, de directeurs, et même des canons et des soldats; mais elle n'a jamais pu fournir le moindre dividende à ses actionnaires du produit de son commerce. C'est la seule compagnie commerçante de l'Europe qui soit dans ce cas; et, au fond, ses action-

---

1. Cet *ainsi qu'on l'a déjà dit* existe dans l'édition de 1768, et conséquemment ne peut se rapporter ni au chapitre LXI de l'*Histoire du Parlement*, qui est de 1769, ni à l'article 1ᵉʳ des *Fragments historiques sur l'Inde*, qui sont de 1773; en parlant de la compagnie des Indes, ci-dessus, page 163, tome XIV, pages 498-499, et encore dans la dix-huitième des *Remarques pour servir de supplément à l'Essai sur les Mœurs* (voyez dans les *Mélanges*), Voltaire ne dit rien de son état florissant au milieu du XVIIIᵉ siècle. (B.)

naires et ses créanciers n'ont jamais été payés que de la concession faite par le roi d'une partie de la ferme du tabac, absolument étrangère à son négoce. Par cela même elle florissait à Pondichéry : car l'argent de ses retours était employé à augmenter ses fonds, à fortifier la ville, à l'embellir, à se ménager dans l'Inde des alliés utiles [1].

Dupleix, homme aussi actif qu'intelligent, et aussi méditatif que laborieux, avait dirigé longtemps le comptoir de Chandernagor, sur le Gange, dans la fertile et riche province de Bengale, à onze cents milles de Pondichéry, y avait formé un vaste établissement, bâti une ville, équipé quinze vaisseaux. C'était une conquête de génie et d'industrie, bien préférable à toutes les autres. La compagnie trouva bon que chaque particulier fît alors le commerce pour son propre avantage. L'administrateur, en la servant, acquit une immense fortune. Chacun s'enrichit. Il créa encore un autre établissement à Patna, en remontant le Gange jusqu'à trente lieues de Bénarès, cette antique école des brachmanes.

Tant de services lui méritèrent le gouvernement général des établissements français à Pondichéry, en 1742. Ce fut alors que la guerre s'alluma entre l'Angleterre et la France. On a déjà remarqué [2] que le contre-coup de ces guerres se fait toujours sentir aux extrémités du monde, en Asie et en Amérique.

Les Anglais ont, à quatre-vingt-dix milles de Pondichéry, la ville de Madras, dans la province d'Arcate. Cet établissement est pour l'Angleterre ce que Pondichéry est pour la France. Ces deux villes sont rivales ; mais le commerce est si vaste de ce monde au nôtre, l'industrie européane est si active, si supérieure à celle des Indiens, que ces deux colonies pouvaient s'enrichir sans se nuire.

Dupleix, gouverneur de Pondichéry, et chef de la nation française dans les Indes, avait proposé la neutralité à la compagnie anglaise. Rien n'était plus convenable à des commerçants, qui ne doivent point vendre des étoffes et du poivre à main armée. Le commerce est fait pour être le lien des nations, pour consoler la terre, et non pour la dévaster. L'humanité et la raison avaient fait ces offres ; la fierté et l'avarice les refusèrent. Les Anglais se flattaient, non sans vraisemblance, d'être aisément vainqueurs

---

1. Les retours de 1742, année de la guerre, furent de vingt-quatre millions (G. A.)

2. Page 312.

sur les mers de l'Inde comme ailleurs, et d'anéantir la compagnie de France.

Mahé de La Bourdonnaie était, comme les Duquesne, les Bart, les du Guai-Trouin, capable de faire beaucoup avec peu, et aussi intelligent dans le commerce qu'habile dans la marine. Il était gouverneur des îles de Bourbon et de Maurice, nommé à ces emplois par le roi, et gérant au nom de la compagnie. Ces îles étaient devenues florissantes sous son administration : il sort enfin de l'île de Bourbon avec neuf vaisseaux armés par lui en guerre, chargés d'environ deux mille trois cents blancs et de huit cents noirs, qu'il a disciplinés lui-même, et dont il a fait de bons canonniers. Une escadre anglaise, sous l'amiral Barnet, croisait dans ces mers, défendait Madras, inquiétait Pondichéry, et faisait beaucoup de prises. Il attaque cette escadre, il la disperse, et se hâte d'aller mettre le siége devant Madras.

(6 juillet 1746) Des députés vinrent lui représenter qu'il n'était pas permis d'attaquer les terres du Grand Mogol. Ils avaient raison ; c'est le comble de la faiblesse asiatique de le souffrir, et de l'audace européane de le tenter. Les Français débarquent sans résistance ; leur canon est amené devant les murailles de la ville, mal fortifiée, défendue par une garnison de cinq cents soldats. L'établissement anglais consistait dans le fort Saint-George, où étaient tous les magasins ; dans la ville qu'on nomme *Blanche*, qui n'est habitée que par des Européans, et dans celle qu'on nomme *Noire*, peuplée de négociants et d'ouvriers de toutes les nations de l'Inde, Juifs, banians, Arméniens, mahométans, idolâtres, nègres de différentes espèces, Indiens rouges, Indiens de couleur bronzée : cette multitude allait à cinquante mille âmes. Le gouverneur fut bientôt obligé de se rendre. La rançon de la ville fut évaluée à onze cent mille pagodes, qui valent environ neuf millions de France,

La Bourdonnaie avait un ordre exprès du ministère *de ne garder aucune des conquêtes qu'il pourrait faire dans l'Inde*, ordre peut-être inconsidéré, comme tous ceux qu'on donne de loin sur des objets qu'on n'est pas à portée de connaître. Il exécuta ponctuellement cet ordre, et reçut des otages et des sûretés pour le payement de cette conquête qu'il ne gardait pas. Jamais on ne sut ni mieux obéir, ni rendre un plus grand service. Il eut encore le mérite de mettre l'ordre dans la ville, de calmer les frayeurs des femmes, toutes réfugiées dans des temples et dans des pagodes, de les faire reconduire chez elles avec honneur, et de rendre enfin la nation victorieuse respectable et chère aux vaincus.

Le sort de la France a presque toujours été que ses entreprises, et même ses succès, hors de ses frontières, lui sont devenus funestes. Dupleix, gouverneur de la compagnie des Indes, eut le malheur d'être jaloux de La Bourdonnaie. Il cassa la capitulation, s'empara de ses vaisseaux, et voulut même le faire arrêter. Les Anglais et les habitants de Madras, qui comptaient sur le droit des gens, demeurèrent interdits quand on leur annonça la violation du traité et de la parole d'honneur donnée par La Bourdonnaie. Mais l'indignation fut extrême quand Dupleix, s'étant rendu maître de la ville Noire, la détruisit de fond en comble. Cette barbarie fit beaucoup de mal aux colons innocents, sans faire aucun bien aux Français. La rançon qu'on devait recueillir fut perdue, et le nom français fut en horreur dans l'Inde.

Au milieu des aigreurs, des reproches, des voies de fait, qu'une telle conduite produisait, Dupleix fit signer par le conseil de Pondichéry, et par les principaux citoyens, qui étaient à ses ordres, les mémoires les plus outrageants contre son rival. On l'accusait d'avoir exigé de Madras une rançon trop faible, et d'avoir reçu pour lui des présents trop considérables.

Enfin, pour prix du plus signalé service, le vainqueur de Madras, en arrivant à Paris, fut enfermé à la Bastille[1]. Il y resta trois ans et demi, pendant qu'on envoyait chercher des témoins contre lui dans l'Inde. La permission de voir sa femme et ses enfants lui fut refusée. Cruellement puni sur le soupçon seul, il contracta dans sa prison une maladie mortelle; mais avant que cette persécution terminât sa vie, il fut déclaré innocent par la commission du conseil nommée pour le juger[2] (3 février 1751[3]). On douta si, dans cet état, c'était une consolation ou une douleur de plus d'être justifié si tard et si inutilement. Nulle récompense pour sa famille de la part de la cour. Tout le public lui en don-

1. On l'y tint au secret, et il écrivit ses Mémoires avec du vert-de-gris et du marc de café, sur des mouchoirs blancs empesés dans du riz et séchés au feu. (G. A.)

2. Un des directeurs lui demandait un jour comment il avait si mal fait les affaires de la compagnie, et si bien les siennes. *C'est*, répondit-il, *que j'ai fait mes affaires selon mes lumières, et celles de la compagnie d'après vos instructions.*

3. Toutes les éditions données du vivant de Voltaire, et beaucoup d'autres, portent 1761 : La Bourdonnaie est mort le 9 septembre 1753. Damiens, dont il est question dans le chapitre xxxvii, qui était alors son domestique, lui avait donné un lavement à l'eau-forte. (B.)

nait une flatteuse en nommant La Bourdonnaie le vengeur de la France et la victime de l'envie.

Mais bientôt le public pardonna à son ennemi Dupleix, quand il défendit Pondichéry contre les Anglais, qui l'assiégèrent par terre et par mer. L'amiral Boscawen vint l'assiéger avec environ quatre mille soldats anglais ou hollandais, et autant d'Indiens, renforcés encore de la plupart des matelots de sa flotte, composée de vingt et une voiles. M. Dupleix fut à la fois commandant, ingénieur, artilleur, munitionnaire : ses soins infatigables furent surtout secondés par M. de Bussy[1], qui repoussa souvent les assiégeants à la tête d'un corps de volontaires. Tous les officiers y signalèrent un courage qui méritait la reconnaissance de la patrie. Cette capitale des colonies françaises, qu'on n'avait pas crue en état de résister, fut sauvée cette fois[2] (17 octobre 1748). Ce fut une des opérations qui valurent enfin à M. Dupleix le grand cordon de Saint-Louis, honneur qu'on n'avait jamais fait à aucun homme hors du service militaire. Nous verrons comme il devint le protecteur et le vainqueur des vice-rois de l'Inde, et quelle catastrophe suivit trop de gloire.

CHAPITRE XXX.

PAIX D'AIX-LA-CHAPELLE.

Dans ce flux et ce reflux de succès et de pertes, communs à presque toutes les guerres, Louis XV ne cessait d'être victorieux dans les Pays-Bas. Déjà Mastricht était prêt de se rendre au maréchal de Saxe, qui l'assiégeait, après la plus savante marche que jamais général eût faite, et de là on allait droit à Nimègue. Les Hollandais étaient consternés ; il y avait en France près de trente-cinq mille de leurs soldats prisonniers de guerre. Des désastres plus grands que ceux de l'année 1672 semblaient menacer cette

---

1. Charles-Joseph Patissier, marquis de Bussy-Castelnau, mort à Pondichéry au commencement de 1785. (Cl.)
2. Les Anglais levèrent le siége après quarante-deux jours de tranchée, et après avoir perdu douze cents soldats européens. (G. A.)

PAIX D'AIX-LA-CHAPELLE.

république ; mais ce que la France gagnait d'un côté, elle le perdait de l'autre : ses colonies étaient exposées, son commerce périssait, elle n'avait plus de vaisseaux de guerre [1]. Toutes les nations souffraient, et toutes avaient besoin de la paix, comme dans les guerres précédentes. Près de sept mille vaisseaux marchands, soit de France, soit d'Espagne, ou d'Angleterre, ou de Hollande, avaient été pris dans le cours de ces déprédations réciproques : et de là on peut conclure que plus de cinquante mille familles avaient fait de grandes pertes. Joignez à ces désastres la multitude des morts, la difficulté des recrues ; c'est le sort de toute guerre. La moitié de l'Allemagne et de l'Italie, les Pays-Bas, étaient ravagés ; et pour accroître et prolonger tant de malheurs, l'argent de l'Angleterre et de la Hollande faisait venir trente-cinq mille Russes, qui étaient déjà dans la Franconie. On allait voir, vers les frontières de la France, les mêmes troupes qui avaient vaincu les Turcs et les Suédois.

Ce qui caractérisait plus particulièrement cette guerre, c'est qu'à chaque victoire que Louis XV avait remportée il avait offert la paix, et qu'on ne l'avait jamais acceptée. Mais enfin, quand on vit que Mastricht [2] allait tomber après Berg-op-Zoom, et que la Hollande était en danger, les ennemis demandèrent aussi cette paix, devenue nécessaire à tout le monde.

(16 octobre 1748) Le marquis de Saint-Séverin, l'un des plénipotentiaires de France au congrès d'Aix-la-Chapelle, commença par déclarer qu'il venait accomplir les paroles de son maître, « qui voulait faire la paix, non en marchand, mais en roi ».

Louis XV ne voulut rien pour lui, mais il fit tout pour ses

---

1. Dans sa lettre au duc de Choiseul, du 12 novembre 1768, Voltaire se plaint de ce que l'éditeur a mis à la page 202 du quatrième tome (des *Siècles de Louis XIV et Louis XV*) une addition qu'il lui avait envoyée pour la page 142. Je pense que c'est ici que venait cette addition, qu'on avait mise dans le chapitre xxxv, où l'on lisait : « On était maître de la Flandre ; on était près de prendre Mastricht ; mais on manquait de pain dans toutes les parties méridionales de la France, et il n'y avait plus de vaisseaux de guerre en état de protéger les navires qui pouvaient amener des blés ; plus de secours, plus d'argent, plus de crédit. Ceux qu'on choisissait pour régir les finances étaient renvoyés après quelques mois d'administration. Les autres refusaient cet emploi, dans lequel on ne pouvait alors que faire du mal. »
Cette disposition fut conservée dans l'édition in-4° et dans une édition in-12 du *Précis du Siècle de Louis XV*. Ce ne fut que dans l'édition de 1775 ou encadrée que les changements furent faits au chapitre xxxv. Voyez ci-après, page 373 ; mais jamais on n'a rétabli, dans le chapitre xxx, la portion qui me semble lui appartenir, c'est-à-dire le commencement de l'addition ci-dessus. (B.)

2. Cette ville ayant capitulé le 7 mai 1748, le traité de paix définitif fut signé à Aix-la-Chapelle le 18 octobre suivant. (CL.)

alliés ; il assurait, par cette paix, le royaume des Deux-Siciles à don Carlos, prince de son sang ; il établit dans Parme, Plaisance et Guastalla, don Philippe son gendre ; le duc de Modène son allié, et gendre du duc d'Orléans régent, fut remis en possession de son pays, qu'il avait perdu pour avoir pris les intérêts de la France. Gênes rentra dans tous ses droits. Il parut plus beau, et même plus utile à la cour de France de ne penser qu'au bonheur de ses alliés que de se faire donner deux ou trois villes de Flandre, qui auraient été un éternel objet de jalousie.

L'Angleterre, qui n'avait eu d'autre intérêt particulier dans cette guerre universelle que celui d'un vaisseau [1], y perdit beaucoup de trésors et de sang ; et la querelle de ce vaisseau resta dans le même état où elle était auparavant [2]. Le roi de Prusse fut celui qui retira les plus grands avantages : il conserva la conquête de la Silésie dans un temps où toutes les puissances avaient pour maxime de ne souffrir l'agrandissement d'aucun prince. Le duc de Savoie, roi de Sardaigne, fut, après le roi de Prusse, celui qui gagna le plus, la reine de Hongrie ayant payé son alliance d'une partie du Milanais.

Après cette paix, la France se rétablit faiblement [3]. Alors l'Europe chrétienne se trouva partagée entre deux grands partis qui se ménageaient l'un l'autre, et qui soutenaient chacun de leur côté cette balance, le prétexte de tant de guerres, laquelle devrait assurer une éternelle paix. Les États de l'impératrice-reine de Hongrie, et une partie de l'Allemagne, la Russie, l'Angleterre, la Hollande, la Sardaigne, composaient une de ces grandes factions. L'autre était formée par la France, l'Espagne, les Deux-Siciles, la Prusse, la Suède. Toutes les puissances restèrent armées ; et on espéra un repos durable, par la crainte même que les deux moitiés de l'Europe semblaient inspirer l'une à l'autre.

Louis XIV avait le premier entretenu ces nombreuses armées qui forcèrent les autres princes à faire les mêmes efforts, de sorte qu'après la paix d'Aix-la-Chapelle, en 1748, les puissances chrétiennes de l'Europe eurent environ un million d'hommes sous les

---

1. Voyez ci-devant, chapitre VIII.
2. L'article 16 du traité laissait, en effet, l'affaire de l'*Assiento* et du *vaisseau de permission* sur le pied où elle se trouvait au début de la guerre, sans décider sur les difficultés qui s'étaient élevées entre l'Espagne et l'Angleterre à ce sujet. L'Angleterre et l'Espagne en traitèrent séparément le 5 octobre 1750. (G. A.)
3. Les éditions de 1768, 1769, in-4°, et 1775, portent : « Après cette paix, la France se rétablit comme après la paix d'Utrecht, et fut encore plus florissante. Alors, etc. » (B.)

armes, au détriment des arts et des professions nécessaires, surtout de l'agriculture : on se flatta que de longtemps il n'y aurait aucun agresseur, parce que tous les États étaient armés pour se défendre ; mais on se flatta en vain.

CHAPITRE XXXI.

ÉTAT DE L'EUROPE EN 1756. LISBONNE DÉTRUITE. CONSPIRATIONS ET SUPPLICES EN SUÈDE. GUERRES FUNESTES POUR QUELQUES TERRITOIRES VERS LE CANADA. PRISE DE PORT-MAHON PAR LE MARÉCHAL DE RICHELIEU.

L'Europe entière ne vit guère luire de plus beaux jours que depuis la paix d'Aix-la-Chapelle, en 1748 [1], jusque vers l'an 1755. Le commerce florissait de Pétersbourg jusqu'à Cadix ; les beaux-arts étaient partout en honneur ; on voyait entre toutes les nations une correspondance mutuelle ; l'Europe ressemblait à une grande famille réunie après ses différends. Les malheurs nouveaux de l'Europe semblèrent être annoncés par des tremblements de terre qui se firent sentir en plusieurs provinces, mais d'une manière plus terrible à Lisbonne qu'ailleurs. Un grand tiers de cette ville fut renversé sur ses habitants ; il y périt près de trente mille personnes [2] : ce fléau s'étendit en Espagne ; la petite ville de Sétubal fut presque détruite ; d'autres, endommagées ; la mer, s'élevant au-dessus de la chaussée de Cadix, engloutit tout ce qui se trouva sur le chemin ; les secousses de la terre qui ébranlaient l'Europe se firent sentir de même en Afrique, et le même jour que les habitants de Lisbonne périssaient, la terre s'ouvrit auprès de Maroc ; une peuplade entière d'Arabes fut ensevelie dans des abîmes ; les villes de Fez et de Méquinez furent encore plus maltraitées que Lisbonne.

1. Le 18 octobre ; voyez page 333.
2. Les auteurs de l'*Art de vérifier les dates* réduisent à *plus de quinze mille* le nombre des personnes qui périrent à Lisbonne, et qu'on avait d'abord porté à cent mille ; voyez la lettre de Voltaire à M. Bertrand, du 30 novembre 1755 : cet événement a fourni à Voltaire le sujet du *Poëme sur le Désastre de Lisbonne*. (B.) — Voyez tome IX, page 465.

(20 juin 1756) Ce fléau semblait devoir faire rentrer les hommes en eux-mêmes, et leur faire sentir qu'ils ne sont en effet que des victimes de la mort, qui doivent au moins se consoler les uns les autres. Les Portugais crurent obtenir la clémence de Dieu en faisant brûler des juifs et d'autres hommes dans ce qu'ils appellent un AUTO-DA-FÉ, *acte de foi* que les autres nations regardent comme un acte de barbarie [1]; mais dès ce temps-là même on prenait des mesures dans d'autres parties de l'Europe pour ensanglanter cette terre qui s'écroulait sous nos pieds.

La première catastrophe funeste se passa en Suède. Ce royaume était devenu une république dont le roi [2] n'était que le premier magistrat. Il était obligé de se conformer à la pluralité des voix du sénat; les états, composés de la noblesse, de la bourgeoisie, du clergé, et des paysans, pouvaient réformer les lois du sénat, mais le roi ne le pouvait pas.

(Juin 1756) Quelques seigneurs, plus attachés au roi qu'aux nouvelles lois de la patrie, conspirèrent contre le sénat en faveur du monarque : tout fut découvert; les conjurés furent punis de mort. Ce qui, dans un État purement monarchique, aurait passé pour une action vertueuse, fut regardé comme une trahison infâme dans un pays devenu libre : ainsi les mêmes actions sont crimes ou vertus selon les lieux ou selon les temps.

Cette aventure indisposa la Suède contre son roi, et contribua ensuite à faire déclarer la guerre (comme nous le verrons) à Frédéric, roi de Prusse, dont la sœur [3] avait épousé le roi de Suède.

Les révolutions que ce même roi de Prusse et ses ennemis préparaient dès lors étaient un feu qui couvait sous la cendre : ce feu embrasa bientôt l'Europe, mais les premières étincelles vinrent d'Amérique.

Une légère querelle entre la France et l'Angleterre, pour quelques terrains sauvages vers l'Acadie, inspira une nouvelle politique à tous les souverains d'Europe. Il est utile d'observer que cette querelle était le fruit de la négligence de tous les ministres qui travaillèrent, en 1712 et 1713, au traité d'Utrecht. La France avait cédé à l'Angleterre, par ce traité, l'Acadie, voisine du Canada, avec toutes ses anciennes limites; mais on n'avait pas spécifié quelles étaient ces limites; on les ignorait : c'est une faute qu'on

---

1. Comparez les chapitres v et vi de *Candide*.
2. Adolphe-Frédéric de Holstein-Euten, proclamé le 6 avril 1751, mort le 13 février 1771. (CL.)
3. Louise Ulrique, mariée, en 1744, à Adolphe-Frédéric, morte en 1782.

n'a jamais commise dans des contrats entre particuliers. Des démêlés ont résulté nécessairement de cette omission. Si la philosophie et la justice se mêlaient des querelles des hommes, elles leur feraient voir que les Français et les Anglais se disputaient un pays sur lequel ils n'avaient aucun droit; mais ces premiers principes n'entrent point dans les affaires du monde. Une pareille dispute, élevée entre de simples commerçants, aurait été apaisée en deux heures par des arbitres; mais entre des couronnes il suffit de l'ambition ou de l'humeur d'un simple commissaire pour bouleverser vingt États. On accusait les Anglais de ne chercher qu'à détruire entièrement le commerce de la France dans cette partie de l'Amérique. Ils étaient très-supérieurs par leurs nombreuses et riches colonies dans l'Amérique septentrionale; ils l'étaient encore plus sur mer par leurs flottes; et ayant détruit la marine de France, dans la guerre de 1741, ils se flattaient que rien ne leur résisterait ni dans le nouveau monde, ni sur nos mers; leurs espérances furent d'abord trompées [1].

Ils commencèrent, en 1755, par attaquer les Français vers le Canada, et, sans aucune déclaration de guerre, ils prirent plus de trois cents vaisseaux marchands comme on saisirait des barques de contrebande; ils s'emparèrent même de quelques navires des autres nations, qui portaient aux Français des marchandises. Le roi de France, dans ces conjonctures, eut une conduite toute différente de celle de Louis XIV. Il se contenta d'abord de demander justice; il ne permit pas seulement alors à ses sujets d'armer en course. Louis XIV avait parlé souvent aux autres cours avec supériorité; Louis XV fit sentir dans toutes les cours la supériorité que les Anglais affectaient. On avait reproché à Louis XIV une ambition qui tendait sur terre à la monarchie universelle; Louis XV fit connaître la supériorité réelle que les Anglais prenaient sur les mers.

Cependant Louis XV s'assurait quelque vengeance; ses troupes battaient les Anglais, en 1755 [2], vers le Canada; il préparait dans ses ports une flotte considérable, et il comptait attaquer par terre le roi d'Angleterre George II, dans son électorat d'Hanovre. Cette irruption en Allemagne menaçait l'Europe d'un embrasement

---

1. Les Anglais rompirent les négociations pour ne pas laisser aux Français le temps de refaire une marine. Aussitôt la paix d'Aix-la-Chapelle signée, on avait adopté en France le plan de construire, dans l'espace de dix ans, cent onze vaisseaux de ligne, cinquante-quatre frégates, et un nombre proportionné de petits bâtiments. (G. A.)

2. Le 1er septembre, près du lac Georges.

allumé dans le nouveau monde. Ce fut alors que toute la politique de l'Europe fut changée. Le roi d'Angleterre appela une seconde fois, du fond du Nord, trente mille Russes qu'il devait soudoyer. L'empire de Russie était l'allié de l'empereur et de l'impératrice-reine de Hongrie. Le roi de Prusse devait craindre que les Russes, les Impériaux, et les Hanovriens, ne tombassent sur lui. Il avait environ cent quarante mille hommes en armes; il n'hésita pas à se liguer avec le roi d'Angleterre, pour empêcher d'une main que les Russes n'entrassent en Allemagne, et pour fermer de l'autre le chemin aux Français. Voilà donc encore toute l'Europe en armes, et la France replongée dans de nouvelles calamités qu'on aurait pu éviter si on pouvait se dérober à sa destinée.

Le roi de France eut avec facilité et en un moment tout l'argent dont il avait besoin, par une de ces promptes ressources qu'on ne peut connaître que dans un royaume aussi opulent que la France. Vingt places nouvelles de fermiers généraux et quelques emprunts suffirent pour soutenir les premières années de la guerre : facilité funeste qui ruina bientôt le royaume.

On feignit de menacer les côtes de l'Angleterre. Ce n'était plus le temps où la reine Élisabeth, avec le secours de ses seuls Anglais, ayant l'Écosse à craindre, et pouvant à peine contenir l'Irlande, soutint les prodigieux efforts de Philippe II. Le roi d'Angleterre George II se crut obligé de faire venir des Hanovriens et des Hessois pour défendre ses côtes. L'Angleterre, qui n'avait pas prévu cette suite de son entreprise, murmura de se voir inondée d'étrangers; plusieurs citoyens passèrent de la fierté à la crainte, et tremblèrent pour leur liberté.

Le gouvernement anglais avait pris le change sur les desseins de la France : il craignait une invasion, et il ne songeait pas à l'île de Minorque, ce fruit de tant de dépenses prodiguées dans l'ancienne guerre de la succession d'Espagne.

Les Anglais avaient pris, comme on a vu [1], Minorque sur l'Espagne : la possession de cette conquête, assurée par tous les traités, leur était plus importante que Gibraltar, qui n'est point un port, et leur donnait l'empire de la Méditerranée. Le roi de France envoya dans cette île, sur la fin d'avril (1756[2]), le maréchal duc de Richelieu avec environ vingt bataillons, escortés d'une douzaine de vaisseaux du premier rang, et quelques fré-

---

1. Tome XIV, page 379, et, ci-dessus, page 204.
2. Le 10 avril.

gates que les Anglais ne croyaient pas être sitôt prêtes : tout le fut à point nommé, et rien ne l'était du côté des Anglais. Ils tentèrent au moins, mais trop tard, d'attaquer au mois de juin la flotte française commandée par le marquis de La Gallissonnière [1]. Cette bataille ne leur eût pas conservé l'île de Minorque, mais elle pouvait sauver leur gloire. L'entreprise fut infructueuse, le marquis de La Gallissonnière mit leur flotte en désordre, et la repoussa. Le ministère anglais vit quelque temps avec douleur qu'il avait forcé la France à établir une marine redoutable.

Il restait aux Anglais l'espérance de défendre la citadelle de Port-Mahon, qu'on regardait après Gibraltar comme la place de l'Europe la plus forte par sa situation, par la nature de son terrain, et par trente ans de soins qu'on avait mis à la fortifier : c'était partout un roc uni ; c'étaient des fossés profonds de vingt pieds, et en quelques endroits de trente, taillés dans ce roc ; c'étaient quatre-vingts mines sous des ouvrages devant lesquels il était impossible d'ouvrir la tranchée ; tout était impénétrable au canon, et la citadelle était entourée partout de ces fortifications extérieures taillées dans le roc vif.

Le maréchal de Richelieu tenta une entreprise plus hardie que n'avait été celle de Berg-op-Zoom : ce fut de donner à la fois un assaut à tous ces ouvrages qui défendaient le corps de la place. Il fut secondé dans cette entreprise audacieuse par le comte de Maillebois, qui, dans cette guerre, déploya toujours de grands talents, déjà exercés dans l'Italie.

On descendit dans les fossés [2] malgré le feu de l'artillerie anglaise ; on planta des échelles hautes de treize pieds : les officiers et les soldats, parvenus au dernier échelon, s'élançaient sur le roc en montant sur les épaules les uns des autres : c'est par cette audace difficile à comprendre qu'ils se rendirent maîtres de tous les ouvrages extérieurs. Les troupes s'y portèrent avec d'autant plus de courage, qu'elles avaient à faire à près de trois mille Anglais secondés de tout ce que la nature et l'art avaient fait pour les défendre.

Le lendemain, la place se rendit (28 juin). Les Anglais ne pouvaient comprendre comment les soldats français avaient escaladé ces fossés, dans lesquels il n'était guère possible à un homme de sang-froid de descendre. Cette action donna une grande gloire au

---

1. Ce fut le 20 mai 1756 que Roland-Michel Barrin, marquis de La Gallissonnière, dispersa la flotte anglaise. Il mourut à Nemours le 26 octobre suivant.
2. L'assaut eut lieu dans la nuit du 27 au 28 juin 1756.

général et à la nation, mais ce fut le dernier de ses succès contre l'Angleterre.

On fut si indigné à Londres de n'avoir pu l'emporter sur mer contre les Français que l'amiral Byng, qui avait combattu le marquis de La Gallissonnière, fut, d'après ses instructions qui lui ordonnaient de tout risquer pour faire entrer dans le port de Mahon un convoi qu'il escortait, condamné par une cour martiale à être arquebusé, en vertu d'une ancienne loi portée du temps de Charles II. En vain le maréchal de Richelieu envoya à l'auteur de cette histoire une déclaration qui justifiait l'amiral Byng, déclaration parvenue bientôt au roi d'Angleterre; en vain les juges mêmes recommandèrent fortement le condamné à la clémence du roi, qui a le droit de faire grâce : cet amiral fut exécuté[1]. Il était fils d'un autre amiral qui avait gagné la bataille de Messine en 1718. Il mourut avec une grande fermeté ; et avant d'être frappé, il envoya son mémoire justificatif à l'auteur, et ses remerciements au maréchal de Richelieu[2].

CHAPITRE XXXII.

GUERRE EN ALLEMAGNE. UN ÉLECTEUR DE BRANDEBOURG RÉSISTE A LA MAISON D'AUTRICHE, À L'EMPIRE ALLEMAND, A CELUI DE RUSSIE, A LA FRANCE. ÉVÉNEMENTS MÉMORABLES.

On avait admiré Louis XIV d'avoir seul résisté à l'Allemagne, à l'Angleterre, à l'Italie, à la Hollande, réunies contre lui. Nous avons vu un événement plus extraordinaire : un électeur de Brandebourg tenir seul contre les forces de la maison d'Autriche, de la France, de la Russie, de la Suède, et de la moitié de l'empire.

1. Le 14 mars 1747. Voyez, dans la *Correspondance*, les lettres à Richelieu, du 20 décembre 1756, des 13 et 19 février 1757; à d'Argental, du 12 septembre 1757; à Schomberg, du 31 octobre 1769.

2. Le jour qu'on investit le fort Saint-Philippe, le chevalier de Laurenci, Italien au service de France, trouva dans une maison de campagne appartenant à un commissaire de la marine anglaise, parmi ses papiers, la table des signaux de l'escadre anglaise. Le maréchal l'envoya à M. de La Gallissonnière, qui la reconnut pour très-exacte dès que l'amiral Byng eut fait des signaux. Ainsi, M. de La Gallissonnière acquit un grand avantage sur son ennemi. (*Note de Voltaire.*)

C'est un prodige qu'on ne peut attribuer qu'à la discipline de ses troupes, et à la supériorité du capitaine. Le hasard peut faire gagner une bataille ; mais quand le faible résiste aux forts sept années dans un pays tout ouvert, et répare les plus grands malheurs, ce ne peut être l'ouvrage de la fortune. C'est en quoi cette guerre diffère de toutes celles qui ont jamais désolé le monde.

On a déjà vu [1] que le second roi de Prusse était le seul prince de l'Europe qui eût un trésor, et le seul qui, ayant mis dans ses armées une vraie discipline, avait établi une puissance nouvelle en Allemagne. On a vu [2] combien les préparatifs du père avaient enhardi le fils à braver seul la puissance autrichienne, et à s'emparer de la Silésie.

L'impératrice-reine attendait que les conjonctures lui fournissent les moyens de rentrer dans cette province. C'eût été autrefois un objet indifférent pour l'Europe qu'un petit pays annexé à la Bohême appartînt à une maison ou à une autre ; mais la politique s'étant raffinée plus que perfectionnée en Europe, ainsi que tous les autres objets de l'esprit humain, cette petite querelle a mis sous les armes plus de cinq cent mille hommes. Il n'y eut jamais tant de combattants effectifs, ni dans les croisades, ni dans les irruptions des conquérants de l'Asie. Voici comment cette nouvelle scène s'ouvrit.

Élisabeth, impératrice de Russie, était liée avec l'impératrice Marie-Thérèse par d'anciens traités, par l'intérêt commun qui les unissait contre l'empire ottoman, et par une inclination réciproque. Auguste III [3], roi de Pologne et électeur de Saxe, réconcilié avec l'impératrice-reine et attaché à la Russie, à laquelle il devait le titre de roi de Pologne, était intimement uni avec ces deux souveraines. Ces trois puissances avaient chacune leurs griefs contre le roi Frédéric III [4] de Prusse. Marie-Thérèse voyait la Silésie arrachée à sa maison. Auguste et son conseil souhaitaient un dédommagement pour la Saxe, ruinée par le roi de Prusse dans la guerre de 1741, et il y avait entre Élisabeth et Frédéric des sujets de plaintes personnels, qui souvent influent plus qu'on ne pense sur la destinée des États.

Ces trois puissances, animées contre le roi de Prusse, avaient entre elles une étroite correspondance, dont ce prince craignait

---

1. Chapitre v, page 192.
2. *Ibid., id.*
3. Voyez les notes, pages 191 et 234.
4. Voyez, page 253, la note de Voltaire.

les effets. L'Autriche augmentait ses troupes, celles d'Élisabeth étaient prêtes; mais le roi de Pologne, électeur de Saxe, était hors d'état de rien entreprendre ; les finances de son électorat étaient épuisées ; nulle place considérable ne pouvait empêcher les Prussiens de marcher à Dresde. Autant l'ordre et l'économie rendaient le Brandebourg formidable, autant la dissipation avait affaibli la Saxe. Le conseil saxon du roi de Pologne hésitait beaucoup d'entrer dans des mesures qui pouvaient lui être funestes.

Le roi de Prusse n'hésita pas, et, dès l'année 1755, il prit seul, et sans consulter personne, la résolution de prévenir les puissances dont il avait de si grands ombrages. (16 janvier 1756) Il se ligua d'abord avec le roi d'Angleterre, électeur d'Hanovre, sur le refus que fit la France de s'unir à lui, s'assura du landgrave de Hesse et de la maison de Brunsvick, et renonça ainsi à l'alliance de la France.

Ce fut alors que l'ancienne inimitié entre les maisons de France et d'Autriche, fomentée depuis Charles-Quint et François Ier, fit place à une amitié qui parut sincèrement établie, et qui étonna toutes les nations. Le roi de France, qui avait fait une guerre si cruelle à Marie-Thérèse, devint son allié, et le roi de Prusse, qui avait été allié de la France, devint son ennemi. La France et l'Autriche s'unirent après trois cents ans d'une discorde toujours sanglante. Ce que n'avaient pu tant de traités de paix, tant de mariages, un mécontentement reçu d'un électeur, et l'animosité de quelques personnes alors toutes-puissantes [1] que le roi de Prusse avait blessées par des plaisanteries le fit en un moment. Le parlement d'Angleterre appela cette union *monstrueuse;* mais étant nécessaire, elle était très-naturelle. On pouvait même espérer que ces deux maisons puissantes réunies, secondées de la Russie, de la Suède et de plusieurs États de l'empire, pourraient contenir le reste de l'Europe.

(Mai 1756) Le traité fut signé à Versailles entre Louis XV et Marie-Thérèse. L'abbé de Bernis, depuis cardinal, eut seul l'honneur de ce fameux traité, qui détruisait tout l'édifice du cardinal de Richelieu et qui semblait en élever un autre plus haut et plus vaste. Il fut bientôt après ministre d'État, et presque aussitôt disgracié. On ne voit que des révolutions dans les affaires publiques et particulières.

Le roi de Prusse, menacé de tous côtés, n'en fut que plus prompt à se mettre en campagne. Il fait marcher ses troupes dans

---

1. L'abbé, depuis cardinal, de Bernis, et Mme de Pompadour.

la Saxe, qui était presque sans défense, comptant se faire de cette province un rempart contre la puissance autrichienne, et un chemin pour aller jusqu'à elle. Il s'empare d'abord de Leipsick[1]; une partie de son armée se présente devant Dresde; le roi Auguste se retire, comme son père devant Charles XII ; il quitte sa capitale, et va occuper le camp de Pirna, près de Koenigstein, sur le chemin de la Bohême et sur la rive de l'Elbe, où il se croit en sûreté.

Frédéric III entre dans Dresde en maître, sous le nom de protecteur. La reine de Pologne, fille de l'empereur Joseph, n'avait point voulu fuir; on lui demanda les clefs des archives. Sur le refus qu'elle fit de les donner, on se mit en devoir d'ouvrir les portes; la reine se plaça au devant, se flattant qu'on respecterait sa personne et sa fermeté : on ne respecta ni l'une ni l'autre; elle vit ouvrir ce dépôt de l'État. Il importait au roi de Prusse d'y trouver des preuves des desseins de la Saxe contre lui; il trouva en effet des témoignages de la crainte qu'il inspirait, mais cette même crainte, qui aurait dû forcer la cour de Dresde à se mettre en défense, ne servit qu'à la rendre la victime d'un voisin puissant. Elle sentit trop tard qu'il eût fallu, dans la situation où était la Saxe depuis tant d'années, donner tout à la guerre, et rien aux plaisirs. Il est des positions où l'on n'a d'autre parti à prendre que celui de se préparer à combattre, à vaincre ou à périr.

(20 septembre 1756) Au bruit de cette invasion, le conseil aulique de l'empereur déclara le roi de Prusse perturbateur de la paix publique, et rebelle. Il était difficile de faire valoir cette déclaration contre un prince qui avait près de cent cinquante mille combattants à ses ordres, et qui passait déjà pour le plus grand général de l'Europe. (11 octobre) Il répondit aux lois par une bataille ; elle se donna entre lui et l'armée autrichienne, qu'il alla chercher à l'entrée de la Bohême, près d'un bourg nommé Lovositz.

Cette première bataille fut indécise par le nombre des morts; mais elle ne le fut point par les suites qu'elle eut. On ne put empêcher le roi de bloquer les Saxons dans le camp de Pirna même; les Autrichiens ne purent jamais leur prêter la main, et cette petite armée du roi de Pologne, composée d'environ treize à quatorze mille hommes, se rendit prisonnière de guerre sept jours après la bataille.

---

1. Le 29 auguste 1756; voyez, tome X, page 557 (*Poésies mêlées*), la pièce qui commence par ce vers :

O Salomon du Nord! ô philosophe roi !

Auguste, dans cette capitulation singulière, seul événement militaire entre lui et le roi de Prusse, demanda seulement qu'on ne fît point ses gardes prisonniers. Frédéric répondit « qu'il ne pouvait écouter cette prière ; que ces gardes serviraient infailliblement contre lui, et qu'il ne voulait pas avoir la peine de les prendre une seconde fois ». Cette réponse fut une terrible leçon à tous les princes, qu'il faut se rendre puissant quand on a un voisin puissant.

Le roi de Pologne, ayant perdu ainsi son électorat et son armée, demanda des passe-ports à son ennemi pour aller en Pologne ; ils lui furent aisément accordés ; on eut la politesse insultante de lui fournir des chevaux de poste. Il alla de ses États héréditaires dans son royaume électif, où il ne trouva personne qui proposât même de s'armer pour secourir son roi. Tout l'électorat fut mis à contribution, et le roi de Prusse, en faisant la guerre, trouva dans les pays envahis de quoi la soutenir. La reine de Pologne ne suivit point son mari : elle resta dans Dresde ; le chagrin y termina bientôt sa vie. L'Europe plaignit cette famille infortunée ; mais, dans le cours de ces calamités publiques, un million de familles essuyaient des malheurs non moins grands, quoique plus obscurs. Les magistrats municipaux de Leipsick firent des remontrances sur les contributions que le vainqueur leur imposait ; ils se dirent dans l'impuissance de payer : on les mit en prison, et ils payèrent.

Jamais on ne donna tant de batailles que dans cette guerre. Les Russes entrèrent dans les États prussiens par la Pologne. Les Français, devenus auxiliaires de la reine de Hongrie, combattirent pour lui faire rendre cette même Silésie dont ils avaient contribué à la dépouiller quelques années auparavant, lorsqu'ils étaient les alliés du roi de Prusse. Le roi d'Angleterre, qu'on avait vu le partisan le plus déclaré de la maison d'Autriche, devint un de ses plus dangereux ennemis. La Suède, qui autrefois avait porté de si grands coups à cette maison impériale d'Autriche, la servit alors contre le roi de Prusse, moyennant neuf cent mille francs que le ministère français lui donnait ; et ce fut elle qui causa le moins de ravages.

L'Allemagne se vit déchirée par beaucoup plus d'armées nationales et étrangères qu'il n'y en eut dans la fameuse guerre de trente ans.

Tandis que les Russes venaient au secours de l'Autriche par la Pologne, les Français entraient par le duché de Clèves, et par Vésel, que les Prussiens abandonnèrent. Ils prirent toute la Hesse ; ils marchèrent vers le pays d'Hanovre, contre une armée d'Anglais, d'Hanovriens, de Hessois, conduite par ce même duc de Cumberland qui avait attaqué Louis XV à Fontenoy.

Le roi de Prusse allait chercher l'armée autrichienne en Bohême ; il opposait un corps considérable aux Russes. Les troupes de l'empire, qu'on appelait les troupes d'exécution, étaient commandées pour pénétrer dans la Saxe, tombée tout entière au pouvoir du Prussien. Ainsi l'Allemagne était en proie à six armées formidables qui la dévoraient en même temps.

D'abord le roi de Prusse court attaquer le prince Charles de Lorraine, frère de l'empereur, et le général Brown[1] auprès de Prague. (6 mai 1757) La bataille fut sanglante ; le Prussien la gagna, et une partie de l'infanterie autrichienne fut obligée de se jeter dans Prague, où elle fut bloquée plus de deux mois par le vainqueur. Une foule de princes était dans la ville ; les provisions commençaient à manquer ; on ne doutait pas que Prague ne subît bientôt le joug, et que l'Autriche ne fût plus accablée par Frédéric que par Gustave-Adolphe.

Le vainqueur perdit tout le fruit de sa conquête en voulant tout emporter à la fois. Le comte de Kaunitz, premier ministre de Marie-Thérèse, homme aussi actif dans le cabinet que le roi de Prusse l'était en campagne, avait déjà fait rassembler une armée sous le commandement du maréchal Dawn. (18 juin 1757[2]) Le roi de Prusse ne balança pas à courir attaquer cette armée, que la réputation de ses victoires devait intimider. Cette armée une fois dissipée, Prague, bombardée depuis quelque temps, allait se rendre à discrétion. Il devenait le maître absolu de l'Allemagne. Le maréchal Dawn retrancha ses troupes sur la croupe d'une colline. Les Prussiens y montèrent jusqu'à sept fois, comme à un assaut général ; ils furent sept fois repoussés et renversés. Le roi perdit environ vingt-cinq mille hommes en morts, en blessés, en fuyards, en déserteurs. Le prince Charles de Lorraine, renfermé dans Prague, en sortit et poursuivit les Prussiens. La révolution fut aussi grande que l'avaient été auparavant les exploits et les espérances du roi de Prusse.

Les Français, de leur côté, secondaient puissamment Marie-

---

1. Ulysse-Maximilien, comte de Brown, né à Bâle en 1705, d'abord simple soldat, était feld-maréchal quand il fut blessé mortellement à la journée du 6 mai 1757. Il mourut le 26 juin suivant, dans Prague même. On l'a confondu quelquefois avec George, comte de Browne, général au service de Russie, mort en 1792. (Cl.)

2. Toutes les éditions portaient *juillet*, avant que M. Clogenson publiât son édition, dans laquelle, avec raison, il a mis *juin*.

Thérèse. (29 juillet 1757) Le maréchal d'Estrées, qui les commandait, avait déjà passé le Véser : il suivit pas à pas le duc de Cumberland vers Minden ; il l'atteignit vers Hastembeck, lui livra bataille, et remporta une victoire complète. Les princes de Condé et de La Marche-Conti signalèrent, dans cette journée, leurs premières armes, et le sang de France soutenait la gloire de la patrie contre le sang d'Angleterre. On y perdit un comte de Laval-Montmorency, et un brave officier traducteur de la *Tactique* d'Ælien [1], frère du même Bussy qui s'est rendu si fameux dans l'Inde. Un coup de fusil, qu'on crut longtemps mortel, perça le comte du Châtelet, de la maison de Lorraine, fils de cette célèbre marquise du Châtelet, dont le nom ne périra jamais parmi ceux qui savent qu'une dame française a commenté le grand Newton.

Remarquons ici que des intrigues de cour avaient déjà ôté le commandement au maréchal d'Estrées. Les ordres étaient partis pour lui faire cet affront tandis qu'il gagnait une bataille. On affectait à la cour de se plaindre qu'il n'eût pas encore pris tout l'électorat de Hanovre, et qu'il n'eût pas marché jusqu'à Magdebourg. On pensait que tout devait se terminer en une campagne. Telle avait été la confiance des Français quand ils firent un empereur, et qu'ils crurent disposer des États de la maison d'Autriche, en 1741. Telle elle avait été, quand, au commencement du siècle, Louis XIV et Philippe V, maîtres de l'Italie et de la Flandre, et secondés de deux électeurs, pensaient donner des lois à l'Europe; et l'on fut toujours trompé. Le maréchal d'Estrées disait que ce n'était pas assez de s'avancer en Allemagne, qu'il fallait se préparer les moyens d'en sortir. Sa conduite et sa valeur prouvèrent que, lorsqu'on envoie une armée, on doit laisser faire le général : car, si on l'a choisi, on a eu en lui de la confiance.

---

1. Bouchard de Bussy, frère de Bussy-Castelnau. Sa traduction d'Élien parut à Paris en 1757, deux volumes petit in-12. (CL.)

CHAPITRE XXXIII.

SUITE DES ÉVÉNEMENTS MÉMORABLES. L'ARMÉE ANGLAISE OBLIGÉE DE CAPITULER. JOURNÉE DE ROSBACH. RÉVOLUTIONS.

Le ministère de France avait déjà fait partir le maréchal de Richelieu pour commander l'armée du maréchal d'Estrées, avant qu'on eût su la victoire importante de ce général. Le maréchal de Richelieu, longtemps célèbre par les agréments de sa figure et de son esprit, et devenu plus célèbre par la défense de Gênes et par la prise de Minorque, alla combattre le duc de Cumberland; il le poussa jusqu'à l'embouchure de l'Elbe, et là il le força à capituler avec toute son armée (8 septembre 1757). Cette capitulation, plus singulière qu'une bataille gagnée, était non moins glorieuse. L'armée du duc de Cumberland fut obligée, par écrit, de se retirer au delà de l'Elbe, et de laisser le champ libre aux Français contre le roi de Prusse. Il ravageait la Saxe, mais on ruinait aussi son pays. Le général autrichien Haddik avait surpris la ville de Berlin, et lui avait épargné le pillage moyennant huit cent mille de nos livres.

Alors la perte de ce monarque paraissait inévitable. Sa grande déroute auprès de Prague, ses troupes battues près de Landshut, à l'entrée de la Silésie, une bataille contre les Russes indécise, mais sanglante, tout l'affaiblissait.

Il pouvait être enveloppé d'un côté par l'armée du maréchal de Richelieu, et de l'autre par celle de l'empire, tandis que les Autrichiens et les Russes entraient en Silésie. (22 auguste 1757) Sa perte paraissait si certaine que le conseil aulique n'hésita pas à déclarer qu'il avait encouru la peine du ban de l'empire, et qu'il était privé de tous ses fiefs, droits, grâces, priviléges, etc. Il sembla lui-même désespérer pour lors de sa fortune, et n'envisagea plus qu'une mort glorieuse. Il fit une espèce de testament philosophique; et telle était la liberté de son esprit, au milieu de ses malheurs, qu'il l'écrivit en vers français. Cette anecdote est unique[1].

---

1. La pièce fut adressée au marquis d'Argens. En voici quelques vers :

> Ami, le sort en est jeté !
> Las de plier dans l'infortune

Le prince de Soubise[1], général d'un courage tranquille et ferme, d'un esprit sage, d'une conduite mesurée, marchait contre lui en Saxe, à la tête d'une forte armée que le ministère avait encore renforcée d'une partie de celle du maréchal de Richelieu Cette armée était jointe à celle des cercles, commandée par le prince d'Hildbourghausen.

(Novembre 1757) Frédéric, entouré de tant d'ennemis, prit le parti d'aller mourir, les armes à la main, dans les rangs de l'armée du prince de Soubise; et cependant il prit toutes les mesures pour vaincre. Il alla reconnaître l'armée de France et des cercles, et se retira d'abord devant elle pour prendre une position avantageuse. Le prince d'Hildbourghausen voulut absolument attaquer. Son sentiment devait prévaloir, parce que les Français n'étaient qu'auxiliaires. On marcha près de Rosbach et de Mersbourg à l'armée prussienne, qui semblait être sous ses tentes. Voilà tout d'un coup les tentes qui s'abaissent ; l'armée prussienne

> Sous le joug de l'adversité,
> J'accourcis le temps arrêté
> Que la nature, notre mère,
> A mes jours remplis de misère
> A daigné prodiguer par libéralité.
> . . . .
> . . . .
> Je disais au matin, les yeux couverts de pleurs :
> Le jour dans peu va renaître
> M'annonçant de nouveaux malheurs.
> Je disais à la nuit : Tu vas bientôt paraître
> Pour éterniser ma douleur.
> Vous, de la liberté héros que je révère,
> O mânes de Caton, ô mânes de Brutus,
> Votre illustre exemple m'éclaire !...

Puis, ayant recommandé sa mémoire à d'Argens :

> Chaque printemps,

disait-il pour finir,

> de fleurs écloses
> Souviens-toi d'orner mon tombeau.

Non-seulement d'Argens, mais aussi Voltaire, lui écrivirent pour combattre son projet, et les remontrances de ces amis opérèrent si bien qu'à la veille de la bataille de Rosbach il ne rêvait plus la mort que glorieuse :

> Pour moi, menacé du naufrage,
> Je veux, en affrontant l'orage,
> Penser, vivre et mourir en roi.

C'est ainsi qu'il écrit à Voltaire. Encore une fois, c'est dans la *Correspondance* qu'il faut lire toute cette histoire héroïque. Voltaire y joua le rôle de confident et celui d'intermédiaire. Il fut chargé par Frédéric de proposer la paix. (G. A.)

1. Charles de Rohan, prince de Soubise, né peu de temps avant la mort de Louis XIV. Il s'était distingué à Fontenoy; mais les Prussiens lui durent la victoire de Rosbach; voyez la lettre de Voltaire à d'Argental, du 2 décembre 1757. (CL.)

paraît en ordre de bataille, entre deux collines garnies d'artillerie.

Ce spectacle frappa les yeux des troupes françaises et impériales. Il y avait quelques années qu'on avait voulu exercer les soldats français à la prussienne; ensuite on avait changé plusieurs évolutions dans cet exercice : le soldat ne savait plus où il en était, son ancienne manière de combattre était changée ; il n'était pas affermi dans la nouvelle. Quand il vit les Prussiens avancer dans cet ordre singulier, inconnu presque partout ailleurs, il crut voir ses maîtres. L'artillerie du roi de Prusse était aussi mieux servie, et bien mieux postée que celle de ses ennemis. Les troupes des cercles s'enfuirent sans presque rendre de combat. La cavalerie française, commandée par le marquis de Castries, chargea la cavalerie prussienne, et en perça quelques escadrons ; mais cette valeur fut inutile.

Bientôt une terreur panique se répandit partout ; l'infanterie française se retira en désordre devant six bataillons prussiens. Ce ne fut point une bataille, ce fut une armée entière qui se présenta au combat, et qui s'en alla. L'histoire n'a guère d'exemples d'une pareille journée[1] ; il ne resta que deux régiments suisses sur le champ de bataille : le prince de Soubise alla à eux au milieu du feu, et les fit retirer au petit pas.

Le régiment de Diesbach essuya surtout très-longtemps le feu du canon et de la mousqueterie, et les approches de la cavalerie. Le prince de Soubise empêcha qu'il ne fût entamé, en partageant toujours ses dangers[2]. Cette étrange journée changea entièrement la face des affaires. Le murmure fut universel dans Paris. Le même général remporta une victoire sur les Hanovriens et les Hessois l'année suivante, et on en a parlé à peine. On a déjà observé[3] que tel est l'esprit d'une grande ville heureuse et oisive, dont on ambitionne le suffrage.

Le ministère de France n'avait point voulu ratifier la convention et les lois que le maréchal de Richelieu avait imposées

1. C'est à la bataille de Rosbach, le 5 novembre 1757, que fut tué le marquis de La Fayette, laissant un enfant âgé de soixante-cinq jours, qui est aujourd'hui le général Lafayette (mars 1831). (B.)
2. C'est contre le colonel Diesbach qu'il a plu au nommé La Beaumelle de se déchaîner dans un libelle intitulé *Mes Pensées*, ainsi que contre les d'Erlach, les Sinner, et toutes les illustres familles de la Suisse, qui prodiguent leur sang depuis deux siècles pour les rois de France. La grossièreté impudente de cet homme doit être réprimée dans toutes les occasions. (*Note de Voltaire.*)
3. Dans l'*Éloge funèbre des officiers qui sont morts dans la guerre de 1741;* voyez aux *Mélanges*.

au duc de Cumberland. Les Anglais se crurent, non sans raison, dégagés de leur parole. La ratification de Versailles n'arriva que cinq jours après l'infortune de Rosbach. Il n'était plus temps : même avant la bataille de Rosbach la cour de Londres avait pris la résolution de rompre la convention ; le prince Ferdinand de Brunsvick était déjà choisi pour commander l'armée réfugiée sous Stade, et se proposait d'attaquer l'armée française, affaiblie et dispersée dans l'électorat d'Hanovre. La fermeté du maréchal de Richelieu et l'habileté du comte de Maillebois firent échouer ce projet. L'armée se rassembla sans perte, et de savantes manœuvres forcèrent l'armée du prince Ferdinand à se retirer, et à prendre ses quartiers. Mais le maréchal de Richelieu et le comte de Maillebois ayant été rappelés, les Anglais reprirent bientôt l'électorat d'Hanovre, et repoussèrent les Français jusque sur le Rhin.

Si la journée de Rosbach était inouïe, ce que fit le roi de Prusse après cette victoire inespérée fut encore plus extraordinaire. Il vole en Silésie, où les Autrichiens vainqueurs avaient défait ses troupes et s'étaient emparés de Schveidnitz et de Breslau. Sans son extrême diligence, la Silésie était perdue pour lui, et la bataille de Rosbach lui devenait inutile.

(5 décembre 1757) Il arrive au bout d'un mois vis-à-vis les Autrichiens. A peine arrivé, il les attaque avec furie. On combattit pendant cinq heures. Frédéric fut pleinement victorieux[1] ; il rentra dans Schveidnitz et dans Breslau. Ce ne fut depuis qu'une vicissitude continuelle de combats fréquents gagnés ou perdus. Les Français seuls furent presque toujours malheureux ; mais le gouvernement ne fut jamais découragé, et la France s'épuisa à faire marcher continuellement des armées en Allemagne.

Le roi de Prusse s'affaiblissait en combattant : les Russes lui prirent tout le royaume de Prusse, et dévastèrent sa Poméranie tandis qu'il dévastait la Saxe. Les Autrichiens, et ensuite les Russes, entrèrent dans Berlin. Presque tous les trésors de son père et ceux qu'il avait lui-même amassés étaient nécessairement dissipés dans cette guerre ruineuse pour tous les partis ; il fut obligé de recourir aux subsides de l'Angleterre. Les Autrichiens, les Français, et les Russes, ne se découragèrent jamais, et le poursuivirent toujours. Sa famille n'osait plus rester à Berlin, continuellement exposé : elle était réfugiée à Magdebourg ; pour lui, après tant de succès divers, il était, en 1762, retranché sous

---

[1]. Bataille de Lissa ou Leuthen.

Breslau. Marie-Thérèse semblait toucher au moment de recouvrer sa Silésie. Il n'avait plus Dresde, ni rien de la partie de la Saxe qui touche à la Bohême. Le roi de Pologne espérait de rentrer dans ses États héréditaires, (6 janvier 1762) lorsque la mort d'Élisabeth, impératrice de Russie, donna encore une nouvelle face aux affaires, qui changèrent si souvent.

Le nouvel empereur, Pierre III, était l'ami secret du roi de Prusse depuis longtemps. Non-seulement il fit la paix avec lui dès qu'il fut sur le trône, mais il devint son allié contre cette même impératrice-reine, dont Élisabeth avait été l'amie la plus constante. Ainsi on vit tout d'un coup le roi de Prusse, qui était auparavant si pressé par les Russes et les Autrichiens, se préparer à entrer en Bohême à l'aide d'une armée de ces mêmes Russes qui combattaient contre lui quelques semaines auparavant.

Cette nouvelle situation fut aussi promptement dérangée qu'elle avait été formée : une révolution subite changea les affaires de la Russie.

Pierre III voulait répudier sa femme, et indisposait contre lui la nation. Il avait dit un jour, étant ivre, au régiment Préobasinski, à la parade, qu'il le battrait avec cinquante Prussiens. Ce fut ce régiment qui prévint tous ses desseins, et qui le détrôna[1]. Les soldats et le peuple se déclarèrent contre lui. (28 juillet) Il fut poursuivi, pris, et mis dans une prison où il ne se consola qu'en buvant du punch pendant huit jours de suite, au bout desquels il mourut. L'armée et les citoyens proclamèrent d'une commune voix sa femme, Catherine-Anhalt-Zerbst, impératrice, quoiqu'elle fût étrangère, étant de cette maison d'Ascanie, l'une des plus anciennes de l'Europe. C'est elle qui depuis est devenue la véritable législatrice de ce vaste empire. Ainsi la Russie a été gouvernée par cinq femmes de suite : Catherine, veuve de Pierre le Grand ; Anne, nièce de ce monarque ; la duchesse de Brunsvick, régente sous le court empire de son malheureux fils le prince Ivan ; Élisabeth, fille du czar Pierre le Grand et de Catherine Ire ; et enfin cette Catherine II[2] qui s'est fait en si peu de temps un si

---

1. Il y eut trois conspirations tramées à la fois contre lui par sa femme, et qui toutes trois éclatèrent le même jour. Catherine n'avait cessé de préparer sa perte. Frédéric avait même averti souvent le czar. (G. A.)

2 Pierre III (Charles-Pierre-Ulric), petit-fils de Pierre Ier et de Catherine Ire, après avoir été proclamé, le 5 janvier 1762, successeur de sa tante Élisabeth, fut détrôné par sa femme, Catherine II, dans la nuit du 8 au 9 juillet suivant, et étranglé dans la citadelle de Ropschen le 17, par Alexis Orloff, que l'impératrice n'avait peut-être pas chargé de commettre ce crime, mais qu'elle récompensa

grand nom. Cette succession de cinq femmes sans interruption est une chose unique dans l'histoire du monde.

Le roi de Prusse, privé du secours de l'empereur russe, qui voulait combattre sous lui, n'en continua pas moins la guerre contre la maison d'Autriche, la moitié de l'empire, la France, et la Suède.

Il est vrai que les exploits des Suédois n'étaient pas ceux de Gustave-Adolphe. Sa sœur, femme du roi de Suède, n'avait nulle envie de lui faire du mal. Ce n'était pas la cour de Stockholm qui armait contre lui, c'était le sénat; et le sénat n'armait que parce que la France lui donnait de l'argent. La cour, qui n'était pas assez puissante pour empêcher ce sénat d'envoyer des troupes en Poméranie, l'était assez pour les rendre inutiles; et, dans le fond, les Suédois faisaient semblant de faire la guerre pour le peu d'argent qu'on leur donnait.

Ce fut en Allemagne principalement que le sang fut toujours répandu. Les frontières de France ne furent jamais entamées. L'Allemagne devint un gouffre qui engloutissait le sang et l'argent de la France. Les bornes de cette histoire, qui n'est qu'un précis, ne permettent pas de raconter ce nombre prodigieux de combats livrés depuis les bords de la mer Baltique jusqu'au Rhin; presque aucune bataille n'eut de grandes suites, parce que chaque puissance avait toujours des ressources. Il n'en était pas de même en Amérique et dans l'Inde, où la perte de douze cents hommes est irréparable. La journée même de Rosbach ne fut suivie d'aucune révolution. La bataille que les Français perdirent auprès de Minden en 1759 (1ᵉʳ auguste), et les autres échecs qu'ils essuyèrent les firent rétrograder ; mais ils restèrent toujours en Allemagne. (23 juin 1758) Lorsqu'ils furent battus à Crevelt entre Clèves et Cologne, ils restèrent pourtant encore les maîtres du duché de Clèves et la ville de Gueldre. Ce qui fut le plus remarquable dans cette journée de Crevelt, ce fut la perte du comte de Gisors, fils unique du maréchal de Belle-Isle, blessé en combattant à la tête des carabiniers. C'était le jeune homme de la plus grande espérance, également instruit dans les affaires et

---

magnifiquement. Le lendemain Catherine fut proclamée impératrice, après avoir déclaré *officiellement* que son mari était mort d'une *colique hemorroïdale*.

On voit par sa lettre adressée, le 1ᵉʳ avril 1768, au duc de Choiseul, à l'époque où il s'occupait à publier la première édition de son *Précis*, que Voltaire ne croyait pas Catherine II *si coupable* qu'on le disait, et qu'il n'avait pas encore vu le manuscrit de Rulhière, publié seulement après la mort de l'impératrice (1797), avec le titre d'*Histoire de la révolution de Russie en 1762*. (Cʟ.)

dans l'art militaire, capable des grandes vues et des détails, d'une politesse égale à sa valeur, chéri à la cour et à l'armée. Le prince héréditaire de Brunsvick[1], qui le prit prisonnier, en eut soin comme de son frère, ne le quitta point jusqu'à sa mort, qu'il honora de ses larmes. Il l'aima d'autant plus qu'il retrouvait en lui son caractère. C'est ce même prince de Brunsvick qui voyagea depuis en France et dans une grande partie de l'Europe, que j'ai vu jouir si modestement de sa renommée et des sentiments qu'on lui devait. Il combattait alors tantôt en chef, tantôt sous le prince de Brunswick son oncle, beau-frère du roi de Prusse, qui acquit une grande réputation, et qui avait la même modestie, compagne de la véritable gloire et apanage de sa famille. Le prince héréditaire commandait dans plusieurs occasions des corps séparés, et il fut souvent aussi heureux qu'audacieux.

La bataille de Crevelt, dont on ne parlait à Paris qu'avec le plus grand découragement, n'empêcha pas le duc de Broglie de remporter une victoire complète à Bergen (13 avril 1759), vers Francfort, contre ces mêmes princes de Brunsvick victorieux ailleurs, et de mériter la dignité de maréchal de France à l'exemple de son père et de son grand-père. Mais ce même prince gagna encore, en 1760, la bataille de Varbourg, où furent blessés le marquis de Castries, le prince de Rohan-Rochefort, son cousin le marquis de Bétisy, le comte de La Tour-du-Pin, le marquis de Valence, et une quantité prodigieuse d'officiers français. Leur malheur était une preuve de leur courage[2].

Le comte de Montbarey, à la tête du régiment de la couronne, soutint longtemps l'effort des ennemis; il y fut blessé d'un coup de canon et de deux coups de fusil.

Les braves actions de tant d'officiers et de soldats sont innombrables dans toutes les guerres; mais il y en a eu de si singulières, de si uniques dans leur espèce, que ce serait manquer à la patrie que de les laisser dans l'oubli. En voici une, par exemple, qui mérite d'être à jamais conservée dans la mémoire des Français.

Le prince héréditaire de Brunsvick assiégeait Vésel, dont la prise eût porté la guerre sur le bas Rhin et dans le Brabant; cet événement eût pu engager les Hollandais à se déclarer contre nous. (15 octobre 1758) Le marquis de Castries commandait

---

1. Le même à qui sont adressées les *Lettres à S. A. monseigneur le prince de*.....
2. Dans l'édition originale et dans une édition de 1769, en deux volumes in-12, immédiatement après ces mots venait l'alinéa (aujourd'hui l'avant-dernier) qui commence ainsi : *Ces succès divers*, etc. Mais l'édition in-4° de 1769 contenait déjà la plus grande partie de l'addition qui suit. (B.)

l'armée française formée à la hâte. Vésel allait succomber aux attaques du prince héréditaire. Le marquis de Castries s'avança avec rapidité, emporta Rhinsberg l'épée à la main, et jeta des secours dans Vésel. Méditant une action plus décisive encore, il vint camper le 15 octobre à un quart de lieue de l'abbaye appelée Closter-Camp. Le prince ne crut pas devoir l'attendre devant Vésel ; il se décida à l'attaquer, et se porta au-devant de lui, par une marche forcée, la nuit du 15 au 16.

Le général français, qui se doute du dessein du prince, fait coucher son armée sous les armes ; il envoie à la découverte pendant la nuit M. d'Assas, capitaine au régiment d'Auvergne. A peine cet officier a-t-il fait quelques pas que des grenadiers ennemis, en embuscade, l'environnent et le saisissent à peu de distance de son régiment. Ils lui présentent la baïonnette, et lui disent que s'il fait du bruit il est mort. M. d'Assas se recueille un moment pour mieux renforcer sa voix, il crie : « A moi, Auvergne ! voilà les ennemis ! » Il tombe aussitôt percé de coups. Ce dévouement, digne des anciens Romains, aurait été immortalisé par eux. On dressait alors des statues à de pareils hommes ; dans nos jours ils sont oubliés, et ce n'est que longtemps après avoir écrit cette histoire que j'ai appris cette action si mémorable [1]. J'apprends qu'elle vient enfin d'être récompensée par une pension de mille livres accordée à perpétuité aux aînés de ce nom.

(30 auguste 1762) Ces succès divers du jeune prince héréditaire n'empêchèrent pas non plus que le prince de Condé [2], à peu près de son âge et rival de sa gloire, n'eût sur lui un avantage à six lieues de Francfort vers la Vétéravie [3] ; c'est là que le prince de Brunsvick fut blessé, et qu'on vit tous les officiers français s'intéresser à sa guérison comme les siens propres.

Quel fut le résultat de cette multitude innombrable de com-

---

1. Ce fut le chevalier de Lorry, lieutenant-colonel au régiment d'Auvergne, qui fit connaître à Voltaire le dévouement du chevalier d'Assas. Voyez, dans la *Correspondance*, la lettre au chevalier de Lorry, du 26 octobre 1768, imprimée dans le *Mercure* dès le mois d'avril 1769. Feu Lombard de Langres, dans ses *Mémoires anecdotiques*, publiés en 1823, tome Ier, page 231, fait honneur à un sergent du régiment d'Auvergne, nommé Dubois, de l'action généralement attribuée à d'Assas. En 1828 a été inaugurée, dans la ville du Vigan, patrie de d'Assas, la statue pédestre de ce militaire, faite par M. Gatteaux.

La phrase où Voltaire parle de la pension est posthume. Cette pension, supprimée pendant la Révolution, fut rétablie vers 1810 par Napoléon. (B.)

2. Louis-Joseph de Bourbon, prince de Condé, né à Chantilly le 9 auguste 1739, mort à Paris le 13 mai 1818.

3. Il s'agit du combat de Johansberg, près de Friedberg, en Vétéravie.

bats dont le récit même ennuie aujourd'hui ceux qui s'y sont signalés? Que reste-t-il de tant d'efforts? Rien que du sang inutilement versé dans des pays incultes et désolés, des villages ruinés, des familles réduites à la mendicité; et rarement même un bruit sourd de ces calamités perçait-il jusque dans Paris, toujours profondément occupé de plaisirs ou de disputes également frivoles[1].

CHAPITRE XXXIV.

LES FRANÇAIS MALHEUREUX DANS LES QUATRE PARTIES DU MONDE. DÉSASTRES DU GOUVERNEUR DUPLEIX. SUPPLICE DU GÉNÉRAL LALLY.

La France alors semblait plus épuisée d'hommes et d'argent dans son union avec l'Autriche qu'elle n'avait paru l'être dans deux cents ans de guerre contre elle. C'est ainsi que, sous Louis XIV, il en avait coûté pour secourir l'Espagne plus qu'on n'avait prodigué pour la combattre depuis Louis XII. Les ressources de la France ont fermé ces plaies; mais elles n'ont pu réparer encore celles qu'elle a reçues en Asie, en Afrique, et en Amérique.

Elle parut d'abord triomphante en Asie. La compagnie des Indes était devenue conquérante pour son malheur. L'empire de l'Inde, depuis l'irruption de Sha-Nadir, n'était plus qu'une anarchie. Les soubabs, qui sont des vice-rois, ou plutôt des rois tributaires, achetaient leurs royaumes à la porte du grand padisha mogol, et revendaient leurs provinces à des nababs qui cédaient à prix d'argent des districts à des raïas. Souvent les ministres du Mogol, ayant donné une patente de roi, donnaient la même patente à qui en payait davantage; soubab, nabab, raïa, en usaient de même. Chacun soutenait par les armes un droit chèrement acheté. Les Marattes[2] se déclaraient pour celui qui les payait le mieux, et pillaient amis et ennemis. Deux bataillons français ou anglais pouvaient battre ces multitudes indisciplinées, qui n'avaient nul art, et qui même, aux Marattes près, manquaient

1. Voyez page 349.
2. Voyez page 328.

de courage. Les plus faibles imploraient donc, pour être souverains dans l'Inde, la protection des marchands venus de France et d'Angleterre, qui pouvaient leur fournir quelques soldats et quelques officiers d'Europe. C'est dans ces occasions qu'un simple capitaine pouvait quelquefois faire une plus grande fortune dans ces pays qu'aucun général parmi nous.

Pendant que les princes de la presqu'île se battaient entre eux, on a vu que ces marchands anglais et français se battaient aussi, parce que leurs rois étaient ennemis en Europe.

Après la paix de 1748, le gouverneur Dupleix conserva le peu de troupes qu'il avait, tant les soldats d'Europe qu'on appelle blancs, que les noirs des îles transplantés dans l'Inde, et les cipayes et pions indiens.

Un des sous-tyrans de ces contrées, nommé Chandasaeb[1], aventurier arabe né dans le désert qui est au sud-est de Jérusalem, transplanté dans l'Inde pour y faire fortune, était devenu gendre d'un nabab d'Arcate. Cet Arabe assassina son beau-père, son frère et son neveu. Ayant éprouvé des revers peu proportionnés à ses crimes, il eut recours au gouverneur Dupleix pour obtenir la nababie d'Arcate, dont dépend Pondichéry. Dupleix lui prêta d'abord secrètement dix mille louis d'or qui, joints aux débris de la fortune de ce scélérat, lui valurent cette vice-royauté d'Arcate. Son argent et ses intrigues lui obtinrent le diplôme de vice-roi d'Arcate. Dès qu'il est en possession, Dupleix lui prête des troupes[2]. Il combat avec ces troupes réunies aux siennes le véritable vice-roi d'Arcate. C'était ce même Anaverdikan, âgé de cent sept ans, dont nous avons déjà parlé[3], qui fut assassiné à la tête de son armée[4].

Le vainqueur Chandasaeb, devenu possesseur des trésors du mort, distribua la valeur de deux cent mille francs aux soldats de Pondichéry, combla les officiers de présents, et fit ensuite une donation de trente-cinq aldées à la compagnie des Indes. *Aldée* signifie *village*; c'est encore le terme dont on se sert en Espagne depuis l'invasion des Arabes, qui dominèrent également dans

---

1. Ou mieux, Chunda-Saëb. (G. A.)
2. Tout cela est peu clair. Chunda-Saëb était prisonnier à Pounah. Dupleix lui avança la somme nécessaire pour sa rançon. Libre, Chunda-Saëb se mit à la tête de trois mille Maharattes et tint campagne dans la nababie qu'il réclamait, et que lui promit Muzafer-Singh, lequel disputait à son oncle Nazer-Singh la soubahbie du Dekkan. Dupleix se joignit à eux.
3. Voyez page 327.
4. Il ne fut pas assassiné. Voyez au chapitre xxix.

l'Espagne et dans l'Inde, et dont la langue a laissé des traces dans plus de cent provinces.

Ce succès éveilla les Anglais. Ils prirent aussitôt le parti de la famille vaincue. Il y eut deux nababs ; et comme le soubab, ou roi de Décan, était lié avec le gouverneur de Pondichéry, un autre roi, son compétiteur, s'unit avec les Anglais. Voilà donc encore une guerre sanglante allumée entre les comptoirs de France et d'Angleterre sur les côtes de Coromandel, pendant que l'Europe jouissait de la paix. On consumait de part et d'autre dans cette guerre tous les fonds destinés au commerce, et chacun espérait se dédommager sur les trésors des princes indiens.

On montra des deux côtés un grand courage. MM. d'Auteuil, de Bussy, Lass, et beaucoup d'autres, se signalèrent par des actions qui auraient eu de l'éclat dans les armées du maréchal de Saxe. Il y eut surtout un exploit aussi surprenant qu'il est indubitable : c'est qu'un officier, nommé M. de La Touche, suivi de trois cents Français, entouré d'une armée de quatre-vingt mille hommes qui menaçait Pondichéry, pénétra la nuit dans leur camp, tua douze cents ennemis sans perdre plus de deux soldats, jeta l'épouvante dans cette grande armée, et la dispersa tout entière. C'était une journée supérieure à celle des trois cents Spartiates au pas des Thermopyles, puisque ces Spartiates y périrent, et que les Français furent vainqueurs. Mais nous ne savons peut-être pas célébrer assez ce qui mérite de l'être, et la multitude innombrable de nos combats en étouffe la gloire.

Le roi protégé par les Français s'appelait Mouza-Fersingue. Il était neveu du roi favorisé par les Anglais. L'oncle avait fait le neveu prisonnier, et cependant il ne l'avait point encore mis à mort, malgré les usages de la famille[1]. Il le traînait chargé de fers à la suite de ses armées avec une partie de ses trésors. Le gouverneur Dupleix négocia si bien avec les officiers de l'armée ennemie que, dans un second combat, le vainqueur de Mouza-Fersingue fut assassiné. Le captif fut roi, et les trésors de son ennemi furent sa conquête. Il y avait dans le camp dix-sept millions d'argent comptant. Mouza-Fersingue en promit la plus

---

1. Cela est encore bien embrouillé. Tout au fait d'armes de l'officier La Touche, qu'il signale le premier, Voltaire a oublié de mentionner la bataille que gagna Nazer-Singh sur son neveu Muzafer-Singh, grâce à une sédition qui éclata dans les troupes françaises. (G. A.)

grande partie à la compagnie des Indes; la petite armée française partagea douze cent mille francs. Tous les officiers furent mieux récompensés qu'ils ne l'auraient été d'aucune puissance de l'Europe.

Dupleix reçut Mouza-Fersingue dans Pondichéry, comme un grand roi fait les honneurs de sa cour à un monarque voisin. Le nouveau soubab, qui lui devait sa couronne, donna à son protecteur quatre-vingts aldées, une pension de deux cent quarante mille livres pour lui, autant pour Mme Dupleix, une de quarante mille écus pour une fille de Mme Dupleix, du premier lit. Chandasaeb, bienfaiteur et protégé, fut nommé vice-roi d'Arcate. La pompe de Dupleix égalait au moins celle des deux princes. Il alla au-devant d'eux, porté dans un palanquin, escorté de cinq cents gardes précédés d'une musique guerrière, et suivi d'éléphants armés.

Après la mort de son protégé Mouza-Fersingue, tué dans une sédition de ses troupes, il nomma encore un autre roi, et il en reçut quatre petites provinces en don pour la compagnie. On lui disait de toutes parts qu'il ferait trembler le Grand Mogol avant un an. Il était souverain en effet: car, ayant acheté une patente de vice-roi de Carnate à la chancellerie du Grand Mogol même pour la somme modique de deux cent quarante mille livres, il se trouvait égal à sa créature Chandasaeb, et très-supérieur par son crédit. Marquis en France, et décoré du grand cordon de Saint-Louis, ces faibles honneurs étaient fort peu de chose en comparaison de ses dignités et de son pouvoir dans l'Inde. J'ai vu des lettres où sa femme était traitée de reine[1]. Tant de succès et de gloire éblouirent alors les yeux de la compagnie, des actionnaires, et même du ministère. La chaleur de l'enthousiasme fut presque aussi grande que dans les commencements du système, et les espérances étaient bien autrement fondées, car il paraissait que les seules terres concédées à la compagnie rapportaient environ trente-neuf millions annuels. On vendait, année commune, pour vingt millions d'effets en France au port de Lorient; il semblait que la compagnie dût compter sur cinquante millions par année, tous frais faits. Il n'y a point de souverain en Europe, ni peut-être sur la terre, qui ait un tel revenu quand toutes les charges sont acquittées.

L'excès même de cette richesse devait la rendre suspecte.

---

[1]. La *Johanna Begum,* comme on l'appelait, entretenait avec l'Inde entière une correspondance diplomatique. (G. A.)

Aussi toutes ces grandeurs et toutes ces prospérités s'évanouirent comme un songe ; et la France, pour la seconde fois, s'aperçut qu'elle n'avait été opulente qu'en chimères.

Le marquis Dupleix voulut faire assiéger la capitale du Maduré[1] dans le voisinage d'Arcate. Les Anglais y envoyèrent du secours. Les officiers lui représentèrent l'impossibilité de l'entreprise : il s'y obstina, et, ayant donné des ordres plutôt en roi qui veut être obéi qu'en homme chargé du maintien de la compagnie, il arriva que les assiégeants furent vaincus par les assiégés. La moitié de son armée fut tuée, l'autre captive. Les dépenses immenses prodiguées pour ces conquêtes furent perdues, et son protégé Chandasaeb, ayant été pris dans cette déroute, eut la tête tranchée (mars 1752). Ce fut le fameux lord Clive qui eut la part principale à la victoire. C'est par là qu'il commença sa glorieuse carrière, qui a valu depuis à la compagnie anglaise presque tout le Bengale. Il acquit et conserva la grandeur et les richesses que Dupleix avait entrevues. Enfin, depuis ce jour, la compagnie française tomba dans la plus triste décadence.

Dupleix fut rappelé en 1753[2]. A celui qui avait joué le rôle d'un grand roi on donna un successeur[3] qui n'agit qu'en bon marchand. Dupleix fut réduit à disputer à Paris les tristes restes de sa fortune contre la compagnie des Indes, et à solliciter des audiences dans l'antichambre de ses juges. Il en mourut bientôt de chagrin[4] ; mais Pondichéry était réservé à de plus grands malheurs.

La guerre funeste de 1756 ayant éclaté en Europe, le ministère français, craignant avec trop juste raison pour Pondichéry et pour tous les établissements de l'Inde, y envoya le lieutenant général comte de Lally. C'était un Irlandais de ces familles qui se transplantèrent en France avec celle de l'infortuné Jacques II. Il s'é-

---

1. Bourcet, dans la lettre à Voltaire mentionnée en mon Avertissement, dit : « Ce n'est pas la capitale de Maduré que fit assiéger M. Dupleix ; c'était la ville de Trichenapalli, capitale d'un ancien royaume tributaire d'Arcate, où Mahomet-Alikam, fils d'Anaverdikam, s'était retiré avec ses trésors. » (B.)

2. L'Angleterre avait eu l'habileté de faire ressortir le scandale que présentaient les hostilités des compagnies dans l'Inde, à une époque où les deux mères-patries étaient en paix. Au lieu de conquêtes, la compagnie ne voulut plus qu'un commerce d'échange. On rappela donc Dupleix comme obstacle à la paix. (G. A.)

3. Godeheu. « Ce misérable, dit M. Henri Martin, après s'être glissé, d'échelon en échelon, jusqu'au rang de directeur de la compagnie, avait suivi, depuis plusieurs années, tout un plan de trahison contre Dupleix. »

4. Joseph Dupleix est mort en 1763, dix ans après La Bourdonnaie. Voyez pages 331-332.

tait si distingué à la bataille de Fontenoy, où il avait pris de sa main plusieurs officiers anglais, que le roi le fit colonel sur le champ de bataille. C'était lui qui avait formé le plan, plus audacieux que praticable, de débarquer en Angleterre avec dix mille hommes lorsque le prince Charles-Édouard y disputait la couronne. Sa haine contre les Anglais et son courage le firent choisir de préférence pour aller les combattre sur les côtes de Coromandel. Mais malheureusement il ne joignait pas à sa valeur la prudence, la modération, la patience, nécessaires dans une commission si épineuse. Il s'était figuré qu'Arcate était encore le pays de la richesse, que Pondichéry était bien pourvu de tout, qu'il serait parfaitement secondé de la compagnie et des troupes, et surtout de son ancien régiment irlandais qu'il menait avec lui. Il fut trompé dans toutes ses espérances. Point d'argent dans les caisses, peu de munitions de toute espèce, des noirs et des cipayes pour armée, des particuliers riches et la colonie pauvre; nulle subordination. Ces objets l'irritèrent et allumèrent en lui cette mauvaise humeur qui sied si mal à un chef, et qui nuit toujours aux affaires. S'il avait ménagé le conseil, s'il avait caressé les principaux officiers, il aurait pu se procurer des secours d'argent, établir l'union, et mettre en sûreté Pondichéry[1].

La direction de la compagnie des Indes l'avait conjuré, à son départ, « de réformer les abus sans nombre, la prodigalité outrée, et le grand désordre qui absorbaient tous les revenus ». Il se prévalut trop de cette prière, et se fit des ennemis de tous ceux qui devaient lui obéir.

Malgré le triste aspect sous lequel il envisageait tous les objets, il eut d'abord des succès heureux. Il prit aux Anglais le fort Saint-David, à quelques lieues de Pondichéry, et en rasa les murs (28 avril 1758). Si l'on veut bien connaître la source de sa catastrophe, si intéressante pour tout le militaire, il faut lire la lettre qu'il écrivit du camp devant Saint-David à Duval Leyrit, qui était gouverneur de la ville de Pondichéry pour la compagnie.

(18 mai 1758) « Cette lettre, monsieur, sera un secret éternel entre vous et moi, si vous me fournissez les moyens de terminer mon entreprise. Je vous ai laissé cent mille livres de mon argent pour vous aider à subvenir aux frais qu'elle exige. Je n'ai pas trouvé en arrivant la ressource de cent sous dans votre bourse ni dans celle de tout votre conseil. Vous m'avez refusé les uns et les

---

1. Voltaire reparle avec détail de Lally et des événements de l'Inde dans les *Fragments historiques sur l'Inde,* articles XIII-XIX.

autres d'y employer votre crédit. Je vous crois cependant tous plus redevables à la compagnie que moi, qui n'ai malheureusement l'honneur de la connaître que pour y avoir perdu la moitié de mon bien en 1720. Si vous continuez à me laisser manquer de tout, et exposé à faire face à un mécontentement général, non-seulement j'instruirai le roi et la compagnie du beau zèle que ses employés témoignent ici pour leur service, mais je prendrai des mesures efficaces pour ne pas dépendre, dans le court séjour que je désire faire dans ce pays, de l'esprit de parti et des motifs personnels dont je vois que chaque membre paraît occupé, au risque total de la compagnie. »

Une telle lettre ne devait ni lui faire des amis, ni lui procurer de l'argent. Il ne fut pas concussionnaire, mais il montra indiscrètement une telle envie contre tous ceux qui s'étaient enrichis que la haine publique en augmenta[1]. Toutes les opérations de la guerre en souffrirent. Je trouve dans un journal de l'Inde, fait par un officier principal, ces propres paroles : « Il ne parle que de chaînes et de cachots, sans avoir égard à la distinction et à l'âge des personnes. Il vient de traiter ainsi M. de Moracin lui-même. M. de Lally se plaint de tout le monde, et tout le monde se plaint de lui. Il a dit à M. le comte de... : Je sens qu'on me déteste, et qu'on voudrait me voir bien loin. Je vous engage ma parole d'honneur, et je vous la donnerai par écrit, que si M. de Leyrit veut me donner cinq cent mille francs, je me démets de ma charge, et je passe en France sur la frégate. »

Le journal dit ensuite : « On est aujourd'hui à Pondichéry dans le plus grand embarras. On n'y a pas pu ramasser cent mille roupies ; les soldats menacent hautement de passer en corps chez l'ennemi. »

(Décembre 1758) Malgré cette horrible confusion, il eut le courage d'aller assiéger Madras, et s'empara d'abord de toute la ville Noire ; mais ce fut précisément ce qui l'empêcha de réussir devant la ville haute, qui est le fort Saint-George. Il écrivait de son camp devant ce fort, le 11 février 1759 : « Si nous manquons Madras, comme je le crois, la principale raison à laquelle il faudra l'attribuer est le pillage de quinze millions au moins, tant de dévasté que de répandu dans le soldat, et, j'ai honte de le dire, dans l'officier qui n'a pas craint de se servir même de mon nom en s'emparant des cipayes chelingues et autres pour faire passer

---

[1]. Voltaire passe sous silence les cruautés que Lally exerça sur les Indiens, qu'il faisait attacher à la bouche des canons. (G. A.)

à Pondichéry un butin que vous auriez dû faire arrêter, vu son énorme quantité. »

J'ai le journal d'un officier général, que j'ai déjà cité [1]. L'auteur n'est pas l'ami du comte de Lally, il s'en faut beaucoup ; son témoignage n'en est que plus recevable quand il atteste les mêmes griefs qui faisaient le désespoir de Lally. Voici notamment comme il s'exprime :

« Le pillage immense que les troupes avaient fait dans la ville Noire avait mis parmi elles l'abondance. De grands magasins de liqueurs fortes y entretenaient l'ivrognerie et tous les maux dont elle est le germe. C'est une situation qu'il faut avoir vue. Les travaux, les gardes de la tranchée, étaient faits par des hommes ivres. Le régiment de Lorraine fut seul exempt de cette contagion ; mais les autres corps s'y distinguèrent. Le régiment de Lally se surpassa. De là les scènes les plus honteuses et les plus destructives de la subordination et de la discipline. On a vu des officiers se colleter avec des soldats, et mille autres actions infâmes dont le détail, renfermé dans les bornes de la vérité la plus exacte, paraîtrait une exagération monstrueuse. »

(27 décembre 1758) Le comte de Lally écrivait avec encore plus de désespoir cette lettre funeste : « L'enfer m'a vomi dans ce pays d'iniquités, et j'attends comme Jonas la baleine qui me recevra dans son ventre [2]. »

Dans un tel désordre rien ne pouvait réussir. On leva le siége après avoir perdu une partie de l'armée (18 février 1759). Les autres entreprises furent encore plus malheureuses sur terre et sur mer. Les troupes se révoltent, on les apaise à peine [3]. Le général les mène dans la province d'Arcate pour reprendre la forteresse de Vandavachi ; les Anglais s'en étaient emparés après deux tentatives inutiles, dans l'une desquelles ils avaient été complétement battus par le chevalier de Geogeghan. Lally les osa attaquer avec des forces inférieures [4] : il les eût vaincus s'il eût été secondé ; mais il ne remporta de cette expédition que l'honneur d'avoir donné une nouvelle preuve de ce courage opiniâtre qui faisait son caractère.

Après bien d'autres pertes il fallut enfin se retirer dans Pon-

---

1. A la page précédente.
2. Par ses emportements et son arrogance, Lally tua tout esprit public. Les particuliers, loin de lui venir en aide dans sa détresse, riaient de ses embarras et applaudissaient à ses revers. (G. A.)
3. La fin de cet alinéa a été corrigée d'après la lettre de Bourcet dont je parle dans mon Avertissement.
4. A Vandavachi. (G. A.)

dichéry[1]. Une escadre de seize vaisseaux anglais obligea l'escadre française, envoyée au secours de la colonie, de quitter la rade de Pondichéry après une bataille indécise, pour aller se radouber à l'île de France[2].

Il y avait dans la ville soixante mille habitants indiens et noirs, et cinq à six cents familles d'Europe, avec très-peu de vivres. Lally proposa d'abord de faire sortir les premiers, qui affamaient Pondichéry; mais comment chasser soixante mille hommes? Le conseil n'osa l'entreprendre. Ce général, ayant résolu de soutenir le siége jusqu'à l'extrémité et ayant publié un ban par lequel il était défendu sous peine de mort de parler de se rendre, fut forcé d'ordonner une recherche rigoureuse des provisions dans toutes les maisons de la ville. Elle fut faite sans ménagement jusque chez l'intendant, chez tout le conseil et les principaux officiers. Cette démarche acheva d'irriter tous les esprits déjà trop aliénés. On ne savait que trop avec quel mépris et quelle dureté il avait traité tout le conseil. Il avait dit publiquement dans une de ses expéditions : « Je ne veux pas attendre plus longtemps l'arrivée des munitions qu'on m'a promises. J'y attellerai, s'il le faut, le gouverneur Leyrit et tous les conseillers. » Ce gouverneur Leyrit montrait aux officiers une lettre adressée depuis longtemps à lui-même, dans laquelle étaient ces propres paroles : « J'irais plutôt commander les Cafres que de rester dans cette Sodome, qu'il n'est pas possible que le feu des Anglais ne détruise tôt ou tard au défaut de celui du ciel. »

Ainsi, par ses plaintes et ses emportements, Lally s'était fait autant d'ennemis qu'il y avait d'officiers et d'habitants dans Pondichéry. On lui rendait outrage pour outrage; on affichait à sa porte des placards plus insultants encore que ses lettres et ses discours. Il en fut tellement ému que sa tête en parut quelque temps dérangée. La colère et l'inquiétude produisent souvent ce triste effet. Un fils du nabab Chandasaeb était alors réfugié dans Pondichéry auprès de sa mère. Un officier débarqué depuis peu avec la flotte française qui s'en était retournée, homme aussi impartial que véridique, rapporte que cet Indien, ayant vu souvent sur son lit le général français absolument nu, chantant la messe et les psaumes, demanda sérieusement à un officier fort

---

1. Voltaire ne mentionne pas la plus grande faute de Lally, qui fut de rappeler du Dekkan son rival Bussy. (G. A.)

2. L'auteur avait d'abord mis *à l'île de Bourbon*. C'est encore d'après Bourcet qu'il s'est corrigé. (B.)

connu si c'était l'usage en France que le roi choisît un fou pour son grand vizir. L'officier, étonné, lui dit : « Pourquoi me faites-vous une question aussi étrange ? — C'est, répliqua l'Indien, parce que votre grand vizir nous a envoyé un fou pour rétablir les affaires de l'Inde. »

Déjà les Anglais bloquaient Pondichéry par terre et par mer. Le général n'avait plus d'autre ressource que de traiter avec les Marattes[1]. Ils lui promirent un secours de dix-huit mille hommes; mais sentant qu'on n'avait point d'argent à leur donner, aucun Maratte ne parut. On fut obligé de se rendre (14 janvier 1761). Le conseil de Pondichéry somma le comte de Lally de capituler. Il assembla un conseil de guerre. Les officiers de ce conseil conclurent à se rendre prisonniers de guerre suivant les cartels établis; mais le général Coote voulut avoir la ville à discrétion. Les Français avaient démoli Saint-David : les Anglais étaient en droit de faire un désert de Pondichéry. Le comte de Lally eut beau réclamer le cartel de vive voix et par écrit, on périssait de faim dans la ville (16 janvier) : elle fut livrée aux vainqueurs, qui bientôt après rasèrent les fortifications, les murailles, les magasins, tous les principaux logements.

Dans le temps même que les Anglais entraient dans la ville, les vaincus s'accablaient réciproquement de reproches et d'injures. Les habitants voulurent tuer leur général. Le commandant anglais fut obligé de lui donner une garde. On le transporta malade sur un palanquin. Il avait deux pistolets dans les mains, et il en menaçait les séditieux. Ces furieux, respectant la garde anglaise, coururent à un commissaire des guerres, intendant de l'armée, ancien officier, chevalier de Saint-Louis[2]. Il met l'épée à la main : un des plus échauffés s'avance à lui, en est blessé, et le tue.

Tel fut le sort déplorable de Pondichéry, dont les habitants se firent plus de mal qu'ils n'en reçurent des vainqueurs. On transporta le général et plus de deux mille prisonniers en Angleterre. Dans ce long et pénible voyage, ils s'accusaient encore les uns les autres de leurs communs malheurs.

A peine arrivés à Londres, ils écrivirent contre Lally et contre le très-petit nombre de ceux qui lui avaient été attachés. Lally et les siens écrivaient contre le conseil, les officiers, et les habitants,

---

1. C'était revenir enfin au système de Dupleix. (G. A.) — Les premières éditions portaient : « avec les Marattes, qui l'avaient battu. » Les derniers mots ont été supprimés d'après les observations de Bourcet. (B.)

2. Il s'appelait Dubois. — Voyez l'article XVII des *Fragments historiques sur l'Inde*.

Il était si persuadé qu'ils étaient tous répréhensibles et que lui seul avait raison qu'il vint à Fontainebleau, tout prisonnier qu'il était encore des Anglais, et qu'il offrit de se rendre à la Bastille. (Novembre 1762) On le prit au mot. Dès qu'il fut enfermé, la foule de ses ennemis, que la compassion devait diminuer, augmenta. Il fut quinze mois en prison sans qu'on l'interrogeât.

En 1764 il mourut à Paris un jésuite, nommé Lavaur[1], longtemps employé dans ces missions des Indes où l'on s'occupe des affaires profanes sous le prétexte des spirituelles, et où l'on a souvent gagné plus d'argent que d'âmes : ce jésuite demandait au ministère une pension de quatre cents livres pour aller faire son salut dans le Périgord, sa patrie, et l'on trouva dans sa cassette environ onze cent mille livres d'effets, soit en billets, soit en or ou en diamants. C'est ce qu'on avait vu depuis peu à Naples à la mort du fameux jésuite Peppe, qu'on fut prêt de canoniser. On ne canonisa point Lavaur ; mais on séquestra ses trésors. Il y avait dans cette cassette un long mémoire détaillé contre Lally[2], dans lequel il était accusé de péculat et de lèse-majesté. Les écrits des jésuites avaient alors aussi peu de crédit que leurs personnes proscrites dans toute la France ; mais ce mémoire parut tellement circonstancié, et les ennemis de Lally le firent tant valoir, qu'il servit de témoignage contre lui.

L'accusé fut d'abord traduit au Châtelet, et bientôt au parlement. Le procès fut instruit pendant deux années. De trahison, il n'y en avait point, puisque s'il eût été d'intelligence avec les Anglais, s'il leur eût vendu Pondichéry, il serait resté parmi eux. Les Anglais d'ailleurs ne sont pas absurdes, et c'eût été l'être que d'acheter une place affamée qu'ils étaient sûrs de prendre, étant maîtres de la terre et de la mer. De péculat, il n'y en avait pas davantage, puisqu'il ne fut jamais chargé ni de l'argent du roi ni de celui de la compagnie ; mais des duretés, des abus de pouvoir, des oppressions, les juges en virent beaucoup dans les dépositions unanimes de ses ennemis.

Toujours fermement persuadé qu'il n'avait été que rigoureux et non coupable, il poussa son imprudence jusqu'à insulter dans ses Mémoires juridiques des officiers qui avaient l'approbation générale. Il voulut les déshonorer, eux et tout le conseil de Pon-

---

1. Voyez la note sur la lettre à Frédéric II, roi de Prusse, août 1740.
2. On trouva chez Lavaur deux mémoires : l'un en faveur de Lally, et l'autre contre lui. Suivant les circonstances, le jésuite devait faire usage de l'un d'eux. On brûla l'écrit apologétique, et on remit l'autre au procureur général. (G. A.)

dichéry. Plus il s'obstinait à vouloir se laver à leurs dépens, plus il se noircissait. Ils avaient tous de nombreux amis, et il n'en avait point. Le cri public sert quelquefois de preuve, ou du moins fortifie les preuves. (6 mai 1766) Les juges ne purent prononcer que suivant les allégations. Ils condamnèrent le lieutenant général Lally « à être décapité comme dûment atteint d'avoir trahi les intérêts du roi, de l'État, et de la compagnie des Indes, d'abus d'autorité, vexations, et exactions ».

Il est nécessaire de remarquer que ces mots *trahi les intérêts du roi* ne signifient pas ce qu'on appelle en Angleterre haute trahison, et parmi nous lèse-majesté. *Trahir les intérêts* ne signifie dans notre langue que mal conduire, oublier les intérêts de quelqu'un, nuire à ses intérêts, et non pas être perfide et traître. Quand on lui lut son arrêt, sa surprise et son indignation furent si violentes qu'ayant par hasard dans la main un compas, dont il s'était servi dans sa prison pour faire des cartes de la côte de Coromandel, il voulut s'en percer le cœur. On l'arrêta. Il s'emporta contre ses juges avec plus de fureur encore qu'il n'en avait étalé contre ses ennemis. C'est peut-être une nouvelle preuve de la forte persuasion où il fut toujours qu'il méritait des récompenses plutôt que des châtiments. Ceux qui connaissent le cœur humain savent que d'ordinaire les coupables se rendent justice eux-mêmes au fond de leur âme, qu'ils n'éclatent point contre leurs juges, qu'ils restent dans une confusion morne. Il n'y a pas un seul exemple d'un condamné avouant ses fautes qui ait chargé ses juges d'injures et d'opprobres. Je ne prétends pas que ce soit une preuve que Lally fût entièrement innocent; mais c'est une preuve qu'il croyait l'être. On lui mit dans la bouche un bâillon qui débordait sur les lèvres. C'est ainsi qu'il fut conduit à la Grève dans un tombereau[1]. Les hommes sont si légers que ce spectacle hideux attira plus de compassion que son supplice.

L'arrêt confisqua ses biens, en prélevant une somme de cent mille écus pour les pauvres de Pondichéry. On m'a écrit que cette somme ne put se trouver. Je n'assure point ce que j'ignore[2]. Si quelque chose peut nous convaincre de cette fatalité qui entraîne

---

1. Le 6 mai 1766; voyez l'*Histoire du Parlement*, chapitre LXIX.
2. Presque tous les journaux ont débité que le parlement de Paris avait député au roi pour le supplier de ne point accorder de grâce au condamné. Cela est très-faux. Un tel acharnement, incompatible avec la justice et avec l'humanité, aurait couvert le parlement d'un opprobre éternel. Il est vrai seulement que l'exécution fut accélérée de quelques heures, parce qu'on craignait que cet infortuné général ne mourût, et qu'on envoya un courrier au roi, à Choisy, pour l'en prévenir (voyez

tous les événements dans ce chaos des affaires politiques du monde, c'est de voir un Irlandais chassé de sa patrie avec la famille de son roi, commandant à six mille lieues des troupes françaises dans une guerre de marchands, sur des rivages inconnus aux Alexandre, aux Gengis, et aux Tamerlan, mourant du dernier supplice sur le bord de la Seine pour avoir été pris par des Anglais dans l'ancien golfe du Gange [1].

Cette catastrophe, qui m'a semblé digne d'être transmise à la postérité dans toutes ses circonstances, ne m'a pas permis de détailler tous les malheurs que les Français éprouvèrent dans l'Inde et dans l'Amérique. En voici un triste résumé.

CHAPITRE XXXV.

PERTES DES FRANÇAIS.

(Mars 1757) La première perte des Français dans l'Inde fut celle de Chandernagor, poste important dont la compagnie française était en possession, vers les embouchures du Gange. C'était de là qu'elle tirait ses plus belles marchandises.

Depuis la prise de la ville et du fort de Chandernagor, les Anglais ne cessèrent de ruiner le commerce des Français dans l'Inde. Le gouvernement de l'empereur était si faible et si mauvais qu'il ne pouvait empêcher les marchands d'Europe de faire des ligues et des guerres dans ses propres États. Les Anglais eurent même la hardiesse de venir attaquer Surate, une des plus belles villes de l'Inde, et la plus marchande, appartenante à l'empereur. (Mars 1758) Ils la prirent, ils la pillèrent, ils y détruisirent

---

les chapitres XVIII et XIX des *Fragments sur l'Inde*. (*Note de Voltaire*.) — Sur la circonstance que le parlement députa au roi pour le prier de ne pas faire grâce au condamné, Voltaire dit: *Cela est très-faux*. M. Clogenson observe *que cela est très-vrai, si l'on s'en rapporte à ce qui est dit sur ce point dans la* Biographie universelle, *article* LALLY; mais il est à remarquer que l'article anonyme de la *Biographie universelle* est de feu Lally fils. (B.)

1. On sait avec quelle énergie Voltaire s'employa à la réhabilitation du général. Au moment de mourir, le philosophe apprit que le fils de Lally avait obtenu la cassation de l'arrêt de son père. Il lui écrivit : « Je meurs content! » Ce fut le parlement de Bourgogne qui revisa le procès.

les comptoirs de France, et en remportèrent des richesses immenses, sans que la cour, aussi imbécile que pompeuse, du Grand Mogol, parût se ressentir de cet outrage, qui eût fait exterminer dans l'Inde tous les Anglais sous l'empire d'un Aurengzeb.

Enfin il n'est resté aux Français, dans cette partie du monde, que le regret d'avoir dépensé, pendant plus de quarante ans, des sommes immenses pour entretenir une compagnie qui n'a jamais fait le moindre profit, qui n'a jamais rien payé aux actionnaires et à ses créanciers du profit de son négoce ; qui, dans son administration indienne, n'a subsisté que d'un secret brigandage, et qui n'a été soutenue que par une partie de la ferme du tabac, que le roi lui accordait : exemple mémorable et peut-être inutile du peu d'intelligence que la nation française a eu jusqu'ici du grand et ruineux commerce de l'Inde.

(Mai 1757) Tandis que les flottes et les armées anglaises ont ainsi ruiné les Français en Asie, ils les ont aussi chassés de l'Afrique. Les Français étaient maîtres du fleuve du Sénégal, qui est une branche du Niger; ils y avaient des forts ; ils y faisaient un grand commerce de dents d'éléphants, de poudre d'or, de gomme arabique, d'ambre gris, et surtout de ces nègres que tantôt leurs princes vendent comme des animaux, et qui tantôt vendent leurs propres enfants ou se vendent eux-mêmes pour aller servir des Européans en Amérique. Les Anglais ont pris tous les forts bâtis par les Français dans ces contrées, et plus de trois millions tournois en marchandises précieuses.

Le dernier établissement que les Français avaient dans ces parages de l'Afrique était l'île de Gorée ; elle s'est rendue à discrétion (29 décembre 1758), et il ne leur est rien resté alors dans l'Afrique.

Ils ont fait de bien plus grandes pertes en Amérique. Sans entrer ici dans le détail de cent petits combats et de la perte de tous les forts l'un après l'autre, il suffit de dire que les Anglais ont pris (26 juillet 1758) Louisbourg pour la seconde fois, aussi mal fortifiée, aussi mal approvisionnée que la première. Enfin, tandis que les Anglais entraient dans Surate, à l'embouchure du fleuve Indus (2 mars 1759), ils prenaient Québec et tout le Canada, au fond de l'Amérique septentrionale ; les troupes qui ont hasardé un combat pour sauver Québec (18 septembre) ont été battues et presque détruites, malgré les efforts du général Montcalm, tué dans cette journée[1],

---

1. Louis-Joseph de Montcalm-Gozon, blessé le 13 septembre, périt le 14; et quatre jours après tout le Canada tomba au pouvoir des Anglais. (CL.)

et très-regretté en France. On a perdu ainsi en un seul jour quinze cents lieues de pays.

Ces quinze cents lieues, dont les trois quarts sont des déserts glacés, n'étaient pas peut-être une perte réelle. Le Canada coûtait beaucoup, et rapportait très-peu. Si la dixième partie de l'argent englouti dans cette colonie avait été employée à défricher nos terres incultes en France, on aurait fait un gain considérable ; mais on avait voulu soutenir le Canada, et on a perdu cent années de peine avec tout l'argent prodigué sans retour[1].

Pour comble de malheur, on accusait des plus horribles brigandages presque tous ceux qui étaient employés au nom du roi dans cette malheureuse colonie. Ils ont été jugés au Châtelet de Paris, tandis que le parlement informait contre Lally. Celui-ci, après avoir cent fois exposé sa vie, l'a perdue par la main d'un bourreau, tandis que les concussionnaires du Canada n'ont été condamnés qu'à des restitutions et des amendes, tant il est de différence entre les affaires qui semblent les mêmes[2].

Dans le temps que les Anglais attaquaient ainsi les Français dans le continent de l'Amérique, ils se sont tournés du côté des îles. La Guadeloupe, petite mais florissante, où se fabriquait le meilleur sucre, est tombée entre leurs mains sans coup férir.

Enfin ils ont pris la Martinique, qui était la meilleure et la plus riche colonie qu'eût la France.

Ce royaume n'a pu essuyer de si grands désastres sans perdre encore tous les vaisseaux qu'il envoyait pour les prévenir ; à peine une flotte était-elle en mer qu'elle était ou prise ou détruite ; on construisait, on armait des vaisseaux à la hâte : c'était travailler pour l'Angleterre, dont ils devenaient bientôt la proie.

Quand on a voulu se venger de tant de pertes, et faire une descente en Irlande, il en a coûté des sommes immenses pour cette entreprise infructueuse ; et, dès que la flotte destinée pour cette descente est sortie de Brest, elle a été dispersée en partie, ou prise, ou perdue dans la vase d'une rivière nommée la Villaine, sur laquelle elle a cherché en vain un refuge. Enfin les Anglais

---

1. Dans une lettre à d'Argental, qui voulait que Voltaire retranchât certaines choses de son histoire, le philosophe dit : « Le gouvernement ne me pardonnera donc pas d'avoir dit que les Anglais ont pris le Canada que j'avais, par parenthèse, offert, il y a quatre ans, de vendre aux Anglais : ce qui aurait tout fini, et ce que le frère de M. Pitt m'avait proposé. »

2. Le munitionnaire général du Canada était prévenu d'avoir volé six millions ; il donna trente mille francs à l'avocat Gerbier, qui sut prouver que l'État lui devait au contraire dix millions. Un autre fournisseur avait une jolie femme ; il fut condamné au simple bannissement, etc. (G. A.)

ont pris Belle-Isle, à la vue des côtes de la France, qui ne pouvait la secourir.

Le seul duc d'Aiguillon vengea les côtes de France de tant d'affronts et de tant de pertes. Une flotte anglaise avait fait encore une descente à Saint-Cast, près de Saint-Malo ; tout le pays était exposé. Le duc d'Aiguillon, qui commandait dans le pays, marche sur-le-champ à la tête de la noblesse bretonne, de quelques bataillons et des milices qu'il rencontre en chemin (1er septembre 1758). Il force les Anglais de se rembarquer[1] ; une partie de leur arrière-garde est tuée, l'autre faite prisonnière de guerre ; mais les Français ont été malheureux partout ailleurs. Au reste, quel a été le prix de ce service du duc d'Aiguillon, et de son sang versé en Italie ? une persécution publique et acharnée, presque semblable à celle de Lally, qui prouve que ceux-là seuls ont raison qui se dérobent à la cour et au public[2].

Jamais les Anglais n'ont eu tant de supériorité sur mer ; mais ils en eurent sur les Français dans tous les temps. Ils avaient détruit la marine de la France dans la guerre de 1741 ; ils avaient anéanti celle de Louis XIV dans la guerre de la succession d'Espagne ; ils étaient les maîtres des mers du temps de Louis XIII, de Henri IV, et encore plus dans les temps infortunés de la Ligue. Le roi d'Angleterre Henri VIII eut le même avantage sur François Ier.

Si vous remontez aux temps antérieurs, vous trouverez que les flottes de Charles VI et de Philippe de Valois ne tiennent pas contre celles des rois d'Angleterre Henri V et Édouard III.

Quelle est la raison de cette supériorité continuelle ? n'est-ce pas que les Anglais ont un besoin essentiel de la mer, dont les Français peuvent à toute force se passer, et que les nations réussissent toujours, comme on l'a déjà dit[3], dans les choses qui leur sont absolument nécessaires ? N'est-ce pas aussi parce que la capitale d'Angleterre est un port de mer, et que Paris ne connaît que les bateaux de la Seine ? Serait-ce enfin que le climat et le sol anglais produisent des hommes d'un corps plus vigoureux et d'un

---

1. La flotte anglaise, après s'être montrée le 3 septembre à une lieue au nord de Saint-Malo, et y avoir mouillé, mit à terre à Saint-Briac, le 4, un corps de douze à treize mille hommes. La bataille de Saint-Cast est du 11 septembre. (B.)

2. Voltaire fait la part trop belle à ce neveu du duc de Richelieu, qu'il donne comme un martyr. Ce personnage montra, au contraire, une grande hésitation dans l'affaire de Bretagne. Ce fut un officier, d'Aubigny, qui attaqua sans ordre, et tout le monde suivit. (G. A.)

3. Dans le *Panégyrique de Louis XV*.

esprit plus constant que celui de France, comme il produit de meilleurs chevaux et de meilleurs chiens de chasse? Mais, depuis Bayonne jusqu'aux côtes de Picardie et de Flandre, la France a des hommes d'un travail infatigable, et la Normandie seule a subjugué autrefois l'Angleterre.

Les affaires étaient dans cet état déplorable sur terre et sur mer, lorsqu'un homme[1] d'un génie actif et hardi, mais sage, ayant d'aussi grandes vues que le maréchal de Belle-Isle, avec plus d'esprit, sentit que la France seule pouvait à peine suffire à réparer des pertes si énormes. Il a su engager l'Espagne à soutenir la querelle; il a fait une cause commune de toutes les branches de la maison de Bourbon[2]. Ainsi l'Espagne et l'Autriche ont été jointes avec la France par le même intérêt. Le Portugal était en effet une province de l'Angleterre, dont elle tirait cinquante millions par an; il a fallu la frapper par cet endroit, et c'est ce qui a déterminé don Carlos, roi d'Espagne par la mort de son frère Ferdinand, à entrer dans le Portugal. Cette manœuvre est peut-être le plus grand trait de politique dont l'histoire moderne fasse mention : elle a encore été inutile. Les Anglais ont résisté à l'Espagne, et ont sauvé le Portugal.

Autrefois l'Espagne seule était redoutée de toute l'Europe, sous Philippe II, et maintenant, réunie avec la France, elle ne peut rien contre les Anglais. Le comte de La Lippe-Schombourg, l'un des seigneurs de Vestphalie, est envoyé par le roi d'Angleterre au secours du Portugal; il n'avait jamais commandé en chef[3]; il

1. Le duc de Choiseul.
2. Par la conclusion du *Pacte de famille,* qui est du 15 auguste 1761. (B.)
3. Dans la première édition, Voltaire disait : « Le comte de La Lippe-Schombourg, l'un des seigneurs de Vestphalie, encore jeune, qui n'avait commandé jusqu'alors aucune troupe, qui même avait servi à peine, envoyé au secours du Portugal par le roi d'Angleterre, à la tête de quelques Hanovriens et de très-peu d'Anglais, repousse toujours les Espagnols au delà de leurs frontières; et une flotte d'Angleterre leur a fait payer cher en Amérique leur déclaration tardive en faveur de la France. La Havane, etc. »

Une réclamation fut insérée dans le *Journal encyclopédique* du 1er avril 1769 (tome III, page 122) où l'on racontait les services militaires du comte régnant de Schombourg La Lippe, et où l'on niait qu'il eût des *troupes hanovriennes* en Portugal.

Voltaire fit insérer dans le tome IV du même *Journal* (15 juin 1769, page 466) la déclaration que voici :

« L'auteur s'est servi d'un terme très-impropre en disant que le comte régnant de La Lippe-Schombourg n'avait point encore commandé de troupes, lorsqu'il se signala, en 1762, dans la défense du Portugal. Il est vrai que sa campagne du Portugal n'en serait que plus glorieuse; mais il fallait dire qu'il n'avait point encore été général d'armée. Cette petite méprise est corrigée dans les éditions nouvelles auxquelles on travaille actuellement. A Ferney, le 30 avril 1769. »

La correction fut faite en effet dans l'édition in-4°, tome XII, datée de 1769. (B.)

avait peu de troupes. Cependant, dès qu'il est arrivé, il gagne la supériorité sur les Espagnols et les Français réunis; il repousse tous leurs efforts; il met le Portugal en sûreté.

Dans le même temps une flotte d'Angleterre faisait payer cher aux Espagnols leur déclaration tardive en faveur de la France.

(13 auguste 1762) La Havane, bâtie sur la côte septentrionale de Cuba, la plus grande île de l'Amérique, à l'entrée du golfe du Mexique, est le rendez-vous de ce nouveau monde. Le port, aussi immense que sûr, peut contenir mille vaisseaux. Il est défendu par trois forts dont part un feu croisé qui rend l'abord impossible aux ennemis. Le comte d'Albemarle et l'amiral Pocock viennent attaquer l'île; mais ils se gardent bien de tenter les approches du port; ils descendent sur une plage éloignée, qu'on croyait inabordable. (13 auguste 1762) Ils assiégent par terre le fort le plus considérable, ils le prennent, et forcent la ville, les forts, et toute l'île, à se rendre avec douze vaisseaux de guerre qui étaient dans le port, et vingt-sept navires chargés de trésors. On trouva dans la ville vingt-quatre de nos millions en argent comptant. Tout fut partagé entre les vainqueurs, qui mirent à part la seizième partie du butin pour les pauvres. Les vaisseaux de guerre furent pour le roi; les vaisseaux marchands, pour l'amiral et pour tous les officiers de la flotte : tout ce butin montait à plus de quatre-vingts millions. On a remarqué que, dans cette guerre et dans la précédente, l'Espagne avait perdu plus qu'elle ne retire de l'Amérique en vingt années.

Les Anglais, non contents de leur avoir pris la Havane dans la mer du Mexique, et l'île de Cuba, coururent leur prendre dans la mer des Indes les îles Philippines, qui sont à peu près les antipodes de Cuba. Ces îles Philippines ne sont guère moins grandes que l'Angleterre, l'Écosse, et l'Irlande, et seraient plus riches si elles étaient bien administrées, une de ces îles ayant des mines d'or, et leurs côtes produisant des perles. Le grand vaisseau d'Acapulco[1], chargé de la valeur de trois millions de piastres, arrivait dans Manille, la capitale. (31 octobre 1762) On prit Manille, les îles, et le vaisseau surtout, malgré les assurances données par un jésuite de la part de sainte Potamienne, patronne de la ville, que Manille ne serait jamais prise. Ainsi la guerre, qui appauvrit les autres nations, enrichissait une partie de la nation anglaise, tandis que l'autre gémissait sous le poids des

---

1. Voyez page 316.

impôts les plus rigoureux, aussi bien que tous les peuples engagés dans cette guerre[1].

La France alors était plus malheureuse. Toutes les ressources étaient épuisées ; presque tous les citoyens, à l'exemple du roi, avaient porté leur vaisselle à la Monnaie. Les principales villes et quelques communautés fournissaient des vaisseaux de guerre à leurs frais ; mais ces vaisseaux n'étaient pas construits encore, et, quand même ils l'auraient été, on n'avait pas assez d'hommes de mer exercés.

Les malheurs passés en faisaient craindre de nouveaux. La capitale, qui n'est jamais exposée au fléau de la guerre, jetait plus de cris que les provinces souffrantes ; plus de secours, plus d'argent, plus de crédit. Ceux qu'on choisissait pour régir les finances étaient renvoyés après quelques mois d'administration. Les autres refusaient cet emploi, dans lequel on ne pouvait alors que faire du mal[2].

(10 février 1763) Dans cette triste situation, qui décourageait tous les ordres de l'État, le duc de Praslin, ministre alors des affaires étrangères, fut assez habile et assez heureux pour conclure la paix, dont le duc de Choiseul, ministre de la guerre, avait entamé les négociations.

Le roi de France échangea Minorque, qu'il rendit au roi d'Espagne, contre Belle-Isle, que l'Angleterre lui remit ; mais l'on

1. L'archevêque de Manille était gouverneur de la place ; mais il ne se conduisit point comme l'évêque Goslin, qui défendit Paris contre les Normands. Il resta dans son palais. En vain quelques officiers français qui étaient dans la ville lui annoncèrent-ils que la brèche était praticable, les conseillers lui soutinrent qu'il ne fallait pas que Sa Seigneurie s'exposât à l'aller visiter ; qu'ils savaient bien qu'elle ne l'était pas ; on délibérait encore, que l'assaut était donné et la ville prise. Elle fut pillée pendant quarante heures, et rançonnée ensuite. Il y avait alors à Manille une illuminée, nommée *la mère Paul ;* elle assurait que les Anglais n'étaient venus que pour se convertir. Les moines annonçaient que saint François paraîtrait sur la brèche, et mettrait les Anglais en fuite avec son cordon. Personne, à Manille, ne doutait que cette ville n'eût été sauvée par lui, lorsque les Chinois tentèrent de s'en emparer, en 1603 : on l'avait vu sur les murailles combattre à la tête des Espagnols. Les Anglais firent leurs approches, et établirent leurs batteries, couvertes par deux églises qui étaient hors de la ville. Le gouverneur Arandia, prédécesseur de l'archevêque, avait voulu faire abattre ces églises, sachant bien le tort qu'elles feraient à la ville en cas de siége ; les moines menacèrent de l'excommunier, mais sa mort les délivra bientôt d'un gouverneur qui préférait le salut de la colonie à l'amitié des moines, et cette mort fut regardée généralement à Manille comme l'effet du poison. Voyez le *Voyage dans les mers des Indes,* tome II, par M. Le Gentil. (K.)

2. Dans les éditions de 1768 et 1769, au lieu de cet alinéa, ajouté en 1775, on lisait celui que j'ai rapporté dans ma note, page 333. (B)

perdit, et probablement pour jamais, tout le Canada avec ce Louisbourg qui avait coûté tant d'argent et de soins pour être si souvent la proie des Anglais. Toutes les terres sur la gauche du grand fleuve Mississipi leur furent cédées. L'Espagne, pour arrondir leurs conquêtes, leur donna encore la Floride. Ainsi, du vingt-cinquième degré jusque sous le pôle, presque tout leur appartint. Ils partagèrent l'hémisphère américain avec les Espagnols. Ceux-ci ont les terres qui produisent les richesses de convention, ceux-là ont les richesses réelles, qui s'achètent avec l'or et 'argent, toutes les denrées nécessaires, tout ce qui sert aux manufactures. Les côtes anglaises, dans l'espace de six cents lieues, sont traversées par des fleuves navigables qui leur portent leurs marchandises jusqu'à quarante et cinquante lieues dans leurs terres. Les peuples d'Allemagne se sont empressés d'aller peupler ces pays, où ils trouvent une liberté dont ils ne jouissaient point dans leur patrie. Ils sont devenus Anglais, et si toutes ces colonies demeuraient unies à leur métropole, il n'est pas douteux que cet établissement ne fasse un jour la plus formidable puissance [1]. La guerre avait commencé pour deux ou trois chétives habitations, et ils y ont gagné deux mille lieues de terrain.

Les petites îles de Saint-Vincent, les Grenades, Tabago, la Dominique, leur furent encore acquises; et c'est par le moyen de ces îles, ainsi que par la Jamaïque, qu'ils font un commerce immense avec les Espagnols, commerce sévèrement prohibé, et toujours exercé parce qu'il est favorable aux deux nations et que la loi de la nécessité est toujours la première [2].

La France ne put obtenir qu'avec beaucoup de difficulté le droit de pêche vers Terre-Neuve, et une petite île inculte nommée Miquelon pour y faire sécher la morue, sans pouvoir y faire le moindre établissement : triste droit, sujet à de fréquentes avanies.

La France, à laquelle on rendit Pondichéry et quelques comptoirs, fut exclue dans l'Inde de ses établissements sur le Gange ; elle céda ses possessions sur le Sénégal en Afrique, mais on lui remit Gorée. On fut encore obligé de démolir toutes les fortifications de Dunkerque du côté de la mer.

L'État perdit, dans le cours de cette funeste guerre, la plus

---

1. Le ministère anglais, en 1768, ne crut pas plus à cette prophétie qu'à celles de Franklin. Boston s'affranchit du joug en 1774; et, en 1777, La Fayette se réunit à Washington, près d'un an avant la mort de Voltaire. (CL.)

2. Voyez, page 370, le exte et la note 3.

florissante jeunesse, plus de la moitié de l'argent comptant qui circulait dans le royaume, sa marine, son commerce, son crédit. On a cru qu'il eût été très-aisé de prévenir tant de malheurs en s'accommodant avec les Anglais pour un petit terrain litigieux vers le Canada; mais quelques ambitieux, pour se faire valoir e se rendre nécessaires, précipitèrent la France dans cette guerre fatale. Il en avait été de même en 1741. L'amour-propre de deux ou trois personnes suffit pour désoler toute l'Europe[1]. La France avait un si pressant besoin de cette paix qu'elle regarda ceux qui la conclurent comme les bienfaiteurs de la patrie. Les dettes dont l'État demeurait surchargé étaient plus grandes encore que celles de Louis XIV. La dépense seule de l'extraordinaire des guerres avait été, en une année, de quatre cents millions : qu'on juge par là du reste. La France aurait beaucoup perdu quand même elle eût été victorieuse.

Les suites de cette paix si déshonorante et si nécessaire furent plus funestes que la paix même. Les colons du Canada aimèrent mieux vivre sous les lois de la Grande-Bretagne que de venir en France; et quelque temps après, quand Louis XV eut cédé à la couronne d'Espagne la Nouvelle-Orléans et tout le pays qui s'étend sur la rive droite du Mississipi, il arriva, pour comble de douleur et d'humiliation, que les officiers du roi d'Espagne condamnèrent à être pendus les officiers du roi de France qui ne se soumirent à eux qu'avec répugnance. Le procureur général, son gendre, d'anciens capitaines chevaliers de Saint-Louis, des négociants, des avocats, ayant fait quelques représentations sur les formalités qu'il convenait d'observer, le commandant envoyé d'Espagne les invita à dîner; on leur fit leur procès au sortir de table, on les condamna à la corde, et par grâce on les arquebusa : ce qui est, dit-on, plus honorable. Le commandant qui fit cette étrange exécution était ce même O-reilly, Irlandais au service d'Espagne, qui fit battre depuis l'armée espagnole par les Algériens. Cette défaite a été publique en Europe et en Afrique, et l'indigne mort des officiers du roi de France dans la Nouvelle-Orléans est encore ignorée.

1. Voltaire veut désigner Marie-Thérèse d'Autriche, Élisabeth de Russie, la marquise de Pompadour, ainsi que le cardinal de Bernis. (G. A.)

CHAPITRE XXXVI[1].

GOUVERNEMENT INTÉRIEUR DE LA FRANCE. QUERELLES AVENTURE DEPUIS 1750 JUSQU'A 1762.

Longtemps avant cette guerre funeste, et pendant son cours, l'intérieur de la France fut troublé par cette autre guerre si ancienne et si interminable entre la juridiction séculière et la discipline ecclésiastique ; leurs bornes n'ayant jamais été bien marquées, comme elles le sont aujourd'hui en Angleterre, dans tant d'autres pays, et surtout en Russie, il en résultera toujours des dissensions dangereuses, tant que les droits de la monarchie et ceux des différents corps de l'État seront contestés.

Il se trouva vers l'an 1750 un ministre des finances assez hardi pour faire ordonner que le clergé et les religieux donneraient un état de leurs biens afin que le roi pût voir, par ce qu'ils possédaient, ce qu'ils devaient à l'État. Jamais proposition ne fut plus juste, mais les conséquences en parurent sacriléges[2]. Un vieil évêque de Marseille[3] écrivit au contrôleur général : « Ne nous mettez pas dans la nécessité de désobéir à Dieu ou au roi; vous savez lequel des deux aurait la préférence. » Cette lettre d'un évêque affaibli par l'âge, et incapable d'écrire, était d'un jésuite nommé Lemaire, qui le dirigeait, lui et sa maison. Ce jésuite était un fanatique de bonne foi, espèce d'hommes toujours dangereuse.

---

1. Après le chapitre consacré au général Lally et celui où le procès de Damiens est rapporté, nulles pages n'étaient plus propres à irriter les parlementaires que les suivantes. « *Messieurs* devraient cependant me ménager un peu, écrivait Voltaire à d'Argental; car, en vérité, pourront-ils empêcher que leur refus de rendre justice au peuple ne soit consigné dans toutes les gazettes? Pourront-ils empêcher que ce refus ne soit aussi ridicule qu'injuste? Plairont-ils beaucoup au gouvernement en proscrivant des ouvrages où la conduite du roi se trouve, par le seul exposé et sans aucune louange, le modèle de la modération et de la sagesse, et où leurs irrégularités paraissent, sans aucun trait de satire, le comble de la mauvaise humeur, pour ne pas dire plus? » On devine, à ces paroles, toute la tactique de Voltaire dans ce chapitre. (G. A.)

2. Voyez, dans les *Mélanges, la Voix du sage et du peuple.*

3. Belzunce, alors âgé de près de quatre-vingts ans, celui-là même qu'à l'occasion de son dévouement à l'époque de la peste de Marseille, Voltaire, dans son *Ode sur le Fanatisme* (voyez tome VIII, page 427), appelait, en 1736, *pasteur vénérable.* Dans la lettre de Voltaire à d'Alembert, du 8 juillet 1757, il appelle Maire le jésuite qu'il nomme ici Lemaire. (B.)

Le ministère fut obligé d'abandonner une entreprise qu'il n'eût pas fallu hasarder si on ne pouvait la soutenir [1]. Quelques membres du clergé imaginèrent alors d'occuper le gouvernement par une diversion embarrassante, et de le mettre en alarme sur le spirituel pour faire respecter le temporel.

Ils savaient que la fameuse bulle *Unigenitus* [2] était en exécration aux peuples. On résolut d'exiger des mourants des billets de confession : il fallait que ces billets fussent signés par des prêtres adhérents à la bulle, sans quoi point d'extrême-onction, point de viatique : on refusait sans pitié ces deux consolations aux appelants et à ceux qui se confessaient à des appelants. Un archevêque de Paris entra surtout dans cette manœuvre, plus par zèle de théologien que par esprit de cabale.

Alors toutes les familles furent alarmées, le schisme fut annoncé : plusieurs de ceux qu'on appelle jansénistes commençaient à dire hautement que si on rendait les sacrements si difficiles, on saurait bientôt s'en passer, à l'exemple de tant de nations. Ces minuties bourgeoises occupèrent plus les Parisiens que tous les grands intérêts de l'Europe. C'étaient des insectes sortis du cadavre du molinisme et du jansénisme, qui, en bourdonnant dans la ville, piquaient tous les citoyens. On ne se souvenait plus ni de Metz, ni de Fontenoy, ni des victoires, ni des disgrâces, ni de tout ce qui avait ébranlé l'Europe. Il y avait dans Paris cinquante mille énergumènes qui ne savent pas en quel pays coulent le Danube et l'Elbe, et qui croyaient l'univers bouleversé pour des billets de confession : tel est le peuple.

Un curé de Saint-Étienne du Mont [3], petite paroisse de Paris, ayant refusé les sacrements à un conseiller du Châtelet, le parlement mit en prison le curé.

Le roi, voyant cette petite guerre civile excitée entre les parlements et les évêques, défendit à ses cours de judicature de se mêler des affaires concernant les sacrements, et en réserva la connaissance à son conseil privé. Les parlements se plaignirent

---

1. Voyez les notes sur le *Siècle de Louis XIV*. Le contrôleur général des finances était M. de Machault. Cette entreprise, qui lui fit perdre sa place, lui mérite la reconnaissance de la nation ; on le fit ministre de la marine. Au reste, le clergé n'eut le crédit d'empêcher la réussite du plan de M. de Machault que parce qu'il se ligua avec les ennemis que ce ministre avait dans le conseil. Les corps, en France, ne peuvent influer dans aucune révolution que comme les instruments de l'ambition de quelques hommes en place, ou d'une cabale de courtisans. (K.)

2. Voyez l'*Histoire du Parlement*, chapitre LXII ; et le mot BULLE, dans le *Dictionnaire philosophique*.

3. Il s'appelait Boitin ou Bouettin ; voyez l'*Histoire du Parlement*, chapitre LXV.

qu'on leur ôtât ainsi l'exercice de la police générale du royaume, et le clergé souffrit impatiemment que l'autorité royale voulût pacifier les querelles de religion. Les animosités s'aigrirent de tous côtés.

Une place de supérieure dans l'hôpital des filles acheva d'allumer la discorde. L'archevêque voulut seul nommer à cette place; le parlement de Paris s'y opposa, et le roi ayant jugé en faveur du prélat, le parlement cessa de faire ses fonctions et de rendre la justice : il fallut que le roi envoyât par ses mousquetaires, à chaque membre de ce tribunal, des lettres de cachet portant ordre de reprendre leurs fonctions, sous peine de désobéissance.

Les chambres siégèrent donc comme de coutume ; mais quand il fallut plaider, il ne se trouva point d'avocats. Ce temps ressemblait en quelque manière au temps de la Fronde ; mais, dépouillé des horreurs de la guerre civile, il ne se montrait que sous une forme susceptible de ridicule.

Ce ridicule était pourtant embarrassant. Le roi résolut d'éteindre par sa modération ce feu qui faisait craindre un incendie : il exhorta le clergé à ne point user de rigueurs dangereuses ; le parlement reprit ses fonctions.

(Février 1752) Mais, bientôt après, les billets de confession reparurent; de nouveaux refus de sacrements irritèrent tout Paris. Le même curé de Saint-Étienne, trouvé coupable d'une seconde prévarication, fut mandé par le parlement, qui lui défendit, à lui et à tous les curés, de donner un pareil scandale sous peine de la saisie du temporel. Le même arrêt invita l'archevêque à faire cesser lui-même le scandale. Ce terme d'*invitation* paraissait entrer dans les vues de la modération du roi. L'archevêque, ne voulant pas même que la justice séculière eût le droit de lui faire une invitation, alla se plaindre à Versailles. Il était soutenu par un ancien évêque de Mirepoix, nommé Boyer, chargé du ministère de présenter au roi les sujets pour des bénéfices. Cet homme, autrefois théatin, puis évêque, et devenu ministre au département des bénéfices, était d'un esprit fort borné, mais zélé pour les immunités de l'Église ; il regardait la bulle comme un article de foi, et, ayant tout le crédit attaché à sa place, il persuada que le parlement touchait à l'encensoir. L'arrêt du parlement fut cassé ; ce corps fit des remontrances fortes et pathétiques.

Le roi lui ordonna de s'en tenir à lui rendre compte de toutes les dénonciations qu'on ferait sur ces matières, se réservant à lui-même le droit de punir les prêtres dont le zèle scandaleux pourrait faire naître des semences de schisme. Il défendit, par un arrêt de son conseil d'État, que ses sujets se donnassent les uns aux autres les noms de novateurs, de jansénistes, et de semi-pélagiens : c'était ordonner à des fous d'être sages.

Les curés de Paris, excités par l'archevêque, présentèrent une requête au roi en faveur des billets de confession. Sur-le-champ le parlement décréta la curé de Saint-Jean-en-Grève, qui avait formé la requête. Le roi cassa encore cette procédure de justice; le parlement cessa encore ses fonctions; il continua à faire des remontrances, et le roi persista à exhorter les deux partis à la paix. Ses soins furent inutiles.

Une lettre de l'évêque de Marseille, dénoncée au parlement, fut brûlée par la main du bourreau ; un écrit de l'évêque d'Amiens, condamné. Le clergé étant assemblé pour lors à Paris, comme il s'assemble tous les cinq ans pour payer au roi ses subsides, résolut de lui aller porter ses plaintes en habits pontificaux; mais le roi ne voulut point de cette cérémonie extraordinaire.

(Auguste 1752) D'un autre côté le parlement condamna un porte-dieu à l'amende, à demander pardon à genoux, et à être admonété ; et un vicaire de paroisse, au bannissement. Le roi cassa encore cet arrêt.

Les affaires de cette espèce se multiplièrent. Le roi recommanda toujours la paix, sans que les ecclésiastiques cessassent de refuser les sacrements, et sans que le parlement cessât de procéder contre eux.

Enfin le roi permit aux parlements de juger des sacrements, en cas qu'il y eût un procès à leur sujet; mais il leur défendit de chercher à juger lorsqu'il n'y aurait pas de parties plaignantes. (Novembre) Le parlement reprit une seconde fois ses fonctions, et les plaideurs, qu'on avait négligés pour ces affaires, eurent la liberté de se ruiner à l'ordinaire.

(Décembre) Le feu couvait toujours sous la cendre. L'archevêque avait ordonné de refuser le sacrement à deux pauvres vieilles religieuses de Sainte-Agathe, qui, ayant entendu dire autrefois à leur directeur que la bulle *Unigenitus* est un ouvrage diabolique, craignaient d'être damnées si elles recevaient cette bulle en mourant; elles craignaient d'être damnées aussi en manquant d'extrême-onction. Le parlement envoya son greffier à l'archevêque pour le prier de ne pas refuser à ces deux filles les secours ordinaires, et le prélat ayant répondu selon sa coutume qu'il ne devait compte qu'à Dieu seul, son temporel fut saisi ; les princes du sang et les pairs furent invités à venir prendre séance au parlement.

La querelle alors pouvait devenir sérieuse ; on commença à craindre les temps de la Fronde et de la Ligue. Le roi défendit aux princes et aux pairs d'aller opiner dans le parlement de Paris sur des affaires dont il attribuait la connaissance à son conseil privé. (Janvier 1753) L'archevêque de Paris eut même le crédit d'obtenir un arrêt du conseil pour dissoudre la petite communauté de Sainte-Agathe, où les filles avaient si mauvaise opinion de la bulle *Unigenitus*.

Tout Paris murmura. Ces petits troubles s'étendirent dans plus d'une ville du royaume. Les mêmes scandales, les mêmes refus de sacrements partageaient la ville d'Orléans ; le parlement rendait les mêmes arrêts pour Orléans que pour Paris : le schisme allait se former. Un curé de Rosainvilliers [1], diocèse d'Amiens, s'avisa de dire un jour à son prône « que ceux qui étaient jansénistes eussent à sortir de l'église, et qu'il serait le premier à tremper ses mains dans leur sang ». Il eut l'audace de désigner quelques-uns de ses paroissiens à qui les plus fervents constitutionnaires jetèrent des pierres pendant la procession, sans que les lapidés et les lapidants eussent la moindre connaissance de ce que c'est que la bulle et le jansénisme.

Une telle violence pouvait être punie de mort. Le parlement de Paris, dans le ressort duquel est Amiens, se contenta de bannir à perpétuité ce prêtre factieux et sanguinaire, et le roi approuva cet arrêt, qui ne portait pas sur un délit purement spirituel, mais sur le crime d'un séditieux perturbateur du repos public.

Dans ces troubles, Louis XV était comme un père occupé de séparer ses enfants qui se battent [2]. Il défendait les coups et les injures ; il réprimandait les uns, il exhortait les autres ; il ordonnait le silence, en défendant aux parlements de juger du spirituel, recommandant aux évêques la circonspection, regardant la

---

1. Ce curé se nommait Boutord ; voyez l'*Histoire du Parlement*, chapitre LXV.
2. « Entre nous, écrit encore Voltaire à d'Argental, y aurait-il rien de plus tyrannique et de plus absurde que d'oser condamner un homme pour avoir représenté le roi comme un père qui veut mettre la paix entre ses enfants ?... Je n'ai d'ailleurs rien à craindre du parlement de Paris, et j'ai beaucoup à m'en plaindre. Il ne peut rien ni sur mon bien ni sur ma personne. Ma réponse est toute prête, et la voici : Il y avait un roi de la Chine qui dit un jour à l'historien de l'État : « Quoi ! vous voulez écrire mes fautes ? — Sire, répondit le griffonnier chinois, « mon devoir m'oblige d'aller écrire tout à l'heure le reproche que vous venez de me « faire. »

bulle comme une loi de l'Église, mais ne voulant point qu'on parlât de cette loi dangereuse. Ses soins paternels pouvaient peu de chose sur des esprits aigris et alarmés. Les parlements prétendaient qu'on ne pouvait séparer le *spirituel* du *civil*, puisque les querelles *spirituelles* entraînaient nécessairement après elles des querelles d'État.

(Mars) Le parlement assigna l'évêque d'Orléans à comparaître pour des sacrements. Il fit brûler par le bourreau tous les écrits dans lesquels on lui contestait sa juridiction, excepté les déclarations du roi. Il envoya des conseillers faire enregistrer ses arrêts en Sorbonne malgré les ordres du roi. On voyait tous les jours le bourreau occupé à brûler des mandements d'évêques, et les recors de la justice faisant communier les malades la baïonnette au bout du fusil. Le parlement, dans toutes ses démarches, ne consultait que ses lois et le maintien de son autorité. Le roi voyait au-delà, il considérait les convenances qui demandent souvent que les lois plient.

Enfin, pour la troisième fois, le parlement cessa de rendre la justice aux citoyens, pour ne s'occuper que des refus de sacrements qui troublaient la France entière.

Le roi lui envoya, aussi pour la troisième fois, des lettres de jussion, qui lui ordonnaient de remplir ses devoirs et de ne plus faire souffrir ses sujets plaideurs de ces querelles étrangères, les procès des particuliers n'ayant aucun rapport à la bulle *Unigenitus*.

(Mai 1753) Le parlement[1] répondit qu'il violerait son serment s'il reconnaissait les lettres patentes du roi, et qu'il ne pouvait *obtempérer* (vieux mot tiré du latin, qui signifie *obéir*).

Alors le roi se crut obligé d'exiler tous les membres des *enquêtes*, les uns à Bourges, les autres à Poitiers, quelques-uns en Auvergne, et d'en faire enfermer quatre qui avaient parlé avec le plus de force.

On épargna la grand'chambre ; mais elle crut qu'il y allait de son honneur de n'être point épargnée. Elle persista à ne point rendre la justice au peuple, et à procéder contre les réfractaires. Le roi l'envoya à Pontoise, bourg à six lieues de Paris, où le duc d'Orléans l'avait déjà envoyée pendant sa régence.

L'Europe s'étonnait qu'on fît tant de bruit en France pour si peu de chose, et les Français passaient pour une nation frivole qui, faute de bonnes lois reconnues, mettait tout en feu pour une

---

1. Voyez *Histoire du Parlement*, chapitre LXVI.

dispute méprisée partout ailleurs. Quand on a vu cinq cent mille hommes en armes pour l'élection d'un empereur, l'Europe, l'Inde et l'Amérique, désolées, et qu'on retombe ensuite dans cette petite guerre de plume, on croit entendre le bruit d'une pluie après les éclats du tonnerre. Mais on devait se souvenir que l'Allemagne, la Suède, la Hollande, la Suisse, avaient autrefois éprouvé des secousses bien plus violentes pour des inepties; que l'Inquisition d'Espagne était pire que des troubles civils, et que chaque nation a ses folies et ses malheurs.

(Juillet 1753) Le parlement de Normandie imita celui de Paris sur les sacrements. Il ajourna l'évêque d'Évreux, il cessa aussi de rendre la justice. Le roi envoya un officier de ses gardes biffer les registres de ce parlement, qui fut à la fin plus docile que celui de Paris.

La justice distributive interrompue dans la capitale eût été un grand bonheur si les hommes étaient sages et justes; mais comme ils ne sont ni l'un ni l'autre, et qu'il faut plaider, le roi commit des membres de son conseil d'État pour vider les procès en dernier ressort. (Novembre) On voulut faire enregistrer l'érection de cette chambre au Châtelet, comme s'il était nécessaire qu'une justice inférieure donnât l'authenticité à l'autorité royale. L'usage de ces enregistrements avait eu presque toujours ses inconvénients; mais ce défaut de formalité en aurait eu peut-être de plus grands encore. Le Châtelet refusa l'enregistrement; on l'y força par des lettres de jussion. La chambre royale s'assembla, mais les avocats ne voulurent point plaider; on se moqua dans Paris de la chambre royale; elle en rit elle-même : tout se tourna en plaisanterie, selon le génie de la nation, qui rit toujours le lendemain de ce qui l'a consternée ou animée la veille. Les ecclésiastiques riaient aussi, mais de la joie de leur triomphe.

(Juillet 1754) Boyer, ancien évêque de Mirepoix, qui avait été le premier auteur de tous ces troubles sans le savoir, étant tombé en enfance par son grand âge et par la constitution de ses organes, tout parut tendre à la conciliation. Les ministres négocièrent avec le parlement de Paris. Ce corps fut rappelé, et revint, à la satisfaction de toute la ville et au bruit de la populace qui criait : *Vive le parlement!* (Auguste) Son retour fut un triomphe. Le roi, qui était aussi fatigué de l'inflexibilité des ecclésiastiques que de celle des parlements, ordonna le silence et la paix, et permit aux juges séculiers de procéder contre ceux qui troubleraient l'un ou l'autre.

(Septembre) Le schisme éclatait de temps en temps à Paris

et dans les provinces; et, malgré les mesures que le roi avait prises pour empêcher les refus de sacrements, plusieurs évêques cherchaient à se faire un mérite de ces refus auprès de la cour de Rome. Un évêque de Nantes, ayant donné dans sa ville cet exemple de rigueur ou de scandale, fut condamné par le simple présidial de Nantes à payer six mille francs d'amende, et les paya sans que le roi le trouvât mauvais : tant il était las de ces disputes.

De pareilles scènes arrivaient dans tout le royaume, et, en attristant quelques intéressés, amusaient la multitude oisive. Il y avait à Orléans un vieux chanoine janséniste qui se mourait, et à qui ses confrères refusaient la communion. (Octobre) Le parlement de Paris les condamna à douze mille livres d'amende, et ordonna que le malade serait communié. Le lieutenant criminel, en conséquence, arrangea tout pour cette cérémonie comme pour une exécution ; les chanoines firent tant que leur confrère mourut sans sacrements, et ils l'enterrèrent le plus mesquinement qu'ils purent.

Rien n'était devenu plus commun dans le royaume que de communier par arrêt du parlement. Le roi, qui avait exilé ses juges séculiers pour n'avoir pas *obtempéré* à ses ordres, voulut tenir la balance égale, et exiler aussi ceux du clergé qui s'obstineraient au schisme. Il commença par l'archevêque de Paris. (Décembre 1754) Il fut relégué à sa maison de Conflans, à trois quarts de lieue de la ville : exil doux, qui ressemblait plus à un avertissement paternel qu'à une punition.

Les évêques d'Orléans et de Troyes furent pareillement exilés à leurs maisons de plaisance, avec la même douceur. L'archevêque de Paris, étant aussi inflexible dans sa maison de Conflans que dans sa demeure épiscopale, fut relégué plus loin.

Le parlement, pouvant alors agir en liberté, réprimait la Sorbonne, qui, ayant autrefois regardé la bulle avec horreur, la regardait maintenant comme une règle de foi. Elle menaçait de cesser ses leçons, et le parlement, qui avait lui-même cessé ses fonctions plus importantes, ordonnait à la faculté de continuer les siennes : il soutenait les libertés de l'Église gallicane, et le roi l'approuvait ; mais quand il allait trop loin, le roi l'arrêtait ; et en confirmant la partie des arrêts qui tendait au bien public, il cassait celle qui lui paraissait trop peu mesurée. Ce monarque se voyait toujours entre deux grandes factions animées, comme les empereurs romains entre les bleus et les verts ; il était occupé de la guerre maritime que l'Angleterre commençait à lui faire ; celle de terre paraissait inévitable : ce n'était guère le temps de parler d'une bulle [1].

Il lui fallait encore apaiser les contestations du grand conseil et de ses parlements : car presque rien n'étant déterminé en France par des lois précises, les bornes, les priviléges de chaque corps étant incertains, le clergé ayant toujours voulu étendre sa juridiction, les chambres des comptes ayant disputé aux parlements beaucoup de prérogatives, les pairs ayant souvent plaidé pour les leurs contre le parlement de Paris, il n'était pas étonnant que le grand conseil eût avec lui quelques querelles.

Ce grand conseil était originairement le conseil des rois, et les accompagnait dans tous leurs voyages. Tout changea peu à peu dans l'administration publique, et le grand conseil changea aussi. Il ne fut plus qu'une cour de judicature sous Charles VIII. Il décide des évocations, de la compétence des juges, de tous les procès concernant tous les bénéfices du royaume, excepté de la régale ; il a droit de juger ses propres officiers. (Janvier, février, et mars 1756) Un conseiller de cette cour fut appelé au Châtelet pour ses dettes. Le grand conseil revendiqua la cause, et cassa la sentence du Châtelet. Aussitôt le parlement s'émeut, casse l'arrêt du grand conseil, et le roi casse l'arrêt du parlement. Nouvelles remontrances, nouvelles querelles ; tous les parlements s'élèvent contre le grand conseil, et le public se partage. Le parlement de Paris convoque encore les pairs pour cette dispute de corps, et le roi défend encore aux pairs *cette association :* l'affaire enfin reste indécise comme tant d'autres.

Cependant le roi avait des occupations plus importantes. Il fallait soutenir contre les Anglais, sur terre et sur mer, une guerre onéreuse ; il faisait en même temps cette mémorable fondation de l'École militaire, le plus beau monument de son règne, que l'impératrice Marie-Thérèse a imité depuis. Il fallait des secours de finance, et le parlement se rendait difficile sur l'enregistrement des édits qui ordonnaient la perception des deux vingtièmes. On a été depuis obligé d'en payer trois, parce que, lorsqu'on a la guerre, il faut que les citoyens combattent, ou qu'ils payent ceux qui combattent : il n'y a pas de milieu.

(2 auguste 1756) Le roi tint un lit de justice à Versailles, où il convoqua les princes et les pairs avec le parlement de Paris ; il

---

1. Le roi ménageait le parlement pour avoir des fonds. Le jour où *Messieurs* eurent enregistré la continuation des taxes pour six ans, Louis XV se démasqua aussitôt, et déclara que son grand conseil était la cour suprême. (G. A.)

QUERELLES DU CLERGÉ ET DU PARLEMENT.

y fît enregistrer ses édits[1] ; mais le parlement, de retour à Paris, protesta contre cet enregistrement. Il prétendait que non-seulement il n'avait pas eu la liberté nécessaire de l'examen, mais que cet édit demandait des modifications qui ne blessassent ni les intérêts du roi[2], ni ceux de l'État, qui étaient les mêmes et qu'il avait fait serment de maintenir ; et il disait que son devoir n'était pas de plaire, mais de servir : ainsi le zèle combattait l'obéissance.

Les épines du schisme se mêlaient à l'importante affaire des impôts. Un conseiller du parlement, malade à sa campagne, dans le diocèse de Meaux, demanda les sacrements ; un curé les lui refusa comme à un ennemi de l'Église, et le laissa mourir sans cette cérémonie : on procéda contre le curé, qui prit la fuite.

L'archevêque d'Aix avait fait un nouveau formulaire sur la bulle, et le parlement d'Aix l'avait condamné à donner dix mille livres aux pauvres ; il fut obligé de faire cette aumône, et il en fut pour son formulaire et pour son argent (septembre). L'évêque de Troyes avait troublé son diocèse, le roi l'envoya prisonnier chez les moines en Alsace. L'archevêque de Paris, à qui l'on avait permis de revenir à Conflans, déclara excommuniés ceux qui liraient les arrêts et les remontrances des parlements sur la bulle et sur les billets de confession.

Louis XV, que tant d'animosités embarrassaient, poussa la circonspection jusqu'à demander l'avis du pape Lambertini, Benoît XIV, homme aussi modéré que lui, aimé de la chrétienté pour la douceur et la gaieté de son caractère, et qui est aujourd'hui regretté de plus en plus. Il ne se mêla jamais d'aucune affaire que pour recommander la paix. C'était son secrétaire des brefs, le cardinal Passionei, qui faisait tout. Ce cardinal, le seul alors dans le sacré collège qui fût homme de lettres, était un génie assez élevé pour mépriser les disputes dont il s'agissait. Il haïssait les jésuites qui avaient fabriqué la bulle ; il ne pouvait se taire sur la fausse démarche qu'on avait faite à Rome de condamner dans cette bulle des maximes vertueuses, d'une vérité éternelle, qui appartiennent à tous les temps et à toutes les nations ;

---

1. Il s'agissait cette fois [de prolonger le payement des taxes pendant dix ans après la paix, c'est-à-dire pour toujours. (G. A.)

2. Une première version de cette phrase est citée par Voltaire, qui se la reproche comme contenant des *choses trop flatteuses pour le parlement* (voyez la lettre à d'Argental, du 6 février 1763). Mais on a lieu de croire qu'avant l'émission du volume Voltaire supprima cette première version *trop flatteuse* ; je ne l'ai pas trouvée dans l'édition de 1763, où le texte est conforme à ce qu'on lit ici. (B.)

celle-ci, par exemple : « La crainte d'une excommunication injuste ne doit point empêcher de faire son devoir. »

Cette maxime est dans toute la terre la sauvegarde de la vertu. Tous les anciens, tous les modernes, ont dit que le devoir doit l'emporter sur la crainte du supplice même.

Mais quelque étrange que parût la bulle en plus d'un point, ni le cardinal Passionei ni le pape ne pouvaient rétracter une constitution regardée comme une loi de l'Église. Benoît XIV envoya au roi une lettre circulaire pour tous les évêques de France, dans laquelle il regardait, à la vérité, cette bulle comme une loi universelle à laquelle on ne peut résister « sans se mettre en danger de perdre son salut éternel » ; mais enfin il décidait que, « pour éviter le scandale, il faut que le prêtre avertisse les mourants soupçonnés de jansénisme qu'ils seront damnés, et les communier à leurs risques et périls ».

Le même pape, dans sa lettre particulière au roi, lui recommandait les droits de l'épiscopat. Quand on consulte un pape, quel qu'il soit, on doit bien s'attendre qu'il écrira comme un pape doit écrire.

Mais Benoît XIV, en rendant ce qu'il devait à sa place, donnait aussi tout ce qu'il pouvait à la paix, à la bienséance, à l'autorité du monarque. On imprima le bref du pape adressé aux évêques. (9 décembre 1756) Le parlement eut le courage ou la témérité de le condamner et de le supprimer par un arrêt. Cette démarche choqua d'autant plus le roi que c'était lui-même qui avait envoyé aux évêques ce bref condamné par son parlement. Il n'était point question dans ce bref des libertés de l'Église gallicane et des droits de la monarchie, que le parlement a soutenus et vengés dans tous les temps. La cour vit dans la censure du parlement plus de mauvaise humeur que de modération.

Le conseil croyait avoir un autre sujet de réprouver la conduite du parlement de Paris ; plusieurs autres cours supérieures, qui portent le nom de parlement, s'intitulaient *Classes du parlement du royaume;* c'est un titre que le chancelier de L'Hospital leur avait donné : il ne signifiait que l'union des parlements dans l'intelligence et le maintien des lois ; les parlements ne prétendaient pas moins que représenter l'État entier, divisé en différentes compagnies, qui toutes, faisant un seul corps, constitueraient les états généraux perpétuels du royaume. Cette idée eût été grande ; mais elle eût été trop grande, et l'autorité royale en était irritée [1].

---

1. C'est dans ces circonstances que Louis XV dit : « Ces grandes robes et le clergé me désolent par leurs querelles; mais je déteste bien plus les grandes robes :

Ces considérations, jointes aux difficultés qu'on faisait sur l'enregistrement des impôts, déterminèrent le roi à venir réformer le parlement de Paris dans un lit de justice.

Quelque secret que le ministère eût gardé, il perça dans le public. Le roi fut reçu dans Paris avec un morne silence [1]. Le peuple ne voit dans un parlement que l'ennemi des impôts; il n'examine jamais si ces impôts sont nécessaires; il ne fait pas même réflexion qu'il vend sa peine et ses denrées plus cher à proportion des taxes, et que le fardeau tombe sur les riches. Ceux-ci se plaignent eux-mêmes, et encouragent les murmures de la populace [2].

Les Anglais dans cette guerre ont été plus chargés que les Français; mais, en Angleterre, la nation se taxe elle-même, elle sait sur quoi les emprunts seront remboursés. La France est taxée, et ne sait jamais sur quoi seront assignés les fonds destinés au payement des emprunts. Il n'y a point en Angleterre de particuliers qui traitent avec l'État des impôts publics, et qui s'enrichissent aux dépens de la nation; c'est le contraire en France. Les parlements de France ont toujours fait des remontrances aux rois contre ces abus; mais il y a des temps où ces remontrances, et surtout les difficultés d'enregistrer, sont plus dangereuses que ces impôts mêmes, parce que la guerre exige des secours présents, et que l'abus de ces secours ne peut être corrigé qu'avec le temps.

Le roi vint au parlement faire lire un édit par lequel il supprimait deux chambres de ce corps et plusieurs officiers [3]. Il ordonna qu'on respectât la bulle *Unigenitus*, défendit que les juges

---

mon clergé, au fond, m'est attaché et fidèle; les autres voudraient me mettre en tutelle. Le régent a eu bien tort de leur rendre le droit de faire des remontrances: ils finiront par perdre l'État... c'est une assemblée de républicains!... » Et, pour terminer : « Au reste, en voilà assez : les choses comme elles sont dureront autant que moi. »

1. Voyez l'*Histoire du Parlement,* chapitre LXVI.
2. Il est très-vrai que toute taxe annuelle n'est payée en réalité que par les propriétaires de terres; la petite partie qui peut l'être par les profits du commerce étranger ne mérite point d'être comptée; mais il n'en est pas de même des taxes extraordinaires levées en temps de guerre. Celles qui portent sur les consommations du peuple ne font pas augmenter ses salaires, parce que les propriétaires alors font moins travailler. Le peuple souffre donc directement de ces taxes. Il souffre par la même raison de celles qui paraissent ne porter directement que sur les propriétaires. Celles-là ne seraient indifférentes au peuple que dans le cas où le produit de ces taxes serait employé en entier à lui procurer des salaires; encore faudrait-il qu'elles ne fussent payées que par les propriétaires riches : le peuple, la populace même, souffrent donc réellement des impôts extraordinaires. (K.)
3. Deux chambres des enquêtes, et plus de soixante conseillers. On mutilait le parlement dans sa partie active. (G. A.)

séculiers prescrivissent l'administration des sacrements, en leur permettant seulement de juger des abus et des délits commis dans cette administration, enjoignant aux évêques de prescrire à tous les curés la modération et la discrétion, et voulant que toutes les querelles passées *fussent ensevelies dans l'oubli* (13 décembre 1756). Il ordonna que nul conseiller n'aurait voix délibérative avant l'âge de vingt-cinq ans, et que personne ne pourrait opiner dans l'assemblée des chambres qu'après avoir servi dix années. Il fit enfin les plus expresses « inhibitions d'interrompre, sous quelque prétexte que ce pût être, le service ordinaire ».

Le chancelier alla aux avis pour la forme ; le parlement garda un profond silence ; le roi dit qu'il voulait être obéi, et « qu'il punirait quiconque oserait s'écarter de son devoir ».

Le lendemain quinze conseillers de la grand'chambre remirent leur démission sur le bureau. Cent quatre-vingts membres du parlement[1] se démirent bientôt de leurs charges. Les murmures furent grands dans toute la ville.

Parmi tant d'agitations qui troublaient tous les esprits au milieu d'une guerre funeste, dans le prodigieux dérangement des finances, qui rendait cette guerre plus dangereuse et qui irritait l'animosité des mécontents ; enfin parmi les épines des divisions semées de tous côtés entre les magistrats et le clergé, dans le bruit de toutes ces clameurs, il était très-difficile de faire le bien, et il ne s'agissait presque plus que d'empêcher qu'on ne fît beaucoup de mal.

---

1. Lorsqu'en 1763 ce morceau faisait partie du chapitre LIX du *Siècle de Louis XIV*, Voltaire avait d'abord mis : « Cent quatre-vingts membres se démirent de leurs charges ; les murmures furent grands dans la ville, et le roi fut assassiné, etc. » (Voyez le chapitre suivant.) Mais la *fatale feuille* qui contenait cette phrase ne fut point tirée ainsi : « Je sentis, écrit malignement Voltaire à d'Argental, que ces mots pourraient faire soupçonner à des grammairiens que cet assassinat fut le fruit immédiat du lit de justice, comme en effet Damiens l'avoua dans ses interrogatoires à Versailles et à Paris. Je sais bien qu'il est permis de dire une vérité que le parlement a fait imprimer lui-même ; mais j'ai bien senti aussi que le parlement serait fâché qu'on vît dans l'histoire ce qu'on voit dans le procès-verbal. » Et il annonce que « malgré son juste ressentiment contre l'infâme condamnation de *la Loi naturelle* », il a mis à la place : « Ces émotions furent bientôt ensevelies, etc. » C'est la phrase qui commence le chapitre XXXVII. (G. A.)

CHAPITRE XXXVII.

ATTENTAT CONTRE LA PERSONNE DU ROI [1].

(1757) Ces émotions du peuple furent bientôt ensevelies dans une consternation générale par l'accident le plus imprévu et le plus effroyable. Le roi fut assassiné, le 5 janvier, dans la cour de Versailles, en présence de son fils, au milieu de ses gardes et des grands officiers de sa couronne. Voici comment cet étrange événement arriva.

Un misérable de la lie du peuple, nommé Robert-François Damiens, né [2] dans un village auprès d'Arras, avait été longtemps domestique à Paris dans plusieurs maisons : c'était un homme dont l'humeur sombre et ardente avait toujours ressemblé à la démence.

Les murmures généraux qu'il avait entendus dans les places publiques, dans la grand'salle du palais, et ailleurs, allumèrent son imagination. Il alla à Versailles, comme un homme égaré ; et, dans les agitations que lui donnait son dessein inconcevable, il demanda à se faire saigner dans son auberge. Le physique a une si grande influence sur les idées des hommes [3] qu'il protesta depuis, dans ses interrogatoires, que « s'il avait été saigné comme il le demandait il n'aurait pas commis son crime ».

Son dessein était le plus inouï qui fût jamais tombé dans la tête d'un monstre de cette espèce ; il ne prétendait pas tuer le roi, comme en effet il le soutint depuis, et comme malheureusement il l'aurait pu ; mais il voulait le blesser : c'est ce qu'il déclara dans son procès criminel devant le parlement.

« Je n'ai point eu intention de tuer le roi ; je l'aurais tué si j'avais voulu, je ne l'ai fait que pour que Dieu pût toucher le roi, et le porter à remettre toutes choses en place, et la tranquillité dans ses États ; et il n'y a que l'archevêque de Paris seul qui est cause de tous ces troubles. » (Interrogatoire du 18 janvier, art. 144, page 132, du procès de Damiens, in-4°.)

---

1. Tout ce chapitre est fait contre les parlementaires. Voltaire présente Damiens comme ayant été fanatisé par le jansénisme de *Messieurs*. « Dans toute l'histoire de Damiens, écrivait-il pour se justifier, je me borne à citer les interrogatoires. »
2. En 1715.
3. Le physique gouverne toujours le moral, a dit Voltaire dans l'article FEMME de ses *Questions sur l'Encyclopédie*. (B.)

Cette idée avait tellement échauffé sa tête que, dans un autre interrogatoire, il dit :

« J'ai nommé des conseillers au parlement, parce que j'en ai servi un, et parce que presque tous sont furieux de la conduite de M. l'archevêque. » (Interrogatoire du 6 mars, page 289.) En un mot, le fanatisme avait troublé l'esprit de ce malheureux au point que, dans les interrogatoires qu'il subit à Versailles, on trouve ces propres paroles :

« Interrogé quels motifs l'avaient porté à attenter à la personne du roi, a dit que c'est *à cause de la religion.* » (Page 45.)

Tous les assassinats des princes chrétiens ont eu cette cause. Le roi de Portugal n'avait été assassiné qu'en vertu de la décision de trois jésuites[1]. On sait assez que les rois de France Henri III et Henri IV ne périrent que par des mains fanatiques ; mais il y avait cette différence que Henri III et Henri IV furent tués parce qu'ils paraissaient ennemis du pape, et que Louis XV fut assassiné parce qu'il semblait vouloir complaire au pape.

L'assassin s'était muni d'un couteau à ressort, qui d'un côté portait une longue lame pointue, et de l'autre un canif à tailler les plumes, d'environ quatre pouces de longueur. Il attendait le moment où le roi devait monter en carrosse pour aller à Trianon. Il était près de six heures ; le jour ne luisait plus ; le froid était excessif ; presque tous les courtisans portaient de ces manteaux qu'on nomme par corruption redingotes. L'assassin, ainsi vêtu, pénètre vers la garde, heurte en passant le dauphin, se fait place à travers la garniture des gardes du corps et des cent-suisses, aborde le roi, le frappe de son canif à la cinquième côte, remet son couteau dans sa poche, et reste le chapeau sur la tête. Le roi se sent blessé, se retourne, et à l'aspect de cet inconnu qui était couvert et dont les yeux étaient égarés, il dit : « C'est cet homme qui m'a frappé ; qu'on l'arrête, et qu'on ne lui fasse pas de mal[2]. »

Tandis que tout le monde était saisi d'effroi et d'horreur, qu'on portait le roi dans son lit, qu'on cherchait les chirurgiens, qu'on ignorait si la blessure était mortelle, si le couteau était empoisonné, le parricide répéta plusieurs fois : « Qu'on prenne garde à monseigneur le dauphin, qu'il ne sorte pas de la journée. »

A ces paroles l'alarme universelle redouble : on ne doute pas

---

1. Voyez chapitre xxxviii.
2. Voyez *Histoire du Parlement*, chapitre lxvii, comme on suivit les intentions du roi.

qu'il n'y ait une conspiration contre la famille royale; chacun se figure les plus grands périls, les plus grands crimes et les plus médités.

Heureusement la blessure du roi était légère ; mais le trouble public était considérable, et les craintes, les défiances, les intrigues, se multipliaient à la cour. Le grand prévôt de l'hôtel, à qui appartenait la connaissance du crime commis dans le palais du roi, s'empara d'abord du parricide et commença les procédures, comme il s'était pratiqué à Saint-Cloud dans l'assassinat de Henri III. Un exempt des gardes de la prévôté ayant obtenu un peu de confiance, ou apparente ou vraie, dans l'esprit aliéné de ce misérable, l'engagea à oser dicter de sa prison une lettre au roi même [1]. Damiens écrire au roi! un assassin écrire à celui qu'il avait assassiné!

Sa lettre est insensée, et conforme à l'abjection de son état, mais elle découvre l'origine de sa fureur : on y voit que les plaintes du public contre l'archevêque avaient dérangé le cerveau du criminel, et l'avaient excité à son attentat. Il paraissait, par les noms des membres du parlement cités dans sa lettre, qu'il les connaissait, ayant servi un de leurs confrères ; mais il eût été absurde de supposer qu'ils lui eussent expliqué leurs sentiments ; encore moins qu'ils lui eussent jamais dit ou fait dire un mot qui pût l'encourager au crime.

---

1. SIRE,

Je suis bien fâché d'avoir eu le malheur de vous approcher; mais si vous ne prenez pas le parti de votre peuple, avant qu'il soit quelques années d'ici, vous et monsieur le Dauphin, et quelques autres, périront; il serait fâcheux qu'un aussi bon prince, par la trop grande bonté qu'il a pour les ecclésiastiques, dont il accorde toute sa confiance, ne soit pas sûr de sa vie; et si vous n'avez pas la bonté d'y remédier sous peu de temps, il arrivera de très-grands malheurs, votre royaume n'étant pas en sûreté: par malheur pour vous que vos sujets vous ont donné leur démission, l'affaire ne provenant que de leur part. Et si vous n'avez pas la bonté, pour votre peuple, d'ordonner qu'on leur donne les sacrements à l'article de la mort, les ayant refusés depuis votre lit de justice, dont le Châtelet a fait vendre les meubles du prêtre qui s'est sauvé; je vous réitère que votre vie n'est pas en sûreté, sur l'avis qui est très-vrai, que je prends la liberté de vous informer par l'officier porteur de la présente, auquel j'ai mis toute ma confiance. L'archevêque de Paris est la cause de tout le trouble, par les sacrements qu'il a fait refuser. Après le crime cruel que je viens de commettre contre votre personne sacrée, l'aveu sincère que je prends la liberté de vous faire me fait espérer la clémence des bontés de Votre Majesté.

Signé : DAMIENS.

Cette lettre se trouve page 69 du Procès de Damiens, donné au public par le greffier criminel du parlement, avec la permission de ses supérieurs.

Au dos de ladite lettre est écrit : Paraphé, *ne varietur*, suivant et au désir de

Aussi le roi ne fit aucune difficulté de remettre le jugement du coupable à ceux de la grand'chambre qui n'avaient pas donné leur démission. Il voulut même que les princes et les pairs rendissent, par leur présence, le procès plus solennel et plus authentique dans tous ses points aux yeux d'un public aussi défiant que curieux exagérateur, qui voit toujours, dans ces aventures effrayantes, au delà de la vérité. Jamais en effet la vérité n'a paru dans un jour plus clair. Il est évident que cet insensé n'avait aucun complice : il déclara toujours qu'il n'avait point voulu tuer

---

l'interrogatoire du nommé François Damiens, en date du neuf janvier mil sept cent cinquante-sept, à Versailles, le roi y étant.

Signé : DAMIENS.

LE CLERC DU BRILLET, *et* DUVOIGNE, *avec paraphe.*

Et plus bas est écrit :

AU ROI.

Suit la teneur d'un écrit signé DAMIENS.

COPIE DU BILLET.

MM. Chagrange. Seconde. Baisse de Lisse*. De la Guyomie. Clément. Lambert.
Le président de Rieux Bonnainvilliers.
Président du Massy, et presque tous.
Il faut qu'il remette son parlement, et qu'il le soutienne avec promesse de ne rien faire aux ci-dessus et compagnie.

Signé : DAMIENS.

Plus bas est écrit :

Paraphé, *ne varietur*, suivant et au désir de l'interrogatoire de ce jour neuf janvier mil sept cent cinquante-sept.

Signé : DAMIENS.

LE CLERC DU BRILLET, *et* DUVOIGNE, *avec paraphe.*

Ladite lettre, ainsi que ledit écrit, annexés à la minute dudit interrogatoire.

* Ce misérable estropie presque tous les noms de ceux dont il parle. (*Note de Voltaire.*)
— J'ai rétabli presque tous ces noms dans une note du chapitre LXVII de l'*Histoire du Parlement*. Le président appelé *Du Massy* par Damiens est, avec raison, nommé *Mazi* par Voltaire, dans son *Histoire du Parlement*. Voltaire, en rapportant ci-dessus la lettre de Damiens au roi (*Sire, je suis bien fâché*, etc.), a supprimé un *Post-scriptum* où l'accusé rend compte des cruautés commises sur sa personne par Machault. Voici ce *Post-scriptum* :
« J'oublie à avoir l'honneur de représenter à Votre Majesté que, malgré les ordres que vous avez donnés, en disant que l'on ne me fasse pas de mal, cela n'a pas empêché que monseigneur le garde des sceaux a fait chauffer deux pinces dans la salle des gardes, me tenant lui-même, et ordonné à deux gardes de me brûler les jambes, ce qui fut exécuté en leur promettant récompense, en disant à ces deux gardes d'aller chercher deux fagots, et de les mettre dans le feu, afin de m'y faire jeter dedans, et que sans M. Le Clerc, qui a empêché leur projet, je n'aurais pas pu avoir l'honneur de vous instruire de ce que dessus. DAMIENS. »
Le Clerc du Brillet était lieutenant du grand prévôt. (B.)
— Machault, le garde des sceaux, voulait à toute force que Damiens se dît jésuite. Le patient lui cria : « C'est toi qui n'es qu'un misérable! Si tu avais soutenu la compagnie (le parlement), tout cela ne fût pas arrivé! » Alors Machault : « Deux fagots! » et il voulait le brûler vif. Voltaire, qui a omis à dessein le post-scriptum, s'enhardira pourtant à signaler les cruautés de Machault dans son *Histoire du Parlement*. (G. A.)

le roi, mais qu'il avait formé le dessein de le blesser depuis l'exil du parlement. (Interrogatoire au parlement, pages 132 et 135.)

D'abord, dans son premier interrogatoire, il dit que « la religion seule l'a déterminé à cet attentat ». (Page 131.)

Il avoue qu'il n'a « dit du mal que des molinistes et de ceux qui refusent les sacrements, que ces gens-là croient apparemment deux dieux ». (Page 145.)

Il s'écria, à la question, « qu'il avait cru faire une œuvre méritoire pour le ciel; c'est ce que j'entendais dire à tous ces prêtres dans le palais ». Il persista constamment à dire que c'était l'archevêque de Paris, les refus de sacrements, les disgrâces du parlement, qui l'avaient porté à ce parricide; il le déclara encore à ses confesseurs. Ce malheureux n'était donc qu'un insensé fanatique, moins abominable à la vérité que Ravaillac et Jean Châtel, mais plus fou, et n'ayant pas plus de complices que ces deux énergumènes. Les seuls complices, pour l'ordinaire, de ces monstres sont des fanatiques dont les cervelles échauffées allument, sans le savoir, un feu qui va embraser des esprits faibles, insensés, et atroces. Quelques mots dits au hasard suffisent à cet embrasement. Damiens agit dans la même illusion que Ravaillac, et mourut dans les mêmes supplices [1] (28 mars).

Quel est donc l'effet du fanatisme, et le destin des rois! Henri III et Henri IV sont assassinés parce qu'ils ont soutenu leurs droits contre les prêtres. Louis XV est assassiné parce qu'on lui reproche de n'avoir pas assez sévi contre un prêtre. Voilà trois rois sur lesquels se sont portées des mains parricides, dans un pays renommé pour aimer ses souverains.

Le père, la femme, la fille de Damiens, quoique innocents, furent bannis du royaume, avec défense d'y revenir sous peine d'être pendus. Tous ses parents furent obligés, par le même arrêt, de quitter leur nom de Damiens, devenu exécrable [2].

Cet événement fit rentrer en eux-mêmes pour quelque temps ceux qui, par leurs malheureuses querelles ecclésiastiques, avaient été la cause d'un si grand crime. On voyait trop évidemment ce que produisent l'esprit dogmatique et les fureurs de religion. Personne n'avait imaginé qu'une bulle et des billets de confession

---

1. Voyez les atroces détails du supplice dans le *Dictionnaire philosophique*, à l'article Curiosité.
2. La ville d'Amiens présenta une requête au roi dans laquelle elle demandait à changer de nom et à s'appeler Louisville. Gresset composa à ce sujet une pièce de vers qui n'est pas dans ses *OEuvres*. (B.)

pussent avoir des suites si horribles ; mais c'est ainsi que les démences et les fureurs des hommes sont liées ensemble. L'esprit des Poltrot et des Jacques Clément, qu'on avait cru anéanti, subsiste donc encore dans les âmes féroces et ignorantes! La raison pénètre en vain chez les principaux citoyens : le peuple est toujours porté au fanatisme, et peut-être n'y a-t-il d'autre remède à cette contagion que d'éclairer enfin le peuple même ; mais on l'entretient quelquefois dans des superstitions, et on voit ensuite avec étonnement ce que ces superstitions produisent.

Cependant seize conseillers qui avaient donné leur démission étaient envoyés en exil, et l'un d'eux [1], qui était clerc, et qui fut depuis conseiller d'honneur, célèbre pour son patriotisme et pour son éloquence, fonda une messe à perpétuité pour remercier Dieu d'avoir conservé la vie du roi qui l'exilait.

On confina aussi plusieurs officiers du parlement de Besançon dans différentes villes pour avoir refusé l'enregistrement d'un second vingtième, et pour avoir donné un décret contre l'intendant de la province.

Le roi, malgré l'attentat commis sur sa personne, malgré une guerre ruineuse, s'occupait toujours du soin d'étouffer les querelles des parlements et du clergé, essayant de contenir chaque état dans ses bornes, exilant encore l'archevêque de Paris pour avoir contrevenu à ses lois dans la simple élection de la supérieure d'un couvent ; rappelant ensuite ce prélat, et rendant toujours par la modération la fermeté plus respectable. Enfin les affaires même du parlement de Paris s'accommodèrent ; les membres de ce corps qui avaient donné leur démission reprirent leurs charges et leurs fonctions : tout a paru tranquille au dedans jusqu'à ce que le faux zèle et l'esprit de parti fassent naître de nouveaux troubles [2].

---

1. L'abbé de Chauvelin. (*Note de Voltaire.*)

2. Il ne sera pas inutile d'observer ici que tous ces troubles n'eurent d'éclat et d'importance que par les divisions du ministère. Toute opération du gouvernement qui n'est pas de nature à soulever le peuple ne peut exciter aucun trouble dans une monarchie tant qu'il subsiste de la force et de l'union dans le conseil du prince.

Rien n'est funeste aux rois que leur propre faiblesse.

Ce vers renferme toute la politique des monarques dans ce qui intéresse la tranquillité de l'État, leur autorité, leur sûreté.

Mais comment se flatter que la tranquillité se rétablisse, lorsque chaque parti contre lequel le gouvernement se déclare est sûr d'avoir des protecteurs dans le gouvernement même, et peut espérer de les voir bientôt s'emparer du premier

CHAPITRE XXXVIII.

ASSASSINAT DU ROI DE PORTUGAL. JÉSUITES CHASSÉS DU PORTUGAL, ET ENSUITE DE LA FRANCE.

Un ordre religieux ne devrait pas faire partie de l'histoire. Aucun historien de l'antiquité n'est entré dans le détail des établissements des prêtres de Cybèle ou de Junon. C'est un des malheurs de notre police européane que les moines, destinés par leur institut à être ignorés, aient fait autant de bruit que les princes, soit par leurs immenses richesses, soit par les troubles qu'ils ont excités depuis leur fondation.

Les jésuites étaient, comme on sait, les souverains véritables du Paraguai, en reconnaissant le roi d'Espagne. La cour d'Espagne avait cédé, par un traité d'échange, quelques districts de ces contrées au roi de Portugal Joseph II[1], de la maison de Bragance. On accusa les jésuites de s'y être opposés, et d'avoir fait révolter les peuplades qui devaient passer sous la domination portugaise. Ce grief, joint à beaucoup d'autres, fit chasser les jésuites de la cour de Lisbonne.

Quelque temps après, la famille Tavora, et surtout le duc d'Aveiro, oncle de la jeune comtesse Ataïde d'Atouguia; le vieux marquis et la marquise de Tavora, père et mère de la jeune comtesse; enfin le comte Ataïde, son époux, et un des frères de cette comtesse infortunée, croyant avoir reçu du roi un outrage irréparable, ils résolurent de s'en venger. La vengeance s'accorde très-bien avec la superstition. Ceux qui méditent un grand attentat cherchent parmi nous des casuistes et des confesseurs qui

---

crédit? Comment s'assurer qu'il n'y aura pas de troubles, si ceux mêmes qui devraient les réprimer s'unissent en secret avec les brouillons qui les excitent?

Dans une monarchie, c'est à la cour seule que se forment les orages; c'est là que sont les vrais perturbateurs; c'est de là que partent les intrigues qui excitent les factions, ou les ordres violents qui soulèvent les peuples. A la Chine, on rend ceux qui gouvernent responsables des troubles, quelle qu'en soit la cause ou le prétexte; cette loi n'est pas injuste en elle-même, mais elle est absurde. C'est donner un moyen de plus à ceux qui veulent déplacer un gouverneur ou un ministre; le seul remède à ce mal est de n'avoir pour ministres que des hommes honnêtes et guidés par les mêmes principes de politique. (K.)

1. Lisez Joseph Ier, voyez page 173. Il n'y a encore eu qu'un monarque portugais du nom de Joseph.

les encouragent. La famille, qui pensait être outragée, s'adressa à trois jésuites, Malagrida, Alexandre, et Mathos. Ces casuistes décidèrent que ce n'était pas seulement un péché qu'ils appellent *véniel*, de tuer le roi [1].

Il est bon de savoir, pour l'intelligence de cette décision, que les casuistes distinguent entre les péchés qui mènent en enfer et les péchés qui conduisent en purgatoire pour quelque temps ; entre les péchés que l'absolution d'un prêtre remet moyennant quelques prières ou quelques aumônes, et les péchés qui sont remis sans aucune satisfaction. Les premiers sont *mortels*, les seconds sont *véniels*.

La confession auriculaire causa un parricide en Portugal, ainsi qu'elle en avait produit dans d'autres pays. Ce qui a été introduit pour expier les crimes en a fait commettre. Telle est, comme on l'a déjà vu [2] souvent dans cette histoire, la déplorable condition humaine.

(3 septembre 1758) Les conjurés, munis de leurs pardons pour l'autre monde, attendirent le roi, qui revenait à Lisbonne d'une petite maison de campagne, seul, sans domestiques, et la nuit ; ils tirèrent sur son carrosse, et blessèrent dangereusement le monarque.

Tous les complices, excepté un domestique, furent arrêtés. Les uns périrent par la roue, les autres furent décapités. La jeune comtesse Ataïde, dont le mari fut exécuté, alla par ordre du roi pleurer dans un couvent tant d'horribles malheurs, dont elle passait pour être la cause. Les seuls jésuites qui avaient conseillé et autorisé l'assassinat du roi, par le moyen de la confession, moyen aussi dangereux que sacré, échappèrent alors au supplice.

Le Portugal, n'ayant pas encore reçu dans ce temps-là les lumières qui éclairent tant d'États en Europe, était plus soumis au pape qu'un autre. Il n'était pas permis au roi de faire condamner à la mort, par ses juges, un moine parricide ; il fallait avoir le consentement de Rome. Les autres peuples étaient dans le XVIIIe siècle ; mais les Portugais semblaient être dans le XIIe.

---

1. C'est ce qui est rapporté dans l'*acordao*, ou *déclaration authentique du conseil royal de Lisbonne*. (*Note de Voltaire*).
2. Comme il est dit dans l'Avertissement de Beuchot, ce qui forme aujourd'hui le chapitre XXXVIII du *Précis du Siècle de Louis XV* formait, en 1763, le chapitre LX du *Siècle de Louis XIV*, imprimé à la suite de l'*Essai sur l'Histoire générale et sur les Mœurs et l'Esprit des nations ;* et dans le chapitre CXXXV de cet *Essai*, Voltaire parlait de plusieurs assassinats commis après confession. Le chapitre CXXXV est aujourd'hui le CLXIV ; voyez tome XII, page 472, et aussi l'article CONFESSION du *Dictionnaire philosophique*.

La postérité aura peine à croire que le roi de Portugal fit solliciter à Rome, pendant plus d'un an, la permission de faire juger chez lui des jésuites ses sujets, et ne put l'obtenir. La cour de Lisbonne et celle de Rome furent longtemps dans une querelle ouverte; on alla même jusqu'à se flatter que le Portugal secouerait un joug que l'Angleterre, son alliée et sa protectrice, avait foulé aux pieds depuis si longtemps; mais le ministère portugais avait trop d'ennemis pour oser entreprendre ce que Londres avait exécuté : il montra à la fois une grande fermeté et une extrême condescendance.

Les jésuites les plus coupables étaient en prison à Lisbonne; le roi les y laissa, et prit le parti d'envoyer à Rome tous les jésuites de ses États. On les déclara bannis pour jamais du royaume; mais on n'osait livrer à la mort trois jésuites accusés et convaincus de parricide. Le roi fut réduit à l'expédient de livrer du moins Malagrida à l'Inquisition, comme suspect d'avoir autrefois avancé quelques propositions téméraires qui sentaient l'hérésie.

Les dominicains, qui étaient juges du saint-office et assistants du grand-inquisiteur, n'ont jamais aimé les jésuites : ils servirent le roi mieux que n'avait fait Rome. Ces moines déterrèrent un petit livre de la *Vie héroïque de sainte Anne, mère de Marie, dictée au révérend père Malagrida par sainte Anne elle-même*. Elle lui avait déclaré que l'immaculée conception lui appartenait comme à sa fille, qu'elle avait parlé et pleuré dans le ventre de sa mère, et qu'elle avait fait pleurer les chérubins. Tous les écrits de Malagrida étaient aussi sages; de plus, il avait fait des prédictions et des miracles : et celui d'éprouver, à l'âge de soixante et quinze ans, des pollutions dans sa prison, n'était pas un des moindres. (21 septembre 1761) Tout cela lui fut reproché dans son procès; et voilà pourquoi il fut condamné au feu, sans qu'on l'interrogeât seulement sur l'assassinat du roi parce que ce n'est qu'une faute contre un séculier, et que le reste est un crime contre Dieu. Ainsi l'excès du ridicule et de l'absurdité fut joint à l'excès d'horreur. Le coupable ne fut mis en jugement que comme un prophète, et ne fut brûlé que pour avoir été fou, et non pas pour avoir été parricide.

Tandis qu'on chassait les jésuites du Portugal, cette aventure réveillait la haine qu'on leur portait en France, où ils ont toujours été puissants et détestés. Il arriva qu'un profès de leur ordre, nommé La Valette [1], qui était le chef des missions à la

---

1. Voyez l'*Histoire du Parlement*, chapitre LXVIII.

Martinique, et le plus fort commerçant des îles, fit une banqueroute de plus de trois millions. Les intéressés se pourvurent au parlement de Paris. On crut découvrir alors que le général jésuite, résidant à Rome, gouvernait despotiquement les biens de la société. Le parlement de Paris condamna ce général et tous les frères jésuites solidairement à payer la banqueroute de La Valette.

Ce procès, qui indigna la France contre les jésuites, conduisit à examiner cet institut singulier qui rendait ainsi un général italien maître absolu des personnes et des fortunes d'une société de Français. On fut surpris de voir que jamais l'ordre des jésuites n'avait été formellement reçu en France par la plupart des parlements du royaume ; on déterra leurs constitutions, et tous les parlements les trouvèrent incompatibles avec les lois. Ils rappelèrent alors toutes les anciennes plaintes faites contre cet ordre, et plus de cinquante volumes de leurs décisions théologiques contre la sûreté de la vie des rois. Les jésuites ne se défendirent qu'en disant que les jacobins et saint Thomas en avaient écrit autant. Ils ne prouvaient par cette réponse autre chose, sinon que les jacobins étaient condamnables comme eux. A l'égard de Thomas d'Aquin, il est canonisé ; mais il y a, dans sa *Somme ultramontaine*, des décisions que les parlements de France feraient brûler le jour de sa fête si on voulait s'en servir pour troubler l'État. Comme il dit, en divers endroits, que l'Église a le droit de déposer un prince infidèle à l'Église, il permet en ce cas le parricide. On peut, avec de telles maximes, gagner le paradis et la corde.

Le roi daigna se mêler de l'affaire des jésuites, et pacifier encore cette querelle comme les autres. Il voulut, par un édit, réformer paternellement les jésuites en France ; mais on prétend que le pape Clément XIII ayant dit qu'il fallait ou qu'ils restassent comme ils étaient, ou qu'ils n'existassent pas, cette réponse du pape est ce qui les a perdus. On leur reprochait encore des assemblées secrètes. Le roi les abandonna alors aux parlements de son royaume, qui tous, l'un après l'autre, leur ont ôté leurs colléges et leurs biens [1].

Les parlements ne les ont condamnés que sur quelques règles de leur institut que le roi pouvait réformer, sur des maximes

---

1. Les colléges des jésuites furent fermés le 1er avril 1762, le 6 août de la même année leurs vœux furent déclarés abusifs, et la société fut dissoute. Les jésuites n'en restèrent pas moins dans le royaume en portant l'habit séculier jusqu'en 1764. (G. A.)

horribles, il est vrai, mais méprisées, publiées pour la plupart par des jésuites étrangers, et désavouées formellement depuis peu par les jésuites français.

Il y a toujours dans les grandes affaires un prétexte qu'on met en avant, et une cause véritable qu'on dissimule. Le prétexte de la punition des jésuites était le danger prétendu de leurs mauvais livres, que personne ne lit ; la cause était le crédit dont ils avaient longtemps abusé. Il leur est arrivé, dans un siècle de lumière et de modération, ce qui arriva aux templiers dans un siècle d'ignorance et de barbarie: l'orgueil perdit les uns et les autres ; mais les jésuites ont été traités dans leur disgrâce avec douceur, et les templiers le furent avec cruauté. Enfin le roi, par un édit solennel, en 1764[1], abolit dans ses États cet ordre qui avait toujours eu des personnages estimables, mais plus de brouillons, et qui fut pendant deux cents ans un sujet de discorde.

Ce n'est ni Sanchez, ni Lessius, ni Escobar, ni des absurdités de casuistes, qui ont perdu les jésuites ; c'est Le Tellier, c'est la bulle qui les a exterminés dans presque toute la France. La charrue que le jésuite Le Tellier avait fait passer sur les ruines de Port-Royal a produit, au bout de soixante ans, les fruits qu'ils recueillent aujourd'hui ; la persécution que cet homme violent et fourbe avait excitée contre des hommes entêtés a rendu les jésuites exécrables à la France : exemple mémorable, mais qui ne corrigera aucun confesseur des rois, quand il sera ce que sont presque tous les hommes à la cour, ambitieux et intrigant, et qu'il dirigera un prince peu instruit, affaibli par la vieillesse[2].

L'ordre des jésuites fut ensuite chassé de tous les États du roi d'Espagne en Europe, en Asie, en Amérique, chassé des Deux-Siciles, chassé de Parme et de Malte : preuve évidente qu'ils n'étaient pas aussi grands politiques qu'on le croyait. Jamais les moines n'ont été puissants que par l'aveuglement des autres hommes, et les yeux ont commencé à s'ouvrir dans ce siècle. Ce qu'il y eut d'assez étrange dans leur désastre presque universel, c'est qu'ils furent proscrits dans le Portugal pour avoir dégénéré de leur institut, et en France pour s'y être trop conformés. C'est qu'en Portugal on n'osait pas encore examiner un institut consacré par les papes, et on l'osait en France. Il en résulte qu'un

---

1. Novembre ; voyez l'*Histoire du Parlement*, chapitre LXVIII.
2. C'était ici qu'en 1763 finissait ce chapitre, alors le LXe. Il était suivi de deux chapitres dont il est parlé dans l'Avertissement de Beuchot, et qui sont placés dans les *Mélanges*. Les trois alinéas qui suivent ont paru dans l'édition in-4° de 1769. Le dernier alinéa du chapitre est de 1775. (B.)

ordre religieux parvenu à se faire haïr de tant de nations est coupable de cette haine.

Cet ordre fut exterminé dans presque tous les pays qui avaient été les théâtres de sa puissance, en Espagne, aux Philippines, au Pérou, au Mexique, au Paraguai, en Portugal, au Brésil, en France, dans les Deux-Siciles, dans le duché de Parme, à Malte; mais il fut conservé (du moins pour quelque temps) en Hongrie, en Pologne, dans le tiers de l'Allemagne, en Flandre, et même à Venise, où il n'avait aucun crédit et dont il avait été autrefois chassé.

Il paraît raisonnable et juste que des souverains mécontents d'un ordre religieux s'en défassent, et que les puissances qui en sont satisfaites le conservent dans leurs États.

(1773) Enfin cette société a été abolie, après bien des négociations, par le pontife de Rome Ganganelli, successeur du pape Rezzonico. Tous les princes catholiques de l'Europe ont chassé les jésuites, et le roi de Prusse, prince protestant, les a conservés, au grand étonnement des nations. C'est que ce monarque ne voyait en eux que des hommes capables d'élever chez lui la jeunesse, et d'enseigner les belles-lettres peu cultivées dans ses États, excepté par lui-même. Il les croyait utiles, et ne les craignait pas; il regardait du même œil les calvinistes, les luthériens, les papistes; ceux qu'on appelle les ministres de l'Évangile, et ceux qu'on appelait les pères de la Société de Jésus, les dédaignant tous également, établissant la tolérance universelle comme le premier des dogmes, plus occupé de son armée que de ses colléges; sachant très-bien qu'avec des soldats il contiendrait tous les théologiens, et se souciant fort peu que ce fût un jésuite ou un prédicant qui fît connaître Cicéron et Virgile à la jeunesse.

CHAPITRE XXXIX[1].

DE LA BULLE DU PAPE REZZONICO, CLÉMENT XIII, ET DE SES SUITES.

L'infant duc de Parme, don Ferdinand de Bourbon, ayant suivi l'exemple de tous les princes de sa maison en chassant les

1. Ce chapitre a été ajouté, en 1769, dans l'édition in-4°. (B.)

jésuites, fit dans ses États plusieurs règlements utiles qui réprimaient les abus monastiques ; et son ministre, très-estimé dans l'Europe[1], eut surtout la prudence de prévenir les prétentions de la cour de Rome, qui croyait être en droit de juger toutes les affaires contentieuses de Parme, Plaisance, et Guastalle, et de conférer tous les bénéfices. Ces prétentions étaient tirées premièrement de saint Pierre, qu'on prétend avoir été évêque de Rome ; secondement, de la comtesse Mathilde, qui avait donné Parme et Plaisance au pape Grégoire VII, avec plusieurs autres beaux domaines ; mais il n'a jamais été prouvé que saint Pierre ait été à Rome ; et il est prouvé qu'il ne donna aucun bénéfice dans Parme, Plaisance et Guastalle, et qu'il n'y jugea aucun procès.

Quant à la comtesse Mathilde, sœur de l'empereur Henri III, et tante de cet empereur Henri IV que les papes rendirent si malheureux, cette donation a toujours été regardée comme nulle par tous les jurisconsultes impériaux, n'étant pas permis de disposer d'aucun fief de l'empire sans le consentement du suzerain. On était même encore si persuadé, du temps de Charles-Quint, de l'invalidité des droits pontificaux que cet empereur s'empara de Plaisance lorsque le bâtard du pape Paul III, à qui son père avait donné cette ville, y fut assassiné pour ses débauches et pour ses violences. Charles-Quint garda même Plaisance jusqu'à sa mort.

Les empereurs réclamèrent toujours depuis la mouvance de arme et de Plaisance, et enfin elle leur fut solennellement accordée au congrès de Cambrai et à celui de Soissons.

Dès que le pape Clément XIII sut que le duc de Parme, don Ferdinand, voulait régner comme les autres souverains, il assembla une congrégation de cardinaux, qui ne manqua pas de regarder la sage administration du duc de Parme et de ses ministres comme un sacrilége. Le pape signa dans Sainte-Marie-Majeure, le 30 janvier 1768, un bref pontifical dans lequel il commence par dire que Parme et Plaisance lui appartiennent, *in ducatu nostro;* et que, le duc de Parme étant laïque et non pas prêtre, tout ce que fait son conseil est *illégitime*. Il excommunie tous ceux qui ont eu part aux édits du duc de Parme, sans exception ; il défend de leur donner l'absolution, en quelque cas que ce puisse être. Ce décret, scellé de l'anneau du pêcheur, fut affiché aux basiliques de Saint-Jean de Latran, de Saint-Pierre, et au champ de Flore.

1. Ce ministre était un Français nommé du Tillot, et créé, par l'infant, marquis de Felino. C'est sous ce dernier nom qu'il est connu. (K.)

Un tel bref paraissait du xiie siècle plutôt que de celui où nous vivons. Le pape, et les cardinaux qui l'entraînèrent dans ce piége, ne savaient pas combien les esprits s'étaient éclairés dans l'Europe. Le malheur de la cour de Rome était de juger du présent par le passé. Il y a des temps où un prêtre peut détrôner un souverain avec des préjugés ; il y en a d'autres où il faut déguiser sa faiblesse par la condescendance. Jamais pontife ne fit une plus lourde faute. Il insultait, dans la personne du duc de Parme, le roi d'Espagne don Carlos son oncle, Louis XV son grand-père, chef de la maison de Bourbon, et le roi des Deux-Siciles, son cousin germain.

Les papes n'avaient excommunié aucun souverain depuis l'an 1630, et c'était justement un duc de Parme, ancêtre maternel du duc régnant. Il ne s'était agi que d'argent dans cette affaire. Le pape avait pris les duchés de Castro et de Ronciglione, appartenants à Odoard Farnèse, duc de Parme.

En 1588, un ancêtre plus important de ce prince, le grand Henri IV, roi de France, avait été excommunié par Sixte-Quint. Ce pâtre de la Marche d'Ancône, devenu pape, avait osé l'appeler *génération bâtarde et détestable de la maison de Bourbon.*

Telle fut longtemps la démence superstitieuse et hardie de la cour de Rome qu'un prêtre de ce pays déclara, de la part de Dieu, le descendant de tant de rois incapable d'hériter, non-seulement du royaume de saint Louis, mais même d'un seul arpent de terre.

Cet excès d'insolence absurde n'avait point été puni comme il devait l'être. Les querelles de religion et la politique ambitieuse de Philippe II soutenaient alors l'audace du Vatican ; mais il vient un temps où l'on réprime enfin ce qu'on a été forcé de tolérer, et où le faible est châtié des anciennes entreprises du fort qui n'existe plus.

Clément XIII fut bientôt puni de son peu de connaissance des affaires du monde. Le parlement de Paris commença par condamner son bref d'excommunication ; mais le conseil du roi employa des armes plus réelles : l'ordre fut donné de se saisir d'Avignon et de tout le comtat Venaissin. Les concessions faites autrefois par les rois de France, de ce comtat au siége de Rome, sont enveloppées de ce nuage d'incertitudes qui couvre une grande partie de l'histoire. D'ailleurs l'aliénation d'un domaine de la couronne a toujours été réputée contraire aux lois du royaume par tous les parlements, et particulièrement par celui de Provence, dans le ressort duquel sont Avignon et le comtat.

Louis XIV était rentré deux fois dans ce domaine, l'une du temps du pape Alexandre VII, l'autre pour mortifier Innocent XI, qui s'était déclaré son ennemi ; et ayant saisi ces terres comme domaines de la couronne, il les avait rendues deux fois sans faire aucune déclaration qui pût préjudicier au droit qu'il avait de les reprendre.

Il faut savoir que lorsque les rois de France reprennent le comtat, c'est en vertu d'un arrêt du parlement de Provence. Le ministère de France jugea qu'il fallait faire valoir le dernier arrêt de ce parlement, qui réunit, en 1688, Avignon et le comtat à la couronne. Cet arrêt n'avait point été spécialement révoqué ; ainsi il fut mis en exécution comme subsistant dans toute sa force.

Le comte de Rochechouart se présenta de la part du roi, le 11 juin 1768, devant Avignon, suivi de quelques troupes ; il alla droit au vice-légat, qui gouvernait au nom du pape, et lui dit, selon l'ancien protocole usité sous Louis XIV : « Monsieur, le roi m'ordonne de remettre Avignon en sa main, et vous êtes prié de vous retirer. »

Le premier président d'Aix, un second président, et huit conseillers, firent publier l'arrêt de réunion. Dans le même temps toutes les cloches sonnèrent, le peuple fit des feux de joie ; on commença dès ce jour à insérer dans tous les actes publics : « Régnant souverain prince Louis par la grâce de Dieu, XV du nom, roi de France et de Navarre, comte de Provence, de la ville d'Avignon, et du comtat Venaissin. »

Le roi de Naples, de son côté, vengeait sa maison et tous les souverains catholiques en s'emparant de la ville de Bénévent et de celle de Ponte-Corvo, et en déclarant que « ces deux villes et leur territoire dépendent de la couronne de Naples, et qu'ils y seront réunis à perpétuité ».

On commença aussi de se saisir de Castro et de Ronciglione ; mais on se contenta de menacer, et dans le temps même que la cour de Naples prenait Bénévent, qui appartient aux papes depuis environ sept cent trente années, elle lui payait le tribut de vassal, qui consiste en sept mille écus pendus au cou d'une haquenée. On n'osa pas s'affranchir de cette servitude ; les hommes font rarement tout ce qu'ils peuvent : elle était encore moins ancienne de dix années que les droits du pape sur Bénévent. Cet hommage, qui n'était d'ailleurs, et qui ne pouvait être qu'une simple cérémonie de piété, n'est point une véritable mouvance féodale. Il fut établi par le préjugé, et il peut aisément être aboli par la raison. Le ministre du roi de Naples, le marquis Tannucci, l'homme le mieux instruit de cette jurisprudence épineuse, ne crut pas que le temps fût encore venu de secouer un joug honteux aux têtes couronnées, mais imposé par la religion.

Si on ne dépouillait pas encore les papes de tous les droits qu'ils avaient usurpés, du moins on sapait par les fondements l'édifice sur lequel la plupart de ces droits sont appuyés ; on proscrivait partout la fameuse bulle *In cœna Domini*, qu'on a fulminée tous les ans à Rome sans discontinuation depuis Paul III. Un cardinal-diacre la lit à la porte de Saint-Pierre, le jour qu'on appelle du jeudi-saint, et le pape jette un flambeau allumé dans la place publique pour marquer au peuple chrétien que Dieu brûlera ainsi dans l'enfer quiconque violera les lois portées par la bulle *In cœna Domini*[1].

C'est dans cette bulle, n° 14, qu'on excommunie d'une excommunication majeure :

« Les chanceliers, conseillers ordinaires ou extraordinaires de quelques rois et princes que ce puisse être, les présidents des chancelleries, conseils, parlements, comme aussi les procureurs généraux qui évoquent à eux les causes ecclésiastiques, ou qui empêchent l'exécution des lettres apostoliques, même quand ce serait sous le prétexte d'empêcher quelque violence. »

Par le même article le pape se réserve à lui seul « d'absoudre lesdits chanceliers, conseillers, procureurs généraux, et autres excommuniés, lesquels ne pourront être absous qu'après qu'ils auront publiquement révoqué leurs arrêts, et les auront arrachés des registres ».

Cette bulle avait été déjà fulminée par le violent Jules II, mais on n'avait point encore fait une loi de la publier tous les ans. Ce fut Paul III qui institua cet usage, et qui la fit imprimer dans le *Bullaire* avec des additions aggravantes. Il est étrange que Charles-Quint, qui avait saccagé Rome et tenu un pape en prison, laissât subsister une cérémonie absurde et méprisée à la vérité, mais injurieuse à la majesté de l'empire et à tous les rois.

L'insulte faite à l'infant duc de Parme réveilla l'Europe catholique après plus de deux cents ans d'assoupissement. Le ministère autrichien, à l'exemple du parlement de Paris, flétrit et supprima la bulle dans tous ses États. Le ministère de Naples en fit autant. Tous les conseils des princes ouvrirent les yeux ; enfin, après avoir chassé les jésuites de tant d'États, on vit partout de quelle

---

1. Voyez, sur cette bulle, l'article BULLE dans le *Dictionnaire philosophique*.

importance il est de diminuer cette prodigieuse multitude de moines qui sont, dans toutes les sociétés catholiques, les soldats du pape payés aux dépens des peuples. La sage république de Venise se signala surtout par des lois qui mettent un frein à la multitude des moines et à leur rapacité.

Voilà ce que le pape Rezzonico attira à la cour de Rome pour avoir écouté de mauvais conseils, et pour n'avoir pas fait réflexion que nous sommes au xviii° siècle. Ce pape, plus vertueux qu'éclairé, mourut bientôt après : on attribua sa mort au chagrin, quoique rarement ce soit la maladie des vieillards.

Le ministre qu'on appelle en France *des affaires étrangères*, et qu'on nommait sous Louis XIV ministre des étrangers, secondé du cardinal de Bernis, eut le crédit à Rome de faire nommer un pape dont on espéra plus de circonspection. Le cardinal de Bernis joignait à l'habileté dont les Italiens se piquent une érudition littéraire, un goût et un génie dont le sacré-collége ne se pique plus guère, et qu'on n'avait retrouvé que dans le feu cardinal Passionei. Ce fut lui qui fit le pape Clément XIV, et qui forma son conseil.

Ce pape[1], qui avait été franciscain, s'appelait Ganganelli, comme nous l'avons déjà dit[2] ; il était réputé très-sage et très-circonspect, au-dessus des préjugés monastiques, et capable de soutenir par sa sagesse le colosse du pontificat, qui semblait menacé de sa chute. C'est lui qui a enfin aboli la Société de Jésus par sa bulle de l'année 1773. Il acheva par là de convaincre toutes les nations qu'il est aussi aisé de détruire les moines que de les instituer ; et il fit espérer qu'on pourrait un jour diminuer dans l'Europe cette foule d'hommes inutiles aux autres et à eux-mêmes, qui font vœu de vivre aux dépens de ceux qui travaillent, et qui, ayant été autrefois très-dangereux, ne passent aujourd'hui que pour ridicules dans l'esprit de la plupart des pères de famille.

Lorsque le pape Ganganelli eut cassé la Société de Jésus, et qu'il eut promis de ne plus fulminer chaque année la bulle *In cœna Domini*, on lui rendit Avignon et Bénévent avec Ponte-Corvo. Sa prudence guérit le mal que son prédécesseur avait fait à Rome.

---

1. Dans l'édition in-4° le chapitre se terminait ainsi : « Ce pape, qui avait été franciscain, était réputé un homme sage, au-dessus des préjugés monastiques, et capable de soutenir par sa sagesse le colosse du pontificat, qui semblait menacé de sa chute. »
Le texte actuel est dans l'édition de 1775. (B.)

2. Page 400.

CHAPITRE XL[1].

DE LA CORSE.

Ces petits démêlés avec la cour de Rome ne coûtaient que de l'encre et du papier; mais il fallut de l'or et du sang pour soumettre l'île de Corse au pouvoir du roi de France.

Il est à propos de donner quelque idée de cette île. Il faut bien que le terrain n'en soit pas aussi ingrat, ni la possession aussi inutile qu'on le disait, puisque tous ses voisins en ont toujours recherché la domination.

Les Carthaginois s'en étaient emparés avant leurs guerres contre les Romains. Cornelius Scipion en fit la conquête dès la première guerre punique; les Romains en demeurèrent longtemps les maîtres; ils y bâtirent plusieurs villes. Les Goths l'enlevèrent aux Romains. Les Arabes la conquirent ensuite sur les Goths.

Quelques seigneurs de la nouvelle Rome en chassèrent les Sarrasins du temps du pape Pascal II. Les papes commencèrent dès lors à prétendre qu'il n'appartenait qu'à eux de donner des royaumes en qualité de vicaires de Jésus-Christ, dont le royaume n'était pourtant pas de ce monde. On croit communément que Grégoire VII fut le premier qui établit la chimère d'une monarchie sainte et universelle. On ne songe pas qu'Éginhard lui-même, le secrétaire de Charlemagne, dit que le pape Étienne déposa le roi des Francs Chilpéric, et donna le royaume des Francs au maire du palais Pépin, père de Charlemagne. Pascal II donna la Corse à un de ces conquérants, nommé Bianco, et s'en réserva l'hommage. L'île resta peuplée d'anciens Carthaginois, d'Arabes, et de naturels du pays. Les Pisans et les Génois s'en disputèrent ensuite la possession. Le pape Urbain II la donna aux Pisans par une bulle dont l'original est encore, dit-on, à Florence. Les Génois, malgré la bulle, s'établirent dans une partie de l'île au XIIe siècle.

Un Alfonse, roi d'Aragon, en chassa pendant quelque temps les Génois, qui l'en chassèrent à leur tour en 1354. Les Corses alors se firent de leur plein gré sujets de Gênes, parce qu'ils étaient très-pauvres, et qu'elle était très-riche.

---

1. Ce chapitre fut aussi ajouté en 1769 dans l'édition in-4°. (B.)

Dans le cours de toutes ces révolutions, les villes bâties par les anciens Romains tombèrent en ruine, et les peuples furent plongés dans la barbarie et dans la misère. C'est le portrait de presque toutes les nations chrétiennes depuis l'invasion des barbares, excepté Constantinople, et des villes d'Italie, comme Rome, Venise, Florence, Milan, et très-peu d'autres, qui conservèrent la police et les arts bannis partout ailleurs.

C'était plutôt aux Corses à conquérir Pise et Gênes qu'à Gênes et à Pise de subjuguer les Corses, car ces insulaires étaient plus robustes et plus braves que leurs dominateurs; ils n'avaient rien à perdre; une république de guerriers pauvres et féroces devait vaincre aisément des marchands de Ligurie, par la même raison que les Huns, les Goths, les Hérules, les Vandales, qui n'avaient que du fer, avaient subjugué les nations qui possédaient l'or. Mais les Corses, ayant toujours été désunis et sans discipline, partagés en factions mortellement ennemies, furent toujours subjugués par leur faute.

Ce fut une triste condition pour les habitants d'un pays qui porte le titre de royaume d'être sujets d'une république qui ne savait pas elle-même si elle était libre : car non-seulement le protocole de l'empire a toujours regardé Gênes comme sa sujette; mais, lorsque Gênes se donna au roi de France Charles VI; lorsque, ayant massacré les Français, elle se donna, en 1409, à un simple marquis de Montferrat, et ensuite à un duc de Milan; lorsqu'elle se soumit à Charles VII et à Charles VIII; lorsqu'elle fut au nombre des sujets de Louis XII, et même de sujets punis pour leur désobéissance, il se trouvait que les Corses étaient sujets de sujets non moins humiliés qu'eux-mêmes : ce qui est, après la condition d'esclave, la plus humiliante qu'on puisse imaginer.

Lorsque les Génois furent véritablement libres, en 1553[1], grâce à la mauvaise conduite de François Ier et au généreux courage de François Doria, l'homme qui, dans l'Europe moderne, a le plus illustré le nom de citoyen, alors les Corses furent plus esclaves que jamais; le poids de leurs chaînes étant devenu insupportable, leur malheur ranima leur courage. La famille d'Ornano, qui depuis se réfugia et brilla en France, voulut faire en Corse ce que les Doria avaient fait à Gênes, rendre la liberté à leur patrie, et cette famille d'Ornano était digne d'un si noble projet; elle n'y réussit pas : le plus grand courage et les meilleures mesures ont

---

[1]. Il faut considérer cette date de 1553 comme une faute d'impression, et lui substituer celle de 1528. (CL.)

besoin de la fortune. Le roi de France Henri II, qui secourait déjà les Corses[1], pour les subjuguer peut-être, fut tué dans un tournoi.

Les d'Ornano, n'ayant plus l'appui dangereux de la cour de France, en implorèrent un plus dangereux encore, celui des Ottomans. Mais la Porte dédaigna de se mêler des querelles de deux petits peuples qui se disputaient des rochers sur les côtes d'Italie. Les Corses restèrent asservis aux Génois ; plus ces insulaires avaient voulu secouer leur joug, plus Gênes l'appesantit.

Les Corses furent longtemps gouvernés par une loi qui ressemblait à la loi veimique ou vestphalienne de Charlemagne, loi par laquelle le commissaire délégué dans l'île condamnait à mort ou aux galères, sur une information secrète, sans interroger l'accusé, sans mettre la moindre formalité dans son jugement. La sentence était conçue en ces termes dans un registre secret : « Étant informé en ma conscience que tels et tels sont coupables, je les condamne à mort. » Il n'y avait pas plus de formalité dans l'exécution que dans la sentence. Il est inconcevable que Charlemagne ait imaginé une telle procédure qui a duré cinq cents ans en Vestphalie, et qui ensuite a été imitée chez les Corses. Ces insulaires s'assassinaient continuellement les uns les autres, et leur juge faisait ensuite assassiner les survivants sur l'information de sa conscience : c'est des deux côtés le dernier degré de la barbarie. Les Corses avaient besoin d'être policés, et on les écrasait ; il fallait les adoucir, et on les rendait encore plus farouches. Une haine atroce et indestructible s'invétéra entre eux et leurs maîtres, et fut une seconde nature. Il y eut douze soulèvements que les Corses appelèrent *efforts de liberté*, et les Génois *crimes de haute trahison*. Depuis l'année 1725 ce ne furent que séditions, châtiments, soulèvements, déprédations, meurtres de citoyens corses assassinés par leurs concitoyens. Croirait-on bien que, dans une requête envoyée au roi de France par les chefs corses en 1738[2], il est dit qu'il y eut vingt-six mille assassinats sous le gouvernement des seize derniers commissaires génois, et dix-sept cents depuis deux années? Les plaignants ajoutaient que les commissaires de Gênes connivaient à ces crimes pour ramasser plus de confiscations et d'amendes. L'accusation semblait exagérée, mais il en résultait que le gouvernement était mauvais, et les peuples plus mauvais encore. La Corse coûtait au sénat de Gênes beaucoup plus de trésors et d'embarras qu'elle ne valait ; il pouvait

---

1. En 1553.
2. La requête fut remise à Fleury le 9 novembre 1737. (G. A.)

dire des Corses ce que Louis XI dit de Gênes quand elle voulut se donner à lui : il la donna au diable.

Dès l'année 1729, la guerre était ouverte comme entre deux nations rivales et irréconciliables. Gênes implora le secours de Charles VI, en qualité de seigneur suzerain qui doit protéger ses vassaux : à cette raison elle joignit de l'argent, et l'empereur envoya des troupes. Un prince de la maison de Virtemberg, brave guerrier et homme généreux, fit mettre les armes bas aux Corses; il ménagea un accommodement entre eux et les Génois en 1732; mais ce ne fut qu'une trêve bientôt rompue par l'animosité des deux partis.

Les Corses commençaient à avoir des chefs très-intelligents, tels qu'il s'en forme toujours dans les guerres civiles, un Giafferi, un Hyacinthe Paoli, un Rivalora, et surtout un chanoine nommé Orticone, qui eut quelque temps la principale influence ; mais ces chefs ne pouvaient encore changer en un gouvernement régulier l'anarchie tumultueuse qui désolait et dépeuplait cette île.

Les Corses, chez qui l'assassinat était alors plus commun qu'il ne l'avait été au xv* siècle dans le continent de l'Italie, étaient aussi dévots que les autres Italiens, et plusieurs prêtres parmi eux assassinaient en disant leur chapelet. Les chefs convoquèrent, en 1735, une assemblée générale, dans laquelle on donna la Corse à la vierge Marie [1], qui ne parut pas accepter cette couronne. On brûla les lois génoises, et on décerna peine de mort contre quiconque proposerait de traiter avec Gênes. Hyacinthe Paoli et Giafferi furent déclarés généraux.

A peine les Corses se furent-ils mis en république sous les ordres de la Vierge, qu'un aventurier de la basse Allemagne vint se faire roi de Corse sans la consulter : c'était un pauvre baron de Vestphalie, nommé Théodore de Neuhoff, frère d'une dame établie en France à la cour de la duchesse d'Orléans. Cet homme, ayant voyagé en Espagne et ayant eu quelque intelligence avec un envoyé de Tunis, passa lui-même en Afrique, persuada le bey qu'il pourrait lui soumettre la Corse si le bey voulait lui donner seulement un vaisseau de dix canons, quatre mille fusils, mille sequins, et quelques provisions. La régence de Tunis fut assez simple pour les donner. Il arriva à Livourne sur un bâtiment qui

---

1. Voici le premier article du règlement du 30 janvier 1735 :

« Le royaume se met sous la protection de l'immaculée conception de la bienheureuse vierge Marie, dont on peindra l'image sur les armes et les drapeaux, et dont on célébrera la fête par quelques décharges de mousqueterie et d'artillerie, conformément au règlement que la junte dressera à cet effet. » (G. A.)

portait un faux pavillon anglais, vendit le vaisseau, et écrivit aux chefs des Corses que, si on voulait le choisir lui-même pour roi, il promettait de chasser les Génois de l'île avec le secours des principales puissances de l'Europe, dont il était sûr.

Il faut qu'il y ait des temps où la tête tourne à la plupart des hommes. Sa proposition fut acceptée[1]. Le baron Théodore aborda, le 15 mars 1736, au port d'Aléria, vêtu à la turque, et coiffé d'un turban. Il débuta par dire qu'il arrivait avec des trésors immenses, et pour preuve il répandit parmi le peuple une cinquantaine de sequins en monnaie de billon. Ses fusils, sa poudre, qu'il distribua, furent les preuves de sa puissance. Il donna des souliers de bon cuir, magnificence ignorée en Corse. Il aposta des courriers qui venaient de Livourne sur des barques, et qui lui apportaient de prétendus paquets des puissances d'Europe et d'Afrique. On le prit pour un des plus grands princes de la terre : il fut élu roi ; on frappa quelques monnaies de cuivre à son coin ; il eut une cour et des secrétaires d'État. Ce qui accrut principalement sa réputation et son pouvoir, c'est que le sénat génois mit sa tête à prix. Mais au bout de huit mois, les principaux Corses ayant reconnu le personnage, et le peu d'argent qu'il avait étant épuisé, il partit pour aller, disait-il, chercher les plus puissants secours.

Réfugié dans Amsterdam, un de ses créanciers le fit mettre en prison. Cette disgrâce ne le rebuta point ; il fit de nouvelles dupes du fond de sa prison même. Il ressemblait en cela à un marquis Dammi[2] de Conventiglio, qui, dans le même temps, parcourait toutes les cours, faisant de l'or pour les princes et les seigneurs qui en avaient besoin, et se faisait mettre en prison dans toutes les capitales de l'Europe.

Cependant les Génois sollicitèrent, en 1737, les bons offices de la France. Le cardinal de Fleury, qui avait pacifié les troubles de Genève, voulut aussi être l'arbitre de la paix entre Gênes et la Corse. Il fit partir le comte de Boissieux, neveu du maréchal de Villars, avec quelques troupes et des articles de pacification. Ce fut alors que les mécontents envoyèrent au roi cette supplique dont on a déjà parlé[3], dans laquelle ils se plaignaient de dix-

---

1. Neuhoff avait eu une entrevue à Gênes dès 1732 avec Giafferi, prisonnier, puis plus tard, à Livourne, avec Orticone. Mais il faut dire que, depuis lors, les chefs corses l'avaient perdu de vue.
2. Mathieu Dammi, fils d'un marbrier de Gênes. Cet aventurier, après avoir fait grand bruit à Paris, se retira en Autriche vers 1725, et laissa des *Mémoires*, imprimés, in-8°, en 17?9 CL.)
3. Page 408.

sept cents assassinats commis en deux ans dans leur île : ce qui n'était pas une apologie de leur parti. Cette requête était d'ailleurs recommandable par une éloquence agreste qui l'emporte sur l'art oratoire, et par des sentiments de liberté si peu connus dans les cours : « Si vos ordres souverains, disaient-ils, nous obligent de nous soumettre à Gênes, allons, buvons à la santé du roi très-chrétien ce calice amer, et mourons. »

On dressa à Versailles, au nom de l'empereur et du roi, un plan qui fut signé du ministre du roi et du prince de Lichtenstein, ambassadeur de l'empereur. Les conventions en paraissaient équitables. On abolissait surtout ce droit que les commissaires de la république génoise s'étaient arrogé de condamner à la potence ou aux galères sur le simple témoignage de leur conscience; mais on désarmait, par un article, tous les habitants de la Corse. Ils ne voulurent point du tout être désarmés, et résolurent de mourir plutôt que de boire à la santé du roi très-chrétien.

Le roi Théodore leur promettait toujours, de sa prison d'Amsterdam, qu'il viendrait les délivrer bientôt du joug de Gênes et de l'arbitrage de la France. En effet il trouva le secret de tromper des Juifs et des négociants étrangers établis dans Amsterdam, comme il avait trompé Tunis et la Corse; il les engagea non-seulement à payer ses dettes, mais à charger un vaisseau d'armes, de poudre, de munitions de guerre et de bouche, avec beaucoup de marchandises, leur persuadant qu'ils feraient seuls tout le commerce de la Corse, et leur faisant envisager des profits immenses. L'intérêt leur ôtait la raison, mais Théodore n'était pas moins fou qu'eux : il s'imaginait qu'en débarquant en Corse des armes, et paraissant avec quelque argent, toute l'île se rangerait incontinent sous ses drapeaux, malgré les Français et les Génois. Il ne put aborder : il se sauva à Livourne, et ses créanciers de Hollande furent ruinés.

Il se réfugia bientôt en Angleterre; il fut mis en prison pour ses dettes à Londres, comme il l'avait été à Amsterdam. Il y resta jusqu'au commencement de l'année 1756. M. Walpole eut la générosité de faire pour lui une souscription moyennant laquelle il apaisa les créanciers, et délivra de prison ce prétendu monarque, qui mourut très-misérable le 2 décembre de la même année. On grava sur son tombeau que « la fortune lui avait donné un royaume et refusé du pain ».

Dans le temps que ce Théodore avait fait sa seconde tentative pour régner sur les Corses, et qu'il avait essayé en vain d'aborder dans l'île, les insulaires firent bien voir qu'ils n'avaient pas besoin de lui pour se défendre. Ils avaient promis à Boissieux de lui apporter leurs armes ; ils les apportèrent en effet le 12 décembre 1738, mais ce fut pour surprendre un poste de quatre cents Français qui ne put résister. Boissieux vint à leur secours : il fut repoussé et reconduit à coups de fusil jusque dans Bastia. Les Corses appelèrent cette journée *les Vêpres corsiques*, quoique ce ne fût qu'une faible imitation des vêpres siciliennes.

Quelque temps après partit une flotte chargée de nouveaux bataillons, que le cardinal de Fleury envoyait pour pacifier la Corse par la voie des armes. La flotte fut dispersée par une horrible tempête : deux vaisseaux furent brisés sur la côte ; quatre cents soldats, avec leurs officiers échappés au naufrage, tombèrent entre les mains de ceux qu'ils venaient assujettir, et furent dépouillés tout nus. Le chagrin que ressentit Boissieux de tant de disgrâces hâta sa mort, dont sa faible complexion le menaçait depuis longtemps. On n'a guère fait d'expédition plus malheureuse.

Enfin on fit partir le marquis de Maillebois, officier d'une grande réputation, et qui fut bientôt après maréchal de France. Celui-ci, accoutumé aux expéditions promptes, dompta les Corses en trois semaines dans l'année 1739.

Déjà l'on commençait à mettre dans l'île une police qu'on n'y avait point encore vue, lorsque la fatale guerre de 1741 désola la moitié de l'Europe. Le cardinal de Fleury, qui l'entreprit malgré lui, et dont le caractère était de croire soutenir de grandes choses par de petits moyens, mit de l'économie dans cette guerre importante. Il retira toutes les troupes qui étaient en Corse. Gênes, loin de pouvoir subjuguer l'île, fut elle-même accablée par les Autrichiens, réduite à une espèce d'esclavage, et plus malheureuse que la Corse parce qu'elle tombait de plus haut.

Tandis que l'Europe était désolée pour la succession des États de la maison d'Autriche, et pour tant d'intérêts divers qui se mêlèrent à l'intérêt principal, les Corses s'affermirent dans l'amour de la liberté, et dans la haine pour leurs anciens maîtres. Gênes possédait toujours Bastia, la capitale de l'île, et quelques autres places ; les Corses avaient tout le reste : ils jouirent de leur liberté ou plutôt de leur licence, sous le commandement de Giafferi, élu par eux général, homme célèbre par une valeur intrépide, et même par des vertus de citoyen. Il fut assassiné en 1753. On ne manqua pas d'en accuser le sénat de Gênes, qui n'avait peut-être nulle part à ce meurtre [1].

---

[1]. C'est bien à l'instigation du sénat de Gênes que Gaffori, et non pas Giafferi, fut assassiné par son propre frère et d'autres conjurés. (G. A.)

La discorde alors divisait tous les Corses. Les inimitiés entre les familles se terminaient toujours par des assassinats; mais on se réunissait contre les Génois, et les haines particulières cédaient à la haine générale. Les Corses avaient plus que jamais besoin d'un chef qui sût diriger leur fureur, et la faire servir au bien public.

Le vieux Hyacinthe Paoli, qui les avait commandés autrefois, et qui était alors retiré à Naples, leur envoya son fils Pascal Paoli en 1755. Dès qu'il parut, il fut reconnu pour commandant général de toute l'île, quoiqu'il n'eût que vingt-neuf ans. Il ne prétendit pas le titre de roi comme Théodore, mais il le fut en effet à plusieurs égards, en se mettant à la tête d'un gouvernement démocratique.

Quelque chose qu'on ait dit de lui, il n'est pas possible que ce chef n'eût de grandes qualités. Établir un gouvernement régulier chez un peuple qui n'en voulait point, réunir sous les mêmes lois des hommes divisés et indisciplinés, former à la fois des troupes réglées, et instituer une espèce d'université qui pouvait adoucir les mœurs, établir des tribunaux de justice, mettre un frein à la fureur des assassinats et des meurtres, policer la barbarie, se faire aimer en se faisant obéir, tout cela n'était pas assurément d'un homme ordinaire. Il ne put en faire assez, ni pour rendre la Corse libre, ni pour y régner pleinement; mais il en fit assez pour acquérir de la gloire.

Deux puissances très-différentes l'une de l'autre entrèrent dans les démêlés de Gênes et de la Corse. L'une était la cour de Rome, et l'autre celle de France. Les papes avaient prétendu autrefois la souveraineté de l'île, et on ne l'oubliait pas à Rome. Les évêques corses ayant pris le parti du sénat génois, et trois de ces évêques ayant quitté leur patrie, le pape y envoya un visiteur général qui alarma beaucoup le sénat de Gênes. Quelques sénateurs craignirent que Rome ne profitât de ces troubles pour faire revivre ses anciennes prétentions sur un pays que Gênes ne pouvait plus conserver; cette crainte était aussi vaine que les efforts des Génois pour subjuguer les Corses. Le pape qui envoyait ce visiteur était ce même Rezzonico, qui depuis éclata si indiscrètement contre le duc de Parme : ce n'était pas un homme à conquérir des royaumes; le sénat de Gênes ordonna qu'on empêchât le visiteur d'aborder en Corse. Il n'y arriva pas moins au printemps de 1760. Le général Paoli le harangua pour s'en faire un protecteur : il fit brûler, sous la potence, le décret du sénat; mais il resta toujours le maître. Le visiteur ne put que donner des bénédictions, et faire des règlements ecclésiastiques pour des prêtres qui n'en avaient que le nom, et qui allaient quelquefois, au sortir de la messe, assassiner leurs camarades. Le ministère de France, plus agissant et plus puissant que celui de Rome, fut prié d'assister encore Gênes de ses bons offices. Enfin la cour de France envoya sept bataillons en Corse dans l'année 1764, mais non pas pour agir hostilement. Ces troupes n'étaient chargées que de garder les places dont les Génois étaient encore en possession. Elles vinrent comme médiatrices. Il fut dit qu'elles y resteraient quatre ans, et en partie aux dépens du sénat pour quelques fournitures.

Le sénat espérait que, la France s'étant chargée de garder ses places, il pourrait avec ses propres troupes suffire à regagner le reste de l'île ; il se trompa : Paoli avait discipliné des soldats, en redoublant dans le peuple l'amour de la liberté. Il avait un frère qui passait pour un brave, et qui battit souvent les mercenaires de Gênes. Cette république perdit pendant quatre ans ses troupes et son argent, tandis que Paoli augmentait chaque jour ses forces et sa réputation. L'Europe le regardait comme le législateur et le vengeur de sa patrie.

Les quatre années du séjour des Français en Corse étant expirées, le sénat de Gênes connut enfin qu'il se consumait vainement dans une entreprise ruineuse, et qu'il lui était impossible de subjuguer les Corses.

Alors il céda tous ses droits sur la Corse à la couronne de France ; le traité fut signé, au mois de juillet 1768, à Compiègne. Par ce traité, le royaume de Corse n'était pas absolument donné au roi de France, mais il était censé lui appartenir, avec la faculté réservée à la république de rentrer dans cette souveraineté en remboursant au roi les frais immenses qu'il avait faits en faveur de la république. C'était en effet céder à jamais la Corse, car il n'était pas probable que les Génois fussent en état de racheter ce royaume ; et il était encore moins probable que, l'ayant racheté, ils pussent le conserver contre toute une nation qui avait fait serment de mourir plutôt que de vivre sous le joug de Gênes.

Ainsi donc, en cédant la vaine et fatale souveraineté d'un pays qui lui était à charge, Gênes faisait en effet un bon marché, et le roi de France en faisait un meilleur puisqu'il était assez puissant pour se faire obéir dans la Corse, pour la policer, pour la peupler, pour l'enrichir, en y faisant fleurir l'agriculture et le commerce. De plus, il pouvait venir un temps où la possession de la Corse serait un grand avantage dans les intérêts qu'on aurait à démêler en Italie.

Il restait à savoir si les hommes ont le droit de vendre d'autres hommes ; mais c'est une question qu'on n'examinera jamais dans aucun traité.

On commença par négocier avec le général Paoli. Il avait à faire au ministre de la politique et de la guerre[1] ; il savait que le cœur de ce ministre était au-dessus de sa naissance, que c'était l'homme le plus généreux de l'Europe, qu'il se conduisait avec une noblesse héroïque dans tous ses intérêts particuliers, et qu'il agirait avec la même grandeur d'âme dans les intérêts du roi son maître. Paoli pouvait s'attendre à des honneurs et à des récompenses, mais il était chargé du dépôt de la liberté de sa patrie. Il avait devant les yeux le jugement des nations : quel que fût son dessein, il ne voulait pas vendre la sienne ; et quand il l'aurait voulu, il ne l'aurait pas pu. Les Corses étaient saisis d'un trop violent enthousiasme pour la liberté, et lui-même avait redoublé en eux cette passion si naturelle, devenue à la fois un devoir sacré et une espèce de fureur. S'il avait tenté seulement de la modérer, il aurait risqué sa vie et sa gloire.

Cette gloire n'était pas chez lui celle de combattre : il était plus législateur que guerrier ; son courage était dans l'esprit ; il dirigeait toutes les opérations militaires. Enfin il eut l'honneur de résister à un roi de France près d'une année. Aucune puissance étrangère ne le secourut. Quelques Anglais seulement, amoureux de cette liberté dont il était le défenseur et dont il allait être la victime, lui envoyèrent de l'argent et des armes : car les Corses étaient mal armés ; ils n'avaient point de fusils à baïonnette ; même quand on leur en fit tenir de Londres, la plupart des Corses ne purent s'en servir ; ils préférèrent leurs mousquetons ordinaires et leurs couteaux ; leur arme principale était leur courage. Ce courage fut si grand que dans un des combats, vers une rivière nommée *le Golo*, ils se firent un rempart de leurs morts pour avoir le temps de charger derrière eux avant de faire une retraite nécessaire ; leurs blessés se mêlèrent parmi les morts pour raffermir le rempart. On trouve partout de la valeur, mais on ne voit de telles actions que chez des peuples libres. Malgré tant de valeur ils furent vaincus. Le comte de Vaux, secondé du marquis de Marbœuf, soumit l'île en moins de temps que le maréchal de Maillebois ne l'avait domptée[2].

---

1. Choiseul.
2. Paoli s'embarqua pour l'Angleterre avec son frère et environ trois cents hommes. Il ne revint en Corse qu'en 1790. Mis hors la loi par la Convention

Le duc de Choiseul, qui dirigea toute cette entreprise, eut la gloire de donner au roi son maître une province qui peut aisément, si elle est bien cultivée, nourrir deux cent mille hommes, fournir de braves soldats, et faire un jour un commerce utile.

On peut observer que si la France s'accrut, sous Louis XIV, de l'Alsace, de la Franche-Comté, et d'une partie de la Flandre, elle fut augmentée, sous Louis XV, de la Lorraine et de la Corse [1].

Ce qui n'est pas moins digne de remarque, c'est que, par les soins du même ministre, les possessions de la France en Amérique acquirent un degré de force et de prospérité qui vaut de nouvelles acquisitions. Ces avantages furent dus au choix que l'on fit du comte d'Ennery pour administrer successivement toutes nos colonies. Il se trouvait officier général très-jeune, à la paix de 1762, et n'était connu alors que par ses talents pour la guerre. Le duc de Choiseul démêla en lui l'homme d'État. En effet le comte d'Ennery, pendant six années de gouvernement, ne cessa de montrer toutes les lumières et les vertus qui peuvent faire chérir et respecter l'autorité. « Tout le monde le craint, et il n'a encore fait de mal à personne », écrivait-on de la Martinique. Partout il fit régner la justice, et il inspira l'amour de la gloire; partout il animait le commerce et l'industrie. Il parvint à entretenir la concorde entre tous les États, ce qui est une chose bien rare. Il adoucit le triste sort des esclaves. Il fit défricher l'île de Sainte-Lucie, et par là il créa une colonie nouvelle.

Dans d'autres parties, en creusant des canaux il épura l'air, féconda la terre, fit naître de nouvelles richesses; et en même temps il pourvoyait à la sûreté et à l'embellissement de nos possessions.

Quelque temps après avoir été rappelé en France par le mauvais état de sa santé, il se dévoua à de nouveaux sacrifices, plutôt sollicités qu'exigés par un jeune monarque [2] qui lui écrivit de sa propre main : « Votre réputation seule me servira beaucoup à Saint-Domingue. »

Le comte d'Ennery avait mérité une confiance si honorable en rendant au roi un des plus importants services, celui de fixer, avec les Espagnols, les limites des deux nations. Cet administra-

---

nationale comme traître à la république, il livra aux Anglais son île, et retourna en exil à Londres. (G. A.)

1. C'était ici la fin du chapitre en 1769. Les cinq alinéas qui suivent sont posthumes, et ont paru, pour la première fois, dans les éditions de Kehl. Les deux derniers alinéas du chapitre étaient dans l'édition de 1775. (B.)

2. Louis XVI.

teur, qui faisait tant d'honneur à la France, ne put résister aux funestes influences de ce climat brûlant. Sa perte fut une calamité publique pour toutes nos colonies, qui s'empressèrent de lui élever des monuments, et qui ne prononcent son nom qu'avec attendrissement et avec admiration.

Les Anglais, dont il avait acquis l'estime, et qui l'avaient souvent pris pour arbitre entre nos colonies et les leurs, avaient consacré le nom du comte d'Ennery par le plus juste et le plus flatteur de tous les éloges : « Cet homme ne fera ni ne souffrira jamais d'injustice. »

La récompense que reçut le duc de Choiseul pour tant de choses si grandes et si utiles qu'il avait faites paraîtrait bien étrange si on ne connaissait les cours. Une femme[1] le fit exiler[2], lui et son cousin le duc de Praslin, après les services qu'ils avaient rendus à l'État, et après que le duc de Choiseul eut conclu le mariage du dauphin, petit-fils de Louis XV, depuis roi de France, avec la fille de l'impératrice Marie-Thérèse. C'était un grand exemple des vicissitudes de la fortune, que ce ministre eût réussi à ce mariage peu d'années après que le maréchal de Belle-Isle eut armé une grande partie de l'Europe pour détrôner cette même impératrice et qu'il n'eut réussi qu'à se faire prendre prisonnier. C'était une autre vicissitude, mais non pas surprenante, que le duc de Choiseul fût exilé.

Nous avons déjà vu[3] que Louis XV avait le malheur de trop regarder ses serviteurs comme des instruments qu'il pouvait briser à son gré. L'exil est une punition, et il n'y a que la loi qui doive punir. C'est surtout un très-grand malheur pour un souverain de punir des hommes dont les fautes ne sont pas connues, dont les services le sont, et qui ont pour eux la voix publique, que n'ont pas toujours leurs maîtres.

1. Mme du Barry.
2. Le 24 décembre 1770.
3. Page 381.

CHAPITRE XLI[1].

DE L'EXIL DU PARLEMENT DE PARIS, ETC., ET DE LA MORT DE LOUIS XV.

Si les exils du duc de Choiseul, du duc de Praslin, du cardinal de Bernis, du comte d'Argenson, du garde des sceaux Machault, du comte de Maurepas, du duc de La Rochefoucauld, du duc de Châtillon, et de tant d'autres citoyens, n'avaient eu aucune cause légale, celui du parlement de Paris et d'un grand nombre d'autres magistrats parut au moins en avoir une.

Qui aurait dit que ce corps antique, qui venait de détruire en France l'ordre des jésuites, éprouverait, bientôt après, non-seulement un exil rigoureux, mais serait détruit lui-même? C'est une grande leçon aux hommes, si jamais les leçons peuvent servir.

Nous avons vu[2] que, sous Louis XIV, le parlement ne fut point exilé après la guerre de la Fronde. Nous avons vu[3] que les troubles de la Fronde n'avaient commencé que par les oppositions de cette compagnie à une très-mauvaise administration des finances, et que ces oppositions, d'abord légitimes dans leur principe, se tournèrent bientôt en une révolte ouverte et en une guerre civile. Nous avons vu que, sous Louis XV, il n'y eut ni guerre ni révolte; mais qu'une administration des finances plus malheureuse encore, jointe au ridicule de la bulle *Unigenitus*, occasionnèrent les résistances opiniâtres du parlement aux ordres du roi. On sait qu'il fut cassé le 13 avril 1771. Après quoi cette cour des pairs a été rétablie par le roi Louis XVI, avec quelques modifications nécessaires.

Un autre exemple de la fatalité qui gouverne le monde fut la mort de Louis XV. Il n'avait point profité de l'exemple de ceux qui avaient prévenu le danger mortel de la petite vérole en se la donnant[4], et surtout du premier prince du sang, le duc d'Orléans, qui avait eu le courage de faire inoculer ses enfants. Cette méthode était très-combattue en France, où la nation, toujours asservie à

---

1. Ajouté dans l'édition de 1775. (B.)
2. Voyez le *Siècle de Louis XIV*, chapitre v, tome XIV, page 206.
3. Voyez *ibid.*, chapitre xiv, tome XIV, pages 183-184.
4. Ce reproche à Louis XV de ne s'être pas fait inoculer est en contradiction avec ce que dit Voltaire ailleurs, que le roi avait eu la petite vérole à quatorze ans. Voyez l'opuscule intitulé *De la Mort de Louis XV, et de la Fatalité*.

d'anciens préjugés, est presque toujours la dernière à recevoir les vérités et les usages utiles qui lui viennent des autres pays.

Sur la fin d'avril 1774, ce roi, allant à la chasse, rencontre le convoi d'une personne qu'on portait en terre; la curiosité naturelle qu'il avait pour les choses lugubres le fait approcher du cercueil; il demande qui on va enterrer : on lui dit que c'est une jeune fille morte de la petite vérole. Dès ce moment il est frappé à mort sans s'en apercevoir.

Deux jours après, son chirurgien-dentiste, en examinant ses gencives, y trouve un caractère qui annonce une maladie dangereuse; il en avertit un homme attaché au roi ; sa remarque est négligée; la petite vérole la plus funeste se déclare. Plusieurs de ses officiers sont attaqués de la même maladie, soit en le soignant, soit en s'approchant de son lit, et en meurent. Trois princesses, ses filles, que leur tendresse et leur courage retiennent auprès de lui, reçoivent les germes du poison qui dévore leur père, et éprouvent bientôt le même mal et le même danger, dont heureusement elles réchappèrent.

Louis XV meurt la nuit du 10 de mai. On couvre son corps de chaux, et on l'emporte, sans aucune cérémonie, à Saint-Denis, auprès du caveau de ses pères.

L'histoire n'omettra point que le roi, son petit-fils, le comte de Provence et le comte d'Artois, frères de Louis XVI, tous trois dans une grande jeunesse, apprirent aux Français, en se faisant inoculer, qu'il faut braver le danger pour éviter la mort. La nation fut touchée et instruite. Tout ce que Louis XVI fit depuis, jusqu'à la fin de 1774, le rendit encore plus cher à toute la France.

CHAPITRE XLII[1].

DES LOIS.

Les esprits s'éclairèrent dans le siècle de Louis XIV et dans le suivant, plus que dans tous les siècles précédents. On a vu com-

---

1. Ce chapitre a été ajouté en 1769. Près de la moitié est extraite textuellement du *Commentaire* que Voltaire avait publié en 1766, *sur le livre Des Délits et des Peines.* Voyez les *Mélanges.*

bien les arts et les lettres s'étaient perfectionnés. La nation ouvrit les yeux sur les lois, ce qui n'était point encore arrivé. Louis XIV avait signalé son règne par un code qui manquait à la France ; mais ce code regardait plutôt l'uniformité de la procédure que le fond des lois, qui devait être commun à toutes les provinces, uniforme, invariable, et n'avoir rien d'arbitraire. La jurisprudence criminelle parut surtout tenir encore un peu de l'ancienne barbarie. Elle fut dirigée plutôt pour trouver des coupables que pour sauver des innocents. C'est une gloire éternelle pour le président de Lamoignon, de s'être souvent opposé, dans la rédaction de l'ordonnance, à la cruauté des procédures ; mais sa voix, qui était celle de l'humanité, fut étouffée par la voix de Pussort et des autres commissaires, qui fut celle de la rigueur.

Les hommes les plus instruits, dans nos derniers temps, ont senti le besoin d'adoucir nos lois, comme on a enfin adouci nos mœurs. Il faut avouer que dans ces mœurs il y eut autant de férocité que de légèreté et d'ignorance dans les esprits, jusqu'aux beaux jours de Louis XIV. Pour se convaincre de cette triste vérité, il ne faut que jeter les yeux sur le supplice d'Augustin de Thou et du maréchal de Marillac, sur l'assassinat du maréchal d'Ancre, sur sa veuve, condamnée aux flammes, sur plus de vingt assassinats, ou médités, ou entrepris contre Henri IV, et sur le meurtre de ce bon roi. Les temps précédents sont encore plus funestes ; vous remontez de l'horreur des guerres civiles et de la Saint-Barthélemy aux calamités du siècle de François Ier ; et de là jusqu'à Clovis, tout est sauvage. Les autres peuples n'ont pas été plus humains ; mais il n'y a guère eu de nation plus diffamée par les assassinats et les grands crimes que la française. On racheta longtemps ces crimes à prix d'argent ; et ensuite les lois furent aussi atroces que les mœurs. Ce qui en fit la dureté, c'est que la manière de procéder fut presque entièrement tirée de la jurisprudence ecclésiastique. On en peut juger par le procès criminel des templiers, qui, à la honte de la patrie, de la raison, et de l'équité, ne fut instruit que par des prêtres nommés par un pape.

Les hommes ayant été si longtemps gouvernés en bêtes farouches par des bêtes farouches, excepté peut-être quelques années sous saint Louis, sous Louis XII, et sous Henri IV, plus les esprits se sont civilisés, et plus ils ont frémi de la barbarie, dont il subsiste encore tant de restes. La torture, qu'aucun citoyen ni de la Grèce ni de Rome ne subit jamais, a paru aux jurisconsultes compatissants et sensés un supplice pire que la mort, qui ne doit être réservé que pour les Châtel et les Ravaillac [1], dont tout un royaume est intéressé à découvrir les complices. Elle a été abolie en Angleterre et dans une partie de l'Allemagne; elle est depuis peu proscrite dans un empire de deux mille lieues [2] : et s'il n'y a pas de plus grands crimes dans ces pays que parmi nous, c'est une preuve que la torture est aussi condamnable que les délits qu'on croit prévenir par elle, et qu'on ne prévient pas [3].

On s'est élevé aussi contre la confiscation. On a vu qu'il n'est pas juste de punir les enfants des fautes de leurs pères. C'est [4] une maxime reçue au barreau : *Qui confisque le corps confisque les biens;* maxime en vigueur dans les pays où la coutume tient lieu de loi. Ainsi, par exemple, on y fait mourir de faim les enfants de ceux qui ont terminé volontairement leurs jours, comme les enfants des meurtriers. Ainsi une famille entière est punie, dans tous les cas, pour la faute d'un seul homme.

Ainsi lorsqu'un père de famille aura été condamné aux galères perpétuelles par une sentence arbitraire [5], soit pour avoir donné retraite chez soi à un prédicant, soit pour avoir écouté son sermon dans quelque caverne ou dans quelque désert, la femme et les enfants sont réduits à mendier leur pain.

Cette jurisprudence, qui consiste à ravir la nourriture aux orphelins, et à donner à un homme le bien d'autrui, fut inconnue dans tout le temps de la république romaine. Sylla l'introduisit dans ses proscriptions. Il faut avouer qu'une rapine inventée par

---

1. Cette restriction se retrouve encore dans l'article QUESTION, TORTURE, des *Questions sur l'Encyclopédie*, publié en 1771 ; voyez *Dictionnaire philosophique*, mêmes mots.

2. L'empire de Russie.

3. On employait en France la torture : 1° pour tirer de l'accusé l'aveu de son crime ; 2° pour forcer un criminel condamné à mort à révéler ses complices. La première espèce de torture a été abolie en 1780, mais on a conservé la seconde, qui n'est cependant ni moins inutile ni moins barbare. Le crime d'un homme en devient-il plus grand, mérite-t-il une peine plus cruelle, parce qu'on imagine qu'il a pu avoir des complices? Si l'on connaît d'avance ceux qu'il nomme, son témoignage peut également servir à tromper comme à éclairer le juge sur la nature des recherches qui lui restent à faire. S'il nomme de nouveaux complices, on s'expose à compromettre des innocents sur la parole d'un homme à qui et sa vie précédente et les moyens qu'on emploie pour l'obliger à parler ne permettent pas d'accorder la moindre créance. Mais en voilà trop sur cet article; jamais un homme qui aura quelques restes de bon sens ou d'humanité ne comptera la torture parmi les moyens de découvrir la vérité. (K.)

4. La fin de cet alinéa et les neuf qui le suivent sont extraits du paragraphe XXI du *Commentaire sur le livre Des Délits et des Peines*. (B.)

5. Voyez l'édit de 1724, 14 mai, publié à la sollicitation du cardinal de Fleury, et revu par lui. (*Note de Voltaire.*)

Sylla n'était pas un exemple à suivre. Aussi cette loi, qui semblait n'être dictée que par l'inhumanité et l'avarice, ne fut suivie ni par César, ni par le bon empereur Trajan, ni par les Antonins, dont toutes les nations prononcent encore le nom avec respect et avec amour. Enfin, sous Justinien, la confiscation n'eut lieu que pour le crime de lèse-majesté.

Il semble que, dans les temps de l'anarchie féodale, les princes et les seigneurs des terres étant très-peu riches, cherchassent à augmenter leur trésor par les condamnations de leurs sujets, et qu'on voulût leur faire un revenu du crime. Les lois, chez eux, étant arbitraires, et la jurisprudence romaine ignorée, les coutumes, ou bizarres, ou cruelles, prévalurent. Mais aujourd'hui que la puissance des souverains est fondée sur des richesses immenses et assurées, leur trésor n'a pas besoin de s'enfler des faibles débris d'une famille malheureuse. Ils sont abandonnés, pour l'ordinaire, au premier qui les demande. Mais est-ce à un citoyen à s'engraisser des restes du sang d'un autre citoyen?

La confiscation n'est point admise dans les pays où le droit romain est établi, excepté le ressort du parlement de Toulouse. Elle ne l'est point dans quelques pays coutumiers, comme le Bourbonnais, le Berry, le Maine, le Poitou, la Bretagne, où du moins elle respecte les immeubles. Elle était établie autrefois à Calais, et les Anglais l'abolirent lorsqu'ils en furent les maîtres. Il est étrange que les habitants de la capitale vivent sous une loi plus rigoureuse que ceux des petites villes : tant il est vrai que la jurisprudence a été souvent établie au hasard, sans régularité, sans uniformité, comme on bâtit des chaumières dans un village.

Qui croirait que, l'an 1673, dans le plus beau siècle de la France, l'avocat général Omer Talon ait parlé ainsi en plein parlement, au sujet d'une demoiselle de Canillac[1]?

« Au chapitre XIII du *Deutéronome*, Dieu dit : Si tu te rencontres dans une ville et dans un lieu où règne l'idolâtrie, mets tout au fil de l'épée, sans exception d'âge, de sexe, ni de condition. Rassemble dans les places publiques toutes les dépouilles de la ville, brûle-la tout entière avec ses dépouilles, et qu'il ne reste qu'un monceau de cendres de ce lieu d'abomination. En un mot, fais-en un sacrifice au Seigneur, et qu'il ne demeure rien en tes mains des biens de cet anathème.

« Ainsi, dans le crime de lèse-majesté, le roi était maître des

---

1. *Journal du Palais,* tome Ier, page 444. (*Note de Voltaire.*)

biens, et les enfants en étaient privés. Le procès ayant été fait à Naboth, *quia maledixerat regi*, le roi Achab se mit en possession de son héritage. David, étant averti que Miphibozeth s'était engagé dans la rébellion, donna tous ses biens à Siba, qui lui en apporta la nouvelle : *Tua sint omnia quæ fuerunt Miphibozeth.* »

Il s'agit de savoir qui héritera des biens de Mlle de Canillac, biens autrefois confisqués sur son père, abandonnés par le roi à un garde du trésor royal, et donnés ensuite par le garde du trésor royal à la testatrice. Et c'est sur ce procès d'une fille d'Auvergne qu'un avocat général s'en rapporte à Achab, roi d'une partie de la Palestine, qui confisqua la vigne de Naboth après avoir assassiné le propriétaire par le poignard de la justice : action abominable qui est passée en proverbe pour inspirer aux hommes l'horreur de l'usurpation. Assurément la vigne de Naboth n'avait aucun rapport avec l'héritage de Mlle de Canillac. Le meurtre et la confiscation des biens de Miphibozeth, petit-fils du roitelet juif Saül, et fils de Jonathas, ami et protecteur de David, n'ont pas une plus grande affinité avec le testament de cette demoiselle.

C'est avec cette pédanterie, avec cette démence de citations étrangères au sujet, avec cette ignorance des principes de la nature humaine, avec ces préjugés mal conçus et mal appliqués, que la jurisprudence a été traitée par des hommes qui ont eu de la réputation dans leur sphère. On laisse aux lecteurs à se dire ce qu'il est superflu qu'on leur dise.

[1] Si un jour les lois humaines adoucissent en France quelques usages trop rigoureux, sans pourtant donner des facilités au crime, il est à croire qu'on réformera aussi la procédure dans les articles où les rédacteurs ont paru se livrer à un zèle trop sévère. L'ordonnance criminelle ne devrait-elle pas être aussi favorable à l'innocent que terrible au coupable? En Angleterre, un simple emprisonnement fait mal à propos est réparé par le ministre qui l'a ordonné ; mais en France, l'innocent qui a été plongé dans les cachots, qui a été appliqué à la torture, n'a nulle consolation à espérer, nul dommage à répéter contre personne, quand c'est le ministère public qui l'a poursuivi ; il reste flétri pour jamais dans la société. L'innocent flétri! et pourquoi? parce que ses os ont été brisés! il ne devrait exciter que la pitié et le respect. La recherche des crimes exige des rigueurs : c'est

---

1. Cet alinéa et les quatre qui le suivent sont extraits du paragraphe XXII du *Commentaire sur le livre Des Délits et des Peines.*

une guerre que la justice humaine fait à la méchanceté; mais il y a de la générosité et de la compassion jusque dans la guerre. Le brave est compatissant; faudrait-il que l'homme de loi fût barbare?

Comparons seulement ici en quelques points la procédure criminelle des Romains avec la française.

Chez les Romains, les témoins étaient entendus publiquement en présence de l'accusé, qui pouvait leur répondre, les interroger lui-même, ou leur mettre en tête un avocat. Cette procédure était noble et franche : elle respirait la magnanimité romaine.

Chez nous, tout se fait secrètement. Un seul juge, avec son greffier, entend chaque témoin l'un après l'autre. Cette pratique, établie par François Ier, fut autorisée par les commissaires qui rédigèrent l'ordonnance de Louis XIV en 1670. Une méprise seule en fut la cause.

On s'était imaginé, en lisant le code *De Testibus*, que ces mots [1] *testes intrare judicii secretum* signifiaient que les témoins étaient interrogés en secret. Mais *secretum* signifie ici le cabinet du juge. *Intrare secretum*, pour dire parler secrètement, ne serait pas latin. Ce fut un solécisme qui fit cette partie de notre jurisprudence. Quelques jurisconsultes, à la vérité, ont assuré que le *contumax* ne devait pas être condamné si le crime n'était pas clairement prouvé; mais d'autres jurisconsultes, moins éclairés, et peut-être plus suivis, ont eu une opinion contraire; ils ont osé dire que la fuite de l'accusé était une preuve du crime; que le mépris qu'il marquait pour la justice, en refusant de comparaître, méritait le même châtiment que s'il était convaincu. Ainsi, suivant la secte des jurisconsultes que le juge aura embrassée, l'innocent sera absous ou condamné.

Il y a bien plus : un juge subalterne fait souvent dire ce qu'il veut à un homme de campagne; il le fait déposer suivant les idées qu'il a lui-même conçues; il lui dicte ses réponses sans s'en apercevoir. J'en ai vu plus d'un exemple. Si, à la confrontation, le témoin se dédit, il est puni, et il est forcé d'être calomniateur, de peur d'être traité comme parjure. Et on a vu des innocents condamnés parce que des témoins imbéciles et timides n'avaient pas su d'abord s'expliquer, et ensuite n'avaient pas osé se rétracter. La jurisprudence criminelle de France tend des piéges continuels aux accusés. Il semble que Pussort et le chancelier Boucherat aient été les ennemis des hommes.

---

1. Voyez Bornier, titre VI, article xi, *Des Informations*. (*Note de Voltaire.*)

[1] C'est d'ailleurs un grand abus dans la jurisprudence française que l'on prenne souvent pour loi les rêveries et les erreurs, quelquefois cruelles, d'écrivains sans mission, qui ont donné leurs sentiments pour des lois.

La vie des hommes semble trop abandonnée au caprice. Quand de trente juges il y en a dix dont la voix n'est point pour la mort, faudra-t-il que les vingt autres l'emportent? Il est clair que le crime n'est point avéré, ou qu'il ne mérite pas le dernier supplice, si un tiers d'hommes sensés réclame contre cette sévérité. Quelques voix de plus ne doivent point suffire pour faire mourir cruellement un citoyen. En général, il faut avouer qu'on a tué trop souvent nos compatriotes avec le glaive de la justice. Quand elle condamne un innocent, c'est un assassinat juridique, et le plus horrible de tous. Quand elle punit de mort une faute qui n'attire chez d'autres nations que des châtiments plus légers, elle est cruelle et n'est pas politique. Un bon gouvernement doit rendre les supplices utiles. Il est sage de faire travailler les criminels au bien public; leur mort ne produit aucun avantage qu'aux bourreaux.

[2] Sous le règne de Louis XIV on a fait deux ordonnances qui sont uniformes dans tout le royaume. Dans la première, qui a pour objet la procédure civile, il est défendu aux juges de condamner en matière civile sur défaut, quand la demande n'est pas prouvée; mais dans la seconde, qui règle la procédure criminelle, il n'est point dit que faute de preuves l'accusé sera renvoyé. Chose étrange! la loi dit qu'un homme à qui on demande quelque argent ne sera condamné par défaut qu'au cas que la dette soit avérée; mais s'il est question de la vie, c'est une controverse au barreau pour savoir si l'accusé sera condamné sans avoir été convaincu. On prononce presque toujours son arrêt; on regarde son absence comme un crime. On saisit ses biens; on le flétrit.

La loi semble avoir fait plus de cas de l'argent que de la vie : elle permet qu'un concussionnaire, un banqueroutier frauduleux, ait recours au ministère d'un avocat, et très-souvent un homme d'honneur est privé de ce secours! S'il peut se trouver une seule occasion où un innocent serait justifié par le ministère d'un avocat, n'est-il pas clair que la loi qui l'en prive est injuste?

---

1. Cet alinéa était presque mot à mot dans le paragraphe XXII du *Commentaire sur le livre Des Délits et des Peines.* (B.)
2. *Idem.*

[1] Le premier président de Lamoignon disait contre cette loi que « l'avocat ou conseil qu'on avait accoutumé de donner aux accusés n'est point un privilége accordé par les ordonnances ni par les lois ; c'est une liberté acquise par le droit naturel, qui est plus ancien que toutes les lois humaines. La nature enseigne à tout homme qu'il doit avoir recours aux lumières des autres quand il n'en a pas assez pour se conduire, et emprunter du secours quand il ne se sent pas assez fort pour se défendre. Nos ordonnances ont retranché aux accusés tant d'avantages qu'il est bien juste de leur conserver ce qui leur reste, et principalement l'avocat qui en fait la partie la plus essentielle. Que si l'on veut comparer notre procédure à celle des Romains et des autres nations, on trouvera qu'il n'y en a point de si rigoureuse que celle qu'on observe en France, particulièrement depuis l'ordonnance de 1539 [2]. »

Cette procédure est bien plus rigoureuse depuis l'ordonnance de 1670. Elle eût été plus douce si le plus grand nombre des commissaires eût pensé comme M. de Lamoignon.

Plus on fut autrefois ignorant et absurde, plus on devint intolérant et barbare. L'absurdité a fait condamner aux flammes la maréchale d'Ancre ; elle a dicté cent arrêts pareils. C'est l'absurdité qui a été la première cause de la Saint-Barthélemy. Quand la raison est pervertie, l'homme devient nécessairement brute, la société n'est plus qu'un mélange de bêtes qui se dévorent tour à tour, et de singes qui jugent des loups et des renards. Voulez-vous changer ces bêtes en hommes, commencez par souffrir qu'ils soient raisonnables.

L'anarchie féodale ne subsiste plus, et plusieurs de ses lois subsistent encore : ce qui met dans la législation française une confusion intolérable.

[3] Jugera-t-on toujours différemment la même cause en province et dans la capitale? Faut-il que le même homme ait raison en Bretagne et tort en Languedoc? Que dis-je? il y a autant de jurisprudences que de villes. Et dans le même parlement, la maxime d'une chambre n'est pas celle de la chambre voisine [4].

On s'attache aux lois romaines dans les pays de droit écrit, et

---

1. Cet alinéa et le suivant sont extraits du paragraphe xxii du *Commentaire sur le livre Des Délits et des Peines*. (B.)
2. *Procès-verbal de l'ordonnance*, page 163. (*Note de Voltaire*.)
3. Cet alinéa est extrait du paragraphe xxiii du *Commentaire sur le livre Des Délits et des Peines*. (B.)
4. Voyez sur cela le président Bouhier. (*Note de Voltaire*.)

dans les provinces régies par la coutume, lorsque cette coutume n'a rien décidé. Mais ces lois romaines sont au nombre de quarante mille, et sur ces quarante mille lois il y a mille gros commentaires qui se contredisent.

Outre ces quarante mille lois, dont on cite toujours quelqu'une au hasard, nous avons cinq cent quarante coutumes différentes, en comptant les petites villes et même quelques bourgs, qui dérogent aux usages de la juridiction principale; de sorte qu'un homme qui court la poste, en France, change de lois plus souvent qu'il ne change de chevaux, comme on l'a déjà dit [1], et qu'un avocat qui sera très-savant dans sa ville ne sera qu'un ignorant dans la ville voisine.

[2] Quelle prodigieuse contrariété entre les lois du même royaume! A Paris, un homme qui a été domicilié dans la ville pendant un an et un jour est réputé bourgeois. En Franche-Comté, un homme libre qui a demeuré un an et un jour dans une maison mainmortable devient esclave; ses collatéraux n'hériteraient pas de ce qu'il aurait acquis ailleurs, et ses propres enfants sont réduits à la mendicité s'ils ont passé un an loin de la maison où le père est mort. La province est nommée franche; mais quelle franchise!

Ce qui est plus déplorable, c'est qu'en Franche-Comté, en Bourgogne, dans le Nivernais, dans l'Auvergne, et dans quelques autres provinces, les chanoines, les moines, ont des mainmortables, des esclaves. On a vu cent fois des officiers décorés de l'ordre militaire de Saint-Louis, et chargés de blessures, mourir serfs mainmortables d'un moine aussi insolent qu'inutile au monde. Ce mot de mainmortable vient, dit-on, de ce qu'autrefois, lorsqu'un de ces serfs décédait sans laisser d'effets mobiliers que son seigneur pût s'approprier, on apportait au seigneur la main droite du mort, digne origine de cette domination [3]. Il y eut plus

---

1. *Dialogue entre un plaideur et un avocat;* voyez aux *Mélanges,* et la xviie des *Remarques de l'Essai sur les Mœurs.* (B.)

2. Cet alinéa est extrait du paragraphe xxiii du *Commentaire sur le livre Des Délits et des Peines.* (B.)

3. On lit *domination* dans les éditions de 1769 (in-4°), de 1775, et dans celles de Kehl. Un éditeur récent a mis *dénomination.*
Voltaire, reparlant de la mainmorte, met dans la bouche d'un syndic des habitants du Mont-Jura ces paroles : « Lorsque autrefois nos maîtres n'étaient pas contents des dépouilles dont ils s'emparaient dans nos chaumières après notre mort, ils nous faisaient déterrer; on coupait la main droite à nos cadavres, et on la leur présentait en cérémonie comme une indemnité de l'argent qu'ils n'avaient pu ravir à notre indigence, et comme un exemple terrible qui avertissait les enfants de ne jamais toucher aux effets de leurs pères, qui devaient être la proie des moines nos souverains. » Voyez *la Voix du curé sur le procès des serfs du Mont-Jura.* (B.)

d'un édit pour abolir cette coutume, qui déshonore l'humanité ; mais les magistrats qui possédaient des terres avec cette prérogative éludèrent des lois qui n'étaient faites que pour l'utilité publique ; et l'Église, qui a des serfs, s'opposa encore plus que la magistrature à ces lois sages. Les états généraux de 1615 prièrent vainement Louis XIII de renouveler les édits éludés de ses prédécesseurs, et de les faire exécuter. Le président de Lamoignon dressa un projet pour détruire cet usage, et pour dédommager les seigneurs ; ce projet fut négligé[1].

De nos jours, le roi de Sardaigne a détruit cette servitude en Savoie ; elle reste établie en France parce que les maux des provinces ne sont pas sentis dans la capitale. Tout ce qui est loin de nos yeux ne nous touche jamais assez.

[1]. Quelle que soit la première origine de la servitude de la glèbe, on ne peut la regarder dans l'état actuel que comme une condition sous laquelle la propriété d'une habitation, d'une terre, a été cédée au serf. Cette propriété a pu sans doute être usurpée par le seigneur ; mais la prescription a couvert presque partout le vice du premier titre de propriété. C'est donc sous ce point de vue qu'il faut considérer la servitude. Toute convention dont l'exécution embrasse un temps indéterminé rentre nécessairement dans la dépendance du législateur ; il peut la rompre ou la modifier en conservant les droits primitifs de chacun. Ce droit du législateur dérive de la nature même des choses, qui changent continuellement. Le consentement du législateur ne peut même lui enlever ce droit, parce qu'il est également contre la nature qu'il puisse prendre un engagement éternel. Il n'est alors obligé que de se conformer aux droits primitifs des hommes, antérieurs aux lois civiles, et indépendants de ces lois. Dans le cas particulier que nous examinons, tout ce qu'on doit au seigneur est un dédommagement d'une valeur égale à ce qu'il perd par la suppression de la servitude, et, autant qu'il est possible, d'une nature semblable. Ainsi le législateur doit substituer aux corvées, aux droits éventuels, un revenu égal levé sur la terre et évalué en denrées, et non un remboursement ou une rente en monnaie. Sans doute le législateur a également le droit de rendre toute rente foncière remboursable à un taux fixé par la loi, mais il n'est ici question que de l'abolition de la servitude ; celle des rentes féodales est un objet plus étendu, mais beaucoup moins pressant, parce qu'il n'en résulte qu'une perte pour l'État, et non une injustice.

Quant aux servitudes qui tombent sur ceux qui ne tiennent aucune terre du seigneur, elles doivent être abolies sans accorder aucun dédommagement, puisqu'elles sont une violation du droit naturel, contre lequel aucun usage, aucune loi ne peut prescrire.

Le dédommagement dont nous avons parlé ne peut au reste regarder que les seigneurs laïques ; les biens ecclésiastiques appartiennent à la nation, et le législateur, qui a le droit absolu d'en disposer, peut faire pour leurs serfs tout ce qu'il peut faire pour ceux du domaine direct de l'État.

Observons enfin que jamais le dédommagement ne peut aller au delà du revenu net de la terre qui a été abandonnée par le seigneur, et doit être fixé un peu au-dessous. Quant aux opérations nécessaires pour former toutes les évaluations avec une justice rigoureuse, elles dépendent des principes connus de l'arithmétique politique. (K.)

[1] Quand on veut poser les limites entre l'autorité civile et les usages ecclésiastiques, quelles disputes interminables ! Où sont ces limites ? Qui conciliera les éternelles contradictions du fisc et de la jurisprudence ? Enfin pourquoi, dans les causes criminelles, les arrêts ne sont-ils jamais motivés ? Y a-t-il quelque honte à rendre raison de son jugement ? Pourquoi ceux qui jugent au nom du souverain ne présentent-ils pas au souverain leurs arrêts de mort avant qu'on les exécute ?

De quelque côté qu'on jette les yeux on trouve la contrariété, la dureté, l'incertitude, l'arbitraire. Enfin la vénalité de la magistrature est un opprobre dont la France seule, dans l'univers entier, est couverte, et dont elle a toujours souhaité d'être lavée. On a toujours regretté, depuis François Ier, les temps où le simple jurisconsulte, blanchi dans l'étude des lois, parvenait, par son seul mérite, à rendre la justice qu'il avait défendue par ses veilles, par sa voix et par son crédit. Cicéron, Hortensius, et le premier Marc-Antoine, n'achetèrent point une charge de sénateur. En vain l'abbé de Bourzeys, dans son livre d'erreurs intitulé *Testament politique du cardinal de Richelieu,* a-t-il prétendu justifier la vente des dignités de la robe ; en vain d'autres auteurs, plus courtisans que citoyens, et plus inspirés par l'intérêt personnel que par l'amour de la patrie, ont-ils suivi les traces de l'abbé de Bourzeys ; une preuve que cette vente est un abus, c'est qu'elle ne fut produite que par un autre abus, par la dissipation des finances de l'État. C'est une simonie beaucoup plus funeste que la vente des bénéfices de l'Église : car si un ecclésiastique isolé achète un bénéfice simple, il n'en résulte ni bien ni mal pour la patrie dans laquelle il n'a nulle juridiction, il n'est comptable à personne ; mais la magistrature a l'honneur, la fortune et la vie des hommes entre ses mains. Nous cherchons [2] dans ce siècle à tout perfectionner, cherchons donc à perfectionner les lois.

---

1. Cet alinéa et la première phrase du suivant sont extraits du paragraphe XXIII du *Commentaire sur le livre Des Délits et des Peines.* (B.)

2. Cette dernière phrase est extraite du paragraphe XXIII du *Commentaire sur le livre Des Délits et des Peines.* (B.)

CHAPITRE XLIII[1].

DES PROGRÈS DE L'ESPRIT HUMAIN DANS LE SIÈCLE DE LOUIS XV.

Un ordre entier de religieux aboli par la puissance séculière, la discipline de quelques autres ordres monastiques réformée par cette puissance, les divisions même entre toute la magistrature et l'autorité épiscopale, ont fait voir combien de préjugés se sont dissipés, combien la science du gouvernement s'est étendue, et à quel point les esprits se sont éclairés. Les semences de cette science utile furent jetées dans le dernier siècle ; elles ont germé de tous côtés dans celui-ci jusqu'au fond des provinces, avec la véritable éloquence qu'on ne connaissait guère qu'à Paris, et qui tout d'un coup a fleuri dans plusieurs villes : témoin les discours[2] sortis ou du parquet ou de l'assemblée des chambres de quelques parlements, discours qui sont des chefs-d'œuvre de l'art de penser et de s'exprimer, du moins à beaucoup d'égards. Du temps des d'Aguesseau, les seuls modèles étaient dans la capitale, et encore très-rares. Une raison supérieure s'est fait entendre dans nos derniers jours, du pied des Pyrénées au nord de la France. La philosophie, en rendant l'esprit plus juste, et en bannissant le ridicule d'une parure recherchée, a rendu plus d'une province l'émule de la capitale.

En général le barreau a quelquefois mieux connu cette jurisprudence universelle, puisée dans la nature, qui s'élève au-dessus de toutes les lois de convention, ou de simple autorité, lois souvent dictées par les caprices ou par des besoins d'argent : ressources dangereuses plus que lois utiles, qui se combattent sans cesse, et qui forment plutôt un chaos qu'un corps de législation, ainsi que nous l'avons dit[3].

Les académies ont rendu service en accoutumant les jeunes gens à la lecture, et en excitant par des prix leur génie avec leur émulation. La saine physique a éclairé les arts nécessaires, et ces arts ont commencé déjà à fermer les plaies de l'État, causées par

---

1. Ce chapitre est de 1768. (B.)
2. Voyez les discours de MM. de Montolar, de La Chalotais, de Castilhon, de Servan, et d'autres. (*Note de Voltaire.*)
3. Voyez page 427.

deux guerres funestes. Les étoffes se sont manufacturées à moins de frais par les soins d'un des plus célèbres mécaniciens[1]. Un académicien encore plus utile[2], par les objets qu'il embrasse, a perfectionné beaucoup l'agriculture, et un ministre éclairé[3] a rendu enfin les blés exportables, commerce nécessaire défendu trop longtemps, et qui doit être contenu peut-être autant qu'encouragé.

Un autre académicien[4] a donné le moyen le plus avantageux de fournir à toutes les maisons de Paris l'eau qui leur manque : projet qui ne peut être rejeté que par la pauvreté, ou par la négligence, ou par l'avarice.

Un médecin[5] a trouvé enfin le secret longtemps cherché de rendre l'eau de la mer potable : il ne s'agit plus que de rendre cette expérience assez facile pour qu'on en puisse profiter en tout temps sans trop de frais.

Si quelque invention peut suppléer à la connaissance qui nous est refusée des longitudes sur la mer, c'est celle du plus habile horloger de France[6], qui dispute cette invention à l'Angleterre. Mais il faut attendre que le temps mette son sceau à toutes ces découvertes. Il n'en est pas d'une invention qui peut avoir son utilité et ses inconvénients, d'une découverte qui peut être contestée, d'une opinion qui peut être combattue, comme de ces grands monuments des beaux-arts en poésie, en éloquence, en musique, en architecture, en sculpture, en peinture, qui forcent tout d'un coup le suffrage de toutes les nations, et qui s'assurent ceux de la postérité par un éclat que rien ne peut obscurcir.

Nous avons déjà parlé du célèbre dépôt des connaissances humaines, qui a paru sous le titre de *Dictionnaire encyclopédique*[7]. C'est une gloire éternelle pour la nation que des officiers de guerre sur terre et sur mer, d'anciens magistrats, des médecins qui connaissent la nature, de vrais doctes quoique docteurs, des hommes de lettres, dont le goût a épuré les connaissances, des géomètres, des physiciens, aient tous concouru à ce travail aussi utile que pénible, sans aucune vue d'intérêt, sans même rechercher la gloire, puisque plusieurs cachaient leurs noms ; enfin

---

1. M. Vaucanson. (*Note de Voltaire.*)
2. M. Duhamel du Monceau. (*Id.*)
3. Turgot ; voyez le *Petit Écrit* (daté du 1ᵉʳ janvier 1775) *sur l'arrêt du conseil du 13 septembre 1774, qui permet le libre commerce des blés dans le royaume.*
4. M. de Parcieux. (*Note de Voltaire.*)
5. M. Poissonnier. (*Id.*)
6. M. Leroi. (*Id.*)
7. Voyez l'article intitulé *D'un Fait singulier concernant la littérature ;* la huitième des *Lettres à Son Altesse Monseigneur le prince de *** ;* et tome XIV, page 153.

sans être ensemble d'intelligence, et par conséquent exempts de l'esprit de parti.

Mais ce qui est encore plus honorable pour la patrie, c'est que, dans ce recueil immense, le bon l'emporte sur le mauvais : ce qui n'était pas encore arrivé. Les persécutions qu'il a essuyées ne sont pas si honorables pour la France. Ce même malheureux esprit de formes, mêlé d'orgueil, d'envie et d'ignorance, qui fit proscrire l'imprimerie du temps de Louis XI, les spectacles sous le grand Henri IV, les commencements de la saine philosophie sous Louis XIII, enfin l'émétique et l'inoculation ; ce même esprit, dis-je, ennemi de tout ce qui instruit et de tout ce qui s'élève, porta des coups presque mortels à cette mémorable entreprise ; il est parvenu même à la rendre moins bonne qu'elle n'aurait été, en lui mettant des entraves, dont il ne faut jamais enchaîner la raison : car on ne doit réprimer que la témérité, et non la sage hardiesse, sans laquelle l'esprit humain ne peut faire aucun progrès. Il est certain que la connaissance de la nature, l'esprit de doute sur les fables anciennes honorées du nom d'histoires, la saine métaphysique dégagée des impertinences de l'école, sont les fruits de ce siècle, et que la raison s'est perfectionnée[1].

1. Qu'il nous soit permis d'ajouter ici quelques traits au tableau tracé par M. de Voltaire. C'est dans ce siècle que l'aberration des étoiles fixes a été découverte par Bradley; que les géomètres sont parvenus à calculer les perturbations des comètes, et à prédire le retour de ces astres; que les mouvements des planètes ont été soumis à des calculs sinon rigoureux, du moins certains, et d'une exactitude égale à celle qu'on peut attendre des observations. Les principes généraux du mouvement des corps solides et des fluides ont été découverts par M. d'Alembert. Le problème de la précession des équinoxes, dont Newton n'avait pu donner qu'une solution incomplète, a été résolu par le même géomètre, et on lui doit encore la découverte d'un nouveau calcul nécessaire dans la théorie du mouvement des fluides et des corps flexibles. Les lois de la gradation de la lumière, trouvées par Bouguer ; la découverte des lunettes acromatiques, dont la première idée est due à M. Euler ; la méthode d'appliquer le prisme aux lunettes, de décomposer par ce moyen la lumière des étoiles, de mesurer avec plus d'exactitude les lois de la réfraction et de la diffraction, que l'on doit à M. l'abbé Rochon, avec de nouvelles méthodes de mesurer les angles et les distances, et des observations importantes sur la théorie de la vision : tous ces travaux sont autant de monuments du génie des savants qui ont illustré ce siècle.

Quels progrès n'avons-nous point faits dans la chimie, devenue une des branches les plus utiles et les plus étendues de nos connaissances! Nous avons su découvrir, analyser, soumettre aux expériences, ces fluides élastiques connus sous le nom d'airs, et dont le siècle dernier soupçonnait à peine l'existence ; les phénomènes électriques ont encore été une source féconde de découvertes ; la nature de la foudre a été connue grâce à M. Franklin, et il nous a instruits à nous préserver de ses ravages. L'histoire naturelle est devenue une science nouvelle par les travaux des Linnée, des Rouelle, des Daubenton, et de leurs disciples, tandis que l'éloquent historien de la nature en répandait le goût parmi les hommes de tous les états et de tous les pays. Les mathématiques ont fait par le génie des Bernouilli,

Il est vrai que toutes les tentatives n'ont pas été heureuses. Des voyages au bout du monde pour constater une vérité que Newton avait démontrée dans son cabinet ont laissé des doutes sur l'exactitude des mesures. L'entreprise du fer brut forgé, ou converti en acier, celle de faire éclore des animaux à la manière de l'Égypte dans des climats trop différents de l'Égypte, beaucoup d'autres efforts pareils, ont pu faire perdre un temps précieux, et ruiner même quelques familles. Mais nous avons dû à ces mêmes entreprises des lumières utiles sur la nature du fer et sur le développement des germes contenus dans les œufs. Des systèmes trop hasardés ont défiguré des travaux qui auraient été très-utiles. On s'est fondé sur des expériences trompeuses pour faire revivre cette ancienne erreur que des animaux pouvaient naître sans germe. De là sont sorties des imaginations plus chimériques que ces animaux. Les uns ont poussé l'abus de la découverte de Newton sur l'attraction jusqu'à dire que les enfants se forment par attraction dans le ventre de leurs mères. Les autres ont inventé des molécules organiques. On s'est emporté dans ces vaines idées jusqu'à prétendre que les montagnes ont été formées par la mer : ce qui est aussi vrai que de dire que la mer a été formée par les montagnes.

Qui croirait que des géomètres[1] ont été assez extravagants pour imaginer qu'en exaltant son âme on pouvait voir l'avenir comme le présent? Plus d'un philosophe[2], comme on l'a déjà dit ailleurs[3], a voulu, à l'exemple de Descartes, se mettre à la place

---

des Euler, des d'Alembert, et des La Grange, d'immenses progrès dont Newton et Leibnitz seraient eux-mêmes étonnés. Le calcul des probabilités, qui ne servaient presque dans le siècle dernier qu'à calculer les chances des jeux de hasard, a été appliqué à des questions utiles au bonheur des hommes.

Les principes généraux de la législation, de l'administration des États, ont été découverts, analysés, et développés dans un grand nombre d'excellents ouvrages.

L'art tragique enfin, perfectionné par M. de Voltaire, est devenu un art vraiment moral; il a fait du théâtre une école d'humanité et de philosophie.

Si nous examinons ensuite les progrès des arts, nous compterons au nombre des avantages du même siècle la perfection de l'art de construire les vaisseaux, la méthode de les doubler de cuivre ; l'art d'instruire les muets et de les rendre en quelque sorte à la société; les secours établis pour les hommes frappés d'une mort apparente; l'art militaire enfin, dont le génie de Frédéric a fait en quelque sorte une science nouvelle.

Enfin nous avons vu tous les arts mécaniques, toutes les manufactures, toutes les branches de l'agriculture, se perfectionner, s'enrichir de méthodes nouvelles, se diriger par des principes plus sûrs et plus simples, fruits d'une application heureuse des sciences à tous les objets de l'industrie humaine. (K.)

1. Maupertuis.
2. Ceci à l'adresse de d'Holbach. (G. A.)
3. Dans la *Dissertation sur les changements arrivés dans notre globe*, et dans la *Dissertation du physicien de Saint-Flour*, qui fait partie des *Colimaçons*.

de Dieu, et créer comme lui un monde avec la parole ; mais bientôt toutes ces folies de la philosophie sont réprouvées des sages, et même ces édifices fantastiques, détruits par la raison, laissent dans leurs ruines des matériaux dont la raison même fait usage.

Une extravagance pareille a infecté la morale. Il s'est trouvé des esprits assez aveugles pour saper tous les fondements de la société en croyant la réformer. On a été assez fou pour soutenir que *le tien* et *le mien*[1] sont des crimes, et qu'on ne doit point jouir de son travail ; que non-seulement tous les hommes sont égaux, mais qu'ils ont perverti l'ordre de la nature en se rassemblant ; que l'homme est né pour être isolé comme une bête farouche ; que les castors, les abeilles, et les fourmis, dérangent les lois éternelles en vivant en république.

Ces impertinences, dignes de l'hôpital des fous, ont été quelque temps à la mode, comme des singes qu'on fait danser dans les foires.

Elles ont été poussées jusqu'à ce point incroyable de démence qu'un je ne sais quel charlatan sauvage a osé dire, dans un projet d'éducation[2], « qu'un roi ne doit pas balancer à donner en mariage à son fils la fille du bourreau, si les goûts, les humeurs, et les caractères, se conviennent ». La théologie n'a pas été à couvert de ces excès : des ouvrages dont la nature est d'être édifiants sont devenus des libelles diffamatoires qui ont même éprouvé la sévérité des parlements[3], et qui devaient aussi être condamnés par toutes les académies, tant ils sont mal écrits.

Plus d'un abus semblable a infecté la littérature ; une foule d'écrivains s'est égarée dans un style recherché, violent, inintelligible, ou dans la négligence totale de la grammaire. On est parvenu jusqu'à rendre Tacite ridicule[4]. On a beaucoup écrit dans ce siècle ; on avait du génie dans l'autre. La langue fut portée, sous Louis XIV, au plus haut point de perfection dans tous

---

1. J.-J. Rousseau, dans son *Discours sur les fondements de l'inégalité.*
2. Ces propres paroles se trouvent dans le livre intitulé *Émile*, tome IV, page 178. — Voici le texte d'*Émile*, livre V : « Il y a une telle convenance de goûts, d'humeurs, de sentiments, de caractères, qui devrait engager un père sage, fût-il prince, fût-il monarque, à donner, sans balancer, à son fils la fille avec laquelle il aurait toutes ces convenances, fût-elle née dans une famille déshonnête, fût-elle la fille du bourreau ».
3. Le 24 septembre 1756 la chambre des vacations rendit un arrêt portant défense de publier et d'imprimer un mandement de l'archevêque de Paris (Beaumont), du 19 du même mois, daté de Conflans où le prélat était exilé depuis le 2 décembre 1754; voyez ci-dessus, pages 378, 381, 383, etc., et le *Dictionnaire philosophique*, au mot Confession, *in fine*.
4. La Bletterie.

les genres, non pas en employant des termes nouveaux, inutiles, mais en se servant avec art de tous les mots nécessaires qui étaient en usage. Il est à craindre aujourd'hui que cette belle langue ne dégénère par cette malheureuse facilité d'écrire que le siècle passé a donnée aux siècles suivants : car les modèles produisent une foule d'imitateurs, et ces imitateurs cherchent toujours à mettre en paroles ce qui leur manque en génie. Ils défigurent le langage, ne pouvant l'embellir. La France surtout s'était distinguée, dans le beau siècle de Louis XIV, par la perfection singulière à laquelle Racine éleva le théâtre, et par le charme de la parole, qu'il porta à un degré d'élégance et de pureté inconnu jusqu'à lui. Cependant on applaudit après lui à des pièces écrites aussi barbarement[1] que ridiculement construites.

C'est contre cette décadence que l'Académie française lutte continuellement; elle préserve le bon goût d'une ruine totale, en n'accordant du moins des prix qu'à ce qui est écrit avec quelque pureté, et en réprouvant tout ce qui pèche par le style. Il est vrai que les beaux-arts, qui donnèrent tant de supériorité à la France sur les autres nations, sont bien dégénérés; et la France serait aujourd'hui sans gloire dans ce genre, sans un petit nombre d'ouvrages de génie, tels que le poëme des quatre *Saisons*[2], et le quinzième chapitre de *Bélisaire*[3], s'il est permis de mettre la prose à côté de la plus élégante poésie. Mais enfin la littérature, quoique souvent corrompue, occupe presque toute la jeunesse bien élevée : elle se répand dans les conditions qui l'ignoraient. C'est à elle qu'on doit l'éloignement des débauches grossières, et la conservation d'un reste de la politesse introduite dans la nation par Louis XIV et par sa mère. Cette littérature, utile dans toutes les conditions de la vie, console même des calamités publiques en arrêtant sur des objets agréables l'esprit, qui serait trop accablé de la contemplation des misères humaines.

1. Crébillon, dont Voltaire a dit :
    On préfère à mes vers Crébillon le barbare.

Voyez, tome X, page 428, l'*Épître à d'Alembert*.
2. Par Saint-Lambert.
3. Par Marmontel.

FIN DU PRÉCIS DU SIÈCLE DE LOUIS XV.

HISTOIRE

DU

PARLEMENT

DE PARIS

AVERTISSEMENT

POUR LA PRÉSENTE ÉDITION.

Les désaveux de Voltaire lorsque parut l'*Histoire du Parlement de Paris*[1] ne convainquirent personne. Ils ne donnèrent que plus de prix à l'ouvrage, en excitant la curiosité. On paya jusqu'à six louis l'exemplaire. Les colporteurs pris en flagrant délit furent châtiés avec une sévérité extrême. D'autant plus chèrement on paya le livre. Ce succès même inquiéta Voltaire, au point qu'il jugea à propos de consulter le jurisconsulte Christin sur les poursuites auxquelles il pouvait être exposé.

Voltaire invoquait principalement pour sa justification l'impossibilité où il était de faire les recherches qu'avait nécessitées une telle œuvre. Il disait au censeur Marin (5 juillet 1769) : « Il y aurait de la folie à prétendre que j'ai pu m'instruire des formes judiciaires de France et rassembler un fatras énorme de dates, moi qui suis absent de France depuis plus de vingt années. » De même, à d'Argental (7 juillet) : « Quant à l'*Histoire* dont vous me parlez, il est impossible que j'en sois l'auteur; elle ne peut être que d'un homme qui a fouillé deux ans de suite des archives poudreuses. » A d'Alembert (9 juillet) : « Il me paraît absurde de m'attribuer un ouvrage dans lequel il y a deux ou trois morceaux qui ne peuvent être tirés que d'un greffe poudreux où je n'ai assurément pas mis le pied; mais la calomnie n'y regarde pas de si près. » A Thieriot (12 juillet) : « Il y a quelques anecdotes assez curieuses qui ne peuvent être tirées que du greffe du parlement même : il n'y a certainement qu'un homme du métier qui puisse être auteur de cet ouvrage. Il faut être enragé pour le mettre sur mon compte. » A l'abbé Morellet (14 juillet) : « Il y a dans cette *Histoire* des anecdotes dont, Dieu merci, je n'ai jamais entendu parler. »

Comme on le voit, c'était un mot d'ordre qu'il donnait.

Voltaire signalait ainsi deux anecdotes importantes qu'il a rapportées dans l'*Histoire du Parlement* (p. 541-542) et dans l'*Essai sur les Mœurs* (voyez t. XII, p. 537). Il s'agit d'un fait considérable, quoique bien rare :

---

1. A M. de Chennevières (23 juillet 1769) : « Je n'existe aujourd'hui que pour être calomnié. On m'impute je ne sais quelle *Histoire du Parlement* dont les derniers chapitres sont un chef-d'œuvre d'erreurs, d'impertinences et de solécismes, » etc., etc. Voyez *passim*, dans la *Correspondance*.

l'intervention du souverain statuant seul et prononçant la peine capitale. Ainsi Henri IV ordonnant que le frère Jehan Leroy fût jeté à l'eau dans un sac, pour crime d'assassinat sur la personne du capitaine Héricourt; et que le cadavre de Jacques Clément fût tiré à quatre chevaux, brûlé, et ses cendres jetées à la rivière. Il paraît que Voltaire n'avait pu découvrir ces faits que dans le *Recueil d'ordonnances des rois de France Charles IX, Henri III, Henri IV, Louis XIII et Louis XIV, depuis le 24 décembre 1367 jusqu'au 9 août 1647,* manuscrit petit in-folio longtemps enfoui au greffe de Versailles, et maintenant rendu aux Archives nationales, sa place véritable.

M. G. Desnoiresterres[1] fait remarquer que si Voltaire, du fond de son château de Ferney, n'était pas à même de secouer la poussière séculaire d'archives qu'on ne communiquait d'ailleurs qu'à bon escient, il avait des aides et des collaborateurs occultes, autant et plus intéressés que lui à la chute de ce corps redoutable du parlement de Paris; et que, s'il est vrai que l'ouvrage fût écrit à l'instigation du ministre, comme le déclare Wagnière, il est à croire que ce dernier se prêta à la recherche de pièces probantes.

Il faut toutefois rappeler, comme nous venons de le dire, que les mêmes anecdotes se trouvent déjà consignées dans les mêmes termes au chapitre CLXXIII de l'*Essai sur les Mœurs*.

Lorsque l'ancien parlement fut brisé par le chancelier Maupeou, en janvier 1771, le chancelier, sentant le besoin d'avoir dans son parti des plumes incisives et éloquentes pour répondre aux innombrables pamphlets dont il était assailli, sollicita de loin l'auteur de l'*Histoire du Parlement*. Voltaire se mit à son service. Il composa brochures contre brochures : *Lettres d'un jeune abbé sur les vénalités des charges; Réponse aux remontrances de la cour des aides; Avis important d'un gentilhomme à toute la noblesse du royaume; Sentiment des six consuls établis par le roi et de tous les bons citoyens; Très-humbles et très-respectueuses Remontrances du grenier à sel; les Peuples aux Parlements.* Et on lui en attribua plus encore qu'il n'en fit.

Voltaire justifie ainsi son attitude, dans une lettre à la duchesse de Choiseul (13 mai 1771) : « Je mourrai aussi fidèle à la foi que je vous ai jurée qu'à ma juste haine contre des hommes qui m'ont persécuté tant qu'ils ont pu, et qui me persécuteraient encore s'ils étaient les maîtres. Je ne dois pas assurément aimer ceux qui devaient me jouer un mauvais tour au mois de janvier[2], ceux qui versaient le sang de l'innocence, ceux qui portaient la barbarie dans le centre de la politesse; ceux qui, uniquement occupés de leur sotte vanité, laissaient agir leur cruauté sans scrupule, tantôt en immolant Calas sur la roue, tantôt en faisant expirer dans les supplices, après la torture, un jeune gentilhomme qui méritait six mois de Saint-Lazare, et qui aurait mieux valu qu'eux tous. Ils ont bravé l'Europe entière, indignée de cette inhumanité; ils ont traîné dans un tombereau, avec un bâillon dans la

1. *Voltaire et Genève,* page 382.
2. Des poursuites avaient été annoncées contre l'*Histoire du Parlement*, par l'avocat Séguier. Voyez, ci-après, l'Avertissement de Beuchot

bouche, un lieutenant général justement haï à la vérité, mais dont l'innocence m'est démontrée par les pièces mêmes du procès. Je pourrais produire vingt barbaries pareilles, et les rendre exécrables à la postérité. J'aurais mieux aimé mourir dans le canton de Zug, ou chez les Samoyèdes, que de dépendre de tels compatriotes. »

L'*Histoire du Parlement* a été comme la préface du coup d'État de Maupeou; mais, cette fois, l'opinion publique ne suivit pas l'impulsion que Voltaire avait voulu lui donner, et le rétablissement de l'ancien parlement fut, comme l'on sait, l'un des premiers actes du successeur de Louis XV.

L. M.

AVERTISSEMENT

DE BEUCHOT.

L'*Histoire du Parlement de Paris*, par M. l'abbé Big..., parut en 1769, Amsterdam, deux volumes in-8°. Les *Mémoires secrets*, connus sous le nom de Bachaumont, en parlent à la date du 25 juin; mais l'ouvrage circulait dès le mois de mai[1]; et, avant la fin de l'année, la cinquième édition avait vu le jour. Les trois lettres *Big...*, et le nombre des points qui les suivent, semblaient indiquer l'abbé Bignon. Sur le frontispice de la huitième édition, qui est de 1770, on lit en toutes lettres : *Par M. l'abbé Bigore.*

Wagnière, secrétaire de Voltaire, nous apprend[2] que l'*Histoire du Parlement* fut composée, non sur les matériaux fournis par le ministère, mais à son instigation. Ce n'était pas la faute de l'auteur si le parlement n'avait pas à se louer de la manière dont il y est traité. Voltaire n'avait pu dissimuler la guerre de la Fronde, ni mentir, pour plaire à *messieurs*[3], dont il n'avait assurément pas à se louer[4].

On sut bientôt d'où venait le livre; on en nommait l'auteur, et comme il était question de poursuites contre lui, il crut les prévenir par des desaveux qui furent insérés au *Mercure*[5].

Le parlement toutefois renonça, pour le moment, à *l'inutile cérémonie de brûler le libelle, et au soin plus sérieux d'en rechercher l'auteur*[6].

Mais lorsqu'en octobre 1770 l'avocat général Séguier vint à Ferney, il dit à Voltaire que quatre conseillers le pressaient continuellement de requérir qu'on brûlât l'*Histoire du Parlement*, et qu'il serait forcé de donner un réquisitoire vers le mois de février 1771[7]. Voltaire crut prudent de déclarer

1. Lettre à Thieriot, du 29 mai 1769.
2. *Mémoires sur Voltaire*, 1826, tome Ier, page 290.
3. C'est ainsi qu'on appelait les conseillers au parlement. J'ai vu donner récemment ce nom aux conseillers de cour royale. Il se donne aussi aux juges de première instance. (B.)
4. Lettre à Mme du Deffant, du 22 janvier 1772.
5. La lettre à Marin, du 5 juillet 1769, fut insérée dans le second volume de juillet; la lettre à Lacombe, du 9 juillet, fut imprimée dans le volume d'août page 44 : voyez ces lettres, à leur date, dans la *Correspondance*.
6. Expressions de Voltaire lui-même, chapitre XLIX.
7. Lettre à Mme de Saint-Julien, 22 janvier 1772.

n'avoir aucune part à cette histoire, qu'*il regardait d'ailleurs comme très-véridique,* ajoutant que s'*il était possible qu'une compagnie eût de la reconnaissance, le parlement devait des remerciements* à l'écrivain qui l'avait extrêmement ménagé [1]. Voltaire avait, en effet, beaucoup ménagé le parlement. Il avait passé sous silence des faits dont il avait parlé dans d'autres ouvrages [2]. Il n'avait rien dit des jugements récents de Lally et de La Barre, qui l'indignaient tant [3].

Le réquisitoire de Séguier n'eut pas lieu parce que *on requit autre chose en ce temps-là de ces* messieurs, *et la France en fut délivrée* [4].

L'*Histoire du Parlement* n'avait, en 1769, que soixante-sept chapitres. Ce fut en 1770 que l'auteur ajouta ce qui forme aujourd'hui le chapitre XLIII.

Dès la seconde édition, qui est de 1769, il avait changé les quatre premières pages du dernier chapitre (aujourd'hui le LXVIIIe). J'ai recueilli cette importante variante.

Le chapitre LXIX a été ajouté dans l'édition encadrée de 1775. Comme j'ai indiqué dans l'ouvrage les changements faits successivement à ce chapitre, il est inutile d'en parler ici.

L'*Histoire du Parlement* n'est peut-être pas lue autant qu'elle mérite de l'être. Cet ouvrage est exact et piquant. Ce n'est pas moi qui porte ce jugement, mais un homme qui n'est ni enthousiaste de Voltaire, ni ennemi des parlements : « Quoique cet ouvrage, dit M. le président Desportes [5], soit un tissu d'épigrammes, peu dignes d'un pareil sujet, le récit des faits y est d'une grande exactitude. »

J'ai, d'après les éditions données du vivant de Voltaire, rétabli les notes indicatives de la date de quelques faits.

B.

Ce 24 auguste 1829.

1. Lettre à Mme de Choiseul, 15 mai 1771.
2. Voyez, tome XIII, les *Annales de l'Empire,* années 1293, 1416, 1498, et la note, page 406 du présent volume ; voyez aussi, tome XIV, le chapitre IV du *Siècle de Louis XIV.*
3. Il s'était cependant déjà expliqué, en termes très-mesurés il est vrai, sur le procès de Lally dans la première édition du *Précis du Siècle de Louis XV,* voyez pages 365-366 du présent volume. Il avait donné, en 1766, la *Relation de la mort du chevalier de La Barre.*
4. Lettre à Mme de Saint-Julien, 22 janvier 1772. Voyez, sur l'expulsion du parlement en 1771, le *Dictionnaire philosophique,* article PARLEMENT DE FRANCE, *in fine.*
5. *Biographie universelle,* article R. C. de MAUPEOU.

AVANT-PROPOS[1]

Il n'appartient qu'à la liberté de connaître la vérité et de la dire. Quiconque est gêné, ou par ce qu'il doit à ses maîtres, ou par ce qu'il doit à son corps[2], est forcé au silence ; s'il est fasciné par l'esprit de parti, il ne devient que l'organe des erreurs.

Ceux qui veulent s'instruire de bonne foi sur quelque matière que ce puisse être doivent écarter tous préjugés autant que le peut la faiblesse humaine. Ils doivent penser qu'aucun corps, aucun gouvernement, aucun institut n'est aujourd'hui ce qu'il a été, qu'il changera comme il a changé, et que l'immutabilité n'appartient point aux hommes. L'empire est aujourd'hui aussi différent de celui de Charlemagne que de celui d'Auguste. L'Angleterre ne ressemble pas plus à ce qu'elle était du temps de Guillaume le Conquérant que la France ne ressemble à la France du temps de Hugues Capet ; et les usages, les droits, la constitution, sous Hugues Capet, n'ont rien des temps de Clovis : ainsi tout change d'un bout de la terre à l'autre. Presque toute origine est obscure, presque toutes les lois se contredisent de siècle en siècle. La science de l'histoire n'est que celle de l'inconstance ; et tout ce que nous savons bien certainement, c'est que tout est incertain.

Il y a bien peu de lois chez les peuples de l'Europe, soit civiles, soit religieuses, qui aient subsisté telles qu'elles étaient dans le commencement. Qu'on fouille les archives des premiers siècles, et qu'on voie si l'on y trouvera des évêques souverains, disant la messe au bruit des tambours, des moines princes, des cardinaux égaux aux rois et supérieurs aux princes.

Principibus præstant, et regibus æquiparantur[3].

---

[1]. Cet avant-propos est de Voltaire, et parut dès la première édition. (B.)
[2]. Ce dernier trait regarde le président Hénault. Voyez le reproche que Voltaire lui fait de son silence sur la procédure contre le dauphin, depuis Charles VII, tome XII, page 46. Voyez aussi une note du chapitre I de l'*Histoire du Parlement*.
[3]. Voyez la vingtième des *Lettres d'Amabed*, et aussi ce qui est dit des cardinaux dans le dialogue entre *Lucien, Érasme et Rabelais* (*Mélanges*, année 1765).

Il fallut toujours rendre la justice : point de société sans tribunal ; mais qu'étaient ces tribunaux ? et comment jugeaient-ils ? Y avait-il une seule juridiction, une seule formalité qui ressemblât aux nôtres ?

Quand la Gaule eut été subjuguée par César, elle fut soumise aux lois romaines. Le gouvernement municipal, qui est le meilleur parce qu'il est le plus naturel, fut conservé dans toutes les villes : elles avaient leur sénat, que nous appelons conseil de ville, leurs domaines, leurs milices. Le conseil de la ville jugeait les procès des particuliers, et dans les affaires considérables on appelait au tribunal du préteur, ou du proconsul, ou du préfet. Cette institution subsiste encore en Allemagne, dans les villes nommées impériales ; et c'est, je crois, le seul monument du droit public des anciens Romains qui n'ait point été corrompu. Je ne parle pas du droit écrit, qui est le fondement de la jurisprudence dans la partie de l'Allemagne où l'on ne suit pas le droit saxon ; ce droit romain est reçu dans l'Italie et dans quelques provinces de France au-delà de la Loire.

Lorsque les Sicambres, ou Francs, dans la décadence de l'empire romain, vinrent des marais du Mein et du Rhin subjuguer une partie des Gaules, dont une autre partie avait été déjà envahie par des Bourguignons, on sait assez dans quel état horrible la partie des Gaules nommée France fut alors plongée. Les Romains n'avaient pu la défendre ; elle se défendit elle-même très-mal, et fut la proie des barbares.

Les temps, depuis Clovis jusqu'à Charlemagne, ne sont qu'un tissu de crimes, de massacres, de dévastations et de fondations de monastères, qui font horreur et pitié ; et après avoir bien examiné le gouvernement des Francs on n'y trouve guère d'autre loi bien nettement reconnue que la loi du plus fort. Voyons, si nous pouvons, ce que c'était alors qu'un *parlement*.

HISTOIRE
DU PARLEMENT
DE PARIS

CHAPITRE I.

DES ANCIENS PARLEMENTS.

Presque toutes les nations ont eu des assemblées générales. Les Grecs avaient leur église, dont la société chrétienne prit le nom ; le peuple romain eut ses comices ; les Tartares ont eu leur *cour-ilté*, et ce fut dans une de ces cours-iltés que Gengis-kan prépara la conquête de l'Asie. Les peuples du Nord avaient leur *vittenagemoth* ; et lorsque les Francs, ou Sicambres, se furent rendus maîtres des Gaules, les capitaines francs eurent leur *parliament*, du mot celte *parler* ou *parlier*, auquel le peu de gens qui savaient lire et écrire joignirent une terminaison latine ; et de là vint le mot *parlamentum* dans nos anciennes chroniques, aussi barbares que les peuples l'étaient alors.

On venait à ces assemblées en armes, comme en usent encore aujourd'hui les nobles polonais, et presque toutes les grandes affaires se décidaient à coups de sabre. Il faut avouer qu'entre ces anciennes assemblées de guerriers farouches et nos tribunaux de justice d'aujourd'hui il n'y a rien de commun que le nom seul qui s'est conservé.

Dans l'horrible anarchie de la race sicambre de Clovis, il n'y eut que les guerriers qui s'assemblèrent en parlement, les armes à la main. Le major, ou maire du palais, surnommé *Pipinus*, que nous nommons Pepin le Bref, fit admettre les évêques à ces *parliaments*, afin de se servir d'eux pour usurper la couronne. Il se fit sacrer par un nommé Boniface, auquel il avait donné l'archevêché de Mayence, et ensuite par le pape Étienne, qui, selon Éginhard, secrétaire de Charlemagne, déposa lui-même le roi légitime Childéric III, et ordonna aux Francs de reconnaître à jamais les descendants de Pepin pour leurs souverains [1].

On voit clairement par cette aventure ce que c'était que la loi des Francs, et dans quelle stupidité les peuples étaient ensevelis.

Charlemagne, fils de Pepin, tint plusieurs fameux parlements, qu'on appelait aussi conciles. Les assemblées de villes prirent le nom de *parlement*, et enfin les universités s'assemblèrent en *parlement*.

Il existe encore une ancienne charte d'un Raimond de Toulouse, rapportée dans Ducange, qui se termine par ces mots : « Fait à Toulouse, dans la maison commune, en *parlement* public. *Actum Tolosæ, in domo communi, in publico* parlamento. »

Dans une autre charte du Dauphiné, il est dit que l'université s'assembla en *parlement* au son de la cloche.

Ainsi le même mot est employé pour signifier des choses très-différentes. Ainsi *diocèse*, qui signifiait province de l'empire, a été depuis appliqué aux paroisses dirigées par un évêque. Ainsi *empereur (imperator)*, mot qui ne désignait qu'un général d'armée, exprima depuis la dignité d'un souverain d'une partie de l'Europe, de l'Asie, et de l'Afrique. Ainsi le mot βασιλεὺς, *rex*, roi, a eu plusieurs acceptions différentes, et les noms et les choses ont subi les mêmes vicissitudes.

Lorsque Hugues Capet eut détrôné la race de Pepin, malgré les ordres des papes, tout tomba dans une confusion pire que sous les deux premières dynasties. Chaque seigneur s'était déjà emparé de ce qu'il avait pu, avec le même droit que Hugues s'était emparé de la dignité de roi. Toute la France était divisée en plusieurs seigneuries, et les seigneurs puissants réduisirent la plupart des villes en servitude. Les bourgeois ne furent plus bourgeois d'une ville, ils furent bourgeois du seigneur. Ceux qui rachetèrent leur

---

1. Voyez le *Grand Crime de Pepin le Bref, dissertation historique et critique sur l'usurpation et l'intronisation du chef de la seconde dynastie française, par G. Andry* (M. Aimé Guillon de Montléon). Londres (Paris), 1800, in-8°, et aussi *Preuve de la fidélité des Français à leurs rois légitimes lors du passage de la première à la seconde dynastie, résultant de l'examen de cette question encore indécise :* « Est-il vrai que Pepin ait été autorisé par le pape Zacharie à s'emparer de la couronne des mérovingiens? » *par M. Aimé Guillon*, 1817, in-8°. Voltaire parle encore de l'usurpation de Pepin, dans ses *Annales de l'Empire* (tome XIII, années 749, 750, 754). (B.)

liberté s'appelèrent francs-bourgeois. Ceux qui entrèrent au conseil de ville furent nommés grands-bourgeois, et ceux qui demeurèrent serfs, attachés à la ville comme les paysans à la glèbe, furent nommés petits-bourgeois.

Les rois de France ne furent longtemps que les chefs très-peu puissants de seigneurs aussi puissants qu'eux. Chaque possesseur d'un fief dominant établit chez lui des lois selon son caprice ; de là viennent tant de coutumes différentes et également ridicules. L'un se donnait le droit de siéger à l'église parmi des chanoines, avec un surplis, des bottes, et un oiseau sur le poing. L'autre ordonnait que pendant les couches de sa femme tous ses vassaux battraient les étangs pour faire taire les grenouilles du voisinage. Un autre se donnait le droit de marquette, de cuissage, de prélibation, c'est-à-dire de coucher avec toutes ses vassales, la première nuit de leurs noces.

Au milieu de cette épaisse barbarie, les rois assemblaient encore des parlements, composés des hauts-barons qui voulaient bien s'y trouver, et des évêques et abbés. C'était, à la vérité, une chose bien ridicule de voir des moines violer leurs vœux de pauvreté et d'obéissance pour venir siéger avec les principaux de l'État ; mais c'était bien pis en Allemagne, où ils se firent princes souverains. Plus les peuples étaient grossiers, plus les ecclésiastiques étaient puissants.

Ces parlements de France étaient les états de la nation, à cela près que le corps de la nation n'y avait aucune part : car la plupart des villes, et tous les villages sans exception, étaient en esclavage.

L'Europe entière, excepté l'empire des Grecs, fut longtemps gouvernée sur ce modèle. On demande comment il se put faire que tant de nations différentes semblassent s'accorder à vivre dans cette humiliante servitude, sous environ soixante ou quatre-vingts tyrans qui avaient d'autres tyrans sous eux, et qui tous ensemble composaient la plus détestable anarchie. Je ne sais d'autre réponse, sinon que la plupart des hommes sont des imbéciles, et qu'il était aisé aux successeurs des vainqueurs, Lombards, Vandales, Francs, Huns, Bourguignons, étant possesseurs de châteaux, étant armés de pied en cap, et montés sur de grands chevaux bardés de fer, de tenir sous le joug les habitants des villes et des campagnes qui n'avaient ni chevaux, ni armes, et qui, occupés du soin de gagner leur vie, se croyaient nés pour servir.

Chaque seigneur féodal rendait donc justice dans ses domaines comme il le voulait. La loi en Allemagne portait qu'on appelât de leurs arrêts à la cour de l'empereur; mais les grands terriens eurent bientôt le droit de juger sans appel, *jus de non appellando;* tous les électeurs jouissent aujourd'hui de ce droit, et c'est ce qui a réduit enfin les empereurs à n'être plus que les chefs d'une république de princes.

Tels furent les rois de France jusqu'à Philippe-Auguste. Ils jugeaient souverainement dans leurs domaines; mais ils n'exerçaient cette justice suprême sur les grands vassaux que quand ils avaient la force en main. Voyez combien il en coûta de peines à Louis le Gros pour soumettre seulement un seigneur du Puiset, un seigneur de Montlhéry.

L'Europe entière était alors dans l'anarchie. L'Espagne était encore partagée entre des rois musulmans, des rois chrétiens, et des comtes. L'Allemagne et l'Italie étaient un chaos; les querelles de Henri IV avec le pontife de Rome, Grégoire VII, donnèrent commencement à une jurisprudence nouvelle et à cinq cents ans de guerres civiles. Cette nouvelle jurisprudence fut celle des papes, qui bouleversèrent la chrétienté pour y dominer.

Les pontifes de Rome profitèrent de l'ignorance et du trouble pour se rendre les juges des rois et des empereurs; ces souverains, toujours en guerre avec leurs vassaux, étaient souvent obligés de prendre le pape pour arbitre. Les évêques, au milieu de cette barbarie, établissaient une juridiction monstrueuse; leurs officiers ecclésiastiques, étant presque les seuls qui sussent lire et écrire, se rendirent les maîtres de toutes les affaires dans les États chrétiens.

Le mariage étant regardé comme un sacrement, toutes les causes matrimoniales furent portées devant eux; ils jugèrent presque toutes les contentions civiles, sous prétexte qu'elles étaient accompagnées d'un serment. Tous les testaments étaient de leur ressort, parce qu'ils devaient contenir des legs à l'Église; et tout testateur qui avait oublié de faire un de ces legs, qu'on appelle pieux, était déclaré *déconfès,* c'est-à-dire, à peu près sans religion; il était privé de la sépulture, son testament était cassé, l'Église en faisait un pour lui, et s'adjugeait ce que le mort aurait dû lui donner.

Voulait-on s'opposer à ces violences, il fallait plaider à Rome, et l'on y était condamné [1].

---

1. Les éditions antérieures à 1775 portent : « Il fallait aller plaider à Rome, où l'on était condamné. » Dans l'édition de 1775, on lit : « Il fallait plaider à Rome, où l'on était condamné. » (B.)

Les inondations des barbares avaient sans doute causé des maux affreux; mais il faut avouer que les usurpations de l'Église en causèrent bien davantage.

Ce n'est pas ici le lieu d'entrer dans ces recherches dont toutes les histoires sont pleines; contentons-nous d'examiner quels furent les parlements de France, et quels furent les tribunaux de justice.

CHAPITRE II.

DES PARLEMENTS JUSQU'A PHILIPPE LE BEL.

Les parlements furent toujours les assemblées des hauts-barons. Cette police fut celle de toute l'Europe depuis la Vistule jusqu'au détroit de Gibraltar, excepté à Rome, qui était sous une anarchie différente, car les empereurs prétendaient en être les souverains. Les papes y disputaient l'autorité temporelle, le peuple y combattait souvent pour sa liberté; et tandis que les évêques de Rome, profitant des troubles et de la superstition des autres peuples, donnaient des couronnes avec des bulles, et se disaient les maîtres des rois, ils n'étaient pas les maîtres d'un faubourg de Rome.

L'Allemagne eut ses diètes, l'Espagne eut ses cortès, la France et l'Angleterre eurent leurs parlements. Ces parlements étaient tous guerriers, et cependant les évêques et les abbés y assistaient, parce qu'ils étaient seigneurs de fiefs, et par là même réputés barons : et c'est par cette seule raison que les évêques siègent encore au parlement d'Angleterre, car le clergé n'a jamais fait, dans cette île, un ordre de l'État.

Dans ces assemblées, qui se tenaient principalement pour décider de la guerre et de la paix, on jugeait aussi des causes; mais il ne faut pas s'imaginer que ce fussent des procès de particuliers, pour une rente, pour une maison, pour des minuties dont nos tribunaux retentissent : c'étaient les causes des hauts-barons mêmes et de tous les fiefs qui ressortissaient immédiatement à la couronne.

Nicole Gilles rapporte qu'en 1241 Hugues de Lusignan, comte de la Marche, ayant refusé de faire hommage au roi saint Louis, on assembla un parlement à Paris, dans lequel même les députés des villes entrèrent.

Ce fait est rapporté très-obscurément ; il n'est point dit que les députés des villes aient donné leur voix. Ces députés ne pouvaient être ceux des villes appartenantes aux hauts-barons ; ils ne l'auraient pas souffert. Ces villes n'étaient presque composées alors que de bourgeois, ou serfs du seigneur, ou affranchis depuis peu, et n'auraient pas donné probablement leur voix avec leurs maîtres. C'étaient, sans doute, les députés de Paris et des villes appartenantes au roi ; il voulait bien les convoquer à ces assemblées. Les grands-bourgeois de ces villes étaient affranchis, le corps de l'hôtel de ville était formé. Saint Louis put les appeler pour entendre les délibérations des barons assemblés en parlement.

Les députés des villes étaient quelquefois, en Allemagne, appelés à l'élection de l'empereur ; on prétend qu'à celle de Henri l'Oiseleur les députés des villes d'Allemagne furent admis dans le champ d'élection[1] ; mais un exemple n'est pas une coutume. Les droits ne sont jamais établis que par la nécessité, par la force, et ensuite par l'usage ; et les villes, en ces temps-là, n'étaient ni assez riches, ni assez puissantes, ni assez bien gouvernées, pour sortir de l'abaissement où le gouvernement féodal les avait plongées. Nous savons bien que les rois et les hauts-barons avaient affranchi plusieurs de leurs bourgeois, à prix d'argent, dès le temps des premières croisades, pour subvenir aux frais de ces voyages insensés. Affranchir signifiait déclarer franc, donner à un Gaulois subjugué le privilége d'un Franc. *Francus tenens, libere tenens.* Un des plus anciens affranchissements dont la formule nous ait été conservée est de 1185 : « Franchio manu et ore, manumitto a consuetudine legis salicæ Johannem Pithon de vico, hominem meum, et suos legitimos natos, et ad sanum intellectum reduco, ita ut suæ filiæ possint succedere ; dictumque Johannem et suos natos constituo homines meos francos et liberos, et pro hac franchesia habui decem et octo libras viennensium bonorum. — J'affranchis de la main et de la bouche, je délivre des coutumes de la loi salique Jean Pithon de vic (ou de ce village), mon homme, et ses fils légitimes, je les réintègre dans leur bon sens, de sorte que ses filles puissent hériter ; et je constitue ledit Jean et ses fils mes hommes francs et libres, et pour cette franchise j'ai reçu dix-huit bonnes livres viennoises. »

---

1. Voyez, tome XIII, les *Annales de l'Empire,* année 920.

Les serfs qui avaient amassé quelque argent avaient ainsi acheté leur liberté de leurs rois ou seigneurs, et la plupart des villes rentraient peu à peu dans leurs droits naturels, dans leur bon sens, *in sanum intellectum :* en effet le bon sens est opposé à l'esclavage.

Le règne de saint Louis est une grande époque ; presque tous les hauts-barons de France étant morts, ou ruinés dans sa malheureuse croisade, il en devint plus absolu à son retour, tout malheureux et tout appauvri qu'il était. Il institua les quatre grands bailliages de Vermandois, de Sens, de Saint-Pierre-le-Moutier, et de Mâcon, pour juger en dernier ressort les appels des justices des seigneurs qui n'eurent pas assez de puissance pour s'y opposer ; et au lieu qu'auparavant les barons jugeaient souverainement dans leurs terres, la plupart furent obligés de souffrir qu'on appelât de leurs arrêts aux bailliages du roi.

Il est vrai que ces appels furent très-rares : les sujets qui osaient se plaindre de leur seigneur dominant au seigneur suzerain se seraient trop exposés à la vengeance.

Saint Louis fit encore une autre innovation dans la séance des parlements. Il en assembla quelquefois de petits, où il convoqua des clercs qui avaient étudié le droit canon ; mais cela n'arrivait que dans des causes particulières qui regardaient les droits des prélats. Dans une séance d'un parlement, on examina la cause de l'abbé de Saint-Benoît-sur-Loire ; et les clercs, maître Jean de Troyes, et maître Julien de Péronne, donnèrent leurs avis avec le connétable, le comte de Ponthieu, et le grand-maître des arbalétriers.

Ces petits parlements n'étaient point regardés comme les anciens parlements de la nation : on les appelait *parloirs du roi, parloirs au roi ;* c'étaient des conseils que le roi tenait, quand il voulait, pour juger des affaires où les baillis trouvaient trop de difficulté.

Tout changea bien autrement sous Philippe IV, surnommé *le Bel,* petit-fils de Saint-Louis. Comme on avait appelé du nom de parlements ces parloirs du roi, ces conseils où il ne s'agissait pas des intérêts de l'État, les vrais parlements, c'est-à-dire les assemblées de la nation, ne furent plus connus que sous le nom d'états généraux, nom beaucoup plus convenable puisqu'il exprimait à la fois les représentants de la nation entière et les intérêts publics. Philippe appela, pour la première fois, le tiers état à ces grandes assemblées (1302). Il s'agissait en effet des plus grands intérêts de l'État, de réprimer le pape Boniface VIII, qui osait menacer le roi de France de le déposer; et surtout il s'agissait d'avoir de l'argent[1].

Les villes commençaient alors à devenir riches, depuis que plusieurs des bourgeois avaient acheté leurs franchises, qu'ils n'étaient plus serfs mainmortables, et que le souverain ne saisissait plus leur héritage quand ils mouraient sans enfants. Quelques seigneurs, à l'exemple des rois, affranchirent aussi leurs sujets, et leur firent payer leur liberté.

(28 mars 1302) Les communes, sous le nom de tiers état, assistèrent donc par députés aux grands parlements ou états généraux tenus dans l'église de Notre-Dame. On y avait élevé un trône pour le roi; il avait auprès de lui le comte d'Évreux son frère, le comte d'Artois son cousin, les ducs de Bourgogne, de Bretagne, de Lorraine, les comtes de Hainaut, de Hollande, de Luxembourg, de Saint-Pol, de Dreux, de la Marche, de Boulogne, de Nevers : c'était une assemblée de souverains. Les évêques, dont on ne nous a pas dit les noms, étaient en très-petit nombre, soit qu'ils craignissent encore le pape, soit que plutôt ils fussent de son parti.

Les députés du peuple occupaient en grand nombre un des côtés de l'église. Il est triste qu'on ne nous ait pas conservé les noms de ces députés. On sait seulement qu'ils présentèrent à genoux une supplique au roi, dans laquelle ils disaient : « C'est grande abomination d'ouïr que ce Boniface entende malement, comme bougre, cette parole d'espéritualité : CE QUE TU LIERAS EN TERRE SERA LIÉ AU CIEL; comme si cela signifiait que s'il mettait un homme en prison temporelle, Dieu, pour ce, le mettrait en prison au ciel. »

Au reste, il faut que le tiers état ait fait rédiger ces paroles par quelque clerc; elles furent envoyées à Rome en latin : car à Rome on n'entendait pas alors le jargon grossier des Français; et ces paroles furent sans doute traduites depuis en français thiois[2], telles que nous les voyons.

Les communes entraient dès lors au parlement d'Angleterre : ainsi les rois de France ne firent qu'imiter une coutume utile, déjà établie chez leurs voisins. Les assemblées de la nation anglaise continuèrent toujours sous le nom de parlements, et les parlements de France continuèrent sous le nom d'états généraux.

Le même Philippe le Bel, en 1305, établit ce qu'il s'était déjà

---

1. Voyez tome XI, page 519 et suivantes.
2. Langue teutonne. (B.)

proposé en 1302, que les parloirs au roi (comme on disait alors), ou *parlamenta curiæ*, rendraient justice deux fois l'an à Paris : vers Pâques, et vers la Toussaint. C'était une cour de justice suprême, telle que la cour du banc du roi en Angleterre, la chambre impériale en Allemagne, le conseil de Castille ; c'était un renouvellement de l'ancienne cour palatine.

Voici comme s'exprime Philippe le Bel dans son édit de 1302 : « Propter commodum subditorum nostrorum, et expeditionem causarum, proponimus ordinare quod duo parlamenta Parisiis, duo scacaria Rotomagi, dies Trecenses bis tenebuntur in anno ; et quod parlamentum Tolosæ tenebitur, sicut solebat teneri temporibus retroactis. — Pour le bien de nos sujets, et l'expédition des procès, nous nous proposons d'ordonner qu'il se tienne deux fois l'an deux parlements à Paris, deux scacaires (échiquiers) à Rouen, des journées (grands jours) à Troyes, et un parlement à Toulouse, tel qu'il se tenait anciennement. »

Il est évident, par cet énoncé, que ces tribunaux étaient érigés pour juger les procès, qu'ils avaient tous une juridiction égale, qu'ils étaient indépendants les uns des autres.

Celui qui présida à la juridiction royale du parlement de Paris et qui tint la place du comte palatin fut un comte de Boulogne, assisté d'un comte de Dreux ; un archevêque de Narbonne et un évêque de Rennes furent présidents avec eux, et parmi les conseillers on comptait le connétable Gaucher de Châtillon.

Précisément dans le même temps et dans le même palais, le roi Philippe créa une chambre des comptes. Cette cour, ou chambre, ou parloir, ou parlement, eut aussi des hauts-barons et des évêques pour présidents. Elle eut, sous Philippe de Valois, le privilége royal de donner des lettres de grâce, privilége que la chambre de parlement n'avait pas : cependant elle ne prétendit jamais représenter les assemblées de la nation, les champs de mars et de mai. Le parlement de Paris ne les a jamais représentées ; mais il eut d'ailleurs de très-hautes prérogatives.

CHAPITRE III.

DES BARONS SIÉGEANTS EN PARLEMENT ET AMOVIBLES; DES CLERCS ADJOINTS; DE LEURS GAGES; DES JUGEMENTS.

Les séances du parlement duraient environ six semaines ou deux mois. Les juges étaient tous des hauts-barons. La nation n'aurait pas souffert d'être jugée par d'autres : il n'y avait point d'exemple qu'un serf, ou un affranchi, un roturier, un bourgeois, eût jamais siégé dans aucun tribunal, excepté quand les pairs bourgeois avaient jugé leurs confrères dans les causes criminelles.

Les barons étaient donc seuls *conseillers-jugeurs*, comme on parlait alors. Ils siégeaient l'épée au côté, selon l'ancien usage. On pouvait en quelque sorte les comparer à ces anciens sénateurs romains qui, après avoir fait la fonction de juges dans le sénat, allaient servir ou commander dans les armées.

Mais les barons français étant très-peu instruits des lois et des coutumes, la plupart même sachant à peine signer leur nom, il y eut deux chambres des enquêtes, dans lesquelles on admit des clercs et des laïques, appelés maîtres ou licenciés en droit. Ils étaient *conseillers-rapporteurs* : ils n'étaient pas juges, mais ils instruisaient les causes, les préparaient, et les lisaient ensuite devant les barons conseillers-jugeurs. Ceux-ci, pour former leur avis, n'écoutaient que le bon sens naturel, l'esprit d'équité, et quelquefois leur caprice. Ces conseillers-rapporteurs, ces maîtres furent ensuite incorporés avec les barons ; c'est ainsi que dans la chambre impériale d'Allemagne et dans le conseil aulique il y a des docteurs avec des gens d'épée. De même, dans les conciles, le second ordre fut presque toujours admis comme le plus savant. Il y eut presque dans tous les États des grands qui eurent l'autorité, et des petits qui, en se rendant utiles, finirent par la partager.

Les chambres des enquêtes étaient présidées aussi par des seigneurs et par des évêques. Les clercs ecclésiastiques et les clercs laïques faisaient toute la procédure. On sait assez qu'on appelait clercs ceux qui avaient fréquenté les écoles, quoiqu'ils ne fussent pas du clergé. Les notaires du roi s'appelaient les clercs du roi : il avait dans sa maison les clercs de cuisine, c'est-à-dire des gens qui, sachant lire et écrire, tenaient les comptes de la cuisine ; il y en a encore chez les rois d'Angleterre, qui ont conservé beaucoup d'anciens usages entièrement perdus à la cour de France.

La science s'appelait clergie, et de là vient le terme de mauclerc, qui signifiait un ignorant, ou un savant qui abusait de son érudition.

Les rapporteurs des enquêtes n'étaient donc pas tous des clercs d'église ; il y avait des séculiers savants dans le droit civil et le droit canon, c'est-à-dire un peu plus instruits que les autres dans les préjugés qui régnaient alors.

Le comte de Boulainvilliers et le célèbre Fénelon prétendent qu'ils furent tous tirés de la condition servile ; mais certainement il y avait alors dans Paris, dans Orléans, dans Reims, des bourgeois qui n'étaient point serfs ; et c'était sans contredit le plus grand nombre. Aurait-on admis en effet des esclaves aux états généraux, au grand parlement, ou états généraux de France, en 1302 et en 1355 [1] ?

Ces commissaires-enquêteurs, qui firent bientôt corps avec le nouveau parlement, forcèrent, par leur mérite et par leur science, le monarque à leur confier cet important ministère, et les barons-juges à former leur opinion sur leur avis.

Ceux qui ont prétendu que la juridiction appelée parlement, s'assemblant deux fois par an pour rendre la justice, était une continuation des anciens parlements de France, paraissent être tombés dans une erreur volontaire, qui n'est fondée que sur une équivoque.

Les pairs-barons, qui assistaient aux vrais parlements, aux états généraux, y venaient par le droit de leur naissance et de leurs fiefs ; le roi ne pouvait les en empêcher ; ils venaient joindre leur puissance à la sienne, et étaient bien éloignés de recevoir des gages pour venir décider de leurs propres intérêts au champ de mars et au champ de mai. Mais dans le nouveau parlement judiciaire, dans cette cour qui succéda aux parloirs du roi, aux conseils du roi, les conseillers recevaient cinq sous parisis chaque jour. Ils exerçaient une commission passagère, et très-souvent ceux qui avaient siégé à Pâques n'étaient plus juges à la Toussaint.

(1320) Philippe le Long ne voulut plus que les évêques eussent le droit de siéger dans ce tribunal, et c'est une nouvelle preuve

---

1. Sur les états généraux de 1355, voyez tome XII, page 24.

que le nouveau parlement n'avait rien des anciens que le nom : car si c'eût été un vrai parlement de la nation, ce qui est impossible, le roi n'aurait pu en exclure les évêques, qui, depuis Pepin, étaient en possession d'assister de droit à ces assemblées.

En un mot, un tribunal érigé pour juger les affaires contentieuses ne ressemble pas plus aux états généraux, aux comices, aux anciens parlements de la nation entière, qu'un préteur de Strasbourg ne ressemble aux préteurs de la république romaine, ou qu'un consul de la juridiction consulaire ne ressemble aux consuls de Rome.

Le même Philippe le Bel établit, comme on a vu [1], un parlement à Toulouse pour le pays de la langue de *oc*, comme il en avait établi un pour la langue de *oui*. Peut-on dire que ces juridictions représentaient le corps de la nation française? Il est vrai que le parlement de Toulouse n'eut pas lieu de longtemps : malgré l'ordonnance du roi, on ne trouva point assez d'argent pour payer les conseillers.

Il y avait déjà à Toulouse une chambre de parlement ou parloir, sous le comte de Poitiers, frère de saint Louis; nouvelle preuve que les mêmes noms ne signifient pas les mêmes choses. Ces commissions étaient passagères comme toutes les autres. Ce parloir du comte de Poitiers, comte et pair de Toulouse, est appelé aussi chambre des comptes. Le prince de Toulouse, quand il était à Paris, faisait examiner ses finances à Toulouse. Or quel rapport peut-il se trouver entre quelques officiers d'un comte de Toulouse et les anciens parlements francs? Ce ne fut que sous Charles VII que le parlement de Toulouse reçut sa perfection.

Enfin les grands jours de Troyes, établis aussi par Philippe le Bel, ayant une juridiction aussi pleine et aussi entière que le parlement de Paris, achèvent de prouver démonstrativement que c'est une équivoque puérile, une logomachie, un vrai jeu de mots, de prendre une cour de justice appelée parlement pour les anciens parlements de la nation française.

Nous avons encore l'ordonnance de Philippe le Long au sujet des requêtes du palais, de la chambre de parlement, et de celles des comptes du trésor; en voici la traduction, telle qu'elle se trouve dans Pasquier :

« Philippe, par la grâce de Dieu, roi de France et de Navarre, faisons savoir à tous que nous avons fait extraire de nos ordonnances, faites par notre grand conseil, les articles ci-après

---

1. Page 455.

écrits, etc. » Or quel était ce grand conseil qui donnait ainsi des lois au parlement, et qui réglait ainsi sa police? C'étaient alors les pairs du royaume, c'étaient les grands officiers que le roi assemblait : il avait son grand conseil et son petit conseil; la chambre du parlement obéissait à leurs ordres, donc elle ne pouvait certainement être regardée comme les anciennes assemblées du champ de mai, puisqu'elle obéissait à des lois émanées d'un conseil qui, lui-même, n'était pas l'ancien, le vrai parlement de la nation [1].

CHAPITRE IV.

DU PROCÈS DES TEMPLIERS.

Lorsque Philippe le Bel institua la juridiction suprême du parlement de Paris, il ne paraît pas qu'il lui attribua la connaissance des causes criminelles : et en effet on n'en voit aucune jugée par lui dans ces premiers temps. Le procès des templiers, cet objet éternel de doute et d'infamie, est une assez forte preuve que le parlement ne jugeait point alors les crimes. Il y avait plus de clercs que de laïques dans cette compagnie; il y avait des chevaliers et des jurisconsultes; rien ne lui manquait donc pour être en état de juger ces templiers, qui étaient à la fois sujets du roi et réputés un ordre ecclésiastique : cependant ils ne furent jugés que par des commissaires du pape Clément V.

(13 octobre 1307) D'abord le roi fit arrêter les templiers par ses baillis et par ses sénéchaux. Le pape lui-même interrogea [2], dans la ville de Poitiers, soixante et douze de ces chevaliers, parmi lesquels il est à remarquer qu'il y avait des prêtres : ils furent gardés au nom du pape et du roi. Le pape délégua, dans chaque diocèse, deux chanoines, deux jacobins, deux cordeliers, pour condamner, suivant les saints canons, ces guerriers qui avaient versé leur sang pour la religion chrétienne, mais qui

---

1. Voyez le chapitre xxxvi du *Précis du Siècle de Louis XV*, où Voltaire signale les rivalités qui existaient entre le conseil du roi et le parlement; vous comprendrez alors pourquoi Voltaire affirme ainsi la prédominance du conseil. (G. A.)
2. Voyez tome XI, page 523.

étaient accusés de quelques débauches et de quelques profanations. Le roi lui-même, croyant faire un acte d'autorité qui éludait celle du pape, en se joignant à lui, fit expédier, par son conseil privé, une commission à frère Guillaume Parisius, inquisiteur du pape en France, pour assister à l'interrogatoire des templiers, et nomma aussi des barons dans la commission, comme Bertrand de Agassar, chevalier, le sénéchal de Bigorre, le sénéchal de Beaucaire.

(1308) Le roi convoqua une grande assemblée à Tours, pour résoudre, en la présence du pape et en la sienne, quel usage on ferait du bien des templiers mis en séquestre. Plusieurs hauts-barons envoyèrent des procurations. Nous avons encore à la Bibliothèque du roi celle de Robert, comte de Flandre ; de Jeanne de l'Isle, dame de Mailly ; de Jean, fils aîné du duc de Bretagne ; d'Élie de Talleyrand, comte de Périgord ; d'Artus, comte de Richemont, prenant depuis le titre de duc de Bretagne ; d'un Thibaut, seigneur de Rochefort ; enfin de Hugues, duc de Bourgogne.

A l'égard du jugement prononcé contre les templiers, il ne le fut que par les commissaires du pape, Bernard, Étienne, et Landulphe, cardinaux, quelques évêques et des moines inquisiteurs. Les arrêts de mort furent portés en 1309, et non en 1307 : les actes en font foi, et la Chronique de Saint-Denis le dit en termes exprès. On dit que l'Église abhorre le sang ; elle n'a pas apparemment tant d'horreur pour les flammes. Cinquante-neuf chevaliers furent brûlés vifs à Paris, à la porte Saint-Antoine, tous protestant de leur innocence, tous rétractant les aveux que les tortures leur avaient arrachés.

Le grand-maître Jacques Molai, égal par sa dignité aux souverains, Gui, frère du dauphin d'Auvergne, furent brûlés dans la place vis-à-vis laquelle est aujourd'hui la statue de Henri IV. Ils prirent Dieu à témoin, tant qu'ils purent parler, et citèrent au jugement de Dieu le roi et le pape.

Le parlement n'eut aucune part à ce procès extraordinaire, témoignage éternel de la férocité où les nations chrétiennes furent plongées jusqu'à nos jours. (1312) Mais lorsque Clément V, dans le concile général de Vienne, abolit l'ordre des templiers, de sa seule autorité et malgré la réclamation du concile entier, dans lequel il n'y eut que quatre évêques de son avis ; lorsqu'il fallut disposer des biens-fonds des chevaliers ; lorsque le pape eut donné ces biens aux hospitaliers de Saint-Jean de Jérusalem, le roi ayant accédé à cette donation, le parlement mit en possession les hospitaliers par un arrêt rendu en 1312, le jour de l'octave de Saint-

Martin, arrêt dans lequel il n'est parlé que de l'ordre du roi, et point du tout de celui du pape : il ne participa ni à l'iniquité des supplices, ni à l'activité des procédures sacerdotales ; il ne se mêla que de la translation des biens d'un ordre à un autre ; et on voit que dès ce temps il soutint la dignité du trône contre l'autorité pontificale, maxime dans laquelle il a toujours persisté sans aucune interruption.

CHAPITRE V.

DU PARLEMENT DEVENU ASSEMBLÉE DE JURISCONSULTES, ET COMME ILS FURENT ASSESSEURS EN COUR DES PAIRS.

Dans les horribles malheurs qui affligèrent la France sous Charles VI, toutes les parties de l'administration furent également abandonnées. On oublia même de renouveler les commissions aux juges du parlement, et ils se continuèrent eux-mêmes dans leurs fonctions, au lieu de les abandonner. C'est en quoi ils rendirent un grand service à l'État, ou du moins aux provinces de leur ressort, qui n'auraient plus eu aucun recours pour demander justice.

Ce fut dans ce temps-là même que les seigneurs qui étaient juges, obligés l'un après l'autre d'aller défendre leurs foyers à la tête de leurs vassaux, quittèrent le tribunal. Les jurisconsultes qui, dans la première institution, ne servaient qu'à les instruire, se mirent à leur place : ceux qui devinrent présidents prirent l'habit des anciens chevaliers ; les conseillers retinrent la robe des gradués, qui était serrée comme elle l'est encore en Espagne, et ils lui donnèrent ensuite plus d'ampleur.

Il est vrai qu'en succédant aux barons, aux chevaliers, aux seigneurs, qu'ils surpassaient en science, ils ne purent participer à leur noblesse : nulle dignité alors ne faisait un noble. Les premiers présidents Simon de Bussy, Bracq, Dauvet, les chanceliers mêmes Guillaume de Dormans et Arnaud de Corbie, furent obligés de se faire anoblir.

On peut dire que c'est une grande contradiction que ceux qui jugent souverainement les nobles ne jouissent pas des droits de la noblesse ; mais enfin telle fut leur condition dans un gouvernement originairement militaire, et j'oserais dire barbare. C'est en vain qu'ils prirent les titres de chevaliers ès lois, de bacheliers ès lois, à l'imitation des chevaliers et des écuyers; jamais ils ne furent agrégés au corps de la noblesse ; jamais leurs enfants n'entrèrent dans les chapitres nobles. Ils ne purent avoir de séance dans les états généraux ; le baronnage n'aurait pas voulu les recevoir, et ils ne voulaient pas être confondus dans le tiers état. (1355) Lors même que les états généraux se tinrent dans la grande salle du palais, aucun membre du parlement, qui siégeait dans la chambre voisine, n'eut place dans cette salle. Si quelque baron conseiller y fut admis, ce fut comme baron, et non comme conseiller. Marcel, prévôt des marchands, était à la tête du tiers état, et c'est encore une confirmation que le parlement, suprême cour de judicature, n'avait pas le moindre rapport aux anciens parlements français.

Lorsque Édouard III disputa d'abord la régence, avant de disputer la couronne de France à Philippe de Valois, aucun des deux concurrents ne s'adressa au parlement de Paris. On l'aurait certainement pris pour juge et pour arbitre s'il avait tenu la place de ces anciens parlements qui représentaient la nation. Toutes les chroniques de ce temps-là nous disent que Philippe s'adressa aux pairs de France et aux principaux barons, qui lui adjugèrent la régence. Et quand la veuve de Charles le Bel, pendant cette régence, eut mis au monde une fille, Philippe de Valois se mit en possession du royaume sans consulter personne.

Lorsque Édouard rendit si solennellement hommage à Philippe, aucun député du parlement n'assista à cette grande cérémonie.

Philippe de Valois, voulant juger Robert, comte d'Artois, convoqua les pairs lui-même par des lettres scellées de son sceau, « pour venir devant nous, en notre cour, suffisamment garnie de pairs ».

Le roi tint sa cour au Louvre ; il créa son fils Jean pair de France, pour qu'il pût assister à cette assemblée. Les magistrats du parlement y eurent place comme assesseurs versés dans les lois ; ils obtinrent l'honneur de juger avec le roi de Bohême, avec tous les princes et pairs. Le procureur du roi forma l'accusation. Robert d'Artois n'aurait pu être jugé dans la chambre du parlement, ce n'était pas l'usage, et il ne pouvait se tenir pour jugé si le roi n'avait été présent.

Jeanne de Bourgogne, femme de Philippe le Long, Marguerite de Bourgogne, femme de Louis Hutin, duc d'Alençon, accusées précédemment d'adultère, n'avaient point été jugées par le parlement; ni Enguerrand de Marigny, comte de Longueville, accusé de malversations sous Louis Hutin ; ni Pierre Remi, général des finances, sous Philippe de Valois, n'eurent la chambre de parlement pour juge. Ce fut Charles de Valois qui condamna Marigny à mort, assisté de quelques grands officiers de la couronne, et de quelques seigneurs dévoués à ses intérêts. (1315) Il fut condamné à Vincennes. (1328) Pierre Remi fut jugé de même par des commissaires que nomma Philippe de Valois.

(1409) Le duc de Bourgogne fit arrêter Montaigu, grand-maître de la maison de Charles VI, et surintendant des finances. On lui donna des commissaires, *juges de tyrannie*, comme dit la chronique, qui lui firent subir la question. En vain il demanda à être jugé par le parlement, ses juges lui firent trancher la tête aux halles. C'est ce même Montaigu qui fut enterré aux Célestins de Marcoussis. On sait la réponse que fit un de ces moines à François Ier. Quand il entra dans l'église, il vit ce tombeau ; et comme il disait que Montaigu avait été condamné par justice : « Non, sire, répondit le bon moine, il fut condamné par commissaires. »

Il est sûr qu'alors il n'y avait point encore de chambre criminelle établie au parlement de Paris. On ne voit point qu'en ces temps-là il ait seul jugé personne à mort. C'était le prévôt de Paris et le Châtelet qui condamnaient les malfaiteurs. Cela est si vrai que le roi Jean fit arrêter son connétable, le comte d'Eu, pair de France, par le prévôt de Paris. (1350) Ce prévôt le jugea, le condamna seul en trois jours de temps, et on lui trancha la tête dans la propre maison du roi, qui était alors l'hôtel de Nesle, en présence de toute la cour, sans qu'aucun des conseillers de la chambre du parlement y fût mandé.

Nous ne rapportons pas ce trait comme un acte de justice; mais il sert à prouver combien les droits du nouveau parlement, sédentaire à Paris, étaient alors peu établis.

CHAPITRE VI.

COMMENT LE PARLEMENT DE PARIS DEVINT JUGE DU DAUPHIN DE FRANCE, AVANT QU'IL EUT SEUL JUGÉ AUCUN PAIR.

Par une fatalité singulière, le parlement de Paris, qui n'avait jamais, dans sa chambre, jugé aucun pair du royaume, devint juge du dauphin de France, héritier de la couronne (1420). Voici le détail de cette étrange aventure :

Louis duc d'Orléans, frère du malheureux roi Charles VI, avait été assassiné dans Paris par ordre de Jean sans Peur, duc de Bourgogne, qui fut présent lui-même à l'exécution de ce crime (en 1407). Il ne se fit aucune procédure au parlement de Paris touchant cet assassinat du frère unique du roi. Il y eut un lit de justice qui se tint au palais dans la grand'chambre; mais ce fut à l'occasion de la maladie où retomba alors le roi Charles VI. On choisit cette chambre du palais de saint Louis pour tenir l'assemblée, parce qu'on ne voulait pas délibérer sous les yeux du roi même, dans son hôtel de Saint-Paul, des moyens de gouverner l'État pendant que sa maladie l'en rendait incapable; on ménageait sa faiblesse. Tous les pairs qui étaient à Paris, tous les grands officiers de la couronne, le connétable à leur tête, tous les évêques, les chevaliers, les seigneurs du grand conseil du roi, les magistrats des comptes, des aides, les officiers du trésor, ceux du Châtelet, y prirent tous séance : ce fut une assemblée de notables, où l'on décida qu'en cas que le roi restât malade, ou qu'il mourût, il n'y aurait point de régence, et que l'État serait gouverné comme il l'était par la reine et par les princes du sang, assistés du connétable d'Armagnac, du chancelier, et des plus sages hommes du conseil : décision qui, comme l'a très-bien remarqué l'auteur d'une nouvelle *Histoire de France*[1], ne servait qu'à augmenter les troubles dont on voulait sortir.

Il ne fut pas dit un seul mot dans cette assemblée de l'assassinat du duc d'Orléans. Le duc de Bourgogne, son meurtrier, qui

---

1. L'auteur que désigne Voltaire est Villaret; voici ses expressions (tome XIV, in-12, page 9) : « Cette ordonnance, qui parut alors un chef-d'œuvre de politique, en multipliant le nombre des administrateurs, ne servait qu'à multiplier les embarras, les prétentions et les jalousies. » (B.)

LE PARLEMENT JUGE DU DAUPHIN.

avait mis les Parisiens dans son parti, vint hardiment se justifier, non pas devant le parlement, mais au palais du roi même, à l'hôtel de Saint-Paul, devant tous les princes du sang, les prélats, les grands officiers. Des députés du parlement, de la chambre des comptes, de l'université, de la ville de Paris, y siégèrent. Le duc de Bourgogne s'assit à son rang de premier pair. Il avait amené avec lui ce cordelier normand, nommé Jean Petit, docteur de l'université, qui justifia le meurtre du duc d'Orléans, et conclut que « le roi devait en récompenser le duc de Bourgogne, à l'exemple des rémunérations que Dieu donna à monseigneur saint Michel archange pour avoir tué le diable, et à Phinéès pour avoir tué Zambri ».

Le même Petit répéta cette harangue le lendemain dans le parvis de Notre-Dame, en présence de tout le peuple. Il fut extrêmement applaudi. Le roi, qui, dans son état funeste, n'était pas plus maître de la France que de lui-même, fut forcé de donner des lettres patentes par lesquelles il déclara « qu'il ôtait de son courage toute déplaisance de la mort de son frère, et que son cousin le duc de Bourgogne demeurerait en son singulier amour » : c'est ainsi que ces paroles, prononcées dans le jargon de ce temps-là, furent traduites ensuite.

La ville de Paris, depuis ce jour, resta en proie aux factions, aux conspirations, aux meurtres, et à l'impunité de tous les crimes.

En l'an 1419, les amis du jeune dauphin Charles, âgé alors de seize ans et demi, trahi par sa mère, abandonné par son père, et persécuté par ce même Jean sans Peur, duc de Bourgogne, vengèrent ce prince et la mort du duc d'Orléans, son oncle, sur le duc de Bourgogne son assassin. Ils l'attirèrent à une conférence sur le pont de Montereau, et le tuèrent aux yeux du dauphin même. Il n'a jamais été avéré que le dauphin eût été informé du complot, encore moins qu'il l'eût commandé. Le reste de sa vie prouve assez qu'il n'était pas sanguinaire. Il souffrit depuis qu'on assassinât ses favoris, mais il n'ordonna jamais de meurtre. On ne peut guère lui reprocher que de la faiblesse ; et si Tanneguy du Châtel et ses autres favoris avaient abusé de son jeune âge pour lui faire approuver cet assassinat, cet âge même pouvait servir à l'excuser d'avoir permis un crime. Il était certainement moins coupable que le duc de Bourgogne. On pouvait dire encore qu'il n'avait permis que la punition d'un traître qui venait de signer avec le roi d'Angleterre un traité secret par lequel il reconnaissait le droit de Henri V à la couronne, et jurait « de faire une guerre mortelle à Charles VI, qui se dit roi de France, et à son fils[1] ». Ainsi, de tous les attentats commis en ce temps-là, le meurtre du duc de Bourgogne était le plus pardonnable.

Dès qu'on sut à Paris cet assassinat, presque tous les bourgeois et tous les corps, qui n'étaient pas du parti du dauphin, s'assemblèrent le jour même ; ils prirent l'écharpe rouge, qui était la couleur de Bourgogne. Le comte de Saint-Paul, de la maison de Luxembourg, fit prêter serment dans l'Hôtel de Ville aux principaux bourgeois de punir Charles, soi-disant dauphin. Le comte de Saint-Paul, le chancelier de Laitre, et plusieurs magistrats, allèrent, au nom de la ville, demander la protection du roi d'Angleterre Henri V, qui ravageait alors la France.

Morvilliers, l'un des présidents du parlement, fut député pour prier le nouveau duc, Philippe de Bourgogne, de venir dans Paris. La reine Isabelle de Bavière, ennemie dès longtemps de son fils, ne songea plus qu'à le déshériter. Elle profita de l'imbécillité de son mari pour lui faire signer ce fameux traité de Troyes par lequel Henri V, en épousant Catherine de France, était déclaré roi conjointement avec Charles VI, sous le vain nom de régent, et seul roi après la mort de Charles, qui ne reconnut que lui pour son fils. Et, par le XXIX° article, le roi promettait « de ne faire jamais aucun accord avec Charles, soi-disant dauphin de Vienne, sans l'assentiment des trois états des deux royaumes de France et d'Angleterre ».

Il faut s'arrêter un moment à cette clause, pour voir qu'en effet les trois états étaient le véritable parlement, puisque l'assemblée des états n'avait point d'autre nom en Angleterre.

Après ce traité, les deux rois et Philippe, duc de Bourgogne, arrivèrent à Paris le 1ᵉʳ novembre 1420. On représenta devant eux les mystères de la Passion dans les rues. Tous les capitaines des bourgeois vinrent prêter serment entre les mains du président Morvilliers de reconnaître le roi d'Angleterre. On convoqua le conseil du roi, les grands officiers de la couronne, et les officiers de la chambre du parlement, avec des députés de tous les autres corps, pour juger solennellement le dauphin ; on donna même à cette assemblée le nom d'états généraux pour la rendre plus auguste. Philippe de Bourgogne, la duchesse sa mère, Marguerite, duchesse de Guienne, et les princesses ses filles, furent les parties plaignantes.

1. Voyez au chapitre LXXIX de l'*Essai sur les Mœurs* la longue dissertation des éditeurs de Kehl sur la part qui revient en cela au duc d'Orléans.

D'abord l'avocat Rollin, qui fut depuis chancelier de Bourgogne, plaida contre le prince. Jean Larcher, député de l'université, parla après lui avec beaucoup plus d'emportement encore. Pierre Marigny, avocat pour Charles VI, donna ses conclusions, et le chancelier Jean Le Clerc promit qu'à l'aide du roi d'Angleterre, régent de France, héritier dudit roi, il serait fait bonne justice.

Les Anglais, malgré tous les troubles qui ont agité leur pays, ayant toujours été plus soigneux que nous de conserver leurs archives, ont trouvé à la Tour de Londres l'original de l'arrêt préliminaire qui fut donné dans cette grande assemblée ; en voici les articles principaux :

« Ouï aussi notre procureur général, lequel a prins ses conclusions pertinentes au cas, avec requêtes et supplications à nous faites par notre chère et amée fille l'université de Paris, par nos chers et amés les échevins, bourgeois et habitants de notre bonne ville de Paris, et les gens des trois états de plusieurs bonnes villes... Nous, eue sur ce grande et mûre délibération, vues en notre conseil et diligentment visitées les lettres des alliances faites entre notre feu cousin le duc de Bourgogne, et Charles, soi-disant dauphin, accordées et jurées sur la vraie croix et saints évangiles de Dieu..... et que néanmoins notredit feu cousin de Bourgogne, lequel était de notre maison de France, notre cousin si prochain, comme cousin-germain, doyen des pers, et deux fois per de France, qui tant avait et avait toujours amé le bien de nous et de nos royaumes et subgez..... et, afin d'entretenir la paix, était allé à Monstereau foulé acome[1], accompagné de plusieurs seigneurs, à la prière et requête de la partie desdits criminels, avait été murtri et tué audit lieu de Monstereau, mauvaisement, traîtreusement et damnablement, nonobstant les promesses et serments faits et renovelés audit Monstereau *par lui* et ses complices... par l'avis et délibération des gens de notre grand conseil, et gens lais de notre parlement, et autres nos conseillers en grand nombre, avons déclaré et déclarons tous les coupables dudit damnable crime, chacun d'eux avoir commis crime de lèze-majesté, et conséquemment avoir forfait envers nous corps et biens, et être inhabiles et indignes de toutes successions et allaceaux (collatéral)

---

1. Ces mots *foulé acome*, quoique se trouvant dans toutes les éditions, me paraissent tout à fait inintelligibles. Si, comme je le présume, ces mots ont été mal copiés, ne faut-il pas lire *Fault-ionne?* (Faut-yonne.) M. A.-A. Renouard, dans son édition de Voltaire, dit que les Actes de Rymer, qui contiennent la pièce, portent : *Monsteren ou fouled come.* (B.)

et de toutes dignités, honneurs, prérogatives avec les autres peines et pugniauns contre les commetteurs de crimes de lèze-majesté, et leur ligne et postérité..... si donnons en mandement à nos amés et féaux conseillers les gens de notre parlement, et à tous nos autres justiciers, que au regard des conclusions des complaignants et de notre procureur, ils fassent et administrent justice aux parties, et procèdent contre lesdits coupables par voie extraordinaire, ce besoin est, et tout ainsi que le cas requiert..... Donné à Paris le 23e jour de décembre, l'an de grâce 1420, et de notre règne le 41e. Par le roi en son conseil; *et plus bas:* MILLET. »

Il est évident que ce fut en vertu de cet arrêt, prononcé au nom du roi, que la chambre du parlement de Paris donna sa sentence quelques jours après, et condamna le dauphin à ce bannissement.

Jean Juvénal[1] des Ursins, avocat ou procureur du roi, qui fut depuis archevêque de Reims, a laissé des mémoires sur ce temps funeste; et voici ce qu'on trouve dans les annotations sur ces mémoires.

« Du parlement commençant le 12 novembre 1420, le 3 janvier fut ajourné à trois briefs jours[2] en cas de bannissement, à son de trompe, sur la table de marbre, messire Charles de Valois, dauphin de Viennois et seul fils du roi, à la requête du procureur général du roi, pour raison de l'homicide fait en la personne de Jean, duc de Bourgogne, et après toutes solennités faites en tel cas, fut par arrêt convaincu des cas à lui imposés, et comme tel banni et exilé à jamais du royaume, et conséquemment déclaré indigne de succéder à toutes seigneuries venues et à venir; duquel arrêt ledit Valois appela, tant pour soi que pour ses adhérents, à la pointe de son épée, et fit vœu de relever et de poursuivre sadite appellation, tant en France qu'en Angleterre, et par tous pays du duc de Bourgogne. »

Ainsi le malheur des temps fit que le premier arrêt que rendit la chambre de parlement contre un pair fut contre le premier des pairs, contre l'héritier nécessaire de la couronne, contre le fils unique du roi. Cet arrêt violait, en faveur de l'étranger et de l'ennemi de l'État, toutes les lois du royaume et celles de la

---

1. Voyez la note sur ce personnage, tome XII, page 39.
2. Il est clair que le président Hénault se trompe en niant ce fait dans son *Abrégé chronologique*. Il n'avait pas vu cet arrêt. Consultez l'*Histoire de France* de l'abbé Velli. (*Note de Voltaire.*)

nature : il abrogeait la loi salique, auparavant gravée dans tous les cœurs.

Le savant comte de Boulainvilliers, dans son *Traité du gouvernement de France*, appelle cet arrêt *la honte éternelle du parlement de Paris*. Mais c'était encore plus la honte des généraux d'armée, qui n'avaient pu se défendre contre le roi Henri V, celle des factions de la cour, et surtout celle d'une mère implacable, qui sacrifiait son fils à sa vengeance.

Le dauphin se retira dans les provinces au delà de la Loire ; les pays de la langue de *oc* prirent son parti avec d'autant plus d'empressement que les pays de la langue de *oui* lui étaient absolument contraires. Il y avait alors une grande aversion entre ces deux parties du royaume de France, qui ne parlaient pas la même langue et qui n'avaient pas les mêmes lois, toutes les villes de la langue de *oui* se gouvernant par les coutumes que les Francs et les seigneurs féodaux avaient introduites, tandis que les villes de la langue de *oc*, qui suivaient le droit romain, se croyaient très-supérieures aux autres.

Le dauphin, qui s'était déjà déclaré régent du royaume pendant la maladie du roi son père, établit à Poitiers un autre parlement composé de quelques jurisconsultes en petit nombre. Mais, au milieu de la guerre qui désolait toute la France, ce faible parlement resta longtemps sans aucune autorité, et il n'eut guère d'autres fonctions que celle de casser inutilement les arrêts du parlement de Paris, et de déclarer Jeanne d'Arc pucelle.

CHAPITRE VII.

DE LA CONDAMNATION DU DUC D'ALENÇON.

Il paraît qu'il n'y avait rien alors de bien clairement établi sur la manière dont il fallait juger les pairs du royaume, quand ils avaient le malheur de tomber dans quelque crime, puisque Charles VII, dans les dernières années de sa vie, demanda au parlement, qui tenait des registres, comment il fallait procéder contre Jean II, duc d'Alençon, accusé de haute trahison. (1458) Le parlement répondit que le roi devait le juger en personne, accompagné des pairs de France et autres seigneurs tenant en pairie, et autres notables de son royaume, tant prélats que gens de son conseil, qui en doivent connaître.

On ne conçoit guère comment le parlement prétendait que des prélats devaient assister à un conseil criminel ; apparemment qu'ils devaient assister seulement comme témoins, et pour donner au jugement plus de solennité.

Le roi tint son lit de justice à Vendôme. Sur les bancs de la droite étaient placés le dauphin, qui n'avait que douze ans, les duc d'Orléans et de Bourbon, les comtes d'Angoulême, du Maine, d'Eu, de Foix, de Vendôme, et de Laval. Au-dessous de ce banc étaient assis trois présidents du parlement, le grand-maître de Chabannes, quatre maître des requêtes, le bailli de Senlis, et dix-sept conseillers.

Au haut banc de la gauche, vis-à-vis les princes et pairs laïques, étaient le chancelier de Traînel, les six pairs ecclésiastiques, les évêques de Nevers, de Paris, d'Agde, et l'abbé de Saint-Denis. Au-dessous d'eux, sur un autre banc, siégeaient les seigneurs de la Tour-d'Auvergne, de Torcy, de Vauvert, le bailli de Touraine, les sires de Prie et de Précigny, le bailli de Rouen, et le sire d'Escars.

Sur un banc à côté étaient quatre trésoriers de France, le prévôt des marchands et le prévôt de l'hôtel du roi, et après eux dix-sept autres conseillers du parlement.

Il faut remarquer que c'est dans cette assemblée que les chanceliers précédèrent pour la première fois les évêques, et que depuis ils ne cédèrent point le pas aux cardinaux pendant plusieurs années.

Nous n'avons aucun monument qui apprenne si le duc d'Alençon fut interrogé et répondit devant cette assemblée ; nous n'avons point la procédure ; on sait seulement que son arrêt de mort lui fut d'abord notifié dans la prison par Thoret, président du parlement, Jean Boulanger, conseiller, et Jean Bureau, trésorier de France.

Ensuite Guillaume des Ursins, baron de Traînel, chancelier de France, lut l'arrêt en présence du roi. Et Jean Juvénal des Ursins, archevêque de Reims, exhorta le roi à faire miséricorde. (10 octobre 1458) Les pairs ecclésiastiques et les autres prélats assistèrent à cet arrêt ; il paraît qu'ils donnèrent tous leur voix, mais qu'aucun d'eux n'opina à la mort.

Le roi lui fit grâce de la vie, mais il le confina dans une prison pour le reste de ses jours. Louis XI l'en retira à son avénement à la couronne ; mais ce prince, mécontent ensuite de Louis XI, se ligua contre lui avec les Anglais. Il n'appartenait pas à tous les princes de faire de telles alliances. Un duc de Bourgogne, un duc de Bretagne, étaient assez puissants pour oser faire de telles entreprises, mais non pas un duc d'Alençon.

Louis XI le fit arrêter par son grand prévôt, Tristan l'Hermite ; on rechercha sa conduite, on trouva qu'il avait fait de la fausse monnaie dans ses terres, et qu'il avait ordonné l'assassinat d'un de ceux qui avaient trahi le secret de sa conspiration sous Charles VII.

Enfermé au château de Loches en 1472, il y fut interrogé par le chancelier de France Guillaume des Ursins, assisté du comte de Dunois ; de Guillaume Cousineau, chambellan du roi ; de Jean le Boulanger, premier président du parlement ; de plusieurs membres de ce corps, et de deux du grand conseil. Toutes ces formalités furent toujours arbitraires. On voit un évêque de Bayeux, patriarche de Jérusalem, un bailli de Rouen, un correcteur de la chambre des comptes, confisquer au profit du roi le duché d'Alençon, et toutes les terres du coupable, avant même qu'il soit jugé.

On continua son procès au Louvre par des commissaires, et il fut enfin jugé définitivement, le 18 juillet 1474, par les chambres assemblées, par le comte de Dunois, qui n'était pas encore pair de France, par un simple chambellan, par des conseillers du grand conseil : formalités qui certainement ne s'observeraient pas aujourd'hui.

Ce fut en ce temps-là que l'on commença à regarder le parlement comme la cour des pairs, parce qu'il avait jugé un prince pair, conjointement avec les autres pairs.

Les trésoriers de France l'avaient jugé aussi, et cependant on ne leur donna jamais le nom de cour des pairs. Ils n'étaient que quatre, et n'avaient pas une juridiction contentieuse. La volonté seule des rois les appelait à ces grandes assemblées. Leur décadence prouve à quel point tout peut changer. Des compagnies s'élèvent, d'autres s'abaissent, et enfin s'évanouissent. Il en est de même de toutes les dignités. Celle de chancelier fut longtemps la cinquième, et devint la première ; celles de grand-sénéchal, de connétable, n'existent plus.

Comme la cour du parlement reçut alors la dénomination de cour des pairs, non par aucune concession particulière des rois, mais par la voix publique et par l'usage, c'est ici qu'il faut examiner en peu de mots ce qui concerne les pairs de France.

CHAPITRE VIII.

DES PAIRS, ET QUELS FURENT LES PAIRS QUI JUGÈRENT A MORT LE ROI JEAN SANS TERRE.

Pairs, *pares, compares*, ne signifie pas seulement des seigneurs égaux en dignité, il signifie toujours des hommes de même profession, de même état. Nous avons encore la charte adressée au monastère nommé Anizola, par Louis le Pieux, le Débonnaire, ou le Faible, rapportée par Baluze : *Vos pairs*, dit-il, *m'ont trompé avec malice*. C'est ainsi que les moines étaient pairs.

Dans une bulle d'Innocent II, à la ville de Cambrai, il est parlé de tous les pairs habitants de Cambrai.

Il est inutile de rapporter d'autres exemples ; c'est un fait qui n'admet aucun doute. Le droit d'être jugé par ses pairs est aussi ancien que les sociétés des hommes. Un Athénien était jugé par ses pairs athéniens, c'est-à-dire par des citoyens comme lui. Un Romain l'était par les centumvirs, et souvent par le peuple assemblé, et quiconque subissait un jugement pouvait devenir juge à son tour. C'est une sorte d'esclavage, si on peut s'exprimer ainsi, que d'être soumis toute sa vie à la sentence d'autrui, sans pouvoir jamais donner la sienne. Ainsi, aujourd'hui encore en Angleterre, celui qui a comparu devant douze de ses pairs, nommés jurés, est bientôt nommé juré lui-même. Ainsi le noble polonais est jugé par ses pairs nobles, dont il est également juge ; il n'y avait point d'autre jurisprudence chez tous les peuples du Nord.

Avant que toutes ces nations répandues au delà du Danube, de l'Elbe, de la Vistule, du Tanaïs, du Borysthène, eussent inondé l'empire romain, elles faisaient souvent des assemblées publiques, et le petit nombre de procès que pouvaient avoir ces hommes, qui ne possédaient rien, se décidaient par des pairs, par des jurés.

Mais on demande quels étaient les pairs de France ? On a tant parlé des douze pairs de Charlemagne ; tous les anciens romans, qui sont en partie notre histoire, citent si souvent ces douze pairs inconnus, qu'il y a sûrement quelque vérité dans leurs fables. Il est très-vraisemblable que ces douze pairs étaient les douze grands officiers de Charlemagne. Il jugeait avec eux les causes principales, de même que dans chaque ville les citoyens étaient jugés par douze jurés : ce nombre de douze semblait être consacré chez les anciens Francs ; un duc avait sous lui douze comtes, un comte commandait à douze officiers subalternes. On sait que ces ducs, ces comtes, dans la décadence de la famille de Charlemagne, rendirent leurs gouvernements et leurs dignités héréditaires : ce qui n'était pas bien malaisé. Les grands officiers des Othon et des Frédéric en ont fait autant en Allemagne ; ils ont fait plus, ils se sont conservés dans le droit d'élire l'empereur. Ce sont de véritables pairs qui ont continué et fortifié le gouvernement féodal, aboli aujourd'hui en France, ainsi que toutes les anciennes coutumes.

Dès que tous les seigneurs des terres en France eurent assuré l'hérédité de leurs fiefs, tous ceux qui relevaient immédiatement du roi furent également pairs ; de sorte qu'un simple baron se trouva quelquefois juge du souverain d'une grande province ; (1203) et c'est ce qui arriva lorsque Jean sans Terre, roi d'Angleterre et vassal de Philippe-Auguste, fut condamné à mort par le vrai parlement de France, c'est-à-dire par les seuls pairs assemblés.

Il est bien étrange que nos historiens ne nous aient jamais dit quels étaient ces pairs qui osèrent juger à mort un roi d'Angleterre. Un événement si considérable méritait un peu plus d'attention. Nous avons été, généralement parlant, très-peu instruits de notre histoire. Je me souviens d'un magistrat qui croyait que Jean sans Terre avait été jugé par les chambres assemblées[1].

Les juges furent sans difficulté les mêmes qu'on voit, quelques mois après, tenir la même assemblée de parlement à Villeneuve-le-Roi : (2 mai 1204) Eudes, duc de Bourgogne ; Hervé, comte de Nevers ; Renaud, comte de Boulogne ; Gaucher, comte de Saint-Paul ; Gui de Dampierre, assistés d'un très-grand nombre de barons, sans qu'il y eût aucun clerc, aucun légiste, aucun homme qualifié du nom de maître. Cette assemblée, qui fut convoquée pour affermir l'établissement des droits féodaux, *stabilimentum feudorum,* fut sans doute la même qui avait fait servir ces lois féodales à la condamnation de Jean sans Terre, et qui voulut justifier son jugement.

Les ducs et pairs, les comtes et pairs, étaient sans doute de plus grands seigneurs que les barons pairs, parce qu'ils avaient de bien plus grands domaines ; tous les ducs et comtes étaient en effet des souverains qui relevaient du roi, mais qui étaient absolus chez eux.

1. Voyez tome XI, page 418 et suivantes.

Quand les pairies de Normandie et de Champagne furent éteintes, la Bretagne et le comté d'Artois furent érigés en pairies à leur place par Philippe le Bel.

Ses successeurs érigèrent en pairies Évreux, Beaumont, Étampes, Alençon, Mortagne, Clermont, la Marche, Bourbon, en faveur des princes de leur sang; et ces princes n'eurent point la préséance sur les autres pairs; ils suivaient tous l'ordre de l'institution, l'ordre de pairie ; chacun d'eux dans les cérémonies marchait suivant l'ancienneté de sa pairie, et non pas de sa race.

C'est ainsi qu'aujourd'hui en Allemagne les cousins, les frères d'un empereur, ne disputent aucun rang aux électeurs, aux princes de l'empire.

On ne voit pas qu'aucun de ces pairs soit jamais venu siéger, avant François I*er*, au parlement de Paris; au contraire, la chambre du parlement allait à la cour des pairs.

Les juges du parlement, toujours nommés par le roi, toujours payés par lui, et toujours amovibles, n'avaient pu être réputés du corps des pairs du royaume. Un jurisconsulte aux gages du roi, qu'on nommait et qu'on cassait à volonté, ne pouvait certainement avoir rien de commun avec un duc de Bourgogne, ou avec un autre prince du sang. Louis XI créa duc et pair le comte Jacques d'Armagnac, duc de Nemours, qu'il fit depuis condamner à mort, non par un simple arrêt du parlement, mais par le chancelier et des commissaires, dont plusieurs étaient des conseillers.

Le premier étranger qui fut duc et pair en France fut un seigneur de la maison de Clèves, créé duc de Nevers ; et le premier gentilhomme français qui obtint cet honneur fut le connétable de Montmorency (1551).

Il y eut toujours depuis des gentilshommes de la nation qui furent pairs du royaume; leur pairie fut attachée à leurs terres, relevantes immédiatement de la couronne. Ils prirent séance à la grand'chambre du parlement; mais ils n'y vont presque jamais que quand les rois tiennent leur lit de justice, et dans les occasions éclatantes. Les pairs, dans les assemblées des états généraux, ne font point un corps séparé de la noblesse.

Les pairs, en Angleterre, sont depuis longtemps des gentilshommes comme en France ; mais ils n'ont point de pairies, point de terre à laquelle ce titre soit attaché : ils ont conservé une bien plus haute prérogative, celle d'être le seul corps de la noblesse, en ce qu'ils représentent tout le corps des anciens barons relevants autrefois de la couronne; ils sont non-seulement les juges de la nation, mais les législateurs, conjointement avec le roi et les communes [1].

CHAPITRE IX.

POURQUOI LE PARLEMENT DE PARIS FUT APPELÉ LA COUR DES PAIRS.

La chambre du parlement, à laquelle la chambre des enquêtes et celle des requêtes présentaient les procès par écrit, étant dans son institution composée de barons, il était bien naturel que les grands pairs, les ducs et comtes y pussent entrer et eussent voix délibérative quand ils se trouvaient à Paris. Ils étaient de plein droit conseillers-nés du roi; ils étaient à la tête du grand conseil; il fallait bien qu'ils fussent aussi conseillers-nés d'une cour composée de noblesse. Ils pouvaient donc entrer dans la chambre, depuis appelée grand'chambre, parce que tous les juges y étaient originairement des barons. Ils avaient en effet ce droit, quoiqu'ils ne l'exerçassent pas, comme ils ont celui de siéger dans tous les parlements de province; mais jamais ils n'ont été aux chambres des enquêtes : la plupart des officiers de ces chambres ayant été originairement des jurisconsultes sans dignité et sans noblesse.

Si les pairs purent siéger à la chambre du parlement, lorsque les évêques des provinces et les abbés en furent exclus, ce fut parce qu'on ne pouvait ôter à un duc de Bourgogne, à un duc de Guienne, à un comte d'Artois, une prérogative dont on dépouillait aisément un évêque sans puissance; et si on leur ôta ce privilége, ce fut parce que, dans les démêlés fréquents avec les papes, il était à craindre que les évêques ne prissent quelquefois le parti de Rome contre les intérêts de l'État. Les six pairs ecclésiastiques, avec l'évêque de Paris et l'abbé de Cluny, conservèrent seulement le droit d'avoir séance au parlement : et il faut remarquer

---

1. Voltaire argumente ici pour prouver que le parlement n'a pas le droit de juger les ducs et pairs. Or le parlement venait de faire le procès au duc et pair Fitz-James, et s'apprêtait à poursuivre le duc et pair d'Aiguillon. (G. A.)

que ces six pairs ecclésiastiques furent les seuls de leur ordre qui eurent le nom de pairs depuis Louis le Jeune, par la seule raison que, sous ce prince, ils étaient les seuls évêques qui tinssent de grands fiefs immédiatement de la couronne.

Il n'y eut longtemps rien de réglé ni de certain sur la manière de procéder dans les jugements concernant les grandes pairies; mais l'ancien usage était qu'un prince pair ne fût jugé que par ses pairs. Le roi pouvait convoquer les pairs du royaume où il voulait, tantôt dans une ville, tantôt dans une autre, dans sa propre maison, dans celle d'un autre pair, dans la chambre où s'assemblaient les conseillers-jugeurs du parlement, dans une église, en un mot dans quelque lieu que le roi voulût choisir.

C'était ainsi qu'en usaient les rois d'Angleterre, imitateurs et conservateurs des usages de France; ils assemblaient les pairs d'Angleterre où ils voulaient. Philippe de Valois les convoqua d'abord dans Paris, en 1341, pour décider de la grande querelle entre Charles de Blois et Jean de Montfort, qui se disputaient le duché de Bretagne. Philippe de Valois, qui favorisait Charles de Blois, fit d'abord, pour la forme, examiner la cause par des pairs, des prélats, quelques conseillers-chevaliers, et quelques conseillers-clercs; et l'arrêt fut rendu à Conflans, dans une maison de campagne, par le roi, les pairs, les hauts-barons, les grands-officiers, assistés de conseillers-chevaliers, et de conseillers-clercs.

Le roi Charles V, qui répara par sa politique les malheurs que les guerres avaient causés à la France, fit ajourner à sa cour des pairs, en 1368, le 26 janvier, ce grand prince de Galles, surnommé le prince Noir, vainqueur de son père et de son aïeul, de Henri de Transtamare, depuis roi de Castille, et enfin de Bertrand du Guesclin. Il prit le temps où ce héros commençait à être attaqué de la maladie dont il mourut, pour lui ordonner de venir répondre devant lui comme devant son seigneur suzerain. Il est bien vrai qu'il ne l'était pas. La Guienne avait été cédée au roi d'Angleterre Édouard III, en toute propriété et souveraineté absolue, par le traité de Bretigny. Édouard l'avait donnée au prince Noir son fils, pour prix de son courage et de ses victoires.

Charles V lui écrivit ces propres mots : « De notre majesté royale et seigneurie, nous vous commandons que viengniez en notre cité de Paris en propre personne, et vous montriez et présentiez devant nous en notre chambre des pers, pour ouïr droit sur lesdites complaintes et griefs émeus par vous, à faire sur votre peuple qui clame à avoir et ouïr ressort en notre cour. »

Ce mandement fut porté, non par un huissier du parlement

de Paris, mais envoyé par le roi lui-même au sénéchal de Toulouse, commandant et juge de la noblesse. Ce sénéchal fit porter l'ajournement par un chevalier nommé Jean de Chaponval, assisté d'un juge.

Le roi Charles V, pour colorer cet étrange procédé, manda au pays de la langue de *oc* que le roi son père ne s'était engagé à céder la souveraineté de la Guienne que jusqu'à l'année 1361.

Rien n'était plus faux. Le traité de Bretigny est du 8 mai 1360 : le roi Jean l'avait signé pour sortir de prison; Charles V l'avait rédigé, signé et consommé lui-même, comme dauphin régent de France, pendant la prison de Jean son père : c'était lui qui avait cédé en souveraineté au roi d'Angleterre la Guienne, le Poitou, la Saintonge, le Limousin, le Périgord, le Quercy, le Bigorre, l'Angoumois, le Rouergue, etc.

Il est dit par le premier article de ce traité célèbre que « le roi d'Angleterre et ses successeurs posséderont tous ces pays, et de la même manière que le roi de France, et son fils aîné, et ses ancêtres rois de France, l'ont tenu ».

Comment Charles V pouvait-il écrire qu'il n'avait cédé à son vainqueur la souveraineté de toutes ces provinces que pour une année? Il voulait sans doute faire croire sa cause juste, et animer par là ses peuples à la défendre.

Quoi qu'il en soit, il est certain que ce fut le roi lui-même, au nom des pairs de son royaume, qui cita le prince de Galles; ce fut lui qui signa la confiscation de la Guienne à Vincennes, le 14 mai 1370; et pendant que le prince Noir se mourait, le connétable du Guesclin mit l'arrêt à exécution [1].

CHAPITRE X [2].

DU PARLEMENT DE PARIS, RÉTABLI PAR CHARLES VII.

Lorsque Charles VII eut reconquis son royaume par les services presque toujours gratuits de sa noblesse, par le singulier

---

1. Voyez tome XII, pages 32-33.
2. Voltaire a parlé, dans ses chapitres v et vi, de ce qui concerne le parlement sous le règne de Charles VI. Voyez aussi tome XII, pages 36 et suivantes. (B.)

enthousiasme d'une paysanne du Barois, et surtout par les divisions des Anglais et de Philippe le Bon, duc de Bourgogne, tout fut oublié, tout fut pacifié; il réunit son petit parlement de Poitiers à celui de Paris. Ce tribunal prit une nouvelle forme. Il y eut dans la grand'chambre trente conseillers, tous jurisconsultes, dont quinze étaient laïques et quinze ecclésiastiques. Charles en mit quarante dans la chambre des enquêtes. La chambre de la Tournelle fut instituée pour les causes criminelles; mais cette Tournelle ne pouvait pas alors juger à mort; il fallait, quand le crime était capital, porter la cause à la grand'chambre. Tous les officiers eurent des gages. Les plaideurs ne donnaient aux juges que quelques faibles présents d'épiceries et de bouteilles de vin. Ces épices furent bientôt un droit converti en argent. C'est ainsi que tout a changé, et ce n'a pas toujours été pour le mieux.

CHAPITRE XI.

DE L'USAGE D'ENREGISTRER LES ÉDITS AU PARLEMENT, ET DES PREMIÈRES REMONTRANCES.

La cour du parlement devint de jour en jour plus utile en n'étant composée que d'hommes versés dans les lois. Un de ses plus beaux droits était depuis longtemps l'enregistrement des édits et des ordonnances des souverains, et voici comment ce droit s'était établi.

Un conseiller du parlement, nommé Jean de Montluc, qui vivait sous Philippe le Bel, avait fait pour son usage un registre des anciens édits, des principaux jugements et des choses mémorables dont il avait eu connaissance. On en fit quelques copies. Ce recueil parut d'une très-grande utilité dans un temps d'ignorance où les coutumes du royaume n'étaient pas seulement écrites. Les rois de France avaient perdu leur chartrier; ils sentaient la nécessité d'avoir un dépôt d'archives qu'on pût consulter aisément. La cour prit insensiblement l'usage de déposer au greffe du parlement ses édits et ses ordonnances. Cet usage devint peu à peu une formalité indispensable; mais on ne peut savoir quel fut le premier enregistrement, une grande partie des anciens registres du parlement ayant été brûlée dans l'incendie du palais en 1618.

Les premières remontrances que fit jamais le parlement furent adressées à Louis XI, sur cette fameuse pragmatique promulguée par Charles VII, et par le clergé de France assemblé à Bourges. C'était une digue opposée aux vexations de la cour de Rome, digue trop faible, qui fut bientôt renversée. On avait décidé dans cette assemblée, avec les ambassadeurs du concile de Bâle, que les conciles étaient supérieurs aux papes, et pouvaient les déposer. La cour de Rome, depuis longtemps, avait imposé sur les peuples, sur les rois, et sur le clergé, un joug étonnant dont on ne trouvait pas la source dans la primitive Église des chrétiens. Elle donnait presque partout les bénéfices, et quand les collateurs naturels en avaient conféré un, le pape disait qu'il l'avait réservé dans son cœur, *in petto*; il le conférait à celui qui le payait le plus chèrement, et cela s'appelait une réserve. Il promettait aussi les bénéfices qui n'étaient pas vacants, et c'étaient des expectatives. Avait-on enfin obtenu un bénéfice, il fallait payer au pape la première année du revenu, et cet abus, qu'on nomme les *annates* [1], subsiste encore aujourd'hui. Dans toutes les causes que l'Église avait su attirer à elle, on appelait immédiatement au pape, et il fallait qu'un Français allât à trois cents lieues se ruiner pour la validité de son mariage ou pour le testament de son père.

Une grande partie de ces inconcevables tyrannies fut abolie par la pragmatique de Charles VII. Louis XI voulut obtenir du pape Pie II le royaume de Naples pour son cousin germain Jean d'Anjou, duc titulaire de Calabre. Le pape, encore plus fin que Louis XI parce qu'il était moins emporté, commença par exiger de lui l'abolition de la pragmatique. Louis n'hésita pas à lui sacrifier l'original même ; on le traîna ignominieusement dans les rues de Rome ; on en triompha comme d'un ennemi de la papauté : Louis XI fut comblé de bénédictions et de remerciements. L'évêque d'Arras, qui avait porté la pragmatique à Rome, reçut le même jour le bonnet de cardinal. Pie II envoya au roi une épée bénite ; mais il se moqua de lui, et ne donna point à son cousin le royaume de Naples.

Louis XI, avant de tomber dans ce piége, avait demandé l'avis de la cour du parlement ; elle lui présenta un mémoire en quatre-vingt-neuf articles, intitulé « Remontrances touchant les priviléges de l'Église gallicane » ; elles commencent par ces mots :

---

1. Sur les *annates*, voyez ce mot dans le *Dictionnaire philosophique*.

« En obéissant comme de raison au bon plaisir du roi notre sire. »
Et il est à remarquer que depuis le LXXIII® jusqu'au LXXX® article,
le parlement compte quatre millions six cent quarante-cinq mille
huit cents écus extorqués à la France par la chambre apostolique,
depuis l'invention de ces monopoles. Observons ici qu'il n'y avait
pas trente ans que Jean XXII, réfugié dans Avignon, avait inventé
ces exactions, qui le rendirent le plus riche de tous les papes,
quoiqu'il n'eût presque aucun domaine en Italie.

Le roi Louis XI, s'étant depuis raccommodé avec le pape, lui
sacrifia encore la pragmatique, en 1469 ; et c'est alors que le parlement, soutenant les intérêts de l'État, fit de son propre mouvement de très-fortes remontrances que le roi n'écouta pas ; mais
ces remontrances étant le vœu de la nation entière, et Louis XI s'é-
tant encore brouillé avec le pape, la pragmatique, traînée à Rome
dans la boue, fut en honneur et en vigueur dans toute la France.

C'est ici que nous devons observer que cette compagnie fut
dans tous les temps le bouclier de la France contre les entreprises
de la cour de Rome. Sans ce corps, la France aurait eu l'humiliation d'être un pays d'obédience. C'est à lui qu'on doit la ressource des appels comme d'abus, ressource imitée de la loi
præmunire d'Angleterre. Ce fut en 1329 que Pierre de Cugnières,
avocat du roi, avait proposé le premier ce remède contre les usurpations de l'Église [1].

Quelque despotique que fût Louis XI, le parlement protesta
contre les aliénations du domaine de la couronne ; mais on ne
voit pas qu'il fît des remontrances. Il en fit en 1482 au sujet de
la cherté du blé ; elles ne pouvaient avoir que le bien public
pour objet. Il fut donc en pleine possession de faire des représentations sous le plus absolu de tous les rois ; mais il n'en fit ni sur
l'administration publique, ni sur celle des finances. Celle qu'il fit
au sujet du blé n'était qu'une affaire de police.

Son arrêt au sujet de l'imprimerie fut cassé par Louis XI, qui
savait faire le bien quand il n'était point de son intérêt de faire
le mal. Cet art admirable avait été inventé par des Allemands.
Trois d'entre eux, en 1470, avaient apporté en France quelques
épreuves de cet art naissant ; ils exercèrent même leurs talents
sous les yeux de la Sorbonne. Le peuple, alors très-grossier, et
qui l'a été très-longtemps, les prit pour des sorciers. Les copistes,
qui gagnaient leur vie à transcrire le peu d'anciens manuscrits

---

1. Voyez tome XII, page 23 ; et le mot APPEL COMME D'ABUS, dans le *Dictionnaire philosophique*.

qu'on avait en France, présentèrent requête au parlement contre les imprimeurs ; ce tribunal fit saisir et confisquer tous leurs livres. Le roi lui défendit de connaître de cette affaire, l'évoqua à son conseil, et fit payer aux Allemands le prix de leurs ouvrages; mais sans marquer d'indignation contre un corps plus jaloux de conserver les anciens usages que soigneux de s'instruire de l'utilité des nouveaux.

CHAPITRE XII.

DU PARLEMENT DANS LA MINORITÉ DE CHARLES VIII, ET COMMENT IL REFUSA DE SE MÊLER DU GOUVERNEMENT ET DES FINANCES.

Après la mort de Louis XI, dans l'extrême jeunesse de Charles VIII, qui entrait dans sa quatorzième année, le parlement ne fit aucune démarche pour augmenter son pouvoir. Au milieu des divisions et des brigues de Mme de Bourbon-Beaujeu, fille de Louis XI ; du duc d'Orléans, héritier présomptif de la couronne, qui fut depuis Louis XII ; et du duc de Bourbon, frère aîné du prince de Bourbon-Beaujeu, le parlement resta tranquille : il ne s'occupa que du soin de rendre la justice, et de donner au peuple l'exemple de l'obéissance et de la fidélité.

Mme de Beaujeu, qui avait l'autorité principale, quoique contestée, assembla les états généraux en 1484. Le parlement ne demanda pas seulement d'y être admis. Les états donnèrent le gouvernement de la personne du roi à Mme de Beaujeu, sa sœur, selon le testament de Louis XI. Le duc d'Orléans, ayant levé des troupes, crut qu'il mettrait la ville de Paris dans son parti si le parlement se déclarait en sa faveur. Il alla au palais, le 10 janvier 1484, et représenta aux chambres assemblées, par la bouche de Denis Le Mercier, chancelier de son apanage, qu'il fallait qu'on ramenât à Paris le roi, qui était alors à Melun, et qu'il gouvernât par lui-même avec les princes.

Jean de La Vaquerie, premier président, répondit au nom des chambres ces propres paroles : « Le parlement est pour rendre justice au peuple ; les finances, la guerre, le gouvernement du roi, ne sont point de son ressort. » Il l'exhorta pathétiquement à demeurer dans son devoir, et à ne point troubler la paix du royaume.

Le duc d'Orléans laissa ses demandes par écrit, le parlement ne fit point de réponse. Le premier président, accompagné de quatre conseillers et de l'avocat du roi, alla recevoir à Melun les ordres de la cour, qui donna de justes éloges à sa conduite.

Cette conduite si respectable ne se démentit, ni dans la guerre que le duc d'Orléans fit à son souverain, ni dans celle que Charles VIII fit depuis en Italie.

Sous Charles VIII il ne se mêla des finances du royaume en aucune manière; cette partie de l'administration était entièrement entre les mains de la chambre des comptes et des généraux des finances : il arriva seulement que Charles VIII, en 1496, dans son expédition brillante et malheureuse d'Italie, voulut emprunter cent mille écus de la ville de Paris ; chaque corps fut invité à prêter une partie de la somme : l'Hôtel de Ville prêta cinquante mille francs ; les corps des métiers en prêtèrent aussi cinquante mille. On ne sait pas ce que prêtèrent les officiers de la chambre des comptes, ses registres sont brûlés. Ceux qui ont échappé à l'autre incendie, qui consuma une partie du palais, portent que le cardinal du Maine, le sire d'Albret, le sire de Clérieux, gouverneur de Paris, le sire de Graville, amiral de France, vinrent proposer aux officiers du parlement de prêter aussi quelques deniers au roi, le 6 août. Il fallait que Charles VIII et son conseil eussent bien mal pris leurs mesures dans cette malheureuse guerre pour être obligés de se servir d'un amiral de France, d'un cardinal, d'un prince, comme de courtiers de change, pour emprunter de l'argent d'une compagnie de magistrats qui n'ont jamais été riches. Le parlement ne prêta rien. « *Il remontra* aux commissaires *la nécessité et indigence du royaume*, et le cas si piteux que, *non indiget manuscribentis*, qui sera cause d'ennui et atédiation aux lisants *qui nec talia legendo temperent a lacrymis*. On pria les commissaires, *comme grands personnages*, qu'ils en fissent remontrance au roi, lequel est *bon prince*. » Bref, le parlement garda son argent. C'est une affaire particulière ; elle n'a de rapport à l'intérêt public que la *nécessité et indigence du royaume*, alléguée par le parlement comme la cause de son refus [1].

---

[1]. Voltaire parle d'un arrêt du parlement, du 6 mars 1496, dans le *Dictionnaire philosophique*, aux mots Lèpre et Vérole.

CHAPITRE XIII.

DU PARLEMENT SOUS LOUIS XII.

Le règne de Louis XII ne produisit pas la moindre difficulté entre la cour et le parlement de Paris. Ce prince, en répudiant sa femme, fille de Louis XI, avec laquelle il avait habité vingt années, et en épousant Anne de Bretagne, ancien objet de ses inclinations, ne s'adressa point au parlement, quoiqu'il fût l'interprète et le modérateur des lois du royaume. Ce corps était composé de juriconsultes séculiers et ecclésiastiques. Les pairs du royaume, représentant les anciens juges de toute la nation, y avaient séance; il eût été naturel dans tous les États du monde qu'un roi, dans une pareille conjoncture, n'eût fait agir que le premier tribunal de son royaume; mais le préjugé, plus fort que la législation et que l'intérêt des nations entières, avait dès longtemps accoutumé les princes de l'Europe à rendre les papes arbitres de leurs mariages et du secret de leur lit. On avait fait un point de religion de cette coutume bizarre par laquelle ni un particulier, ni un souverain, ne pouvait exclure une femme de son lit, et en recevoir une autre, sans la permission d'un pontife étranger.

Le pape Alexandre VI, souillé de débauches et de crimes, envoya en France ce fameux César Borgia, l'un de ses bâtards, et le plus méchant homme de la chrétienté, chargé d'une bulle qui cassait le mariage du roi avec Jeanne, fille de Louis XI, et lui permettait d'épouser Anne de Bretagne. Le parlement ne fit d'autre démarche que celle d'aller en corps, suivant l'usage, au-devant de César Borgia, légat *a latere* [1].

Louis XII donna la duché-pairie de Nevers à un étranger, à un seigneur de la maison de Clèves; c'était le premier exemple qu'on en eût en France. Ni les pairs ni le parlement n'en murmurèrent. Et lorsque Henri II fit duc et pair un Montmorency, dont la maison valait bien celle de Clèves, il fallut vingt lettres de jussion pour faire enregistrer les lettres de ce duc de Montmorency. C'est qu'il n'y eut aucun levain de fermentation du temps de Louis XII, et que du temps de Henri II tous les ordres de l'État commençaient à être échauffés et aigris.

---

1. Voyez la note, tome XI, page 362.

CHAPITRE XIV.

LES GRANDS CHANGEMENTS FAITS SOUS LOUIS XII, TROP NÉGLIGÉS PAR LA PLUPART DES HISTORIENS.

Louis XII acheva d'établir la jurisprudence du grand conseil sédentaire à Paris. Il donna une forme au parlement de Normandie et à celui de Provence, sans que celui de Paris fût consulté sur ces établissements, ni qu'il en prît ombrage.

Presque tous nos historiens ont négligé jusqu'ici de faire mention de cette barrière éternelle que Louis XII mit entre la noblesse et la robe.

Les baillis et prévôts, presque tous chevaliers, étaient les successeurs des anciens comtes et vicomtes : ainsi le prévôt de Paris avait été souverain juge à la place des vicomtes de Paris.

Les quatre grands baillis, établis par saint Louis, étaient les quatre grands juges du royaume. Louis XII voulut que tous les baillis et prévôts ne pussent juger s'ils n'étaient lettrés et gradués. La noblesse, qui eût cru déroger si elle eût su lire et écrire, ne profita pas du règlement de Louis XII. Les baillis conservèrent leur dignité et leur ignorance; des lieutenants lettrés jugèrent en leur nom, et leur ravirent toute leur autorité.

Copions ici un passage entier d'un auteur connu [1]. « On payait quarante fois moins d'épices qu'aujourd'hui. Il n'y avait dans le bailliage de Paris que quarante-neuf sergents, et à présent il y en a plus de cinq cents : il est vrai que Paris n'était pas la cinquième partie de ce qu'il est de nos jours; mais le nombre des officiers de justice s'est accru dans une bien plus grande proportion que Paris; et les maux inséparables des grandes villes ont augmenté plus que le nombre des habitants.

« Il maintint l'usage où étaient les parlements du royaume de choisir trois sujets pour remplir une place vacante : le roi nommait un des trois. Les dignités de la robe n'étaient données alors qu'aux avocats : elles étaient le prix du mérite, ou de la réputation qui suppose le mérite. Son édit de 1499, éternellement mémorable, et que nos historiens n'auraient pas dû oublier, a rendu

---

[1]. Voltaire lui-même, chapitre CXIV de l'*Essai sur les Mœurs*; voyez tome XII, page 203. Il donnait l'*Histoire du Parlement* pour l'ouvrage de l'abbé Big....

sa mémoire chère à tous ceux qui rendent la justice, et à ceux qui l'aiment. Il ordonne par cet édit *qu'on suive toujours la loi, malgré les ordres contraires à la loi, que l'importunité pourrait arracher du monarque.* »

CHAPITRE XV.

COMMENT LE PARLEMENT SE CONDUISIT DANS L'AFFAIRE DU CONCORDAT.

Le règne de François Ier fut un temps de prodigalité et de malheurs. S'il eut quelque éclat, ce fut par la renaissance des lettres, jusqu'alors méprisées. L'encouragement que Charles-Quint, François Ier et Léon X donnèrent à l'envi l'un de l'autre aux sciences et aux beaux-arts rendit ce siècle mémorable. La France commença pour lors à sortir pour quelque temps de la barbarie ; mais les malheurs causés par les guerres et par la mauvaise administration furent beaucoup plus grands que l'avantage de commencer à s'instruire ne fut considérable.

La première affaire dans laquelle le parlement entra avec une fermeté sage et respectueuse fut celle du concordat. Louis XI avait toujours laissé subsister la pragmatique, après l'avoir imprudemment sacrifiée. Louis XII, trahi par le pape Alexandre VI, et violemment outragé par Jules II, avait rendu toute sa vigueur à cette loi du royaume, qui devait être la loi de toutes les nations chrétiennes. La cour de Rome dominait dans toutes les autres cours, ou du moins négociait toujours à son avantage.

L'empereur Frédéric III, les électeurs et les princes d'Allemagne, avaient fait un concordat avec Nicolas V, en 1448, avant que Louis VI eût renoncé à la pragmatique, et l'eût ensuite favorisée. Ce concordat germanique subsiste encore : le pape y a beaucoup gagné : il est vrai qu'il ne vend point d'expectatives ni de réserves ; mais il nomme à la plupart des canonicats six mois de l'année ; il est vrai qu'on ne lui paye point d'annates, mais on lui paye une taxe qui en tient lieu : tout a été vendu dans l'Église sous des noms différents. Frédéric III reçut des reproches des états de l'empire, et son concordat demeura en vigueur. François Ier, qui avait besoin du pape Léon X, comme Louis XI avait eu besoin de Pie II, fit, à l'exemple de Frédéric III, un concordat dans lequel on dit que le roi et le pape avaient pris ce qui ne leur appartenait pas, et donné ce qu'ils ne pouvaient donner; mais il est très-vrai que le roi, en reprenant par ce traité le droit de nommer aux évêchés et aux abbayes de son royaume, ne reprenait que la prérogative de tous les premiers rois de France. Les élections causaient souvent des troubles, et la nomination du roi n'en apporte pas. Les rois avaient fondé tous les biens de l'Église, ou avaient succédé aux princes dont l'Église avait reçu ces terres : il était juste qu'ils conférassent les bénéfices fondés par eux, sauf aux seigneurs, descendants reconnus des premiers fondateurs, de nommer dans leurs terres à ces biens de l'Église, donnés par leurs ancêtres, comme le roi devait conférer les biens donnés par les rois ses aïeux.

Mais il n'était ni dans la loi naturelle, ni dans celle de Jésus-Christ, qu'un évêque ultramontain reçût en argent comptant la première année des fruits que ces terres produisent; que la promotion d'un évêque d'un siége à un autre valût encore à ce pontife étranger une année des revenus des deux évêchés; qu'un évêque n'osât s'intituler pasteur de son troupeau que par la permission du saint-siége de Rome, jadis l'égal en tout des autres siéges.

Cependant les droits des ecclésiastiques gradués étaient conservés : de trois bénéfices vacants, ils pouvaient, par la pragmatique, en postuler un, et par le concordat on leur accordait le droit d'impétrer un bénéfice pendant quatre mois de l'année; ainsi l'université n'avait point à se plaindre de cet arrangement.

Le concordat déplut à toute la France. Le roi vint lui-même au parlement; il y convoqua plusieurs évêques, le chapitre de la cathédrale de Paris, et des députés de l'université. Le cardinal de Boissy, à la tête du clergé convoqué, dit « qu'on ne pouvait recevoir le concordat sans assembler toute l'Église gallicane. François Ier lui répondit : « Allez donc à Rome contester avec le « pape ».

Le parlement, après plusieurs séances, conclut à rejeter le concordat jusqu'à l'acceptation de l'Église de France. L'université défendit aux libraires, qui alors dépendaient d'elle, d'imprimer le concordat; elle appela au futur concile.

Le conseil du roi rendit un édit par lequel il défendait à l'université de se mêler des affaires d'État, sous peine de privation de ses priviléges. Le parlement refusa d'enregistrer cet édit; tout fut en confusion. Le roi nommait-il un évêque, le chapitre en élisait un autre; il fallait plaider. Les guerres fatales de François Ier ne servirent qu'à augmenter ces troubles. Il arriva que le chancelier Duprat, premier auteur du concordat, et depuis cardinal, s'étant fait nommer archevêque de Sens par la mère du roi, régente du royaume pendant la captivité de ce monarque, on ne voulut point le recevoir; le parlement s'y opposa; on attendit la délivrance du roi. Ce fut alors que François Ier attribua à la juridiction du grand conseil la connaissance de toutes les affaires qui regardent la nomination du roi aux bénéfices [1].

Il est à propos de dire que ce grand conseil avait succédé au véritable conseil des rois, composé autrefois des premiers du royaume, de même que le parlement avait succédé aux quatre grands baillis de saint Louis, aux parloirs du roi. On ne peut faire un pas dans l'histoire qu'on ne trouve des changements dans tous les ordres de l'État et dans tous les corps.

Ce grand conseil fut fixé à Paris par Charles VIII. Il n'avait pas la considération du parlement de Paris, mais il jouissait d'un droit qui le rendait supérieur en ce point à tous les parlements : c'est qu'il connaissait des évocations des causes jugées par les parlements mêmes; il réglait quelle cause devait ressortir à un parlement ou à un autre; il réformait les arrêts dans lesquels il y avait des nullités; il faisait, en un mot, ce que fait le conseil d'État, qu'on appelle le conseil des parties. Les parlements lui ont toujours contesté sa juridiction. Les rois, trop souvent occupés de guerres malheureuses, ou de troubles intestins plus malheureux encore, ont pu rarement fixer les bornes de chaque corps, et établir une jurisprudence certaine et invariable. Toute autorité veut toujours croître, tandis que d'autres puissances veulent la diminuer. Les établissements humains ressemblent aux fleuves, dont les uns enflent leurs cours, et les autres se perdent dans des sables.

CHAPITRE XVI.

DE LA VÉNALITÉ DES CHARGES ET DES REMONTRANCES SOUS FRANÇOIS Ier.

Depuis l'extinction du gouvernement féodal en France, on ne combattait plus qu'avec de l'argent, surtout quand on faisait la

1. Comparez le commencement du chapitre cxxxvii de l'*Essai sur les Mœurs*.

guerre en pays étrangers. Ce n'était pas avec de l'argent que les Francs et les autres barbares du Nord avaient combattu ; ils s'étaient servis de fer pour ravir l'argent des autres nations. C'était tout le contraire quand Louis XII et François Ier passèrent en Italie. Louis XII avait acheté des Suisses, et ne les avait point payés. Ces Suisses demandèrent leur argent l'épée à la main ; ils assiégèrent Dijon. Le faible Louis XII eut beaucoup de peine à les apaiser. Ces mêmes Suisses se tournèrent contre François Ier.

Le pape Léon X, qui n'avait pas encore signé le concordat avec le roi, animait contre lui les cantons ; et ce fut pour résister aux Suisses que le chancelier Duprat, auparavant premier président, prostitua la magistrature au point de la vendre. Il mit à l'encan vingt charges nouvelles de conseillers au parlement.

Louis XII avait auparavant vendu, dans un même besoin, les charges des généraux des finances vénales. Ce mal était bien moins grand et bien moins honteux ; mais vendre des charges de juges au dernier enchérisseur, c'était un opprobre qui consterna le parlement. Il fit de très-fortes remontrances ; mais Duprat les ayant éludées, il fallut obéir ; les vingt conseillers nouveaux furent reçus ; on les distribua, dix dans une chambre des enquêtes, et dix dans une autre.

La même innovation se fit dans tous les autres parlements du royaume ; et c'est depuis ce temps que les charges furent presque toutes vénales en France. Un impôt également réparti, et dont les corps de ville et les financiers même auraient avancé les deniers, eût été plus raisonnable et plus utile ; mais le ministère comptait sur l'empressement des bourgeois, dont la vanité achèterait à l'envi ces nouvelles charges.

Ce trafic ouvrit le sanctuaire de la justice à des gens quelquefois si indignes d'y entrer que dans l'affaire de Semblançay, surintendant des finances, trahi, dit-on, par un de ses commis nommé Gentil, jugé par commissaires, condamné à être pendu au gibet de Montfaucon, ce Gentil, qui lui avait volé ses papiers justificatifs, et qui craignait d'être un jour recherché, acheta, pour se mettre à l'abri, une charge de conseiller au parlement ; de conseiller il devint président ; mais ayant continué ses malversations, il fut dégradé, et condamné à la potence par le parlement même : on l'exécuta sous le gibet de Montfaucon, où son infidélité avait conduit son maître.

L'argent provenu de la vente de vingt charges de magistrature à Paris, et d'environ trente autres dans le reste du royaume, ne suffisant pas à François Ier pour sa malheureuse expédition d'Italie, il acheta la grille d'argent dont Louis XI avait orné l'église de Saint-Martin de Tours. Elle pesait six mille sept cent soixante et seize marcs deux onces moins un gros ; il prit aussi des ornements d'argent dans d'autres églises : faibles secours pour conquérir le Milanais et le royaume de Naples, qu'il ne conquit point.

Le payement de cette argenterie fut assigné sur ses domaines ; il y en avait pour deux cent cinquante mille francs. Les moines et les chanoines, pour se mettre à l'abri des censures de Rome, et encore plus pour assurer leur payement sur le domaine du roi, voulurent que ce marché fût enregistré au parlement.

Le roi envoya le capitaine Frédéric, commandant de la garde écossaise, porter au parlement les lettres patentes pour l'enregistrement (20 juin 1522). L'avocat du roi Jean Le Lièvre parla ; il exposa les cas où ce n'était pas la coutume de prendre l'argent des églises, et les cas où il était permis de le prendre. Il fut arrêté que la cour écrirait au roi les raisons pour lesquelles icelles lettres patentes ne pouvaient être publiées.

C'est le premier exemple que nous ayons des remontrances du parlement sur un objet de finances[1]. Il s'agissait proprement de prévenir un procès entre le domaine du roi et les gens d'église.

Le roi renvoya, le 27 juin, le même capitaine Frédéric avec une lettre, laquelle finissait par ces paroles :

« L'impossible serait de prendre les treillis de Saint-Martin de Tours, et autres joyaux des églises qui ne sont que trois ou quatre, qu'il ne vienne à la connaissance publique d'un chacun, et y en aura plus grand nombre qui le sauront par la prise que par la publication dudit édit ; pourquoi vous mandons derechef et très-expressément, et d'autant que craignez la rupture de nos affaires, qui sont telles, et de telle importance que chacun sait, que vous procédiez à la publication et vérification de notredit édit : car ceux de ladite église de Saint-Martin demandent ledit édit en cette forme, si n'y faites plus de difficulté, pour autant que nos affaires nous pressent de si près que la longueur est plus préjudiciable à nous et à notre royaume que ne le vous pourrions écrire. Donné à Lyon le 23 juin. *Sic signatum:* FRANÇOIS. *Et plus bas:* GÉDOIN. »

Le parlement ordonna que les lettres patentes du roi seraient lues, publiées et enregistrées, *quoad domanium duntaxat*, c'est-à-dire seulement pour ce qui regarde le domaine du roi : « plus

---

[1] Voyez chapitre xii, page 481.

la cour a ordonné que le chancelier arrivé en cette ville, la cour le mandera venir céans pour lui faire remontrances que la cour avisera pour le bien de la justice et choses publiques de ce royaume ».

Le parlement de Paris mander un chancelier qui est son chef et celui de toutes les cours de justice! lui que le parlement appelle Monseigneur, tandis qu'il ne donne que le titre de Monsieur au premier prince du sang! mais nous avons déjà vu combien tous les usages changent[1]. D'ailleurs le chancelier Duprat, auteur du concordat et de tant de vexations, était en horreur, et la haine publique ne connaît point de règle.

La même année 1522, il y eut aussi des remontrances du parlement au sujet du domaine aliéné par le roi à l'Hôtel de Ville de Paris pour le payement d'un impôt sur le vin et sur le pied-fourché, impôt dont l'Hôtel de Ville avait avancé les deniers. Ces remontrances sont l'origine de celles qui ont été faites sous tous les règnes suivants.

CHAPITRE XVII.

DU JUGEMENT DE CHARLES, DUC DE BOURBON, PAIR, GRAND CHAMBRIER ET CONNÉTABLE DE FRANCE.

Ce fameux Charles de Bourbon, qui avait tant contribué à la gloire de la France, à la bataille de Marignan, qui fit depuis son roi prisonnier à la bataille de Pavie, et qui mourut en prenant Rome d'assaut, ne quitta la France, et ne fut la cause de tant de malheurs que pour avoir perdu un procès. Il est vrai qu'il s'agissait de presque tous ses biens [2].

Louise de Savoie[3], mère de François Ier, n'ayant pu obtenir de lui qu'il l'épousât en secondes noces, voulut le ruiner; elle était fille d'une Bourbon, et cousine germaine de Susanne de Bourbon, femme du connétable, laquelle venait de mourir.

Non-seulement Susanne avait laissé tous ses biens par testa-

---

1. Chapitre Ier, page 448; et chapitre XV, page 487.
2. Voyez le chapitre CXXIII de l'*Essai sur les Mœurs*.
3. Connue dans l'histoire sous le nom de duchesse d'Angoulême.

ment à son mari, mais il en était héritier par d'anciens pactes de famille, observés dans tous les temps. Le droit de Charles de Bourbon était encore plus incontestable par son contrat de mariage, Charles et Susanne s'étant cédé mutuellement leurs droits, et les biens devant appartenir au survivant. Cet acte avait été solennellement confirmé par Louis XII, et paraissait à l'abri de toute contestation. Mais la mère du roi, régente du royaume pendant que son fils allait à la guerre d'Italie, étant outragée et toute-puissante, conseillée par le chancelier Duprat, ce grand auteur de plus d'une infortune publique, intenta procès devant le parlement de Paris, et eut le crédit de faire mettre en séquestre tous les biens du connétable.

Ce prince, d'ailleurs maltraité par François Ier, ne résista pas aux sollicitations de Charles-Quint ; il alla commander les armées de l'empereur, et fut le fléau de ceux qui l'avaient persécuté.

Aux nouvelles de la défection du connétable, le roi différa son voyage d'Italie. Il donna commission au maréchal de Chabanes, grand-maître de sa maison, au premier président du parlement de Normandie, et à un maître des requêtes, d'aller interroger les confidents du connétable, qui furent d'abord mis en prison.

Parmi ces confidents ou complices étaient deux évêques, celui d'Autun et celui du Puy. Un secrétaire du roi servit de greffier. C'est encore ici une marque évidente que les formalités changeaient selon les temps et selon les lieux.

Le reste de l'instruction fut fait par de nouveaux commissaires : Jean de Selve, premier président du parlement de Paris ; Jean Solat, maître des requêtes ; François de Loyne, président aux enquêtes ; Jean Papillon, conseiller.

Le roi ordonna, par des lettres réitérées, du 20 septembre, du 15 et du 20 octobre 1522, de faire le procès au connétable absent, et à ses complices emprisonnés.

Les quatre commissaires conseillèrent au roi de renvoyer l'affaire au parlement de Paris ; et le roi, par une lettre du 1er novembre, leur témoigna qu'il désapprouvait beaucoup ce conseil.

Ces commissaires instruisirent donc le procès des prisonniers à Loches. Mais enfin le roi, incertain de la manière dont il fallait juger deux évêques, et craignant de se commettre avec Rome, renvoya l'affaire au parlement de Paris. Il ne fut plus question des deux évêques, on n'en parla plus ; les laïques seuls furent condamnés : ils furent jugés au mois de janvier 1523, les uns à mort, les autres à d'autres peines. Le seigneur de Saint-Vallier, entre autres, fut condamné à perdre la tête, le 16 janvier 1523.

C'est lui dont on prétend que les cheveux blanchirent en peu d'heures, après la lecture de son arrêt[1]. La tradition ajoute que François Ier ne lui sauva la vie que pour jouir de Diane de Poitiers, sa fille. Cette tradition serait bien plus vraisemblable que l'autre si Diane n'avait pas été alors un enfant de quatorze ans, qui n'avait pas encore paru à la cour[2].

Quant au connétable de Bourbon, le roi vint le juger lui-même au parlement, le 8 mars 1523, accompagné seulement de deux nouveaux pairs, un duc d'Alençon, et un duc de Bourbon-Vendôme ; les évêques de Langres et de Noyon furent les seuls pairs ecclésiastiques qui s'y trouvèrent : ils se retirèrent, ainsi que tous les conseillers-clercs, quand on alla aux opinions. Il fut seulement ordonné qu'on ajournerait le connétable à son de trompe.

Cette vaine cérémonie se fit à Lyon, parce que cette ville passait pour être la dernière du royaume du côté de l'Italie, le Dauphiné, qui appartenait au dauphin, n'étant pas regardé comme province du royaume.

Pendant qu'on faisait ces procédures, le connétable commandait déjà l'armée ennemie ; il entrait en Provence pour répondre à son ajournement, et comparaissait en assiégeant Marseille. Le roi, irrité que le parlement de Paris n'eût pas jugé à mort tous les complices de ce prince, nomma un président de Toulouse avec cinq conseillers, deux présidents de Bordeaux et quatre conseillers, deux conseillers du grand conseil, et un président de Bretagne, pour juger avec le parlement de Paris le reste des accusés, auxquels on n'avait pas encore fait le procès. Nouvel exemple bien frappant de la variété des usages et des formes[3].

---

1 Il n'eut sa grâce que sur l'échafaud, et resta malade d'une fièvre à laquelle on a donné le nom de Saint-Vallier, pour indiquer une fièvre causée par la peur. (B.)

2. Le procès de Saint-Vallier est de 1523. Diane, sa fille, est morte le 26 avril 1566, âgée de soixante-six ans *trois mois* et vingt-sept jours, suivant Dreux du Radier; ou de soixante-six ans vingt-sept jours, suivant Bayle (différence qui vient peut-être de ce que les mots *trois mois* auront été oubliés dans la note transmise à Bayle par un de ses amis). Mais Dreux du Radier, au lieu de porter la naissance de Diane au 3 septembre 1499, aurait dû la placer au 31 décembre 1499, ce qui n'a point encore été remarqué. La différence entre Dreux du Radier et Bayle n'est, au reste, que des *trois mois*. Diane avait donc vingt-trois ans, et non quatorze ans, lors de la condamnation de son père : elle était mariée depuis près de dix ans, ce qui contredit les paroles de Mézeray, qui prétend que François Ier n'accorda la grâce au père qu'*après avoir pris de sa fille ce qu'elle avait de plus précieux*. Dreux du Radier pense que Louis de Brézé, mari de Diane, n'eut point à se plaindre de la fidélité de sa femme. Ce ne fut qu'après son veuvage qu'elle devint la maîtresse de François Ier.

3. Consultez les collections de Pierre Dupuy, garde de la Bibliothèque du roi,

Cependant on poursuivit lentement le procès contre le connétable ; il fallait trois défauts de comparaître pour qu'on jugeât, comme on disait alors, *en profit de défaut;* mais toutes ces poursuites cessèrent quand le roi fut vaincu et pris à Pavie par l'armée, dans laquelle un des chefs était ce même Charles de Bourbon. Il fallut, au lieu de lui faire son procès, lui restituer, par le traité de Madrid, toutes ses terres, tous ses biens, meubles et immeubles, dans l'espace de six semaines, lui laisser le droit d'exercer ses prétentions sur la souveraineté de la Provence, et promettre de ne faire aucune poursuite contre ses amis et ses serviteurs. Le roi signa ce traité.

Il crut, quand il revint en France, que la politique ne lui permettait pas de tenir la parole à ses vainqueurs ; et après la mort du connétable, tué en prenant Rome, François Ier le condamna, le 26 juillet 1527, dans la grand'chambre du parlement, assisté de quelques pairs. Le chancelier Duprat prononça l'arrêt qui « damnait et abolissait sa mémoire et renommée à perpétuité », et qui confisquait tous ses biens, meubles et immeubles.

Pour ses biens, on en rendit une partie à sa maison ; et pour sa renommée, elle a toujours été celle d'un héros qui eut le malheur de se trop venger d'une injustice qu'on lui avait faite.

CHAPITRE XVIII.

DE L'ASSEMBLÉE DANS LA GRAND'SALLE DU PALAIS, A L'OCCASION DU DUEL ENTRE CHARLES-QUINT ET FRANÇOIS Ier.

Après que François Ier, mal conseillé par son courage et par l'amiral Bonnivet, eut perdu la bataille de Pavie, où il fit des actions de héros et où il fut fait prisonnier ; après qu'il eut langui une année entière en prison, il fallut exécuter le fatal traité de Madrid, par lequel il avait promis de céder au victorieux Charles-Quint la Bourgogne, que cet empereur regardait comme le patri-

---

tome II; et voyez, sur tous les articles précédents, le *Recueil des édits et ordonnances,* le président de Thou, le comte de Boulainvilliers, et tous les historiens. (*Note de Voltaire.*)

moine de ses ancêtres. Il ne consulta, sur cette affaire délicate, ni le parlement de Paris, ni le parlement de Bourgogne établi par Louis XI ; mais il se fit représenter, à Cognac où il était, par des députés des états de Bourgogne, qu'il n'avait pu aliéner son domaine, et que, s'il persistait à céder la Bourgogne à l'empereur, ils en appelleraient aux états généraux, à qui seuls il appartenait d'en juger.

Les députés des états de Bourgogne savaient bien que les états généraux de l'empire avaient autant de droit que les états de France de juger cette question, ou plutôt qu'elle n'était que du ressort du droit de la guerre. Le vainqueur avait imposé la loi au vaincu : fallait-il que le vaincu accomplît ou violât sa promesse[1] ?

L'empereur, en reconduisant son prisonnier au delà de Madrid, l'avait conjuré de lui dire franchement, et sur sa foi de gentilhomme, s'il était dans la résolution d'accomplir le traité, et avait même ajouté qu'en quelque disposition qu'il fût il n'en serait pas moins libre. François Ier avait répondu qu'il tiendrait sa parole. L'empereur répliqua : « Je vous crois ; mais si vous y manquez, je publierai partout que vous n'en avez pas usé en homme d'honneur. » L'empereur était donc en droit de reprocher au roi que, s'il avait combattu en brave chevalier à Pavie, il ne se conduisait pas en loyal chevalier en manquant à sa promesse. Il dit aux ambassadeurs de France que le roi leur maître avait procédé de mauvaise foi, et que, quand il voudrait, il le lui soutiendrait seul à seul, c'est-à-dire dans un combat singulier[2].

Le roi, à qui on rapporta ce discours public, présenta sa réponse par écrit à l'ambassadeur de l'empereur, qui s'excusa de la lire, parce qu'il avait déjà pris congé. Vous l'entendrez au moins, dit le roi ; et il lui fit lire l'écrit signé de sa main et par Robertet, secrétaire d'État. Cet écrit portait en propres mots :

---

1. Un roi peut-il avoir le droit de soumettre une de ses provinces à un prince étranger ?

Une assemblée nationale a-t-elle le pouvoir de priver des citoyens de leur droit de cité, et de les forcer de faire partie d'un autre peuple ? La solution de ces questions sera-t-elle la même pour les pays où le droit de cité est attaché à la propriété territoriale, et pour ceux où il en est indépendant ?

Nous n'entreprendrons point de décider ces questions ; mais il est clair que si François Ier n'avait pas le droit de céder la Bourgogne, s'il avait fait une promesse qu'il ne pouvait pas tenir, il était obligé de se remettre entre les mains de l'empereur. (K.)

2. Comparez ce qui est dit à ce sujet dans le chapitre cxxiv de l'*Essai sur les Mœurs*.

« Vous faisons entendre que si vous nous avez voulu ou voulez nous charger, que jamais nous ayons fait chose qu'un gentilhomme, aimant son honneur, ne doive faire, nous disons que vous avez menti par la gorge, et qu'autant de fois que vous le direz vous mentirez ; étant délibéré de défendre notre honneur jusqu'au dernier bout de notre vie ; pour quoi, puisque contre vérité vous nous avez voulu charger, désormais ne nous écrivez aucune chose, mais nous assurez le camp, et nous vous porterons les armes ; protestant que si, après cette déclaration, en autres lieux vous écrivez ou dites paroles qui soient contre notre honneur, que la honte du délai en sera vôtre ; vu que venant audit combat, c'est la fin de toutes écritures. Fait en notre bonne ville et cité de Paris, le vingt-huitième jour de mars de l'an 1527, avant Pâques. François. »

(10 septembre 1528) Le roi envoya ce cartel à l'empereur par un héraut d'armes. Charles-Quint envoya sa réponse par un autre héraut. Le roi la reçut dans la grand'salle du palais ; il était sur un trône élevé de quinze marches devant la table de marbre. A sa droite, sur un grand échafaud, étaient assis le roi de Navarre, le duc d'Alençon, le comte de Foix, le duc de Vendôme, le duc de Ferrare de la maison d'Este, le duc de Chartres, le duc d'Albanie, régent d'Écosse. De l'autre côté étaient le cardinal Salviati, légat du pape, les cardinaux de Bourbon, Duprat, de Lorraine, l'archevêque de Narbonne.

Au-dessous des princes étaient les présidents et les conseillers du parlement, et au-dessous du banc des prélats étaient les ambassadeurs. Ce fut la première fois que le parlement en corps prit place dans une assemblée de tous les grands et de tous les ministres étrangers : et il y tint la place la plus honorable qu'on pût lui donner.

Il est vrai que ce grand appareil se réduisit à rien ; le roi ne voulut écouter le héraut de l'empereur qu'en cas qu'il apportât la *sûreté du camp*, c'est-à-dire la désignation du lieu où Charles-Quint voulait combattre. En vain le héraut voulut parler, le roi lui imposa silence.

Nous ne rapportons ici cette illustre et vaine cérémonie que pour faire voir dans quelle considération était alors le parlement de Paris. Les maîtres des requêtes et les conseillers du grand conseil furent placés derrière les évêques pairs de France, et les autres prélats ; les membres de la chambre des comptes n'eurent point de séance, quoique d'ordinaire ils en aient une égale à celle du parlement, dans toutes les cérémonies publiques.

CHAPITRE XVIII.

L'ordre des cérémonies a changé en France comme tout le reste. A l'entrée du roi Louis XII, les processions des paroisses marchèrent les premières, celles des quatre ordres mendiants les secondes : elles furent suivies de la chambre des comptes, ensuite parut l'Hôtel de Ville ; il fut suivi du Châtelet ; après le Châtelet venait le parlement en robes rouges ; les chevaliers de l'hôtel du roi et deux cents hommes d'armes suivaient à cheval, et le prévôt de Paris à cheval avec douze gardes fermait la marche. L'université ne parut point ; elle attendit le roi à la porte de Notre-Dame.

Le cérémonial observé à l'entrée de François Ier fut tout différent ; et il y eut encore des changements à celles de Henri II et de Charles IX, tant l'inconstance a régné dans les petites choses comme dans les grandes, et dans la forme de l'appareil comme dans la forme du gouvernement.

(1537) Le parlement fit une nouvelle cérémonie à laquelle on ne pouvait donner un autre nom : ce fut de condamner juridiquement l'empereur Charles-Quint. Il faisait toujours la guerre à François Ier, et l'accusait devant toute l'Europe d'avoir violé sa parole, et d'avoir appelé les Turcs en Italie. Le roi le fit ajourner comme son vassal pour les comtés de Flandre et d'Artois. Il faut être bien sûr d'être le maître chez soi pour faire de telles procédures. Il oubliait que dans le traité de Madrid il avait racheté sa liberté par la cession de toutes ses prétentions sur ces fiefs.

Il vint donc au parlement avec les princes et les pairs ; l'avocat général Cappel fit un réquisitoire contre Charles-Quint. On rendit arrêt par lequel on citerait Charles, empereur, à son de trompe sur la frontière ; et l'empereur n'ayant pas répondu, le parlement confisqua la Flandre, l'Artois et le Charolois, dont l'empereur resta le maître[1].

---

1. Deux ans après, ce même parlement complimenta ce même empereur, et tint séance sous la présidence de Charles-Quint ; voyez, tome XIII, les *Annales de l'Empire*, année 1539.

CHAPITRE XIX.

DES SUPPLICES INFLIGÉS AUX PROTESTANTS; DES MASSACRES DE MÉRINDOL ET DE CABRIÈRES, ET DU PARLEMENT DE PROVENCE JUGÉ CRIMINELLEMENT PAR LE PARLEMENT DE PARIS.

La coutume horrible de juger et de condamner à mort pour des opinions religieuses fut introduite chez les chrétiens dès le IVe siècle de l'ère vulgaire. Ce nouveau fléau, qui affligea la nature humaine, fut apporté d'Espagne par deux évêques nommés Itace et Idace, comme depuis un autre Espagnol introduisit l'horreur de l'Inquisition. C'est ce qu'on peut voir en général dans *l'Essai sur les Mœurs et l'Esprit des nations* [1].

Les chrétiens s'étaient mutuellement égorgés dès longtemps auparavant, mais ils ne s'étaient pas encore avisés de se servir du glaive de la justice.

Cette nouvelle barbarie s'étant donc introduite chez les chrétiens, le roi Robert, le même que le pape Grégoire V avait osé excommunier pour avoir épousé sa commère [2], le même qui avait quitté sa femme sur ce prétexte, et qui, étant fils d'un usurpateur mal affermi, cherchait à se concilier le siége de Rome, voulut lui complaire en faisant brûler dans Orléans, en sa présence, plusieurs chanoines accusés d'avoir conservé les anciens dogmes de l'ancienne Église des Gaules, qui ne connaissait ni le culte des images, ni la transsubstantiation, ni d'autres institutions. On les appelait manichéens [3], nom qu'on donnait alors à tous les hérétiques.

Le confesseur de la nouvelle reine Constance était du nombre de ces infortunés. Sa pénitente, dans un mouvement de zèle, lui creva un œil d'un coup de baguette, lorsqu'il allait au supplice. Tous ses compagnons et lui se jetèrent dans les flammes en chantant des psaumes, et crurent avoir la couronne du martyre.

Ceux qu'on appela Vaudois et Albigeois vinrent ensuite [4] : tous voulaient rétablir la primitive Église, et comme un de leurs

---

1. Tome XI, pages 496 et 501; tome XII, page 347; voyez aussi les mots ARANDA et INQUISITION dans le *Dictionnaire philosophique*.
2. Voyez tome XI, page 352.
3. *Ibid.*, page 379.
4. *Ibid.*, page 495.

principaux dogmes était la pauvreté, ou du moins la médiocrité évangélique, à laquelle ils voulurent réduire les prélats et les moines, les archevêques de Narbonne et de Lyon en firent brûler quelques-uns par leur seule autorité. Les papes ordonnèrent contre eux une croisade comme contre les Turcs et les Sarrasins ; on les extermina par le fer et par les flammes, et cent lieues de pays furent désolées.

Enfin les débauches, les assassinats et les empoisonnements du pape Alexandre VI, l'ambition guerrière de Jules II, la vie volupteuse de Léon X, ses rapines pour fournir à ses plaisirs, et la vente publique des indulgences, soulevèrent une partie de l'Europe. Le mal était extrême, il fallait au moins une réforme : elle fut commencée, mais par une défection entière, en Allemagne, en Suisse, et à Genève.

François Ier lui-même, en favorisant les lettres, avait fait naître le crépuscule à la lueur duquel on commençait à voir en France tous les abus de l'Église ; mais il était toujours dans la nécessité de ménager le pape ainsi que le Turc, pour se soutenir contre l'empereur Charles-Quint. Cette politique l'engagea, malgré les supplications de sa sœur, la reine de Navarre, déjà calviniste, à faire brûler ceux qui seraient convaincus d'adhérer à la prétendue réforme. Il fit indiquer même, au commencement de 1535, par Jean du Bellai, évêque de Paris, une procession générale à laquelle il assista, une torche à la main, comme pour faire amende honorable des profanations des sectaires. L'évêque portait l'eucharistie ; le dauphin, les ducs d'Orléans, d'Angoulême et de Vendôme, tenaient les cordons du dais ; tous les ordres religieux et tout le clergé précédaient. On voyait les cardinaux, les évêques, les ambassadeurs, les grands officiers de la couronne, immédiatement après le roi. Le parlement, la chambre des comptes, toutes les autres compagnies fermaient la marche. On alla dans cet ordre à l'église de Notre-Dame, après quoi une partie de la procession se sépara pour aller à l'Estrapade voir brûler à petit feu six bourgeois que la chambre de la Tournelle du parlement avait condamnés le matin pour les opinions nouvelles. On les suspendait au bout d'une longue poutre, posée sur une poulie au-dessus d'un poteau de vingt pieds de haut, et on les faisait descendre à plusieurs reprises sur un large bûcher enflammé. Le supplice dura deux heures, et lassa jusqu'aux bourreaux et au zèle des spectateurs.

Les deux jésuites Maimbourg et Daniel rapportent, après Mézerai, que François Ier fit dresser, pendant cette exécution, un trône dans la salle de l'évêché, et qu'il y déclara, dans un discours pathétique, que « si ses enfants étaient assez malheureux pour tomber dans les mêmes erreurs, il les sacrifierait de même ». Daniel ajoute que ce discours attendrit tous les assistants, et leur tira des larmes.

Je ne sais où ces auteurs ont trouvé que François I[er][1] avait prononcé ce discours abominable. La vérité est que dans ce temps-là même il écrivait à Mélanchthon, et qu'il le priait de venir à sa cour. Il sollicitait les luthériens d'Allemagne, et les soudoyait contre l'empereur; il faisait une ligue avec le sultan Soliman, qui fut entièrement conclue deux ans après; il livrait l'Italie aux Turcs; et les musulmans eurent une mosquée à Marseille, après que les chrétiens eurent été brûlés dans Paris et dans les provinces.

Il se passa, quelques années après, une scène bien plus tragique. Il y avait sur les confins de la Provence et du comtat d'Avignon des restes de ces anciens Vaudois et Albigeois qui avaient conservé une partie des rites de l'Église des Gaules, soutenus par Claude, évêque de Turin, au VIIIe siècle, et perpétués jusqu'à nos jours dans les sociétés protestantes. Ces peuples habitaient vingt-deux bourgs, dans des vallées entourées de montagnes peu fréquentées, qui les rendaient presque inconnus au reste du monde. Ils cultivaient ces déserts depuis plus de deux cents ans, et les avaient rendus fertiles. Le véridique président de Thou, qui fut un des juges de l'affaire dont nous parlons, rend justice à l'innocence de leur vie *laborieuse;* il les peint « patients dans les plus grands travaux, justes, sobres, ayant les procès en horreur, libéraux envers les pauvres, payant les tributs avec allégresse, n'ayant jamais fait attendre leurs seigneurs pour leurs rentes, assidus aux prières, ignorant toute espèce de corruption, mais ne se prosternant point devant des images, ne faisant point le signe de la croix, et, quand il tonnait, se bornant à lever les yeux au ciel, etc. ».

Le vice-légat d'Avignon et le cardinal de Tournon résolurent d'exterminer ces infortunés. Ils ne songeaient ni l'un ni l'autre qu'ils allaient priver le roi et le pape de sujets utiles.

---

1. Voyez *Essai sur les Mœurs*, chapitre cxxv. M. Garnier, continuateur de Velli, cite *Dubouchet* (*Annales d'Aquitaine*), le continuateur de *Nicolas Gilles, Belleforest, Sleidan;* mais je ne crois pas que ce soit à l'occasion du prétendu propos attribué à François Ier. (*Note de Voltaire.*) — Tout ce qui précède est de Voltaire, et, à l'exception des premiers mots, est posthume. Mais Garnier rapporte le même discours de François Ier : voyez son *Histoire de France,* tome XXIV, in-12, page 539. (B.)

Meynier, baron d'Oppède, premier président du parlement de Provence, obtint des lettres de François I*er*, qui portaient ordre d'agir selon les lois contre ces hommes agrestes ; *quibus in eos legibus agatur*, dit de Thou.

Le parlement de Provence commença par condamner dix-neuf habitants de Mérindol, leurs femmes et leurs enfants, à être brûlés sans ouïr aucun d'eux ; ils étaient errants dans les campagnes voisines. Cet arrêt alarma tout le canton. Quelques paysans prirent les armes, et pillèrent un couvent de carmes, sur les terres d'Avignon.

Le président d'Oppède demanda des troupes. L'évêque de Cavaillon, sujet du pape, commença par amener quelques soldats ; il se mit à leur tête, saccagea quelques maisons, et tua quelques personnes. Ceux qu'il poursuivait se retirèrent sur les terres de France. Ils y trouvèrent trois mille soldats, conduits par le premier président d'Oppède, qui commandait dans la province en l'absence du gouverneur. L'avocat général faisait l'office de major dans cette armée. C'est à cet avocat qu'on amenait les prisonniers. Il leur faisait réciter le *Pater noster* et l'*Ave Maria*, pour juger s'ils étaient hérétiques ; et quand ils récitaient mal ces prières, il criait *tolle et crucifige*, et les faisait arquebuser à ses pieds. Le soldat français est quelquefois bien cruel, et quand la religion vient encore augmenter cette cruauté, il n'y a plus de bornes.

Il fut prouvé qu'en brûlant les bourgs de Mérindol et de Cabrières avec les villages d'alentour, les exécuteurs violèrent jusqu'à des filles de huit à neuf ans entre les bras de leurs mères, et massacrèrent ensuite les mères avec leurs filles. On enfermait pêle-mêle hommes, femmes, enfants, dans des granges auxquelles on mettait le feu, et tout était réduit en cendres. Le peu qu'on épargna fut vendu par les soldats à des capitaines de galères comme des esclaves. Toute la contrée demeura déserte, et la terre, arrosée de sang, resta sans culture.

Cet événement arriva en 1545. Plusieurs seigneurs de ces domaines sanglants et dévastés, se trouvant privés de leurs biens par cette exécution, présentèrent requête à Henri II contre le président d'Oppède, le président La Font, les conseillers Tributi, Badet, et l'avocat général Guérin.

La cause fut portée, sous Henri II, en 1550, au tribunal du grand conseil. Il s'agissait d'abord de savoir s'il y avait lieu de plaider contre le parlement d'Aix. Le grand conseil jugea qu'on devait évoquer la cause, et elle fut renvoyée au parlement de

Paris, qui par là se trouva pour la première fois juge criminel d'un autre parlement.

Les deux présidents provençaux, l'avocat du roi Guérin, furent emprisonnés. On plaida pendant cinquante audiences ; le vice-légat d'Avignon intervint dans la cause au nom du pape, et demanda, par son avocat Renard, que le parlement eût à ne point juger des meurtres commis dans les terres papales. On n'eut point d'égard à la réquisition de maître Renard.

Enfin, le 13 février 1552, l'avocat général Guérin eut la tête tranchée[1]. Le président de Thou nous apprend que le crédit de la maison de Guise sauva les autres du supplice qu'ils méritaient ; mais que Meynier d'Oppède mourut dans les douleurs causées par les remords, et pires que le supplice.

CHAPITRE XX.

DU PARLEMENT SOUS HENRI II.

Le commencement du règne de Henri II fut signalé par ce fameux duel que le roi, en plein conseil, ordonna entre Jarnac et La Chataigneraie, le 11 juin 1547. Il s'agissait de savoir si Jarnac avait avoué à La Chataigneraie qu'il avait couché avec sa belle-mère. Ni les empereurs ni le sénat de Rome n'auraient ordonné un duel pour une pareille affaire ; l'honneur chez les nations modernes n'était pas celui des Romains.

Le parlement ne fit aucune démarche pour prévenir ce combat juridique. Les cartels furent portés par des hérauts d'armes, et signifiés par-devant notaires. Le parlement lui-même en avait ordonné plusieurs autrefois, et ces mêmes duels, regardés aujourd'hui comme un crime irrémissible, s'étaient toujours faits avec la sanction des lois[2]. Le parlement avait ordonné celui de Carouge et de Le Gris, du temps de Charles VI, en 1386, et celui du chevalier Archon, et de Jean Picard, son beau-père, en 1354.

---

1. Le président Hénault dit que l'avocat général fut pendu en 1554 : il se trompe sur le genre du supplice et sur la date. Ces horreurs sont détaillées dans l'*Essai sur les Mœurs*, chapitre cxxxviii ; on ne peut trop en parler. (*Note de Voltaire.*)
2. Voyez, dans l'*Essai sur les Mœurs*, le chapitre *des Duels*, tome XII, page 146.

Tous ces combats s'étaient faits pour des femmes. Carouge accusait Le Gris d'avoir violé la sienne, et le chevalier Archon accusait Jean Picard d'avoir couché avec sa propre fille. Non-seulement les juges ecclésiastiques permirent aussi ces combats, mais les évêques et les abbés combattirent par procureurs; et l'on trouve dans *le Vrai Théâtre d'honneur et de chevalerie*[1] que Geoffroi du Maine, évêque d'Angers, ayant un différend avec l'abbé de Saint-Serge pour la redevance d'un moulin, le procès fut jugé à coups de bâton par deux champions qui n'avaient pas le droit de se tuer avec l'épée parce qu'ils n'étaient pas gentilshommes.

Cette ancienne jurisprudence a changé avec le temps, comme tout le reste. On vit bientôt, sous Henri II, un théâtre de carnage moins honorable et plus terrible. Les impôts créés par François Ier, et surtout les vexations sur le sel exercées par les exacteurs, soulevèrent le peuple en plusieurs endroits du royaume. On accusa le parlement de Bordeaux de s'être joint à la populace, au lieu de lui résister, et d'avoir été cause du meurtre du seigneur de Monins, commandant de Bordeaux, que les séditieux massacrèrent aux yeux des membres du parlement, qui marchaient avec eux habillés en matelots. Le connétable Anne de Montmorency, gouverneur du Languedoc, vint avec un maître des requêtes, nommé Étienne de Neuilly, interdire le parlement pour un an; il fit exhumer le corps du seigneur de Monins par tous les officiers du corps de ville, qui furent obligés de le déterrer avec leurs ongles, et cent bourgeois passèrent par les mains du bourreau.

Ce traitement indisposa tous les parlements du royaume; celui de Paris déplut à la cour plus que les autres. Le roi, en 1554, le rendit semestre[2], et augmenta le nombre des charges : il en vendit soixante et dix nouvelles. Ces édits ne furent point vérifiés, mais ils furent exécutés pendant l'espace d'une année, après quoi le parlement ne fut plus semestre; mais il demeura surchargé de soixante et dix membres inutiles, qui avaient acheté leurs offices; abus que le président Jacques-Auguste de Thou déplore avec beaucoup d'éloquence.

Le règne de Henri II ne fut guère plus heureux que celui de son père. Les défaites de Saint-Quentin et de Gravelines affaiblis-

---

1. Par Vulson de la Colombière.
2. C'est-à-dire que la moitié de la compagnie s'assemblait pendant six mois, et la seconde moitié pendant les autres six mois.

saient le respect public pour le trône, les impôts aliénaient l'affection, et tous les parlements étaient mécontents.

Le roi, pour avoir plus aisément de l'argent, convoqua une grande assemblée dans la chambre du parlement de Paris, en 1558. Quelques-uns de nos historiens lui ont donné le nom d'états généraux, mais c'était une assemblée de notables, composée des grands qui se trouvèrent à Paris, et de quelques députés de province. Pour assembler de vrais états généraux, il eût fallu plus de temps, plus d'appareil, et la grand'chambre aurait été trop petite pour les contenir.

Les trésoriers généraux des finances y eurent une séance particulière; ni eux, ni le parlement, n'y furent confondus avec le tiers état. Il n'était pas possible que le parlement, cour des pairs, n'eût pas une place distinguée dans le lieu même de sa résidence.

Le roi y parla lui-même; la convocation ne dura que huit jours; le seul objet était d'obtenir trois millions d'écus d'or : le clergé en paya un tiers, et le peuple les deux autres tiers; jusque-là tout fut paisible.

CHAPITRE XXI.

DU SUPPLICE D'ANNE DUBOURG.

Le duc François de Guise et le cardinal de Lorraine son frère commençaient à gouverner l'État sous Henri II. François de Guise avait été déclaré lieutenant général de l'État; et en cette qualité il précédait le connétable, et lui écrivait en supérieur. Le cardinal de Lorraine, qui avait la première place dans le conseil, voulut, pour se rendre encore plus nécessaire, établir en France l'Inquisition, et il y parvint même enfin à quelques égards.

On n'institua pas à la vérité en France ce tribunal, qui offense à la fois la loi naturelle, toutes celles de l'État, la liberté des hommes, et la religion, qu'il déshonore en la soutenant; mais on donna le titre d'inquisiteurs à quelques ecclésiastiques qu'on admit pour juges dans les procès extraordinaires qu'on faisait à ceux de la religion prétendue réformée; tel fut ce fameux Mouchy qu'on appelait Démocharès, recteur de l'université. C'était proprement un délateur et un espion du cardinal de Lorraine ; c'est pour lui qu'on inventa le sobriquet de mouchards, pour désigner les espions; son nom seul est devenu une injure.

Cet inquisiteur suborna deux jeunes gens pour déposer que les prétendus réformés avaient fait, le jeudi saint, une assemblée dans laquelle, après avoir mangé un cochon en dérision de l'ancien sabbat, ils avaient éteint les lampes, et s'étaient abandonnés, hommes et femmes, à une prostitution générale.

C'est une chose bien remarquable qu'une telle calomnie ait toujours été intentée contre toutes les nouvelles sectes, à commencer même par le christianisme, auquel on imputa des abominations pareilles. Les sectaires, nommés huguenots, réformés, protestants, évangéliques, furent poursuivis partout. On en condamna plusieurs aux flammes. Ce supplice ne paraît pas proportionné au délit. Des gens qui n'étaient convaincus que d'avoir prié Dieu dans leur langue naturelle, et d'avoir communié avec du pain levé et du vin, semblaient ne pas mériter un si affreux supplice; mais dès longtemps l'Église s'était servie des bûchers pour punir tous ceux qui avaient le malheur de ne pas penser comme elle. On supposait que c'était à la fois imiter et prévenir la justice divine, qui destine tous les ennemis de l'Église au feu éternel. Le bûcher était regardé comme un commencement de l'enfer[1].

Deux chambres du parlement prirent également connaissance du crime d'hérésie, la grand'chambre et la Tournelle, quoique depuis la grand'chambre se soit bornée aux procès civils, quand elle juge seule. Le roi donnait aussi des commissions particulières pour juger les délinquants. On nommait ces commissions *chambres ardentes*. Tant de supplices excitèrent enfin la pitié; et plusieurs membres du parlement, s'étant adonnés aux lettres, pensèrent que l'Église devait plutôt réformer ses mœurs et ses lois que verser le sang des hommes ou les faire périr dans les flammes.

Il arriva au mois d'avril 1559, dans une assemblée qu'on nomme *mercuriale*, que les plus savants et les plus modérés du parlement proposèrent d'user de moins de cruauté, et de chercher à réformer l'Église. Ce fut l'avis du président Ranconet, d'Arnaud Ferrier, d'Antoine Fumée, de Paul de Foix, de Nicolas Duval, de Claude Viole, d'Eustache de La Porte, de Louis du Faur, et du célèbre Anne Dubourg.

---

[1]. Voyez tome XII, page 323, et dans les *Mélanges,* année 1766, le paragraphe IV du *Commentaire sur le livre Des Délits et des Peines;* année 1769, le paragraphe XXII de l'opuscule *De la Paix perpétuelle.*

DU SUPPLICE D'ANNE DUBOURG.

Un de leurs confrères les dénonça au roi. Il violait en cela son serment de conseiller, qui est de tenir les délibérations de la cour secrètes. Il violait encore plus les lois de l'honneur et de l'équité.

Le roi, excité par les Guises, et séduit par cette malheureuse politique qui fait croire que la liberté de penser détruit l'obéissance, vint au parlement, le 15 juin 1559, sans être attendu. Il était accompagné de Bertrand, ou Bertrandi, cardinal, garde des sceaux, autrefois premier président du parlement, homme tout dévoué aux maximes ultramontaines. Le connétable de Montmorency et plusieurs grands officiers de la couronne prirent séance.

Le roi, qui savait qu'on délibérait alors sur la même matière, voulut qu'on continuât à parler en liberté : plusieurs tombèrent dans le piége qu'on leur tendait. Le conseiller Claude Viole et Louis du Faur recommandèrent éloquemment la réforme des mœurs et la tolérance des religions. Le conseiller Dubourg s'expliqua avec encore plus de force : il montra combien il était affreux de voir régner à la cour la débauche, l'adultère, la concussion, l'homicide, tandis qu'on livrait aux tourments et à la mort des citoyens qui servaient le roi selon les lois du royaume, et Dieu selon leur conscience.

Dubourg, neveu du chancelier de ce nom, était diacre ; sa cléricature l'avait engagé à étudier plus qu'un autre cette funeste théologie qui est, depuis tant de siècles, un amas d'opinions contraires. La science l'avait fait tomber dans l'opinion de ces réformateurs ; d'ailleurs juge intègre, homme d'une vie irréprochable, et citoyen zélé.

Le roi ordonna au connétable de faire arrêter sur-le-champ Dubourg, du Faur, de Foix, Fumée, La Porte : les autres eurent le temps de se sauver. Il y avait dans le parlement beaucoup plus de magistrats attachés à la maison de Guise qu'aux sciences.

Saint-André et Minard, présidents aux enquêtes, poursuivirent la mort d'Anne Dubourg. Comme il était dans le sacerdoce, il fut d'abord jugé par l'évêque de Paris, du Bellai, assisté de l'inquisiteur Mouchy : il appela comme d'abus de la sentence de l'évêque, il réclama son droit d'être jugé par ses pairs, c'est-à-dire par les chambres du parlement assemblées ; mais l'esprit de parti et l'asservissement aux Guises l'ayant emporté au parlement sur une de ses plus grandes prérogatives, Dubourg fut jugé successivement à l'officialité de Paris, à celle de Sens, et à celle de Lyon, et condamné dans toutes les trois à être dégradé et livré au bras séculier comme hérétique. On le mena d'abord à l'officialité ; là, étant revêtu de ses habits sacerdotaux, on les lui arracha l'un après l'autre. On fit la cérémonie de passer légèrement un morceau de verre sur sa tonsure et sur ses ongles, après quoi il fut ramené à la Bastille, et condamné à être étranglé et brûlé, par des commissaires du parlement, que ses persécuteurs avaient nommés. Il reçut son arrêt avec résignation et courage : « Éteignez vos feux, dit-il à ses juges, renoncez à vos vices, convertissez-vous à Dieu. » Il fut pendu et brûlé dans la place de Grève, le 19 octobre 1559 [1].

Gui du Faur [2] fut condamné par les mêmes commissaires à une interdiction de cinq ans, et à une amende de cinq cents livres. Son arrêt porte : « Pour avoir témérairement avancé qu'il n'y a point de meilleur remède pour finir les troubles de l'Église que l'assemblée d'un concile œcuménique, et qu'en attendant on doit suspendre les supplices. »

Une grande partie du parlement s'éleva contre cet arrêt, et accepta la protestation de du Faur ; tout le parlement fut longtemps partagé, les esprits s'échauffèrent, et enfin le parti de la raison l'emportant sur celui du fanatisme et de la servitude, le jugement des commissaires contre du Faur fut rayé et biffé à la pluralité des voix.

Cependant le conseiller Anne Dubourg ayant déclaré à la potence qu'il mourait serviteur de Dieu, et ennemi des abus de l'Église romaine, son supplice fit plus de prosélytes en un jour que les livres et les prédications n'en avaient fait en plusieurs années. Le nom catholique devint tellement en horreur aux protestants, et les factions furent si animées, que, depuis ce temps jusqu'aux années paisibles et trop courtes où Henri IV restaura le royaume, c'est-à-dire pendant plus de quarante années, il ne se passa pas un seul jour qui ne fût marqué par des querelles sanglantes, par des combats particuliers ou généraux, ou par des assassinats, ou par des emprisonnements, ou par des supplices. Tel fut l'état où les disputes de religion réduisirent le royaume pendant un demi-siècle, tandis que la même cause eut à peu près les mêmes effets dans l'Angleterre, dans l'Allemagne, et dans les Pays-Bas.

1. Les auteurs de l'*Art de vérifier les dates* disent le 23 décembre. Anne Dubourg, arrêté vingt-cinq jours avant la mort de Henri II, ne fut condamné que sous François II : voyez tome XII, page 333. Voltaire a composé un *Discours du conseiller Anne Dubourg à ses juges;* voyez les *Mélanges,* année 1771.

2. Les auteurs de l'*Art de vérifier les dates* prétendent que les quatre coaccusés de Dubourg s'étant rétractés furent renvoyés. L'un de ces coaccusés n'était pas Gui, mais Louis du Faur, le même dont il a été question page 504.

CHAPITRE XXII.

DE LA CONJURATION D'AMBOISE, ET DE LA CONDAMNATION A MORT DE LOUIS DE BOURBON, PRINCE DE CONDÉ.

Si Anne Dubourg ne fut pas jugé par ses pairs assemblés, un prince du sang ne le fut pas non plus par les siens. François de Guise et le cardinal de Lorraine son frère, tous deux étrangers, mais tous deux devenus pairs du royaume, l'un par son duché de Guise, l'autre par son archevêché de Reims, étaient les maîtres absolus de l'État, sous le jeune et faible François II, qui avait épousé leur nièce Marie Stuart.

Les princes du sang, écartés et humiliés, ne purent se soutenir contre eux qu'en se joignant secrètement aux protestants, qui commençaient à faire un parti considérable dans le royaume. Plus ils étaient persécutés, plus leur nombre croissait ; le martyre dans tous les temps a fait des prosélytes.

Louis de Condé, frère d'Antoine de Bourbon, roi de la Basse-Navarre, entreprit d'ôter aux Guises un pouvoir qui ne leur appartenait pas, et se rendit criminel dans une juste cause par la fameuse conspiration d'Amboise. Elle fut tramée avec un grand nombre de gentilshommes de toutes les provinces, les uns catholiques, les autres protestants ; elle fut si bien conduite qu'après avoir été découverte elle fut encore formidable. Sans un avocat, nommé d'Avenelles, qui la découvrit, non par zèle pour l'État, mais par intérêt, le succès était infaillible ; les deux princes lorrains étaient enlevés ou tués dans Amboise. Le prince de Condé, chef de l'entreprise, employait les conjurés, d'un bout de la France à l'autre, sans s'être découvert à eux. Jamais conspiration ne fut conduite avec plus d'art et plus d'audace [1].

La plupart des principaux conjurés moururent les armes à la main. Ceux qui furent pris auprès d'Amboise expirèrent dans les supplices ; et cependant il se trouva encore dans les provinces des gentilshommes assez hardis pour braver les princes de Lorraine, victorieux et tout-puissants : entre autres, le seigneur de Mouvans demeura en armes dans la Provence ; et quand le duc de Guise voulut le regagner, Mouvans fit à ses émissaires cette réponse :

---

1. Voyez le chapitre CLXX de l'*Essai sur les Mœurs*.

« Dites aux princes lorrains que tant qu'ils persécuteront les princes du sang, ils auront dans Mouvans un ennemi irréconciliable. Tout pauvre qu'il est, il a des amis gens de cœur. »

Le prince de Condé, qui attendait dans Amboise auprès du roi la victoire ou la défaite de ses partisans, fut arrêté dans le château d'Amboise par le grand prévôt de l'hôtel, Antoine du Plessis Richelieu, tandis qu'on faisait mourir ses complices par la corde ou par la hache ; mais il avait si bien pris ses mesures, et il parla avec tant d'assurance, qu'il fut mis en liberté.

La conspiration, découverte et punie, ne servit qu'à rendre François de Guise plus puissant. Le connétable Anne de Montmorency, réduit à recevoir ses ordres et à briguer sa faveur, fut envoyé au parlement de Paris comme un simple gentilhomme de la maison du roi pour rendre compte de la journée d'Amboise, et pour intimer un ordre de ne faire aucune grâce aux hérétiques.

Le véridique de Thou rapporte en propres mots que « les présidents et les conseillers comblèrent à l'envi les princes de Lorraine d'éloges ; le parlement en corps viola l'usage, et abaissa sa dignité, dit-il, jusqu'à écrire au duc de Guise, et à l'appeler, par une lâche flatterie, le conservateur de la patrie ». Ainsi tout fut faible ce jour-là, le parlement et le connétable.

La même année 1560, le prince de Condé, échappé d'Amboise et s'étant retiré dans le Béarn, s'y déclara publiquement de la religion réformée ; et l'amiral de Coligny présenta une requête au roi, au nom de tous les protestants du royaume, pour obtenir une liberté entière de l'exercice de leur religion ; ils avaient déjà deux mille deux cent cinquante églises, soit publiques, soit secrètes, tant le sang de leurs frères avait cimenté leur religion ! Les Guises virent qu'on allait leur faire une guerre ouverte. Les protestants voulurent livrer la ville de Lyon au prince de Condé : ils ne réussirent pas ; les catholiques de la ville s'armèrent contre eux, et il y eut autant de sang répandu dans la conspiration de Lyon que dans celle d'Amboise.

On ne peut concevoir comment, après cette action, le prince de Condé et le roi de Navarre, son frère, osèrent se présenter à la cour, dans Orléans, où le roi devait tenir les états. Soit que le prince de Condé crût avoir conduit ses desseins avec assez d'adresse pour n'être pas convaincu, soit qu'il pensât être assez puissant pour qu'on craignît de mettre la main sur lui, il se présenta, et fut arrêté par Philippe de Maillé et par Chavigny-le-Roi, capitaine des gardes. Les Guises croyaient avoir assez de preuves contre lui pour le condamner à perdre la vie; mais n'en ayant pas assez contre le roi Antoine de Navarre, le cardinal de Lorraine résolut de le faire assassiner. Il y fit consentir le roi François II. On devait faire venir Antoine de Navarre dans la chambre du roi, ce jeune monarque devait lui faire des reproches, les témoins devaient s'écrier qu'Antoine manquait de respect au roi, et des assassins apostés devaient le tuer en présence du roi même.

Antoine, mandé dans la chambre de François II, fut averti à la porte, par un des siens, du complot formé contre sa vie. « Je ne puis reculer, dit-il ; je vous ordonne seulement, si vous m'aimez, de porter ma chemise sanglante à mon fils, qui lira un jour dans mon sang ce qu'il doit faire pour me venger. » François II n'osa pas commettre ce crime, il ne donna point le signal convenu.

On se contenta de procéder contre le prince de Condé. Il faut encore observer ici qu'on ne lui donna que des commissaires, le chancelier de L'Hospital, Christophe de Thou, président du parlement, père de l'historien, les conseillers Faye et Viole. Ils l'interrogèrent, et ils devaient le juger avec les seigneurs du conseil étroit du roi ; ainsi le duc de Guise lui-même devait être son juge. Tout était contre les lois dans ce procès. Le prince appelait en vain au roi ; en vain il représentait qu'il ne devait être jugé que par les pairs assemblés ; on déclarait ses appels mal fondés.

Le parlement, intimidé ou gagné par les Guises, ne fit aucune démarche. Le prince fut condamné à la pluralité des voix dans le conseil du roi, où l'on fit entrer le président Christophe de Thou et les deux conseillers du parlement.

François II se mourait alors ; tout allait changer ; le connétable de Montmorency était en chemin, et allait reprendre son autorité. L'amiral Coligny, neveu du connétable, s'avançait ; la reine mère, Catherine de Médicis, était incertaine et accablée ; le chancelier de L'Hospital ne voulait point signer l'arrêt ; les deux princes de Guise osèrent bien la presser de faire exécuter le prince de Condé déjà condamné, et le roi de Navarre son frère, à qui on pouvait faire le procès en un jour. Le chancelier de L'Hospital soutint la reine chancelante contre cette résolution désespérée. Elle prit un parti sage ; le roi son fils touchait à sa fin, elle profita des moments où elle était encore maîtresse de la vie des deux princes pour se réconcilier avec eux, et pour conserver son autorité malgré la maison de Lorraine. Elle exigea d'Antoine de Navarre un écrit par lequel il renonçait à la régence, et se l'assura à elle-même dans son cabinet, sans consulter ni le conseil, ni les députés des états généraux qu'on devait tenir à Orléans, ni aucun parlement du royaume.

François II, son fils, mourut le 5 décembre, âgé de dix-sept ans et dix mois; son frère, Charles IX, n'avait que dix ans et demi. Catherine de Médicis sembla maîtresse absolue les premiers jours de ce règne. Elle tira le prince de Condé de prison de sa seule autorité : ce prince et le duc de Guise se réconcilièrent et s'embrassèrent en sa présence, avec la résolution déterminée de se détruire l'un l'autre ; et]bientôt s'ouvrit la carrière des plus horribles excès où l'esprit de faction, la superstition, l'ignorance revêtue du nom de théologie, le fanatisme et la démence, aient jamais porté les hommes.

Pendant que François II touchait à sa fin, le parlement de Paris réprima, autant qu'il le put, par un arrêt authentique, des maximes ultramontaines capables d'augmenter encore les troubles de l'État. Les aspirants au doctorat soutiennent en Sorbonne des thèses théologiques, ignorées pour l'ordinaire du reste du monde ; mais alors elles excitaient l'attention publique. On soutint dans une de ces thèses que « le pape, souverain monarque de l'Église, peut dépouiller de leurs royaumes les princes rebelles à ses décrets ». Le chancelier de L'Hospital envoya des lettres patentes au président Christophe de Thou, et à deux conseillers, pour informer sur cette thèse aussi criminelle qu'absurde. Tanquerel, qui l'avait soutenue, s'enfuit. Le parlement rendit un arrêt par lequel la Sorbonne assemblée abjurerait l'erreur de Tanquerel. Le docteur Le Goust demanda pardon pour Tanquerel au nom de la Sorbonne, le 12 décembre 1560. On eut dans la suite des maximes plus affreuses à réfuter.

CHAPITRE XXIII.

DES PREMIERS TROUBLES SOUS LA RÉGENCE DE CATHERINE DE MÉDICIS.

Dès que le faible François II eut fini son inutile vie, Catherine Medici, que nous nommons *de Médicis*, assembla les états dans Orléans, le 13 décembre 1560. Le parlement de Paris ni aucun autre n'y envoyèrent de députés. A peine, dans ces états, parlat-on de la régence ; on y confirma seulement au roi de Navarre la lieutenance générale du royaume, titre donné trois fois auparavant à François duc de Guise.

La reine ne prit point le nom de régente, soit qu'elle crût que le nom de reine, mère du roi, dût lui suffire, soit qu'elle voulût éviter des formalités : elle ne voulait que l'essentiel du pouvoir. Les états mêmes ne lui donnèrent point le titre de majesté ; les rois alors le prenaient rarement. Nous avons encore beaucoup de lettres de ce temps-là où l'on dit à Charles IX et à Henri III : *votre altesse*. La variété et l'inconstance s'étendent sur les noms et sur les choses.

Catherine de Médicis était intéressée à rabaisser les Guises, qui l'avaient humiliée du temps de François II, et dans cette idée elle favorisa d'abord les calvinistes. Le roi de Navarre l'était, mais il craignait toujours d'agir. Le connétable de Montmorency, l'homme le plus ignorant de la cour, et qui à peine savait signer son nom, fut longtemps indécis ; mais sa femme, Magdeleine de Savoie, aussi bigote que son mari était ignorant, l'emporta sur les Coligny, et détermina son mari à s'unir avec le duc de Guise. Le maréchal de Saint-André se joignit à eux, et on donna à cette union le nom de triumvirat, parce qu'on aime toujours à comparer les petites choses aux grandes. Saint-André était en tout fort au-dessous de François de Guise et de Montmorency ; il était le Lépide de ce triumvirat, d'ailleurs plus connu par ses débauches et par ses rapines que par ses actions.

Ce fut là le premier signal des divisions au milieu des états d'Orléans. La reine mère envoya d'abord un ordre, au nom du roi son fils, à tous les gouverneurs de provinces, de pacifier autant qu'ils le pourraient les troubles de religion. Cette déclaration défendait aux peuples de se servir des noms odieux de huguenots et de papistes. Elle rendait la liberté à tous les prisonniers pour cause de religion ; elle rappelait ceux que la crainte avait fait retirer hors du royaume depuis le temps de François Ier. Rien n'était plus capable de ramener la paix, si les hommes eussent écouté la raison.

Le parlement de Paris, après beaucoup de débats, fit des remontrances. Il allégua que cette ordonnance[1] devait être adressée au parlement du royaume, et non aux gouverneurs des pro-

---

1. La première édition porte, entre parenthèses, ces mots : (*Célèbre édit de juillet 1561*), et qui sont dans toutes les éditions que j'ai vues, données du vivant de l'auteur. (B.)

vinces. Il se plaignit qu'on donnât trop de liberté aux novateurs. La reine mena son fils au parlement, au mois de juillet : jamais il n'y eut une plus grande assemblée. Le prince de Condé y était lui-même. On y fit enregistrer l'édit qu'on nomme de juillet, édit de concorde et de paix, beaucoup plus détaillé que l'ordonnance dont on se plaignait ; édit qui recommandait à tous les sujets la tolérance, qui défendait aux prédicateurs les termes injurieux, sous peine de la vie, qui prohibait les assemblées publiques, et qui, en réservant aux ecclésiastiques seuls la connaissance de l'hérésie, prescrivait aux juges de ne prononcer jamais la peine de mort contre ceux mêmes que l'Église livrerait au bras séculier.

Cet édit fut suivi du colloque de Poissy, tenu au mois d'août 1561[1]. Cette conférence ne pouvait être qu'inutile entre deux partis diamétralement opposés. D'un côté l'on voyait un cardinal de Lorraine, un cardinal de Tournon, des évêques comblés de richesses, un jésuite nommé Lainez[2], et des moines, défenseurs opiniâtres de l'autorité du pape ; de l'autre étaient de simples ministres protestants[3], tous pauvres, tous voulant qu'on fût pauvre comme eux, et tous ennemis irréconciliables de cette puissance papale qu'ils regardaient comme l'usurpation la plus tyrannique.

Les deux partis se séparèrent très-mécontents l'un de l'autre, ce qui ne pouvait être autrement

Jacques-Auguste de Thou rapporte que le cardinal de Tournon, ayant reproché vivement à la reine d'avoir mis au hasard la religion romaine en permettant cette dispute publique, Catherine lui répondit : « Je n'ai rien fait que de l'avis du conseil et du parlement de Paris. »

Il paraît cependant que la majorité du parlement était alors contre les réformateurs. Apparemment la reine entendait que les principales têtes de ce corps lui avaient conseillé le colloque de Poissy.

Après cette conférence, dont on sortit plus aigri qu'on n'y était entré, la cour, pour prévenir les troubles, assembla dans Saint-Germain-en-Laye, le 17 janvier 1562, des députés de tous les parlements du royaume. Le chancelier de L'Hospital leur dit

1. L'ouverture s'en fit le 9 septembre.
2. Ce Jacques Lainez, né en 1512, mort en 1565, était, depuis 1558, général des jésuites. Il avait succédé dans cette place au fondateur saint Ignace, et obtint l'introduction de sa société en France. Voyez page 519 ; voyez aussi ce que Voltaire a dit de Lainez, tome XII, page 503. (B.)
3. De leur nombre était Théodore de Bèze ; voyez tome XII, page 503.

que, dans les divisions et dans les malheurs de l'État, il ne fallait pas imiter Caton, à qui Cicéron reprochait d'opiner dans le sein de la corruption comme il eût fait dans les temps vertueux de la république.

On proposa des tempéraments qui adoucissaient encore l'édit de juillet. Par ce nouvel édit, longtemps connu sous le nom d'édit de janvier, il fut permis aux réformés d'avoir des temples dans les faubourgs de toutes les villes. Nul magistrat ne devait les inquiéter; au contraire, on devait leur prêter main-forte contre toute insulte, et condamner à mille écus d'or d'amende ceux qui troubleraient leurs assemblées ; mais aussi ils devaient restituer les églises, les maisons, les terres, les dîmes, dont ils s'étaient emparés. Ils ne pouvaient, par cet édit, convoquer aucun synode qu'en présence des magistrats du lieu. Enfin on leur enjoignait d'être en tout des citoyens soumis, en servant Dieu selon leur conscience.

Quand il fallut enregistrer ce nouvel édit, le parlement fit encore plusieurs remontrances. Enfin, après trois lettres de jussion, il obéit, le 6 mars[1], en ajoutant la clause « qu'il cédait à la volonté absolue du roi ; qu'il n'approuvait point la religion nouvelle, et que l'édit ne subsisterait que jusqu'à nouvel ordre ». Cette clause, dictée par le parti des Guises et du triumvirat, inspira la défiance aux réformés, et rendit les deux édits de pacification inutiles.

Les querelles d'État et de religion augmentèrent par les moyens mêmes qu'on avait pris pour les pacifier. Le petit triumvirat, la faction des Guises et celle des prêtres, menaçaient et choquaient dans toutes les occasions le parti des Condé, des Coligny et des réformés : on était encore en paix, mais on respirait la guerre civile.

Le hasard qui causa le massacre de Vassy fit enfin courir la France entière aux armes ; et si ce hasard n'en avait pas été la cause, d'autres étincelles auraient suffi pour allumer l'embrasement[2].

1. 1562. (*Note de Voltaire.*)
2. Il est très-douteux que ce tumulte ait été l'effet du hasard : toutes les apparences y sont contraires. Le duc de Guise, à la mort, protesta, dit-on, de son innocence. Mais le duc de Guise, qui, après avoir immolé cent mille victimes à son ambition, osait dire que sa religion lui ordonnait de pardonner; le duc de Guise qui, après avoir dirigé, sous François II, les intrigues qui devaient conduire le prince de Condé sur un échafaud, déclara publiquement, sous Charles IX, que jamais il n'avait trempé dans les projets des ennemis du prince, et offrit de lui servir de second contre eux, ce même duc de Guise mérite-t-il d'être cru sur parole lorsqu'en

Le prince de Condé s'empara de la ville d'Orléans (avril 1562), et se fit déclarer, par son parti, protecteur du royaume de France; soit qu'il empruntât ce titre des Anglais [1], comme il est très-vraisemblable, soit que les circonstances présentes le fournissent d'elles-mêmes.

Au lieu d'apaiser cette guerre civile naissante, le parlement, où le parti des Guises dominait toujours, rendit, au mois de juillet 1562, plusieurs arrêts par lesquels il proscrivait les protestants, ordonnait à toutes les communautés de prendre les armes, de poursuivre et de tuer tous les novateurs qui s'assembleraient pour prier Dieu en français.

Le peuple, déchaîné par la magistrature, exerça sa cruauté ordinaire partout où il fut le plus fort; à Ligueil en Touraine il étrangla plusieurs habitants, arracha les yeux au pasteur du temple, et le brûla à petit feu. Cormery, Loches, l'île Bouchard, Azai-le-Rideau, Vendôme, furent saccagés; les tombeaux des ducs de Vendôme mis en pièces, leurs corps exhumés, dans l'espérance d'y trouver quelques joyaux, et leurs cendres jetées au vent. Ce fut le prélude de cette Saint-Barthélemy qui effraya l'Europe dix années après, et dont le souvenir inspirera une horreur éternelle.

CHAPITRE XXIV.

DU CHANCELIER DE L'HOSPITAL. DE L'ASSASSINAT DE FRANÇOIS DE GUISE.

On croit bien que toutes ces cruautés ne furent point sans représailles; les protestants firent autant de mal qu'on leur en faisait, et la France fut un vaste théâtre de carnage. Le parlement de Toulouse fut partagé. Vingt-deux conseillers tenaient encore pour les édits de pacification, les autres voulaient que les protestants fussent exterminés. Ceux-ci se retranchèrent dans l'hôtel

---

mourant il désavoue d'avoir projeté le tumulte de Vassy? D'ailleurs, le style de la déclaration qu'on nous a transmise n'est ni d'un mourant, ni du duc de Guise : c'est une pièce évidemment fabriquée; et quand il serait vrai qu'on l'eût fait adopter ou signer à ce duc mourant, on sent combien cette circonstance ôterait encore de force à son témoignage. (K.)

1. Voyez tome XIII, page 79.

de ville ; on se battit avec fureur dans Toulouse : il y périt trois à quatre mille citoyens, et c'est là l'origine de cette fameuse procession qu'on fait encore à Toulouse tous les ans, le 10 mars, en mémoire de ce qu'on devrait oublier. Le chancelier de L'Hospital, sage et inutile médecin de cette frénésie universelle, cassa vainement l'arrêt qui ordonnait cette funeste cérémonie annuelle[1].

Le prince de Condé cependant faisait une véritable guerre. Son propre frère, le roi de Navarre, après avoir longtemps flotté entre la cour et le parti protestant, ne sachant s'il était calviniste ou papiste, toujours incertain et toujours faible, suivit le duc de Guise au siége de Rouen, dont les troupes du prince de Condé s'étaient emparées ; il y fut blessé à mort, en visitant la tranchée le 13 octobre 1562[2] : la ville fut prise et livrée au pillage. Tous les partisans du prince de Condé qu'on y trouva furent massacrés, excepté ceux qu'on réserva au supplice. Le chancelier de L'Hospital, au milieu de ces meurtres, fit encore publier un édit par lequel le roi et la reine sa mère ordonnaient à tous les parlements du royaume de suspendre toute procédure criminelle contre les hérétiques, et proposaient une amnistie générale à ceux qui s'en rendraient dignes.

Voilà le troisième arrêt de douceur et de paix que ce grand homme fit en moins de deux ans ; mais la rage d'une guerre à la fois civile et religieuse l'emporta toujours sur la tolérance du chancelier.

Le parlement de Normandie, malgré l'édit, fit pendre trois conseillers de ville et le prédicant ou ministre Marlorat, avec plusieurs officiers.

Le prince de Condé à son tour souffrit que dans Orléans, dont il était maître, le conseil de ville fit pendre un conseiller du parlement de Paris, nommé Sapin, et un prêtre qui avait été pris en voyageant ; il n'y avait plus d'autre droit que celui de la guerre.

Cette même année se donna la première bataille rangée entre les catholiques et les huguenots, auprès de la petite ville de Dreux, non loin des campagnes d'Ivry, lieu où depuis le grand Henri IV gagna et mérita sa couronne.

D'un côté on voyait ces trois triumvirs, le vieux et malheureux connétable de Montmorency ; François de Guise, qui n'était plus lieutenant général de l'État, mais qui, par sa réputation, en était

---

1. Voyez dans les *Mélanges*, année 1766, l'*Avis au public sur les parricides imputés aux Calas et aux Sirven*.
2. Voyez la note sur le vers 88 du chant II de *la Henriade*, tome VIII, page 69.

le premier homme; et le maréchal de Saint-André, qui commandait sous le connétable.

A la tête de l'armée protestante était le prince Louis de Condé, l'amiral Coligny, et son frère d'Andelot : presque tous les officiers de l'une et de l'autre armée étaient ou parents ou alliés, et chaque parti avait amené des troupes étrangères à son secours.

L'armée catholique avait des Suisses, l'autre avait des reîtres. Ce n'est pas ici le lieu de décrire cette bataille : elle fut, comme toutes celles que les Français avaient données, sans ordre, sans art, sans ressource prévue. Il n'y eut que le duc de Guise qui sut mettre un ordre certain dans le petit corps de réserve qu'il commandait. Le connétable fut enveloppé et pris, comme il l'avait été à la bataille de Saint-Quentin. Le prince de Condé eut le même sort. Le maréchal de Saint-André, abandonné des siens, fut tué par le fils du greffier de l'Hôtel de Ville de Paris, nommé Bobigny. Ce maréchal avait emprunté de l'argent au greffier : au lieu de payer le père, il avait maltraité le fils. Celui-ci jura de s'en venger, et tint parole. Un simple citoyen qui a du courage est supérieur, dans une bataille, à un seigneur de cour qui n'a que de l'orgueil.

Le duc de Guise, voyant les deux chefs opposés prisonniers, et tout en confusion, fit marcher à propos son corps de réserve, et gagna le champ de bataille : ce fut le 20 décembre 1562. François de Guise alla bientôt après faire le siége d'Orléans. Ce fut là qu'il fut assassiné, le 18 février 1563, par Poltrot de Méré[1], gentilhomme angoumois. Ce n'était pas le premier assassinat que la rage de religion avait fait commettre. Il y en avait eu plus de quatre mille dans les provinces; mais celui-ci fut le plus signalé, par le grand nom de l'assassiné et par le fanatisme du meurtrier, qui crut servir Dieu en tuant l'ennemi de sa secte.

J'anticiperai ici un peu le temps pour dire que, quand Charles IX revint à Paris après sa majorité, la mère du duc de Guise, Antoinette de Bourbon, sa femme Anne d'Este, et toute sa famille, vinrent en deuil se jeter aux genoux du roi, et demander justice contre l'amiral Coligny, qu'on accusait d'avoir encouragé Poltrot à ce crime.

Le parlement condamna Poltrot, le 18 mars, à être déchiré avec des tenailles ardentes, tiré à quatre chevaux et écartelé, supplice réservé aux assassins des rois. Le criminel varia toujours à la question, tantôt chargeant l'amiral Coligny et d'Andelot, son

---

1. Voyez tome XII, page 505; François de Guise ne mourut que six jours après ses blessures.

frère, tantôt les justifiant. Il demanda à parler au premier président, Christophe de Thou, avant que d'aller au supplice. Il varia de même devant lui. Tout ce qu'on put enfin conjecturer de plus vraisemblable, c'est qu'il n'avait d'autre complice que la fureur du fanatisme. Tels ont été presque tous ceux à qui l'abus de la religion chrétienne a mis dans tous les temps le poignard à la main, tous aveuglés par les exemples de Jaël, d'Aod, de Judith, et de Mathathias qui tua dans le temple l'officier du roi Antiochus, dans le temps que ce capitaine voulait exécuter les ordres de son maître, et sacrifier un cochon sur l'autel. Tous ces assassinats étant malheureusement consacrés, il n'est pas étonnant que des fanatiques absurdes, ne distinguant pas les temps et les lieux, aient imité des attentats qui doivent inspirer l'horreur, quoique rapportés dans un livre qui inspire du respect.

CHAPITRE XXV.

DE LA MAJORITÉ DE CHARLES IX, ET DE SES SUITES.

Après la prise de Rouen et la bataille de Dreux, le chancelier de L'Hospital réussit à donner à la France quelque ombre de paix. On posa les armes des deux côtés, on rendit tous les prisonniers. Il y eut un quatrième édit de pacification signé et scellé à Amboise le 19 mars 1563, publié et enregistré au parlement de Paris et dans toutes les cours du royaume.

Le roi fut ensuite déclaré majeur au parlement de Normandie ; il n'avait pas encore quatorze ans accomplis ; né le 27 juin 1550, l'acte de sa majorité est du 14 auguste 1563 : ainsi il était âgé de treize ans un mois et dix-sept jours. Le chancelier de L'Hospital dit, dans son discours, que c'était pour la première fois que les années commencées passaient pour des années accomplies. Il est difficile de démêler pourquoi il parlait ainsi : car Charles VI fut sacré à Reims en 1380, âgé de treize ans et quelques jours. Ce fut plutôt pour la première qu'un roi fut déclaré majeur dans un parlement. Charles IX s'assit sur un trône ; la reine sa mère vint lui baiser la main à genoux ; elle fut suivie d'Alexandre, duc d'Orléans, qui fut depuis le roi Henri III ; du prince de Navarre, c'est le grand Henri IV; ensuite Charles, cardinal de Bourbon, le prince Louis de Montpensier, François son fils, nommé le *Dauphin d'Auvergne*, Charles de La Roche-sur-Yon, rendirent le même hommage, et vinrent se ranger auprès du roi.

Le cardinal de Lorraine et le cardinal Odet de Châtillon, frère de l'amiral, suivirent les princes. Il est à remarquer que le cardinal de Châtillon[1] s'était déclaré protestant ; il s'était publiquement marié à l'héritière de Péquigny, et il n'en assista pas moins en habit de cardinal à cette cérémonie. Éléonore, duc de Longueville, descendant du fameux Dunois, baisa la main du roi après les cardinaux ; vint ensuite le connétable de Montmorency, l'épée nue à la main ; le chancelier Michel de L'Hospital, quoique fils d'un médecin, et n'étant pas au rang des nobles, suivit le connétable ; il précéda les maréchaux de Brissac, de Montmorency, de Bourdillon. Le marquis de Gouffier de Boisy, grand-écuyer, parut après les maréchaux de France.

L'édit fut porté par le marquis de Saint-Gelais de Lansac au parlement de Paris, pour y être enregistré ; « mais, dit le président de Thou, ce parlement le refusa ; il députa Christophe de Thou (son père), Nicolas Prévôt, président des enquêtes, et le conseiller Guillaume Viole, pour représenter qu'aucun édit ne devait passer en aucun parlement du royaume sans avoir été auparavant vérifié à celui de Paris ; que l'édit sur la majorité du roi portait que les huguenots auraient liberté de conscience, mais qu'en France il ne devait y avoir qu'une religion ; que le même édit ordonnait à tout le monde de poser les armes, mais que la ville de Paris devait être toujours armée, parce qu'elle était la capitale et la forteresse du royaume ».

Le roi, quoique jeune, mais instruit par sa mère, répondit : « Je vous ordonne de ne pas agir avec un roi majeur comme vous avez fait pendant sa minorité ; ne vous mêlez pas des affaires dont il ne vous appartient pas de connaître ; souvenez-vous que votre compagnie n'a été établie par les rois que pour rendre la justice suivant les ordonnances du souverain. Laissez au roi et à son conseil les affaires d'État ; défaites-vous de l'erreur de vous regarder comme les tuteurs des rois, comme les défenseurs du royaume, et comme les gardiens de Paris. »

Les députés ayant rapporté à la compagnie les intentions du

---

1. Voyez tome XII, page 506 ; c'est à ce cardinal de Châtillon que Rabelais dédia le quatrième livre de Pantagruel ; voyez dans les *Mélanges*, année 1767, la fin de la première des *Lettres à Son Altesse Monseigneur le prince de* ***.

roi, le parlement délibéra : les sentiments furent partagés. Pierre Séguier, président qu'on nomme à mortier, c'est-à-dire président de la grand'chambre du parlement, et François Dormy, président des enquêtes, allèrent rendre compte de ce partage au roi, qui était alors à Meulan. Le roi cassa, le 24 septembre, cet arrêt de partage, ordonna que la minute serait biffée et lacérée ; et enfin le parlement enregistra l'édit de la majorité le 28 septembre de la même année.

CHAPITRE XXVI.

DE L'INTRODUCTION DES JÉSUITES EN FRANCE.

On sait assez que l'Espagnol Ignace de Loyola, s'étant déclaré le chevalier errant de la Vierge Marie, et ayant fait la veille des armes en son honneur, était venu apprendre un peu de latin à Paris à l'âge de trente-trois ans[1] ; que, n'ayant pu y réussir, il fit vœu avec quelques-uns de ses compagnons d'aller convertir les Turcs, quoiqu'il ne sût pas plus le turc que le latin. Enfin, n'ayant pu passer en Turquie, il se consacra, lui et les siens, à enseigner le catéchisme aux petits enfants, et à faire tout ce que voudrait le pape ; mais peu de gens savent pourquoi il nomma sa congrégation naissante *la Société de Jésus.*

Les historiens de sa vie rapportent que sur le grand chemin de Rome il fut ravi en extase, que le Père éternel lui apparut avec son fils chargé d'une longue croix, et se plaignant de ses douleurs ; le Père éternel recommanda Ignace à Jésus, et Jésus à Ignace. Dès ce jour il appela ses compagnons *jésuites*, ou Compagnie de Jésus. Il ne faut pas s'étonner qu'une compagnie à laquelle on a reproché tant de politique ait commencé par le ridicule : la prudence achève souvent les édifices fondés par le fanatisme.

Les disciples d'Ignace obtinrent de la protection en France. Guillaume Duprat, évêque de Clermont, fils du cardinal Duprat, leur donna dans Paris une maison qu'ils appelèrent le collége de

---

1. Voyez tome XII, page 340.

Clermont, et leur légua trente-six mille écus par son testament.

Ils se mirent aussitôt à enseigner. L'université de Paris s'opposa à cette nouveauté, en 1554. L'évêque Eustache du Bellai, à qui le parlement renvoya les plaintes de l'université, déclara que l'institut était contraire aux lois et dangereux à l'État. Le cardinal de Lorraine, qui les protégeait, obtint, le 25 avril 1560, des lettres de François II au parlement de Paris, portant ordre d'enregistrer la bulle du pape et la patente du roi qui établissaient les jésuites. Le parlement, au lieu d'enregistrer les lettres, renvoya l'affaire à l'assemblée de l'Église gallicane. C'était précisément dans le temps du colloque de Poissy. Les prélats qui y étaient assemblés en grand nombre approuvèrent l'institut sous le nom de Société, et non d'ordre religieux, à condition qu'ils prendraient un autre nom que celui de jésuites.

L'université alors leur intenta procès au parlement, après avoir consulté le célèbre Charles Dumoulin. Pierre Versoris plaida pour eux; le savant Étienne Pasquier, pour l'université (5 avril 1562). Le parlement rendit un arrêt par lequel, en se remettant à délibérer plus amplement sur leur institut, il leur permettait par provision d'enseigner la jeunesse [1].

Tel fut leur établissement, telle fut l'origine de toutes les querelles qu'ils essuyèrent et qu'ils suscitèrent depuis, et qui enfin les ont chassés du royaume.

CHAPITRE XXVII.

DU CHANCELIER DE L'HOSPITAL, ET DE SES LOIS.

L'introduction des jésuites en France ne servit pas à éteindre les feux que la religion avait allumés. Ils étaient, par un vœu particulier, dévoués aux ordres du pape; et, l'Espagne étant le berceau de leur institut, les premiers jésuites établis à Paris furent les émissaires de Philippe II, qui fondait une partie de sa grandeur sur les misères de la France.

---

1. Le président Hénault dit qu'ils n'ouvrirent leur collége qu'en 1574. Cette méprise est peu importante. (*Note de Voltaire.*)

Le chancelier de L'Hospital était presque le seul homme du conseil qui voulût la paix. A peine avait-il donné un édit de pacification que les prédicateurs catholiques et protestants prêchaient le meurtre dans plusieurs provinces, et criaient aux armes.

L'Hospital, pour dernière ressource, imagina de faire voyager le jeune roi Charles IX dans toutes les provinces de son royaume. On le montra de ville en ville comme celui qui devait guérir tant de maux. A peine avait-on de quoi subvenir aux frais de ce voyage ; l'agriculture était négligée, presque toutes les manufactures étaient tombées, la France était aussi pauvre que turbulente.

Ce fut dans ce voyage que le législateur L'Hospital fit la célèbre ordonnance de Moulins, en 1566. On vit les plus sages lois naître des plus grands troubles. Il venait d'établir la juridiction consulaire à Paris et dans plusieurs villes, et par là il abrégeait des procédures ruineuses, qui étaient un des malheurs des peuples. L'édit de Moulins ordonne la frugalité et la modestie dans les vêtements, que la pauvreté publique ordonnait assez, et que le luxe des grands n'observait guère.

C'est depuis cette ordonnance qu'il n'est plus permis de redemander en justice des créances au-dessus cent livres, sans produire des billets ou des contrats. L'usage contraire n'avait été établi que par l'ignorance des peuples, chez qui l'art d'écrire était très-rare. Les anciennes substitutions faites à l'infini furent limitées au quatrième degré. Toutes les donations furent enregistrées au greffe le plus voisin pour avoir une authenticité certaine.

Les mères qui se remariaient n'eurent plus le pouvoir de donner leurs biens à leur second mari. La plupart de ces utiles règlements sont encore en vigueur. Il y en eut un plus salutaire que tous les autres, qui n'essuya que les murmures publics : ce fut l'abolissement des confréries. La superstition les avait établies chez les bourgeois, la débauche les conservait ; on faisait des processions en faveur d'un saint dont on portait l'image grossière au bout d'un bâton ; après quoi on s'enivrait, et la fureur de l'ivresse redoublait celle des factions[1].

Ces confréries servirent beaucoup à former la Ligue, dont le cardinal de Lorraine avait fait dès longtemps le projet.

Cet article et quelques autres empêchèrent le parlement de Paris d'enregistrer l'édit de Moulins ; mais, après deux remontrances, il fut vérifié le 23 décembre 1566.

---

1. 1566. (*Note de Voltaire*)

Ce qui rendait le parlement difficile était la manière un peu dure dont le chancelier s'était exprimé devant l'assemblée des notables, convoquée à Moulins pour y publier ces lois. Elle était formée de tous les princes du sang, de tous les grands officiers du royaume, et de plusieurs évêques. On avait appelé à ce conseil le premier président du parlement de Paris, Christophe de Thou, et Pierre Séguier, président ; Jean Daffis, premier président du parlement de Toulouse ; Jacques-Benoît de Largebaston, de celui de Bordeaux ; Jean Truchon, de celui de Grenoble ; Louis Le Fèvre, de celui de Dijon ; et Henri Fourneau, président au parlement d'Aix.

L'Hospital commença sa harangue en disant que presque tous les maux de l'État avaient leur origine dans la mauvaise administration de la justice ; qu'on avait trop souffert que des juges résignassent leurs offices à des hommes incapables ; qu'il fallait diminuer le nombre inutile des conseillers, supprimer les épices, et soumettre les juges à la censure. Il parla bien plus fortement dans le lit de justice que le roi tint à Bordeaux dans ce voyage.

« Messieurs, dit-il, le roi a trouvé beaucoup de fautes en ce parlement, lequel étant comme plus dernièrement institué, car il y a cent et deux ans, vous avez moindre excuse de vous départir des anciennes ordonnances, et toutefois vous êtes aussi débauchés que les vieux, par aventure pis.... Enfin voici une maison mal réglée. La première faute que je vous vois commettre, c'est de ne garder les ordonnances, en quoi vous désobéissez au roi. Si vous avez des remontrances à lui faire, faites-les, et connaîtrez après sa dernière volonté. C'est votre faute aussi à vous, présidents et gens du roi, qui devez requérir l'observation des lois ; mais vous cuidez être plus sages que le roi, et estimez tant vos arrêts que les mettez par-dessus les ordonnances, que vous interprétez comme il vous plaît. J'ai cet honneur de lui être chef de justice ; mais je serais bien marri de lui faire une interprétation de ses ordonnances de moi-même, et sans lui communiquer.

« On vous accuse de beaucoup de violences ; vous menacez les gens de vos jugements, et plusieurs sont scandalisés de la manière dont faites vos affaires, et surtout vos mariages ; quand on sait quelque riche héritière, quant et quant c'est pour monsieur le conseiller, et on passe outre...

« Il y en a entre vous lesquels pendant ces troubles se sont faits capitaines, les autres commissaires des vivres... Vous baillez même votre argent à intérêt aux marchands, et ceux-là devraient laisser leur robe, et se faire marchands. D'ambition, vous en êtes tous garnis. Eh! soyez ambitieux de la grâce du roi, et non d'autre. »

Cette inflexible sévérité du chancelier de L'Hospital, qui semblait si opposée à son esprit de tolérance, nuisit plus que ses bonnes lois ne servirent. Il eût dû faire des réprimandes aux particuliers coupables, et ne pas outrager les corps entiers : il les indisposait, il était cause lui-même de la résistance aux édits de paix, et détruisait son ouvrage[1]. Les catholiques attaquèrent impunément les protestants, et bientôt la guerre recommença plus violente qu'auparavant.

CHAPITRE XXVIII.

SUITE DES GUERRES CIVILES. RETRAITE DU CHANCELIER DE L'HOSPITAL. JOURNÉE DE LA SAINT-BARTHÉLEMY. CONDUITE DU PARLEMENT.

Auguste de Thou, contemporain, qui fut longtemps le témoin des malheurs de sa patrie, qui voulut en vain les adoucir, et qui les a racontés avec tant de vérité, nous apprend que l'inobservation des édits, les supplices, les bannissements, le dépouillement des biens, les meurtres réitérés et toujours impunis, déterminèrent enfin les protestants à se défendre. Ils étaient alors au nombre de plus d'un million qui ne voulaient plus être persécutés par les quatorze ou quinze autres dont la France était composée. Ils étaient persuadés que dans le voyage de Charles IX par toutes les provinces de la France, le roi et la reine sa mère avaient vu secrètement le duc d'Albe à Bayonne, et qu'excités par le pape et par le cardinal de Lorraine ils avaient pris des mesures sanglantes avec ce duc d'Albe pour exterminer en France la religion qu'on appelait la réformée et la seule véritable.

On donna d'abord sous les murs de Paris la bataille de Saint-

---

1. Ce ne fut point la sévérité de L'Hospital qui le perdit. Jamais la magistrature, en France, n'a eu le crédit de déplacer un ministre; mais souvent elle a été un des instruments dont les intrigants de la cour se sont servis.

Les véritables ennemis de la tolérance, de la paix publique et du chancelier, étaient le cardinal de Lorraine et ses neveux. (K.)

Denis[1], où le connétable de Montmorency reçut sept blessures mortelles. Le chancelier de L'Hospital, après chaque bataille, trouvait le moyen de faire rendre un édit de pacification. Ils étaient aussi nécessaires qu'ils devinrent inutiles; celui-ci, qui était très-ample, et qui accordait la plus grande liberté de conscience, fut enregistré au parlement de Paris (27 mars 1568); mais quand le roi eut fait porter cet édit au parlement de Toulouse par un gentilhomme nommé Rapin, qui avait appartenu au prince de Condé, le parlement de Toulouse, au lieu de faire vérifier l'édit, fit couper la tête à Rapin. On peut juger si une telle violence servit à concilier les esprits. Elle fut d'autant plus funeste qu'elle demeura impunie. Le meurtre de René de Savoie, comte de Cipierre, assassiné dans la ville de Fréjus avec toute sa suite pour avoir favorisé la religion protestante, qui n'était pas la sienne, fut un nouveau signal de guerre.

Pour comble de malheur, précisément dans ce temps-là, le pape Pie V, Ghisleri, autrefois dominicain, violent persécuteur d'une religion ennemie de son pouvoir, envoya au roi une bulle qui lui permettait d'aliéner le fonds de cinquante mille écus de rente de biens ecclésiastiques, à condition qu'il extermineraient les huguenots dans son royaume.

L'Hospital s'opposa fortement dans le conseil à cette bulle, qui trafiquait du sang des Français; mais le cardinal de Lorraine l'emporta. L'Hospital se retira dans sa maison de campagne, et se démit de sa place de chancelier. Il est à croire que s'il eût gardé cette place, les calamités de la France auraient été moins horribles, et qu'on n'aurait pas vu arriver la journée de la Saint-Barthélemy.

Dès que le seul homme qui inspirait des sentiments de douceur fut sorti du conseil, la cour fut entièrement livrée au cardinal de Lorraine et au pape; on révoqua tous les édits de paix, on en publia coup sur coup qui défendaient sous peine de la vie toute autre religion que la catholique romaine. On ordonna à tous les prédicants ou ministres calvinistes de sortir du royaume quinze jours après la publication. Les protestants furent privés de leurs charges et de la magistrature. Le parlement de Paris, en publiant ces édits, y ajouta une clause, ce qui ne s'était jamais fait auparavant. Cette clause était qu'à l'avenir tout homme reçu en charge ferait serment de vivre et de mourir dans la religion catholique romaine, et cette loi a subsisté depuis dans toute sa force.

---

1. 10 novembre 1566. (*Note de Voltaire.*)

Ces édits, qui ordonnaient à des milliers de citoyens de changer de religion, ne pouvaient produire que la guerre : toute la France fut encore un théâtre de carnage.

La bataille de Jarnac [1], suivie de plus de vingt combats, signala l'année 1569, qui finit par la bataille de Montcontour [2], la plus meurtrière de toutes. L'amiral de Coligny était alors le chef le plus renommé des protestants (13 septembre 1569). Le parlement de Paris le condamna à la mort, et l'arrêt promettait cinquante mille écus à quiconque le livrerait vivant. (28 septembre) Le procureur général Bourdin requit qu'on donnât la même somme à quiconque l'assassinerait, et que, quand même l'assassin serait coupable de crime de lèse-majesté, on lui promît sa grâce. L'arrêt fut ainsi réformé suivant le réquisitoire. On donna un pareil arrêt contre Jean de La Ferrière, vidame de Chartres, et contre le comte de Montgomery ; leurs effigies avec celle de l'amiral furent traînées dans un tombereau, et pendues à une potence ; mais les têtes de La Ferrière et de Montgomery ne furent point mises à prix.

Ce fut là le premier exemple des proscriptions, depuis celles du triumvirat romain. Le cardinal de Lorraine fit traduire en latin, en allemand, en italien, et en anglais, cet arrêt de proscription.

Un des valets de chambre de Coligny, nommé Dominique d'Albe, crut pouvoir mériter les cinquante mille écus en empoisonnant son maître ; mais il eût été douteux qu'un empoisonnement, difficile d'ailleurs à prouver, lui eût valu la somme promise. Il fut reconnu sur le point d'exécuter son crime, et pendu avec cet écriteau : *Traître envers Dieu, sa patrie, et son maître.*

Le parti protestant, malgré les pertes de Jarnac et de Montcontour, faisait de grands progrès dans le royaume ; il était maître de la Rochelle et de la moitié du pays au delà de la Loire. Le jeune Henri, roi de Navarre, depuis roi de France, et le prince Henri de Condé, son cousin, avaient succédé au prince Louis de Condé, tué à la bataille de Jarnac. Jeanne de Navarre avait elle-même présenté son fils aux troupes et aux députés des églises protestantes, qui le reconnurent pour leur chef, tout jeune qu'il était.

Les protestants reprenaient de nouvelles forces et de nouvelles espérances. La cour manquait d'argent, malgré les bulles du

---

1. 13 mars 1569. (*Note de Voltaire.*)
2. 3 octobre 1569.

pape. Elle fut obligée d'envoyer demander la paix à Jeanne de Navarre, mère de Henri IV. L'amiral Coligny, chef du parti au nom de ce prince, était très-lassé de la guerre : la cour enfin se crut heureuse de revenir au système du chancelier de L'Hospital ; elle abolit tous les édits nouveaux qui ôtaient aux calvinistes leurs emplois et la liberté de conscience ; on leur laissa tous leurs temples dans Paris et à la cour. On leur permit même dans le Languedoc de ne plus dépendre du parlement de Toulouse, qui avait fait trancher la tête au calviniste Rapin, envoyé du roi lui-même. Ils pouvaient porter toutes leurs causes, des juridictions subalternes du Languedoc aux maîtres des requêtes de l'hôtel. Ils pouvaient, dans les parlements de Rouen, de Dijon, d'Aix, de Grenoble, de Rennes, récuser à leur choix six juges, soit présidents, soit conseillers, et quatre dans Bordeaux. On leur abandonnait pour deux ans les villes de la Rochelle, Montauban, Cognac, et la Charité : c'était plus qu'on n'avait jamais fait pour eux ; et cependant l'édit fut enregistré au parlement de Paris et par tous les autres sans aucune représentation.

La misère publique, causée par la guerre et devenue extrême, fut la cause de ce consentement général. Cette paix, qu'on appela *mal assise et boiteuse*[1], fut conclue le 15 auguste 1570. La cour de Rome ne murmura point ; son silence fit penser qu'elle était instruite des desseins secrets de Catherine de Médicis et de Charles IX, son fils. La cour accordait des conditions trop favorables aux protestants pour qu'elles fussent sincères. Le dessein était pris d'exterminer pendant la paix ceux qu'on n'avait pu détruire par la guerre. Sans cela, il n'eût pas été naturel que le roi pressât l'amiral Coligny de venir à la cour, qu'on l'accablât de grâces extraordinaires, et qu'on rendît sa place dans le conseil au même homme qu'on avait pendu en effigie et dont la tête était proscrite. On lui permit même d'avoir auprès de lui cinquante gentilshommes dans Paris : c'était probablement cinquante victimes de plus qu'on faisait tomber dans le piége.

Enfin arriva la journée de la Saint-Barthélemy[2], préparée depuis deux années entières : journée dans laquelle une partie de la nation massacra l'autre, où l'on vit les assassins poursuivre les proscrits jusque sous les lits et dans les bras des princesses qui intercédaient en vain pour les défendre, où enfin Charles IX lui-

---

1. Cette paix fut ainsi appelée, parce que, dit Daniel, elle avait été conclue, au nom du roi, par les sieurs de Biron et de Mesmes, dont le premier était boiteux, et l'autre portait le nom de sa seigneurie de Malassise.

2. 24 août 1572. (*Note de Voltaire.*)

même tirait d'une fenêtre de son Louvre sur ceux de ses sujets qui échappaient aux meurtriers [1]. Les détails de ces massacres, que je dois omettre ici, seront présents à tous les esprits jusqu'à la dernière postérité.

Je remarquerai seulement que le chancelier de Birague [2], qui était garde des sceaux cette année, fut, ainsi qu'Albert de Goudi, depuis maréchal de Retz, un de ceux qui préparèrent cette journée. Ils étaient tous deux Italiens. Birague avait dit souvent que, pour venir à bout des huguenots, il fallait employer des cuisiniers, et non pas des soldats. Ce n'était pas là le chancelier de L'Hospital.

La journée de la Saint-Barthélemy fut ce qu'il y a jamais eu de plus horrible. La manière juridique dont la cour voulut soutenir et justifier ces massacres fut ce qu'on a vu jamais de plus lâche. Charles IX alla lui-même au parlement le troisième jour des massacres, et pendant qu'ils duraient encore. Il présupposa que l'amiral de Coligny et tous ceux qu'on avait égorgés, et dont on continuait de poursuivre la vie, avaient fait une conspiration contre sa personne et contre la famille royale, et que cette conspiration était prête d'éclater quand on se vit obligé de l'étouffer dans le sang des complices.

Il n'était pas possible que Coligny, assassiné trois jours avant par Maurevert, presque sous les yeux du roi, et blessé très-dangereusement, eût fait dans son lit cette conspiration prétendue.

C'était le temps des vacances du parlement; on assembla exprès une chambre extraordinaire. Cette chambre condamna, le 27 septembre 1572, l'amiral Coligny, déjà mort et mis en pièces, à être traîné sur la claie, et pendu à un gibet dans la place de Grève, d'où il serait porté aux fourches patibulaires de Montfaucon. Par cet arrêt, son château de Châtillon-sur-Loing fut rasé; les arbres du parc coupés; on sema du sel sur le territoire de cette seigneurie; on croyait par là rendre ce terrain stérile, comme s'il n'y eût pas eu dans ces temps déplorables assez de friches en France. Un

---

1. Le texte de Brantome, qui rapporte cette particularité, est transcrit dans une note du chant deuxième de *la Henriade*. On avait, en 1793, placé devant cette fenêtre, qui est sur le quai du Louvre, à l'extrémité méridionale de la galerie d'Apollon, un poteau avec une inscription. Bonaparte, premier consul, fit disparaître, en 1802, ce poteau qui, suivant quelques personnes, aurait dû être placé ailleurs et sur la rue des Poulies. Voici l'inscription qu'on avait mise sur le poteau: *C'est de cette fenêtre que l'infâme Charles IX, d'exécrable mémoire, a tiré sur le peuple avec une carabine.* (B.) — Voyez tome VIII, page 82.

2. Il est omis comme garde des sceaux dans l'*Abrégé chronologique* du président Hénault. (*Note de Voltaire.*)

ancien préjugé faisait penser que le sel ôte à la terre sa fécondité : c'est précisément tout le contraire; mais l'ignorance des hommes égalait alors leur férocité.

Les enfants de Coligny, quoique nés du sang le plus illustre, furent déclarés roturiers[1], privés non-seulement de tous leurs biens, mais de tous les droits de citoyens, et incapables de tester. Enfin le parlement ordonna qu'on ferait tous les ans à Paris une procession pour rendre grâces à Dieu des massacres, et pour en célébrer la mémoire. Cette procession ne se fit point parce que les temps changèrent, et cette honte fut du moins épargnée à la nation.

Par un autre arrêt du même jour, deux gentilshommes, amis de l'amiral, Briquemaut et Cavagnes, échappés aux assassins de la Saint-Barthélemy, furent condamnés à être pendus comme complices de la prétendue conspiration ; ils furent traînés le même jour dans un tombereau à la Grève, avec l'effigie de l'amiral. De Thou assure que le roi et Catherine sa mère vinrent jouir de ce spectacle à l'Hôtel de Ville, et qu'ils y traînèrent le roi de Navarre, notre Henri IV.

La cour avait d'abord écrit dans plusieurs provinces que les massacres de Paris n'avaient été qu'un léger tumulte excité par la conspiration de l'amiral; mais, par un second courrier, on envoya dans toutes les provinces un ordre exprès de traiter les protestants comme on les avait traités à Paris [2].

Les peuples de Lyon et de Bordeaux furent ceux qui imitèrent la fureur des Parisiens avec le plus de barbarie. Un jésuite nommé Edmond Ogier excitait le peuple de Bordeaux au carnage, un crucifix à la main. Il mena lui-même les assassins chez deux conseillers au parlement dont il croyait avoir à se plaindre, et qu'il fit égorger sous ses yeux [3].

Le cardinal de Lorraine était alors à Rome. La cour lui dépêcha un gentilhomme pour lui porter ces nouvelles. Le cardinal lui fit sur-le-champ présent de mille écus d'or. Le pape Grégoire XIII fit incontinent tirer le canon du château Saint-Ange ;

---

1. On a vu, tome XII, page 472, que Philippe II accorda à la famille de l'assassin Gérard des lettres de noblesse dont elle jouit longtemps.
2. Voyez, dans le tome VIII, l'*Essai sur les Guerres civiles de France*. Une lettre de Charles IX, dont une copie fait partie du manuscrit de la Bibliothèque du roi, intitulé *Lettres et Dépêches du roi à monsieur de Mandelot*, prouve qu'on avait envoyé dans les provinces des hommes chargés d'ordres verbaux et secrets tout contraires aux dépêches publiques qui avaient été adressées aux gouverneurs. (B.)
3. Ils se nommaient Guilloche et Sevin. (*Note de Voltaire.*)

on alluma le soir des feux de joie dans toute la ville de Rome. Le lendemain le pape, accompagné de tous les cardinaux, alla rendre grâces à Dieu dans l'église de Saint-Marc et dans celle de Saint-Louis ; il y marcha à pied en procession ; l'ambassadeur de l'empereur lui portait la queue, le cardinal de Lorraine dit la messe ; on frappa des médailles sur cet événement (j'en ai eu une entre les mains) ; on fit faire un grand tableau dans lequel les massacres de la Saint-Barthélemy étaient peints. On lit dans une banderole, au haut du tableau, ces mots : *Pontifex Colinii necem probat*[1].

Charles IX ne survécut pas longtemps à ces horreurs. Il vit que, pour comble de malheurs, elles avaient été inutiles. Les protestants de son royaume, n'ayant plus d'autre ressource que de vendre chèrement leur vie, furent encouragés par leur désespoir. L'atrocité de la Saint-Barthélemy fit horreur à un grand nombre de catholiques qui, ne pouvant croire qu'une religion si sanguinaire pût être la véritable, embrassèrent la protestante.

Charles IX, dévoré de remords et d'inquiétude, tomba dans une maladie mortelle. Son sang s'alluma et se corrompit ; il lui sortait quelquefois par les pores ; le sommeil le fuyait, et quand il goûtait un moment de repos, il croyait voir les spectres de ses sujets égorgés par ses ordres ; il se réveillait avec des cris affreux, tout trempé de son propre sang, effrayé de celui qu'il avait répandu, n'ayant pour consolation que sa nourrice, et lui disant avec des sanglots : « Ah ! ma nourrice, que de sang ! que de meurtres ! qu'ai-je fait ! je suis perdu. »

Il mourut le 30 mai 1574, n'ayant pas encore vingt-quatre ans[2]. Le président Hénault a remarqué que le jour de ses obsèques

---

1. Il paraît que Paul, écuyer du duc de Guise, porta à Rome la tête de Coligny. C'est ce qu'on peut conclure de ce passage (publié en 1828 dans le tome VII des *Archives historiques du département du Rhône*, page 432) d'une lettre de Mandelot, gouverneur de Lyon, à Charles IX, en date du 5 septembre 1572 : « J'ai aussi reçu, sire, la lettre qu'il a pleu à V. M. m'escrire, par laquelle elle me mande d'avoir esté avertie qu'il y a un homme qui est parti de par delà avec la teste qu'il auroit prise dudit admiral, après avoir été tué, pour la porter à Rome, et de prendre garde, quand ledit homme arrivera en ceste ville, de le faire arrester, et lui oster ladite teste ; à quoy j'ay incontinent donné si bon ordre que, s'il se présente, le commandement qu'il plait à V. M. m'en faire sera ensuivi. Et n'est passé jusques icy par ceste ville autre personne, pour s'en aller du côté de Rome, qu'un escuyer de M. de Guise, nommé Paul, lequel estoit parti quatre heures auparavant du jour mesme que je reçus ladite lettre de V. M. »

Ce fut par les pieds que le corps de l'amiral fut pendu au gibet de Montfaucon. (B.)

2. On lit : *n'ayant pas encore* vingt-quatre *ans,* dans toutes les éditions données du vivant de Voltaire. Charles IX, né le 27 juin 1550, mourut âgé de vingt-trois ans onze mois trois jours. C'est donc par erreur que quelques éditions portent : *n'ayant pas encore* vingt-cinq *ans*. (B.)

à Saint-Denis, le parlement, étant à table, envoya un huissier commander au grand aumônier Amyot de venir lui dire grâce, comme au roi de France. On croit bien que le grand aumônier refusa de venir à cette cérémonie.

CHAPITRE XXIX.

SECONDE RÉGENCE DE CATHERINE DE MÉDICIS. PREMIERS ÉTATS DE BLOIS. EMPOISONNEMENT DE HENRI DE CONDÉ. LETTRE DE HENRI IV, ETC.

Charles IX, douze jours avant sa mort, sentant sa fin approcher, remit le gouvernement entre les mains de Catherine sa mère, le 18 mai. Le lendemain on dressa les patentes qui la déclaraient régente jusqu'à l'arrivée de son frère Henri, qui était alors en Pologne. Ces patentes ne furent enregistrées au parlement de Paris que le 3 juin. L'acte porte que « la reine a bien voulu accepter la régence aux instantes prières du duc d'Alençon, du roi de Navarre, du cardinal de Bourbon, et des présidents et conseillers à ce députés ». Ce fut alors seulement qu'elle prit le titre de reine régente.

Henri III, roi de Pologne, s'échappa bientôt de Varsovie pour venir tenir d'une main faible, quoique sanguinaire, les rênes du plus malheureux des États, et du plus mauvais gouvernement qui fût alors au monde.

Le duc Henri de Guise, surnommé *le Balafré*, prit la place de François son père, et son frère Louis, cardinal, celle du cardinal de Lorraine. Tous deux se mirent à la tête de l'ancien parti, toujours opposé aux princes de la maison de Bourbon.

Le cardinal de Lorraine avait imaginé le projet de la Ligue, le duc de Guise et son frère l'exécutèrent. Elle commença en Picardie, en 1576, au milieu même de la paix que Henri III venait d'accorder à ses sujets. Il avait déclaré, dans l'assemblée de Moulins, qu'il désavouait la Saint-Barthélemy, à laquelle il n'avait eu que trop de part. Il réhabilitait la mémoire de Coligny et de tous ses amis que le parlement avait condamnés; il donnait des places de sûreté au parti protestant, et même il lui donnait, dans chacun des huit parlements[1] qui partageaient alors la juridiction de tout le royaume, une chambre mi-partie de catholiques et de protestants pour juger leurs procès sans partialité. Les Guises prirent ce temps pour faire cette fameuse et longue conspiration sous le nom de sainte Ligue.

Le président Hennequin, un conseiller au Châtelet, nommé La Bruyère, et son père, parfumeur sur le Pont-au-Change, furent les premiers qui allumèrent l'embrasement dans Paris. Le roi se trouva, au bout de trois mois, entouré d'un parti formidable dépendant des Guises et du pape.

Cette conspiration de la moitié du royaume n'avait rien qui annonçât la rébellion et la désobéissance au roi. La religion la rendait respectable et dangereuse. Henri III crut s'en rendre maître en s'en déclarant le chef ; mais il n'en fut que l'esclave, et ensuite la victime. Il se vit obligé de révoquer tous ses édits et de faire la guerre au roi de Navarre, qui fut depuis heureusement son successeur, mais pour trop peu de temps, et qui seul pouvait être son défenseur. Il assembla d'abord les premiers états de Blois, le 3 décembre 1576. Le tiers état y fut assis aussi bien que le clergé et la noblesse. Les princes du sang y prirent place suivant l'ordre de leur naissance, et non pas suivant celui des pairies, comme il se pratiquait autrefois ; la proximité de la couronne régla leur rang, et ils prirent le pas sans difficulté sur tous les autres pairs du royaume. On en fit une déclaration qui fut enregistrée le 8 janvier 1577. Le parlement n'eut de place à ces états ni en corps, ni par députés ; mais le premier président de la chambre des comptes, Antoine Nicolaï, vint y prendre séance et

---

1. Il n'y avait alors en France que huit parlements, savoir :

I.	Paris, établi en	1302
II.	Toulouse,	1444
III.	Grenoble,	1453
IV.	Bordeaux,	1462
V.	Dijon,	1494
VI.	Aix,	1501
VII.	Rouen,	1515
VIII.	Rennes,	1553

Il y en avait douze en 1762, lorsque Voltaire publia les *Idées républicaines* (voyez les *Mélanges*, année 1762). Les quatre nouveaux étaient :

IX.	Pau, établi en	1620
X.	Metz,	1634
XI.	Besançon,	1676
XII.	Douai,	1686

Un treizième parlement fut érigé par Louis XVI à Nancy, en septembre 1775. Ces

y parler, et chacun des trois ordres nomma des commissaires pour examiner avec lui les besoins de l'État[1].

Ces premiers états de Blois ne donnèrent point d'argent au roi, qui en avait un extrême besoin; mais le clergé demanda la publication du concile de Trente, dont plus de vingt-quatre décrets étaient directement contraires aux lois du royaume et aux droits de la couronne. La noblesse et le tiers état s'y opposèrent avec force. Les trois ordres ne se réunirent que pour laisser le roi dans l'indigence où ses profusions et une guerre malheureuse contre son héritier présomptif l'avaient réduit.

On a prétendu qu'à ces premiers états de Blois les députés des trois ordres avaient été chargés d'une instruction approuvée du roi, portant que « les cours des parlements sont des états généraux au petit pied ». Cette anecdote se trouve dans l'*Examen* d'une histoire de Henri IV, assez inconnue, composée par un écrivain nommé M. de Bury; mais l'auteur de l'*Examen*[2] se trompe. Il est très-faux, et il n'est pas possible que les états généraux aient ordonné à leurs députés de dire au roi que les parlements sont des états généraux. L'instruction porte ces propres paroles : « Il faut que tous édits soient *vérifiés et comme contrôlés ès cours de parlement, lesquelles, combien qu'elles ne soient qu'une forme des trois états, raccourcie au petit pied, ont pouvoir de suspendre, modifier et refuser lesdits édits*[3]. Voyez les Mémoires de Nevers, page 449

parlements ont été supprimés par le décret de l'Assemblée nationale du 6 octobre 1790.

Il y avait eu un parlement de Dombes, qui siégea à Lyon, puis à Trévoux, alors enclavé, et qui fut supprimé en 1775. (B.)

1. Le P. Daniel ne parle d'aucun de ces faits : c'est qu'il apprenait l'histoire de France à mesure qu'il l'écrivait. (*Note de Voltaire.*)

2. L'*Examen de la nouvelle Histoire de Henri IV, de M. de Bury, par M. le marquis de B***, lu dans une séance d'Académie, auquel on a joint une pièce analogue*, Genève, 1768, in-8°, a été attribué à Voltaire. Le ton sur lequel il en parle ici ne permet guère d'adopter cette opinion. J'ai vu un exemplaire de l'*Examen*, avec des notes de la main de Wagnière, secrétaire de Voltaire. Ces notes, où l'auteur de l'*Examen* est combattu sans ménagement, sont presque toutes reproduites dans l'édition de l'*Examen*, qui fait partie du tome II de l'*Évangile du jour*.

La *Pièce analogue*, imprimée à la suite de l'*Examen*, est le morceau intitulé *le président de Thou justifié* (voyez les *Mélanges*, année 1766).

Dans le chapitre xi de ses *Fragments sur l'histoire générale* (voyez les *Mélanges*, année 1773), Voltaire traite l'*Examen* de libelle, et en cite un passage qu'il avait déjà cité dans ses *Questions sur l'Encyclopédie*, au mot Quisquis. Il paraît que La Beaumelle, à qui, depuis son exil en Provence, il était défendu d'écrire, pria le marquis de Belestat de se laisser attribuer l'*Examen*. Si Voltaire eût été auteur de l'*Examen*, il ne l'aurait pas critiqué si souvent, ni si vivement. (B.)

3 On commençait alors, en Europe, à s'apercevoir que les hommes avaient des droits antérieurs et supérieurs à toutes les lois positives. A la vérité, au lieu de chercher ces droits dans la nature, on les cherchait dans la Bible, dans la Mytho-

du premier volume. Ainsi les premiers états de Blois ont dit à peu près le contraire de ce qu'on veut leur faire dire. Il faut, en critiquant une histoire, citer juste et se mettre soi-même à l'abri de la critique ; il faut surtout considérer que c'était alors un temps de troubles et de factions.

Le roi, qui dans la décadence de ses affaires se consolait par les plaisirs, permit à des comédiens italiens, dont la troupe se nommait *Gli Gelosi*, d'ouvrir un théâtre à l'hôtel de Bourbon. Le parlement leur en fit défense sous peine de dix mille livres d'amende. Ils jouèrent malgré l'arrêt du parlement, en avril 1577, avec un concours prodigieux. On ne payait que quatre sous par place. Un fait si petit serait indigne de l'histoire s'il ne servait à prouver qu'alors l'influence de la cour de Rome avait mis la langue italienne à la mode dans Paris, que l'argent y était extrêmement rare, et que la simple volonté du roi suffisait pour rendre un arrêt du parlement inutile.

Henri III jouait alors une autre comédie. Il s'était enrôlé dans la confrérie des flagellants. On ne peut mieux faire que de rapporter les paroles d'Auguste de Thou. « Ces pénitents, dit-il, ont donné un sens détourné à ce passage des psaumes où David dit qu'il est soumis aux fléaux de la colère du Seigneur, *quoniam ego in flagella paratus sum*[1]; et, dans leur mascarade, ils allaient se fouettant par les rues. »

Le parlement ne rendit point d'arrêt contre cet abus dangereux, autorisé malheureusement par le roi même. Le cardinal de Lorraine, qui avait assisté comme lui, pieds nus, à la première procession des flagellants, en 1574, en avait remporté une maladie qui l'avait mis au tombeau. Le roi se crut obligé de donner

---

logie, dans les lois des républiques grecques, dans les coutumes des peuples barbares. La science retardait les progrès de la raison. Cependant on sentit aux états de Blois que le roi, n'étant pas obligé d'assembler les états généraux à des époques fixes, et conservant dans l'intervalle le pouvoir de faire des lois, il devenait absolu, à moins que les états ne donnassent à des corps perpétuels le droit de refuser ou de modifier les édits. On choisit les corps qui, composés de seigneurs, de prêtres et de gradués, étaient une image en raccourci des trois états du royaume. Si les parlements opposaient de la résistance à des édits justes et utiles à la nation, le roi pouvait appeler de leur refus aux états généraux. On est trop éclairé maintenant pour ne pas voir que ce système des états de Blois n'était propre qu'à faire de la France une aristocratie, gouvernement toujours d'autant plus tyrannique que les membres de l'aristocratie sont moins considérables par eux-mêmes. Il était plus simple de rendre les états généraux périodiques, et de ne regarder comme loi que ce qui serait adopté par eux. Si le duc de Guise eût voulu le bien de l'État, il eût pu faire ce changement ; mais il ne voulait qu'avilir Henri III, et flatter le parlement, dont il croyait avoir besoin. (K.)

1. Psaume xxxvii, verset 18.

cette farce au peuple pour imposer silence à la Ligue, qui commençait à se former, et au peuple, qui le croyait protecteur secret des hérétiques ; mais comme il mêlait à cette dévotion ridicule des débauches honteuses trop connues, il se rendit méprisable au peuple même qu'il voulait séduire. Il crut, lorsque la Ligue éclata, qu'il la contiendrait en se mettant lui-même à la tête; mais il ne vit pas que c'était la confirmer solennellement, et lui donner des armes contre lui-même. Toutes ces démarches servirent à creuser son précipice : la Ligue l'obligea à tourner contre Henri de Navarre les armes qu'il aurait voulu employer contre elle.

Ce fut pendant cette guerre, et après la bataille de Coutras, que le prince Henri de Condé mourut empoisonné à Saint-Jean-d'Angely en Saintonge, le 5 mars 1588. Il faut voir sur cet empoisonnement avéré la lettre de Henri IV à la comtesse de Grammont, Corisande d'Andouin ; c'est un des monuments les plus précieux de ces temps horribles [1].

Le grand prévôt de Saint-Jean-d'Angely fit tirer à quatre chevaux le nommé Ancellin Brillant[2], ancien avocat au parlement de Bordeaux, et maître d'hôtel ou contrôleur du prince, convaincu d'avoir fourni le poison. On exécuta en effigie Belcastel, page de la princesse de Condé ; on mit en prison la princesse elle-même ; elle en appela à la cour des pairs. Elle fut longtemps prisonnière, et ce ne fut que sous le règne de Henri IV que le parlement, sans être assisté d'aucun pair, la déclara innocente.

CHAPITRE XXX.

ASSASSINAT DES GUISES. PROCÈS CRIMINEL COMMENCÉ CONTRE LE ROI HENRI III.

Le 9 mai 1588 fut la journée qu'on nomme des *Barricades*, qui eut de si étranges suites. Le duc de Guise était arrivé dans Paris malgré les ordres du roi, en prétextant qu'il ne les avait pas reçus. Henri III, dont les gardes avaient été désarmés et arrêtés,

---

1. Les lettres de Henri IV sur cet événement se trouvent à la suite du chapitre CLXXIV de l'*Essai sur les Mœurs*, tome XII, page 564.
2. C'est ainsi que le nomme Henri IV dans sa lettre. (*Note de Voltaire.*)

sortit de Paris et alla tenir les seconds états de Blois. Il n'y eut aucun député du parlement de Paris ; presque tout ce qui composait les états était attaché aux Guises.

Le roi fut d'abord obligé de renouveler le serment d'union de la sainte Ligue, triste cérémonie dont il s'était lui-même imposé la nécessité. Cette démarche enhardit le clergé à demander tout d'une voix que Henri de Navarre fût déclaré exclus de tout droit à la couronne. Il fut secondé par le corps de la noblesse et par celui du tiers état.

L'archevêque d'Embrun, Guillaume d'Avençon, suivi de douze députés de chaque ordre, vint supplier le roi de confirmer leur résolution. Cet attentat contre la loi fondamentale du royaume était encore plus solennel que le jugement rendu contre le roi Charles VII[1], puisqu'il était fait par ceux qui représentaient le royaume entier ; mais Henri III commençait déjà à rouler dans son esprit un autre attentat tout différent.

Il voyait le duc et le cardinal de Guise maîtres de la délibération des états : on le forçait à faire la guerre à Henri de Navarre, et on lui refusait de l'argent pour la soutenir. Il résolut la mort de ces deux frères. Le maréchal d'Aumont lui conseilla de les mettre entre les mains de la justice, et de les faire punir comme criminels de lèse-majesté. Ce parti eût été le plus juste et le plus noble, mais il était impossible. Une grande partie des pairs et des officiers du parlement étaient de la Ligue. On n'aurait pu d'ailleurs rien prouver contre le duc, déclaré par le roi même général de la sainte union. Il s'était conduit avec tant d'art à la journée des Barricades qu'il avait paru réprimer le peuple au lieu de l'exciter à la révolte. De plus, le roi avait donné une amnistie solennelle, et avait juré sur le saint sacrement d'oublier le passé.

Enfin, dans l'état des choses, au milieu des superstitions qui régnaient, les juges séculiers n'auraient pas osé condamner à la mort le cardinal de Guise. Rome, encore toute-puissante par les préjugés des peuples, donnait à un cardinal le droit d'être criminel de lèse-majesté impunément, et il eût été plus difficile, même selon les lois, de prouver les délits du cardinal que ceux du duc son frère.

Henri III fit assassiner le duc par neuf de ses gentilshommes, de ceux qu'on nommait les quarante-cinq. Il fallut préparer cette

---

1. Charles VII n'était encore que dauphin lorsque le parlement procéda contre lui ; voyez tome XII, page 46 ; et ci-dessus, page 467.

vengeance par beaucoup de perfidie : elle ne pouvait s'exécuter autrement. Le duc de Guise fut tué dans l'appartement du roi[1]; mais cette troupe des quarante-cinq, qui avait trempé ses mains dans le sang de leur général, n'osa pas se charger du meurtre d'un prêtre. On trouva quatre malheureux soldats moins scrupuleux, qui le tuèrent à coups de hallebarde.

Ce double assassinat faisait espérer au roi que la Ligue, consternée, serait bientôt dissipée; mais il s'aperçut qu'il n'avait commis qu'une atrocité imprudente. Le duc de Mayenne, frère des deux princes égorgés, arma pour venger leur mort. Le pape Sixte-Quint excommunia Henri III. Paris tout entier se souleva et courut aux armes.

Le véridique de Thou nous instruit que Henri de Navarre, ce même Henri IV dont la mémoire nous est si chère, avait toujours rejeté avec horreur les offres que plusieurs gentilshommes de son parti lui avaient faites d'assassiner Henri de Guise. Cependant il avait plus à se plaindre du duc de Guise que Henri III. C'était à lui précisément que Guise en voulait; c'était lui que Guise avait fait déclarer par les états indigne de posséder jamais la couronne de France; c'était lui que la faction de Guise avait fait proscrire à Rome par une bulle où il était appelé « génération bâtarde et détestable de la maison de Bourbon »; c'était lui qu'en effet le duc de Guise voulait faire déclarer bâtard, sous prétexte que sa mère, Jeanne de Navarre, avait été autrefois promise en mariage au duc de Clèves. Malgré tant de raisons, Henri IV rejeta constamment une vengeance honteuse, et Henri III l'exerça d'une manière qui devait révolter tous les esprits.

Toute la France, excepté la cour du roi, disait que l'assassinat était un aussi grand crime dans un souverain que dans un autre homme; crime même d'autant plus odieux qu'il n'est que trop facile, et que de si affreux exemples sont capables de porter une nation à les imiter.

Anne d'Este, mère des deux princes assassinés, et Catherine de Clèves, veuve du duc de Guise, présentèrent requête au parlement de Paris contre les assassins. Le parlement répondit :

« Vu par la cour, toutes les chambres assemblées, la requête à elle présentée, etc.; tout considéré, ladite cour a ordonné et ordonne commission d'icelle être délivrée à ladite suppliante. »

---

1. Le 23 décembre 1588 (voyez une note du chant III de *la Henriade*, tome VIII, page 99; tome XII, pages 534-535; et ci-après, pages 538-539).

(Du même jour.) Par un second arrêt, Mrs Pierre Michon et Jean Courtin furent nommés commissaires, le dernier janvier 1589, pour informer. Henri III avait ordonné qu'on fît le procès à la mémoire du duc ; il expédia une commission dans Blois. Le parlement, sur une nouvelle requête, rendit l'arrêt suivant :

« Vu par la cour, toutes les chambres assemblées, la requête à elle présentée par dame Catherine de Clèves, duchesse douairière de Guise, etc., qui, avertie que ceux qui ont proditoirement meurtri les corps (des Guises) s'efforcent de diffamer injurieusement leur mémoire par une forme de procès, ayant à cette fin député certains prétendus commissaires, au préjudice de la juridiction qui en appartient notoirement à ladite cour par les lois de France, privativement à tous autres juges, quels qu'ils puissent être : au moyen de quoi, icelle suppliante a appelé et appelle de l'octroi et exécution de ladite commission, requérant en être reçue appelante, et de tout ce qui s'en est ensuivi et pourra ensuivre, comme de procédures manifestement nulles et faites par des juges notoirement incompétents, et ordonne commission lui être livrée pour intimer sur ledit appel, tant ceux qui ont expédié et délivré ladite commission que les commissaires ; et néanmoins ordonner que dès à présent défenses leur soient faites, sur peine d'être déclarés infracteurs des lois certaines et notoires de France, et comme tels punis extraordinairement, de passer outre, ni entreprendre aucune cour de juridiction ou connaissance, etc. Tout considéré, ladite cour a reçu et reçoit ladite de Clèves appelante de l'octroi de ladite commission, exécution d'icelle et de tout ce qui s'en est ensuivi et pourra ensuivre... et cependant, fait inhibition et défenses particulièrement aux commissaires et tous autres de passer outre, etc. Fait en parlement, le premier jour de février 1589. Du Tillet. »

On rapporte encore une autre pièce imprimée chez Denis Binet, avec permission, 1589.

AVERTISSEMENT AU PROCÈS.

« Messieurs les députés des provinces du royaume de France, demandeurs selon l'exploit et libelle de M. Pierre Dufour Lévesque, en date du 12 janvier 1589, d'une part, et le peuple et consorts aussi joints, demandeurs d'une part, contre Henri de Valois, au nom et en la qualité qu'il procède, défendeur d'autre part ; disent par-devant vous messieurs les officiers et conseillers de la couronne de France, tenants la cour de parlement à Paris, que, pour les causes, raisons et moyens ci-après déduits :

« Ledit Henri de Valois, pour raison du meurtre et assassinat commis ès illustrissimes personnes de messieurs les duc et cardinal de Guise, sera condamné, pour réparation dudit assassinat, à faire amende honorable, nu en chemise, la tête nue et pieds nus, la corde au col, assisté de l'exécuteur de la haute justice, tenant en sa main une torche ardente de trente livres, lequel dira et déclarera en l'assemblée des états, les deux genoux en terre, qu'à tort et sans cause, malicieusement et témérairement, il a commis ou fait commettre ledit assassinat aux dessusdits duc et cardinal de Guise, duquel il demandera pardon à Dieu, à la justice et aux états. Que dès à présent comme criminel et tel déclaré, il sera démis et déclaré indigne de la couronne de France, renonçant à tout tel droit qu'il y pourrait prétendre, et ce, pour les cas plus à plein mentionnés et déclarés au procès, dont il se trouvera bien et dûment atteint et convaincu ; outre qu'il sera banni et confiné à perpétuité au couvent et monastère des hiéronymites, assis près du bois de Vincennes, pour là y jeûner au pain et à l'eau le reste de ses jours. Ensemble condamné ès dépens ; et à ces fins disent, etc. Par ces moyens et autres que la cour de grâce pourra trop mieux suppléer, concluent les demandeurs avec dépens. Pour l'absence de l'avocat, *signé :* CHICOT. »

Cette pièce est plus que suspecte. Bayle, en la citant [1] à l'article Henri de Guise, aurait dû, ce me semble, faire réflexion qu'elle n'est point tirée des registres du parlement, qu'elle n'est point signée d'un avocat, qu'on la suppose signée par Chicot : c'est le même nom que celui du fou du roi. Il n'y est point fait mention de la mère et de la veuve des princes assassinés. Il n'était point d'usage de spécifier au parlement les peines que la justice peut infliger contre un coupable. Enfin cette requête doit être plutôt considérée comme un libelle du temps que comme une pièce judiciaire. Elle sert seulement à faire voir quel était l'emportement des esprits dans ces temps déplorables [2].

---

1. Dans son *Dictionnaire historique et critique*.
2. Cette dernière pièce nous paraît une plaisanterie contre les ligueurs. Les protestants, presque toujours privés en France de la liberté de se défendre, firent un grand usage de ces pièces supposées, dont personne n'a été la dupe lorsqu'elles ont paru, mais dont plusieurs ont été recueillies depuis comme des pièces authentiques.

Les deux autres pièces n'ont rien qui doive en faire soupçonner la vérité. Le duc de Guise avait été assassiné. N'eût-il été qu'un simple citoyen, le parlement

CHAPITRE XXXI.

PARLEMENT TRAÎNÉ A LA BASTILLE PAR LES FACTIEUX. DÉCRET DE LA SORBONNE CONTRE HENRI III. MEURTRE DE CE MONARQUE.

On peut avec juste raison ne pas regarder comme le parlement de Paris celui qui siégeait alors dans cette ville. C'est ici qu'il faut soigneusement observer les dates. Le duc de Guise avait été assassiné le vendredi 23 mars 1588, et le cardinal le 24.

La Ligue était à Paris toute-puissante ; la faction nommée des Seize, composée de bourgeois, et vendue à l'Espagne et au pape, était maîtresse de la ville.

Le lundi 16 janvier 1589, Jean Le Clerc dit Bussy, autrefois procureur au parlement, et devenu gouverneur de la Bastille, se transporta à la grand'chambre, suivi de cinquante satellites couverts de cuirasses, et le pistolet à la main ; il ordonna au premier président de Harlai, aux présidents de Thou et Potier, de le suivre. Il alla ainsi de chambre en chambre se saisir des magistrats qu'il soupçonnait être attachés au roi. Ils furent conduits à la Bastille au nombre de cinquante, à travers deux haies de bourgeois.

Quelques membres de la chambre des comptes, du grand conseil et de la cour des aides, furent mis dans d'autres prisons.

Le parlement était alors composé d'environ cent quatre-vingts membres. Il y en eut cent vingt-six qui firent serment sur le crucifix de ne jamais se départir de la Ligue, et de poursuivre la vengeance de la mort du duc et du cardinal de Guise contre les auteurs et les complices. Les greffiers, les avocats, les procureurs, les notaires, firent le même serment, au nombre de trois cent vingt-six.

Le mardi 17 janvier, qui était le lendemain de l'emprisonnement des cinquante magistrats, le parlement tint ses séances comme à l'ordinaire. L'audience fut tenue par le président Bar-

---

devait faire le procès aux meurtriers. L'ordre du roi ne devait pas les mettre à l'abri de la condamnation. Ainsi le premier arrêt n'est qu'un acte de justice et de courage. Le second a pour objet la défense des lois du royaume et des droits du parlement. La duchesse de Clèves demandait que l'on poursuivît ceux qui avaient expédié et délivré la commission, ce qui était inculper les officiers de la chancellerie, et le secrétaire d'État qui avait signé cette commission. Le parlement eut la sagesse de ne point faire droit sur cette partie de la requête. (K.)

nabé Brisson, qui accepta ce dangereux poste. Il crut se préparer une ressource contre l'indignation du roi en protestant secrètement par-devant les notaires Luçon et Le Noir que c'était malgré lui qu'il présidait à ce parlement, et qu'il cédait à la violence : protestation qui sert rarement d'excuse, et qui ne décèle qu'un esprit faible.

Le premier président Achille de Harlai, plus courageux, aima mieux rester à la Bastille que de trahir son roi et sa conscience [1]. Brisson crut ménager les deux partis, et fut bientôt la victime de sa politique malheureuse.

Ce fut dans ce même mois de janvier que la Sorbonne, s'étant assemblée extraordinairement au nombre de soixante et dix docteurs, déclara que le peuple était libre du serment de fidélité prêté au roi, *populus hujus regni solutus est et liberatus a sacramento fidelitatis*, etc. Un tel acte n'aurait été dans d'autres temps qu'un crime de lèse-majesté au premier chef ; mais alors c'était un arrêt d'une cour souveraine de conscience, arrêt qui, favorisant l'opinion publique, était exécuté avec zèle [2].

Le jeudi 26 janvier [3], le héraut Auvergne, envoyé de la part du roi, se présenta aux portes de Paris pour interdire le parlement et les autres cours supérieures. On le mit en prison ; il fut menacé de la corde, et renvoyé sans réponse. Le roi avait indiqué que son parlement se tiendrait à Tours, comme Charles VII avait tenu le sien à Poitiers ; mais il ne réussit pas mieux que Charles VII. Il créa quelques conseillers nouveaux ; ceux qui pouvaient lui être affectionnés dans le parlement de Paris n'eurent pas la liberté d'aller à Tours, et cette cour continua ses fonctions sans difficulté.

1. M. de Voltaire, dans *la Henriade*, chant IV, vers 441-42, dit, en parlant de Harlai :

> Il se présente aux Seize, il demande des fers,
> Du front dont il aurait condamné ces pervers.

Ces vers ne sont point une exagération poétique : ils rendent exactement ce qu'on trouve dans les mémoires du temps. C'est ce même Harlai qui, lorsque le duc de Guise voulut lui faire une grande apologie de sa conduite dans la journée des Barricades, lui dit pour toute réponse : « Monsieur, c'est grande pitié quand le valet chasse le maître de la maison. »

Il était peu riche ; le roi lui avait donné un terrain pour bâtir une maison. Ayant été obligé quelque temps après de s'opposer à un édit qu'il croyait injuste, il renvoya le brevet de ce don. Le roi ne voulut pas l'accepter. Il mourut sous Louis XIII, âgé d'environ quatre-vingts ans. (K.)

2. Ce décret de la Sorbonne se trouve inséré en entier dans les notes de *la Henriade*, tome VIII, page 118.

3. 1589. (*Note de Voltaire.*)

Le 13 mars [1], le duc de Mayenne prêta dans la grand'chambre le serment de lieutenant général de l'État royal et couronne de France. Le président Brisson lisait le serment, et le duc de Mayenne répétait mot à mot après lui.

Le même esprit de sédition avait gagné presque toutes les villes du royaume. La populace de Toulouse égorgea le premier président Duranti et l'avocat général Daffis, deux magistrats connus par leur fidélité pour le roi et par l'intégrité de leur vie. On pendit le cadavre de Duranti à une potence. Les autres membres du parlement de Toulouse, dont deux conseillers, comme le remarque de Thou, avaient les mains encore teintes du sang de leur premier président, embrassèrent le parti de la Ligue. Henri III fut pendu en effigie dans la place publique par le peuple furieux. On vendait une mauvaise estampe de lui, et on criait : *A cinq sous notre tyran.*

Henri III, qui s'était attiré tant de malheurs pour n'avoir pas voulu s'unir avec Henri de Navarre, et pour s'être imaginé qu'il pourrait triompher à la fois de la Ligue et de ce brave prince, fut enfin obligé d'avoir recours à lui. Les deux rois joignirent leurs armées, et vinrent se camper à Saint-Cloud, devant Paris. La duchesse de Montpensier, sœur du duc de Guise et du cardinal de Lorraine, animait avec fureur les Parisiens à soutenir toutes les horreurs du siége.

Il est rapporté dans le *Journal de Henri III* que le roi lui fit dire qu'il la ferait brûler vive ; à quoi elle répondit : « Le feu est pour des sodomites tels que lui. »

Trois jours après ce discours, le moine Jacques Clément, jacobin, que le président de Thou ne fait âgé que de vingt-deux ans, assassina Henri III dans Saint-Cloud.

On trouve dans les Mémoires de ce temps-là que La Guesle, procureur général, qui avait trouvé le moyen de s'évader de Paris, et qui malheureusement présenta lui-même le moine au roi, ne fut point appelé pour faire le procès au cadavre du meurtrier, tué de plusieurs coups de la main des gardes immédiatement après avoir commis son crime. Il déposa comme un autre dans le procès criminel fait au cadavre par le marquis de Richelieu, grand prévôt de France ; et ce fut Henri IV qui porta lui-même l'arrêt, le 2 août 1589, et condamna le corps du moine à être écartelé et brûlé. Le même prince condamna, deux jours

---

1. 1589. (*Note de Voltaire.*)

après, un cordelier nommé Jean Le Roi à être jeté vivant dans un sac au fond de la Seine, pour avoir tué un de ses serviteurs.

A l'égard du moine Jacques Clément, il avait été incité à ce parricide par son prieur, nommé Bourgoin, et par la duchesse de Montpensier. Les Mémoires du temps disent que cette princesse s'était abandonnée à lui pour le mieux encourager; mais ce fait est bien douteux. Jacques Clément n'eut pas le temps de s'en vanter; et sans doute la princesse n'en fit pas l'aveu : il faut s'en tenir aux faits publics et constatés.

CHAPITRE XXXII.

ARRÊTS DE PLUSIEURS PARLEMENTS, APRÈS LA MORT DE HENRI III. LE PREMIER PRÉSIDENT BRISSON PENDU PAR LA FACTION DES SEIZE.

Après la mort de Henri III, il ne parut pas que Henri IV dût être jamais roi de France. Plusieurs seigneurs catholiques l'abandonnèrent, sous prétexte qu'il était hérétique, mais dans le dessein réel de démembrer le royaume et d'en saisir quelques ruines. Les prédicateurs remercièrent Dieu, dans Paris, de la mort de Henri de Valois.

Dès le 7 août[1], le duc de Mayenne fit publier dans le parlement et enregistrer un édit par lequel on reconnaissait pour roi le cardinal Charles de Bourbon, qu'on nomma Charles X. On fit frapper de la monnaie en son nom. Ce Charles X était un vieillard peu capable du rôle qu'on lui faisait jouer, et qui de plus était alors prisonnier d'État à Chinon. Henri IV avait été obligé de s'assurer de sa personne, et la Ligue ne le regardait que comme un fantôme au nom duquel elle s'arrogeait la suprême puissance.

Le parlement de Bordeaux ne reconnut ni Henri IV, ni Charles X; mais celui de Toulouse donna un étonnant exemple : voici comme il s'exprima le 22 août :

« La cour, toutes les chambres assemblées, avertie de la miraculeuse, épouvantable et sanglante mort de Henri III, advenue

---

1. 1589. (*Note de Voltaire.*)

le premier de ce mois¹, a exhorté et exhorte tous les évêques et pasteurs... de faire, chacun en leurs églises, rendre grâces à Dieu de la faveur qu'il nous a faite de la délivrance de la ville de Paris et autres villes du royaume ; a ordonné et ordonne que tous les ans, le premier d'auguste, l'on fera procession et prières publiques en reconnaissance des bénéfices qu'il nous a faits ledit jour. »

Cet étrange arrêt ajoutait défense, sous peine de mort, de reconnaître Henri de Bourbon, soi-disant roi de Navarre, et enjoignait d'observer exactement la bulle d'excommunication lancée contre ce prince par le pape Sixte-Quint, en vertu de laquelle bulle la cour le déclare une seconde fois indigne et incapable de succéder à la couronne de France, comme atteint et convaincu de plusieurs crimes notoires, mentionnés dans ledit arrêt.

C'est ainsi qu'on foulait aux pieds toutes les lois divines et humaines sous le nom de la justice et de la religion.

Tandis que Henri IV, à peine à la tête de trois mille hommes, battait au combat d'Arques², près de Dieppe, le duc de Mayenne qui en avait environ dix mille; tandis que, nuit et jour sous les armes, il regagnait une partie de son royaume par sa valeur et par celle de la noblesse attachée à sa fortune, le cordelier Peretti, devenu pape sous le nom de Sixte-Quint, envoyait un légat à Paris et lui donnait une juridiction entière sur les laïques, dans presque tous les cas qui sont essentiellement de la juridiction royale. Ce légat était le cardinal Cajetan, de la même maison que ce Boniface VIII dont la mémoire était encore si odieuse en France³. Ses lettres de créance et les provisions de sa juridiction suprême furent enregistrées sans difficulté au parlement de Paris, le 20 février 1590, à la requête du procureur général.

Dans le même temps la Sorbonne continuait à seconder cette démence, autant qu'il était en elle. (10 février) Elle déclarait sérieusement que le pape est en droit d'excommunier et de déposer les rois ; qu'il n'était pas même permis de traiter avec Henri de Béarn, hérétique et relaps ; que ceux qui le reconnaissaient pour roi *étaient en péché mortel ;* et elle assurait, au nom de

---

1. Henri III, assassiné le 1ᵉʳ août 1589, ne mourut que le 2 du même mois, à deux heures du matin; voyez la note du chant V de *la Henriade,* tome VIII, page 145, où il est dit cependant que Henri III est mort le 3. (B.)

2. 21 septembre 1589.

3. Voyez tome XI, page 515 et suivantes.

la sainte Trinité, que « quiconque osait parler de paix était désobéissant à l'Église, notre sainte mère, et en devait être retranché comme un membre pourri et gangrené ».

Le 5 mars de la même année, le parlement fit publier un nouvel arrêt par lequel il était défendu, sous peine de mort, d'avoir la moindre correspondance avec Henri IV, et ordonné de reconnaître le fantôme Charles X pour roi, et le duc de Mayenne, lieutenant général de l'État royal, pour maître.

Henri IV répondait aux parlements et à la Sorbonne en gagnant la bataille d'Ivry[1]. Le cardinal de Bourbon, Charles X, reconnu roi dans Paris et dans une partie de la France, mourut quelque temps après au château de Châtenai[2] en Poitou, où Henri IV l'avait fait transférer. La Ligue ne s'occupa qu'à faire élire un nouveau roi. L'intention de Philippe II était de donner le royaume de France à sa fille Claire-Eugénie, qui devait épouser le duc de Guise, fils du Balafré, assassiné à Blois.

On faisait toujours rendre des arrêts par le parlement, et ce qu'on appelle des décrets, par la Sorbonne. Celle-ci, par son décret du 7 mai 1590, promettait la couronne du martyre à quiconque avait le bonheur de mourir en combattant contre Henri IV.

Ce fut en vertu[3] de ce décret que se fit cette fameuse procession de la Ligue, en présence du cardinal Cajetan, légat du pape, de plusieurs évêques italiens, et du jésuite Bellarmin, depuis cardinal, qui tous avaient suivi le légat.

L'évêque de Senlis, Guillaume Rose, était à la tête, portant un crucifix d'une main, et une hallebarde de l'autre. Après lui venait le prieur des chartreux, suivi de tous ses moines, l'habit retroussé, le capuchon abattu, un casque en tête. Les quatre ordres mendiants, les minimes, les capucins, marchaient dans le même équipage, portant tous de vieux mousquets avec un air menaçant, les yeux enflammés, en grinçant les dents, comme dit le président de Thou.

Le curé de Saint-Côme faisait l'office de sergent; il ordonnait la marche, les haltes, les salves de mousqueterie. Les moines défilant devant le coche du légat, l'un d'eux tua son aumônier

---

1. 14 mars 1590. (*Note de Voltaire.*)

2. 9 mai 1590. (*Id.*) — Cette date est celle que portent les éditions données du vivant de Voltaire; c'est celle qu'on lit dans l'épitaphe rapportée par Dreux du Radier, page 469 du tome III de la *Bibliothèque du Poitou*. Ce fut à Fontenai-le-Comte que mourut le cardinal de Bourbon. (B.)

3. 5 juin 1590. (*Note de Voltaire.*)

d'un coup de fusil chargé à balle. Cet accident ne troubla pas la cérémonie. De Thou rapporte que les moines crièrent que cet aumônier était sauvé, puisqu'il était mort dans une si sainte cérémonie ; et le peuple ne prit seulement pas garde à la mort de l'aumônier.

Cependant on pendait sans miséricorde tous ceux qui parlaient de traiter avec le roi. Ce prince, victorieux à Ivry, était déjà devant les portes de Paris avec des troupes plus formidables que la procession des moines.

Il fit préparer[1] une escalade du côté du faubourg Saint-Jacques, pendant une nuit fort sombre. Cette entreprise allait réussir. Qui croirait qu'un libraire, un avocat et un jésuite, empêchèrent Henri IV de se rendre maître de sa capitale? Le jésuite, d'une vieille hache, coupa la main d'un soldat qui avait déjà le poignet appuyé sur la muraille ; on jeta de la paille allumée dans le fossé où les royalistes étaient descendus, l'alarme fut donnée partout, et Henri IV fut obligé de se retirer.

La guerre continua de tous côtés. Les Parisiens redoublaient tous les jours leur serment de ne point reconnaître le roi.

Le nouveau pape, Grégoire XIV, en voyait des troupes au secours de la Ligue ; il fournissait aux factieux de Paris quinze mille livres par mois du trésor que Sixte-Quint avait amassé. Ces troupes marchaient avec un archevêque nommé Mateucci, qui faisait la fonction de commissaire général de l'armée. La ville de Verdun était son rendez-vous. Le jésuite Jouvency avoue, dans son *Histoire de la Compagnie de Jésus*, que le supérieur des novices de Paris, nommé Nigri, rassembla tous les novices de l'ordre, et les mena à Verdun à l'armée papale, dans laquelle ils furent incorporés. Ce trait, qui peut paraître incroyable, ne l'est point après tout ce que nous avons vu.

Au milieu de tant d'événements, les uns horribles, les autres ridicules, la faction qu'on nommait des Seize, qui avait dans Paris beaucoup plus d'autorité que le parlement, et qui balançait même celle du duc de Mayenne, donna un nouvel exemple des excès d'atrocité où les guerres civiles entraînent les hommes. Ces

---

1. 10 septembre 1590. (*Note de Voltaire.*)

2. Pierre de L'Estoile n'a pas conservé le nom du jésuite ; mais il dit que l'avocat s'appelait Beledens, et le libraire, Nivelle. Il y a eu plusieurs libraires du nom de Nivelle. Cette famille avait sa sépulture dans l'église Saint-Benoît. Sébastien Nivelle, que son épitaphe qualifiait *la perle des libraires*, avait soixante-sept ans en 1590, et mourut en 1603, à quatre-vingts ans. Il est donc probable que ce n'est pas lui, mais un de ses fils, *Nicolas* ou *Robert*, qui était de garde le 10 septembre 1590. (B.)

Seize, ayant découvert qu'un procureur de la ville, nommé Brigard, avait envoyé une lettre à Saint-Denis, occupé alors par les troupes royales, le déférèrent au parlement pour lui faire son procès. Le premier président, Barnabé Brisson, sauva la vie à ce malheureux. Les Seize soupçonnèrent Brisson d'être, dans le cœur, du parti du roi, et voici comme ils s'en vengèrent.

Bussy-le-Clerc, gouverneur de la Bastille, celui-là même qui avait déjà emprisonné une partie du parlement, commença d'abord par exiger un blanc signé de dix des principaux factieux, en leur disant que c'était pour consulter la Sorbonne. Dès qu'il eut leur signature, il remplit le papier d'une sentence de mort contre le premier président. On épia le moment où il avait l'imprudence d'aller à pied dans les rues. Il fut saisi, conduit au Petit-Châtelet ; et dès qu'il y fut entré, Cromé, conseiller au grand conseil, se présenta à lui, revêtu d'une cotte d'armes, le fit mettre à genoux, et lui lut la sentence qui le condamnait à être pendu pour crime de lèse-majesté divine et humaine.

C'est une chose assez singulière que Brisson, dans ce moment terrible, l'esprit encore rempli des formalités des lois dans lesquelles il avait été élevé, demanda à être confronté avec les témoins qui l'accusaient. Cromé ne lui répondit que par un grand éclat de rire. Brisson eut la faiblesse de demander qu'on différât l'exécution jusqu'à ce qu'il eût fini un ouvrage de jurisprudence qu'il avait commencé ; on rit encore davantage, et il fut pendu à une poutre[1].

Une heure après, le lieutenant du grand-prévôt, nommé Chouillier, alla saisir dans le palais Larcher, conseiller de la grand'chambre, sous-doyen des conseillers, vieillard septuagénaire, accusé aussi d'être partisan du roi. Il fut mené au même endroit où était le corps de Brisson. Dès que Larcher aperçut ce spectacle, il demanda lui-même à mourir, et on le pendit à la même poutre.

Le curé de Saint-Côme[2], dans le même temps, suivi d'une troupe de prêtres et de suppôts de l'université, était allé prendre dans son lit le conseiller au Châtelet Tardif, dangereusement malade, et qui venait d'être saigné ; il le présenta lui-même au bourreau, et le fit périr de la même manière.

C'est encore une des horreurs de la nature humaine qu'il se trouve des hommes qui fassent de ces exécutions, et dont le

---

1. 16 novembre 1591. (*Note de Voltaire.*)
2. Il s'appelait Hamilton.

métier soit d'arracher la vie à d'autres hommes, sans s'informer seulement ni si cette mort est juste, ni quel est le droit de celui qui la commande.

Le lendemain on exposa les trois corps dans la place de Grève, pendus à une potence avec des écriteaux qui les déclaraient traîtres, ennemis de Dieu, et hérétiques. Le duc de Mayenne était alors absent de Paris, et les Seize, qui se croyaient les maîtres de la ville, prirent ce temps pour écrire au roi d'Espagne. Ils lui dépêchèrent le jésuite Claude Matthieu, pour le supplier de leur donner sa fille pour reine, en la mariant au jeune duc de Guise. La lettre que Matthieu portait fut interceptée et portée au roi. Il ne manqua pas d'en faire tomber une copie entre les mains du duc de Mayenne : c'était le seul moyen de diviser la Ligue, en semant la jalousie entre ce duc et son neveu.

Mayenne, arrivé à Paris, commença par ôter à Bussy-le-Clerc son gouvernement de la Bastille; il fit pendre, sans forme de procès, quatre des scélérats qui avaient fait mourir les magistrats. Le même bourreau servit pour eux tous, et fut ensuite pendu lui-même.

Cromé, le plus coupable, échappa; le parlement reprit ses fonctions ordinaires, et le président Le Maître prit la place de Brisson, sans être intimidé par la catastrophe de son prédécesseur.

CHAPITRE XXXIII.

LE ROYAUME DÉMEMBRÉ. LE SEUL PARLEMENT, SÉANT AUPRÈS DE HENRI IV, PEUT MONTRER SA FIDÉLITÉ. IL DÉCRÈTE DE PRISE DE CORPS LE NONCE DU PAPE.

Pendant que le parlement de Paris était ainsi tour à tour l'organe et la victime de la Ligue, il faut voir ce que faisaient alors les autres parlements du royaume. Celui de Provence avait envoyé au duc de Savoie, Philibert-Emmanuel, gendre de Philippe II, une députation solennelle composée de Chastel, évêque de Riez, du baron d'Ampus, et d'un avocat nommé Fabrègues.

Le duc arriva dans Aix le 14 novembre[1]. On lui présenta le dais, comme au roi; tous les membres du parlement lui baisèrent la main. Honoré du Laurens porta la parole pour toute la compagnie; on le reconnut pour protecteur de la province, et on lui prêta serment de fidélité.

Le parlement de Grenoble était alors partagé : ceux qui étaient fidèles au roi s'étaient retirés au Pertuis; mais Lesdiguières, qui fut depuis connétable, ayant pris la ville, le parlement se réunit, et n'administra plus la justice qu'au nom du roi.

Le parlement de Rouen se trouvait dans une situation toute semblable à celle qu'éprouvait le parlement de Paris; entièrement dominé par la faction de la Ligue, et à la merci des troupes espagnoles, il eut le malheur de rendre l'arrêt suivant le 1er janvier 1592 :

« La cour a fait et fait très-expresses inhibitions et défenses à toutes personnes, de quelque état, dignité et condition qu'elles soient, sans nul excepter, de favoriser, en aucun acte et manière que ce soit, le parti de Henri de Bourbon ; mais s'en désister incontinent, à peine d'être pendus et étranglés. Ordonne ladite cour que monition générale sera octroyée au procureur général, *nemine dempto*, pour informer contre ceux qui favoriseront ledit Henri de Bourbon et ses adhérents... est ordonné que par les places publiques seront plantées potences pour y pendre ceux qui seront si malheureux que d'attenter contre leur patrie. »

Il n'y eut que le parlement du roi, séant tantôt à Tours, tantôt à Châlons[2], qui pût donner un libre cours à ses sentiments patriotiques. Le pape Grégoire XIV, à son avénement au pontificat, avait d'abord envoyé un nonce à la Ligue pour seconder le cardinal Cajetan, qui faisait à Paris les fonctions de légat. Ce nonce s'appelait Landriano ; il apportait des bulles qui renouvelaient les excommunications et les monitoires contre Henri III et Henri IV.

Le petit parlement de Châlons, qui n'avait pas même alors de président à sa tête, déploya toute la vigueur que les autres auraient montrée s'ils avaient été ou plus libres, ou moins séduits. Il décréta de prise de corps Landriano, soi-disant nonce du pape, qui avait osé entrer dans le royaume sans la permission du roi, le fit citer trois jours de marché à son de trompe, accorda dix mille livres de récompense à qui le livrerait à la justice,

---

1. 1591. (*Note de Voltaire.*)
2. C'était la portion du parlement de Paris, laquelle, étant demeurée fidèle au parti du roi, fut transférée à Tours, puis à Châlons. (G. A.)

défendit aux archevêques et évêques de publier ses bulles, sous peine d'être déclarés criminels de lèse-majesté, et enfin appela au futur concile de l'élection de Grégoire XIV.

Cette démarche, qui étonna toute la France, était régulière et simple. C'était en effet une insulte à toutes les lois et à la raison humaine qu'un évêque étranger osât décider du droit des couronnes. La religion, qui lui servait de prétexte, condamnait elle-même cette audace, et le bon sens en faisait sentir le ridicule; mais depuis Grégoire VII, l'opinion, qui fait tout, avait enraciné ces funestes idées dans toutes les têtes ecclésiastiques, qui avaient versé ce poison dans celles des peuples. L'ignorance recevait ces maximes, la fraude les appuyait, et le fer les soutenait. Un moine suffisait alors parmi les catholiques pour persuader que l'apôtre Pierre, qui n'alla jamais à Rome[1], et qui ne pouvait savoir la langue latine, avait siégé vingt-cinq ans sous Tibère et sous d'autres empereurs, dans un temps où le titre d'évêché n'était affecté à aucun lieu; et que de ce prétendu siège il avait transmis à Grégoire XIV, qui vint quinze cents ans après lui, le droit de parler en maître à tous les souverains et à toutes les Églises. Il fallait être ligueur effréné, ou imbécile, pour croire de telles fables et pour se soumettre à une telle tyrannie.

Il se trouva, pour l'honneur de la France, deux cardinaux et huit évêques qui secondèrent la fermeté du vrai parlement, autant que le permettait leur caractère. Les cardinaux étaient celui de Bourbon, cousin germain du roi, et de Lenoncourt, quoique Lorrain. Les prélats étaient de Beaune, archevêque de Bourges; du Bec, évêque de Nantes; de Thou, évêque de Chartres; Fumée, de Beauvais; Sourdis, de Maillezais[2]; d'Angennes, du Mans; Clausse, de Châlons; d'Aillon, de Bayeux. Leurs noms méritent d'être consacrés à la postérité.

(21 septembre 1591) Ils firent ensemble un mandement à Chartres, adressé à tous les catholiques du royaume. « Nous sommes informés, disent-ils, que Grégoire XIV, mal instruit, et trompé par les artifices des ennemis de l'État, a envoyé des bulles et des monitoires pour interdire et excommunier les évêques, les princes et la noblesse, qui ne sont pas rebelles à leur roi... Après une mûre délibération, nous déclarons ces excommunications nulles dans la forme et dans le fond,

---

1. Voyez *Dictionnaire philosophique*, article Voyage de saint Pierre a Rome.
2. Évêché qui ne subsiste plus, et qui fut transféré à la Rochelle dès l'année 1649. (*Note de Voltaire.*)

injustes, dictées par les ennemis de la France... sans préjudicier à l'honneur du pape. »

Le parlement du roi, alors séant à Tours, fit mieux : il fit brûler par la main du bourreau les bulles du pape, et déclara Grégoire, soi-disant pape, perturbateur du repos public, et complice de l'assassinat de Henri III, puisqu'il l'avait approuvé.

Le parlement de Paris, de son côté, pressé par les ligueurs, fit brûler l'arrêt de celui de Tours au pied du grand escalier, et lui donna les qualifications d'*exécrable* et d'*abominable*.

Le parlement de Tours traita de même l'arrêt du parlement de Paris. Il fallait que la victoire jugeât de ces disputes ; mais Henri IV, à qui le duc de Parme avait fait lever le siége de Paris et de Rouen, n'était pas encore en état d'avoir raison[1].

Le premier président, Achille de Harlai, était alors auprès du roi ; c'était lui qui soutenait la dignité du parlement de Tours et de Châlons. Il s'était enfin racheté de la prison de la Bastille, et avait trouvé le moyen de se rendre auprès de Henri IV. Il conçut le premier l'idée de secouer enfin pour jamais le joug du pape, et de créer un patriarche. Le cardinal de Lenoncourt et l'archevêque de Bourges entraient dans ce dessein ; mais il était impraticable. Il eût fallu changer tout d'un coup l'opinion des hommes, qui ne change qu'avec le temps, ou avoir assez de troupes et assez d'argent pour commander à l'opinion.

Cependant ce parlement statua des règlements dignes de la liberté de l'Église gallicane. Toutes les nominations du roi aux évêchés et aux abbayes devaient être confirmées par l'archevêque de la métropole, sans recourir à une bulle du pape ; tout le clergé conserverait ses droits, indépendamment des ordres de Rome ; les évêques accorderaient les mêmes dispenses que le pape. Ce règlement était aussi sage que hardi : il réprimait l'ambition d'une cour étrangère, et flattait le clergé national ; et cependant, à peine eut-il lieu quelques mois : l'Église était aussi déchirée que l'État ; la même ville était prise tour à tour par des catholiques et par des protestants ; l'ordre et la police ne sont pas le partage d'une guerre civile.

---

1. Daniel supprime ou étrangle tous ces faits rapportés par de Thou. Ce n'est pas la peine d'écrire l'histoire de France pour oublier des choses si capitales. (*Note de Voltaire.*)

CHAPITRE XXXIV.

ÉTATS GÉNÉRAUX TENUS A PARIS PAR DES ESPAGNOLS ET DES ITALIENS. LE PARLEMENT SOUTIENT LA LOI SALIQUE. ABJURATION DE HENRI IV.

Au milieu de tous les reflux orageux de la fortune de Henri IV, le temps était arrivé où Philippe II croyait donner un maître à la France. Du fond de l'Escurial il faisait tenir les états généraux à Paris, convoqués par les menées de son ambassadeur et par celles du cardinal légat plus encore que par les ordres du duc de Mayenne. Paris avait une garnison espagnole; Philippe promettait une armée de vingt-quatre mille hommes, et beaucoup d'argent. Henri IV n'en avait point, et son armée était peu considérable. Il était campé à Saint-Denis, d'où il pouvait voir arriver dans Paris les députés de ces états généraux qui allaient donner son patrimoine à un autre.

Le pape Clément VIII, qui avait succédé à Grégoire XIV[1], envoya, le 15 avril[2], un bref au cardinal légat, par lequel il lui ordonnait de procéder à l'élection d'un roi. Le bref ne fut enregistré que le 28 octobre. Le parlement de Châlons signala son zèle ordinaire contre cette insolence; mais il ne décréta point de prise de corps le légat, comme il avait décrété Landriano. Ce titre de *légat* en imposait encore, et il y a des préjugés que la fermeté la plus grande n'ose quelquefois attaquer.

Cet arrêt du parlement de Châlons fut encore brûlé par celui de Paris le 24 décembre. Ces deux parlements se faisaient la guerre par leurs bourreaux, et toute la France en armes attendait quel roi les états opposeraient au roi légitime.

Le parlement de Paris n'eut point de séance dans ces états. Ils s'ouvrirent, le 25 janvier 1593, dans le Louvre. On y voyait un Jean Boucher, curé de Saint-Benoît, séditieux emporté jusqu'à la démence; un curé de Saint-Germain-l'Auxerrois; un Cueilly, docteur de Sorbonne; mais le président de Neuilly, le président Le Maître, et le conseiller Guillaume du Vair, y avaient place au nom du parlement. Les harangues qui furent prononcées étaient

---

1. Entre Clément VIII et Grégoire XIV régna Innocent IX; voyez, tome XIII, la liste des papes, à la tête des *Annales de l'Empire*.
2. 1592. (*Note de Voltaire.*)

aussi ridicules que celles de la *Satyre Ménippée*. Ce ridicule n'empêchait pas qu'on ne se disposât à nommer un roi. L'or de l'Espagne et les bulles de Rome pouvaient beaucoup. Des troupes espagnoles s'avançaient encore. Le duc de Feria, ambassadeur d'Espagne, admis dans ces états, y parlait comme un protecteur parle à des peuples malheureux et désunis qui ont besoin de lui. Enfin il déclara qu'il fallait élire l'infante d'Espagne, et qu'on lui donnerait pour mari le jeune duc de Guise, ou le duc de Nemours de Savoie, son frère utérin ; mais c'était sur le duc de Guise que le choix devait tomber.

Trois Espagnols dominèrent dans ces états généraux de France : le duc de Feria, ambassadeur extraordinaire; don Diego d'Ibarra et Taxis, ambassadeur ordinaire, et le licencié Mendoza. Taxis et Mendoza firent chacun un long discours contre la loi salique. On l'avait déjà foulée aux pieds du temps de Charles VI[1]. Elle avait reçu auparavant de rudes atteintes; et si les Espagnols, secondés du pape, avaient réussi, cette loi n'était plus qu'une chimère, Henri IV était perdu ; mais heureusement le duc de Mayenne était aussi intéressé que Henri IV à prévenir ce coup fatal. L'élection d'une reine espagnole le faisait tomber des degrés du trône où il était assis le premier. Il se voyait le sujet du jeune Guise son neveu, et il n'était pas possible qu'il consentît à ce double affront.

Le parlement de Paris, dans cette extrémité, secourut à la fin Henri IV et le duc de Mayenne, et sauva la France.

Le Maître, que le duc de Mayenne avait créé premier président, assembla toutes les chambres le 29 juin 1593. On déclara la loi salique inviolable ; on protesta de nullité contre l'élection d'un prince étranger, et le président Le Maître fut chargé de signifier cet arrêt au duc de Mayenne, et de lui faire les représentations les plus fortes. Le duc de Mayenne les reçut avec une indignation simulée : car pouvait-il être affligé que le parlement rejetât une élection qui lui aurait ôté son pouvoir? Ces remontrances même le flattaient beaucoup. Le parlement lui disait avec autant d'adresse que de fermeté[2] : « Imitez le roi Louis XII, votre bisaïeul, que son amour pour la patrie a fait surnommer le Père du peuple. » Ces paroles faisaient assez entendre qu'on ne le regardait pas comme un prince étranger ; et, tant qu'on éloignait le choix de l'infante, il demeurait revêtu de l'autorité

---

1. Voyez tome XII, page 46.
2. De Thou, livre CVI. (*Note de Voltaire.*)

suprême, sous le titre de protecteur et de lieutenant général de l'État royal de France [1].

Dans cette incertitude des états généraux, il se formait plusieurs partis : celui d'Espagne et de Rome était encore le plus considérable ; mais les meilleurs citoyens, parmi lesquels on comptait plusieurs membres du parlement, étaient en secret pour Henri IV, et penchaient à le reconnaître pour roi, de quelque religion qu'il pût être : ils croyaient qu'il tenait son droit à la couronne de la nature, qui rend tout homme héritier du bien de ses ancêtres.

Si on ne doit point demander à un citoyen ce qu'il croit de l'eucharistie et de la confession pour qu'il jouisse des biens de son père, à plus forte raison ne devait-on pas demander cette condition à l'héritier naturel de tant de rois. Henri IV n'exigeait point des ligueurs qu'ils se fissent protestants ; pourquoi vouloir que Henri IV se fît catholique ? pourquoi gêner la conscience du meilleur des hommes et du plus brave des princes, qui ne gênait la conscience de personne ?

Tels étaient les sentiments des gens raisonnables, et c'est toujours le plus petit nombre.

Une grande partie du peuple, qui sentait sa misère et qui ne raisonnait point, souhaitait ardemment Henri IV pour roi, mais ne le voulait que catholique. Pressé à la fois par l'équité, qui tôt ou tard parle au cœur de l'homme, mais encore plus dominé par la Sorbonne et par les prêtres, partagé entre la superstition et son

---

1. A la mort du duc de Guise, le parlement était composé d'environ cent quatre-vingts membres. Bussy en met en prison cinquante, les plus connus par leur fidélité au roi et par leur courage. Brisson se voit forcé à regret de paraître ligueur. Larcher et lui sont pendus peu de temps après, et, en 1593, le parlement rend un arrêt pour le maintien de la loi salique. On peut conclure de ces faits que le parti de Henri IV, le parti des lois et de la justice dominait dans le parlement ; et que si cette compagnie eût été libre, elle ne se fût pas écartée de la fidélité qu'elle devait au roi. Le fanatisme de quelques membres, la corruption de quelques autres, vendus aux Guises et à l'Espagne, la terreur du reste, la dispersion ou la mort de tous ceux qui avaient du courage, furent cause que ce débris du parlement, renfermé dans Paris, rendit des arrêts contraires aux principes reconnus de la magistrature. Cependant l'arrêt qui reconnaissait pour roi le cardinal de Bourbon conservait la succession dans la ligne catholique ; et il faut songer que depuis plusieurs siècles l'idée qu'un prince hérétique perd ses droits au trône était celle de toute l'Europe. Les protestants eux-mêmes n'étaient pas éloignés de cette doctrine ; aussi sévères contre l'hérésie que les plus zélés partisans de Rome, ils se bornaient à soutenir que la doctrine qu'ils prêchaient ne devait pas être regardée comme hérétique. On voit enfin que le parlement profita, pour déclarer la loi salique inviolable, du premier moment où il put faire cette déclaration sans s'exposer à la violence des ligueurs. (K.)

devoir, il n'eût jamais reconnu un roi qui priait Dieu en français et qui communiait sous les deux espèces.

Henri IV prit enfin le seul parti qui convenait à sa situation et à son caractère. Il fallait se résoudre ou à passer sa vie à mettre la France à feu et à sang et hasarder sa couronne, ou ramener les esprits en changeant de religion. Des princes d'Orange, des Gustave-Adolphe, des Charles XII, n'auraient pas pris ce dernier parti. Il y aurait eu plus d'héroïsme à être inflexible ; mais il y avait plus d'humanité et plus de politique dans sa condescendance. Cette négociation, qui coûtait à son cœur, mais qui était nécessaire, avait commencé dès la première tenue des états. Les évêques de son parti avaient eu de fréquentes conférences à Surêne avec les évêques du parti contraire, en dépit de la Sorbonne, qui avait eu l'insolence et la faiblesse de déclarer ces conférences illicites et impies, mais dont les décrets, méprisés par tous les bons citoyens, commençaient à l'être par la populace même.

On tint donc ces conférences pendant une trêve accordée par le roi et le duc de Mayenne. Les deux principaux chefs de ces négociations étaient Renaud, archevêque de Bourges, du côté du roi, et d'Espinac, archevêque de Lyon, pour la Ligue : le premier, respectable par sa vertu courageuse ; l'autre, diffamé par son inceste avec sa sœur, et odieux par ses intrigues.

Quelques détours que d'Espinac pût prendre pour s'opposer à la conclusion, quelques efforts qu'il tentât avec ses collègues pour intimider les évêques royalistes, quelques menaces qu'il fît de la part du pape, il ne put empêcher les prélats du parti du roi de recevoir son abjuration. L'Espagne, Rome, le duc de Mayenne, et la Ligue, combattaient pour le papisme ; et tout ce qu'ils craignaient était que Henri IV ne se fît catholique. Il franchit ce pas, le 25 juillet 1593, dans l'église de Saint-Denis.

Ce n'est pas un trait indigne de cette histoire d'apprendre qu'un curé de Saint-Eustache, avec six de ses confrères, ayant demandé au duc de Mayenne la permission d'aller à Saint-Denis voir cette cérémonie, le duc de Mayenne les renvoya au légat de Rome, et ce légat les menaça de les excommunier s'ils osaient être témoins de la conversion du roi. Ces bons prêtres méprisèrent la défense du légat italien ; ils sortirent de Paris à travers une foule de peuple qui les bénissait ; ils assistèrent à l'abjuration, et le légat n'osa les excommunier.

Il n'est pas nécessaire de sacrer un roi qui l'est uniquement par le droit de sa naissance. Le sacre n'est qu'une cérémonie, mais elle en impose au peuple, et elle était indispensable pour un roi à peine réuni à l'Église dominante. Henri ne pouvait être sacré à Reims, cette ville était possédée encore par ses ennemis. On proposa Chartres. On fit voir que ni Pepin, ni Charlemagne, ni Robert, fils de Hugues Capet, tige de la maison régnante, ni Louis le Gros, ni plusieurs autres rois, n'avaient été sacrés à Reims. La bouteille d'huile nommée sainte-ampoule, révérée des peuples, faisait naître quelque difficulté. Il fut aisé de prouver que si un ange avait apporté cette bouteille d'huile du haut du ciel, saint Remi n'en avait jamais parlé; que Grégoire de Tours, qui rapporte tant de miracles, avait gardé le silence sur cette ampoule[1]. S'il fallait absolument de l'huile apportée par un ange, on en avait une bonne fiole à Tours, et cette fiole valait bien mieux que celle de Reims, parce que longtemps avant le baptême de Clovis[2] un ange l'avait apportée pour guérir saint Martin d'un rhumatisme. Enfin l'ampoule de Reims n'avait été donnée que pour le baptême de Clovis, et non pour le sacre. On emprunta donc la fiole de Tours. Nicolas de Thou, évêque de Chartres, oncle de l'historien, eut l'honneur de sacrer le plus grand roi qui ait gouverné la France, et le seul de sa race à qui les Français aient disputé sa couronne.

CHAPITRE XXXV.

HENRI IV RECONNU DANS PARIS.

Henri IV, converti et sacré, n'en était pas plus maître de Paris ni de tant d'autres villes occupées par les chefs de la Ligue. C'était beaucoup d'avoir levé l'obstacle et détruit le préjugé des citoyens catholiques qui haïssaient sa religion, et non sa personne. C'était encore plus d'avoir réussi par son changement à diviser les états; mais sa conversion ni son onction ne lui donnaient ni troupes ni argent.

Le légat du pape, le cardinal Pellevé, tous les autres prélats

---

1. Voyez *Essai sur les Mœurs*, chapitre XIII et XLII, tome XI, pages 249 et 365.
2. De Thou, livre CVIII. (*Note de Voltaire.*)

ligueurs, combattaient dans Paris la conversion du roi par des processions et par des libelles; les chaires retentissaient d'anathèmes contre ce même prince devenu catholique; on traitait son changement de simulé, et sa personne d'apostat. Des armes plus dangereuses étaient employées contre lui, on subornait de tous côtés des assassins. On en découvrit un entre plusieurs, nommé Pierre Barrière, de la lie du peuple, bigot et intrépide, employé autrefois par le duc de Guise le Balafré pour enlever la reine Marguerite, femme de Henri IV, au château d'Usson. Il se confessa à un dominicain, à un carme, à un capucin, à Aubry, curé de Saint-André-des-Arcs, ligueur des plus fanatiques, et enfin à Varade, recteur du collége des jésuites de Paris. Il leur communiqua à tous le dessein qu'il avait de tuer le roi pour expier ses péchés; tous l'encouragèrent et lui gardèrent le secret, excepté le dominicain. C'était un Florentin [1], attaché au parti du roi, et espion de Ferdinand, grand-duc de Toscane.

Si les autres se servaient de la confession pour inspirer le parricide, celui-ci s'en servit pour l'empêcher; il révéla le secret de Barrière. On dit que c'est un sacrilége; mais un sacrilége qui empêche un parricide est une action vertueuse. Le Florentin dépeignit si bien cet homme qu'il fut arrêté à Melun lorsqu'il se préparait à commettre son crime.

Dix commissaires, nommés par le roi, le condamnèrent à la roue. Il déclara, avant de mourir [2], que ceux qui lui avaient conseillé ce crime lui avaient assuré que « son âme serait portée par les anges à la béatitude éternelle, s'il venait à bout de son entreprise ».

Ce fut là le premier fruit de la conversion de Henri IV. Cependant les négociations de Brissac [3], créé maréchal de France par le duc de Mayenne, et le zèle de quelques citoyens de Paris, donnèrent à Henri IV cette capitale que la victoire d'Ivry, la prise de tous les faubourgs, et l'escalade aux murs de la ville, n'avaient pu lui donner.

Le duc de Mayenne avait quitté la ville, et y avait laissé pour gouverneur le maréchal de Brissac. Ce seigneur, au milieu de tant de troubles, avait conçu d'abord le dessein de faire de la France une république; mais un échevin nommé Langlois,

---

1. Pierre de L'Estoile dit que ce Florentin s'appelait Séraphin Bianchi, et qu'il était envoyé secret du grand-duc.
2. 28 août 1593. (*Note de Voltaire.*)
3. Voyez la note de la page 563.

homme qui avait beaucoup de crédit dans la ville, et des idées plus saines que le maréchal de Brissac, traitait déjà secrètement avec le roi. L'Huillier, prévôt des marchands, entra bientôt dans le même dessein : ils y entraînèrent Brissac; plusieurs membres du parlement se joignirent secrètement à lui. Le premier président Le Maître était à la tête; le procureur général Molé, les conseillers Pierre d'Amours et Guillaume du Vair, s'assemblaient secrètement à l'Arsenal. Le reste du parlement n'était point dans le secret; il rendit même un arrêt[1] par lequel il défendait toutes sortes d'assemblées et d'amas d'armes. L'arrêt portait que les maisons où ces assemblées secrètes auraient été tenues seraient rasées; toute entreprise, tout discours contre la *sainte Ligue* était réputé crime d'État.

Cet arrêt calmait les inquiétudes des ligueurs. Le légat et le cardinal Pellevé, qui faisaient promener dans Paris la châsse de sainte Geneviève, les ambassadeurs d'Espagne, la faction des Seize, les moines, la Sorbonne, étaient rassurés et tranquilles, lorsque le lendemain, 22 mars, à quatre heures du matin, un bruit de mousqueterie et des cris de *vive le roi!* les réveillèrent.

Le prévôt des marchands, L'Huillier, l'échevin Langlois, avaient passé la nuit sous les armes avec tous les bourgeois qui étaient du complot. On ouvrit à la fois la porte des Tuileries, celle de Saint-Denis, et la Porte-Neuve[2]; les troupes du roi entraient par ces trois côtés et vers la Bastille. Il n'en coûta la vie qu'à soixante soldats de troupes étrangères postées au delà du Louvre, et Henri IV était déjà maître de Paris avant que le cardinal légat fût éveillé.

On ne peut mieux faire que de rapporter ici les paroles de ce respectable Français Auguste de Thou : « On vit presque en un moment les ennemis de l'État chassés de Paris, les factions éteintes, un roi légitime affermi sur son trône, l'autorité du magistrat, la liberté publique et les lois rétablies. »

Henri IV mit ordre à tout. Un de ses premiers soins fut de charger le chancelier Chiverny d'arracher et de déchirer au greffe du parlement toutes les délibérations, tous les arrêts attentatoires à l'autorité royale produits par ces temps malheureux. Le savant Pierre Pithou s'acquitta de ce ministère par l'ordre du chancelier. C'était un homme d'une érudition presque

---

1. 21 mars 1594. (*Note de Voltaire.*)
2. La Porte-Neuve était située entre le Louvre et les Tuileries, à peu près à l'endroit où sont aujourd'hui les trois guichets. (**B.**)

universelle ; il était, dit de Thou, le conseil des ministres d'État, et le juge perpétuel des grandes affaires, sans magistrature.

(28 mars 1594) Le chancelier vint au parlement accompagné des ducs et pairs, des grands officiers de la couronne, des conseillers d'État et des maîtres des requêtes. Ce même Pierre Pithou, qui n'était point magistrat, fit les fonctions de procureur général. Le chancelier apportait un édit qui pardonnait au parlement, qui le rétablissait, et qui faisait en même temps l'éloge de l'arrêt qu'il avait donné en faveur de la loi salique, malgré le légat et les ambassadeurs d'Espagne, après quoi tous les membres du corps prêtèrent serment de fidélité entre les mains du chancelier.

Les officiers du parlement de Châlons et de Tours revinrent bientôt après. Ils reconnurent ceux de Paris pour leurs confrères, et leur seule distinction fut d'avoir le pas sur eux.

Le même jour le parlement, rétabli par le roi, annula tout ce qui avait été fait contre Henri III et Henri IV. Il cassa les états de la Ligue ; il ordonna au duc de Mayenne, sous peine de lèse-majesté, d'obéir au roi ; il institua à perpétuité cette procession à laquelle il assiste tous les ans, le 22 mars[1], en robes rouges, pour remercier Dieu d'avoir rendu Paris à Henri IV, et Henri IV à Paris. Dès ce jour il passa de la rébellion à la fidélité, et reprit surtout ses anciens sentiments de patriotisme qui ont été le plus ferme rempart de la France contre les entreprises de la cour de Rome.

CHAPITRE XXXVI.

HENRI IV ASSASSINÉ PAR JEAN CHATEL. JÉSUITES CHASSÉS. LE ROI MAUDIT A ROME, ET PUIS ABSOUS.

Le roi était maître de sa capitale, il était prêt de l'être de Rouen ; mais la moitié de la France était encore à la Ligue et à l'Espagne : il était reconnu par le parlement de Paris, mais non pas par les moines; la plupart des curés de Paris refusaient de prier pour lui. Dès qu'il entra dans la ville, il eut la bonté de

---

1. Depuis la suppression des parlements, cette procession n'a plus lieu. (B.)

faire garder la maison du cardinal légat, de peur qu'elle ne fût pillée ; il pria ce ministre de venir le voir : le légat refusa de lui rendre ce devoir ; il ne regardait Henri ni comme roi ni comme catholique, et sa raison était que ce prince n'avait point été absous par le pape. Ce préjugé était enraciné chez tous les prêtres, excepté dans le petit nombre de ceux qui se souvenaient qu'ils étaient Français avant d'être ecclésiastiques.

S'il ne suffit pas de se repentir pour obtenir de Dieu miséricorde, s'il est nécessaire qu'un homme soit absous par un autre homme, Henri IV l'avait été par l'archevêque de Bourges. On ne voit pas ce que l'absolution d'un Italien pouvait ajouter à celle d'un Français, à moins que cet Italien ne fût le maître de toutes les consciences de l'univers. Ou l'archevêque de Bourges avait le droit d'ouvrir le ciel à Henri IV, ou le pape ne l'avait pas ; et quand ni l'un ni l'autre n'auraient eu cette puissance, Henri IV n'était pas moins roi par sa naissance et par sa valeur. C'était bien là le cas d'en appeler comme d'abus. Henri IV, affermi sur le trône, n'aurait pas eu besoin de la cour de Rome, et tous les parlements l'auraient déclaré roi légitime et bon catholique sans consulter le pape ; mais on a déjà vu ce que peuvent les préjugés.

Henri IV fut réduit à demander pardon à l'évêque de Rome, Aldobrandin, nommé Clément VIII, de s'être fait absoudre par l'évêque de Bourges, alléguant qu'il n'avait commis cette faute que pressé par la nécessité et par le temps, le suppliant de le recevoir au nombre de ses enfants. Ce fut par le duc de Nevers, son ambassadeur, qu'il fit porter ces paroles ; mais le pape ne voulut point recevoir le duc de Nevers comme ambassadeur de Henri IV ; il l'admit à lui baiser les pieds comme un particulier. Aldobrandin, par cette dureté, faisait valoir son autorité pontificale, et montrait en même temps sa faiblesse. On voyait dans toutes ses démarches sa crainte de déplaire à Philippe II, autant que la fierté d'un pape. Le duc de Nevers ne recevait de réponse à ses mémoires que par le jésuite Tolet, depuis peu promu au cardinalat.

Il n'est pas inutile d'observer les raisons que ce jésuite cardinal alléguait au duc de Nevers : « Jésus-Christ, lui disait-il, n'est pas obligé de remettre les errants dans le bon chemin ; il leur a commandé de s'adresser à ses disciples : c'est ainsi que saint André en usa avec les Gentils[1]. »

---

1. De Thou, livre CVIII. (*Note de Voltaire.*)

Le bonhomme Tolet ne savait ce qu'il disait, il prenait André pour Philippe; lequel Philippe ayant rencontré l'eunuque de Candace, reine d'Éthiopie, lisant dans son chariot un chapitre d'*Isaïe*, apparemment traduit en éthiopien, et n'y entendant rien du tout, Philippe, qui sans doute était savant, lui expliqua le passage, le convertit, le baptisa ; après quoi il fut enlevé par l'esprit [1].

Mais quel rapport de cet eunuque à Henri IV, et de Philippe au pape Clément VIII ? et pourquoi Renaud de Beaune, archevêque de Bourges, ne pouvait-il pas ressembler au Juif Philippe aussi bien que Clément ? C'était se jouer étrangement de la religion que de vouloir soutenir par de telles allégories la conduite de l'évêque souverain de Rome, qui exposait la France à retomber dans les horreurs des guerres civiles. Le duc de Nevers sortit de Rome en colère, et tandis que du Perron et d'Ossat allaient renouveler cette singulière négociation, le même esprit qui avait dicté les refus de Clément VIII aiguisait les poignards levés sur Henri IV.

Un jeune insensé, nommé Jean Châtel, fils d'un gros marchand de drap de Paris, et assez bien apparenté dans la ville, où la famille de sa femme est encore assez nombreuse, ayant étudié aux jésuites, avait été admis dans une de leurs congrégations, et à certains exercices spirituels qu'on faisait dans une chambre appelée la chambre des méditations. Les murailles étaient couvertes de représentations affreuses de l'enfer, et de diables tourmentant des damnés. Ces images, dont l'horreur était encore augmentée par la lueur d'une torche allumée, avaient troublé son imagination. Il était tombé dans des excès monstrueux, il se croyait déjà une victime de l'enfer. On prétend qu'un jésuite lui dit, dans la confession, qu'il ne pouvait échapper aux châtiments éternels qu'en délivrant la France d'un roi toujours hérétique. Ce malheureux, âgé de dix-neuf ans, se persuada que du moins s'il assassinait Henri IV il rachèterait une partie des peines que l'enfer lui préparait. « Je sais bien que je serai damné, disait-il, mais j'ai mieux aimé l'être comme quatre que comme huit. » Il y a toujours de la démence dans les grands crimes : il voulait mourir; l'excès de sa fureur alla au point que, de son aveu même, il avait résolu de commettre en public le crime de bestialité, s'imaginant que sur-le-champ on le ferait mourir dans les supplices. Ensuite, ayant changé d'idée, et détestant toujours la vie, il reprit le dessein d'assassiner le roi.

---

[1]. *Actes des apôtres*, chapitre VIII, versets 27-39.

HENRI IV ASSASSINÉ PAR JEAN CHATEL.

Il se mêla dans la foule des courtisans[1] dans le moment que le roi embrassait le sieur de Montigny : il portait le coup au cœur; mais le roi, s'étant beaucoup baissé, le reçut dans les lèvres. La violence du coup était si forte qu'elle lui cassa une dent, et le roi fut sauvé pour cette fois[2].

On trouva dans la poche de Jean Châtel un écrit contenant sa confession. Il était bien horrible qu'une institution aussi ancienne, établie pour expier ou pour prévenir les crimes, servît si souvent à les faire commettre. C'est un malheur attaché à la confession auriculaire.

Le grand-prévôt se saisit d'abord de ce misérable ; mais Auguste de Thou, l'historien, obtint que le parlement fût son juge. Le coupable ayant avoué dans son interrogatoire qu'il avait étudié chez les jésuites, qu'il se confessait à eux, qu'il était de leur congrégation, le parlement fit saisir et examiner leurs papiers. On trouva dans ceux du jésuite Jean Guignard ces paroles : « On a fait une grande faute à la Saint-Barthélemy de ne point saigner la veine basilique; » basilique veut dire royale, et cela signifiait qu'on aurait dû exterminer Henri et le prince de Condé. Ensuite on trouvait ces mots : « Faut-il donner le nom de roi de France à un Sardanapale, à un Néron, à un renard de Béarn ? L'acte de Jacques Clément est héroïque. Si on peut faire la guerre au Béarnais, il faut le guerroyer; sinon, qu'on l'assassine. »

Châtel fut écartelé, le jésuite Guignard fut pendu ; et ce qui est bien étrange, Jouvency, dans son *Histoire des Jésuites*, le regarde comme un martyr et le compare à Jésus-Christ. Le régent de Châtel, nommé Guéret, et un autre jésuite, nommé Hay, ne furent condamnés qu'à un bannissement perpétuel.

Les jésuites avaient dans ce temps-là même un grand procès au parlement contre la Sorbonne, qui avait conclu à les chasser du royaume[3]. Le parlement les chassa en effet par un arrêt

---

1. 1594, 27 décembre, à six heures du soir. (*Note de Voltaire.*)
2. D'Aubigné, protestant fanatique, écrivit à Henri IV: « Vous avez renié Dieu de bouche, et il a frappé votre bouche; prenez garde à le jamais renier de cœur. » (K.)
3. Il faut lire avec beaucoup de défiance tout ce qui regarde les jésuites, dans les remarques de l'abbé de L'Écluse sur les *Mémoires de Sully*. Non-seulement L'Écluse a falsifié les *Mémoires de Sully* en plusieurs endroits; mais comme il imprimait en 1740, et que les jésuites étaient alors fort puissants, il les flattait lâchement. Il cite toujours mal à propos, en fait de finances, le *Testament* attribué au cardinal de Richelieu, ouvrage d'un faussaire ignorant qui ne savait pas même l'arithmétique. (*Note de Voltaire.*) — Cette dernière petite phrase est une de celles qui, selon Diderot, démasquaient Voltaire déguisé en abbé Big.... (G. A.) — La

solennel qui fut exécuté dans tout le ressort de Paris, et dans celui de Rouen et de Dijon. Cette exécution ne devait pas plaire au pape, que du Perron et d'Ossat sollicitaient alors de donner au roi cette absolution si longtemps refusée ; mais ce prince remportait tous les jours de si grands avantages, et commençait à réunir avec tant de prudence les membres de la France déchirée, que le pape ne pouvait plus être inflexible. D'Ossat lui mandait : « Faites bien vos affaires de par-delà, et je vous réponds de celles de par-deçà. » Henri IV suivait parfaitement ce conseil. Clément VIII pourtant mettait d'abord, à la prétendue grâce qu'il faisait, des conditions qu'il était impossible d'accepter. Il voulait que le roi fît serment de renoncer à tous ses droits à la couronne, si jamais il retombait dans l'erreur, et de faire la guerre aux Turcs au lieu de la faire à Philippe II. Ces deux propositions extravagantes furent rejetées, et enfin le pape se borna à exiger qu'il réciterait son chapelet tous les jours, les litanies le mercredi, et le rosaire de la vierge Marie le samedi.

Clément prétendit encore insérer dans sa bulle que « le roi, en vertu de l'absolution papale, était réhabilité dans ses droits au royaume ». Cette clause qu'on glissait adroitement dans l'acte était plus sérieuse que l'injonction de réciter le rosaire.

D'Ossat, qui ne manqua pas de s'en apercevoir, fit réformer la bulle ; mais ni lui ni du Perron ne purent se soustraire à la cérémonie de s'étendre le ventre à terre, et de recevoir des coups de baguettes sur le dos au nom du roi, pendant qu'on chantait le *Miserere*.

La fatalité des événements avait mis aux pieds d'un autre pape un autre Henri IV, il y avait plus de cinq cents ans.

L'empereur Henri IV, ressemblant en beaucoup de choses au roi de France, valeureux, galant, entreprenant, et sachant plier comme lui, s'était vu dans une posture encore plus humiliante : il s'était prosterné, pieds nus et couvert d'un cilice, aux genoux de Grégoire VII [1]. L'un et l'autre prince furent la victime de la superstition, et moururent de la manière la plus déplorable.

---

première édition des *Mémoires de Sully*, arrangés par L'Écluse, est de 1745, 3 volumes in-4°, ou 8 volumes in-12. Ce n'est pas l'ouvrage de Sully. L'Écluse a mis à la troisième personne le récit qui était à la seconde, et dont la lecture, il faut l'avouer, est très-fatigante. On ne réimprime plus que le travail de L'Écluse, qui a changé le fond tout aussi bien que la forme ; mais pour juger le travail de Sully, c'est dans sa forme primitive qu'il faut le lire ; ces éditions sont intitulées *Mémoires des sages et royalles œconomies d'Estat*. (B.)

1. Voyez, tome XIII, les *Annales de l'Empire*, année 1077.

CHAPITRE XXXVII.

ASSEMBLÉE DE ROUEN. ADMINISTRATION DES FINANCES.

On ne regarde communément Henri IV que comme un brave et loyal chevalier, valeureux comme les du Guesclin, les Bayard, les Crillon ; aussi doux, aussi facile dans la société qu'ardent et intrépide dans les combats ; indulgent à ses amis, à ses serviteurs, à ses maîtresses ; le premier soldat de son royaume, et le plus aimable gentilhomme : mais quand on approfondit sa conduite, on lui trouve la politique des d'Ossat et des Villeroi.

La dextérité avec laquelle il négocia la reddition de Paris, de Rouen, de Reims, de plusieurs autres villes, marquait l'esprit le plus souple et le plus exercé dans les affaires ; démêlant tous les intérêts divers des chefs de la Ligue, opposés les uns aux autres ; traitant à la fois avec plus de vingt ennemis, employant chacun de ses agents suivant leur caractère ; domptant à tout moment sa vivacité par sa prudence ; allant toujours droit au bien de l'État dans cet horrible labyrinthe. Quiconque examinera de près sa conduite avouera qu'il dut son royaume autant à son esprit qu'à son courage. La grandeur de son âme plia sous la nécessité des temps. Il aima mieux acheter l'obéissance de la plupart des chefs de la Ligue que de faire couler continuellement le sang de son peuple. Il se servit de leur avarice pour subjuguer leur ambition. Le vertueux duc de Sully, digne ministre d'un tel maître, nous apprend qu'il en coûta trente-deux millions en divers temps pour réduire les restes de la Ligue [1].

Henri ne crut pas devoir se dispenser de payer exactement cette somme immense dans le cours de son règne, quoique au fond ces promesses eussent été extorquées par des rebelles ; il joignit à beaucoup d'adresse la bonne foi la plus incorruptible.

Il n'était point encore réconcilié avec Rome ; il regagnait pied à pied son royaume par sa valeur et par son habileté, lorsqu'il

---

1. Sully, page 380 du tome IV de l'édition in-folio de 1663 de ses *Mémoires*, donne le prix auquel se vendirent plusieurs chefs. Louis de Lhopital, seigneur de Vitry, vendit Meaux pour 20,000 écus et l'emploi de bailli ; Villeroi vendit Pontoise 476,594 livres ; Villars vendit Rouen et la Normandie pour 3,477,800 livres ; La Chatre vendit Bourges et Orléans pour 898,900 livres, etc., etc. ; Brissac vendit Paris 1,695,400 livres. (B.)

convoqua dans Rouen une espèce d'états généraux sous le nom d'assemblée de notables. On voit assez par toutes ces convocations différentes qu'il n'y avait rien de fixe en France. Ce n'était pas là les anciens parlements du royaume, où tous les guerriers nobles assistaient de droit. Ce n'était ni les diètes de l'empire, ni les états de Suède, ni les cortès d'Espagne, ni les parlements d'Angleterre, dont tous les membres sont fixés par les lois. Tous les hommes un peu considérables, qui furent à portée de faire le voyage de Rouen, furent admis dans ces états [1]; Alexandre de Médicis, légat du pape, y fut introduit, et y eut voix délibérative. L'exemple du cardinal de Plaisance, qui avait tenu les états de la Ligue, lui servait de prétexte, et le roi, qui avait besoin du pape, dérogea aux lois du royaume sans craindre les conséquences d'une vaine cérémonie.

L'ouverture des états se fit le 4 novembre 1596 dans la grande salle de l'abbaye de Saint-Ouen : car il est à remarquer que ce n'est guère que chez les moines que se trouvent ces basiliques immenses où l'on puisse tenir de grandes assemblées. Le clergé de France ne tient ses séances à Paris que chez les moines augustins. Le parlement même d'Angleterre ne siége que dans l'abbaye de Westminster.

Le roi était sur son trône. Au-dessous de lui étaient à droite et à gauche les princes du sang, le connétable Henri de Montmorency, duc et pair; il n'y avait que deux autres ducs, d'Épernon et Albert de Gondi, avec Jacques de Matignon, maréchal de France. Les quatre secrétaires d'État étaient derrière eux. Le légat avait un siége vis-à-vis le trône du roi; il était entouré d'un grand nombre d'évêques ; on eût cru voir un autre roi qui tenait sa cour vis-à-vis de Henri IV. Au-dessous de ces évêques était Achille de Harlai, premier président du parlement de Paris, et Pierre Séguier, président à mortier. Ils n'auraient point cédé aux évêques ; mais le cardinal légat leur en imposait. Un président de Toulouse, un de Bordeaux, des maîtres des comptes, des conseillers des cours des aides, des trésoriers de France, des juges, des maires de provinces, étaient rangés en grand nombre sur ces mêmes bancs dont Achille de Harlai occupait le milieu.

Ce fut là que Henri IV prononça ce discours célèbre, dont la mémoire subsistera autant que la France : on vit que la véritable éloquence est dans la grandeur de l'âme.

« Je viens, dit-il, demander vos conseils, les croire et les

---

1. 1596. (*Note de Voltaire.*)

suivre, me mettre en tutelle entre vos mains : c'est une envie qui ne prend guère aux rois, aux barbes grises et aux victorieux ; mais mon amour pour mes sujets me fait trouver tout possible et tout honorable[1]. »

La grande affaire était l'arrangement des finances ; les états, très-peu instruits de cette partie du gouvernement, imaginèrent des règlements nouveaux, et se trompèrent en tout. Ils supposèrent d'abord que le revenu du roi allait à trente millions de ce temps-là par année. Ils proposèrent de partager cette somme en deux : l'une serait absolument à la disposition du roi, et l'autre serait perçue et administrée par un conseil que les états établiraient. C'était en effet mettre Henri IV en tutelle. Il accepta, par le conseil de Sully, cette proposition peu convenable, et crut ne devoir en confondre les auteurs qu'en les chargeant d'un fardeau qu'ils étaient incapables de porter. Le cardinal de Gondi, archevêque de Paris, qui avait le premier ouvert cet avis, fut mis à la tête du nouveau conseil des finances, qui devait recouvrer les prétendus quinze millions, la moitié des revenus de l'État.

Gondi était originaire d'Italie ; il gouvernait sa maison avec une économie qui approchait de l'avarice : ces deux raisons le firent croire capable de gérer la partie la plus difficile des finances d'un grand royaume ; les états et lui oublièrent combien il était indécent à un archevêque d'être financier.

Sully[2], le plus jeune du conseil des finances du roi, mais le plus capable, comme il était le plus honnête homme, recouvra en peu de temps, et par son infatigable industrie, la partie des finances qui lui était confiée. Le conseil de l'archevêque, qui s'était donné le titre de conseil de raison, ne put, dit Sully, rien faire de raisonnable. Les semaines, les mois s'écoulèrent sans qu'ils pussent recouvrer un denier. Ils furent enfin obligés de renoncer à leur administration, de demander pardon au roi, et d'avouer leur ignorance. Ce fut cette aventure qui détermina Henri IV à donner à Sully la surintendance des finances.

1. Voyez le chapitre CLXXIV de *l'Essai sur les Mœurs*.
2. Il n'était alors que marquis de Rosny. (*Note de Voltaire.*)

CHAPITRE XXXVIII.

HENRI IV NE PEUT OBTENIR DE L'ARGENT POUR REPRENDRE AMIENS, S'EN PASSE, ET LE REPREND.

L'article des finances jeta quelquefois de l'ombrage entre le roi et le parlement. Ce prince, comme on l'a dit, n'avait pas regagné tout son royaume par l'épée, il s'en fallait beaucoup. Les chefs de la Ligue lui en avaient vendu la moitié. Sully commençait à peine à débrouiller le chaos des revenus de l'État ; le roi faisait la guerre à Philippe II, lorsqu'un accident imprévu mit la France dans le plus grand danger.

L'archiduc Ernest, gouverneur des Pays-Bas pour le roi Philippe II, s'empara de la ville d'Amiens, avec des sacs de noix, par une surprise peu honorable pour les habitants. Les troupes espagnoles pouvaient faire des courses depuis Amiens jusqu'aux portes de Paris. Il était d'une nécessité absolue de reprendre par un long siége ce que l'archiduc avait pris en un moment.

L'argent, qui est toujours ce qui manque dans de telles occasions, était le premier ressort qu'il fallait employer. Sully, en qui le roi commençait à prendre une grande confiance, fit en hâte un plan qui produisit les deniers nécessaires. Lui seul mit le roi en état d'avoir promptement une armée et une artillerie formidable ; lui seul établit un hôpital beaucoup mieux servi que ne l'a jamais été celui de Paris, et ce fut peut-être pour la première fois qu'une armée française se trouva dans l'abondance. Mais pour fournir tout l'argent destiné à cette entreprise, Sully fut obligé d'ajouter aux ressources de son génie quelques impôts et quelques créations de charges qui exigeaient des édits ; et ces édits demandaient un enregistrement au parlement.

Le roi, avant de partir pour Amiens, écrivit au premier président de Harlai « qu'on devait nourrir ceux qui défendent l'État. Qu'on me donne une armée, et je donnerai gaiement ma vie pour vous sauver et pour relever la France ». Les édits furent rejetés ; il n'eut d'abord au lieu d'argent que des remontrances. Le premier président, avec plusieurs députés, vint lui représenter les besoins de l'État. « Le plus grand besoin, lui répondit le roi, est de chasser les ennemis de l'État ; vous êtes comme ces fous d'Amiens, qui, m'ayant refusé deux mille écus, en ont perdu un million. Je vais à l'armée me faire donner quelques coups de pistolet à la tête, et vous verrez ce que c'est que d'avoir perdu votre roi. » Harlai lui répliqua : « Nous sommes obligés d'écouter la justice, Dieu nous l'a baillée en main. — C'est à moi, dit le roi, que Dieu l'a baillée, et non à vous. » Il fut obligé d'envoyer plusieurs lettres de jussion, et d'aller lui-même au parlement faire enregistrer ses édits.

Avant d'aller au parlement, il avait cru devoir faire sortir de la ville le président Séguier et le conseiller La Rivière, les plus opposés à la vérification ; mais ce bon prince révoqua l'ordre immédiatement après l'avoir donné. Il tint son lit de justice avec la hauteur d'un roi, et avec la bonté d'un père. On vit le vainqueur de Coutras, d'Arques, d'Ivry, d'Aumale, de Fontaine-Française, au milieu de son parlement comme s'il eût été dans sa famille, parlant familièrement à ces mêmes magistrats qui, trop occupés de la forme, s'étaient trop opposés à un fond dont le salut public dépendait ; louant ceux qui avaient les intentions droites, réprimandant doucement les jeunes conseillers des enquêtes, et leur disant : « Jeunes gens, apprenez de ces bons vieillards à modérer votre fougue. »

On peut connaître l'extrême besoin où il était par un seul trait. Il fut obligé, en partant pour le camp d'Amiens, d'emprunter quatre mille écus de sa maîtresse Gabrielle d'Estrées, qu'il fit duchesse de Beaufort, et que le sot peuple appela la duchesse d'ordure. Tout l'argent qu'on lui donnait était pour ses officiers et pour ses soldats ; il ne lui resta rien pour sa personne. Les commissaires de ses finances, qui étaient au camp, le laissaient manquer du nécessaire. On sait qu'il mandait au duc de Sully que « sa marmite était renversée, ses pourpoints percés par le coude, ses chemises trouées » ; et c'était le plus grand roi de l'Europe qui écrivait ainsi !

CHAPITRE XXXIX.

D'UNE FAMEUSE DÉMONIAQUE.

Le parlement de Paris, renfermé dans les bornes de son devoir, n'en fut que plus respecté, et il eut beaucoup plus de réputation sous Henri IV que sous la Ligue. Il rendit un très-grand service à la France en s'opposant toujours à l'acceptation du concile de Trente. Il y avait en effet vingt-quatre décrets de ce concile si opposés aux droits de la couronne et de la nation que, si on les eût souscrits, la France aurait eu la honte d'être un pays d'obédience.

L'affaire ecclésiastique dans laquelle il signala le plus sa prudence fut celle qui ût le moins d'honneur à quelques ecclésiastiques encore ennemis secrets du roi, qui avait embrassé leur religion. Ils imaginèrent de produire sur la scène une démoniaque, pour confondre les protestants dont le roi récompensait les services fidèles, et dont plusieurs avaient un grand crédit à la cour. On prétendait exciter les peuples catholiques, en leur faisant voir combien Dieu les distinguait des huguenots. Dieu ne faisait qu'à eux la faveur de leur envoyer des possédés; on contraignait les diables par les exorcismes à déclarer que le catholicisme était la vraie religion; et renoncer au protestantisme, c'était renoncer au diable.

Ce sont presque toujours des filles qu'on choisit pour jouer ces comédies; la faiblesse de leur sexe les soumet plus aisément que les hommes aux séductions de leurs directeurs, et, accoutumées par leur faiblesse même à cacher leurs secrets, elles soutiennent ces rôles singuliers avec plus de constance que les hommes.

Une fille de Romorantin, dont le corps était d'une souplesse extraordinaire, joua le rôle de possédée dans une grande partie de la France. Des capucins la promenaient de diocèse en diocèse. Un nommé Duval, docteur de Sorbonne, accréditait cette farce à Paris; un évêque de Clermont, un abbé de Saint-Martin[1], voulurent mener cette fille en triomphe à Rome.

Le parlement procéda contre eux tous. On assigna Duval et les capucins; ils répondirent par écrit que la bulle *In cœna Domini* leur défendait d'obéir aux juges royaux. Le parlement fit brûler leur réponse, condamna la bulle *In cœna Domini*, et interdit la chaire aux capucins. Cette seule interdiction eût en d'autres

---

1. L'évêque de Clermont et l'abbé de Saint-Martin, son frère, étaient neveux du comte de La Rochefoucauld, tué à la journée de la Saint-Barthélemy. L'évêque de Clermont a été plus connu, pendant le règne de Louis XIII, sous le nom de cardinal de La Rochefoucauld. C'est lui qui a réformé cette espèce de moines que le public appelle Génovéfains, et qui se donnent le nom de Congrégation de France. On prétend qu'à la fin de sa vie il eut la fantaisie de se faire jésuite; le général le refusa; mais il lui permit, pour le consoler, d'avoir toujours chez lui un jésuite auquel il serait obligé d'obéir. (K.)

temps attiré ce qu'on appelle les foudres de Rome sur le roi et sur le parlement; mais la scène se passait en 1599, temps où le roi était maître absolu de son royaume. Philippe II, qui avait tant gouverné la cour de Rome, n'était plus; et le pape commençait à respecter Henri IV.

Il ne faut pas omettre la réponse sage et plaisante du premier président de Harlai à des bourgeoises de Paris. Madame Catherine, sœur du roi, qui n'avait pas été obligée comme lui de se faire catholique, tenait un prêche public dans son palais. Il n'était pas permis d'en avoir dans la ville; mais la rigueur des lois comme la volonté du prince pliait sous de justes égards. Trente ou quarante dévotes, excitées par leurs confesseurs, marchèrent en tumulte dans les rues, demandant justice de cet attentat; armées de crucifix et de chapelets, elles faisaient des stations aux portes des églises, ameutaient le peuple, couraient chez les magistrats. Elles allèrent chez le premier président, et le conjurèrent de remplir les devoirs de sa charge: « Je les remplirai, dit-il, mesdames; envoyez-moi vos maris, je leur ordonnerai de vous faire enfermer. »

CHAPITRE XL.

DE L'ÉDIT DE NANTES. DISCOURS DE HENRI IV AU PARLEMENT. PAIX DE VERVINS.

Les protestants du royaume étaient affligés d'avoir vu leur religion abandonnée par Henri. Les plus sages lui pardonnaient une politique nécessaire, et lui furent toujours fidèles; les autres murmurèrent longtemps; ils tremblèrent de se voir la victime des catholiques, et demandèrent souvent au roi des sûretés contre leurs ennemis. Les ducs de Bouillon et de la Trimouille étaient à la tête de cette faction; le roi contint les plus mutins, encouragea les plus fidèles, et rendit justice à tous.

Il traita avec eux comme il avait traité avec les ligueurs, mais il ne lui en coûta ni argent ni gouvernements, comme les ligueurs lui en avaient extorqué. Il se souvenait d'ailleurs qu'il avait été longtemps leur chef, qu'il avait gagné avec eux des batailles, et que, s'il avait prodigué son sang pour eux, leurs pères et leurs frères étaient morts pour lui.

Il délégua donc trois commissaires plénipotentiaires pour rédiger avec eux-mêmes un édit solennel et irrévocable qui leur assurât le repos et la liberté d'une religion si longtemps persécutée, afin qu'elle ne fût désormais ni opprimée ni opprimante.

L'édit fut signé le dernier avril 1598 : non-seulement on leur accordait cette liberté de conscience qui semble être de droit naturel, mais on leur laissait pour huit années les places de sûreté que Henri III leur avait données au delà de la Loire, et surtout dans le Languedoc. Ils pouvaient posséder toutes les charges comme les catholiques. On établissait dans les parlements des chambres composées de catholiques et de protestants[1].

Le parlement rendit alors un grand service au roi et au royaume, en se joignant aux évêques pour remontrer au roi le danger d'un article de l'édit que le roi avait signé avec une facilité trop précipitée. Cet article portait qu'ils pourraient s'assembler en tel lieu et en tel temps qu'ils voudraient, sans demander permission; qu'ils pourraient admettre les étrangers dans leurs synodes, et aller hors du royaume aux synodes étrangers.

Henri IV vit qu'il avait été surpris, et supprima cette concession qui ouvrait la porte aux conspirations et aux troubles. Enfin il concilia si bien ce qu'il devait de reconnaissance aux protestants, et de ménagements aux catholiques, que tout le monde dut être satisfait; et il prit si bien ses mesures que, de son temps, la religion protestante ne fut plus une faction.

Cependant le parlement, craignant les suites de la bonté du roi, refusa longtemps d'enregistrer l'édit. Il fit venir deux députés de chaque chambre au Louvre. Il est triste que le président de Thou, dans son histoire écrite avec tant de candeur, n'ait jamais rapporté les véritables discours de Henri IV. Cet historien, écrivant en latin, non-seulement ôtait aux paroles du roi cette naïveté familière qui en fait le charme, et qu'on ne peut traduire; mais il imitait encore les anciens auteurs latins, qui mettaient leurs propres idées dans la bouche de leur personnage, se piquant plutôt d'être orateurs élégants que narrateurs fidèles. Voici la partie la plus essentielle du discours que tint Henri IV au parlement :

« Je prends bien les avis de tous mes serviteurs : lorsqu'on m'en donne de bons, je les embrasse; et si je trouve leur opi-

---

1. Voyez, page 14 du présent volume, le chapitre xxxvi du *Siècle de Louis XIV*.

nion meilleure que la mienne, je la change fort volontiers. Il n'y a pas un de vous que quand il me voudra venir trouver et me dire : Sire, vous faites telle chose qui est injuste à toute raison, que je ne l'écoute fort volontiers. Il s'agit maintenant de faire cesser tous faux bruits; il ne faut plus faire de distinction de catholiques et de huguenots; il faut que tous soient bons Français, et que les catholiques convertissent les huguenots par l'exemple de leur bonne vie ; mais il ne faut pas donner occasion aux mauvais bruits qui courent par tout le royaume : vous en êtes la cause pour n'avoir pas promptement vérifié l'édit.

« J'ai reçu plus de biens et plus de grâces de Dieu que pas un de vous; je ne désire en demeurer ingrat; mon naturel n'est pas disposé à l'ingratitude, combien qu'envers Dieu je ne puisse être autre ; mais pour le moins j'espère qu'il me fera la grâce d'avoir toujours de bons desseins. Je suis catholique, et ne veux que personne en mon royaume affecte d'être plus catholique que moi. Être catholique par intérêt, c'est ne valoir rien.

« On dit que je veux favoriser ceux de la religion, et on veut entrer en quelque méfiance de moi. Si j'avais envie de ruiner la religion catholique, je ne m'y conduirais de la façon ; je ferais venir vingt mille hommes; je chasserais d'ici ceux qu'il me plairait; et quand j'aurais commandé que quelqu'un sortît, il faudrait obéir. Je dirais : Messieurs les juges, il faut vérifier l'édit, ou je vous ferai mourir; mais alors je ferais le tyran. Je n'ai point conquis ce royaume par tyrannie, je l'ai par nature et par mon travail.

« J'aime mon parlement de Paris par-dessus tous les autres; il faut que je reconnaisse la vérité, que c'est le seul lieu où la justice se rend aujourd'hui dans mon royaume ; il n'est point corrompu par argent. En la plupart des autres, la justice s'y vend ; et qui donne deux mille écus l'emporte sur celui qui donne moins : je le sais, parce que j'ai aidé autrefois à boursiller; mais cela me servait à des desseins particuliers.

« Vos longueurs et vos difficultés donnent sujet de remuements étranges dans les villes. L'on a fait des processions contre l'édit, même à Tours, où elles se devaient moins faire qu'en tout autre lieu, d'autant que j'ai fait celui qui en est archevêque. L'on en fait aussi au Mans pour inspirer aux juges à rejeter l'édit ; cela ne s'est fait que par mauvaise inspiration. Empêchez que de telles choses n'arrivent plus. Je vous prie que je n'aie plus à parler de cette affaire, et que ce soit pour la dernière fois : faites-le, je vous le commande et vous en prie. »

Malgré ce discours du roi, les préjugés étaient encore si forts qu'il y eut de grands débats dans le parlement pour la vérification. La compagnie était partagée entre ceux qui, ayant été longtemps du parti de la Ligue, conservaient encore leurs anciens sentiments sur ce qui concernait les affaires de la religion, et ceux qui, ayant été auprès du roi à Tours et à Châlons, connaissaient mieux sa personne et les besoins de l'État. L'éloquence et la sagesse de deux magistrats ramenèrent tous les esprits. Un conseiller nommé Coqueley, autrefois ligueur violent, et depuis détrompé, fit un tableau si touchant des malheurs où la guerre civile avait réduit la France, et du bonheur attaché à l'esprit de tolérance, que tous les cœurs en furent émus. Mais il y avait dans le parlement des hommes très-savants dans les lois, qui, trop frappés des anciennes lois sévères des deux Théodoses contre les hérétiques, pensaient que la France devait se conduire par les institutions de ces empereurs.

Le président Auguste de Thou, encore plus savant qu'eux, les battit par leurs propres armes. « L'empereur Justin, leur dit-il, voulut extirper l'arianisme dans l'Orient ; il crut y parvenir en dépouillant les ariens de leurs églises. Que fit alors le grand Théodoric, maître de Rome et d'Italie? Il envoya l'évêque de Rome Jean Ier avec un consul et deux patrices en ambassade à Constantinople, déclarer à Justin que s'il persécutait ceux qu'on appelait ariens, Théodoric ferait mourir ceux qui se nommaient seuls catholiques. » Cette déclaration arrêta l'empereur, et il n'y eut alors de persécution ni dans l'Orient ni dans l'Occident.

Un si grand exemple rapporté par un homme tel que de Thou, l'image frappante d'un pape allant lui-même de Rome à Constantinople parler en faveur des hérétiques, firent une si puissante impression sur les esprits que l'édit de Nantes passa tout d'une voix, et fut ensuite enregistré dans tous les parlements du royaume [1].

Henri IV donnait en même temps [2] la paix à la religion et à l'État. Il faisait alors le traité de Vervins avec le roi d'Espagne. Ce fut le premier traité qui fut avantageux à la France. La paix de

---

1. L'édit de Nantes avait les mêmes inconvénients que les édits de pacification du chancelier de L'Hospital. Ce n'était pas une loi de tolérance destinée à maintenir tous les membres de l'État dans le droit de professer librement la croyance et le culte qu'ils ont adoptés, droit donné par la nature, droit auquel jamais un homme n'a pu renoncer sans être fou, et dont par conséquent aucune loi positive ne peut légitimement priver un seul citoyen, fût-elle portée du consentement unanime de tous les autres : l'édit de Nantes n'était qu'un traité de paix entre les sectateurs des deux religions, et par conséquent il ne pouvait subsister qu'aussi longtemps que les forces des deux partis se contre-balanceraient. (K.)

2. 7 juin 1598. (*Note de Voltaire.*)

Cateau-Cambresis [1], sous Henri II, lui avait coûté beaucoup de villes. Celles que firent François Ier et ses prédécesseurs furent ruineuses. Henri IV se fit rendre tout ce que Philippe II avait usurpé dans les temps malheureux de la Ligue ; il fit la paix en victorieux ; la fierté de Philippe II fut abaissée ; il souffrit qu'au congrès de Vervins ses ambassadeurs cédassent en tout la préséance aux ambassadeurs de France, en couvrant son humiliation du vain prétexte que ses plénipotentiaires n'étaient que ceux de l'archiduc Ernest, gouverneur des Pays-Bas, et non pas ceux du roi d'Espagne.

Ce même monarque, qui du temps de la Ligue disait : « Ma ville de Paris, ma ville de Reims, ma ville de Lyon, » et qui n'appelait Henri IV que le *prince de Béarn*, fut forcé de recevoir la loi de celui qu'il avait méprisé, et qu'il respectait dans son cœur, s'il connaissait la gloire.

Henri IV vint jurer cette paix sur les Évangiles dans l'église cathédrale de Paris [2]. Cette cérémonie se fit avec autant de magnificence que Henri mettait de simplicité dans sa vie privée. (4 et 21 juin 1598) Les ambassadeurs d'Espagne étaient accompagnés de quatre cents gentilshommes. Le roi, à cheval, à la tête de tous les princes, des ducs et pairs et des grands officiers, suivi de six cents gentilshommes des plus distingués du royaume, signa le traité et prononça le serment ayant le légat du pape à sa droite, et les ambassadeurs d'Espagne à sa gauche.

Il n'est point dit que le parlement assista à cette cérémonie, ni qu'il ait enregistré le traité [3] : soit qu'on regardât cette grande solennité du serment comme suffisante, soit qu'on crût que les enregistrements n'étaient nécessaires que pour les édits dont les juges devaient maintenir l'observation. Ce jour fut une des plus célèbres époques du règne trop court de Henri IV.

1. Voyez tome XII, page 462.
2. 21 juin 1598. (*Note de Voltaire.*)
3. Le traité de paix de Vervins, du 2 mai 1598, a été enregistré au parlement le 31 août de la même année, l'avocat général Servin portant la parole. Dès le mois de juin le parlement l'avait publié ; c'est ce qu'on voit par une lettre de Boissy-d'Anglas à François de Neufchâteau, imprimée dans le *Journal de Paris,* du 26 septembre 1808. Un des articles du traité portait qu'il serait enregistré. (B.)

TABLE

DES MATIÈRES CONTENUES DANS CE VOLUME

SIÈCLE DE LOUIS XIV.

Chap. XXXV. — Affaires ecclésiastiques. Disputes mémorables, 1. — Évêques r ou prêtres, *ibid.* — Don gratuit, 2. — Richesses du clergé, *ibid.* — Usage du clergé dans ses subsides, 5. — Anciennes maximes du clergé, *ibid.* — Conduite du roi avec le clergé, 6. — Des libertés de l'Église gallicane, 7. — De la régale, 8. — Autrefois les rois donnaient tous les bénéfices, *ibid.* — Résistance de l'évêque de Pamiers, 9. — Grand-vicaire traîné sur la claie en effigie, 10. — Fameuse assemblée du clergé, *ibid.* — La France prête à se séparer de Rome, 11. — Les quatre propositions, *ibid.* — Innocent XI, ennemi de Louis XIV, 12. — Réforme du clergé, 13. — Superstitions supprimées en partie, *ibid.*

Chap. XXXVI. — Du calvinisme au temps de Louis XIV, 14. — Pourquoi y a-t-il toujours eu des querelles théologiques? 15. — Origine des sectes du xvie siècle, 16. — Ces sectes bannies des États monarchiques, 17. — Pourquoi établies en France, *ibid.* — Édit de Nantes, 18. — Séditions des réformés, 19. — Nouvelles guerres civiles des réformés, *ibid.* — Édit de grâce aux réformés, 20. — Richelieu veut enfin réunir les deux religions, 21. — Réformés protégés par Colbert, 22. — Louis XIV excité contre eux, *ibid.* — Petits enfants convertis, 24. — Mesures du gouvernement, *ibid.* — Pellisson converti pour de l'argent, *ibid.* — Prédicants roués, 25. — Les huguenots s'enfuient, 26. — Dragonnades, *ibid.* — Lettre apostolique de Louvois, 27. — Édit de Nantes révoqué, 28. — Peuples, argent, manufactures, transportés, *ibid.* — Prisons et galères, 29. — Rebelles et prophètes, 32. — Prophètes verriers, 33. — Ministre roué, 34. — Prophètes assassins, *ibid.* — L'abbé de La Bourlie, *ibid.* — Guerres des fanatiques, 35. — Un garçon boulanger fait la guerre à Louis XIV, *ibid.* — Le garçon boulanger traite avec le maréchal de Villars, 36. — Fureur singulière, 37. — Conspiration des prophètes, *ibid.* — Prophètes réfugiés à Londres proposent de ressusciter un mort, 38.

Chap. XXXVII. — Du jansénisme, 39. — Jansénisme moins turbulent que le calvinisme, *ibid.* — Baïus inintelligible, *ibid.* — Rome se moque de Baïus, 40. —

Molina visionnaire, *ibid.* — Procès à Rome pour ses visions, 41. — Ni les plaideurs ni les juges ne s'entendent, *ibid.* — Jansénius tout comme Baïus, *ibid.* — Arnauld digne de ne point entrer dans ces querelles, 42. — Les cinq propositions aussi ridicules que cinq cents autres, 43. — Tracasseries plus ridicules encore, *ibid.* — Disputes insensées, 44. — Arnauld persécuté, 45. — Formulaire à des filles, *ibid.* — Grand miracle d'un œil guéri, *ibid.* — Jésuites font aussi leurs miracles, 46. — *Lettres provinciales*, chef-d'œuvre, 47. — Ce chef-d'œuvre brûlé, *ibid.* — Religieuses enlevées, *ibid.* — Paix de Clément IX, 48. — Port-Royal, *ibid.* — Assemblées jansénistes, 49. — Cas de conscience aussi ridicule que tout ce que dessus, 50. — Port-Royal démoli, *ibid.* — Quesnel, *ibid.* — Quesnel prisonnier et délivré, 51. — Contrat des jansénistes avec la Bourignon, 52. — Projet fou des jansénistes, *ibid.* — Le Tellier, confesseur du roi, fourbe, insolent, factieux et fripon, 53. — Mme de Maintenon, faible et bigote autant qu'ambitieuse, 54. — Autorité royale employée par les jésuites, 55. — Bulle dressée par eux, *ibid.* — Bulle qui met tout en désordre, *ibid.* — Le jésuite Le Tellier en horreur, 56. — Changement dans les affaires, 57. — Bulle méprisée, *ibid.* — Le système de Law fait oublier la bulle, 58. — Pacification apparente, 59. — Singulier concile d'Embrun, 60. — Convulsionnaires, 61. — Décadence des jésuites, 62.

Chap. XXXVIII. — Du quiétisme, 63. — Mme Guyon extravagante, *ibid.* — Lacombe, directeur de la Guyon, *ibid.* — Mme Guyon enfermée à Vincennes, 66. — Marie d'Agréda, plus folle que la Guyon, regardée comme sainte, 67. — Fénelon persécuté pour aimer Dieu, *ibid.* — Très-mauvais procédé de Bossuet, 68. — Pape Innocent XII juge cette inintelligible dispute, *ibid.* — Fausses anecdotes, 69. — Louis XIV peu content des idées de Fénelon sur le gouvernement, 70. — Moines de Rome juges de Fénelon et de Bossuet, *ibid.* — L'archevêque de Cambrai se soumet, 71. — Fénelon détrompé enfin des sottes disputes, *ibid.*

Chap. XXXIX. — Disputes sur les cérémonies chinoises. Comment ces querelles contribuèrent à faire proscrire le christianisme de la Chine, 76. — Christianisme en Chine, *ibid.* — Dominicains contre jésuites en Chine, 77 — Procès de la Chine en cour de Rome, *ibid.* — Contradictions impertinentes au sujet de la Chine, 78. — Culte d'un seul Dieu plus ancien à la Chine qu'ailleurs, *ibid.* — Disputes ridicules en Sorbonne sur la Chine, 79. — Chine déclarée hérétique par la Sorbonne, *ibid.* — Un Maigrot, nommé évêque d'une province chinoise, critique l'empereur, 80. — Tournon, légat à la Chine, renvoyé, *ibid.* — L'empereur Young-tching, le meilleur des princes, 81. — Belles actions d'Youngtching, *ibid.* — Il proscrit poliment la religion chrétienne, 82. — Missionnaires chassés poliment, *ibid.* — Belle mercuriale aux missionnaires, 83. — Grands maux occasionnés par ces missionnaires, *ibid.* — Sagesse des Asiatiques en un point, *ibid.* — Miracle ridicule, 84.

TABLE DES MATIÈRES.

SUPPLÉMENT AU SIÈCLE DE LOUIS XIV.

Avertissement de Beuchot. 87
Lettre à M. Roques. 89
Première partie. 97
Seconde partie 122
Troisième partie. 134

PRÉCIS DU SIÈCLE DE LOUIS XV.

Avertissement de Beuchot. 145
Document relatif au vol du manuscrit des campagnes de Louis XV ou *Histoire de la guerre de 1741*. 151

Chap. I. — Tableau de l'Europe après la mort de Louis XIV, 153. — Testament de Louis XIV cassé, *ibid*. — Guerre de l'Allemagne contre la Turquie, 154. — Comte de Bonneval, 155. — Victoires du prince Eugène, *ibid*. — Paix avec les Turcs, *ibid*. — Régence du duc d'Orléans, *ibid*. — Albéroni, 156. — Le régent fait, sous le nom de Louis XV, la guerre au roi d'Espagne, oncle de Louis XV, 158. — Chute d'Albéroni, *ibid*. — Révélation de la confession de Philippe V, 160.

Chap. II. — Suite du tableau de l'Europe. Régence du duc d'Orléans. Système de Law ou Lass, 161. — Système de Law ou Lass, 163. — Duc d'Orléans encore calomnié, 165. — Peste en Provence, 167.

Chap. III. — De l'abbé Dubois, archevêque de Cambrai, cardinal, premier ministre. Mort du duc d'Orléans, régent de France, 169. — Le cardinal Dubois meurt sans vouloir recevoir les sacrements, 170. — Ministère du cardinal de Fleury, 176. — Russie et Prusse, 179. — Abdication de Victor-Amédée, duc de Savoie, 180. — Emprisonnement et mort de Victor-Amédée, *ibid*.

Chap. IV. — Stanislas Leczinski, deux fois roi de Pologne et deux fois dépossédé. Guerre de 1734. La Lorraine réunie à la France, 184. — Le cardinal de Fleury envoie quinze cents Français contre trente mille Russes, 185. — La tête du roi Stanislas mise à prix, *ibid*. — Les prisonniers français traités à Pétersbourg avec une générosité inouïe, 186. — Mort du maréchal de Villars, 187. — Seule guerre en Italie dont la fin ait été heureuse pour la France, 188.

Chap. V. — Mort de l'empereur Charles VI. La succession de la maison d'Autriche disputée par quatre puissances. La reine de Hongrie reconnue dans tous les États de son père. La Silésie prise par le roi de Prusse, 190. — Du royaume de

Prusse, 191. — Économie du second roi de Prusse, 192. — Serment singulier qui ne devait pas l'être, 193. — Qualités de Marie-Thérèse, *ibid.* — Frédéric III, roi de Prusse, *ibid.* — Démarches singulières, *ibid.* — Bataille de Molvitz, 194.

Chap. VI. — Le roi de France s'unit aux rois de Prusse et de Pologne pour faire élire empereur l'électeur de Bavière, Charles-Albert. Ce prince est déclaré lieutenant général du roi de France. Son élection, ses succès, et ses pertes rapides, 194. — Discours singulier, 15 décembre 1740, 195. — Maréchal de Belle-Isle, 196. — Courage de Marie-Thérèse, 198. — Enthousiasme de l'Angleterre pour Marie-Thérèse, *ibid.* — Le comte de Saxe, 199. — Prague prise par escalade, *ibid.* — Marie-Thérèse près de sa ruine, 200. — Charles-Albert, empereur, *ibid.*

Chap. VII. — Désastres rapides qui suivent les succès de l'empereur Charles-Albert de Bavière, 201. — Pandours, Talpaches, Croates, Houssards, *ibid.* — Fausse démarche du cardinal de Fleury, 202. — Mort du cardinal de Fleury, 203.

Chap. VIII. — Conduite de l'Angleterre, de l'Espagne, du roi de Sardaigne, des puissances d'Italie. Bataille de Toulon, 204. — Un patron de vaisseau marchand fait déclarer la guerre, 205. — Les Anglais prennent Porto-Bello, 206. — Ce qui se passait en Angleterre dans cet embrasement général, *ibid.* — Conduite du roi de Sardaigne, 207. — Neutralités singulières en Italie, 208. — Étrange aventure à Naples, *ibid.* — Pendant qu'on se bat en Allemagne, l'infant don Philippe prend la Savoie, 209. — Récapitulation de l'état de l'Europe, *ibid.* — Bataille navale de Toulon, *ibid.*

Chap. IX. — Le prince de Conti force les passages des Alpes. Situation des affaires d'Italie, 211. — Escalade de Villefranche et de Montalban, 212. — Journée du Château-Dauphin, *ibid.* — Journée des barricades, 213.

Chap. X. — Nouvelles disgrâces de l'empereur Charles VII. Bataille de Dettingen, 214.

Chap. XI. — Première campagne de Louis XV en Flandre. Ses succès. Il quitte la Flandre pour aller au secours de l'Alsace menacée, pendant que le prince de Conti continue à s'ouvrir le passage des Alpes. Nouvelles ligues. Le roi de Prusse prend encore les armes, 219. — Première campagne de Louis XV, *ibid.* — Prise de Courtrai et de Menin, 220. — Le prince Charles de Lorraine passe le Rhin, 221. — Les Autrichiens en Alsace, 222. — Le roi de France marche au secours de l'Alsace, 223. — La guerre plus vive qu'auparavant. Le roi de Prusse fait marcher cent mille hommes, *ibid.*

Chap. XII. — Le roi de France est à l'extrémité. Dès qu'il est guéri il marche en Allemagne ; il va assiéger Fribourg, tandis que l'armée autrichienne, qui avait pénétré en Alsace, va délivrer la Bohême, et que le prince de Conti gagne une bataille en Italie, 224. — Le roi de France est à l'extrémité, *ibid.* — Témoignages singuliers de l'amour des Français pour leur roi, *ibid.* — Paroles de Louis XV étant à l'extrémité, 225. — Belle marche du prince Charles de Lorraine, 226.

Chap. XIII. — Bataille de Coni. Conduite du roi de France. Le roi de Naples surpris près de Rome, 227. — Prise de Fribourg par le roi de France, 228. — Les Anglais soudoient presque tous les princes, 229. — Conduite du maréchal de Saxe, *ibid.* — Situation de l'Italie, 230. — Journée de Velletri, *ibid.*

TABLE DES MATIÈRES.

Chap. XIV. — Prise du maréchal de Belle-Isle. L'empereur Charles VII meurt; mais la guerre n'en est que plus vive, 232. — Le maréchal de Belle-Isle et son frère prisonniers, *ibid*. — Mort de l'empereur Charles VII, 233. — L'électeur de Saxe, roi de Pologne , refuse la couronne impériale, 234.

Chap. XV. — Siége de Tournai. Bataille de Fontenoy, 235. — Siége de Tournai, *ibid*. — Bataille de Fontenoy, 237.

Chap. XVI. — Suites de la journée de Fontenoy, 247. — Le roi de France vainqueur demande la paix, *ibid*. — Journée de Mesle, 249. — Prise de Gand, 250. — Autres prises, *ibid*. — Les Anglais rendent enfin le maréchal de Belle-Isle et son frère, 251.

Chap. XVII. — Affaires d'Allemagne. François de Lorraine, grand-duc de Toscane, élu empereur. Armées autrichiennes et saxonnes battues par Frédéric III, roi de Prusse. Prise de Dresde, 251. — Élection de François Ier, 252. — Le Grand-Seigneur offre sa médiation, 253. — Le roi de Prusse fait encore une paix utile, 254.

Chap. XVIII. — Suite de la conquête des Pays-Bas autrichiens. Bataille de Liége ou de Raucoux, 256. — Prise de Bruxelles, *ibid*. — Prise de Mons, 257. — Prise de Saint-Guilain, *ibid*. — Prise de Charleroi, *ibid*. — Prise de Namur, 258. — Bataille de Liége ou de Raucoux, 259.

Chap. XIX. — Succès de l'infant don Philippe et du maréchal de Maillebois, suivis des plus grands désastres, 260. — Bataille de Plaisance gagnée par le prince de Lichtenstein, 264. — Mort de Philippe V, roi d'Espagne, oncle de Louis XV, 265. — Retraite savante, 266. — Bataille en faisant retraite, *ibid*. — Gênes se rend, et presque à discrétion, 267.

Chap. XX. — Les Autrichiens et les Piémontais entrent en Provence; les Anglais en Bretagne, 268. — Le maréchal de Belle-Isle, en Provence, fait tête aux Autrichiens et aux Piémontais, 269.

Chap. XXI. — Révolution de Gênes, 270. — Révolution dans Gênes, *ibid*. — Le duc de Boufflers vient secourir Gênes, 274. — Moines et confessions employés pour sauver Gênes, *ibid*. — Mort du duc de Boufflers, *ibid*.

Chap. XXII. — Combat d'Exiles funeste aux Français, 276.

Chap. XXIII. — Le roi de France, maître de la Flandre et victorieux, propose en vain la paix. Prise du Brabant hollandais. Les conjonctures font un stathouder, 278. — Congrès inutile, *ibid*. — Prise du Brabant hollandais, 279. — Création d'un stathouder dans les Provinces-Unies, 280.

Chap. XXIV. — Entreprise, victoires, défaite, malheurs déplorables du prince Charles-Édouard Stuart, 281. — Débarquement du prince Charles-Édouard dans une Ile d'Écosse, 283. — Mœurs et lois des montagnards d'Écosse, *ibid*. — Ses premiers succès, 285. — Il prend Édimbourg, *ibid*. — Il gagne une victoire complète à Preston-Pans, 286. — Les Hollandais envoient servir en Angleterre des troupes qui avaient fait serment de ne point servir, 290. — Loi *habeas corpus*, 291.

Chap. XXV. — Suite des aventures du prince Charles-Édouard. Sa défaite, ses malheurs et ceux de son parti, 292. — Le colonel Lally, 293. — Les troupes hollandaises cèdent enfin à la loi de la guerre qui les obligeait à ne pas servir, *ibid.* — Nouvelle victoire du prince Édouard à Falkirck, 294. — Il livre un second combat le même jour, *ibid.* — Bataille décisive de Culloden et victoire complète du duc de Cumberland, 295. — Des femmes combattaient pour le prince Édouard, 296. — Extrémités affreuses où le prince Charles-Édouard est réduit, *ibid.* — Le roi de France fait en vain intercéder en faveur du prince Édouard et de ses partisans, 300. — Lettre singulière de l'ambassadeur Van Hoey, 301. — Supplices sanglants, *ibid.*

Chap. XXVI. — Le roi de France, n'ayant pu parvenir à la paix qu'il propose, gagne la bataille de Laufelt. On prend d'assaut Berg-op-Zoom. Les Russes marchent enfin au secours des alliés, 306. — Bataille de Laufelt gagnée par le roi de France et le maréchal de Saxe, 308. — Paroles mémorables du roi de France au général Ligonier, son prisonnier et né son sujet, *ibid.* — Siège de Berg-op-Zoom, 309. — Berg-op-Zoom pris d'assaut, 310. — Marche admirable du maréchal de Saxe, 311. — Mastricht investie, *ibid.* — Arrivée d'une armée de trente-cinq mille Russes au secours des alliés, *ibid.*

Chap. XXVII. — Voyage de l'amiral Anson autour du globe, 312. — Singulière aventure, 313. — Belle observation, 314. — Aventure plus singulière encore, 315.

Chap. XXVIII. — Louisbourg. Combats de mer : prises immenses que font les Anglais, 320.

Chap. XXIX. — De l'Inde, de Madras, de Pondichéry. Expédition de la Bourdonnaie. Conduite de Dupleix, etc., 325.

Chap. XXX. — Paix d'Aix-la-Chapelle, 332.

Chap. XXXI. — État de l'Europe en 1756. Lisbonne détruite. Conspirations et supplices en Suède. Guerres funestes pour quelques territoires vers le Canada. Prise de Port-Mahon par le maréchal de Richelieu, 335. — Le maréchal de Richelieu prend Minorque, 339.

Chap. XXXII. — Guerre en Allemagne. Un électeur de Brandebourg résiste à la maison d'Autriche, à l'empire allemand, à celui de Russie, à la France. Événements mémorables, 340. — Bataille de Kolin ou de Chodemitz, 345. — Bataille d'Hastembeck, 346.

Chap. XXXIII. Suite des événements mémorables. L'armée anglaise obligée de capituler. Journée de Rosbach. Révolutions, 347. — Bataille de Rosbach, 348. — Bataille de Lissa, 350. — Mort de Pierre III, empereur de Russie, 351.

Chap. XXXIV. — Les Français malheureux dans les quatre parties du monde, 355. — Désastres du gouverneur Dupleix, 359. — Lally arrive à Pondichéry, *ibid.* — Supplice du général Lally, 366.

Chap. XXXV. — Pertes des Français, 367.

Chap. XXXVI. — Gouvernement intérieur de la France. Querelles et aventures depuis 1750 jusqu'à 1762, 376. — Parlement exilé, 381. — Chambre royale, 382.

Chap. XXXVII. — Attentat contre la personne du roi, 389.

Chap. XXXVIII. — Assassinat du roi de Portugal. Jésuites chassés du Portugal, et ensuite de France, 395. — Malagrida, jésuite, brûlé, 397. — Banqueroute des jésuites en France, 398. — Les parlements abolissent l'ordre, *ibid*.

Chap. XXXIX. — De la bulle du pape Rezzonico, Clément XIII, et de ses suites, 400.

Chap. XL. — De la Corse, 406.

Chap. XLI. — De l'exil du parlement de Paris, etc., et de la mort de Louis XV, 418.

Chap. XLII. — Des lois, 419. — Loi fondée sur un solécisme, 424. — Jugements barbares, 425. — Loi qui préfère l'argent à la vie, *ibid*. — Contrariétés ridicules dans les lois, 427. — Mainmorte. Origine de cette expression, *ibid*. — Vénalité, 429.

Chap. XLIII. — Des progrès de l'esprit humain dans le siècle de Louis XV, 430.

HISTOIRE DU PARLEMENT.

Avertissement pour la présente édition. 439

Avertissement de Beuchot. 443

Avant-propos de l'auteur 445

Chap. I. Des anciens parlements 447

Chap. II. Des parlements jusqu'à Philippe le Bel. 451

Chap. III. Des barons siégeants en parlement et amovibles; des clercs adjoints; de leurs gages; des jugements 456

Chap. IV. Du procès des Templiers 459

Chap. V. Du parlement devenu assemblée de jurisconsultes, et comme ils furent assesseurs en cour des pairs. 461

Chap. VI. Comment le parlement de Paris devint juge du dauphin de France avant qu'il eût seul jugé aucun pair 464

Chap. VII. De la condamnation du duc d'Alençon. 469

Chap. VIII. Des pairs, et quels furent les pairs qui jugèrent à mort le roi Jean sans Terre 472

Chap. IX. Pourquoi le parlement de Paris fut appelé la cour des pairs. 475

TABLE DES MATIÈRES.

CHAP. X. Du parlement de Paris, rétabli par Charles VII 477

CHAP. XI. De l'usage d'enregistrer les édits au parlement, et des premières remontrances. 478

CHAP. XII. Du parlement dans la minorité de Charles VIII, et comment il refusa de se mêler du gouvernement et des finances 481

CHAP. XIII. Du parlement sous Louis XII 483

CHAP. XIV. Des grands changements faits sous Louis XII, trop négligés par la plupart des historiens 484

CHAP. XV. Comment le parlement se conduisit dans l'affaire du concordat. 485

CHAP. XVI. De la vénalité des charges, et des remontrances sous François Ier. 487

CHAP. XVII. Du jugement de Charles, duc de Bourbon, pair, grand chambrier et connétable de France. 490

CHAP. XVIII. De l'assemblée dans la grand'salle du palais, à l'occasion du duel entre Charles-Quint et François Ier. 493

CHAP. XIX. Des supplices infligés aux protestants; des massacres de Mérindol et de Cabrières, et du parlement de Provence jugé criminellement par le parlement de Paris 497

CHAP. XX. Du parlement sous Henri II 501

CHAP. XXI. Du supplice d'Anne Dubourg. 502

CHAP. XXII. De la conjuration d'Amboise, et de la condamnation à mort de Louis de Bourbon, prince de Condé 507

CHAP. XXIII. Des premiers troubles sous la régence de Catherine de Médicis. 510

CHAP. XXIV. Du chancelier de L'Hospital. De l'assassinat de François de Guise 514

CHAP. XXV. De la majorité de Charles IX, et de ses suites 517

CHAP. XXVI. De l'introduction des jésuites en France. 519

CHAP. XXVII. Du chancelier de L'Hospital, et de ses lois. 520

CHAP. XXVIII. Suite des guerres civiles. Retraite du chancelier de L'Hospital. Journée de la Saint-Barthélemy. Conduite du parlement. . . . 523

CHAP. XXIX. Seconde régence de Catherine de Médicis. Premiers états de Blois. Empoisonnement de Henri de Condé. Lettre de Henri IV, etc. . 530

CHAP. XXX. Assassinat des Guises. Procès criminel commencé contre le roi Henri III. 534

AVERTISSEMENT au procès. 537

CHAP. XXXI. Parlement traîné à la Bastille par les factieux. Décret de la Sorbonne contre Henri III. Meurtre de ce monarque. 539

CHAP. XXXII. Arrêts de plusieurs parlements, après la mort de Henri III. Le premier président Brisson pendu par la faction des Seize. . . . 542

CHAP. XXXIII. Le royaume démembré. Le seul parlement, séant auprès de Henri IV, peut montrer sa fidélité. Il décrète de prise de corps le nonce du pape 547

CHAP. XXXIV. États généraux tenus à Paris par des Espagnols et des Italiens. Le parlement soutient la loi salique. Abjuration de Henri IV . 551

CHAP. XXXV. Henri IV reconnu dans Paris. 555

CHAP. XXXVI. Henri IV assassiné par Jean Châtel. Jésuites chassés. Le roi maudit à Rome, et puis absous. 558

CHAP. XXXVII. Assemblée de Rouen. Administration des finances . . 563

CHAP. XXXVIII. Henri IV ne peut obtenir de l'argent pour reprendre Amiens, s'en passe, et le reprend. 566

CHAP. XXXIX. D'une fameuse démoniaque 567

CHAP. XL. De l'édit de Nantes. Discours de Henri IV au parlement. Paix de Vervins 569

FIN DE LA TABLE.

PARIS. — Impr. J. CLAYE. — A. QUANTIN et Cⁱᵉ, rue Saint-Benoît.